压力管道设计

李志安　张福东　魏耀东　主　编
陈东初　张春梅　王文涛　副主编

中国石化出版社

内容提要

本书系统阐述了压力管道设计的三大任务：压力管道布置设计、压力管道材料设计和压力管道机械设计。主要内容包括：压力管道设计任务与设计规定；不同管道类别的压力管道布置设计；压力管道的材料基础、力学基础和设计准则；压力管道材料设计；压力管道强度设计、应力分析和支吊架设计；压力管道检验与试验；压力管道防腐与绝热等。本书具有概念清楚、层次分明、有理论讨论、有实例计算、遵法规、靠规范等特点。

本书是压力管道设计的指南，可作为压力管道设计人员的培训和学习教材，也可作为高等院校相关专业参考书，还可供压力管道设计理论和技术研究参考。

图书在版编目（CIP）数据

压力管道设计/李志安，张福东，魏耀东主编．—北京：中国石化出版社，2019.5

ISBN 978-7-5114-5322-8

Ⅰ.①压… Ⅱ.①李… ②张… ③魏… Ⅲ.①压力管道-设计 Ⅳ.①U173.9

中国版本图书馆 CIP 数据核字（2019）第 085921 号

中国石化出版社出版发行

地址：北京市朝阳区吉市口路 9 号

邮编：100020　电话：(010)59964500

发行部电话：(010)59964526

http://www.sinopec-press.com

E-mail:press@sinopec.com

北京柏力行彩印有限公司印刷

全国各地新华书店经销

*

787×1092 毫米 16 开本 24.5 印张 619 千字

2019 年 5 月第 1 版　2019 年 5 月第 1 次印刷

定价：98.00 元

前　言

管道是由管道组成件装配而成，用以输送、分配、混合、分离、排放、计量或截止流体流动的管状设备。为实现输送流体的目的，就必须借助于一定的压力，当压力达到一定数值，超过管道组成件的承受能力时，就有可能因超压而引起管道的破坏。另外，管道内输送的流体介质，常常具有可燃、易爆、有毒、腐蚀等特性，一旦泄漏就有可能发生火灾爆炸、人身伤亡事故或污染环境。因此，世界各国对压力管道的设计、制造、安装、检验、运行和修理改造等方面都进行严格的管理。

正确地进行压力管道的设计，是保证压力管道系统安全性最重要也是最基础的环节。一本完整地、系统地阐述压力管道设计的手册式参考书，是保证压力管道正确设计的重要指南。目前，国内尚无包含压力管道布置设计、管道材料设计和管道机械设计全部内容的压力管道设计书籍。为填补这一空白，适应压力管道监督管理的需要，适应压力管道设计行业的需要，适应压力管道设计理论与技术研究的需要，我们总结10多年来压力管道设计培训学习的教学实践、参考现有压力管道相关专著和现行国内外压力管道相关标准，编写了《压力管道设计》一书。

本书全面系统地介绍压力管道设计的三大内容，即压力管道布置设计、压力管道材料设计和压力管道机械设计。全书共14章，第1章压力管道设计概论，阐述了压力管道设计内容和设计规定，介绍压力管道的介质特性、压力管道设计法规和标准情况等；第2章介绍工艺管道布置设计；第3章为动力管道布置设计；第4章为制冷管道布置设计；第5章为长输管道布置设计；第6章为公用管道布置设计；第7章为压力管道材料基础；第8章为压力管道材料设计；第9章为压力管道力学基础，介绍杆件和壳体的应力分析理论及压力管道机械设计准则等；第10章压力管道强度设计，结合国内外现行标准给出设计计算公式，并对公式的来历进行研究讨论等；第11章为压力管道应力分析设计，介绍管道应力分析准则、应力分析方法、应力分析软件及其应用等；第12章管道支吊架设计，介绍管道支吊架类型及其选择、支吊架位置确定原则等；第13章压力管道检验与试验；第 14 章压力管道防腐与绝热设计。

本书具有概念清楚、层次分明、有理论介绍与讨论、有应用计算举例、遵法规、靠规范等特点，可以作为压力管道设计的指南，也可以作为压力管道设计人员的培训和学习教材，还可以作为高等院校相关专业教学参考书。本书对于压力管道设计的理论与技术研究具有一定的学术价值。

本书由沈阳化工大学李志安教授、辽宁省轻工设计院有限公司张福东高级工程师、中国石油大学（北京）魏耀东教授主编，沈阳栖合安全技术服务有限公司陈东初高级工程师、沈阳化工大学张春梅副教授、沈阳东方钛业股份有限公司王文涛高级工程师副主编。第 1 章由李志安、张福东编写；第 2 章由张福东、魏耀东编写；第 3 章和第 4 章由张福东、陈东初、李志安编写；第 5 章和第 6 章由张福东、魏耀东、陈东初编写；第 7 章由魏耀东、王文涛、李志安编写；第 8 章由李志安、张春梅编写；第 9 章由魏耀东、中国石油大学（北京）宋健斐、李志安编写；第 10 章由李志安、张春梅、王文涛编写；第 11 章由李志安、王文涛、张春梅、辽宁省轻工设计院有限公司耿玥娟编写；第 12 章由李志安、王文涛、张春梅编写；第 13 章和第 14 章由李志安、张福东、陈东初编写。全书由李志安统稿。

在本书编写过程中，沈阳科技学院李贺老师承担了本书英文资料的翻译和部分文字、表格处理工作，在此表示感谢。另外，本书的编写参阅了近些年出版的压力管道相关专著以及大量的标准，主要参考文献列于书后，在此对有关作者一并表示感谢。

由于编者水平有限，书中难免有错误和不足之处，恳请相关行业的专家和读者批评指正。

编　者

目　　录

第1章 压力管道设计概论

过程工业是加工流程性材料产品的现代国民经济的支柱产业之一，成套过程装备则是组成过程工业的工作母机群，它通常是由一系列的过程机器和过程设备，按一定的流程方式用管道、阀门等连接起来的一个独立的密闭连续系统，再配以必要的控制仪表和设备。可见，管道是过程装备的重要组成部分。

管道是由管道组成件装配而成，用以输送、分配、混合、分离、排放、计量或截止流体流动的管状设备。为实现输送流体的目的，就必须借助于一定的压力，当压力达到一定数值，超过管道组成件的承受能力时，就有可能因超压而引起管道的破坏。另外，管道内输送的流体介质，一般都具有可燃、易爆、有毒、腐蚀等特性，一旦泄漏就有可能发生火灾爆炸、人身伤亡事故或污染环境。因此，世界各国对压力管道的设计、制造、安装、检验、运行和修理改造等方面加强管理，为了保证压力管道的安全运行，防止各种事故发生，保护人民生命和财产的安全，都制定了相应的法规和标准。

在压力管道的设计、制造、安装、检验、运行和修理改造等环节中，设计是最基本也是最重要的环节。因此，要求压力管道设计人员不仅要具有相应的理论知识、相关的专业水平和实践经验，还要掌握国家相关法规和标准，以保证压力管道的设计质量和设计水平。

1.1 压力管道特点与设计基本要求

1.1.1 压力管道的特点

压力管道与压力容器等其他特种设备相比较，主要具有以下特点：

①应用广泛，种类繁多，数量巨大；设计、制造、安装、使用、检验和维护管理环节多。压力管道的设计、制造、安装使用等环节越多，出现问题的几率就越高；环节越多，影响因素就越多，从而造成压力管道安全管理的多元性和复杂性。

②长细比大，跨越空间大，边界条件复杂。压力管道的强度计算除利用公式计算外，还应考虑与它相连的机械设备对它的要求、中间支承条件的影响、自身热胀冷缩和振动的要求等。因此，在管道布置设计时除应满足工艺流程要求外，还应综合考虑各相关设备、支承条件、地理条件（对长输管道）、城市整体规划（对城市公用管道）等因素的影响。

③现场安装工作量大，工作条件较差。压力容器基本上是在工厂制造的，其制造环境条

件和制造设备保证均较好。而压力管道现场安装工作量大，环境条件较差，因此保障安装质量相对较难，从而要求投入更多的管理精力。

④管道组成件种类及材料繁多，各有各的特点和技术要求，选用复杂。压力容器用的较多的是板材和锻材，而且也比较成熟。压力管道除用到板材和锻材之外，还经常配套用到管材和铸件。对一些操作工况下要想配齐这些材料是比较困难的，也就是说，对于某一介质环境而选定的合适材料，板材和锻材有时容易获得，而铸件就不见得容易获得，反之亦然。另外，因为设备长细比较小，它可以采用复合板材或堆焊层来解决防腐问题，而管道则不易做到。有时，同一根管道可能同时连接两个或两个以上的不同操作条件的设备，因此管道选材要考虑对各设备的材料都能适应。

⑤管道上的可能泄漏点多，管道在布置、安装和检验方面要求复杂。

⑥压力管道及其组成件的标准多，各相关标准中有重复的内容，也有不同的内容和要求。设计选用时要注意其区别。

⑦在多数情况下管道设计必须由多人合作，共同完成；且涉及专业面广，如工艺专业、材料专业、机械专业、仪表及自动控制专业等。

1.1.2 压力管道设计基本要求

压力管道设计的基本要求是保证安全性和经济性。首先要保证其安全性，即要保证管道操作运行的风险小、安全系数大、不至于因失效而产生重大事故；保证平稳运转，避免跑、冒、滴、漏现象，不至于因其故障而造成整个装置的不正常停车。其次要考虑经济性，经济性是指压力管道的一次性投资费用和操作维护费用的综合指数低。对于一个设计良好的压力管道还应满足一些其他要求，如：必须满足工艺要求；应进行标准化、系列化设计；布局美观、合理，便于操作和维护；便于制造、安装施工等。

1.2 压力管道设计内容与设计规定

压力管道设计主要包括管道布置设计、管道材料设计、管道机械设计三大基本任务。管道材料设计是基础，管道布置是目的，管道机械设计是保障，这三部分即相互独立又相互联系。

1.2.1 压力管道设计基本内容

（1）压力管道布置设计

压力管道布置设计包括装置布置设计和管道布置设计两部分内容。

装置布置设计是指将一个过程生产装置中所用的机械、设备、建筑物、构筑物等按一定的规则进行定位的设计过程。它涉及到工艺流程要求、生产操作和检修要求、与四邻关系的要求；所在地形、地貌和面积大小的要求；自然环境和生活环境的要求；等等。装置布置的好坏直接影响到装置的操作、检修、安全、美观和经济性，它对管道总体设计起到一个宏观控制作用。

管道布置实际是通过图纸来表示出管道位置、走向、支承等状况，并能满足工艺流程的要求；满足管道强度、刚度的要求；满足操作、维护、消防的要求；等等。最后给出管道及其元件的用量。

（2）压力管道材料设计

管道材料是整个管道设计过程中的基础部分，它直接影响到压力管道的可靠性和经济性。压力管道选用的材料应根据所输送流体的设计温度和压力确定，并满足装置生产全过程配管的各种操作工况的要求，确保安全连续生产，安全可靠无事故。

管道材料设计的内容包括：管道组成件材料的选用；管道组成件标准（体系）的选用；管道组成件规格尺寸的确定等。

（3）压力管道机械设计

管道机械设计的核心是管道的机械强度和刚度问题，它包括管道及其元件的强度、刚度是否满足要求，管道对相连机械设备的附加载荷是否满足要求等。通过对管系应力、管道机械振动等内容的力学分析，适当改变管道的走向和管道的支承条件，以达到满足管道机械强度和刚度要求的目的。可以说，管道机械设计进行的好坏，直接影响到管系的安全可靠性。

管道机械设计包括三部分内容：管道元件的强度设计；管道系统的应力分析和柔性设计；管道支吊架的设计。管道元件的强度设计，主要是依据管道承受的压力载荷确定管道元件的壁厚等级、公称压力等级；管道应力分析，是对整个管道系统在压力载荷和其他外加载荷作用下的应力校核分析设计和柔性分析设计；管道支吊架设计，包括支吊架位置的确定、支吊架结构形式的选择、支吊架强度设计等内容。

1.2.2 压力管道设计过程

压力管道设计过程大致可分为三个环节：即管道初步设计、管道详细设计、设计文件编制及归档。

1.2.2.1 初步设计

初步设计首先要了解设计条件和用户要求，然后确定设计应用标准，确定管道材料等级，最后进行管道走向、支承、操作平台等方面的综合规划和布置，并对管道进行强度设计、对有关的、认为有必要的管道进行应力分析。

（1）设计条件

设计条件应包括装置建设的环境条件（如温度、湿度、风力、风向、雨雪、地震、地质、周边环境等）、工艺条件（如水、电、汽、风等公用工程条件、装置规模、介质性质、介质温度、介质压力、开停工时间、操作工况等）、建设周期（如设计计划表、采购计划表、施工计划表和开工时间等）等。用户有时也常提出一些要求，如操作要求、安全消防要求、环保要求、器材标准要求、设计文件编制内容要求等。设计条件和用户要求都是设计的基础条件。合理的设计在于把这些条件中提出的要求赋以运用，既要十分重视这些要求，又要对某些要求进行适当的平衡，最终做到在技术、经济、安全等方面的合理与最佳。

（2）管道材料设计

进行管道材料设计，确定管道元件材料，选择管道元件标准体系及应用标准，初步确定管道元件压力等级等。

（3）管道走向设计

管道的走向设计就是确定管道以怎样的一个空间、路径和形状把相关的设备连起来。良好的管道走向应该规则整齐，建设费用最低，运行起来安全可靠。具体设计过程中应考虑下面一些原则：管道的走向应满足工艺要求，距离最短，不妨碍操作和检查，不妨碍设备的检修，能够排凝排气，支架容易设置，热胀补偿容易进行等；多根管道在一起时应排列整齐，交错层次分明，并尽可能共用支承。并排的法兰和阀门应相互错开以便于操作，并减少间距以节省占用空间。操作点应集中设置，多路管道的布置应对称布置，不能使各路介质相互干扰，或发生偏流等。

（4）管道机械设计

管道元件强度设计，确定管道元件的厚度及相关尺寸；管道系统的应力分析和柔性分析设计；管道吊架设计；管道振动分析（如果需要）等。

1.2.2.2　详细设计

管道详细设计是在初步设计方案获得各方认可的基础上所做的设计。从时间上来讲它分为委托资料阶段和施工图完成阶段。从内容上来讲它包括管道定位、阀门定位、操作平台设置、放空排凝设置、绝热设计、防腐设计、支承设计、仪表元件定位、采样设计、图例标识及图幅安排等内容，并根据不同的进展阶段向相关专业提交有关资料。

（1）管道定位

管道的定位就是在管道走向确定的情况下详细计算并确定管道的定位尺寸。在确定管道的定位尺寸时应充分考虑绝热及防腐等施工的影响，热胀位移的影响，法兰及阀门操作检修的影响，仪表元件对管道结构尺寸的要求，管道及其元件的安装空间要求，支承生根位置的要求等。

（2）阀门定位

阀门的定位首先应满足工艺的要求，其次尚应满足操作、维护的要求，同时还应考虑防冻、防凝要求，大阀门的支承要求，管道振动、热胀等对阀门强度可靠性的影响等。

（3）操作平台设置

操作平台的设置除满足管道的操作要求之外，尚应考虑设备上仪表、人孔、手孔、看窗等方面的操作维护要求，同时还应考虑设备部件、管件元件的检修要求，巡回检查要求，消防要求，照明要求等。

（4）放空排凝设计

放空排凝设计要满足管道开停工时的高点排气、低点排凝的要求。管道在高点存气时会造成管道的气阻、相连泵的抽空或停工时因燃气的积存而产生火灾危险等，而管道在低点存液时会造成介质的凝冻或停工时因燃油的积存而产生火灾危险等。因此，对于管道的高点和低点应设置相应的排气或排凝设施。在进行管道的高点排气或低点排凝设计时，尚应考虑对环境污染的问题。

（5）绝热设计

管道绝热的目的是为了减少管道在运行中的热量或冷量损失，以节约能源；避免、限制或延迟管道内介质的凝固、冻结，以维持正常生产；减少生产过程中介质的“温升”或“温降”，以提高相应设备的生产能力；防止管道表面的结露；降低和维持工作环境温度，改善劳动条件，防止因热表面导致的火灾和防止操作人员烫伤。管道的绝热设计就是通过选取适当的绝热材料和绝热厚度以满足上述的要求。

（6）防腐设计

防腐设计是通过选取适当的防腐涂料和防腐结构，以达到管道及其元件免遭环境腐蚀的目的。在选择防腐涂料时，应考虑它与被涂物的使用条件相适应，与被涂物表面的材质相适应。防腐涂料的底漆与面漆应正确配套，并且要求所选涂料应经济合理，并具备施工条件。

（7）支承设计

支承设计应满足管道强度和刚度的需要，同时尚应能有效地降低管道对机械设备产生较大的附加载荷，防止管道的振动等。管道的支承设计包括支承型式的选用、支承件材料的选用、支承件强度的计算、生根点的载荷委托等方面的内容。

（8）仪表元件定位

仪表元件的定位应满足仪表元件的操作、观察、维护等方面的要求，同时尚要考虑仪表元件对管道结构尺寸的要求（如孔板前后的直管段要求）、仪表附属元件对操作空间的要求（如浮球液位计对空间的要求、仪表箱开启对空间的要求等）等。

（9）采样设计

采样设计应满足操作方便的要求，同时尚应考虑采样时的危险性、采样介质的新鲜性、对环境的污染以及防冻防凝的要求等。不同的介质，其采样位置、接头方式和采样设施有所不同。

（10）图例标识、图幅安排及施工图绘制

图例的标识及图幅的安排应符合绘图规范的要求，并便于识别。图面应清晰整洁，线条分明，表达完整，与相关设计文件的连接表达清楚等。

（11）委托资料

在管道详细设计的各阶段，应陆续向相关专业提交有关的委托资料。这些资料大致包括设备开口位置、建构筑物的型式及结构尺寸、设备附加管道重量及偏心情况（有时是与有关专业一道向土建专业提供设备基础荷重资料）、管架上的管子重量及可预见的管子推力、平台梯子资料、建（构）筑物开孔埋件资料、照明资料、给排水点资料、排污点资料、仪表元件位置资料、工程实物量（给技术经济专业）等。

1.2.2.3 设计文件的编制及归档

在完成管道的详细设计之后，应编制相应的文件资料，使它与管道设计图纸一起组成一个完整的管道设计文件。编制完成的设计文件要及时归档保存。

对于大型工程项目的管道设计过程一般是按照上面三个步骤进行；对于规模较小的项目，一般是将初步设计和详细设计合为一个步骤进行。由于行业不同，各行业或大型设计院、工程公司还有些内部规定，所以上面的设计程序仅供管道设计参考。

1.2.3 设计文件内容及编制

设计文件的编制是压力管道设计中的一项重要内容，是对整个设计的描述、汇总、整理和总结。设计文件代表一个项目的设计水平和设计质量，设计者应该认真编制压力管道设计文件。

压力管道设计文件资料应包括资料图纸目录、管道设计说明书、管道表、管道等级表、管段材料表、管道材料表、管道设备规格表、管道设备规格书、管道支吊架汇总表、PID图、设备布置图、管道布置图、管道轴测图、非标管道设备图、非标支吊架图、压力管道强度计算书、压力管道应力分析报告等。

(1) 图纸目录

资料图纸目录分区域目录和装置目录两种。如果该装置不分区，可只编装置目录。资料图纸目录应包括该装置（项目）中的所有工程图纸、表格等文件资料、复用（图）设计文件资料、设计说明书等资料的目录，并按照文字资料、图纸、复用文件的先后顺序编排。

(2) 设计说明书

管道设计说明书应包括管道的设计依据、设计原则、设计思路、执行规范、典型配管研究、典型的管道柔性设计数据、与仪表专业的分工、识图方法（图例）、施工要求、采购要求、其他要说明的问题等。

①设计依据

设计依据是说明施工图设计的任务来源和设计要求。包括施工图设计的委托书、合同、技术协议等有关文件；初步设计的审批文件和修改文件；设计所依据的法规、标准和技术规范等相关设计依据的文件。

②工艺及系统说明

施工图设计中对初步设计作的修改和调整部分的工艺及系统说明；与工艺有关的施工说明和装置开、停车的原则性说明。

③设计范围

负责设计的范围，如：合作设计或出口项目的设计范围应加以说明；装置设计的组成及单元或工程名称及代号。

④设备布置设计说明

a）分区或图号规定；

b）设备施工安装依据的施工安装及验收规范；

c）设备安装的注意事项。

大型设备吊装需说明的问题；设备进入厂房或框架的特殊安装要求，如可拆梁、墙上留洞等；设备附件说明；设备支架说明，哪些设备位号有支架，有何安装技术要求；等等。

⑤管道布置设计说明

a）说明管道介质名称、最高工作压力与温度、设计压力与设计温度；说明压力管道的类别和级别。

b）管道元件供应情况说明。如引进装置，应说明买卖双方管道元件与材料供应的范围；国内采购的划分；管道元件的技术条件、执行的技术标准等。

c）管道预制及安装要求

管道施工规范的标准号、管道等级与分类；管道焊接的附加要求，如预热、焊后热处理等；管道安装的特殊要求，如冷紧、螺纹封焊、临时用垫片等有关注意事项；伴热系统的安装；特殊件的安装要求，如膨胀节、临时过滤器等；管道检验与试验要求；埋地管线要求；等。

d）管道支吊架说明。采用的管道支吊架标准；工厂预制件；小管道支吊架安装注意事项。

⑥静电接地说明

管道静电接地范围；静电接地连接方式；静电接地连接要求。

⑦管道脱脂、吹扫、清洗说明

管道脱脂、吹扫、清洗的范围；管道脱脂、吹扫、清洗介质的组成及温度压力参数等。

⑧绝热、隔声设计说明

a）选用的绝热材料。主绝热材料名称及相关要求；外保护层材料名称、材质、厚度；隔声材料。

b）工程中遇到的绝热等级，如隔热、防烫、保冷等具体要求。

c）采用的绝热、隔声结构及标准。

d）施工要求。施工时注意防雨要求；保冷层是否现场发泡；阀门绝热的要求；等。

⑨防腐设计说明

a）涂漆的范围：是指设备及管道外部涂漆。

b）采用的涂料名称（包括底漆和面漆）。

c）施工要求：底漆和面漆应配套；涂漆前的表面清理；涂漆的层数；等。

d）涂漆的颜色。

e）埋地管道的外防腐。

⑩采用的国家或地方标准

列出标准名称及标准号，说明哪些标准应由管道安装施工单位自备。

（3）首页图

将设计中所采用的部分规定以图表形式绘制成首页图。首页图包括如下内容：

①管道及仪表流程图中所采用的图例、符号、物料代号和管道编号、管道等级等。

②自控专业在工艺过程中所采用的检测和控制系统的图例、符号、代号等。

③其他有关需说明的事项。

首页图图幅大小可根据内容而定，一般为 A1，特殊情况可采用 A0 图幅。

（4）管道数据表等表格

①管道数据表

管道数据表的内容应包括管道类别、级别、介质名称、工作参数（表压和温度）、设计参数（表压、温度）、试验参数（试验介质、试验压力、试验温度）、管道规格、管道长度、管道材料、各种元件（如阀门、法兰）、保温材料、管道起止点以及执行标准（材料标准、元件的标准和设计标准）等内容。

②管道材料等级表

管道材料等级表是针对一系列介质条件而编制的管道器材应用明细表。它包括管道设计条件（设计压力、设计温度和介质）、管道公称压力等级、管道壁厚等级、管道元件材料、管道元件型式、管道元件应用标准和材料标准等内容。

③管段材料表

管段材料表是对应于管道平面图的一个设计文件资料。当该装置采用“平面图＋管段图”的出图方式时，该文件直接出现在管段图上而不需要另出文件资料；当该装置采用“平面图＋详图”的出图方式时，则对应于每一张平面图应有一组管段材料表。平面图上的每一个具有独立管号的管段，它所需要的所有管道器材元件（包括管子、管件、阀门、隔热材料、防腐材料等）的数量及其属性都应在管段材料表上一一给出。管段材料表是管道施工的重要文件之一。

④管道支吊架汇总表

管道支吊架汇总表是将装置中采用的支吊架进行分类汇总的一个设计文件，它为支吊架的采购和工厂预制提供方便。

⑤管道综合材料表

管道综合材料表是管道材料表的分类汇总，是采购和备料的重要设计文件。主要包括了管子、弯头、三通、大小头、管帽、加强管嘴、加强管接头、异径短节、螺纹短节、管箍、仪表管嘴、漏斗、快速接头、法兰、垫片、螺栓/螺母、限流孔板、盲板、法兰盖等管道元件的分类汇总。还包括了阀门、过滤器、疏水器、视镜、弹簧支吊架等管道器材元件的分类汇总。

完整的描述应包括管道元件名称、结构型式、规格、数量、压力等级（或壁厚等级）、连接方式、材料、材料规范、应用标准及其他需要说明的属性等内容。

⑥特殊阀门和管道附件数据表

特殊阀门包括：安全阀、疏水阀、减压阀、呼吸阀及其他一些特殊阀门。特殊管道附件包括：管道过滤器、爆破片、消声器、金属波纹管或软管、阻火器等一些特殊管道组成件。

（5）非标管道设备图和非标支吊架图

非标管道设备图和非标支吊架图是针对标准之外的管道设备和支吊架而绘制的制造详图。这一类图纸不宜太多，换句话说，应鼓励选用标准的管道设备和支吊架，这样做有利于降低工程投资，加快设计、制造、施工等各阶段的进度。

（6）强度设计计算书

强度设计计算书的格式并没有标准要求，一般应包括下列内容。

①强度计算书组成

强度计算书由封面页、目录页、正文页、封底页组成，均为A4幅面。

封面页：文件名填写压力管道强度计算书。封面列有设计、校核、审核、审定人员（签字）。

正文页：以受压元件为单元页。

②计算书正文内容

强度计算书正文至少应包括设计条件所用标准、材料腐蚀裕度、计算厚度、名义厚度、计算应力等，具体应包括：所计算受压元件名称、计算条件、计算公式、计算公式中符号的意义及采取的数值、计算的结果数值、最后采用的数值等，必要的说明及其他。采用计算机计算时，应将输入数据和打印结果作为计算文件，并应说明计算程序所遵循的标准及程序编制发行单位等。

（7）压力管道应力分析报告

管道应力分析要用计算机程序软件进行分析计算，应力分析报告内容一般应包括：主要输入数据；管道一次应力的校核结果；管道二次应力的校核结果；管道端点和各约束点、与机器设备的连接点、固定点、支吊点、限位点和导向点以及位移给定点处的安装状态和操作状态的受力；各节点处安装状态和操作状态的位移和转角；转动机器（离心式压缩机、离心泵、汽轮机）的受力校核结果；往复式压缩机、往复泵管系的固有频率；经分析计算最终得到的管道三维轴测图，包括支吊架的位置及型式、膨胀节位置等信息。

1.2.4 压力管道施工图设计内容与规定

压力管道施工图一般包括管道及仪表流程图（PID 图）、设备布置图、管道布置图（含平面布置和立面布置图）、管道轴侧图等。

1.2.4.1 管道及仪表流程图（PID 图）设计

（1）一般规定

①图幅。管道及仪表流程图采用 A0、A1 横幅绘制，数量不限，流程简单者可用 A2。

②比例。管道及仪表流程图不按比例绘制，一般设备图例只取相对比例。允许实际尺寸过大的设备比例适当缩小，实际尺寸过小的设备比例适当放大。可以相对示意出各设备的高低。整个图面要协调、美观。

③相同系统的绘制方法。当一个流程中包括有两个或两个以上相同的系统时，可以只绘出一个系统的流程图，其余系统以细双点画线的方框表示，框内注明系统名称及其编号。当这个流程比较复杂时，可以绘制一张单独的局部系统流程图。在总流程图中，局部系统采用细双点画线方框表示，框内注明系统名称、编号和局部系统流程图图号。

④复用设计。对于在工艺流程中局部复用定型设计或者采用制造厂提供的成套设备的管道及仪表流程图时，在图上对复用部分或者成套部分以双点画线方框表示出，框内注明名称、位号或编号，填写有关图号，必要时加文字予以说明。

⑤图线和字体。工艺管道及仪表流程图中工艺物料管道用粗实线，辅助管道用中实线，其他用细实线。在辅助系统管道及仪表流程图中的总管用粗实线，其相应支管采用中实线，其他用细实线。

管道及仪表流程图中的设备阀门、管件和管件附件都用细实线绘制。

（2）管道及仪表流程图内容和深度

工艺管道及仪表流程图（PID）的要求：

①工艺管道及仪表流程图应反映工艺生产过程和控制测量的全部情况。图样应表示出工艺介质系统，以及与生产设备相关联的公用工程和辅助介质系统的管道、阀件及控制测量仪表；对于复杂的工程，辅助系统和公用工程系统可单独绘制公用系统管道及仪表流程图（UID 图）。

②图中的设备应按大致比例和相对标高，并根据工艺生产过程顺序，用细实线画出其简略外形和主要结构特征（如搅拌器、加热管等），还应画出全部设备接口。

③应画出本车间（或工段）的全部设备并注明设备位号。同类型的设备一般按实际台数画出，能够表达清楚的也可简化表示。

一般要在两个地方标注设备位号：第一是在图的上方或下方，要求排列整齐，并尽可能正对设备，在位号线的下方标注设备名称。第二是在设备内或其近旁，此处仅注位号，不注名称。当几个设备或机器为垂直排列时，它们的位号和名称可以由上而下按顺序标注，也可水平标注。设备位号和名称应与设备一览表中一致。

④所有管道必须标注以下内容：管内介质代号、管道顺序号、管道等级（特性）代号、管道规格、管道绝热要求、管内物料流向。带有伴随管的物料管道应标注伴随管内的介质代号、管道等级（特性）代号、规格和根数。带有夹套管的物料管道应标注夹套管内的介质代号，夹套管的材质和规格。

⑤应画出管道上的全部阀件，阀门应编号，画出管道上的主要管件，并注明主要管件的型号、规格或代号。

⑥图中的管道画单线；工艺物料管道画粗实线；水、蒸汽、压缩空气、冷热载体等辅助介质管道，以及开停工等辅助管道用中实线；仪表引线、层高线、地面线、伴随管和夹套管等用细实线。线的粗细由项目决定。

⑦工艺管道及仪表流程图上应画出所有的仪表测量控制点，并注明仪表位号。

⑧进出车间（或工段）的各种管道应注明来源和去向以及管内介质名称及主要技术参数（如：压力、温度等）。

1.2.4.2 设备布置图设计

（1）一般规定

①图幅。一般采用 A0、A1，不宜加宽。特殊情况下也可以采用其他图幅。

②比例。常用比例为 1∶100，也可采用 1∶200 或 1∶50，视装置的设备疏密情况而定。但对于大型装置分段绘制设备布置图时，必须采用同一比例。

③尺寸单位。设备布置图中标注的标高、坐标以米为单位，小数点后取三位数，至毫米为止；其余的尺寸一律以毫米为单位，只注数字，不注单位。采用其他单位标注尺寸时，应注明单位。

④图名。标题栏中的图名一般分成两行，上行写“XXX 设备布置图”，下行写“＋X.XXX 平面”或“X－X 剖视”等。

⑤编号。每张设备布置图均应单独编号。同一主项的设备布置图不得采用一个号，并加上第几张、共几张的编号方法。

（2）图面安排及视图要求

①设备布置图一般只绘平面图。对于较复杂的装置或有多层建筑物、构筑物的装置，当平面图表示不清楚时，可绘制剖视图。剖视符号规定用 A－A、B－B……大写英文字母表示。

②多层建筑物或构筑物，应依次分层绘制各层的设备布置图。

③一般情况下，每一层只绘一个平面图。当有局部操作台时，在该平面图上可以只绘操作台下的设备，局部操作台及其上面的设备另绘局部平面图。如不影响图面清晰，也可重叠绘制，操作台下的设备绘虚线。

④一个设备穿越多层建筑物、构筑物时，在每层平面上均需绘出设备的平面布置，并标注设备位号。

1.2.4.3 管道布置图设计

（1）一般规定

①图幅。管道布置图图幅采用 A0、A1 或 A2；同区的图应采用同一种图幅。

②比例。常用比例为 1∶30，也可采用 1∶25 或 1∶50，但同区的或各分层的平面图，应尽量采用同一比例。

③尺寸单位。管道布置图中标注的标高、坐标以米为单位，小数点后取三位数，至毫米为止；其余的尺寸一律以毫米为单位，只注数字，不注单位。管子公称通径一律用毫米表示。

④地面标高为±0.000m。

⑤图名。标题栏中的图名一般分成两行书写，上行写“管道布置图”，下行写“+X.XXX平面”或“A-A、B-B……剖视”等。

(2) 管道布置图上建（构）筑物的表示内容

①建筑物和构筑物应按比例根据设备布置图画出柱、梁、楼板、门、窗、楼梯、操作平台、安装孔、管沟、篦子板、散水坡、管廊架、围堰、通道等。

②标准建筑物、构筑物的轴线号和轴线间的尺寸。

③标注地面、楼面、平台面、吊车、梁顶面的标高。

④按比例用细实线标出电缆托架、电缆沟、仪表电缆盒（架）的宽度和走向，并标出底面标高。

⑤生活间及辅助间应标出其组成和名称。

(3) 管道布置图上设备应表示的内容

①用细实线按比例在设备布置图所确定的位置画出设备的简略外形和基础、平台、梯子。

②在管道布置图上的设备中心线上方标注与流程图一致的设备位号，下方标注支承点的标高或主轴中心线的标高。

③按设备布置图标注设备的定位尺寸。

④按设备图标注设备管口符号，以及管口定位尺寸，标注由设备中心至管口端面的距离。

⑤按产品样本或制造厂提供的图纸标注泵、压缩机等机械设备的管口定位尺寸（或角度），并给出管口符号。

⑥按比例画出卧式设备的支承底座，并标注固定支座的位置；对于立式设备，应表示出裙座人孔的位置及标记符号。

(4) 管道布置图上管道应表示的内容

①在适当位置画箭头表示物料流向（双线管道箭头画在中心线上）。

②按比例画出管道及管道上的阀门、管件、管道附件、特殊管件等。

③各种管件连接型式、焊点位置应按管件长度比例画，标注尺寸时应考虑管件组合的长度。

④管道的检测元件（压力、温度、流量、液位、取样等）在管道布置平面图上用圆圈表示，圆内按PID图检测元件的符号和标号填写。

⑤不标注法兰之间垫片的尺寸，但必须把这部分包括在所在管道的总尺寸内。

⑥管道布置图中若有管道难以表示清楚时，可以采取局部详图的方式表示。

⑦按PID图在管道上方标注介质代号、管道编号、公称直径、管道等级及绝热方式，下方标注管道标高。

1.2.4.4 管道轴测图设计

根据项目具体情况和合同要求，可绘制管道轴测图，如绘制单管轴测图时，则不需要填管段表。

(1) 管道轴测图按正常轴测投影绘制。管道的走向按方向标的规定，这个方向标的北(N)向与管道布置图上的方向标的北向应该一致。

(2) 图中文字，除规定的缩写词用英文字母外，其他用中文。

(3) 管道轴测图图侧附有材料表，对所选用的标准件的材料，应符合管道等级和材料选用表的规定。对于不绘轴测图的管道，则应编写管段表。

(4) 管道轴测图不必按比例绘制，但各种阀门、管件之间比例要协调，它们在管段中的位置相对比例也要协调。

上面提到的压力管道设计中的一些表格、施工图设计要求等内容，可参考 HG 20519《化工工艺设计施工图内容和深度统一规定》的规定。

1.3 压力管道输送介质的特性

压力管道输送介质一般具有可燃、易爆、有毒、有腐蚀性的特性。有时一种介质可能具有全部的危险特性，有时可能具有其中的一种或二三种危险特性。这些危险特性直接影响着压力管道的运行安全，也是压力管道安全管理法规、标准分级制定的依据。因此，我们要了解管道介质的一些特殊性质，以便在压力管道设计中予以充分考虑，并运用于选材、管道布置、机械设计计算等环节中。

1.3.1 流体的主要物理性质

在常温常压条件下，物质有固态、液态和气态三种聚集状态，它们分别称为固体、液体和气体。液体和气体又合称为流体。管道输送的介质主要是指流体介质。

(1) 流体的流动性

流体没有固体的形状，其形状取决于限制它的固体边界；流体各个部分之间很容易发生相对运动，这就是流体的流动性。用力学语言来讲：流体在受到很小的切应力作用时，就要发生连续的变形（流动），直到切应力消失为止。受到切应力作用发生连续变形的流体称为运动流体。反之，不受切应力作用的流体就不发生变形，称之为静止流体。

(2) 流体的密度和比体积

密度与比体积是流体最基本的物理量。密度是流体中某空间点上单位体积的平均质量，密度是空间位置及时间的函数，以 ρ 表示，单位为 kg/m^3。决定流体密度值大小的因素有：流体的种类、压力和温度。

比体积是密度的倒数，即单位质量流体所占有的体积，以 v 表示，$v=1/\rho$，其单位为 m^3/kg。

(3) 流体的可压缩性

流体不仅形状容易发生变化，而且在压力作用下体积也会发生改变。当作用于流体上的压力增加时，其体积将会减小的特性称为流体的可压缩性。流体的可压缩性通常用体积压缩系数来表示。流体的可压缩性系数定义为：在一定温度下，单位压力增量产生的体积相对减少率，以 β_p 表示，单位为压力单位的倒数，m^2/N（或 1/Pa）。

显然，β_p 值大表示流体的可压缩性大；反之则可压缩性小。如在 20℃及标准大气压力下，水的可压缩性系数 $\beta_p=4.532\times10^{-10}\ m^2/N$，而理想气体的可压缩性系数为 $\beta_p=9.869\times10^{-6}m^2/N$，可见水的可压缩性远远小于气体。在流体力学中，为了处理问题的方便，常将压缩性很小的流体近似看作不可压缩流体，其密度可视为常数。显然水是典型的不可压缩流体。工程上一般将液体视为不可压缩流体，将气体视为可压缩流体。

（4）流体的热膨胀性

流体的膨胀性是指当温度增加时，流体的体积增大的特性。膨胀性的大小用体积膨胀系数度量，以 α_v 表示，单位为 1/K（或 1/℃）。或者说，流体在温度改变时，其体积或密度可以改变的性质，称为流体的热膨胀性。

（5）流体的传输特性

流体的传输特性，主要指动量输送、能量输送、质量输送。从宏观上看，它们分别表现为黏滞现象、导热现象、扩散现象，并具有各自的宏观规律。反映流体传输特性的重要参数有黏度、导热系数、导温系数。

①流体的黏度

流体在受到外部剪切力作用时发生变形（流动），其内部相应要产生对变形的抵抗，并以内摩擦力的形式表现出来。所有流体在相对运动时都要产生内摩擦力，因此这是流体的一种固有物理属性，称为流体的黏滞性或黏性。代表流体黏性的物理量称为动力黏度（黏性系数），它反映了流体内摩擦力的大小，用 μ 表示，其单位为 $N\cdot s/m^2$ 或 $Pa\cdot s$；μ 在数值上等于速度梯度为 1 时单位面积上内摩擦力的大小。

在流体力学的分析计算中，常常把流体的黏度和密度这两个物理性质结合在一起，以 μ/ρ 的形式出现。由此引出另一个参数来表示这种比值：$\nu=\mu/\rho$，单位为 m^2/s；因为没有力的要素，所以将其称为运动黏度。

②导热系数

导热系数也称热导率，是物质的重要热物性参数，以 λ 表示，单位为 W/（m·K）。导热系数在数值上等于在单位温度梯度作用下，物体内所产生的热流密度向量的模，表征物质的导热能力大小。影响导热系数的因素主要有物质的种类、材料成分、温度、湿度、压力、密度等。金属的导热系数最高，非金属和液体次之，气体导热系数最小。

③导温系数

导温系数也称热扩散率，以 α 表示，其单位为 m^2/s。它反映了导热过程中，材料的导热能力（导热系数）与沿途物质储热能力之间的关系。导温系数的大小表征了物体被加热或冷却时，物体内各部分温度趋向于均匀一致的能力。从温度的角度出发，在同样加热条件下，物体的导温系数越大，物体内部各处的温度差越小。即导温系数表征了物体传播温度变化的能力，它是反映物体导热过程动态特性的重要物理参数。

（6）液体表面张力

液体表面具有一种不同于液体内部的特殊性质。在液体内部，相邻液体间的相互作用表现为压力；而在液体表面，有自动收缩的趋势，界面上液体间的相互作用表现为拉力，使其表面总是处于紧张状态。液体表面的这种拉力就称为表面张力。由于这种张力的存在，引起弯曲液面内外产生压力差以及常见的毛细现象等。表面张力的大小与液面截线（线段）的长 L 成正比，即：$F=\sigma L$；其中，比例系数 σ 称为液体的表面张力系数，它在数值上等于液体表面单位长度分界线两边的相互拉力，也属于液体的物理性质参数，单位为 N/m。

（7）露点和沸点

①露点，是指饱和蒸气经冷却或加压后，遇到接触面或凝结后便液化成露。这时在该压

力下的温度称为露点。烃类混合气体的露点与其组分、压力有关。当压力升高时，露点将随之升高。

②沸点，是指液体的饱和蒸气压与外界压力相等时的温度，称为液体在该压力下的沸点。沸点与外界压力有关，压力增大，沸点上升。

1.3.2 介质的可燃易爆性质

1.3.2.1 可燃易爆介质的特性参数与术语

可燃性物质：指物质本身是可燃性的，能够产生可燃性气体、蒸气或薄雾。

可燃气体或蒸气：指以一定比例与空气混合后，将会形成爆炸性气体环境的气体或蒸气。

可燃液体：指在可预见的使用条件下能产生可燃蒸气或薄雾的液体。

可燃薄雾：指在空气中挥发能形成爆炸性环境的可燃性液体微滴。

(1) 闪燃和闪点

闪点是指可燃液体挥发出来的蒸气与空气形成的混合物，遇火源能够发生闪燃的最低温度。

可燃液体表面的蒸气与空气形成的混合气体与火源接近时会发生瞬间燃烧，出现瞬间火苗或闪光，这种现象称为闪燃。

(2) 点燃和燃点

可燃物质在空气充足的条件下，达到一定温度与火源接触即行着火，移去火源后仍能持续燃烧达 5min 以上，这种现象称为点燃。点燃的最低温度称为燃点，也称着火点。物质的燃点越低，越容易燃烧。可燃液体的着火点约高于其闪点 5～20℃。但闪点在 100℃以下时，二者往往相同。在没有闪点数据的情况下，也可以用燃点表征物质的火灾爆炸危险程度。

(3) 自燃和自燃点

在无外界火源的条件下，物质自行引发的燃烧称为自燃。自燃的最低温度称为自燃点。即自燃点是指可燃物质达到某一温度时，与空气接触，无需引火即可剧烈氧化而自行燃烧，发生这种情况的最低温度。

(4) 引燃温度

可燃性气体或蒸气与空气形成的混合物，在规定条件下被热表面引燃的最低温度。

(5) 爆炸与爆炸极限

爆炸是物质发生急剧的物理、化学变化，在瞬间释放出大量能量并伴有巨大声响的过程。在爆炸过程中，爆炸物质所含能量的快速释放，变为对爆炸物质本身、爆炸产物及周围介质的压缩能或运动能。物质爆炸时，大量能量在极短的时间和有限体积内突然释放并聚积，造成高温高压，对邻近介质形成急剧压力突变并引起随后的复杂运动。爆炸介质在压力作用下，表现出不寻常的运动或机械破坏效应，以及爆炸介质受振动而产生的音响效应。

爆炸极限：易燃气体、易燃液体的蒸气或可燃粉尘和空气混合达到一定浓度时，遇到火源就会发生爆炸。达到爆炸的空气混合物的浓度，称之为爆炸极限。一般用可燃气体或蒸气在混合气体中的体积分数表示；有时也用单位体积可燃气体的质量表示，其单位为 kg/m^3。

(6) 爆炸下限与爆炸上限

爆炸下限：可燃气体或蒸气与空气的混合物，并不是在任何组成下都可以燃烧或爆炸，而且燃烧或爆炸的速度也随组成而变化。可燃气体或蒸气在空气中形成爆炸性气体混合物的最低浓度，称为该气体或蒸气的爆炸下限。空气中的可燃性气体或蒸气的浓度低于该浓度，则气体环境就不能形成爆炸。

爆炸上限：可燃气体或蒸气在空气中形成爆炸性气体混合物的最高浓度，称为爆炸上限。空气中的可燃性气体或蒸气的浓度高于该浓度，则气体环境也不能形成爆炸。

(7) 爆炸性气体混合物与可燃性粉尘

爆炸性气体混合物是指在大气条件下，点燃后燃烧将在全范围内传播的气体、蒸气、薄雾状的易燃物质与空气的混合物。

可燃性粉尘是指在空气中能燃烧或无焰燃烧并在大气压和正常温度下能与空气形成爆炸性混合物的粉尘、纤维或飞絮。

1.3.2.2 可燃易爆介质环境特性

(1) 爆炸性气体环境

在大气条件下，气体或蒸气可燃物质与空气的混合物引燃后，能够保持燃烧自行传播的环境。

(2) 爆炸性粉尘环境

在大气条件下，可燃性粉尘与空气的混合物引燃后，能够保持燃烧自行传播的环境。

(3) 爆炸性环境

在大气条件下，气体、蒸气、粉尘、薄雾、纤维或飞絮与空气现场的混合物引燃后，能够保持燃烧自行传播的环境。

(4) 自燃通风环境

由于天然风力或温差的作用能使新鲜空气置换原有混合物的区域。

(5) 机械通风环境

用风扇、排风机等装置使新鲜空气置换原有混合物的区域。

(6) 爆炸危险区域

爆炸性混合物出现的或预期出现的数量达到足以要求对电气设备的结构、安装和使用采取预防措施的区域。

(7) 非爆炸危险区域

爆炸性混合物预期出现的数量不足以要求对电气设备的结构、安装和使用采取预防措施的区域。

(8) 在爆炸性气体环境中，产生爆炸必须同时存在的条件：

①存在可燃气体、可燃液体的蒸气或薄雾，其浓度在爆炸极限范围内；

②存在足以点燃爆炸性气体混合物的火花、电弧或高温。

(9) 爆炸性气体环境危险区域的划分原则

爆炸性气体环境危险区域的划分原则是根据爆炸性气体混合物出现的频繁程度和持续时间，按下列规定进行分区：

0区：连续出现或长期出现爆炸性气体混合物的环境；

1区：在正常运行时可能出现爆炸性气体混合物的环境；

2区：在正常运行时不可能出现爆炸性气体混合物的环境，或即使出现也仅是短时存在的爆炸性气体混合物的环境；

附加2区：当易燃物质可能大量释放并扩散到15m以外时，爆炸危险区域的范围应划分附加2区。

(10) 释放源及其分级

可释放出能形成爆炸性混合物的物质所在部位或地点，称为释放源。释放源应按可燃物质的释放频繁程度和持续时间长短分为连续级释放源、一级释放源、二级释放源，释放源分级应符合下列规定：

①连续级释放源应为连续释放或预计长期释放的释放源。下列情况可划为连续级释放源；

a) 没有用惰性气体覆盖的固定顶盖储罐中的可燃液体的表面；

b) 油、水分离器等直接与空间接触的可燃液体的表面；

c) 经常或长期向空间释放可燃气体或可燃液体的蒸气的排气孔和其他孔口。

②一级释放源应为在正常运行时，预计可能周期性或偶尔释放的释放源。下列情况可划为一级释放源：

a) 在正常运行时，会释放可燃物质的泵、压缩机和阀门等的密封处；

b) 贮有可燃液体的容器上的排水口处，在正常运行中，当水排掉时，该处可能会向空间释放可燃物质；

c) 正常运行时，会向空间释放可燃物质的取样点；

d) 正常运行时，会向空间释放可燃物质的泄压阀、排气口和其他孔口。

③二级释放源应为在正常运行时，预计不可能释放，当出现释放时，仅是偶尔和短期释放的释放源。下列情况可划为二级释放源：

a) 正常运行时，不能出现释放可燃物质的泵、压缩机和阀门的密封处；

b) 正常运行时，不能释放可燃物质的法兰、连接件和管道接头；

c) 正常运行时，不能向空间释放可燃物质的安全阀、排气孔和其他孔口处：

d) 正常运行时，不能向空间释放可燃物质的取样点。

1.3.2.3 介质火灾危险性分类

火灾危险性一般分为一次危险和次生（二次）危险。一次危险是指设备或系统内潜在着发生火灾或爆炸的危险，但在正常操作工况下，不会危害人身安全或设备完好。二次危险是指由于一次危险而引起的危险，它会直接危害到人身安全、设备毁坏和建筑物的倒塌等。

GB 50016—2014 (2018)《建筑设计防火规范》和 GB 50160—2008 (2018)《石油化工企业设计防火标准》，根据不同介质引发火灾危险性的不同，对生产的火灾危险性进行了分类。

(1) GB 50016《建筑设计防火规范》的分类

GB 50016 根据生产中使用或产生的物质性质及其数量等因素，把生产的火灾危险性分为五类，即甲、乙、丙、丁、戊类。

①甲类。下列为甲类生产火灾危险性工况：

a) 闪点小于28℃的液体；

b) 爆炸下限（体积分数）小于10%的气体；

c) 常温下能自行分解或在空气中氧化能导致迅速自燃或爆炸的物质；

d) 常温下受到水或空气中水蒸气的作用，能产生可燃气体并引起燃烧或爆炸的物质；

e）遇酸、受热、撞击、摩擦、催化以及遇有机物或硫磺等易燃的无机物，极易引起燃烧或爆炸的强氧化剂；

f）受撞击、摩擦或与氧化剂、有机物接触时能引起燃烧或爆炸的物质；

g）在密闭设备内操作温度不小于物质本身自燃点的生产。

②乙类。下列为乙类生产火灾危险性工况：

a）闪点不小于28℃，但小于60℃的液体；

b）爆炸下限（体积分数）不小于10%的气体；

c）不属于甲类的氧化剂；

d）不属于甲类的易燃固体；

e）助燃气体；

f）能与空气形成爆炸性混合物的浮游状态的粉尘、纤维、闪点不小于60℃的液体雾滴。

③丙类。下列为丙类生产火灾危险性工况：

a）闪点不小于60℃液体；

b）可燃固体。

④丁类。下列为丁类生产火灾危险性工况：

a）对不燃烧物质进行加工，并在高温或熔化状态下经常产生强辐射热、火花或火焰的生产；

b）利用气体、波体、固体作为燃料或将气体、液体进行燃烧作其他用的各种生产；

c）常温下使用或加工难燃烧物质的生产。

⑤戊类。常温下使用或加工不燃烧物质的生产。

（2）GB 50160《石油化工企业设计防火标准》的分类

GB 50160对可燃气体、可燃液体分别进行了火灾危险性分类。

①可燃气体的火灾危险性分类

甲类：是指爆炸下限（体积分数）小于10%的可燃气体。例如：乙炔、氢气、环氧乙烷、合成气、乙烯、丙烯、丁烯、丁二烯、甲烷、乙烷、丙烷、丁烷、氰化氢、氯乙烯、甲醛，等。

乙类：是指爆炸下限（体积分数）大于等于10%的可燃气体。例如：一氧化碳、氨、溴甲烷，等。

②液化烃、可燃液体的火灾危险性分类

甲$_A$类：指15℃时的蒸气压力>0.1MPa的烃类液体及其他类似的液体（液化烃）。例如：液化氯甲烷、液化乙烯、液化乙烷、液化丙烯、液化丙烷、液化石油气、液化氯乙烯、液化丁烯，等。

甲$_B$类：甲$_A$类以外，闪点<28℃的可燃液体。例如：汽油、二硫化碳、石油醚、苯、甲苯、乙苯、石脑油、原油、乙醚、乙醛、甲醇、乙醇、丙醇，等。

乙$_A$类：28℃≤闪点≤45℃的可燃液体。例如：苯乙烯、丙苯、煤油、丁醇、冰醋酸、液氨、−35号轻柴油、−50号轻柴油，等。

乙$_B$类：45℃<闪点<60℃的可燃液体。例如：轻柴油、氯乙醇、氯丙醇，等。

丙$_A$类：60℃≤闪点≤120℃的可燃液体。例如：重柴油、锭子油、20号重油、甲醛、甲酸、乙二醇，等。

丙$_B$类：闪点＞120℃的可燃液体。例如：蜡油、100号重油、渣油、变压器油、润滑油、甘油、二氯甲烷、矿物油、白油，等。

1.3.3 介质的毒性

我国现行标准GBZ 230—2010（原GB 5044）《职业性接触毒物危害程度分级》规定了职业性接触毒性物质危险程度分级的依据，对职业性接触毒物危害程度进行了分级。

1.3.3.1 毒性相关术语

（1）职业性接触毒物

职业性接触毒物，是指劳动者在职业活动中接触的以原料、成品、半成品、中间体、反应副产物和杂质等形式存在，并可经呼吸道、经皮肤或经口进入人体而对劳动者健康产生危害的物质。

（2）危害

危害是指职业性接触毒物可能导致的劳动者的健康损害和不良健康影响。

（3）毒物危害指数

毒性危害指数是指综合反映职业性接触毒物对劳动者健康危害程度的量值。

1.3.3.2 毒性分级依据（指标）

（1）急性毒性

以动物试验得出的呼吸道吸入半数致死浓度（LC_{50}）或经口、经皮半数致死量（LD_{50}）的资料为准，选择其中LC_{50}或LD_{50}最低值作为急性毒性指标。即急性毒性指标包括急性吸入半数致死浓度LC_{50}，急性经皮半数致死量LD_{50}。

（2）刺激与腐蚀性

根据毒物对眼睛、皮肤或黏膜刺激作用的强弱划分评分等级。

（3）致敏性

根据对人致敏报告及动物实验数据划分评分等级。

（4）生殖毒性

根据对人生殖毒性的报告及动物实验数据划分评分等级。

（5）致癌性

根据IARC致癌性分类划分评分等级；属于明确人类致癌物的，直接列为极度危害。

（6）影响毒物作用的因素指标

①扩散性。以毒物常温下或工业中使用时状态及其挥发性（固体为扩散性）作为评分指标。

②蓄积性。以毒物的蓄积性强度或在体内的代谢速度作为评分指标，根据蓄积系数或生物半减期划分评分等级。

（7）实际危害后果指标

根据中毒病死率和危害预后情况划分评分等级。

（8）产业政策指标

将我国政府已经列入禁止使用名单的物质直接列为极度危害。列入使用（含贸易限制）

名单的物质，毒物危害指数低于高度危害分级的，直接列为高度危害。毒物危害指数在极度或高度危害范围内的，依据毒物危害指数进行分级。

1.3.3.3 毒性程度等级划分与毒物危害指数计算

（1）毒性危害程度等级

职业性接触毒物危害程度分为四级：极度危害（Ⅰ级）、高度危害（Ⅱ级）、中度危害（Ⅲ级）和轻度危害（Ⅳ级）。

（2）毒物危害指数

职业接触毒物危害指数按式（1-1）计算：

$$THI = \sum_{i=1}^{n}(k_i \cdot F_i) \tag{1-1}$$

式中 THI——毒物危害指数；

k_i——分项指标权重系数；

F_i——分项指标积分值。

（3）职业接触毒物危害程度的分级范围

轻度危害（Ⅳ级）：$THI<35$；

中度危害（Ⅲ级）：$35 \leqslant THI<50$；

高度危害（Ⅱ级）：$50 \leqslant THI<65$；

极度危害（Ⅰ级）：$THI \geqslant 65$。

1.3.3.4 职业性接触毒物危害程度分级原则

GBZ 230 规定了职业性接触毒物危害程度的分级依据和原则。职业性接触毒物危害程度分级，是以毒物急性毒性、扩散性、蓄积性、致癌性、生殖毒性、致敏性、刺激与腐蚀性、实际危害后果与预后等 9 项指标为基础的定级标准。分级原则是依据急性毒性、影响毒性作用的因素、毒性效应、实际危害后果 4 大类 9 项分级指标进行综合分析、计算毒物危害指数确定。每项指标均按照危害程度分 5 个等级并赋予相应的分值（轻微危害：0 分、轻度危害：1 分、中度危害：2 分、高度危害：3 分、极度危害：4 分）；同时根据各项指标对职业危害影响作用的大小赋予相应的权重系数，依据各项指标加权分值的总和，即毒物危害指数确定职业性接触毒物危害程度的级别。职业性接触毒物危害程度分级和评分依据见表 1.1。

表 1.1 职业性接触毒物危害程度分级和评分依据

分项指标		极度危害	高度危害	中度危害	轻度危害	轻微危害	权重系数
积分值		4	3	2	1	0	
急性吸入 LC_{50}	气体[a]/(cm^3/m^3)	<100	≥100～<500	≥500～<2500	≥2500～<20000	≥20000	5
	蒸气/(mg/m^3)	<500	≥500～<2000	≥2000～<10000	≥10000～<20000	≥20000	
	粉尘和烟雾/(mg/m^3)	<50	≥50～<500	≥500～<1000	≥1000～<5000	≥5000	

续表

分项指标	极度危害	高度危害	中度危害	轻度危害	轻微危害	权重系数
积分值	4	3	2	1	0	
急性经口 LD_{50}/(mg/kg)	<5	≥5～<50	≥50～<300	≥300～<2000	≥2000	
急性经皮 LD_{50}/(mg/kg)	<50	≥50～<200	≥200～<1000	≥1000～<2000	≥2000	1
刺激与腐蚀性	pH≤2 或 pH≥11.5；腐蚀作用或不可逆损伤作用	强刺激作用	中等刺激作用	轻刺激作用	无刺激作用	2
致敏性	有证据表明该物质能引起人类特定的呼吸系统致敏或重要脏器的变态反应性损伤	有证据表明该物质能导致人类皮肤过敏	动物试验证据充分，但无人类相关证据	现有动物试验证据不能对该物质的致敏性做出结论	无致敏性	2
生殖毒性	明确的人类生殖毒性：已确定对人类的生殖能力、生育或发育造成有害效应的毒物，人类母体接触后可引起子代先天性缺陷	推定的人类生殖毒性：动物试验生殖毒性明确，但对人类生殖毒性作用尚未确定因果关系，推定对人的生殖能力或发育产生有害影响	可疑的人类生殖毒性：动物试验生殖毒性明确，但无人类生殖毒性资料	人类生殖毒性未定论：现有证据或资料不足以对毒物的生殖毒性作出结论	无人类生殖毒性：动物试验阴性，人群调查结果未发现生殖毒性	3
致癌性	Ⅰ组，人类致癌物	ⅡA 组，近似人类致癌物	ⅡB 组，可能人类致癌物	Ⅲ组，未归入人类致癌物	Ⅳ组，非人类致癌物	4
实际危害后果与预后	职业中毒病死率≥10%	职业中毒病死率<10%；或致残（不可逆损害）	器质性损害（可逆性重要脏器损害），脱离接触后可治愈	仅有接触反应	无危害后果	5
扩散性（常温或工业使用时状态）	气态	液态，挥发性高（沸点<50℃）；固态，扩散性极高（使用时形成烟或烟尘）。	液态，挥发性中（沸点≥50～<150℃）；固态，扩散性高（细微而轻的粉末，使用时可见尘雾形成，并在空气中停留数分钟以上）	液态，挥发性低（沸点≥150℃）；固态，晶体、粒状固体、扩散性中，使用时能见到粉尘但很快落下，使用后粉尘留在表面	固态，扩散性低（不会破碎的固体小球（块），使用时几乎不产生粉尘）	3

续表

分项指标	极度危害	高度危害	中度危害	轻度危害	轻微危害	权重系数
积分值	4	3	2	1	0	
蓄积性（或生物半减期）	蓄积系数（动物实验，下同）<1；生物半减期≥4000h	蓄积系数≥1～<3；生物半减期≥400h～<4000h	蓄积系数≥3～<5；生物半减期≥40h～<400h	蓄积系数>5；生物半减期≥4h～<40h	生物半减期<4h	1

注1：急性毒性分级指标以急性吸入毒性和急性经皮毒性为分级依据。无急性吸入毒性数据的物质，参照急性经口毒性分级。无急性经皮毒性数据、且不经皮吸收的物质，按轻微危害分级；无急性经皮毒性数据、但可经皮肤吸收的物质，参照急性吸入毒性分级。

注2：强、中、轻和无刺激作用的分级依据GB/T 21604和GB/T 21609。

注3：缺乏蓄积性、致癌性、致敏性、生殖毒性分级有关数据的物质的分项指标暂按极度危害赋分。

注4：工业使用在五年内的新化学品，无实际危害后果资料的，该分项指标暂按极度危害赋分；工业使用在五年以上的物质，无实际危害后果资料的，该分项指标按轻微危害赋分。

注5：一般液态物质的吸入毒性按蒸气类划分。

[a] $1cm^3/m^3=1ppm$，ppm与mg/m^3在气温为20℃，大气压为101.3kPa（760mmHg）的条件下的换算公式为：$1ppm=24.04/M_r\ mg/m^3$，其中M_r为该气体的相对分子质量。

1.3.4 介质的腐蚀性

（1）腐蚀性介质的定义

腐蚀性介质是指在管道中的液体与皮肤接触时，4h内出现坏死情况的介质；或55℃时，对20钢的腐蚀率大于6.25mm/a的流体介质。

（2）金属的耐腐蚀性等级

金属的耐腐蚀性等级按照腐蚀速率（mm/a）分为10级，见表1.2。

表1.2 金属的耐腐蚀性等级

级别	腐蚀速率/（mm/a）	耐蚀性类别
1级	<0.001	完全耐蚀
2级	0.001～0.005	很耐蚀
3级	0.005～0.01	
4级	0.01～0.05	耐蚀
5级	0.05～0.1	
6级	0.1～0.5	尚耐蚀
7级	0.5～1.0	
8级	1.0～5.0	欠耐蚀
9级	5.0～10	
10级	>10.0	不耐蚀

1.4 压力管道法规和标准简介

为了保证压力管道在设计寿命内安全可靠地运行，世界各工业国家都制定了一系列压力管道的法规和标准，给出材料、设计、制造、检验及运行维护等方面的基本要求。压力管道的设计必须满足这些要求，否则就要承担相应的后果。然而，标准不可能包罗万象，不可能包括压力管道设计的所有细节，设计者需要创造性地使用标准，根据具体设计要求，在满足标准基本要求的前提下，做出最优化的设计方案。

1.4.1 国外主要压力管道标准简介

1.4.1.1 美国 ASME B31 压力管道标准简介

(1) ASME B31 压力管道系列标准的发展

美国是世界上最早制定压力管道标准的国家。1926 年，美国标准协会（American Standards Association）为开发管道规范设立了一个 B31 项目（Project B31），当时 ASME 是唯一的一个主管机构（Administrative Sponsor）。这部标准的首次发行是在 1935 年，名称为“美国压力管道试行标准规范”（American Tentative Standard Code for Pressure Piping）。从 1942 年到 1955 年，这部标准就以 ASA B31.1“美国压力管道标准规范”（American Standard Code for Pressure Piping）的名称出版了。那时，这部标准是由适用于不同行业的几个独立的篇（Sections）构成的。

从 1955 年开始，上述几个独立的篇分离出来，首先出版了 ASA B31.8“气体输送和分配管道系统”。到 1959 年，又出版了 ASA B31.3“石油炼厂管道规范”。此后，大多数独立编写的篇陆续出版。其编号如下：

B31.1 动力管道

B31.2 燃气管道［1988 年撤销］

B31.3 工艺管道

B31.4 烃类、液态石油气、无水氨和酒精的液体输送管道系统

B31.5 制冷管道和传热部件

B31.6 化工厂管道［从未出版］

B31.7 核管道［移入 ASME 锅炉压力容器规范 第Ⅱ卷］

B31.8 气体输送和分配管道系统

B31.9 建筑用管道

B31.10 深冷管道［从未出版］

B31.11 浆液管道

虽然在 1974 年化工厂管道 B31.6 这一卷的草稿已经完成，但当时决定把这一卷并入 B31.3，因为这两卷关系太密切了，于是在 1976 出版了一本联合在一起的标准，叫做化工厂和石油炼厂管道。此时，许多概念被引入到 B31.3，例如：流体工况类别（Fluid service-category）、非金属管道（Nonmetallic piping）、安全保护（Safeguarding）等；1980 年，把 B31.3 标准中的非金属管道部分并为单独的一章，即第Ⅶ章。

专业委员会 ASME B31.10 曾经编写了一部《深冷管道规范草案》，在 1981 年准备呈报批准。但由于其内容与 ASME B31.3 重叠甚多，故决定把两个专业委员会合并，两个标准也并为一个。合并后的标准在 1984 年出版。同年，在 ASME B31.3 中增加了另一个有影响力的独立规范，把它作为该标准的第Ⅸ章，即“高压管道”。

在 B31 系列标准的封面上，B31 前面的缩写，几经改变，从 ASA 到 ANSI 再到 ASME。最初的 ASA，是美国标准协会的缩写。1967 年到 1969 年间，ASA 首次改名为美国标准学会（United States of America Standards Institute），后来又改名为美国国家标准学会（ANSI）。1978 年，管道标准委员会又改组为在 ASME 下面运作的一个委员会。到目前一直把这些标准定名为 ASME B31。这些变化并没有改变管道委员会的组织结构，也没有使管道标准有所改变。

（2）ASME B31.3《工艺管道》简介

在 ASME B31 压力管道系列标准中，ASME B31.3《工艺管道》最具有代表性。ASME B31.3 是被全球普遍接受的工艺管道标准。实际上，这部标准是石油、石油化工和化工行业的标准。ASME B31.3 涵盖范围极其广泛，其包含的流体从水到毒性危害性极大的气体如芥子气；其适用温度范围从深冷工况到高温 815℃以上；压力范围从真空、常压到 340MPa，甚至更高。

ASME B31.3 现行（2016）版共由 10 章内容构成。

第Ⅰ章　范围和定义。规定了业主、设计者、制造商、检验师的各自责任；明确了规范适用于所有流体的管道。这一章对管道流体工况进行分类，给出 6 种流体工况定义，提供了辨别管道可能发生的危险性级别的方法。

D 类流体工况：是危险性比较低的工况，它指的是工作压力低于 1.035MPa、工作温度在-29～186℃之间、无毒、非易燃性、对人体组织没有危害性的流体。水管道是典型的 D 类流体工况的管道。

M 类流体工况：是对危险性极大流体工况而言，此类工况指同时符合下列两项要求的流体工况：第一，流体的毒性非常大，一次性接触极少量的泄漏流体，即使迅速采取了治疗措施，也能对呼吸或人体造成严重的不可逆的伤害。第二，考虑了管道设计、经验、工况条件和场所后，业主确定常规的流体工况要求不足以提供保证人员免受影响所需要的密封性能。

一般情况下可划为 M 类流体工况的例子有：含有异氰酸甲酯（Methyl isocyanate）、光气（Phosgene）和神经性毒气（Nerve gas）的管道系统。含有硫化氢和氰化氢（Hydrogen cyanide）的管道系统并非一定划为 M 类流体工况。不过，由于划分类别时必须考虑安装的条件，故不可能编出一份 M 类流体的表。对于应划为 M 类流体工况的，还必须考虑个人暴露是否重要。例如，假如一条管道是双层保护的，则即使里面盛装的是光气之类的剧毒流体，则也不能把这条管道划为 M 类，因为个人暴露的潜在危险不重要。对于 M 类流体工况，不能适用正常流体工况的规则。反之，应采用导致建造费用较高的附加规则，后者有提高管道系统严密性的各种规定。

此外，对于 M 类流体工况也可采用比第Ⅷ章的规定更为严格的规则。例如：不采用第Ⅷ章要求的 20％射线检测，而采用 100％射线检测，或采用 M 类流体工况不要求的双层管道。

高温流体工况：是指管道的金属温度持久地等于或大于 T_c（金属材料蠕变温度）的流体工况。

高压流体工况：业主规定按第Ⅸ章进行设计和建造的流体工况。

高纯度流体工况：是指一种由于产品的清洁度控制水平要求因而选择规范规定之外的制作、检验、检测和试验方法要求的流体工况。该术语用于其他特定目的如高纯度、超高纯度、卫生的或无菌的管道系统。

常规的流体工况：规范管辖的大部分管道的流体工况，也就是不受 D 类、M 类、高温、高压或高纯度流体工况规定管辖的工况。

对于流体工况危险性较低的管道，亦即 D 类管道，允许采用严格性较低的设计、检查和试验。而对于流体工况危险性较大的管道，亦即 M 类管道，则有较为严格的要求。除非业主指定该流体工况是属于 D 类或 M 类，一切工况都认为是正常工况（Normal fluid service）。

业主的责任是择定流体工况的类别。没有业主的批准不能选择 D 类或 M 类。除非做了不同的选择，应认定流体工况是正常工况。鉴于有些业主对于这个责任不是很熟悉，管道的设计者应告诉业主他的责任所在，可以在流体工况选择过程中给予业主以指导。

第Ⅱ章　设计。规定了压力管道强度设计和应力分析设计的设计条件和设计准则；给出了管道组成件的设计计算方法和计算公式；提出了流体工况对管道组成件及其连接形式的要求。

第Ⅲ章　材料。对压力管道用材料提出了一般性的要求。

第Ⅳ章　管道组成件标准。给出管道组成件的尺寸和额定参数。

第Ⅴ章　制作、装配和安装。对弯曲和成型、焊接、热处理、管道安装等提出要求。

第Ⅵ章　检验、检测和试验。对检测人员、检测工艺、检测类型等提出要求。

前面的 6 章是该规范的基本部分，是对正常和 D 类工况流体金属管道提出管道规范的基本要求。

第Ⅶ章　非金属管道和非金属材料衬里的管道。含有非金属管道的规则和内衬非金属的金属管道的附加要求。

第Ⅷ章　M 类流体工况的管道。含有 M 类工况流体管道的规则和特殊要求。

第Ⅸ章　高压管道。标准将内压高于 42MPa 的管道定义为高压管道。这一章含有高压管道的规则。标准还指出这一章的要求绝非必定要遵守，用不用这一章永远由业主决定。

第Ⅹ章　高纯度的管道。在第Ⅰ章中定义了高纯度流体工况，这一章含有高纯度流体工况管道的规则。

ASME B31.3 标准有某些组成上的特点。了解这些特点，可使查阅标准更加方便。

标准各节遵循一个特殊的编码系统，各个节号都以 300 开始的三位数字编号，这种 300 系列的节号是 ASME B31 压力管道标准下面的 ASME B31.3 标准所独有。基本规范里面的节号在第Ⅶ章到第Ⅹ章里面重复出现，但在节号前面加一个字母以兹区别。第Ⅶ章的节号前面加字母 A，第Ⅷ章对金属管道节号前面加字母 M，而对非金属管道加字母 MA，第Ⅸ章节号前面加字母 K，第Ⅹ章节号前面加字母 U。采用同一节号可方便于在（前 6 章）基本规范要求和最后 4 章中的任一章要求之间进行交叉比较。最后 4 章需要经常引用基本规范的要求，采用这种编码方法，同样的要求就无须多次重复。此外，最后的 4 章也告诉用户随时随地都要查阅基本规范的要求。

1.4.1.2　其他国外标准简介

(1) ISO 15649《石油和天然气工业管道》

为便于国际采用，国际标准化组织制定了 ISO 15649《石油和天然气工业管道》标准。这部规范大体上参照了 ASME B31.3 的标准，由于在 ISO 标准里面并没有指定是参照哪一个具体的版本，故 ASME B31.3 对 ISO 来讲是一部永远的常青参照标准。在 ISO 标准里面规定了一些额外的要求，例如，对于埋地管道的要求等。

这部标准规定了对石油和天然气工业管道的设计和施工要求，包括检验和试验要求。这部标准适用于化工、石油、天然气或相关产品加工或搬运设施内的所有管道，例如炼油厂、装油码头、天然气加工厂、海上油气生产平台、化工原料厂、合成装置等。

(2) EN 13480《金属工业管道》

欧盟于 2002 年正式颁布了其压力管道标准 EN 13480 "Metallic Industrial Piping"。欧盟成员国的内部章程规定了"该标准将可原封不动地作为欧盟各国的压力管道国家标准"。同时，该标准的前言中明确了，符合该标准的要求也即满足了欧盟的承压设备指令 EN 97/23 的基本要求。

EN 13480 共分成五大部分，即第 1 部分"总则"(General)、第 2 部分"材料"(Material)、第 3 部分"设计和计算"(Design and Calculation)、第 4 部分"制作与安装"(Fabrication and Installation) 和第 5 部分"检验与试验"(Inspection and Testing)。

EN 13480 适用于承压或不承压的、地上或埋地的金属材料管道系统，包括支吊架和安全装置。在压力大小上没有加以限制，该标准也适用于公称压力超过 420MPa 的压力管道，只要该管道符合标准的其他四部分的要求。

EN 13480 的管道分级按欧盟的承压设备指令 (97/23EC) 分为 O、Ⅰ、Ⅰb、Ⅱ、Ⅱb、Ⅱc、Ⅲ，它从定性和定量两个方面综合考虑，并根据所输送的流体状态、危险性、压力和管径等采用图表的形式确定。

EN 13480 第 2 部分"材料"。对承压件材料从一般要求、特殊要求、交货技术条件和标记几个方面进行了规定，附录 A 包括了满足要求的配套材料标准，附录 B 是使用温度下限及冲击功要求的规定。对于非承压件（如支承件、裙座、挡板以及类似的其他与压力管道焊接连接的非承压件）和焊接材料，规定了其至少应包括的化学成分和拉伸强度要求。

EN 13480 第 3 部分"设计和计算"。在管道工程中，无论是从安全上、经济上，还是现场施工管理上，都应尽量考虑采用标准管道组成件。而 EN 13480 第 3 部分的内容注重管道系统和管道组成件的非标设计，使用规定或限制等方面内容很少。对于管道系统中的承压管件，EN 13480 对其进行应力分析时，虽然所考虑的载荷与 ASME B31.3 基本相同，但在力学模型的选择和数学推导上更为仔细和全面，使得在某些方面的计算要比 ASME B31.3 中给出的方法复杂。但应该讲，其计算结果从力学分析的角度看较为合理。

EN 13480 第 4 部分"制作与安装"。规定了对管道的制造方以及制作和安装承包方（含分包方）的要求，包括应确保管道组成件（包括支架）的运输、储存、制作和安装，预加工件应采取防护措施等等；还包括对竣工文件的要求。

EN 13480 第 5 部分"检验与试验"。EN 13480 从设计确认、制作过程中的检查、焊缝的无损检测、压力试验和文件几大部分对承压件的检验和检测要求进行了规定，要求详细。

1.4.2 我国压力管道法规和标准概况

1.4.2.1 我国压力管道相应法规的历史发展

我国对压力管道的安全管理较压力容器的安全管理起步晚些。国家对压力管道安全监察管理发布的第一部规章是《压力管道安全管理与监察规定》，由当时的劳动部于1996年4月23日颁布，1996年7月1日实施。

2004年原国家质量监督检验检疫总局颁布《特种设备目录》(2010年增补，2014年修订颁布新版本)，将压力管道列为特种设备。

2008年原国家质量监督检验检疫总局颁布《压力容器压力管道设计许可规则》(TSG R1001—2008)，2008年4月30日实施。

2009年国务院以国务院令第549号颁布了《特种设备安全监察条例》，于2009年5月1日起施行。

2009年原国家质量监督检验检疫总局颁布《压力管道安全技术监察规程—工业管道》(TSG D0001—2009)，于2009年8月1日实施。

2013年国家以主席令第4号颁布了《中华人民共和国特种设备安全法》，于2014年1月1日起施行。

从压力管道相应法规历史沿革来看，国家对压力管道的安全监察，从最初的部门规章到后来的国务院条例，最后提升为国家法律，安全监管力度逐步加大；相关内容逐步修订完善提高。一方面反映出国家对压力管道安全监管工作越来越重视，另一方面也突显出压力管道具有较高的安全风险性，必须严格监督管理。

1.4.2.2 压力管道相应法规简述

(1)《压力管道安全管理与监察规定》

《压力管道安全管理与监察规定》由当时国家劳动部颁布，颁布文号：劳部发〔1996〕140号，1996年4月23日颁布，1996年7月1日实施。《压力管道安全管理与监察规定》是我国关于压力管道安全监管第一个部门规章，第一次提出了压力管道的概念和分类。制定的目的是为了保障压力管道安全运行，保护人民生命和财产安全；是根据《中华人民共和国劳动法》和有关法律、法规的规定而制定的。

该规定定义压力管道：是在生产、生活中使用的可能引起燃爆或中毒等危险性较大的特种设备。该规定适用于如下管道及其附属设施：

①输送GB 5044《职业性接触毒物危害程度分级》中规定的毒性程度为极度危害介质的管道；

②输送GB 50160《石油化工企业设计防火标准》及GB 50016《建筑设计防火规范》中规定的火灾危险性为甲、乙类介质的管道；

③最高工作压力大于等于0.1MPa(表压、下同)，输送介质为气(汽)体、液化气体的管道；

④最高工作压力大于等于0.1MPa，输送介质为可燃、易爆、有毒、有腐蚀性的或最高工作温度高于等于沸点的液体的管道；

⑤前四项规定的管道的附属设施及安全保护装置等。

该规定将压力管道按其用途划分为工业管道、公用管道和长输管道。

(2)《压力容器压力管道设计许可规则》

为了加强对压力容器、压力管道设计单位（以下简称设计单位）的安全监察，确保压力容器、压力管道的设计质量，由原国家质量监督检验检疫总局于 2008 年 1 月 8 日颁布了《压力容器压力管道设计许可规则》（TSG R1001—2008）（简称“许可规则”），于 2008 年 4 月 30 日开始实施。

“许可规则”主要章节包括：总则、设计单位条件、设计许可程序、增项和变更、换证、监督管理等；附件 A 压力容器设计许可级别；附件 B 压力管道类别、级别；附件 C 设计单位质量保证体系文件的基本内容；附件 D 设计单位各级人员基本条件；附件 E 特种设备设计许可印章（模式）。

“许可规则”首先明确了压力容器和压力管道设计必须执行许可证制度；同时对压力容器和压力管道设计许可证取证、换证申请及其受理和评审的程序、步骤等相关内容做出了详细规定。

“许可规则”规定了设计单位必须具备的基本条件；提出了设计人员的资格和水平等基本要求；规定了设计单位质量保证体系文件的主要相关内容及其编制和质量体系运行的基本要求。

“许可规则”将压力管道分为四个类别：长输管道（GA）、公用管道（GB）、工业管道（GC）和动力管道（GD）。

(3)《特种设备安全监察条例》

中华人民共和国国务院令第 549 号《特种设备安全监察条例》（简称“监察条例”），于 2009 年 5 月 1 日起施行。“监察条例”明确规定：特种设备是指涉及生命安全、危险性较大的锅炉、压力容器（含气瓶，下同）、压力管道、电梯、起重机械、客运索道、大型游乐设施和场（厂）内专用机动车辆。即从条例发布之日起，压力管道被列为特种设备之一。“监察条例”的颁布标志着国家对压力管道的安全监管，从最初的部门规章管理提升到国务院法规条例管理的高度。

“监察条例”主要章节包括：总则、特种设备的生产、使用、检验检测、监督检查、事故预防和调查管理、法律责任等。“监察条例”在第八章第九十九条中给出压力管道定义：压力管道是指利用一定的压力，用于输送气体或液体的管状设备，其范围规定为最高工作压力大于或者等于 0.1MPa（表压）的气体、液化气体、蒸汽介质或者可燃、易爆、有毒、有腐蚀性、最高工作温度高于或者等于标准沸点的液体介质，且公称直径大于 25mm 的管道。这是我国法规第一次给出压力管道的含义。

(4)《中华人民共和国特种设备安全法》

中华人民共和国主席令第 4 号《中华人民共和国特种设备安全法》（简称“特种设备安全法”），2013 年 6 月 29 日颁布，2014 年 1 月 1 日正式实施。

“特种设备安全法”进一步明确特种设备是指：对人身和财产安全有较大危险性的锅炉、压力容器（含气瓶）、压力管道、电梯、起重机械、客运索道、大型游乐设施、场（厂）内专用机动车辆，以及法律、行政法规规定适用本法的其他特种设备。“安全法”适用于特种设备的生产、经营、使用、检验、检测和特种设备安全的监督管理。其中明确特种设备的生产包括设计、制造、安装、改造、修理等环节。

“特种设备安全法”主要章节包括：总则、生产经营使用、检验检测、监督管理、事故应急救援与调查处理、法律责任等。“特种设备安全法”的颁布实施，把压力管道的安全监管从原来的国务院条例，提升为国家法律，安全监管力度进一步加大。

（5）《特种设备目录》

为了规范特种设备的定义和分类，原国家质量监督检验检疫总局从2004年开始颁布《特种设备目录》。2010年进行了增补，2014年进行了修订再版，2018年由国家市场监督管理局再次修订，待颁布。

2014版《特种设备目录》对压力管道进行了如下定义：

压力管道是指利用一定的压力，用于输送气体或者液体的管状设备，其范围规定为最高工作压力大于或者等于0.1MPa（表压），介质为气体、液化气体、蒸汽或者可燃、易爆、有毒、有腐蚀性、最高工作温度高于或者等于标准沸点的液体，且公称直径大于或者等于50mm的管道。公称直径小于150mm，且其最高工作压力小于1.6MPa（表压）的输送无毒、不可燃、无腐蚀性气体的管道和设备本体所属管道除外。其中，石油天然气管道的安全监督管理还应按照《安全生产法》《石油天然气管道保护法》等法律法规实施。

2014版《特种设备目录》对压力管道的分类为：长输管道（包括输油管道、输气管道）、公用管道（包括燃气管道、热力管道）、工业管道（包括工艺管道、动力管道、制冷管道）。

1.4.2.3 我国压力管道标准概况

我国关于压力管道设计标准，从2000年前后开始编制和颁布，到目前为止与压力管道设计相关的标准约有几百部，有国家标准，也有行业标准。例如：

国家标准GB 50316—2000《工业金属管道设计规范》（2008年修订）、GB/T 20801—2006《压力管道规范　工业管道》、GB/T 34275—2017《压力管道规范　长输管道》、GB/T 32270—2015《压力管道规范　动力管道》、GB 50028—2006《城镇燃气设计规范》等等；

石化行业标准SH 3011—2011《石油化工工艺装置布置设计规范》、SH 3012—2011《石油化工金属管道布置设计规范》、SH/T 3041—2016《石油化工管道柔性设计规范》等等；

化工行业标准HG/T 20645—1998《化工装置管道机械设计规定》、HG/T 20546—2009《化工装置设备布置设计规定》、HG/T 20679—2014《化工设备、管道外防腐设计规范》等等；

石油行业标准SY/T 0452—2012《石油天然气金属管道焊接工艺评定》、SY/T 4109—2013《石油天然气钢制管道无损检测》等等；

城乡建设行业标准CJJ 34—2010《城镇供热管网设计规范》、CJJ 34—2010《城镇供热直埋蒸汽管道技术规程》等等；

电力行业标准DL/T 712—2010《发电厂凝汽器及辅机冷却器管选材导则》、DL/T 715—2015《火力发电厂金属材料选材导则》等等。

更多的压力管道设计相关标准，本书后面各章节会陆续介绍，这里不一一列举。

这里要说明一点，上面介绍的ASME B31系列标准以及其他国外标准，给出了材料、设计、制造、检验及运行维护等方面的要求，并没有关于管道布置设计的内容。而我国的相关国家标准和行业标准，包含管道布置设计的详细规定和要求。从压力管道设计的三大基本任务来讲，上述国外的标准中含有管道材料设计和管道机械设计的内容；国内的标准含有管道布置设计、管道材料设计和管道机械设计的全部内容。

随着科学技术的不断进步和工业生产的发展，各国压力管道的法规和标准的内容和形式也在不断完善、更新变化。新版本实施后，老版本便自动作废。因此，设计者应及时了解法规和标准的变动情况，设计时要根据最新法规规定和最新标准要求进行压力管道的设计；也要根据项目情况（国内项目还是国际项目）选用国内标准或国外标准。

根据现行国家《特种设备目录》的规定，本书在后面章节中，将按照工艺管道、动力管道、制冷管道、长输管道、公用管道五个类别进行压力管道设计论述。

思考题

1. 压力管道输送介质一般具有哪些特性?
2. 何谓爆炸极限?
3. 何谓一次危险和二次危险?
4. 何谓职业性接触毒性?
5. 毒性危害程度分为哪几级?
6. ASME B31.3 是什么标准?
7. 我国关于压力管道是如何定义的?
8. 压力管道设计的基本任务是什么?
9. 压力管道设计文件主要包括哪些资料?
10. 压力管道强度计算书至少应包括哪些内容?
11. 管道施工图一般包括哪些图纸?
12. 压力管道有哪些特点?
13. 压力管道设计有哪些基本要求?

第2章　工艺管道布置设计

在我国压力管道分类中，工艺管道属于工业管道的范畴。按照 ASME B31.3 的定义，工艺管道是包含炼油、化工、制药、纺织、造纸、半导体和深冷等工厂及相关生产企业及贮存物料终端设施中的典型管道。工艺管道布置设计包括设备布置设计和管道布置设计两大内容。

设备布置是指在装置界区内，对生产设备按物流顺序、介质特性和同类设备适当集中相结合的原则，进行有序排布和摆放，使之同时满足工艺流程要求；安全、环保要求；生产、操作、安装、维修要求的过程。设备布置的成果是通过审核的设备布置图，设备布置图要求表示出设备的特征、规格或外形尺寸、方位及相对位置，并以建筑物轴线（标高）定位的图纸。

管道布置设计是在已完成的设备布置图上，把设备用管道系统（管道、管道元件、仪表等）连接组装完成以满足工艺流程图等要求的图纸。设备布置设计的好坏直接影响着管道布置设计的质量，一个好的压力管道布置设计一定是在一个好的设备布置的基础上完成的。这就要求设备布置设计和管道布置设计要充分配合，在开展设备布置设计时，尤其是确定设备的管口方位时，必须同时考虑到后期的管道布置设计内容。开展管道布置设计时，也要掌握一定的设备布置设计基础知识。管道布置离不开设备布置，管道布置和设备布置相辅相成，互为补充。

工艺管道布置设计相关标准有：

GB 50016—2014（2018）《建筑设计防火规范》；

GB 50160—2008（2018）《石油化工企业设计防火标准》；

GB 50183—2004《石油天然气工程设计防火规范》；

GB 50029—2014《压缩空气站设计规范》；

GB 50074—2014《石油库设计规范》；

HG/T 20546—2009《化工装置设备布置设计规定》；

HG/T 20571—2014《化工企业安全卫生设计规定》；

GB/T 50087—2013《工业企业噪声控制设计规范》；

SH 3011—2011《石油化工工艺装置布置设计规范》；

HG/T 20549—1998《化工装置管道布置设计规定》；

SH 3012—2011《石油化工金属管道布置设计规范》等。

2.1 设备布置设计的基本要求

设备布置设计一般是指设备布置与装置布置的总称。设备是个完整的概念，装置是部分独立物体的概念。设备是指基本具有特定实物形态和特定功能、可供人们长期使用的一套装置。设备的量词为一件、一台（或套），一般指硬件。指可供企业在生产中长期使用，并在反复使用中基本保持原有实物形态和功能的劳动资料和物质资料的总称。装置是指机器、仪器和设备中结构复杂并具有某种独立功用的物件。装置是统称，没有量词，含软硬件。在工业企业中设备是单体的，而装置是由设备按一定的工艺流程，用工艺管线连接起来，达到一定生产目的的综合。

过程工业的工厂设计是要生产出某种流程性材料产品，这个过程一般不是仅靠几台设备来完成的，通常是多个设备组成一个单元，一个或多个单元组成装置，完成全部工艺生产过程。在进行设备布置前，首先要进行装置布置设计，确定各个生产单元的总体布局、生产过程有联系的生产单元以及辅助系统单元的相对位置关系等等。对于大型企业有多个生产装置时还要考虑装置与装置之间的关系等。从事压力管道设计不仅要懂得设备布置设计，也要知道装置布置设计的内容。

设备布置设计主要内容包括：常用设备的布置，管廊布置，平台、梯子和通道的布置等。

2.1.2 装置布置设计的原则与基本要求

2.1.2.1 装置布置设计的原则

①根据全年频率风向条件确定设备与建筑物的相对位置；

②受工艺特点或自然条件限制的设备可布置在建筑物内；

③根据装置竖向布置，确定装置地面相对标高与绝对标高的关系；

④根据地质条件，合理布置荷载大和有振动的设备；

⑤设备、建筑物和构筑物宜布置在同一地平面上。当受地形限制采用阶梯式布置时，应将控制室、机柜间、变电所、化验室等布置在较高的阶梯上；工艺设备、储罐等宜布置在较低的阶梯上。

2.1.2.2 装置布置的基本要求

①装置布置应符合工艺流程、安全生产、环境保护、消防扑救、节能降耗的基本要求。满足工厂总体布置要求；操作、维护、检修、施工要求；合理用地和减少能耗要求。

②装置中有产生有害气体、烟雾、粉尘等单元的布置要求。在生产装置中，产生危害性较大的有害气体、烟雾、粉尘等有害物的单元，宜布置在人员集中场所、明火或散发火花地点的全年最小频率风向上风侧。

全年最小频率风向的定义如下：

$$风向频率=（某风向年出现次数/年总的观测次数）\times 100\%$$

频率值最小的风向即为全年最小频率风向。

2.1.3 设备布置设计的一般要求

①满足工艺流程、安全生产和环境保护的要求；

②按工艺流程顺序和同类设备适当集中相结合的原则进行布置；

③设备、建筑物平面布置防火间距满足现行相关规范要求；

④利用电力驱动的设备和电气设备布置，处于爆炸危险场所时，应符合现行相关爆炸危险环境电力装置设计规范的要求；

⑤产生噪声的设备宜远离人员集中的场所；

⑥产生有害气体、粉尘、恶臭物料和放射性物质的设备宜远离人员集中的场所布置；

⑦设备宜露天或半露天布置，并宜缩小爆炸危险区域的范围；

⑧输送介质对距离、角度、高差等有特殊要求的管道以及高温、大口径管道的布置；应结合设备布置统筹规划；

⑨设备布置的间距除应满足防火、防爆规范外，还应满足下列要求：

a）为操作、检修、装卸、吊装所需留有的场地和通道；

b）设备和建筑物的梯子、平台的布置；

c）设备基础、地下埋设的管道、管沟、电缆沟和排水井的布置；

d）管道和仪表安装。

2.1.4 设备布置设计的安全要求

2.1.4.1 防火要求

装置布置时，装置中的建筑物、储罐、堆场应满足相关规范规定的防火间距的要求。防火间距的定义如下：

①工艺装置之间的防火间距是指工艺装置最外侧的设备外缘或建筑物、构筑物的最外轴线间的距离；设备之间的防火间距是指设备外缘之间的距离［适用于按照 GB 50160—2008（2018）《石油化工企业设计防火标准》设计的化工装置］。

②建筑物之间的防火间距应按相邻建筑外墙的最近水平距离计算，当外墙有凸出的可燃或难燃构件时，应从其凸出部分外缘算起。

③建筑物与储罐、堆场的防火间距。应为建筑外墙至储罐外缘或堆场中相邻堆垛外缘的最近水平距离。［适用于按照 GB 50016—2014（2018）《建筑设计防火规范》设计的化工装置］。

2.1.4.2 防爆要求

①装置布置设计时，应尽量减小爆炸危险区域，或通过采取其他措施缩小爆炸危险区域的范围。对不能避免出现的爆炸危险区域，要按照（GB 50058—2014）《爆炸危险环境电力装置设计规范》进行电力装置的防爆设计。

②爆炸危险区域的分区规定：

a）对于重于空气的可燃物质，通风良好且为第二级释放源的主要生产装置区，其爆炸危险区域的范围划分：

在爆炸危险区域内，地坪下的坑、沟可划为 1 区；

与释放源的距离为 7.5m 的范围内划为 2 区；

以释放源为中心，总半径为 30m，地坪上的高度为 0.6m，且在 2 区以外的范围内划为附加 2 区。

b）对于轻于空气的可燃物质，通风良好且为第二级释放源的主要生产装置区，其爆炸危险区域的范围划分：

当释放源距地坪的高度不超过 4.5m 时，以释放源为中心，半径为 4.5m，顶部与释放源的距离为 7.5m，及释放源至地坪以上的范围内划为 2 区。

③爆炸危险区域中防止产生爆炸的基本措施：

a）首先应使产生爆炸的条件同时出现的可能性减到最小程度。

b）工艺设计中应采取消除或减少可燃物质的产生及积聚的措施：

（a）工艺流程中宜采取较低的压力和温度，将可燃物质限制在密闭容器内；

（b）工艺装置布置应限制和缩小爆炸危险区域的范围，并宜将不同等级的爆炸危险区或爆炸危险区与非爆炸危险区分隔在各自的厂房或界区内；

（c）在设备内可采用以氮气或其他惰性气体覆盖的措施；

（d）宜采取安全联锁或事故时加入聚合反应阻聚剂等化学药品的措施。

c）防止爆炸性气体混合物的形成，或缩短爆炸性气体混合物滞留时间，宜采取下列措施：

（a）工艺装置宜采取露天或敞开式布置；

（b）设置机械通风装置；

（c）在爆炸危险环境内设置正压室；

（d）对区域内易形成和积聚爆炸性气体混合物的地点设置自动检测仪器装置，当气体或蒸气浓度接近爆炸下限值的 50%时，应能可靠地发出信号或切断电源。

d）在区域内应采取消除或控制电气设备线路产生火花、电弧或高温的措施。

e）在爆炸危险区域内严格按 GB 50058—2014《爆炸危险环境电力装置设计规范》选用电气设备。

④符合下列条件之一时，可划为非爆炸危险区域：

a）没有释放源且不可能有可燃物质侵入的区域；

b）可燃物质可能出现的最高浓度不超过爆炸下限值的 10%；

c）在生产过程中使用明火的设备附近，或炽热部件的表面温度超过区域内可燃物质引燃温度的设备附近；

d）在生产装置区外，露天或开敞设置的输送可燃物质的架空管道地带，但其阀门处按具体情况确定。

2.1.4.3 可燃、有毒气体检测报警系统

①在爆炸危险区域设置可燃或有毒气体泄漏检测报警器，一旦有可燃或有毒气体泄漏时，能及时发现、报警以便迅速采取应急措施。可燃或有毒气体泄漏检测报警器的设置应符合 GB 50493—2009《石油化工可燃气体和有毒气体检测报警设计规范》的规定。

②可燃气体报警。使用或产生甲类可燃气体或液化烃、甲$_B$、乙$_A$ 类可燃液体的工艺装置、系统单元和储运设施区内，应按区域控制和重点控制相结合的原则，设置可燃气体报警系统。

③有毒气体报警。对按卫生部卫法监发〔2003〕142号《高毒物品目录》所列的有毒蒸汽和有毒气体：二氧化氮、硫化氢、苯、氰化氢、氨、氯气、一氧化碳、丙烯腈、氯乙烯、光气（碳酰氯）等有毒气体进行检测报警。

2.1.4.4 防雷、防静电设施

（1）防雷接地

工艺装置内露天布置的塔、容器等，当顶板厚度等于或大于4mm时，可不设避雷针保护，但必须设防雷接地，每台设备接地点不少于两处。防雷接地应满足下列要求：

①装有阻火器的甲$_B$、乙类可燃液体地上固定顶罐，当顶板厚度等于或大于4mm时，可不设避雷针、线；当顶板厚度小于4mm时，应装设避雷针、线；

②丙类液体储罐，可不设避雷针、线，但必须设防感应雷接地；

③浮顶罐（含内浮顶罐）可不设避雷针、线，但应将浮顶与罐体用两根截面不小于25mm^{2}的软铜线作电气连接；

④压力储罐不设避雷针、线，但应作接地；

⑤防雷冲击接地电阻不应大于10Ω。

（2）防静电接地

①可燃气体、液化烃、可燃液体、可燃固体的设备及管道在下列部位，应设静电接地设施：

a）进出装置或设施处；

b）爆炸危险场所的边界；

c）管道泵及其过滤器、缓冲器等。

②汽车罐车、铁路罐车和装卸栈台，应设静电专用接地线。

③有静电要求的管道，当每对法兰或螺纹接头间电阻超过0.03Ω时，应设导线跨接。

④每组专设的静电接地体的接地电阻值，宜小于100Ω。

⑤除第一类防雷系统的独立避雷针装置的接地体外，其他用途的接地体，均可用于静电接地。

2.1.4.5 承重钢结构采取耐火保护措施

（1）下列承重钢结构，应采取耐火保护措施：

①单个容积等于或大于5m^{3}的甲、乙$_A$类液体设备的承重钢构架、支架、裙座；

②在爆炸危险区范围内，且毒性为极度和高度危害的物料设备的承重钢构架、支架、裙座；

③操作温度等于或高于自燃点的单个容积等于或大于5m^{3}的乙$_B$、丙类液体设备承重钢构架、支架、裙座；

④加热炉炉底钢支架；

⑤在爆炸危险区范围内的主管廊的钢管架；

⑥在爆炸危险区范围内的高径比等于或大于8，且总重量等于或大于25t的非可燃介质设备的承重钢构架、支架和裙座。

（2）上述的承重钢结构的下列部位应覆盖耐火层，覆盖耐火层的钢构件，其耐火极限不应低于1.5h：

①支承设备钢构架：包括单层构架的梁、柱；多层构架的楼板为透空的钢格板时，地面以上10m范围的梁、柱；多层构架的楼板为封闭式楼板时，地面至该层楼板面及其以上10m范围的梁、柱。

②支承设备钢支架；

③钢裙座外侧未保温部分及直径大于1.2m的裙座内侧；

④钢管架：包括底层支承管道的梁、柱；地面以上4.5m内的支承管道的梁、柱；上部设有空气冷却器的管架，其全部梁、柱及承重斜撑；下部设有液化烃或可燃液体泵的管架，地面以上10m范围的梁、柱；

⑤加热炉从钢柱柱脚板到炉底板下表面50mm范围内的主要支承构件应覆盖耐火层，与炉底板连续接触的横梁不覆盖耐火层；

⑥液化烃球罐支腿从地面到支腿与球体交叉处以下0.2m的部位。

2.1.4.6 储罐设置防火堤和隔堤

①防火堤及隔堤应能承受所容纳液体的静压，且不应渗漏；

②立式储罐防火堤的高度，应为计算高度加0.2m，但不应低于1.0m，且不宜高于2.2m；卧式储罐防火堤的高度，不应低于0.5m；

③立式储罐组内隔堤的高度不应低于0.5m；卧式储罐组内隔堤的高度不应低于0.3m；

④立式储罐至防火堤内堤脚线的距离不应小于罐壁高度的一半，卧式储罐至防火堤内堤脚线的距离不应小于3m；

⑤管道穿堤处应采用非燃烧材料严密封闭；

⑥在防火堤内雨水沟出堤处，应设防止可燃液体流出堤外的措施；

⑦在防火堤的不同方位上设置人行台阶或坡道，同一方位上两相邻人行台阶或坡道之间距离不宜大于60m；隔堤应设置人行台阶。

2.1.4.7 装置控制室、配电室、化验室布置的安全规定

①装置的控制室、机柜间、变配电所、化验室、办公室等不得与设有甲、乙$_A$类设备的房间布置在同一建筑物内。装置的控制室与其他建筑物合建时，应设置独立的防火分区。

②装置的控制室、化验室、办公室等宜布置在装置外，并宜全厂性或区域性统一设置。当装置的控制室、机柜间、变配电所、化验室、办公室等布置在装置内时，应布置在装置的一侧，位于爆炸危险区范围以外，并宜位于可燃气体、液化烃和甲$_B$、乙$_A$类设备全年最小频率风向的下风侧。

③布置在装置内的控制室、机柜间、变配电所、化验室、办公室等的布置应符合下列规定：

a）控制室宜设在建筑物的底层；

b）平面布置位于附加2区的办公室、化验室室内地面及控制室、机柜间、变配电所的设备层地面应高于室外地面，且高差不应小于0.6m；

c）控制室、机柜间面向有火灾危险性设备侧的外墙应为无门窗洞口、耐火极限不低于3h的不燃烧材料实体墙；

d）化验室、办公室等面向有火灾危险性设备侧的外墙宜为无门窗洞口不燃烧材料实体墙。当确需设置门窗时，应采用防火门窗；

e）控制室或化验室的室内不得安装可燃气体、液化烃和可燃液体的在线分析仪器。

2.1.4.8　设备布置设计的三重安全措施

安全生产对石油化工企业特别重要，这是因为石油化工企业的原料和产品绝大多数属于可燃、易爆或有毒物质，潜在火灾、爆炸或中毒的危险。

火灾和爆炸的危险程度，从生产安全的角度来看，可划分为一次危险和次生危险两种。装置布置设计的三重安全措施是根据有关防火、防爆规范的规定，首先预防一次危险引起的次生危险；其次是一旦发生次生危险则尽可能限制其危害程度和范围；第三是次生危险发生以后，能为及时抢救和安全疏散提供方便条件。

2.2　常用设备布置设计

2.2.1　塔和立式设备的布置

（1）塔和立式设备布置方式

①单排布置。一般中心线对齐，如两个或两个以上的塔设置联合平台时，宜中心线对齐或切线对齐。

②非单排布置。对于直径较小、本体较高的塔，可以双排布置或成三角形布置。

③构架式布置。对直径 $DN\leqslant 1000$mm 的塔还可以布置在构架内或构架的一侧。

④沿管廊布置的塔和立式设备。沿管廊布置的塔和立式容器，如管廊上方无设备，宜布置在管廊的两侧；如管廊上方有设备，应在管廊的一侧留出管廊上方设备的检修场地或通道；塔和立式设备的一侧宜设置检修场地或通道，人孔宜朝向检修侧，人孔盖顺利关闭方向与人疏散方向一致。

（2）塔与塔之间或塔与其他相邻设备之间的距离要求

①在塔与管廊之间布置泵时，应按泵的操作、维修和配管要求确定；

②塔与管廊之间不布置泵时，塔外壁与管架立柱中心线之间的距离，不宜小于 3m。

③塔与塔之间或塔与其他相邻设备之间的间距，除应满足管道、平台、仪表和小型设备等布置和安装的要求外，尚应满足操作、维修通道和基础布置的需要。两塔之间的净距离不宜小于 2.5m。

（3）塔和立式设备的安装高度要求

①当利用内压或流体重力将物料送往其他设备或管道时，应由其内压和被送往设备或管道的压力、高度和输送管道的压力来确定。

②当用泵抽吸时，安装高度应大于泵的必需汽蚀余量。

③带有非明火加热的重沸器的塔，安装高度应按塔和重沸器之间的相互关系和操作要求确定。

④安装高度应满足塔和立式设备底管道安装和操作所需要的最小净空，塔和立式设备的基础面高度应高出地面，且不应小于 200mm。

⑤成组布置的塔和立式设备采用联合平台时，为取齐平台标高，可适当调整塔和立式设备的安装高度。

2.2.2 换热器的布置

2.2.2.1 换热器布置通用要求

①与塔关联的管壳式换热设备，如塔底重沸器、塔顶冷凝冷却器等，宜按工艺流程顺序布置在分馏塔的附近；

②两种物料进行热交换的换热器，宜布置在两种物料进出口相连的管道最近的位置；

③一种物料与几种不同物料进行换热的管壳式换热器，应成组布置；

④用水或冷剂冷却几组不同物料的冷却器，宜成组布置；

⑤成组布置的换热设备，宜取支座基础中心线对齐，当支座间距不相同时，宜取一端支座基础中心线对齐。为了管道连接方便，地面上布置的换热器也可采用管程进出口管嘴中心线对齐；

⑥换热设备应尽可能布置在地面上，但是换热设备数量较多可布置在构架上；

⑦为了节约占地或工艺操作方便可以将两台换热设备重叠在一起布置。但对于两相流介质或壳体直径大于或等于 1.6m 的换热器不宜重叠布置；

⑧换热器之间、换热器与其他设备之间的净距不宜小于 0.8m。

2.2.2.2 浮头式换热器布置特殊要求

对于浮头式换热器布置除满足上述要求外还应符合下列规定：

（1）浮头式换热器在地面上布置时，应满足下列要求：

①浮头和管箱的两侧应有宽度不小于 0.8m 的空地，浮头端前方宜有宽度不小于 1.5m 的空地；

②管箱前方从管箱端算起应留有比管束长度至少长 1.5m 的空地。

（2）浮头式换热器在构架上布置时，应满足下列要求：

①浮头端前方平台净空不宜小于 0.8m；

②管箱端前方平台净空不宜小于 1m，平台采用可拆卸式栏杆，并应考虑管束抽出区所需的空间；

③构架高度应能满足换热器的管箱和浮头的头盖吊装需要。

2.2.3 反应器的布置

①反应器与提供反应热的加热炉的净距应尽量缩短，但不应小于 4.5m；

②根据生产过程需要，反应器可露天布置、半露天布置或厂房布置；

③成组的反应器宜中心线对齐，并成排布置；

④高压、超高压的压力设备宜布置在装置的一端或一侧，有爆炸危险的超高压反应设备，宜布置在防爆构筑物中；

⑤除采用移动吊车外，构架顶部应设置装催化剂和检修用的平台和吊装机具；

⑥在厂房内布置的反应器，应设置吊装设施，并在楼板上设置吊装孔，吊装孔应靠近厂房大门和运输通道；

⑦反应器一侧应有运输催化剂所需的场地和通道；

⑧对于内部装有搅拌或输送机械的反应器，应在顶部或侧面留出搅拌或输送机械的轴和电机的拆卸、起吊等检修所需的空间和场地。

2.2.4 立式容器的布置

立式容器的外形与塔类似，只是内部结构没有塔的内部结构复杂，立式容器的布置方式和安装高度等可参考塔的布置要求，另外尚应考虑以下要求：

①为了操作方便，立式容器可以安装在地面、楼板或平台上，也可以穿越楼板或平台，用支耳支承在楼板或平台上；

②立式容器穿越楼板或平台安装时，应尽可能避免容器上的液面指示、控制仪表也穿越楼板或平台；

③立式容器为了防止黏稠物料的凝固或固体物料的沉降，其内部带有大负荷的搅拌器时，为了避免振动影响，应尽可能从地面设置支承结构；

④对于顶部开口的立式容器，需要人工加料时，加料点的高度不宜高出楼板或平台 1m，如高出 1m 时，应考虑设加料平台或台阶。

2.2.5 卧式容器的布置

①卧式容器成组布置时，支座基础中心线对齐或封头顶端切线对齐。卧式容器之间的净距不宜小于 0.8m。

②卧式容器的平台的设置应便于人孔开启和液面计等观察。顶部平台标高宜比顶部管嘴法兰面低 150mm。当液面计上部接口高度距地面或操作平台超过 3m 时，液面计应装在直梯附近。对于集中布置的卧式容器可设联合平台。

③卧式容器在地坑内布置时，应妥善处理坑内的积水和有毒、可燃、易爆介质的积聚。坑内尺寸应满足容器的操作和检修要求。对多雨地区可考虑在地坑上部设置雨棚。

④确定卧式容器的安装高度时，除应满足物料重力流或泵吸入高度等要求外，尚应满足下列要求：

a）容器下有集液包时，应有集液包的操作和检测仪表所需的足够空间；

b）容器下方需设操作通道时，容器底部配管与地面净空不应小于 2.2m；

⑤不同直径的卧式容器成组布置在地面或同一层楼板或平台上时，直径较小的卧式容器中心线标高可适当提高，使与直径较大的卧式容器筒体顶面标高一致，以便于设置联合平台。

2.2.6 泵的布置

泵有三种布置方式：露天布置；半露天布置；室内布置。

（1）泵布置的一般要求

①泵宜露天或半露天布置，在严寒或多风沙地区的泵可布置在室内。

②泵成排布置时，宜按泵端出口中心线或泵端基础边对齐；并应按防火要求、操作条件和物料特性分组布置。

③泵双排布置时，宜将两排泵的动力端相对，在中间留出检修通道。

④泵布置在管廊下方或外侧时，泵和电机的中心线宜与管廊走向垂直；泵区通道的最小净宽为 2m，最小净高为 3.2m，泵端前面操作通道的宽度不应小于 1m。

⑤泵布置在室内时，两排泵之间的净距不应小于 2m，泵端或泵侧与墙之间的净距不宜小于 1m，两台泵之间的净距不宜小于 0.8m。

⑥泵的基础面应至少高出地面100mm，并应满足安装过滤器等的检修要求。

⑦立式泵布置时，其上方应留出泵体安装和检修所需的空间。

⑧泵的布置应满足连接管道的柔性要求。

(2) 液化烃、可燃液体泵的布置要求

①液化烃泵、可燃液体泵宜露天或半露天布置。液化烃、操作温度等于或高于自燃点的可燃液体的泵上方，不宜布置甲、乙、丙类工艺设备；若在其上方布置甲、乙、丙类工艺设备，应用不燃烧材料的隔板隔离保护；

②液化烃泵、操作温度等于或高于自燃点的可燃液体泵，应设置水喷雾（水喷淋）系统或固定消防水炮进行雾状冷却保护；

(3) 液化烃泵、可燃液体泵在泵房内布置时的要求

①液化烃泵、操作温度等于或高于自燃点的可燃液体泵，操作温度低于自燃点的可燃液体泵，应分别布置在不同的房间内，各房间之间的隔墙应为防火墙；

②操作温度等于或高于自燃点的可燃液体泵房的门窗与操作温度低于自燃点的甲$_B$、乙$_A$类可燃液体泵房的门窗或液化烃泵房的门窗的距离不应小于4.5m；

③甲、乙$_A$类液体泵房的地面，不宜设地坑或地沟，泵房内应有防止可燃气体积聚的措施；

④在液化烃泵房、等于或高于自燃点的可燃液体泵房的上方，不应布置甲、乙、丙类缓冲罐等容器；

⑤液化烃泵不超过两台时，可与操作温度低于自燃点的可燃液体泵同房间布置。

(4) 罐组泵的布置

罐组的专用泵区应布置在防火堤外，与储罐的防火间距应符合下列规定：

①距甲$_A$类储罐不应小于15m；

②距甲$_B$、乙类固定顶储罐不应小于12m，距小于或等于500m^{3}的甲$_B$、乙类固定顶储罐不应小于10m；

③距浮顶及内浮顶储罐、丙$_A$类固定顶储罐不应小于10m，距小于或等于500m^{3}的内浮顶储罐、丙$_A$类固定顶储罐不应小于8m；

④除甲$_A$类以外的可燃液体储罐的专用泵单独布置时，应布置在防火堤外，与可燃液体储罐的防火间距不限。

2.2.7 压缩机的布置

①压缩机组及其附属设备的布置，应满足制造厂的要求；

②压缩机宜布置在被抽吸的设备附近，其附属设备宜靠近机组布置；

③可燃气体压缩机的布置应符合下列要求：

a) 可燃气体压缩机与其他设备、设施的间距，应符合现行标准GB 50160《石油化工企业设计防火标准》的有关规定；

b) 可燃气体压缩机宜布置在敞开或半敞开式厂房内。在寒冷或多风沙地区可布置在封闭式厂房内；

c) 单机驱动功率等于或大于150kW的甲类气体压缩机厂房，不宜与其他甲、乙、丙类房间共用一幢建筑物；

d）在压缩机的上方，不得布置甲、乙、丙类液体设备，但自用的高位润滑油箱不受此限。

e）比空气轻的可燃气体压缩机半敞开或封闭式厂房的顶部应采取通风设施，厂房楼板宜部分采用钢格板；

f）比空气重的可燃气体压缩机厂房地面不宜设地坑或地沟；厂房内应有防止可燃气体积聚的措施。

④单层布置的压缩机，当基础较高时，宜设置操作平台。

2.2.8 加热炉的布置要求

①明火加热炉宜集中布置在装置的边缘并靠近消防通道，且位于可燃气体、液化烃、甲$_B$、乙$_A$类可燃液体设备的全年最小频率风向的下风侧；

②加热炉与其他明火设备宜集中布置；

③加热炉可按炉子中心线对齐，并成排布置。两座加热炉之间的净距不宜小于3m；

④采用机动吊装机具吊装炉管时，应有机动吊装机具通行的通道和检修场地；对于水平布置炉管的加热炉，加热炉的一侧应有炉管抽出的检修场地，检修场地的长度不应小于炉管长度加2m；

⑤加热炉外壁与检修道路边缘之间的距离不应小于3m；

⑥设有蒸汽发生器的加热炉，汽包宜布置在加热炉的顶部或邻近的构架上；

⑦明火加热炉附属的燃料气分液罐、燃料气加热器等与炉体的防火间距不应小于6m；

⑧当加热炉有空气预热器、鼓风机、引风机等辅助设备时，辅助设备的布置应不妨碍其本身和加热炉的检修；

⑨明火加热炉与露天布置的液化烃设备或甲类气体压缩机间的防火间距不应小于22.5m，当在加热炉与设备之间设置不燃烧材料的实体墙时，其防火间距可减少，但不得小于15m。实体墙的高度不宜小于3m，距加热炉不宜大于5m，实体墙的长度应满足由露天布置的液化烃设备或甲类气体压缩机经实体墙至加热炉的折线距离不小于22.5m。当封闭式液化烃设备的厂房或甲类气体压缩机房面向加热炉一面为无门窗洞口的不燃烧材料实体墙时，加热炉与厂房的防火间距可减少，但不得小于15m。

2.2.9 罐组储罐的布置

①罐组内相邻可燃液体地上储罐的防火间距不应小于表2.1的规定。

表2.1 罐组内相邻可燃液体地上储罐的防火间距

类别	储罐型式			
	固定顶罐		浮顶、内浮顶罐	卧罐
	≤1000m^3	>1000m^3		
甲$_B$、乙类	0.75D	0.6D	0.4D	0.8m
丙$_A$类	0.4D			
丙$_B$类	2m	5m		

注：表中D为相邻较大罐的直径，单罐容积大于1000m^{3}的储罐取直径或高度的较大值。

②罐组内的储罐不应超过两排；但单罐容积小于或等于 1000m³ 的丙$_B$类的储罐不应超过 4 排，其中润滑油罐的单罐容积和排数不限。

③两排立式储罐的间距应符合表 2.1 的规定，且不应小于 5m；两排直径小于 5m 的立式储罐及卧式储罐的间距不应小于 3m。

④罐组应设防火堤，立式储罐至防火堤内堤脚线的距离不应小于罐壁高度的一半，卧式储罐至防火堤内堤脚线的距离不应小于 3m。

⑤相邻罐组防火堤的外堤脚线之间应留有宽度不小于 7m 的消防空地。

2.3 管廊布置设计

(1) 管廊形式确定原则

管廊的形式宜根据设备平面布置的要求，按下列原则确定：

①设备较少的装置可采用一端式或直通式管廊；

②设备较多的装置可根据需要采用“L”型、“T”型或“Ⅱ”型等形式的管廊；

③联合装置可采用主管廊与支管廊组合的结构形式。

(2) 管廊位置确定原则

①管廊在装置中应处于能联系主要设备的位置；

②管廊应布置在装置的适中位置，宜平行于装置的长边；

③管廊的布置应缩短管廊的长度，且有效利用管廊空间；

④管廊的布置应满足道路和消防的需要，以及与地下管道、电缆沟、建筑物、构筑物等的间距要求，并应避开设备的检修场地。

(3) 管廊的布置要求

①管廊上方可布置空气冷却器，下方可布置泵（或泵房）、换热器或其他小型设备，但应符合现行标准 SH 3011《石油化工工艺装置布置设计规范》或 HG/T 20546《化工装置工艺布置设计规定》的有关规定。

②管廊下作为消防通道时，管廊至地面的最小净高应不小于 4.5m。

③管廊可以布置成单层或多层，最下一层的净空应按管廊下设备高度、设备连接管道的高度和操作、检修通道要求的高度确定。

(4) 管廊的宽度

管廊的宽度应符合下列要求：

①管道的数量和管径的大小及其间距；

②仪表和电气电缆的槽架所需的宽度；

③预留管道所需的宽度；

④管廊上下布置其他设备所需的宽度。

(5) 管廊的高度

管廊的净空高度应符合下列要求：

①跨越铁路不小于 5.5m；

②跨越厂内道路不小于 5.0m；

③跨越消防通道不小于 5.0m；

④检修通道 4.5m；

⑤管廊下检修通道 3.2m；

⑥操作通道 2.2m；

⑦当管廊有桁架时，管廊的净高应按桁架底高计算。

（6）管廊的跨度

管廊的跨度应满足大多数管道的跨距要求，通常为 6～9m。

2.4 平台、梯子和通道布置设计

平台、梯子和通道具有操作、维修、安全疏散等多种功能，必须满足规定的宽度和净空高度，保持畅通无阻；设计中应合理布置平台的通道和梯子，一般应两个及以上。

2.4.1 平台、梯子布置

（1）平台、梯子的布置要求

①在需要操作和检维修的设备和管道上应设置平台或梯子；

②相邻塔和立式容器的平台标高应一致，以便布置成联合平台；

③设备上的平台不应妨碍设备的检维修，否则应做成可拆卸的；

④管廊进出装置切断阀处应设置操作平台；

⑤平台和梯子应设置防护栏杆，高度不应小于 1.05m，距地面 20m 以上的平台防护栏杆高度不应小于 1.2m。

（2）平台的尺寸

①平台的宽度不应小于 0.8m，平台上净空不应小于 2.2m；

②设备人孔中心线距平台的距离宜为 0.6～1.0m，手孔宜为 1.0～1.5m；

③设备加料口的平台，距加料口顶面不宜大于 1.0m；

④法兰连接的立式设备的平台与法兰面的距离不宜大于 1.5m。

（3）梯子的型式

①厂房和构架的主要梯子和操作频繁的平台的梯子应采用斜梯；

②成组布置的塔的联合平台宜采用斜梯；

③除上述场合外，宜采用直梯。

（4）梯子的尺寸

①梯子的倾斜角不应大于 45°，经常通行不宜大于 38°，梯高不宜大于 5m，如大于 5m，应设梯间平台，分段设梯；

②斜梯的净宽度宜为 0.6～1.1m；

③直梯的净宽宜为 0.4～0.6m；

④高度超过 3m 的直梯应设置安全护笼，护笼下端距地面或平台不应小于 2.1m，上端高出平台面，应与栏杆高度一致；

⑤直梯宜从侧面通向平台，单段梯高不宜大于 10m，攀登高度大于 10m 时宜采用多段

梯，梯段水平交错布置，并设梯间平台，平台垂直间距宜为 6m；

⑥直梯作为安全疏散梯时，梯段高度不应大于 15m。

2.4.2 通道的布置

(1) 装置内通道的布置要求

①装置内道路的设置，应符合总体布置和总平面布置的要求，与周边设施相协调；

②通道布置应满足施工、检修、操作、消防和行人等的需要；

③装置内消防通道应与工厂道路衔接；

④装置内消防通道和检维修通道应合并设置；

⑤通道的净宽和净高应根据装置规模、通行车辆和设备的规格确定。

(2) 装置内消防通道的设置规定

①装置内应设贯通式道路，道路应有不少于两个出入口，且两个出入口宜位于不同方位。当装置外两侧消防道路间距不大于 120m 时，装置内可不设贯通式道路；装置内通道的最小尺寸应符合表 2.2 规定。

②道路的路面宽度不应小于 4m，路面上的净空高度不应小于 4.5m；路面内缘转弯半径不宜小于 6m。

表 2.2 装置内通道的最小净宽和最小净高

序号	通道名称	最小净宽/m	最小净高/m
1	消防通道	4.0①	4.5①
2	检修通道	4.0①	4.5①
3	管廊下泵区检修通道	2	3.2
4	操作通道	0.8	2.2

①对于可能有大型消防车或大型通行机具通过的通道，通道的净宽和净高应加大。

(3) 设备的构架或平台的安全疏散通道的设置要求

①可燃气体、液化烃、可燃液体的塔区平台、设备的构架平台或其他操作平台，应设置不少于两个通往地面的梯子，作为安全疏散通道。但长度不大于 8m 的甲类气体或甲、$乙_A$ 类液体设备的平台或长度不大于 15m 的$乙_B$、丙类液体设备的平台，可只设一个梯子；

②相邻的构架、平台宜用走桥连通，与相邻平台连通的走桥可作为一个安全疏散通道；

③相邻安全疏散通道之间的距离不应大于 50m，且平台上任一点距疏散口的距离不应大于 25m。

2.5 工艺管道布置设计原则与结构要求

工艺管道布置是指在装置界区的有限空间内，对联系各设备及进出装置的工艺管道、公用工程管道以及相关专业的设施，进行综合规划和有序排布的过程，并使之同时满足 PID、安全、操作、检修的规定和要求的过程。

进行管道布置时，应在保证安全、正常生产及操作检修方便的前提下，力求整齐美观，

以创造良好的生产环境。

管道布置设计的内容主要包括：管廊的管道布置设计；常用设备的管道布置设计；特殊管道的布置设计；取样管道的布置设计；泄放管道的布置设计；公用系统管道的布置设计；阀门的布置设计；管件和管道附件的布置设计；管道上的仪表或测量元件的布置设计；油品储运设施管道的布置设计；消防管道的布置设计；工艺管道伴热设计；压缩机辅助管道设计等等。

2.5.1 管道布置设计基本原则

①管道布置设计应符合工艺管道及仪表流程图（PID）的要求。

②布置管道时，应对全厂所有管道（包括生产系统管道、辅助系统管道、电缆、仪表桥架、采暖通风管道等）全盘规划，统一考虑。做到安全可靠、经济合理、整齐美观，还要满足施工、操作、检维修等方面的要求。

③永久性的地上、地下管道不得穿越或跨越与其无关的工艺装置、建（构）筑物、储罐区等。

④为便于安装、检修和操作管理，管道尽量架空敷设，必要时可沿地、埋地或管沟敷设；全厂性管道宜地上布置，并不应妨碍消防车的通行。

⑤管道布置不应妨碍设备、机泵及其内部构件的安装和检修。

⑥管道布置宜做到“步步高”减少“气袋”，做到“步步低”减少“液袋”。如不可避免时，应根据操作和检修要求设置放空或放净口。

⑦管道应平行敷设，在管道应力许可范围内，尽量走直线，少拐弯、交叉，尽量做到配管整齐美观；管道应尽量集中敷设，在穿墙或楼板时尤其应该注意尽可能的利用设备预留孔，以免楼面开孔太多。

⑧管道敷设应有坡度，坡向一般与介质流动方向一致；自流水平管道顺介质流向的坡度不应小于0.003。

⑨进、出装置的管道，在装置的边界处应设置隔断阀门和8字盲板，隔断阀门处应设操作平台。

⑩输送有毒或有腐蚀性介质的管道，不得在人行通道上设置管件、伸缩器、法兰等，以免管道泄漏时造成人员伤害事故。

⑪易燃易爆介质的管道，不得敷在生活间、楼梯间和走廊等处，并应设置防火、防爆安全装置，如安全阀、爆破板、阻火器、水封等；易燃易爆介质的放空管应设置在经常操作区的下风向，并引至高出临近建筑物的上方，引至高度要求要符合相关标准。

⑫管道布置应满足管道柔性及设备、机泵管口允许的作用力和力矩的要求；管道布置宜利用管道的自身形状达到自然补偿。

⑬管道布置和支承点设置应同时考虑。

⑭沿地面敷设的管道，不可避免穿越人行通道时，应备有跨越桥。

⑮在道路、铁路上方的管道不应安装阀门、法兰、螺纹接头及带有填料的补偿器等可能泄漏的组成件。

⑯管道不应挡门、挡窗，也应尽量避免从电机、配电盘、仪表盘的上方通过。

⑰腐蚀性液体的管道，不宜布置在转动设备的上方。

⑱布置管道应留有转动设备维修、操作和设备内填充物装卸及消防车道等所需空间。

⑲吊装孔范围内不应布置管道。在设备内件抽出区域及设备法兰拆卸区内不应布置管道。

⑳蒸汽管道或可凝性气体管道的支管宜从主管的上方相接。蒸汽冷凝液支管应从收回总管的上方接入。

㉑管道布置时应留出试生产、施工、吹扫等所需的临时接口。

㉒管道穿过安全隔离墙时应加套管。在套管内的管段不应有焊缝，管予与套管间的间隙应以不燃烧的软质材料填满。

2.5.2 管道布置的结构要求

①管道布置时要考虑管道之间连接问题，当采用焊接连接时，两条对接焊缝间的距离，不应小于3倍焊件的厚度，需焊后热处理时，不宜小于6倍焊件的厚度，且应符合下列要求：

a）公称直径小于50mm的管道，焊缝间距不宜小于50mm；

b）公称直径大于或等于50mm的管道，焊缝间距不宜小于100mm。

②管道的环焊缝不宜在管托的范围内。需热处理的焊缝从外侧距支架边缘的净距宜大于焊缝宽度的5倍，且不应小于100mm。

③不宜在管道焊缝及边缘上开孔与接管。当不可避免时，应经强度校核。

④管道在现场弯管的弯曲半径不宜小于3.55倍管外径；焊缝距弯管的起弯点不宜小于100mm，且不应小于管外径。

⑤螺纹连接的管道，每个分支应在阀门等维修件附近设置一个活接头。但阀门采用法兰连接时，可不设活接头。

⑥除端部带直管的对焊管件外，不应将标准的对焊管件与松套法兰直连。

2.5.3 管道敷设设计

管道敷设方式有地面以上和地面以下两大类。

2.5.3.1 地面以上敷设

地面以上敷设是工业生产装置管道敷设的主要方式，具有便于施工、操作、检查、维修及经济等优点。地面以上敷设分为架空敷设和沿地敷设。

架空敷设是石油化工装置管道敷设的主要方式。只要可能，均应采用这种敷设方式。架空敷设大致有下列几种敷设形式。

①管道或成排地集中敷设在管廊、管架或管墩上。这些管道主要是连接两个或多个距离较远的设备之间的管道，进出装置的工艺管道以及公用工程干管。管廊与管架实际上只是在规模的大小和联系设备数量的多少上有所差别。前者规模大，联系的设备数量多，后者则较小和较少。正是由于前者规模较大，宽度可以达到10m甚至10m以上，因此可以在管廊下方布置泵和其他设备，上方布置空气冷却器。管廊可以有各种平面形状及分支。

管墩敷设实际上是一种低的管架敷设，其特点是在管道的下方不考虑通行。这种低管架可以是混凝土构架或混凝土和钢的混合构架，也可以是枕式的混凝土墩。混凝土墩只适于单层敷设。显然，管墩敷设比管架敷设更经济，但在装置内除了偶尔在不通行人员和检修机械的边界附近或小型的中间储罐区内采用管墩敷设外，通常不采用。

②管道分散地或小规模成组地敷设在支吊架上，这些支吊架通常生根于建筑物、构筑物、设备外壁和设备平台上。所以这些管道总是沿着建筑物和构筑物的墙、柱、梁、基础楼板、平台以及设备（如各种容器）外壁敷设。沿地面敷设的管道，其支架则生根于小混凝土墩子上或放置在铺砌面上。

③某些特殊管道，如有色金属、玻璃、搪瓷、塑料等管道，由于其低的强度和高的脆性，因此在支承上要给予特别的考虑。例如将其敷设在以型钢组合成的槽架上，必要时应加以软质材料衬垫等。

2.5.3.2 地面以下敷设

地下敷设可以分为直接埋地敷设和管沟敷设两种。

（1）埋地敷设

埋地敷设的优点是利用了地下的空间，使地面以上空间显得较为简洁，同时一般不需特别的支承措施，但是带来的缺点却不少。这些缺点包括腐蚀，检查和维修困难，在车行道处有时需特别处理以承受大的载荷，低点排液不便以及易凝油品凝固在管内时处理困难等。因此只有在不可能架空敷设时，才予以采用。直接埋地敷设的管道最好是输送无腐蚀性或腐蚀性轻微的介质，常温或温度不高的、不易凝固的（易凝介质应有扫线措施）、

不含固体介质、不易自聚的、无隔热层的液体和气体介质管道。

下述情况宜采用埋地敷设：

①设备或管道的低点自流排液管或排液汇集管；无法架空的泵吸入管；安装在地面的冷却器的冷却水管；泵的冷却水、封油、冲洗油管等架空敷设困难时，可埋地敷设。由于管道的隔热结构在埋地情况下很难保持其良好的隔热功能，因此带隔热层的管道不宜埋地敷设。

②输送介质无腐蚀性、无毒和无爆炸危险的液体、气体管道，由于某种原因无法在地上敷设的管道可直接埋地敷设。

③与地下储槽或地下泵房有关的工艺介质管道；冷却水及消防水或泡沫消防管道；操作温度小于 150℃的热力管道等，均可直接埋地敷设。

（2）管沟敷设

管沟可以分为地下式和半地下式两种。前者整个沟体包括沟盖都在地面以下，后者的沟壁和沟盖有一部分露出在地面以上。半地下式管沟可以具有沟盖，也可以铺格栅或完全敞口。管沟内通常设有支架和排水地漏。

与埋地敷设相同，管沟敷设也适用于那些无法架空的管道，与埋地敷设相比，可充分利用地下空间，管沟敷设提供了较方便的检查维修条件，同时可以敷设有隔热层的、温度高的、输送易凝介质或有腐蚀性介质的管道，这是比埋地敷设优越的地方。显然，半地下式要比地下式更易于检查和维修。

管沟敷设的缺点是：费用高，占地面积大，与其他埋地管道交叉时有一定困难，需要设排水点，且这些排水点的相对标高较低，易积聚或串入油气增加了不安全因素，易积聚污物清理困难，半地下管沟会影响通行及地面水的排泄，地下式管沟则检查维修也很不便等，因此在装置内只在必要时才采用管沟敷设。对于支管多、阀门多的管沟敷设管系通常采用半地下有格栅盖板的管沟。

（3）地下式管沟敷设的三种形式

①可通行管沟。多用于室外、距离较长、数量较多且经常检修的管道。这种管沟的特点

是人可站在沟中进行安装、检修管道；

②不通行管沟：这种管沟人不能站在沟内进行安装、检修。一般用于距离较短、数量较少且不经常检修的管道。不通行管沟容积小，最小深度为0.45m，管外表距沟底、顶及侧墙的净距及相邻的两根管边净距不小于0.15m；管道只布置成单层，不宜布置成双层或多层，以便于安装检修；

③半通行管沟：形式介于可通行管沟与不通行管沟二者之间，多用于管道较长、较多、需经常检修的管道，且位于不经常通行的地点，当管道检修时沟盖打开不妨碍其交通或操作。半通行管沟的净高一般不小于1.6m，通道宽度一般采用0.6m左右。如果采用横贯管沟断面的支架时，其下面的净高不小于1m。

室内或装置内的管沟一般应考虑不通行或半通行的型式。

各种管沟底均应有不小于2/1000的纵向坡度，管沟截面底部应有5/100的坡度，最低处应设下水篦子，以便将管道中偶然泄漏或渗入的水排至集水井中。但应注意，管沟底尽可能高于地下水位，若低于地下水位时，应采用相应的排水措施。

2.5.4 管道布置间距要求

①两根平行布置的管道，任何突出部位至另一管子或突出部或隔热层外壁的净距，不宜小于25mm。裸管的管壁与管壁间净距不宜小于50mm。管沟内管间距应比架空敷设适当加大，其净距不应小于80mm，法兰外缘与相邻管道的净距不得小于50mm。

②管道上装有外形尺寸较大的管件、小型设备、仪表测量元件或有侧向位移的管道应加大管道间的净距。

③管道外壁或管道隔热层的外壁的最突出部分，距管架或构架的立柱、建筑物墙壁或管沟壁的净距不应小于100mm。

2.5.5 管廊上管道布置规定

2.5.5.1 管廊上管道布置一般要求

①大直径管道应靠近管廊柱子布置；小直径、气体管道、公用工程管道宜布置在管廊中间；

②需要热补偿的管道宜布置在管廊的一侧，便于集中设置“Π”型补偿器；

③介质操作温度等于或高于250℃的管道宜布置在上层；布置在下层的介质操作温度等于或高于250℃的管道可布置在外侧，但不应与液化烃管道相邻；

④蒸汽、空气、氮气、仪表空气等公用物料管道及工艺气体管道宜布置在上层；氢气管道宜布置在外侧并在上层；

⑤多层管廊的层间距离应满足管道安装要求。液化烃和腐蚀性介质管道宜布置在下层，但腐蚀性介质管道不应布置在电动机的正上方；

⑥低温管道等宜布置在下层；

⑦电缆槽架和仪表槽架宜布置在上层；高温管道不应布置在对电缆有热影响的下方位置；

⑧工艺管道应根据两端所连接设备管口标高布置在上层或下层，以便做到“步步高”或“步步低”；

⑨氧气管道与可燃气体、液化烃和可燃液体的管道共架敷设时应布置在一侧，且平行布置时净距不应小于500mm，交叉布置时净距不应小于250mm。氧气管道与可燃气体、液化烃和可燃液体管道之间宜用公用工程管道隔开；

⑩进、出装置的可燃气体、液化烃和可燃液体的管道，在装置的边界处应设隔断阀和8字盲板，在隔断阀处应设平台，长度等于或大于8m的平台应在两个方向设梯子。

2.5.5.2 管廊上管道排列的基本原则

(1) 垂直面排列

①热介质管道在上，冷介质管道在下；

②无腐蚀性介质的管道在上，有腐蚀性介质的管道在下；

③小管道应尽量支承在大管道上方或吊在大管道下方；

④气体管道在上，液体管道在下；

⑤不经常检修的管道在上，检修频繁的管道在下；

⑥高压介质管道在上，低压介质管道在下；

⑦金属管道在上，非金属管道在下；

⑧公用工程管道在上，工艺管道在下。

(2) 水平面排列（尤其对于必须在室内布置、沿墙敷设的管道）

①大管道靠墙、柱，小管道在外；

②常温管道靠墙，热管道在外；

③不经常检修的管道靠墙，经常检修的管道在外；

④高压管道靠墙，低压管道在外。

2.6 常见设备管道布置设计

2.6.1 塔的管道布置设计

塔的管道一般可分为塔顶管道、塔体侧面管道和塔底管道。塔顶管道包括塔顶油气、安全阀进出口、油气放空等管道；塔体侧面管道包括回流、进料、侧线抽出、汽提蒸汽、重沸器入口和返回等管道；塔底管道包括塔底抽出和排液等管道。上述管道都与塔体上的开口相连接，且一般都是沿塔体敷设。

(1) 塔管道布置一般要求

①应满足工艺管线及仪表流程图的要求；

②管道布置应从塔顶部到塔底部自上而下进行规划，并且应首先考虑塔顶和大直径的管道的位置和自流管道的走向，再布置压力管道和一般管道，最后考虑塔底和小直径管道；

③管道布置应考虑方便操作和安全的要求，塔的周围宜分为配管区和操作区；

④管道应布置在配管区，人孔、仪表和梯子宜布置在操作区；管道的位置应与人孔、仪表、吊柱、平台及梯子统一布置；

⑤每一条管道应尽量沿塔体布置，按照它的起止点都应尽可能的短，但必须满足管道的柔性的要求，并且注意有一个“好的外观”。

(2) 塔顶管道的设计

塔顶管道一般有塔顶油气、放空和安全阀进出口管道。放空管道和安全阀出口管道有直接排放和密闭排放两种形式。塔顶放空管道一般安装在塔顶油气管道最高处的水平管段的顶部，在开工前暖塔或检修前吹扫时，可直接利用该放空管以排放塔内的蒸汽和油气。

塔顶油气管道，又称塔顶馏出线，它是塔顶至换热或冷凝冷却设备之间的管道。管道内的介质一般为气相，管径较大，管道应尽可能的短，且应按“步步低”的要求布置，不得出现袋形管，并应具有一定的柔性。每一根沿塔管道需在上部设承重支架，并在适当位置设导向支架，以免管嘴受力过大。分馏塔顶油气管道一般不隔热，只在操作人员接近管道的地方，才设防烫隔热措施，如该管道至多台冷换设备，为避免偏流，应采用对称布置。

塔顶为两级冷凝过程时，塔顶管道布置应使冷凝液能逐级自流，油气总管与冷凝器入口支管应采用对称布置，使流量均匀。

一般情况下，减压蒸馏装置的减压塔塔顶油气管道直接与塔体开口焊接而不用管法兰连接，以减少泄漏。

(3) 塔体侧面管道的设计

塔体侧面管道一般有回流、进料、侧线抽出、汽提蒸汽、重沸器入口和返回管道等。为使阀门关闭后无积液，上述这些管道上的阀门宜直接与塔体开口直接相接。进（出）料管道在同一角度有两个以上的进（出）料开口时，不应采用刚性连接，而应采用柔性连接。

分馏塔侧线到汽提塔的管道上如有调节阀，其安装位置应靠近汽提塔，以保证调节阀前有一段液柱，液柱的高度应满足工艺要求。

(4) 塔底管道的设计

塔底的操作温度一般较高，因此在设计塔底管道时，其柔性应满足有关标准或规范的要求。尤其是塔底抽出管道和泵相连时，管道既应短而少拐弯，又需有足够的柔性以减少泵嘴的受力。塔底抽出线应引至塔裙或底座外，塔裙内严禁设置法兰或仪表接头等部件。塔底到塔底泵的抽出管道在水平管段上不得有袋形管，应是“步步低”，以免塔底泵产生汽蚀现象。抽出管上的隔断阀应尽量靠近塔体，并便于操作。

除非是辅助重沸器，或者是两个以上并联的重沸器同时操作，而且要求在较宽的范围内调节其热负荷者，塔底到重沸器的管道一般不宜设阀门。塔底罐式重沸器带有离心泵时，重沸器的标高应满足离心泵所需要的有效汽蚀余量，同时使塔底液面与重沸器液面的高差所形成的静压头应足以克服降液管、重沸器和升气管的压力损失。因此，管道的布置应在满足柔性要求的同时，直管应短，弯头应少。

2.6.2 换热设备管道布置设计

①管道布置不应妨碍管束或管壳的抽出、管箱端或封头端的拆卸，并应留出空间，便于操作和检修；

②换热器周围管道上的阀门、仪表和调节阀组应靠近换热器的操作通道布置；

③换热器并排布置时，冷却介质和阀门宜按相同方式布置；换热器两侧操作通道的宽度不应小于 0.8m；

④当换热器管箱端或封头端设置拆卸吊柱时，管道布置应避开吊柱的活动范围；

⑤管道不宜布置在换热器轴线的正上方；

⑥多台并联操作的两相流换热器，进口管道无控制阀时，管道应对称布置；

⑦与换热器相接的易凝介质的管道或含有固体介质管道的旁路，其切断阀应设在水平管道上，并减少管道的积液；

⑧工艺管道布置应注意冷、热物流的流向，一般冷流自下而上，热流由上而下；

⑨在寒冷地区，室外的换热设备的上、下水管道应设置排液阀和防冻连通管。

2.6.3 卧式容器管道布置设计

①容器的气体管道接口，安全阀接口应设在容器顶部，并宜设置操作平台；

②容器底部的管道沿地面敷设时，管道低点放净口距地面的净距不应小于100mm；

③容器上的液体入口和出口间距应尽量远，液体入口应尽量远离液位计管口；

④容器的固定端支座位置应有利于容器补偿量大、管径大的管道的柔性计算。

2.6.4 泵类管道布置设计

（1）泵类管道设计一般要求

①泵的进、出口管道应设切断阀，管道对泵管口的作用力和力矩应符合制造厂要求；

②泵的进口管道应满足工艺要求，且不应存在“气袋”；

③对于水平吸入的离心泵，当管道从下向上进泵时，应采用顶平安装；当管道从上向下进泵时，宜采用顶平安装，并在低点设置放净，但输送含有固体或浆液时应底平安装；

④泵进口管道上的过滤器周围应有滤网抽出的空间；

⑤泵出口管道上的异径管应靠近泵的出口；

⑥泵进出口管道上的管架布置应满足泵检修时支承的要求；

⑦往复泵的管道布置不应妨碍活塞及拉杆的拆卸和检修；

⑧往复泵的出口管道跨距应减小，并增加管架的刚度；

⑨泵的入口管布置应满足净正吸入压头（汽蚀余量）的要求。

（2）防止泵产生汽蚀的措施

泵吸入管道的设计是确保泵经常处于正常工作状态的关键，应从设计上采取措施防止产生汽蚀现象。因而需注意下列各点：

①泵吸入管侧的有效汽蚀余量，至少是泵需要的汽蚀余量1.2倍。输送在操作温度下容易蒸发的液体或处于泡点（或平衡）状态下的液体时，应设法增加有效汽蚀余量。当塔或容器的最低液面与泵入口中心线的高差确定后，为提高有效汽蚀余量，应减少入口管道系统的阻力，尽可能缩短管道长度，减少弯头数。

②由于吸入管系统气体的积聚，也会产生汽蚀，因此吸入管道中途不得有气袋。如难以避免，应在高点设放气阀。

由装置外储罐至泵的吸入管道，为了不出现气袋，应穿越防火堤，且使管墩上的管道在最低的位置。

输送密度小于650kg/m^{3}的液体，如液化石油气、液氨等，泵的吸入管道应有1/50～1/100的坡度坡向泵。由于日照的原因，管道内介质会部分汽化，所以需设计成重力流动管道，使汽化产生的气体返回罐内。

③泵入口变径管的安装应使气体不在变径处积聚，避免因安装不当而产生汽蚀。泵的水

平入口管变径时，应选用偏心大小头。当管道从下向上水平进泵时，大小头应取顶平；当管道从上向下水平进泵时，大小头应取“底平”。

为防止气体在泵入口变径管处积聚，偏心大小头也有采用顶平的安装方式，即使是管道从上向下水平进泵的情况，因偏心大小头处积聚的凝液可在过滤器底部的放凝阀处排净。

输送介质带有杂质的端部或侧面吸入的泵，吸入速度低于其杂质沉降速度时，变径管应取“底平”。

(3) 泵的保护线

为了使泵体不受损害和正常运转，要根据使用条件设置泵的保护管线。泵的保护管线一般均在 PID 图中表示。

①暖泵线。输送介质温度大于 200℃时，且有备用泵的情况下，为避免切换泵时高温液体急剧涌入待运行的泵内，使泵体、叶轮受热不均而损坏或变形，致使固定部分和旋转部分出现卡住现象，因而需设暖泵线，使停运的泵保持待启动状态，以便随时切换。暖泵线管径一般为 $DN20$～$DN25$。

一般情况下，暖泵线的流量是通过限流孔板控制，也有用针形阀或截止阀调节流量。布置暖泵管道时，要注意下列事项：

a) 管道的阀门或限流孔板的安装要注意流体的流向；

b) 尽量减少管道死区。对易凝介质，暖泵线的阀门应安装在水平管上，且尽量靠近出口管安装；

c) 要确保阀门间的净距应不妨碍止回阀、切断阀的拆卸；

d) 要考虑泵的维修、检查，且管道不应布置在泵的上方。

②小流量线。当泵的工作流量低于泵的额定流量 30%时，就会产生垂直于轴方向的力——径向推力。而且，由于泵在低效率下运转，使入口部位的液温升高，蒸气压增高，容易出现汽蚀。为了预防发生汽蚀，应设置泵在最低流量下正常运转的小流量线。

小流量线原则上宜按最短管道设计，但用于冷却目的时，也有按较长管道设计的，所以要注意 PID 图上的标注。

③平衡线。对于输送常温下饱和蒸气压高于大气压的液体或处于泡点状态的液体，为防止进泵液体产生蒸气或有气泡进入泵内引起汽蚀，一般宜设平衡线。平衡线是由泵入口接至吸入罐（塔）的气相段。气泡靠相对密度差向上返回吸入罐（塔）内。特别是立式泵，由于气体容易积聚在泵内，所以采用平衡管。

使用这种辅助管道时，气泡仅仅靠本身密度差而移动，所以要由泵向罐（塔）上坡，接到吸入罐（塔）的气相部位。

④旁通线。用于泵的试运转或非正常操作状态下出口主阀门关闭时，仍能使泵处于运转；在阀门前后压差非常高的场合一般设置带有限流孔板的旁通阀。

当启动高扬程泵时，出口阀单方面受压过大，不易打开，若强制开启，将有损坏阀杆、阀座的危险。在出口阀前后设置带有限流孔板的旁通线，便可容易开启。同时，旁通线还有减少管道振动和噪声的作用。旁通线的安装要求与暖泵线基本相同，但介质流向不同。

⑤防凝线。输送在常温下凝固的高倾点或高凝固点的液体时，其备用泵和管道应设防凝线，以免备用泵和管道堵塞。一般设两根管径 $DN20$ 防凝线。其中一根从泵出口切断阀后接至止回阀前，与上述旁通线基本相同。为防止备用泵和管道内液体凝固，打开防凝线阀门

和备用泵入口阀门，于是少量液体通过泵体流向泵的入口管，使液体呈缓慢流动状态：另一根防凝线是旁通线从泵出口切断阀后接至泵入口切断阀前，当检修备用泵时，关闭备用泵出入口切断阀，打开防凝线阀门，少量液体在泵入口管段缓慢流动，以保证管道内流体不凝。防凝线的安装，应使泵进出口管道的“死角”最少。

⑥安全阀线。对于往复泵、齿轮泵和螺杆泵等容积泵，应在出口侧设安全阀（泵本身已带安全阀者除外）线，当出口压力超过定压值时，安全阀起跳，流体返回泵入口管道。安全阀线管道应尽量布置紧凑，且不影响操作。

2.6.5 往复式压缩机管道布置设计

①压缩机进出口管道布置应短而直，尽量减少弯头数量，但出口管道有热胀时，应使管道具有柔性；

②往复式压缩机进出口管道应进行振动分析，使管道的固有频率避开管道的气柱固有频率及机器的激振频率；

③往复式压缩机进口管道宜有坡度，并坡向进口分液罐或进口集合管，管道宜从集合管的顶部引出；

④往复式压缩机进出口管道宜沿地面敷设，并增加管架的刚度；

⑤压缩机的介质为可燃气体时，管道低点排疑，高点放空阀门应设丝堵、管帽或法兰盖，以防泄漏，且机组周围管沟内应充沙，避免可燃气体的积聚；

⑥压缩机的管道应布置在操作平台下，使机组周围有较宽敞的操作和检修空间；

⑦压缩机的进口管道上的过滤器宜设置在水平管道上；

⑧往复式压缩机进出口管道防止共振的措施。增设防振支架；扩大管道直径；增设脉动衰减器或孔板；合理设置缓冲器，避开共振管长，并减少弯头数量。

2.6.6 与容器连接的管道布置规定

①对非定型设备的管口方位，应结合设备内部结构及工艺要求进行布置；

②对大型储罐至泵的管道，确定罐的管口标高及第一个支架位置时，该管道应能适应储罐基础的沉降。储罐前的管道当地震烈度等于或大于 7 度、有不均匀沉陷，且公称直径等于或大于 150mm 时，应设置储罐抗震用金属软管。金属软管的直径不应小于储罐进出管口的直径。金属软管应布置在靠近储罐壁的第一道阀门和第二道阀门之间。

③卧式容器及换热器的固定侧支座及活动侧支座，应按管道布置要求明确规定，固定支座位置应有利于主要管道的柔性计算。

2.7 各种工艺管道布置设计

2.7.1 蒸汽管道布置设计

①装置的蒸汽管道宜架空敷设，不宜管沟敷设，更不应埋地敷设；

②蒸汽支管应从主管的顶部引出，支管上设置的切断阀应布置在靠近主管的水平管

段上；

③支管不得从用汽要求严格的蒸汽管道上引出；

④蒸汽主管进入装置界区的切断阀上游和主管末端应设排液设施；

⑤水平敷设的蒸汽主管上的排液设施的间隔宜符合下列要求：

a）在装置内，饱和蒸汽不宜大于 80m，过热蒸汽不宜大于 160m；

b）在装置外，顺坡时不宜大于 300m，逆坡时不宜大于 200m；

⑥蒸汽管道的低点宜设排液设施；

⑦在蒸汽管道的Ⅱ型补偿器上，不得引出支管。在靠近Ⅱ型补偿器两侧的直管上引出支管时，支管不应妨碍主管的位移。主管热胀而产生的支管引出点的位移，不应使支管承受过大的应力；

⑧连续排放或经常排放乏汽的管道排放口应远离操作区布置；

⑨工艺装置宜设固定式或半固定式蒸汽灭火系统，但在使用蒸汽可能造成事故的部位不得采用蒸汽灭火。

2.7.2 蒸汽凝结水管道布置设计

①蒸汽凝结水在流动过程中，因压降而产生二次蒸汽，形成汽液混相流，当流速增加或改变流向时会引起水击，导致管道发生振动甚至破裂。所以，在确定凝结水管径时，应充分估计蒸汽的混相率，并应留有充分的裕量。同时，在布置凝结水管道时应防止产生水击。

②当回收凝结水时，装置内凝结水管道宜架空敷设，一般布置在管廊上。

③从不同压力等级蒸汽的疏水阀出来的凝结水应分别接至各自的凝结水回收总管。但是，蒸汽压力虽不同，而疏水阀后的背压较小且不影响低压疏水阀的排水时，可合用一个凝结水回收总管。此时，各疏水阀出来的凝结水支管与凝结水回收总管相接处应设止回阀，以防止压力波动的相互影响。

④为减少压降，凝结水支管应在凝结水回收总管上部顺介质流向呈 45°斜接，并在靠近总管的支管水平管段上设切断阀。

⑤成组布置的蒸汽伴热管，其疏水阀后凝结水管应集中接至凝结水集合管，集合管与凝结水回收总管之间的管道，可称为回水管。当集合管标高高于凝结水回收总管时，可在凝结水回收总管上部顺介质流向呈 45°斜接入回收总管；当集合管标高低于凝结水回收总管时，应将集合管提高至回收总管上面，并在凝结水回收总管上部顺介质流向呈 45°斜接，在靠近总管的集合管水平管段上设切断阀。

2.7.3 压缩空气管道布置设计

2.7.3.1 非净化压缩空气管道

①非净化压缩空气（又称非净化风）可用于吹扫、反吹等，一般在装置内的软管站设丝扣软管接头，支管由总管上部引出。当支管长度超过 15m 时，在总管引出处需设切断阀。

②对于塔、反应器以及多层冷换设备框架，为了便于检修时使用风动扳手，应在有人孔和设备头盖法兰的平台上设置非净化压缩空气螺纹软管接头。

③催化裂化装置催化剂的松动风和流化风，一般用非净化压缩空气。为了避免催化剂倒流窜入松动风和流化风管中堵塞管道，应把松动风和流化风管抬高，高于松动点 12*DN*，但

不小于 1m，并在最高处设置止回阀。

④装置内的空气压缩机（或鼓风机）等吸气管道顶部应设防雨罩，并用铜丝网保护。布置空气压缩机的吸、排气管道时，应考虑管道振动对建筑物的影响，应在进出口管道设置单独基础的支架。空气压缩机的放空管和吸气管应尽量考虑降低噪声。

⑤管道气压试验用风管，一般作为施工时临时管道，也有作为永久性管道敷设在管廊上，此时应在装置内以适当的间隔距离靠近主管设几个阀门，可在建成后保留供检修时用。

⑥非净化压缩空气进入装置后，可根据工艺需要设非净化空气罐，罐底设放水阀，罐顶设安全阀，在压缩空气罐入口管上设置止回阀。装置内的非净化压缩空气总管的低点要考虑放水。

2.7.3.2 仪表用净化压缩空气管道

①仪表的讯号风和动力风要求用净化压缩空气，又称净化风或仪表风。净化风管道必须与非净化风管道分开设置。

②净化风用无油压缩机加压，经干燥、过滤后进入净化风储罐，然后送往各个装置。为了保证在事故条件下净化风的供应，进装置的净化风一般先进入净化风罐，经脱尘脱水器，进入净化风总管，供给装置内仪表用。净化风罐的容量要根据事故时需要的保证供风时间而定。净化风罐底设放水阀，罐顶设安全阀，在净化风罐入口管道上应装止回阀。

③净化风管一般用镀锌钢管，原则上 *DN*80 以下都要用螺纹连接，管件要求用镀锌螺纹管件，如镀锌螺纹弯头、镀锌螺纹三通和镀锌螺纹异径管等。直管段较长和有分支的管道还应在适当位置加活接头连接，以便分段拧紧或拆卸。

④净化风的支管应从总管上部引出，并在水平管段上设切断阀，在安装时必须对管内进行充分的吹扫，防止被杂质堵塞，以保证净化风的洁净。

2.7.4 氮气管道布置设计

氮气一般用于设备、管道内物料或空气的置换，也可作为储罐隔离密封和保安等。

装置中吹扫用氮气，一般同装置内的软管站一起设置螺纹软管接头。大量的氮气泄漏会使人缺氧而窒息。为了安全操作要求设置双阀。

由工厂系统的高压氮气进装置后需经减压供给装置使用，可用角式截止阀和减压阀减压。氮气管道的设计要求同压缩空气管道，高压氮气管道应根据压力等级择定材质。催化剂系统需要的高纯度氮气，应从总管上单独接出，不应与其他杂用氮气用一根支管。

在石油化工厂中通常用氮气作为气封系统的气源。气封系统可以使储罐内部维持一定的压力，防止外界气体进入后污染储罐内储存的介质或发生化学反应。

高压氮气由系统经多级减压后送入储罐，维持罐内一定压力；当罐内储存的介质被泵抽出，同时由于温度降低，罐内的气体冷凝或收缩时，要补充气封氮气，以杜绝罐外空气的进入，当向罐内进料及气温升高导致罐内氮封阀压力升高时，装在罐顶的泄压真空阀自动打开，将超压的气体排入大气；为了保证储罐不被抽成真空，当罐内压力低于大气压，而气封系统由于故障不能保证罐内的正压时，真空阀打开，保护储罐不被破坏。

储罐气封系统的供气量必须大于或等于由于泵抽出储罐内储存液体所需的补充气量与由于气温变化而产生的罐内气体冷凝和收缩所需气体量总和。

2.7.5 氧气管道布置设计

①对于强氧化性流体（氧或氟）管道，应在管道预制后、安装前分段或单件按 HG 20202《脱脂工程施工及验收规范》进行脱脂，包括所有组成件与流体接触的表面均应脱脂。脱脂后的管道组成件应采用氮气或空气吹净封闭，防止再污染。并应避免残存的脱脂介质与氧气形成危险的混合物。

②氧气管道组成件的选用，除按相关规范的规定外，还应符合下列规定：

a）在产品系列范围内，宜选用无缝的管子和管件；

b）管子管件焊接应采用氩弧焊打底；

c）设计压力大于 3MPa 时，宜采用奥氏体不锈钢管；

d）碳素钢和低合金钢管道上设有调压阀时，调压阀前后 1.5m 范围内宜采用奥氏体不锈钢管及管件；

e）阀门选用应符合规范的规定。

③除非工艺流程有特殊设计要求及可靠的安全措施保证，氧气管道与 B 类流体管道严禁直接连接。

④氧气管道的流速限制、静电接地及管道布置等要求，应符合 GB 50030《氧气站设计规范》及有关氧气安全技术规程的规定。

2.7.6 仪表接口的布置规定

①就地指示仪表接口的位置应设在操作人员看得清的高度；

②管道上的仪表接口应按仪表专业的要求设置，并应满足元件装卸所需的空间；

③设计压力不大于 6.3MPa 或设计温度不大于 425℃的蒸汽管道，仪表接口公称直径不应小于 15mm。大于上述条件及有振动的管道，仪表接口公称直径不应小于 20mm，当主管公称直径小于 20mm 时，仪表接口不应小于主管径。

2.7.7 取样管道的布置设计

设置在设备及管道上的取样点，应慎重选择位置，应设在操作方便，并使取出样品能真正代表当时、当地物料的地方。

（1）取样管道的布置原则

①取样口的布置应使采集的样品必须干净，并且有代表性，不应布置在管道的死区；

②取样阀应布置在便于操作的地方，设备或管道与取样阀之间的管段长度应最短；

③样品出口端与漏斗、地面或平台之间应有安放取样器皿的空间。

（2）取样管道布置的要求

①气体取样口的布置。在水平管道上取样时，取样管应从管顶引出；在垂直管道上取样时，取样管应与管道成 45°倾斜向上引出；含有固体介质的气体管道上的取样口应设在垂直管道上，并将取样管伸入管道的中心。

②液体取样口的布置。垂直敷设的液体物料管道，其流向是由下向上，取样点宜设置在管道的侧面；但流向由上向下，除非能保证液体充满管道的条件时，否则管上不宜设置取样点；水平敷设的液体物料管道，在压力输送时，取样点可设在管道的任意侧；但如物料是自

流时，取样点应在管道的下侧。

③取样口不得直接设在有振动的设备或管道上。

（3）对于极度危害和高度危害介质、甲类可燃气体、液化烃应采取密闭循环取样。

2.7.8 泄放管道的布置

（1）高点排气及低点排液的设置

①管道的高点与低点均应分别备有排气口与排液口，并置于容易接近的地方。如该处（相同高度）有其他接口可利用时，可不另设排气口或排液口。除管廊上的管道外，对于公称直径小于或等于25mm的管道可省去排气口。对于蒸汽伴热管迂回时出现的低点处，可不设排液口。

②高点排气管的公称直径最小应为15mm；低点排液管的公称直径最小应为20mm。当主管公称直径为15mm时，可采用等径的排液口。

（2）放空和放净管道的布置要求

①管道系统中的高点或低点应根据操作、检修的要求，放置放空或放净。水压试验所需的放空或放净，可只设丝堵；

②管道放空应设在管道的顶部，管道放净应设在管道的低点；

③全厂性管道的放净如允许直接排放时，可在主管底部设置短管、法兰和法兰盖；

④极度危害介质的放空或放净宜设置双阀，并应排入密闭回收系统；

⑤高度危害介质和高压管道的放空或放净宜设置双阀，当设置单阀时，应加盲板或法兰；

⑥管道放空或放净的阀门应靠近主管，对易自聚、易冻结、易凝固或含固体介质的管道上的放净不应有拐弯；

⑦可燃气体放空管道内的凝结液应密闭回收，不得随地排放。

（3）泄压排放管道的布置要求

①直接向大气排放的非可燃气体放空管的高度应符合下列规定：

设备或管道上的放空管口应高出邻近的操作平台2.2m以上；

紧靠建筑物、构筑物或其内部布置的设备或管道的放空口，应高出建筑物或构筑物顶2.2m以上。

②可燃气体排气筒、放空管的高度应符合下列规定：

连续排放的排气筒顶或放空管口应高出20m范围内的操作平台或建筑物顶3.5m以上；

间歇排放的排气筒顶或放空管口应高出10m范围内的操作平台或建筑物顶3.5m以上；

设备上开停工用的放空管可就地向大气排放，放空管的高度应高出操作平台2.2m以上。放空口不得朝向邻近设备或有人通过的地方。

2.7.9 非金属管道布置设计要求

常用非金属管道主要指塑料管、玻璃钢管和玻璃钢复合管。这类管道存在强度和刚度低、线胀系数大、易产生静电聚集、易老化等缺点，管道布置应针对这些缺点采取防范措施。

（1）布置的一般要求

①非金属管道应采用低速输送并应采取有效的防静电措施，以防止流体流动产生静电积

聚而引起爆炸和火灾危险；

②非金属管道不宜敷设在有剧烈震动的地方，严禁敷设在易受到撞击的地面，应采用架空、管沟敷设并应避免穿越防火墙或防火堤；

③架空敷设的管道在人行道上空不得设置阀门、法兰接头等，其管道与地面净高度应大于等于 2.2m；

④非金属管道与金属管道敷设在一起时，应敷设在金属管道的下侧或侧面，且不得安装在大于材料许用温度上限的热源附近；

⑤管架的支承方式及管架的间距，应能满足管道强度和刚度的要求；

⑥管道应用足够的柔性或有效的热补偿措施，以防止因膨胀或收缩或管架和管端的位移造成泄漏或损坏。

(2) 非金属材料适用温度范围见表 2.3。

表 2.3　非金属材料适用温度范围

非金属材料简称	非金属材料名称	适用温度范围/℃
PP	聚丙烯	-14～100
PE	聚乙烯	-20～85
PVC	聚氯乙烯	-20～65
FRP/PVC	玻璃钢/聚氯乙烯	-10～80
FRPP	增强聚丙烯	-20～120
FRP	玻璃钢	-40～80
ABS	聚烯腈-丁二烯-苯乙烯	-20～70

2.8　管道组成件的布置设计

2.8.1　管件的布置

①弯头宜选用曲率半径等于 1.5 倍公称直径的长半径弯头；输送气固、液固两相流物料的管道应选用大曲率半径弯管，弯管的曲率半径不宜小于管道公称直径的 4 倍；

②管廊上水平管道变径连接，如无特殊要求，应选用底平偏心异径管；垂直管上宜选用同心异径管；

③平焊法兰不应与无直管段的弯头直接连接；

④除工艺有特殊要求外，塔、反应器、立式容器等设备裙座内的管道上不得布置法兰和螺纹接头；

⑤机泵润滑油系统的管道应分段设置法兰，每段管道上的弯头数量不宜超过 2 个。主管的末端应设置法兰盖；

⑥调节阀两侧管道上的异径管应紧靠调节阀；

⑦采用异径法兰连接时，输送介质的流向宜自小口径流向大口径。

2.8.2 阀门的布置

①应按照阀门的结构、工作原理、正确流向及制造厂的要求采用水平或直立或阀杆向上方倾斜等安装方式。

所有安全阀、减压阀及控制阀的位置，应便于调整及维修，并留有抽出阀芯的空间，当位置过高时，应设置平台。所有手动阀门应布置在便于操作的高度范围内。

②阀门宜布置在热位移小的位置。

③换热器等设备的可拆端盖上，设有管口并需接阀门时，应备有可拆管段，并将切断阀布置在端盖拆卸区的外侧。

④除管道和仪表流程图上指定的要求外，对于紧急处理及防火需要开或关的阀门，应位于安全和方便操作的地方。

⑤安全阀的管道布置应考虑开启时反力及其方向，其位置应便于出口管的支架设计。阀的接管承受弯矩时，应有足够的强度。

2.8.3 安全泄放装置及管道布置设计

(1) 下列管道系统应设置安全泄放装置

①设计压力小于外部压力源的压力，出口可能被关断或堵塞的设备和管道系统；

②出口可能被关断的容积式泵和压缩机的出口管道；

③因冷却水或回流中断，或再沸器输入热量过多而引起超压的蒸馏塔顶的气相管道；

④因不凝气体积聚产生超压的设备和管道系统；

⑤加热炉出口管道中切断阀或调节阀的上游管道；

⑥因两端切断阀关闭，受环境温度、阳光辐射或伴热影响而产生热膨胀或汽化的管道系统；

⑦放热反应可能失控的反应器出口处切断阀上游的管道系统；

⑧凝汽式汽轮机的蒸汽出口管道；

⑨蒸汽发生器等产汽设备的出口管道；

⑩低沸点液体（液化气等）容器的出口管道；

⑪管程可能破裂的热交换器低压侧的出口管道；

⑫设计者认为可能产生超压的其他部位。

(2) 安全阀的设置要求

①在可燃气体往复式压缩机的各段出口应设安全阀，安全阀的放空管应接至压缩机各段入口管道上或压缩机一段入口管道上；

②在电动往复泵、齿轮泵、螺杆泵等容积式泵的出口管道上应设安全阀。安全阀的放空管应接至泵的入口管上；

③与鼓风机、离心式压缩机、离心泵或蒸汽往复泵出口连接的设备不能承受其最高压力时，其出口管道需设安全阀；

④可燃气体或液体受热膨胀，可能超过设计压力的管道应设安全阀；

⑤两端阀门关闭且因外界影响可能造成介质压力升高的液化烃、甲$_B$、乙$_A$类液体管道应采取泄压安全措施。

(3) 爆破片的设置要求

①压力可能迅速上升的场合；

②含有颗粒、易沉淀、易结晶、易聚合、黏度大的介质；

③工作压力很低或很高的场合，且安全阀难以满足要求；

④因强腐蚀性介质而需要使用贵重材料时；

⑤使用温度较低而影响安全阀的工作性能时；

⑥需要较大的泄放面积；

⑦不允许有泄漏的场合。

(4) 以下情况应采用爆破片装置和安全阀的组合装置：

①串联使用（爆破片装置在安全阀入口）；

②保护安全阀不受工艺介质腐蚀、堵塞或其他不利因素影响；

③防止安全阀泄漏；

④减少爆破片破裂后的泄放损失；

⑤安全阀的在线检测；

⑥串联使用（爆破片装置在安全阀出口）保护安全阀不受泄放总管中气体的腐蚀；

⑦并联使用爆破片装置作为火灾工况的辅助安全泄放装置。

(5) 安全阀及管道布置要求

①安全阀应直立安装并靠近被保护的设备或管道。如不能靠近布置，则从被保护的设备或管道到安全阀入口的管道总压降，不应超过安全阀定压值的3%；

②全阀应安装在压力比较稳定，且应距振动源有一定距离的地方；

③安全阀宜设置检修平台。布置重量大的安全阀时要考虑安全阀拆卸后吊装的可能，必要时应设吊杆；

④安全阀的进口管道应采用长半径弯头；

⑤多个安全阀并联操作时，总管的截面积不应小于各支管截面积之和；

⑥公称直径大于或等于50mm的安全阀出口管道排入密闭系统时，应顺介质流向45°斜接在排放总管的顶部；

⑦当安全阀进出口管道设有切断阀时，应铅封开或锁开，当切断阀为闸阀时，阀杆应水平安装。当安全阀设有旁路阀时，旁路阀应铅封关或锁关。

2.8.4 阻火器的布置

①加热炉燃料气主管上的管道阻火器，应靠近加热炉，并便于检修，管道阻火器与燃烧器距离不宜大于12m；

②储罐用阻火器应直接安装在储罐顶的管口上。通常与呼吸阀配套使用，也可单独使用；

③常压放空排气管道阻火器宜布置在排气管道的末端。

2.8.5 补偿器的布置要求

①管道系统补偿能力不能满足要求时，应在适当位置安装补偿器。

②Π形补偿器宜设置在两固定点的中部，但不应小于两固定点间距的三分之一。

③无约束金属波纹管补偿器布置应符合下列要求：

a）两个固定支座间仅能布置一个补偿器；

b）固定支座必须具有足够的强度，以承受内压推力的作用；

c）靠近补偿器的部位应设置导向架，第一个导向支架与补偿器的距离应小于或等于4倍公称直径，第二个导向支架与第一个导向支架的距离应小于或等于14倍公称直径，以防止管道有弯曲和径向偏移造成补偿器的破坏。

④布置带约束的金属波纹管补偿器应符合柔性计算的要求。

2.8.6 公用工程（蒸汽、空气、氮气等）管道与GC1级、GC2级管道连接时的要求

①在连续使用的公用工程管道上应设止回阀，并在其根部设切断阀；

②在间歇使用的公用工程管道上应设两道切断阀，并在两阀间设检查阀；

③仅在设备停用时使用的公用工程管道应设盲板或断开。

思考题

1. 何谓设备布置？
2. 装置布置设计的原则有哪些？
3. 什么是全年最小频率风向，与装置布置有何关系？
4. 哪些装置、单元和设施区应设置可燃气体报警系统？
5. 装置布置设计的三重安全措施是什么？
6. 塔的人孔方位和关闭方向设置有何规定？
7. 什么情况下换热器不宜重叠布置？
8. 当立式容器穿越楼板或平台安装时，应注意避免什么？
9. 罐组泵的布置有哪些要求？
10. 卧式容器及换热器支座布置有何规定？
11. 简述往复式压缩机进出口管道防止共振的措施？
12. 管道上两条对接焊缝的距离有哪些规定？
13. 管道直接埋地布置的条件有哪些？
14. 室内沿墙管廊上管道水平面排列的原则是什么？
15. 塔体侧面管道的设计要求有哪些？
16. 在寒冷地区室外的换热设备的上、下水管道应采取什么措施防止冻坏管道？
17. 在蒸汽主管道上引出支管应符合哪些规定？
18. 氧气管道组成件的选用有哪些规定？
19. 气体取样口的布置有何要求？
20. 简述工艺管道补偿器的选用要求。

第3章 动力管道布置设计

动力管道是指火力发电厂内的工艺管道。动力管道也属于工业管道的范畴，它与工艺管道的区别在于介质的特殊性。动力管道输送的介质为火力发电的电站锅炉产生的高温高压蒸汽等介质，由于高温高压的介质特点，相对于其他工业管道，在设计时有些特殊的要求和规定。许多国家都单独制定了动力管道的设计标准。如 ASME B31.1Power Piping、GB/T 32270—2015《压力管道规范 动力管道》等。

动力管道布置设计相关标准有：

GB 50764—2012《电厂动力管道设计规范》；

DL/T 441—2004《火力发电厂高温高压蒸汽管道蠕变监督规程》；

DL/T 834—2003《火力发电厂汽轮机防进水和冷蒸汽导则》；

DL/T 850—2004《电站配管》；

DL/T 5054—2016《火力发电厂汽水管道设计规范》；

DL/T 5366—2014《发电厂汽水管道应力计算技术规程》；

GB/T 32270—2015《压力管道规范 动力管道》等。

3.1 大中型火力发电厂设备布置设计

蒸汽初参数为超高压及以上、单台机组容量在125MW及以上、采用直接燃烧方式、主要燃用固体化石燃料的发电厂为大中型火力发电厂。

3.1.1 总体规划

3.1.1.1 基本规定

火力发电厂的总体规划应根据火力发电厂生产、施工和生活需要，结合厂址及其附近的自然条件和城乡及土地利用总体规划，对厂区、施工区、水源地、取排水管线、灰管线、贮灰场、灰渣综合利用、交通运输、出线走廊、供热管网等进行统筹规划，并应以近期工程为主、兼顾远期工程。

火力发电厂的总体规划应符合下列规定：

①应按功能要求分区。

②各区内建筑物宜根据日照方位和风向进行布置，并应力求合理紧凑。辅助生产和附属

建筑宜采用联合布置和多层建筑，并应符合建筑节能的要求。

③建筑物空间的组织及建筑群体应与周围环境协调。

④对于煤电合一的坑口电站，宜统一规划其贮煤场、运煤设施及辅助设施等。

3.1.1.2 厂区外部规划

火力发电厂包括交通运输、供水和排水、灰渣输送和处理、输电线路和供热管线、施工区等厂外设施，应在确定厂址和落实厂内各个主要工艺系统的基础上，根据火力发电广的规划容量和厂区自然条件，统筹规划、全面协调。

火力发电厂厂区与附近的核电厂、化工厂、炼油厂、石油或天然气储罐、低中放射性废物处置场、核技术利用放射性废物库等潜在危险源之间的距离，应符合下列规定：

①与核电厂的距离应符合 GB 6249《核动力厂环境辐射防护规定》的有关规定。

②与化工厂、炼油厂的距离应符合 GB 50160《石油化工企业设计防火标准》的有关规定。

③与石油或天然气储罐的距离应符合 GB 50183《石油天然气工程设计防火规范》的有关规定。

④与低、中水平放射性废物处置场的距离不应低于 HJ/T 5.2《核设施环境保护管理导则放射性固体废物浅地层处置环境影响报告书的格式与内容》规定的评价范围的半径。

⑤与核技术利用放射性废物库的距离不应低于 HJ/T 10.1《辐射环境保护管理导则核技术应用项目环境影响报告书（表）的内容和格式》规定的评价范围的半径。

3.1.1.3 厂区规划及总平面布置

厂区规划应以工艺流程合理为原则，应以主厂房为中心，结合各生产设施及工艺系统的功能，分区明确，紧凑合理，有利扩建，因地制宜地进行布置，并应满足防火、防爆、环境保护、劳动安全和职业卫生的要求。厂前建筑设施宜集中布置，并应做到与生产联系方便、生活便利。对扩（改）建火力发电厂宜利用原有厂区场地及可以利用的相关设施。

厂区建（构）筑物的布置应符合 GB 50016《建筑设计防火规范》和 GB 50229《火力发电厂与变电站设计防火规范》的有关规定，并应符合下列要求：

①主厂房和烟囱、冷却设施、封闭式圆形煤场等宜布置在地层均匀、地基承载力较高的区域。当采用直流供水时，汽机房宜靠近水源。当采用直接空冷时，应根据气象条件对空冷机组运行的影响情况确定主厂房的方位。

②屋内外高压配电装置的进出线应顺畅，宜避免线路交叉，并应有利扩建。

③冷却塔的布置应根据地形、地质、循环水管线的长度、相邻设施的布置条件及常年风向等综合因素确定。对具备扩建条件的工程，冷却塔不宜布置在主厂房扩建端。

④露天贮煤场、液氨贮存设施宜布置在厂区主要建筑物全年最小频率风向的上风侧，应避免对厂外居民区的污染影响。

⑤屋外高压配电装置裸露部分的场地可铺设草坪或碎石、卵石。对煤场、灰库、脱硫吸收剂贮存场地等会出现粉尘飞扬的区域应采取防尘措施。直接空冷平台下的场地宜采用混凝土地坪。

⑥制（供）氢站、燃油设施、液氨贮存设施应与其他生产、辅助及附属建筑分开，并应单独布置形成独立区域。

⑦燃油设施、液氮贮存设施等靠近江、河、湖泊布置时，应采取防止泄漏液体流入水域的措施。

⑧厂区对外出入口不应少于 2 个，其位置应方便厂内外联系，并应使人流与货流分开。厂区主要出入口宜设置在厂区固定端一侧。

3.1.1.4 冷却装置布置

①直接空冷平台朝向应根据全年、夏季、夏季高温大风的主导风向、风速、风频等因素，结合工艺布置要求，并应兼顾空冷机组运行的安全性和经济性综合确定。

②直接空冷平台宜布置在主厂房 A 列外侧，变压器、电气配电间、贮油箱等可布置在平台下方，但应保证空冷平台支柱位置不影响变压器的安装、消防和检修运输通道。

③间接空冷塔除作为排烟冷却塔外，宜靠近汽机房侧布置。

④对采用排烟冷却塔的火力发电厂，冷却塔宜靠近炉后区域。

⑤采用机械通风冷却塔的火力发电厂，单侧进风塔的进风面宜面向夏季主导风向；双侧进风塔的进风面宜平行于夏季主导风向。

3.1.2 主厂房区域布置

3.1.2.1 基本规定

①主厂房区域布置应适应电力生产工艺流程的要求，并应满足安装、运行、检修的需要，宜做到设备布局和空间利用紧凑、合理；管线及电缆连接应短捷、整齐；巡回检查通道应畅通。

②主厂房区域布置应根据设备和系统的功能要求，集中、合并布置，并应做到功能分区明确、系统连接简捷。在工艺要求和环境条件许可的情况下，辅助设备宜采用露天或半露天布置。

③主厂房的布置可采用汽机房、煤仓间或除氧煤仓间、锅炉房三列式布置，汽机房、除氧间、煤仓间、锅炉房四列式布置，侧煤仓布置等多种布置形式。

④主厂房区域布置应为运行检修人员创造良好的工作环境，应符合国家现行有关劳动保护标准的规定；设备布置应符合防火、防爆、防潮、防尘、防腐、防冻等有关要求。

⑤主厂房区域及其内部的设施、表盘、管道和平台扶梯等的色调应协调。平台扶梯及栏杆的规格宜统一。

⑥主厂房柱距宜采用等柱距；在满足主要设备布置要求的前提下，也可采用不等柱距。

⑦主厂房区域布置应根据厂区地形、设备特点和施工条件等因素合理安排。

⑧主厂房区域布置应根据总体规划要求留有扩建条件。

3.1.2.2 汽轮机房及除氧间布置

①对 200MW 级及以上机组，汽轮发电机组宜采用纵向顺列布置。如条件合适，通过技术经济比较也可采用横向布置。

②300MW 级及以上机组的汽机房运转层宜采用大平台布置形式，300MW 级以下机组宜采用岛式布置。采用大平台布置时，应满足汽机房的通风、排热、排湿及起吊重物的要求。

③给水泵的布置应符合下列规定：

a）当驱动汽动给水泵的小汽轮机排汽进入主凝汽器时，汽动给水泵组宜就近布置在汽轮发电机组侧面的运转层或底层。

b）当驱动汽动给水泵的小汽轮机排汽进入独立的凝汽器时，汽动给水泵组宜布置在汽机房及除氧间的运转层或中间层。

c）当汽轮发电机组采用电动给水泵时，给水泵可布置在汽机房或除氧间的底层。

④除氧器给水箱的布置应符合下列规定：

a）除氧器给水箱的安装标高应保证在汽轮机甩负荷瞬态工况下，给水泵或其前置泵的进口不发生汽化。

b）在气候、布置条件合适时，除氧器给水箱宜采用露天布置。

c）除氧器和给水箱不宜布置在集中控制室上方。如布置在集中控制室上方时，集中控制室顶板应采用混凝土整体浇灌，除氧器层的楼面应采取防水措施。

⑤汽轮机油系统设备的布置应符合下列规定：

a）汽轮机主油箱、油泵、冷油器及油净化装置等设备宜布置在汽机房机头靠 A 列柱侧，并应远离高温管道；汽轮机贮油箱宜布置在主厂房外侧。

b）汽轮机主油箱、贮油箱、油净化装置及油系统应采取防火措施。在主厂房外侧的适当位置应设置密封的润滑油事故排油箱（坑），其布置标高和排油管道的设计应满足主油箱、贮油箱、油净化装置等事故排油畅通的需要。润滑油事故排油箱（坑）的容积不应小于一台最大机组油系统的油量。

c）设备事故排油门均应布置在安全及便于操作的位置，其操作手轮应设在距排油设备外缘 5m 以外的地方，并应有两条人行通道可以到达。

3.1.3　锅炉布置

①锅炉宜采用露天或半露天布置，对严寒或风沙大的地区宜采用紧身罩封闭。

②采用露天或半露天布置的锅炉，其运转层宜采用岛式布置方式或钢格栅大平台布置方式。对于采用风扇磨煤机制粉系统的给煤机在炉膛周围布置时，给煤机层宜设钢筋混凝土大平台。当锅炉本体下部或布置于锅炉房底层的附属设备不适宜露天布置时，运转层及以下可采用封闭的形式。紧身罩封闭的锅炉，其运转层宜采用钢筋混凝土大平台布置方式。

③采用露天或半露天布置的锅炉，当需要在运转层上设置炉前操作区时，可采用炉前低封闭方式。

④在满足设备及管道布置、安装、运行和检修要求的条件下，炉前空间宜压缩；在有条件时，可采用炉前柱与煤仓间柱合并的布置方式。

⑤锅炉主要辅助设备的布置应符合下列规定：

a）除尘器采用露天布置，除尘器灰斗应采取防结露措施；对严寒地区，除尘器设备下部应采用封闭布置。

b）对严寒地区，锅炉的引风机、送风机和一次风机应采用室内布置。

c）露天布置的辅机应采取防噪音措施，其电动机宜采用全封闭形式。

3.1.4 锅炉设备及主要系统设置

3.1.4.1 锅炉设备

锅炉设备应符合现行行业标准 DL/T 612《电力行业锅炉压力容器安全监督规程》和 DL/T 647《电站锅炉压力容器检验规程》的有关规定。

锅炉安全阀配置应符合下列规定：

①锅炉的汽包、过热器出口、再热器系统以及直流锅炉外置式启动分离器（带有隔离阀的）均应装设足够数量的安全阀，其要求应符合现行行业标准 DL/T 959《电站锅炉安全阀技术规程》的有关规定。

②采用 100%带安全阀功能的三用阀高压旁路，当高压旁路具有独立的安全保护功能控制回路并符合有关标准的要求时，锅炉过热器系统的安全阀可由高压旁路阀代替。对再热器安全阀可设置跟踪与部分溢流功能。

3.1.4.2 锅炉辅助系统

(1) 汽包锅炉的连续排污和定期排污系统应符合下列规定：

①汽包锅炉宜采用一级连续排污扩容系统，连续排污系统应有切换至定期排污扩容器的旁路。

②每台锅炉宜设 1 套排污扩容系统。

③定期排污扩容器的容量应满足锅炉事故放水的需要；当锅炉事故放水量计算值过大时，宜与锅炉厂共同商定采取合适的限流措施。

④对于亚临界参数汽包锅炉，当条件合适时可不设连续排污系统。

⑤定期排污扩容器宜装设排汽管汽水分离装置。

(2) 锅炉向空排汽应符合下列规定：

①锅炉向空排汽的噪声防治应满足环保要求。

②向空排放的锅炉点火排汽管及压力控制阀排汽管应装设消声器。

③起跳压力最低的汽包安全阀和过热器安全阀，以及中压缸启动机组的再热器安全阀排汽管应装设消声器。其他安全阀排汽管宜装设消声器。

3.1.5 汽轮机设备及主要系统设置

(1) 汽轮机设备

汽轮机设备的技术要求宜符合 GB/T 5578《固定式发电用汽轮机规范》的有关规定，汽轮机及汽水系统的设计应符合 DL/T 834《火力发电厂汽轮机防进水和冷蒸汽导则》的有关规定。

(2) 主蒸汽、再热蒸汽和旁路系统

①主蒸汽系统应采用单元制。

②主蒸汽、再热蒸汽等管道的管径及管路根数，应经优化计算确定。

③汽轮机旁路系统的设置及其功能、形式和容量应根据汽轮机、锅炉的特性和电网对机组运行方式的要求，并结合机炉启动参数匹配后确定。

(3) 给水系统

①给水系统应采用单元制系统。

②正常运行及备用给水泵宜选用调速给水泵，启动用给水泵宜选用定速给水泵。

③当正常运行给水泵采用调速给水泵时，给水主管路不应设调节阀系统，启动支管应根据给水泵的特性设置调节阀。

(4) 除氧器及给水箱

①除氧器

除氧器应采用滑压运行方式。除氧器的总出力、台数及形式应符合下列规定：

a) 总出力应根据最大给水消耗量选择。

b) 每台机组宜配 1 台除氧器。

c) 凝汽式机组应采用一级高压除氧器。对供热机组，补给水应采用凝汽器鼓泡除氧装置，也可另设公用低压除氧器，在保证给水含氧量合格的条件下，可采用一级高压除氧器。

②给水箱

给水箱的贮水量宜根据除氧器布置位置，结合瞬态计算结果、机组控制水平和机组功能要求确定，并应符合下列规定：

a) 200MW 及以下机组宜为 10min 的锅炉最大连续蒸发量时的给水消耗量。

b) 200MW 以上机组宜为 3～5min 的锅炉最大连续蒸发量时的给水消耗量。

c) 当机组具有快速切负荷功能时，给水箱的贮水量宜适当加大。

3.2 小型火力发电厂设备布置设计

小型火力发电厂是指高温高压及以下参数、单机容量为 125MW 以下、采用直接燃烧方式、主要采用固体化石燃料的新建、扩建和改建的火力发电厂。总体规划要求、厂区内规划和厂区外规划与大中型电厂的规定相似。

3.2.1 主厂房布置设计

3.2.1.1 一般规定

①发电厂主厂房的布置应符合热、电生产工艺流程，做到设备布局紧凑、合理，管线连接短捷、整齐，厂房布置简洁、明快。

②主厂房的布置应为安全运行和方便操作创造条件，做到巡回检查通道畅通。厂房内的空气质量、通风、采光、照明和噪声等应符合现行国家有关标准的规定。特殊设备应采取相应的防护措施，符合防火、防爆、防腐、防冻、防毒等有关要求。

③主厂房的布置应根据自然条件、总体规划和主辅设备特点及施工场地、扩建条件等因素，进行技术经济比较后确定。

④主厂房布置应根据发电厂的厂区、综合主厂房内各工艺专业设计的布置要求及发电厂的扩建条件确定。扩建厂房宜与原厂房协调一致。

⑤主厂房内应设置必要的检修起吊设施和检修场地，以及设备和部件检修所需的运输通道。

3.2.1.2 主厂房布置

①主厂房的布置形式宜按汽轮机房、除氧间（或合并的除氧煤仓间）、煤仓间、锅炉房的顺序排列。当采用其他的布置形式时，应经技术经济比较后确定。

②主厂房的布置应与发电厂出线，循环水管进、排水管位，热网管廊，主控制楼（室）、汽轮机房毗邻和其周围环形道路等布置相协调。

③主厂房各层标高的确定应符合下列规定：

a）双层布置的锅炉房和汽轮机房，其运转层宜取同一标高。汽机房的运转层宜采用岛式布置；

b）除氧器层的标高应保证在汽轮机各种运行工况下，给水泵或其前置泵进口不发生汽化。

当气候、布置条件合适，除氧间不与煤仓合并时，除氧器和给水箱宜采用露天布置。

3.2.1.3 检修设施

①汽轮机房的底层应设置集中安装检修场地。其面积应能满足检修吊装大件和汽轮机翻缸的要求。每2～4台机组宜设置一个零米检修场地。

②汽轮机房内起重机的设置宜符合下列规定：

a）100MW级机组装机在2台时，宜设置2台电动桥式起重机；

b）50MW级机组装机在4台以上时，宜设置2台电动桥式起重机；

c）50MW级以下容量机组的汽轮机房内，应设置1台电动桥式起重机；

d）起重量应按检修起吊最重件确定（不包括发电机定子）；

e）起重机的轨顶标高应满足起吊物件最大起吊高度的要求；

f）起重机的起重量和轨顶标高应考虑规划扩建机组的容量。

③主厂房的下列各处，应设置必要的检修起吊设施：

a）锅炉房炉顶。电动起吊装置起重量宜为0.5～1t，提升高度应从零米至炉顶平台；

b）送风机、引风机、磨煤机、排粉风机、一次风机等转动设备的上方；

c）煤仓间煤仓层。电动起吊装置起重量宜为0.5～1t，提升高度应从零米或运转层至煤仓层；

d）利用汽机房桥式起重机起吊受到限制的地方：加热器、水泵、凝汽器端盖等设备和部件。

④汽机房的运转层应留有利用桥式起重机抽出发电机转子所需要的场地和空间。汽机房的底层应留有抽、装凝汽器冷却管的空间位置。

⑤锅炉房的布置应预留拆装空气预热器、省煤器的检修空间和运输通道。

3.2.2 汽轮机设备及主要系统设置

3.2.2.1 汽轮机设备

①发电厂的机组选择应符合下列规定：

供热式汽轮机的容量和台数应根据热负荷的大小和性质，并以热定电的原则合理确定。条件许可时，应优先选择较大容量、较高参数的汽轮机。

小型发电厂不宜选用凝汽式汽轮机。

干旱指数大于1.5的缺水地区，宜选用空冷式汽轮机。

②供热式汽轮机机型的最佳配置方案应在调查核实热负荷的基础上，根据设计的热负荷曲线特性，经技术经济比较后确定。

3.2.2.2　主蒸汽及供热蒸汽系统设置

①主蒸汽管道宜采用切换母管制系统。

②热电厂厂内应设供热集汽联箱。向厂外同一方向输送的供热蒸汽管道宜采用单管制系统；采用双管或多管制系统时，应符合下列规定：

a）当同一方向的各用户所需蒸汽参数相差较大，或季节性热负荷占总热负荷比例较大，经技术经济比较合理时，可采用双管或多管制系统；

b）对特别重要而不允许停汽的热用户，需由两个热源供汽时，可设双管输送。每根管道的管径宜按最大流量的60%设计；

c）当热用户按规划分期建设，初期设单管不能满足规划容量参数要求或运行不经济时，可采用双管或多管制系统。

3.3　管道布置设计

3.3.1　动力管道布置的一般规定

①管道的布置应满足工艺流程、安全生产、经济运行和环境保护的要求。

②管道的布置应满足总体布置、安装、运行及维修的要求。

③管道布置应合理规划，做到整齐有序，可能条件下的美观。

④厂房内管道的布置应结合设备布置及建筑结构情况进行，充分利用建筑结构设置管道的支吊装置。

⑤厂房外管道应结合道路、消防和环境等条件合理布置。

⑥小管径与大管径或与刚度较大的管子连接，小管径管子应具有足够的柔性。

3.3.2　汽水管道的布置设计

3.3.2.1　汽水管道布置设计基本要求

汽水管道布置应符合下列规定：

①管道设计应根据热力系统和布置条件进行，做到选材正确，布置合理、补偿良好、疏水通畅、流阻较小、造价低廉、支吊合理、安装维修方便、扩建灵活、整齐美观，并应避免水击、共振和降低噪声。

②管道设计应根据压力、温度及管内介质特性等工艺条件，并结合环境、荷载等综合条件进行。

③管道组成件的设计压力不应低于运行中可能出现的最高持续压力。管道组成件的设计温度不应低于管内介质持续运行的最高工作温度。

④管道设计应符合国家和行业有关标准、规范。

3.3.2.2 管道布置净高度及间距要求

管道布置的净空高度及间距应符合下列规定：

①当管道横跨人行通道上空时，管子外表面或保温表面与通道地面（或楼面）之间的净空距离，不应小于 2000mm。当通道需要运送设备时，其净空距离必须满足设备运送的要求。

②当图 3.1 中管道横跨扶梯上空时，管子外表面或保温表面至管道正下方踏步的距离 H 不应小于 2200mm，至扶梯倾斜面的垂直距离 h，应根据扶梯倾斜角 θ 的不同，分别不小于表 3.1 所列数值。

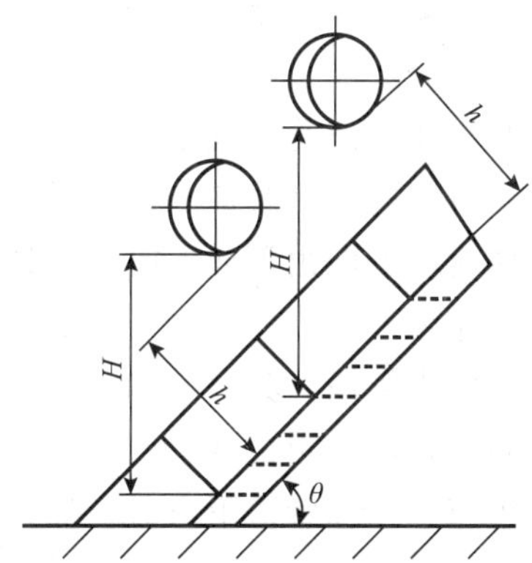

图 3.1 管道横跨扶梯时的净空要求

表 3.1 管子或管子保温层表面至扶梯倾斜面的垂直距离表

θ	45°	50°	55°	60°	65°
h/mm	1800	1700	1600	1500	1400

③当管道在直爬梯的前方横越时，管子外表面或保温表面与直爬梯垂直面之间净空距离，不应小于 750mm。

④布置在地面、楼面或平台上的管道与地面之间的净空距离，应符合下列规定：

a）不保温的管道，管子外壁与地面的净空距离，不小于 350mm。

b）保温的管道，保温表面与地面的净空距离，除特殊要求外不小于 300mm。

c）管子靠地面侧没有焊接要求时，上述净空距离可适当减小。

⑤管道与墙、梁、柱及设备之间的净空距离，宜符合下列规定：

a）不保温的管道：管子外壁与墙之间的净空距离不小于 200mm。

b）保温的管道：保温表面与墙之间的净空距离不小于 150mm。

c）管道与梁、柱、设备之间的局部距离，可按管道与墙之间的净空距离减少 50mm。

⑥对于平行布置的管道，两根管道之间的净空距离，应符合下列规定：

a）不保温的管道，两管外壁之间的净空距离，不小于 200mm。

b）保温的管道，两管保温表面之间的净空距离，不小于 150mm。

⑦当管道有冷热位移时，④～⑥款规定的各项间距，在计入管道位移后应不小于 50mm。

⑧多层管廊的层间距离应满足管道安装要求。

3.3.2.3 汽水管道的布置

①管道布置应结合主厂房设备布置及建筑结构情况进行，管道走向宜与厂房轴线一致。在水平管道交叉较多的地区，宜按管道的走向划定纵横走向的标高范围，将管道分层布置。管道布置不宜使介质的主流在三通内变换方向。

②管道系统中应防止出现由于刚度较大或应力较低部分的弹性转移而产生局部区域的应变集中。当管道中有阀门时，应注意阀门关闭工况下两侧管道温度差别对管段刚性的影响。管道布置中应避免下述情况：

a）小管与大管或与刚度较大的管子连接，而此小管具有较高的应力；

b）局部缩小管道断面尺寸或局部采用性能较差的材料；管系中应力分布不均匀性大，小部分管段的应力值显著大于其余部分。

③大容量机组的主蒸汽管道和再热蒸汽管道宜采用单管或具有混温措施的管道布置，当主蒸汽管道、再热蒸汽管道或背压机组的排汽管道为偶数时，宜采用对称式布置。

④存在两相流的管道，当介质流动方向由下向上时，宜先水平后垂直布置；当介质流动方向由上向下时，宜先垂直后水平布置。

⑤汽轮机旁路阀前后应有一定的直管段，其尺寸和布置要求应与制造厂协商确定。

⑥当蒸汽管道或其他热管道布置在油管道的阀门、法兰或其他可能漏油部位的附近时，应将其布置于油管道上方。当必须布置在油管道下方时，油管道与热管道之间应采取可靠的隔离措施。

⑦除氧器安装高度和下水管管径选择及布置应进行计算，以满足给水泵或前置泵所需汽蚀余量的要求。

⑧以下区域的管道布置不应妨碍设备的维护及检修：

a）需要进行设备维护的区域；

b）设备检修起吊需要的区域，包括整个起吊高度及需要移动的空间；

c）设备内部组件的抽出及设备法兰拆卸需要的区域；

d）设备吊装孔区域。

⑨水平管道的安装坡度应根据疏放水和防止汽机进水的要求确定，并应计及管道冷、热态位移对坡度的影响，蒸汽管道的坡度方向宜与气流方向一致。管道的位移可按设计压力下的饱和温度计算。各类管道的坡度应符合下列规定：

a）对于顺气流蒸汽管道，当温度小于430℃时，其坡度不应小于0.002；当温度大于或等于430℃时，其坡度不应小于0.004；

b）对于水管道，其坡度不应小于0.002；

c）对于疏水、排污管道，其坡度不应小于0.003；

d）对于低压给水管道，其坡度不应小于0.15；

e）对于各类母管，其坡度宜取值 $i=0.001\sim0.002$；

f）自流管道的坡度应按照式（3-1）计算；

$$i \geqslant 1000\frac{\lambda}{D_i}\frac{\omega^2}{2g} \tag{3-1}$$

式中 λ——管道摩擦系数；

D_i——管子内径，mm；

ω——管道内介质平均流速，m/s。

g）主蒸汽管道、再热蒸气管道和抽汽管道的疏水坡度方向应顺气流方向，且坡度不应小于 0.005；

h）汽机本体疏水管道按水流方向的坡度不应小于 0.005；

i）汽封系统喷水减温器的下游管道上应设置自动疏水。汽轮机与汽封联箱之间的汽封系统管道应使疏水坡向联箱，其坡度不得小于 0.02；至汽封系统的外部供汽管道应坡向供汽汽源，其坡度不得小于 0.02；至轴封加热器的轴封漏气管道应坡向轴封加热器，其坡度不应小于 0.02。

⑩弯管两端应有直管段。连续弯管两弯管中间应有直管段。其长度应符合弯管标准。垂直管道穿过各层楼板和屋顶时，在孔洞周围应有防水措施；穿过屋顶的管道应装设防雨罩。

⑪地沟内管道布置应符合下列规定：

a）厂房内的汽水管道除特殊情况外不宜布置在地沟内。

b）如果汽水管道布置在地沟内应符合下列规定：

（a）管道的布置应方便检修及更换管道组成件；

（b）采用单层布置。当采用多层布置时，可将管径小、压力高、有阀门或法兰连接的管道布置在上面。

c）地沟内布置的管道，按图 3.2 所示布置，各种净空应符合下列规定：

（a）不保温的管道，管子外壁至沟壁的净空距离Δ_1＝100～150mm；管子外壁至沟底的净空距离 Δ_2 应不小于 200mm；相邻两管外壁之间的净空距离，垂直方向 Δ_3 应不小于 150mm，水平方向 Δ_4 应不小于 100mm。

（b）保温的管道，在计入冷、热位移条件下，除保证上述净空距离外，且保温后的净空距离不小于 50mm。

（c）多层布置时，上层管道应有一个不小于 400mm 的水平间距 Δ_5。

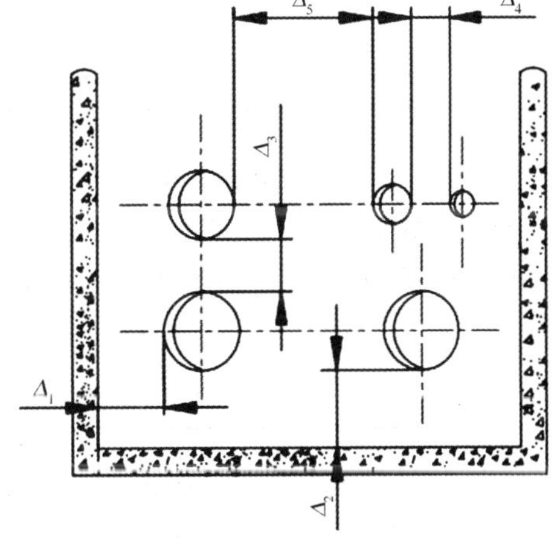

图 3.2　沟内管道布置

⑫厂区直埋管道的布置应符合下列规定：

a）温度小于或等于 150℃、压力小于或等于 2.35MPa 的水管道或无压排水管道在必要时可埋地布置，有伴热的管道不应直接埋地。

b）直埋管道应按 DL/T 5072《火力发电厂保温油漆设计规程》和 DL/T 5394《电力工程地下金属构筑物防腐技术导则》的规定采取相应防腐措施。

c）地下管线交叉布置时应符合下列要求：

（a）热力管道应在其他管道之上；

（b）供、排水应在电力电缆、可燃气体管道、氧气管道的下面；

（c）供水管道应在排水管道上面；

（d）供、排水管道应在有腐蚀性介质的管道及碱性、酸性介质的排水管道的上面。

d）直埋管道不应布置在建、构筑物的基础压力影响范围内，且不应穿越设备基础；

e）直埋管道与铁路、道路及建筑物等相关设施的相互水平或垂直净距应符合规范的规定；

f）厂房外埋地管道应考虑防冻。埋深应结合冻土层深度、地下水位和管子自身刚度综合确定，管道埋深应在冰冻线以下，当无法实现时，应有可靠的防冻保护措施；

g）带有隔热层及外护套的管道埋地敷设时，应有足够柔性，在外套内应有内管热胀的余地；

h）直埋管道的坡度不小于0.002时，高处宜设放气阀，低处宜设放水阀。

⑬厂区架空管道的布置应符合下列规定：

a）架空管道穿过道路、铁路及人行道等的净空高度应符合表3.2的规定。

表3.2　架空管道穿过道路、铁路及人行道等的净空高度

序号	项目	取值
1	电力机车的铁路，轨顶以上	≥6.6m
2	铁路轨顶以上	≥5.5m
3	道路	推荐值≥5.0m；最小值4.5m
4	管廊横梁的底面	≥4.0m
5	管廊下面的管道，在通道上方	≥3.2m
6	人行过道，在道路旁	≥2.2m
7	管道与高压电力线路间交叉净距	应符合架空电力线路现行国家标准的规定

b）在管架上敷设管道时，管架边缘至建筑物或其他设施的水平距离除按以下要求外，还应符合GB 50160《石油化工企业设计防火标准》、GB 50187《工业企业总平面设计标准》及GB 50016《建筑设计防火规范》的规定。管架边缘与相关设施的水平最小距离应符合表3.3的规定。

表3.3　管架边缘与相关设施的水平最小距离

序　号	项　目	最小水平距离
1	至铁路轨外侧	3.0m
2	至道路边缘	1.0m
3	至人行道边缘	0.5m
4	至厂区围墙中心	1.0m
5	至有门窗的建筑物外墙	3.0m
6	至无门窗的建筑物外墙	1.5m

c）多层管廊的层间距离应满足管道安装要求。油管道应布置在管廊下层。高温管道不应布置在对电缆有热影响的下方位置。

d）沿墙布置的管道不应影响门窗的开闭。

3.3.3　管道组成件的布置

①两个成型附件相连接时，宜装设一段直管，其长度应按下列规定选用：

a）对于公称尺寸小于 $DN150$ 的管道，不应小于管道直径且不应小于 150mm；

b）对于公称尺寸不大于 $DN500$ 且不小于 $DN150$ 的管道，不应小于管道直径且不应小于 200mm；

c）对于公称尺寸大于 $DN500$ 的管道，不应小于 500mm；

d）当直管段内有支吊架或疏水管接头时，管道对接焊口距支、吊架边缘不应小于 50mm，管道对接焊口距疏水管孔距离为大于孔径且不应小于 60mm。

②在三通附近装设异径管时，对于汇流三通，异径管应布置在汇流前的管道上；对于分流三通，异径管应布置在分流后的管道上。

③水泵入口水平管道上的偏心异径管，当泵入口管道由下向上水平接入泵时，应采用偏心向下布置；当泵入口管道由上向下水平接入泵时，应采用偏心向上布置。

④亚临界及以上参数机组的主蒸汽、再热蒸汽管道的合（分）流处宜采用斜插连接。

⑤水压试验堵阀或堵板应布置在主蒸汽和再热蒸汽管道上靠近过热器出口和再热器进、出口侧。

⑥阀门的布置应符合以下规定：

a）便于操作、维护和检修；

b）应按照阀门的结构、工作原理、介质流向及制造厂的要求确定阀门及阀杆的安装方式；

c）重型阀门和规格较大的焊接式阀门宜布置在水平管道上，门杆宜垂直向上；当必须装设在垂直管道上时应取得阀门制造厂的认可；

d）法兰连接的阀门或铸铁阀门应布置在管系弯矩较小处；

e）水平布置的阀门，除有特殊要求外，阀杆不宜朝下；

f）地沟内的阀门，当不妨碍地面通行时，阀杆可露出地面，操作手轮宜高出地面 150mm 以上。否则，应考虑简便的操作措施；

g）阀门宜布置在管系的热位移较小位置；

h）抽汽管道的动力止回阀及电动隔断阀宜靠近汽轮机抽汽口布置，止回阀的布置位置应取得汽轮机制造厂的认可。

⑦直埋管道的组成件布置

a）直埋的阀门或法兰处应设检修井，检修井的布置尺寸应符合下列规定：

（a）开启后阀杆净空距离不宜小于 100mm；

（b）阀门与沟壁检修净空距离宜为 400～500mm；

（c）阀门与沟壁检修净空距离宜为 200mm。

b）直埋供热管道上的阀门应能承受管道的轴向荷载，宜采用钢制阀门及焊接连接。

⑧架空管道的组成件布置应符合下列规定：

a）在道路、铁路上方的管道不应安装阀门、法兰、螺纹接头及带有填料的补偿器等可能泄漏的管道附件；

b）补偿器布置时应避免环境温度降低时流体冷凝及结冰的影响。

3.3.4 管道的柔性（补偿）设计

①应充分利用管道本身柔性的自补偿来补偿管道的热膨胀，60°以下的弯头不宜用做自

然补偿。当自补偿不能满足要求时，必须增设补偿器。

②两点间无限位支吊点的无分支的管道，其自补偿能力是否满足要求，可按 DL/T 5054 附录 C.1 的规定判别。

③当采用波纹管补偿器时，可利用补偿器的轴向变形来吸收直管段的热膨胀，也可利用补偿器的弯曲变形组成单式或复式补偿器来吸收管道横向的热膨胀。有关补偿能力的判别可按 DL/T 5054 附录 C.2 的规定。在使用波纹管时，必须在支吊系统中保证不使其失稳。在锅炉安全阀排汽管上，可采用套筒式补偿器或疏水盘。

④波纹管补偿器应根据波纹管的类型考虑其椎力和力矩对设备接口或管道固定点的影响。有关推力的计算应符合 DL/T 5054 附录 C.2 的规定。

⑤直埋管道的补偿器设置应符合下列规定：

a）直埋管道采用补偿器时，应保证在管道可能出现的最高温度下，补偿器应留有不小于 20mm 的补偿余量；

b）轴向补偿器和管道轴线应一致，距补偿器 12m 范围内管道不应有变坡和转角；

c）设有补偿器的直埋管道应将其布置在符合安全要求的井室中，井内应有宽度大于或等于 0.5m 的维修空间；

d）直埋管道采用补偿器时应设置固定墩；

e）直埋管道采用波纹管补偿器时，设计应考虑安装时的冷紧。冷紧系数可取 0.5。

思考题

1. 何谓动力管道？
2. 汽轮机房布置有何要求？
3. 给水泵的布置有何规定？
4. 锅炉布置有哪些要求？
5. 动力管道布置的一般规定有哪些？
6. 汽水管道布置有哪些规定？
7. 汽水管道布置中应避免哪些情况？
8. 各类管道的坡度有什么规定？
9. 自流管道的坡度如何确定？
10. 地沟内布置的管道，各种净空应符合哪些规定？
11. 地下管线交叉布置时有哪些要求？
12. 阀门的布置应符合哪些要求？
13. 直埋管道的组成件布置有哪些规定？
14. 架空管道的组成件布置有哪些规定？
15. 直埋管道的补偿器设置有哪些规定？

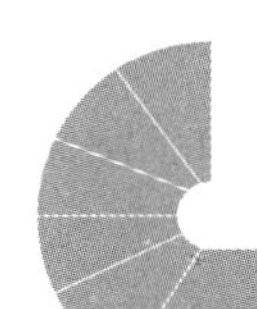

第4章 制冷管道布置设计

制冷管道属于工艺管道的范畴。由于介质和工艺等因素，制冷管道大多在低温环境下工作，相对于其他工艺管道有一定的特殊性。我国目前没有单独的制冷管道设计标准，有冷库设计的国家标准，其中含有制冷管道设计的相关规定，ASME B31 管道标准中有单独篇 B31.5《Refrigeration Piping and Heat Transfer Components 制冷管道和传热部件》，管道设计时均可参考。

根据 ASME B31.5 的定义，制冷管道是指建筑物内现场安装或工厂组装的温度在-196℃及以上的制冷剂、传热部件及辅助冷却剂等的管道。本章以冷库设计规范为依据，介绍制冷管道布置设计的相关内容和要求。

制冷管道布置设计相关标准有

GB 50072—2010《冷库设计规范》；

GB 28009—2011《冷库安全规程》；

SBJ 12—2011《氨制冷系统安装工程施工及验收规范》等。

4.1 冷库设计总体要求

4.1.1 冷库库址的选择

冷库库址的选择应符合下列规定：

①应符合当地总体规划的要求，并应经当地规划部门批准。

②库址宜选择在城市规划的物流园区中，且应位于周围集中居住区夏季最大频率风向的下风侧。使用氨制冷工质的冷库，与其下风侧居住区的防护距离不宜小于 300m，与其他方位居住区的卫生防护距离不宜小于 150m。

③库址周围应有良好的卫生条件，且必须避开和远离有害气体、灰沙、烟雾、粉尘及其他有污染源的地段。

④应选择在交通运输方便的地方。

⑤应具备可靠的水源和电源以及排水条件。

⑥宜选在地势较高和工程地质条件良好的地方。

⑦肉类、水产等加工厂内的冷库和食品批发市场、食品配送中心等的冷库库址还应综合

考虑其特殊要求。

4.1.2 冷库的总平面布置

冷库总平面布置应做到近远期结合，以近期为主，对库房占地、铁路专用线、水运码头、设备管线、道路、回车场等资源应统筹规划、合理布置，并应兼顾今后扩建的可能。

4.1.2.1 冷库总平面布置的总体要求

①应满足生产工艺、运输、管理和设备管线布置合理等综合要求。

②当设有铁路专用线时，库房应沿铁路专用线布置。

③当设有水运码头时，库房应靠近水运码头布置。

④当以公路运输为主时，库房应靠近冷库运输主出入口布置。

⑤肉类、水产类等加工厂的冷库应布置在该加工厂洁净区内，并应在其污染区夏季最大频率风向的上风侧。

⑥食品批发市场的冷库应布置在该市场仓储区内，并应与交易区分开布置。

⑦在库区显著位置应设风向标。

⑧库区的主要道路和进入库区的主要道路应铺设适于车辆通行的混凝土或沥青等硬路面。

⑨制冷机房或制冷机组应靠近用冷负荷最大的冷间布置，并应有良好的自然通风条件。

⑩变配电所应靠近制冷机房布置。

⑪两座一、二级耐火等级的库房贴邻布置时，贴邻布置的库房总长度不应大于150m，总占地面积不应大于10000m^2。库房应设置环形消防车道。贴邻库房两侧的外墙均应为防火墙，屋顶的耐火极限不应低于1.00h。

⑫库房与制冷机房、变配电所和控制室贴邻布置时，相邻侧的墙体，应至少有一面为防火墙，屋顶耐火极限不应低于1.00h。

⑬总平面竖向布置应符合下列要求：

a）库区内应有良好的雨水排水系统，道路和回车场应有防积水措施。

b）库房周边不应采用明沟排放污水。

4.1.2.2 库房的布置设计

制冷库房布置应符合下列规定：

①应满足生产工艺流程要求，运输线路宜短，应避免迂回和交叉。

②冷藏间平面柱网尺寸和层高应根据贮藏食品的主要品种、包装规格、运输堆码方式、托盘规格和堆码高度以及经营管理模式等使用功能确定，并应综合考虑建筑模数及结构选型。

③当采用氟制冷机组时，可设置于库房穿堂内。

④冷间应按不同的设计温度分区、分层布置。

⑤冷间建筑应尽量减少其隔热围护结构的外表面积。

4.1.3 冷库的防火及分区要求

4.1.3.1 冷库的建筑防火要求

①冷藏间与穿堂之间的隔墙应为防火隔墙，该防火隔墙的耐火极限不应低于3.00h，该

防火隔墙上的冷藏门可为非防火门。

②库房的楼梯间应设在穿堂附近，并应采用不燃材料建造，通向穿堂的门应为乙级防火门；首层楼梯出口应直通室外或距直通室外的出口不大于 15m。

③建筑面积大于 1000m^2 的冷藏间应至少设两个冷藏门（含隔墙上的门），面积不大于 1000m^2 的冷藏间可只设一个冷藏门。冷藏门内侧应设有应急内开门锁装置，并应有醒目的标识。

④在库房内严禁设置与库房生产、管理无直接关系的其他用房。

4.1.3.2 冷库冷藏间耐火等级要求

每座冷库冷藏间耐火等级、层数和面积应符合表 4.1 的要求。

表 4.1 冷库冷藏间耐火等级、层数和面积

冷藏间耐火等级	最多允许层数	冷藏间的最大允许占地面积和防火分区的最大允许建筑面积/m^2			
		单层、多层		高层	
		冷藏间占地	防火分区	冷藏间占地	防火分区
一、二级	不限	7000	3500	5000	2500
三级	3	1200	400	—	—

注：1. 当设地下室时，只允许设一层地下室，且地下冷藏间占地面积不应大于地上冷藏间建筑的最大允许占地面积，防火分区不应大于 1500m^2。

2. 建筑高度超过 24m 的冷库为高层冷库。

3. 本表中“—”表示不允许建高层冷库。

4.2 冷库（涉氨）及其设备布置设计

4.2.1 氨制冷机房、变配电所和控制室的布置

①氨制冷机房平面开间、进深应符合制冷设备布置要求，净高应根据设备高度和采暖通风的要求确定。

②氨制冷机房的屋面应设置通风间层及隔热层。

③氨制冷机房的控制室和操作人员值班室应与机器间隔开，并应设固定密闭观察窗。

④机器间内的墙裙、地面和设备基座应采用易于清洗的面层。

⑤变配电所与氨压缩机房贴邻共用的隔墙必须采用防火墙，该墙上应只穿过与配电室有关的管道、沟道，穿过部位周围应采用不燃材料严密封塞。

⑥氨制冷机房和变配电所的门应采用平开门并向外开启。

⑦氨制冷机房、配电室和控制室之间连通的门均应为乙级防火门。

4.2.2 制冷机房设备的布置

①制冷设备布置应符合工艺流程及安全操作规程的要求，并适当考虑设备部件拆卸和检

修的空间，需要紧凑布置。

②制冷机房内主要操作通道的宽度应不大于1.3m，制冷压缩机突出部位到其他设备或分配站之间的距离不应小于1m。两台制冷压缩机突出部位之间的距离不应小于1m，并能有抽出机器曲轴的可能，制冷机与墙壁以及非主要通道不小于0.8m。

③设备间内的主要通道的宽度应为1.2m，非主要通道的宽度不应小于0.8m。

④水泵和油处理设备不宜布置在机器间或设备间内。

4.2.3 氨制冷系统的安全要求

①包装间、分割间、产品整理间等人员较多生产场所的空调系统严禁采用氨直接蒸发制冷系统。

②液氨管线严禁通过有人员办公、休息和居住的建筑物。

③氨制冷机房贮氨器等重要部位应安装氨气浓度检测报警仪器，并与事故排风机自动开启联动。

④库区及氨制冷机房和设备间（靠近贮氨器处）门外应按有关规定设置消火栓，应急通道保持畅通。

⑤氨制冷机房贮氨器上方应设置水喷淋系统。

⑥在厂区内显著位置应设风向标。

⑦压力容器、非专业操作人员免进区域、关键操作部位等应设置安全标识。

⑧作业现场应配置空气呼吸器、橡胶手套等防护用具和急救药品。

4.2.4 制冷压缩机和辅助设备布置设计

4.2.4.1 制冷压缩机的配置

冷库所选的制冷压缩机和辅助设备的使用条件应符合产品制造商要求的技术条件。制冷压缩机的选择应符合下列要求：

①应根据各蒸发温度机械负荷的计算值分别选定，不另外设置备用机。

②选配制冷压缩机时，各制冷压缩机的制冷量要大小搭配。

③制冷压缩机的系列不宜超过两种。如仅有两台制冷压缩机时，应选用同一系列。

④应根据实际使用工况，对制冷压缩机所需的驱动功率进行核算，并通过其制造厂选配适宜的驱动电机。

4.2.4.2 辅助设备的选择

①冷库制冷系统中采用的中间冷却器、气液分离器、油水分离器、冷凝器、储液器、低压储液器、低压循环储液器等，应通过校核计算进行选定，并应与制冷系统中设置的制冷压缩机的制冷量相匹配。对采用氨制冷系统的大、中型冷库，高压贮氨器的选用应不少于两台。

②洗涤式油水分离器的进液口应低于冷凝器的出液总管250～300mm。

③冷凝器的选用应符合下列规定：

a）采用水冷式冷凝器时，其冷凝温度不应超过39℃；采用蒸发式冷凝器时，其冷凝温度不应超过36℃。

b）冷凝器冷却水进出口的温度差，对立式管壳式冷凝器宜取1.5～3℃；对卧式管壳式冷凝器宜取 4～6℃。

c）冷凝器的传热系数和热流密度应采用产品生产厂家提供的数据。

d）对使用氢氟烃及其混合物为制冷剂的中、小型冷库，宜选用风冷冷凝器。

④冷库制冷系统中排液桶的体积应按冷库冷间中蒸发器排液量最大的一间确定。排液桶的充满度宜取 70%。

⑤输送制冷剂泵应根据其输送的制冷剂体积流量和扬程来确定。其制冷剂的循环倍数：对负荷较稳定、蒸发器组数较少、不易积油的蒸发器，下进上出供液方式的可采用3～4倍；对负荷有波动、蒸发器组数较多、容易积油的蒸发器，下进上出供液方式的可采用 5～6 倍，上进下出供液方式的采用 7～8 倍。同时制冷剂泵进液口处压力应有不小于 0.5m 制冷剂液柱的裕度。

⑥对采用重力供液方式的回气管路系统，当存在下列情况之一时，应在制冷机房内增设气液分离器：

a）服务于两层及两层以上的库房。

b）设有两个或两个以上的制冰池。

c）库房的气液分离器与制冷压缩机房的水平距离大于 50m。

⑦冷库制冷系统辅助设备中冷冻油应通过集油器进行排放。

⑧大、中型冷库制冷系统中不凝性气体，应通过不凝性气体分离器进行排放。

4.2.5 制冷系统的设计压力和设计温度

（1）设计压力

冷库制冷系统管道的设计压力，应根据其采用的制冷剂及其工作状况按表 4.2 确定。

表 4.2 冷库制冷系统管道设计压力 MPa

管道部位 / 设计压力 / 制冷剂	高压侧	低压侧
R717	2.0	1.5
R404A	2.5	1.8
R507	2.5	1.8

注：1. 高压侧：指自制冷压缩机排气口经冷凝器、贮液器到节流装置的入口这一段制冷管道。
2. 低压侧：指自系统节流装置出口，经蒸发器到制冷压缩机吸入口这一段制冷管道，双级压缩制冷装置的中间冷却器的中压部分亦属于低压侧。

（2）设计温度

冷库制冷系统管道的设计温度，可根据表 4.3 分别按高、低压侧设计温度选取。

表 4.3 冷库制冷系统管道设计温度

制冷剂	高压侧设计温度/℃	低压侧设计温度/℃
R717	150	43
R404A	150	46
R507	150	46

（3）冷库制冷系统低压侧管道的最低工作温度确定

依据冷库不同冷间冷加工工艺的不同，按表 4.4 所示确定其管道最低工作温度。

表 4.4　冷库不同冷间制冷系统（低压侧）管道的最低工作温度

冷库中不同冷间承担不同冷加工任务的制冷系统的管道	最低工作温度/℃	相应的工作压力（绝对压力）/MPa		
		R717	R404A	R507
产品冷却加工、冷却物冷藏、低温穿堂、包装间、暂存间、盐水制冰及冰库	-15	0.236	0.36（-15.82℃）	0.38
用于冷库一般冻结，冻结物冷藏及快速制冰及冰库	-35	0.093	0.16（-36.42℃）	0.175
用于速冻加工，出口企业冻结加工	-48	0.046	0.1（-46.75℃）	0.097

4.3　制冷管道布置设计

4.3.1　管道布置一般要求

①低压侧制冷管道的直线段超过 100m，高压侧制冷管道直线段超过 50m，应设置一处管道补偿装置，并应在管道的适当位置，设置导向支架和滑动支、吊架。

②制冷管道穿过建筑物的墙体（除防火墙外）、楼板、屋面时，应加套管，套管与管道间的空隙应密封但制冷压缩机的排气管道与套管间的间隙不应密封。低压侧管道套管的直径应大于管道隔热层的外径，并不得影响管道的热位移。套管应超出墙面、楼板、屋面 50mm。管道穿过屋面时应设防雨罩。

③热气融霜用的热气管，应从制冷压缩机排气管除油装置以后引出，并应在其起端装设截止阀和压力表，热气融霜压力不得超过 0.8MPa（表压）。

④在设计制冷系统管道时，应考虑能从任何一个设备中将制冷剂抽走。

⑤制冷系统管道的布置，对其供液管应避免形成气袋，回气管应避免形成液囊。

⑥当水平布置的制冷系统的回气管外径大于 108mm 时，其变径元件应选用偏心异径管接头，并应保证管道底部平齐。

⑦制冷系统管道的走向及坡度，对使用氨制冷剂的制冷系统，应方便制冷剂与冷冻油分离；对使用氢氟烃及其混合物为制冷剂的制冷系统，应方便系统的回油。

⑧对于跨越厂区道路的管道，在其跨越段上不得装设阀门、金属波纹管补偿器和法兰、螺纹接头等管道组成件，其路面以上距管道的净空高度不应小于 4.5m。

⑨水平制冷管道支吊架的最大间距，应依据制冷管道强度和刚度的计算结果确定，并取两者中的较小值作为其支吊架的间距。

⑩当按刚度条件计算管道允许跨距时，由管道自重产生的弯曲挠度不应超过管道跨距的 0.0025。

4.3.2 制冷管道布置

①制冷压缩机吸入管道的设计应防止管道中的液体制冷剂返流回压缩机而造成液积。

②制冷压缩机排出管道的设计应防止制冷机停车时制冷剂蒸汽冷凝、在排出管道中产生积液，管道布置应符合下列规定：

a）自压缩机至冷凝器的排气管道应有大于0.01的坡度，坡向油分离器或冷凝器。

b）多台制冷压缩机有水平安装的公共排气总管时，压缩机排气管应从上方接入排气总管。

c）为了防止冷凝液或润滑油倒流，宜在排气管上装设止回阀。止回阀不应装在垂直管上，而安装在水平管上，水平总管应坡向冷凝器。

d）多台并联制冷机的排气管道，支管错开接至排气总管，排气管道应留有伸缩余地并防止产生剧烈的振动。

③供液管道设计不得有“气袋”，以免影响液体的流动。为了减少摩擦阻力，流速应控制在小于0.5m/s的范围以内。

④从水平安装的液体干管引出支管时，应从干管的底部或侧面引出，从水平安装的气体干管引出支管时应从顶部或倾斜角接出。

⑤应根据制冷系统所用制冷剂的特点选用管材、阀门和仪表。氨用阀门应选用氨专用阀门，管道上所用阀门只能用氨截止阀，不能选用闸阀。安全阀应选用氨用微启式弹簧安全阀。

⑥管道的尺寸要合理，不允许产生过大的压力降，否则将影响制冷系统的效率和制冷能力。

⑦为了减少管道系统的压力降，氨系统的弯管弯曲半径应采用$R \geqslant 3.5DN \sim 4DN$。

⑧氨有毒，且有爆炸危险，在氨管道设计时应保证系统安全运行和保证操作人员的人身安全。应考虑一旦发生事故时，能将主要设备隔开，以减少泄漏，并且便于维修，同时在各受压设备上应设安全阀。

⑨润滑油不溶解在氨液中，应设有润滑油的排放管道和回收系统。

4.4 制冷管道设计的特别要求

①压力管道的对接接头必须采用全焊透的焊接工艺（如氩弧焊打底等）。

②压力管道焊接接头无损检测应符合以下要求：热氨融霜管道和低压侧压力管道的对接焊接接头应进行100%射线检测合格，角焊缝应100%磁粉或渗透检测合格；高压侧压力管道不少于20%射线检测，角焊缝应100%磁粉或渗透检测合格。射线检测应当按照JB/T 4730的规定执行，射线技术等级不低于AB级，合格级别不低于Ⅲ级；磁粉或渗透检测应当按照JB/T 4730的规定执行，合格级别为Ⅰ级。

③如果需要采用热氨融霜工艺，必须设置有效的防止产生超压、液击的控制装置。

④在安全阀、压力表与涉氨压力容器、压力管道之间的连接管上装设阀门，但必须有保证其处于常开状态的措施。

思考题

1. 何谓制冷管道?
2. 冷库库址选择有哪些要求?
3. 冷库的建筑防火要求有哪些?
4. 制冷机房设备布置有哪些要求?
5. 氨制冷系统的安全要求有哪些?
6. 制冷压缩机的选择应符合哪些要求?
7. 氨制冷冷库的卫生防护距离如何确定?
8. 氨冷库哪些场所的空调系统严禁采用氨直接蒸发制冷系统?
9. 氨冷库哪些部位需设置水喷淋系统，哪些部位需设置消火栓?
10. 氨制冷高、低压侧的设计压力确定原则?
11. 制冷管道布置的一般要求有哪些?
12. 从水平安装的液体干管和气体干管引出支管时有何要求?
13. 制冷压力管道的对接接头焊接工艺有何要求?

第5章 长输管道布置设计

在第2章、第3章和第4章中介绍的管道均为工业企业工厂内的管道系统，即为工业管道。长输管道与工业管道比较具有很大的不同：长输管道的距离长，从几百千米到几千千米，甚至几万千米；长输管道需要穿越或跨越水域、铁路、公路、桥梁等天然或人工障碍地段；长输管道还需要建设中间加压的输气站或输油站；长输管道的直径一般较大，公称直径达1000mm及以上；等等。

长输管道分为输油管道和输气管道。输油管道是指输送原油、成品油和液化石油气的长输管道；输气管道是指输送天然气、煤层气和煤制天然气的长输管道。长输管道布置设计的主要内容包括管道布置设计（线路选择与管道敷设）、输油输气场站设计、穿越管段和跨越管段布置设计等。

长输管道布置设计相关标准有：

GB 50183—2015《石油天然气工程设计防火规范》；

GB 50253—2014《输油管道工程设计规范》；

GB 50423—2013《油气输送管道穿越工程设计规范》；

GB/T 50459—2017《油气输送管道跨越工程设计标准》；

GB/T 50470—2017《油气输送管道线路工程抗震技术规范》；

GB 50369—2014《油气长输管道工程施工及验收规范》；

GB 50251—2015《输气管道工程设计规范》；

GB 50540—2009（2012年版）《石油天然气站内工艺管道工程施工规范》；

GB/T 34275—2017《压力管道规范　长输管道》等。

5.1 管道线路选择与管道敷设设计

5.1.1 长输管道布置设计的原则

①长输管道工程设计除应满足规定的使用功能外，还应遵循安全、环境保护、健康、节能、节约用地和经济合理的原则。

②设计所选用的设备及材料应符合国家相关标准的规定。

③设计应对长输管道线路进行多方案比选，在符合相关法规规定条件下，满足沿线土地

与规划部门要求，并结合各专项评估报告的条件，选择技术经济合理的方案。

④管道系统应采用安全可靠的技术和设备。

⑤长输管道的线路选择与管道敷设应符合下列原则：

a）线路选择应遵守国家和行业现行法律法规的相关要求，对法律法规中明确管道不能通过的地段应予以绕避。

b）路由选择地形条件满足时，线路宜顺直。宏观方案选择时如有必要应与工艺站场布置相结合，并考虑运营费进行技术经济综合比选。

c）对于管道建设受限地区，宜首选绕避方案。若经详细比选，实在无法绕避时应与主管部门协商，共同确定通过方案，并制定相应的防护措施方案。

d）路由选择应充分与各专项评价成果结合，尤其重视与环境影响评价、水土保持评价、压覆矿产资源评价的结合，对评价报告中提出的敏感区域应予绕避或采取有效措施。

e）多条管道并行敷设时，应结合工程的实际情况，统筹安排、合理布局，并充分考虑管道施工建设、运行维护、检修作业等方面的要求。

5.1.2 长输管道线路选择

5.1.2.1 输油管道线路选择要求

①管道线路的选择，应根据工程建设的目的和资源、市场分布，结合沿线城镇、交通、水利、矿产资源和环境敏感区的现状与规划，以及沿途地区的地形、地貌、地质、水文、气象、地震自然条件，通过综合分析和多方案技术经济比较确定线路总体走向。

②中间站场和大、中型穿跨越工程位置选择应符合线路总体走向；局部线路走向应根据中间站场和大、中型穿跨越位置进行调整。

③管道不应通过饮用水水源一级保护区、飞机场、火车站、海（河）港码头、军事禁区、国家重点文物保护范围、自然保护区的核心区。

④输油管道应避开滑坡、崩塌、塌陷、泥石流、洪水严重侵蚀等地质灾害地段，宜避开矿山采空区、全新世活动断层。当受到条件限制必须通过上述区域时，应选择其危害程度较小的位置通过，并采取相应的防护措施。

⑤管道线路与已建管道路线走向大致相同时，宜利用已建管道走廊并行敷设。

⑥埋地输油管道同地面建筑（构筑）物的最小间距应符合下列规定：

a）原油、成品油管道与城镇居民点或重要公共建筑的距离不应小于5m。

b）原油、成品油管道临近飞机场、海（河）港码头、大中型水库和水力工程建（构）筑物敷设时，间距不宜小于20m。

c）输油管道与铁路并行敷设时，管道应敷设在铁路用地范围边线3m以外，且原油、成品油管道距铁路线不应小于25m、液化石油气管道距铁路线不应小于50m。

d）输油管道与公路并行敷设时，管道应敷设在公路用地范围边线以外，距离用地边线不应小于3m。

e）原油、成品油管道与军工厂、军事设施、炸药库、国家重点文物保护设施的最小距离应同有关部门协商确定。液化石油气管道与军工厂、军事设施、炸药库、国家重点文物保护设施的最小距离不应小于100m。

f）液化石油气管道与城镇居民点、重点公共建筑和一般建筑（构筑）物的最小距离应符合现行国家标准 GB 50028《城镇燃气设计规范》的有关规定。

⑦管道与架空输电线路平行敷设时，其距离应符合现行国家标准 GB 50061《66kV 及以下架空电力线路设计规范》和 GB 50545《110kV～750kV 架空输电线路设计规范》的有关规定。管道与干扰源接地体的距离应符合现行国家标准 GB/T 50698《埋地钢质管道交流干扰防护技术标准》的有关规定。埋地输油管道与埋地电力电缆平行敷设的最小距离，应符合现行国家标准 GB/T 21447《钢质管道外腐蚀控制规范》的有关规定。

⑧输油管道与已建管道并行敷设时，土方地区管道间距不宜小于 6m；石方地区与已建管道并行间距小于 20m 时不宜进行爆破施工。

5.1.2.2 输气管道线路选择要求

①线路走向应根据工程建设目的和气源、市场分布，结合沿线城镇、交通、水利、矿产资源和环境敏感区的现状与规划，以及沿途地区的地形、地质、水文、气象、地震等自然条件，通过综合分析和多方案技术经济比较，确定线路总体走向；

②线路宜避开环境敏感区。当路由受限需要通过环境敏感区时，应征得其主管部门同意并采取保护措施；

③大中型穿（跨）越工程和压气站位置的选择，应符合线路总走向。局部线路走向应根据大中型穿（跨）越工程和压气站的位置进行调整；

④线路应避开军事禁区、飞机场、铁路及汽车客运站、海（河）港码头等区域；

⑤除为管道工程专门修建的隧道、桥梁外，不应在铁路或公路的隧道内及桥梁上敷输气管道。输气管道从铁路或公路桥下交叉通过时，不应改变桥梁的水文条件；

⑥与公路并行的管道路由宜在公路用地界 3m 以外。与铁路并行的管道路由宜在铁用地界 3m 以外，如地形受限或其他条件限制的局部地段不满足基本要求时，应征得道路管理部门的同意；

⑦线路宜避开城乡规划区，当受条件限制，需在城乡规划区通过时，应征得城乡规划主管部门同意，并采取安全保护措施；

⑧石方地段的管线路由爆破挖沟时，应避免对公众及周围设施的安全造成影响；

⑨线路宜避开高压直流换流站接地极、变电站等强干扰区域；

⑩埋地管道与建（构）筑物的间距应满足施工和运行管理的要求，且管道中心线与建（构）筑物的最小距离不应小于 5m；

⑪输气管道应避开滑坡、崩塌、塌陷、泥石流、洪水严重侵蚀等地质灾害地段，宜避开矿山采空区、全新世活动断层。当受到条件限制必须通过上述区域时，应选择其危害程度较小的位置通过，并采取相应的防护措施。

5.1.3 长输管道敷设设计

5.1.3.1 长输管道敷设设计通用规则

无论输油管道还是输气管道，在进行管道敷设设计时均应符合下述的要求和规定。

①具备埋地敷设条件时，管道应采用埋地敷设，不具备埋地敷设条件时，局部地段可采用土堤埋设或地上敷设。

②埋地管道埋设深度。埋地管道的埋设深度，应综合考虑管道所经过地段的农田耕作深

度、冻土深度、地形和地质条件、地下水深度、地面车辆所施加的荷载及管道稳定性的要求等因素而确定。埋地管道覆土层最小厚度应符合表 5.1 的规定。

表 5.1　最小覆土厚度　　m

<table>
<tr><th rowspan="2">地区等级</th><th colspan="2">土壤类</th><th rowspan="2">岩石类</th></tr>
<tr><th>旱地</th><th>水田</th></tr>
<tr><td>一级地区</td><td>0.6</td><td>0.8</td><td>0.5</td></tr>
<tr><td>二级地区</td><td>0.8</td><td>0.8</td><td>0.5</td></tr>
<tr><td>三级地区</td><td>0.8</td><td>0.8</td><td>0.5</td></tr>
<tr><td>四级地区</td><td>0.8</td><td>0.8</td><td>0.5</td></tr>
</table>

注：对需平整的地段应按平整后的标高计算；覆土层厚度应从管顶算起；季节性冻土区宜埋设在最大冰冻线以下；旱地和水田轮种的地区或现有旱地规划需要改为水田的地区应按水田确定埋深；穿越鱼塘或沟渠的管线，应埋设在清淤层以下不小于 1.0m。表中的地区等级分级见本书第 10 章表 10.9。

③埋地管道管沟沟底宽度设计。沟底宽度应根据管道外直径、同沟管道数量、开挖方式、组装焊接工艺及工程地质等因素确定，并应符合下列规定：

a）当管沟深度在 5m 以内时，沟底宽度应按式（5－1）确定：

$$B = D_0 + b \tag{5-1}$$

式中　B——沟底宽度，m；

D_0——管道结构外直径，多管同沟敷设时取各管道结构外径之和加上管道净距之和，m；

b——沟底加宽裕量，m，按表 5.2 的规定取值。

表 5.2　沟底加宽裕量 b 值　　m

<table>
<tr><th rowspan="3">条件因素</th><th colspan="4">沟上焊接</th><th colspan="3">沟下手工电弧焊接</th><th rowspan="3">沟下半自动焊接处管沟</th><th rowspan="3">沟下焊接弯管及接口处管沟</th></tr>
<tr><th colspan="2">土质管沟</th><th rowspan="2">岩石爆破管沟</th><th rowspan="2">热煨弯管、冷弯管处</th><th colspan="2">土质管沟</th><th rowspan="2">岩石爆破管沟</th></tr>
<tr><th>沟中有水</th><th>沟中无水</th><th>沟中有水</th><th>沟中无水</th></tr>
<tr><td>沟深 3m 以内</td><td>0.7</td><td>0.5</td><td>0.9</td><td>1.5</td><td>1.0</td><td>0.8</td><td>0.9</td><td>1.6</td><td>2.0</td></tr>
<tr><td>沟深 3～5m</td><td>0.9</td><td>0.7</td><td>1.1</td><td>1.5</td><td>1.2</td><td>1.0</td><td>1.1</td><td>1.6</td><td>2.0</td></tr>
</table>

b）当管沟深度大于 5m 时，应根据土壤类别及物理力学性能确定管沟沟底宽度。

c）当管沟开挖需要加强支承时，管沟沟底宽度应考虑支承结构所占用的宽度。

d）当采用机械开挖管沟时，管沟沟底宽度应根据挖土机械切削尺寸确定，但不应小于公式（5－1）计算的宽度。

④埋地管道管沟边坡坡度设计。管沟边坡的坡度，应根据土壤类别、物理力学性质（如土壤的黏聚力、内摩擦角、湿度、密度等）、边坡顶部附近载荷情况和管沟开挖深度综合确定。当无上述土壤的物理性质资料时，对土壤构造均匀、无地下水、水文地质条件良好、深度不大于 5m 时且不加支承的管沟，其边坡坡度值可按表 5.3 确定。深度超过 5m 的管沟，应根据实际情况采取边坡放缓、加筑平台或加设支承等措施。

表 5.3 管沟沟深 5m 以内的边坡最陡坡度

土壤类别	边坡坡度（高：宽）		
	坡顶无载荷	坡顶有静载荷	坡顶有动载荷
中密的砂土	1：1.0	1：1.25	1：1.5
中密的碎石类土（充填物为砂土）	1：0.75	1：1.0	1：1.25
硬塑性的粉土	1：0.67	1：0.75	1：1.0
中密的碎石类土（充填物为黏性土）	1：0.50	1：0.67	1：0.75
硬塑性的粉土黏土、黏土	1：0.33	1：0.50	1：0.67
老黄土	1：0.10	1：0.25	1：0.33
轻土（经井点降水后）	1：1.00	—	—
硬质岩	1：0	1：0.1	1：0.2

注：静载荷是指堆土或料堆等；动载荷指有机械挖土、吊管机和推土机作业。

⑤当埋地管道通过地面坡度较大时，应视土壤情况和坡长以及管道在坡上敷设的方向，采取防止地面径流、渗水侵蚀和土体滑动影响管道安全的措施。

⑥管道在沼泽、水网（含水田）地区敷设，或开挖穿越河道时，应进行管道抗漂浮计算（见本书第 11 章第 11.5.1.1 节），当管道覆土层不足以克服钢管浮力时，应采取稳管措施。

⑦当管道穿（跨）越冲沟，或管道的一侧临近发育中的冲沟或陡坎时，应对冲沟的边坡、沟底和陡坎采取加固措施。

⑧当管道采用土堤敷设时，土堤高度和顶部宽度，应根据地形、工程地质、水文地质、土壤类别及性质确定，并应符合下列规定：

a）输油管道在土堤中的径向覆土深度不应小于 1.0m；土堤顶宽应大于管道直径两倍且不得小于 1.0m。

b）土堤边坡坡度值应根据当地自然条件、填土类别和土堤高度确定。对管底以下黏性土土堤，压实系数宜为 0.94～0.97；堤高小于 2.0m 时，土堤边坡坡度宜为（1：1.1）～（1：1.25）；堤高为 2～5m 时，边坡坡度宜为（1：1.25）～（1：1.5）；土堤受水浸淹部分的边坡宜采用 1：2 的边坡坡度值，并应根据水流情况采取保护措施。

c）位于斜坡上的土提应进行稳定性计算。当自然地面坡度大于 20%时，应采取防止填土沿坡面滑动的措施。

d）在沼泽和低洼地区，土堤的堤肩高度应根据常水位、波浪高度和地基强度确定。

e）当土堤阻挡地表水或地下水泄流时，应设置泄水孔或涵洞等构筑物。泄水能力应根据地形和汇水量按防洪标准重现期为 25 年一遇的洪水流量设计，并应采取防止水流对土提冲刷的措施。

f）软弱地基上的土堤，应采取防止填土后基础沉陷的措施。

g）土堤用土的透水性能宜接近原状土，且应满足填方的强度和稳定性的要求。

⑨当埋地管道与其他埋地管道、电力电缆、通信光（电）缆交叉时，交叉的间距应符合下列规定：

a）管道与其他管道交叉时，其垂直净距不应小于 0.3m；当小于 0.3m 时，两管间交叉处应设置坚固的绝缘隔离物，交叉点两侧延伸 10m 以上的管段，应确保管道防腐层无缺陷；

两条管道的交叉角度不应大于 30°。

b）管道与电力电缆、通信电缆交叉时，其垂直净距不应小于 0.5m，并应在交叉点处管道两侧各 10m 以上的管段和电缆采用相应的最高绝缘等级防腐层。

⑩管道穿跨越人工或天然障碍物如水域、冲沟、铁路、公路和建筑物等时，除应执行 GB 50423 以及 GB 50459 规定外，还应满足相关管理部门的要求。

⑪当管道需改变平面走向适应地形变化时，可采用弹性弯曲、冷弯弯管、热煨弯管。在平面转角较小或地形起伏不大的情况下，首先应采用弹性弯曲敷设；不满足弹性弯曲敷设时可采用冷弯弯管或热煨弯管来满足管道转向的要求。冷弯弯管和热煨弯管应符合下列要求：

a）采用热煨弯管时，其曲率半径不宜小于 4 倍钢管外直径，且应满足清管器或检测器顺利通过的要求；

b）热煨弯管的任何部位不得有裂纹和其他机械损伤，其两端部 100mm 长直管范围内的圆度不应大于连接直管圆度的规定值，其他部位的圆度不应大于 2.5%；

c）现场冷弯弯管的最小曲率半径应符合表 5.4 的规定。

表 5.4　现场冷弯弯管的最小曲率半径

公称直径 DN/mm	最小曲率半径 R_{min}	公称直径 DN/mm	最小曲率半径 R_{min}
≤300	$18D$	450	$27D$
350	$21D$	500	$30D$
400	$24D$	$550 \leqslant DN \leqslant 1000$	$40D$
		>1050	$50D$

注：表中 D 表示管子外径。

⑫当管道采用弹性弯曲敷设时，应符合下列要求：

a）弹性弯曲敷设的管道其曲率半径应满足钢管的强度要求，且不应小于钢管外直径的 1000 倍。竖向下凹的弹性弯曲管段，其曲率半径尚应大于管道在自重作用下产生的挠度曲线的曲率半径，其曲率半径应按式（5－2）计算：

$$R \geqslant 3600 \sqrt[3]{\frac{1-\cos\frac{\alpha}{2}}{\alpha^4} D^2} \tag{5-2}$$

式中　R——管道弹性弯曲曲率半径，m；

D——管道外直径，cm；

α——管道的转角，(°)。

b）弹性敷设管道与相邻的反向弹性弯曲管段之间及弹性弯曲管段与弯管之间，应采用直管段连接，直管段长度不应小于钢管的外径，且不应小于 0.5m。

c）当管道平面和竖向同时发生转角时，不采用弹性敷设。

5.1.3.2　输气管道敷设特殊规定

①埋地敷设输气管道与民用炸药储存仓库的最小水平距离应符合下列规定：

a）埋地敷设输气管道与民用炸药储存仓库的最小水平距离应按式（5－3）计算：

$$R = -267e^{-Q/8240} + 342 \tag{5-3}$$

式中　R——管道与民用炸药储存仓库的最小水平距离，m；

e——常数，取 2.718；

Q——炸药库容量，kg，1000kg≤Q≤10000kg。

b）当炸药库与管道之间存在下列情况之一时，按公式（5－3）计算的水平距离值可折减 15%～20%：

炸药库地面标高大于管道的管顶标高；

炸药库与管道间存在深度大于管沟深度的沟渠；

炸药库与管道间存在宽度大于 50m 且高度大于 10m 的山体。

c）无论现状炸药库的库存药量有多少，公式（5－3）中的炸药库容量 Q 应按政府部门批准的建库规模取值。库存药量不足 1000kg 时按 1000kg 取值计算。

②埋地输气管道并行敷设，应符合下列要求：

a）并行敷设的管道，应统筹规划，合理布局及共用公用设施，先建管道应为后建管道的建设和运行创造条件。

b）不受地形、地物或规划限制地段的并行管道，最小净距不应小于 6m。

c）受地形、地物或规划限制地段的并行管道，采取安全措施后净距可小于 6m，同期建设时可同沟敷设；同沟敷设的并行管道，间距应满足施工及维护需求且最小净距不应小于 0.5m。

d）穿越段的并行管道，应根据建设时机和影响因素综合分析确定间距。共用隧道、跨越管桥及涵洞设施的并行管道，净距不应小于 0.5m。

e）石方地段不同期建设的并行管道，后建管道采用爆破开挖管沟时，并行净距宜大于 20m 且应控制爆破参数。

f）穿越全新世活动断层的并行管道不宜同沟敷设。

5.1.4 管道阀门设置设计

5.1.4.1 输油管道阀门设置

①输油管道沿线应设置线路截断阀。

②输送原油、成品油管道线路截断阀的间距不宜超过 32km；人烟稀少地区可适当加大距离。

③输送液化石油气管道线路截断阀的最大间距应符合表 5.5 的规定。

表 5.5 液化石油气管道线路截断阀的最大间距

地区等级	线路截断阀最大间距/km
一级地区	32
二级地区	24
三级地区	16
四级地区	8

④埋地输油管道沿线在河流大型穿越跨越及饮用水水源保护区两端应设置线路截断阀。在人口密集区管段或根据地形条件认为需要截断处，宜设置线路截断阀。需防止油品倒流的部位应安装能通过清管器的止回阀。

⑤截断阀应设置在交通便利、地形开阔、地势较高、检修方便，且不易受到地质灾害及洪水影响的地方。

⑥线路截断阀应能通过清管器和管道内检测仪。

5.1.4.2　输气管道阀门设置

①输气管道应设置线路截断阀（室），管道沿线相邻截断阀之间的间距应符合下列规定：

a）应符合表 5.5 的规定。

b）上述规定的线路截断阀间距，如因地物、土地征用、工程地质或水文地质造成选址受限的可作调整，一、二、三、四级地区调整分别不应超过 4km、3km、2km、1km。

②线路截断阀（室）应选择在交通方便、地形开阔、地势相对较高的地方，防洪设防标准不应低于重现期 25 年一遇。线路截断阀（室）选址受限时，应符合下列规定：

a）与电力、通信线路杆（塔）的间距不应小于杆（塔）的高度再加 3m；

b）距铁路用地界外不应小于 3m；

c）距公路用地界外不应小于 3m；

d）与建筑物的水平距离不应小于 12m。

③线路截断阀及与干线连通的第一个其他阀门应采用焊接连接阀门。截断阀可采用自动或手动阀门，并应能通过清管器或检测仪器；采用自动阀门时，必须同时具有手动操作功能。

④截断阀可安装在地面上或埋地。截断阀及其辅助工艺管道应采取稳固措施。截断阀及其配套设施宜采用围栏或围墙等进行保护。

5.2　管道穿越与跨越工程设计

长输管道建设中，会遇到穿越工程和跨越工程。管道从天然或人工障碍物下部通过的建设工程为管道穿越工程；管道从天然或人工障碍物上部架空通过的建设工程称为管道跨越工程。在长输管道设计中就涉及到穿越管段的设计和跨越管段的设计问题。关于穿越管段和跨越管段的强度设计和应力分析将在本书第 10 章和第 11 章介绍，这里主要介绍与管道布置相关的工程设计内容。

5.2.1　穿越管段设计

穿越管段是指穿过天然或人工障碍物地段的管道，其长度包括穿越障碍物的长度和两侧连接过渡段的长度。输油管道和输气管道穿越水域、冲沟、铁路、公路等地段时的管段设计，应遵循 GB 50423 的规定。

5.2.1.1　水域穿越管道设计基本规定

①穿越工程应获得设计所必需的水文资料；穿越水域上、下游建有对工程有影响的水库时，应取得通过水库防洪调度后的设防洪水及冲淤资料；位于库区的工程，还应取得库岸再造影响范围资料。

②水域穿越工程应按表 5.6 划分工程等级，并应采用与工程等级相应的设计洪水频率。

桥梁上游 300m 范围内的穿越工程，设计洪水频率不应低于该桥梁的设计洪水频率。

表 5.6 水域穿越工程等级与设计洪水频率

工程等级	穿越水域的水文特征		设计洪水频率
	多年平均水位的水面宽度/m	相应水深/m	
大型	≥200	不计水深	1%（100 年一遇）
	≥100～<200	≥5	
中型	≥100～<200	<5	2%（50 年一遇）
	≥40～<100	不计水深	
小型	<40	不计水深	2%（50 年一遇）

③选择的穿越位置应符合线路总体走向，应避开一级水源保护区。对于大、中型穿越工程，线路局部走向应按所选穿越位置进行调整，并应符合下列要求：

a）穿越位置宜选在岸坡稳定地段。若需在岸坡不稳定地段穿越，则应对岸坡作护岸、护坡整治加固工程。

b）穿越位置不宜选择在全新世活动断裂带及影响范围内。

c）穿越宜与水域轴线正交通过。若需斜交时，交角不宜小于 60°，采用定向钻穿越时，不宜小于 30°。

④对于季节性河流或无资料的河流，水面宽度可按不含滩地的主河槽宽度选取；对于游荡性河流，水面宽度应按深泓线摆动范围选取，若无资料，宜按两岸大堤间宽度选取；若采用挖沟法穿越，当施工期水流流速大于 2m/s 时，中小型工程等级可提高一级；有特殊要求的工程，可提高工程等级。

⑤穿越管段可采用挖沟法埋设、水平定向钻法敷设、隧道法敷设形式。大中型穿越工程应作方案比选。

⑥穿越长度和埋深应符合下列要求：

a）穿越长度宜涵盖设计洪水淹没范围。主河道的穿越长度应包括两岸防洪堤，并满足堤防保护的距离要求。当两岸无防洪堤时，主河道的穿越长度应根据管道使用期间可能的河床摆动范围确定。

b）当两岸设有防洪堤坝及规划防洪堤坝时，穿越的起始位置及堤下埋深应满足水利主管部门规定。

c）当工程建在水库泄洪影响范围内时，穿越管段埋深应综合泄洪时的局部冲刷及常规泄水的清水冲刷深度确定。

d）新建或规划库区内的穿越工程，穿越长度和埋深应满足库岸再造作用后的稳定性要求。

⑦穿越管段与公路桥梁、铁路桥梁、水下隧道并行敷设的最小距离应根据穿越形式确定，并应符合下列要求：

a）当采用开挖管沟埋设时，管道中线距离特大桥、大桥、中桥、水下隧道最近边缘不应小于 100m；距离小桥最近边缘不应小于 50m。

b）当采用水平定向钻穿越时，穿越管段距离桥梁墩台冲刷坑外边缘不宜小于 10m，且不应影响桥梁墩台安全；距离水下隧道的净距不应小于 30m。

c）当采用隧道穿越时，隧道的埋深及边缘至墩台的距离不应影响桥梁墩台的安全；管道隧道与公路隧道、铁路隧道净距不宜小于 30m。

d）当不能满足上述要求时，应协商确定。

⑧水域穿越管段与港口、码头、水下建筑物之间的距离，当采用大开挖穿越时不宜小于 200m，当采用定向钻穿越、隧道穿越时不宜小于 100m。

⑨当采用水平定向钻或隧道穿越河流堤坝时，应根据不同的地质条件采取措施控制堤坝和地面的沉陷，防止穿越管道处发生管涌，不应危及堤坝的安全。水平定向钻入土点、出土点及隧道竖井边缘距大堤坡脚的距离不宜小于 50m。

⑩穿越通航的水域，管段的埋深应避免船锚或疏浚机具对管道的损伤。两岸应按 GB 13851《内河交通安全标志》的有关规定设置标志。

⑪当穿越管段区域河道内有对河床的形态及地质条件产生影响的挖砂、采矿活动时，管道的穿越长度、埋设深度应位于影响范围以外，并应采取必要的防护措施。

⑫通过饮用水源二级保护区的水域大型穿越工程，输油管道在两岸应设置截断阀（室）。截断阀（室）应设置在便于接近、不被设计洪水淹没处。输气管道在两岸可不设截断阀（室）。

⑬挖沟法穿越管段，不应在设计洪水位浸淹范围内设置锚固墩。

⑭地震时易发生土壤液化的开挖法穿越管段，不宜将穿越管段沟埋在液化层内。确需埋入液化地层内时，应采取换土、软体排、土工布袋压载措施，不应采用混凝土马鞍型压重块稳管。

⑮穿越沼泽地区，应根据不同的沼泽类别采用支架法、换土法、砂桩加固法、填石法、预压法或筑堤法敷设穿越管段。

5.2.1.2 山岭、冲沟穿越管道设计基本规定

①山岭隧道与铁路隧道、公路隧道交叉时，竖向净间距不宜小于 30m。

②山岭隧道的高程应满足输送工艺要求。

③管道穿越泥石流沟时，管道应在泥石流堆积区稳定层内深埋，管顶埋深不应小于 1.0m，并在管道上方设置排洪构筑物。

④选择冲沟穿越位置时，应避开可能发生滑坡、崩塌的地段。

⑤穿越湿陷性黄土冲沟，应综合设计沟顶的截水、排水、导水工程、坡面的防护工程、沟底的稳管及防冲蚀工程，导水沟宜将水导人天然泄水沟中。采用开挖斜巷方式穿越高陡边坡时，洞身应进行回填，洞口应做防水处理。

⑥开挖穿越深而陡的黄土冲沟，应结合边坡不可恢复原状的特点，对所形成的新断面做水工保护及水土保持工程设计。

⑦管道不宜从土层未固结稳定的淤土坝上游穿越，当确需穿越时，应对土层厚度、固结程度、地质条件作岩土评价，并应采取安全措施。

⑧符合工程条件的山岭、冲沟可采用定向钻法或顶管法隧道方式穿越。

⑨管道不宜在狭窄冲沟内顺沟敷设。如受条件限制难以避开时，应进行专项水文调查研究，查明设计冲刷深度及冲沟稳定性，作为穿越工程设计的依据。

5.2.1.3　挖沟法穿越管道埋设设计

①挖沟法穿越水域的位置，除结合线路走向外，应选择岸坡稳定、水流冲淤变化幅度不大、不影响有关水域的规划实施、地震断裂活动影响较小且施工条件较好的地段。

②挖沟法穿越管段的最小埋深，应根据工程等级与相应设计洪水冲刷深度或疏浚深度要求确定，并应符合表5.7的规定。当河流深泓线反复摆动时。穿越管段在深泓线摆动范围内埋深均应满足设计冲刷深度或疏浚深度要求。

表5.7　挖沟法穿越管段的最小埋深　　m

水域情况	大型	中型	小型
有冲刷或疏浚的水域，应在设计洪水冲刷线下或设计疏浚线下，取其深者	≥1.5	≥1.2	≥1.0
无冲刷或疏浚的水域，应埋在水床底面以下	≥1.5	≥1.3	≥1.0
河床为基岩，并在设计洪水下不被冲刷时，管段应嵌入基岩深度	≥0.8	≥0.6	≥0.5

注：1. 当水域有抛锚或疏浚作业时，管顶埋深应达到防腐层不受机械损伤的要求；
2. 以下切为主的河流上游，埋深应从累积冲刷线算起；
3. 基岩段所挖沟槽应用满槽混凝土覆盖封顶，应达到基岩标高；
4. 当管道有配重或稳管结构物时，埋深应从结构物顶面算起；
5. 基岩内管道埋深尚应根据岩性、风化程度确定，强风化岩、软岩埋深应加大。

③采用围堰导流或降水措施开挖的管沟，其断面尺寸应按照地质条件、水文条件、开挖深度和底宽、施工季节、排水设施设计确定。

④水下挖沟时，应根据机具试挖成沟情况确定管沟尺寸。若无此资料，宜按表5.8试挖管沟。

表5.8　水下开挖管沟推荐尺寸

土壤类别	沟底最小宽度/m	管沟边坡	
		沟深≤2.5m	沟深>2.5m
淤泥、粉细砂	$D_0+2.5$	1∶3.5	1∶5.0
中粗砂、卵砾石	$D_0+4.0$	1∶2.5	1∶3.0
砂土	$D_0+3.0$	1∶2.5	1∶4.0
黏土	$D_0+3.0$	1∶2.0	1∶2.5
岩石	$D_0+2.0$	1∶0.5	1∶1.0

注：1. 沟底最小宽度指管道敷设所需最小净宽，不包括回淤；
2. 在深水区管沟底宽应增加潜水员潜水检查操作的宽度；
3. 若遇流沙，沟底宽度和边坡由试挖确定；
4. D_0为管身结构的外径，当多条管道并行穿越敷设时，D_0为管道外径之和及管道间隔的总宽度。

⑤当水下穿越管段采用稳管措施时，稳管配重物不应损伤管道防腐涂层。

⑥岩石管沟挖深除应满足设计埋深要求外，还应超挖200mm；管道入沟前，沟底应先铺设压实后厚度为200mm的砂类土、细土或混凝土垫层。

⑦穿越区域的地下水或岩土层具有腐蚀性时，除管段自身防腐满足要求外，稳管措施所用材料应有抗腐蚀的性能。

5.2.1.4　水平定向钻法穿越管道敷设设计

①穿越断面应选择在水域形态稳定的地段，两侧场地应满足布设钻机、泥浆池、材料堆

放和管道组焊的要求。

②采用弹性敷设时，穿越管段曲率半径不宜小于1500倍钢管外径；且不应小于1200倍钢管外径。

③水平定向钻敷设穿越管段的入土角宜为6°～20°，出土角宜为4°～12°，应根据地质条件、穿越管径、穿越长度、管段埋深和弹性敷设条件确定。

④穿越深度应符合下列规定：

a）水域穿越管段管顶埋深不宜小于设计洪水冲刷线或疏浚深度线以下6m；

b）穿越铁路、公路、堤防建（构）筑物时，穿越深度应符合有关技术规定；

c）穿越管段埋设深度应避开挖砂、采石、抛锚作业的影响。

⑤穿越管段应根据地基土层的稳定性和密实性，采取防止地表塌陷的措施。

⑥在水平定向钻穿越的管段上，除管端封头外不应有任何附件焊接或附加于管体上。若需在水域两侧设止水环，可在回拖完成后在穿越管段两端设置，并应保持防腐涂层的完整。

⑦定向钻不宜在卵石层、松散状砂土或粗砂层、砾石层与破碎岩石层中穿越。当出入土管段穿过一定厚度的卵石、砾石层时，宜选择采取套管隔离、注浆固结、开挖换填措施处理。

⑧管道回拖经计算需要采取降浮措施时，宜内设充水管配重。

⑨定向钻穿越施工应采用环保型泥浆。并应循环使用。

⑩一次穿越距离过长或穿越出入土点两侧均有套管时，宜采用导向孔对穿工艺施工。

⑪岩石层、卵砾石层等对管道存在划伤可能地段的定向钻穿越管道回拖时，应采取措施保护管道不受损伤，其防腐层或外层保护层应耐划伤。

5.2.1.5 隧道法穿越设计的一般规定

①隧道位置的选择应符合下列要求：

a）隧道穿越位置应符合管道线路总体走向，线路局部走向宜根据穿越点位置进行调整。

b）隧道位置的选定应根据洞口地形、地质、交通、弃渣场地、施工条件、周围环境条件及要求确定。

c）隧道穿越方案，应通过区域工程地质调查、测绘、结合管道线路以及隧道施工、使用条件进行多方案技术经济比选确定。

d）水域隧道工程不应影响堤防及附近建（构）筑物的安全，并应根据已规划尚未建设的建（构）筑物对隧道结构的影响确定。

e）对需设置辅助坑道和使用通风设施的隧道，应分析设置条件和要求。

f）水域隧道竖井宜选择在50m范围内无永久性架空输电线路，30m范围内无永久性建（构）筑物的地方。

②隧道轴线应选择在稳定的地层中，不宜穿越工程地质及水文地质极为复杂地段，宜避开溶洞、暗河、采空区。

③隧道结构的设计应以地质勘察资料为依据，地质勘察应符合GB 50568《油气田及管道岩土工程勘察规范》的有关规定，按不同设计阶段及施工方法，确定隧道工程勘察的内容和范围。对于长隧道或地质条件复杂的中长隧道，亦可按照工程要求提前相应的勘察阶段。隧道施工中应通过对地层的观察和监测反馈进行验证，并修正结构设计。

④隧道结构的设计，应减少施工中和建成后对环境造成的不利影响；同时分析因隧道建设造成周围环境的改变对结构的作用。

⑤隧道结构的净空尺寸应满足隧道施工、管道安装、运营管理的要求，并应分析施工误差、结构变形和位移的影响。

⑥水域盾构、顶管法隧道上部所需覆土层的最小厚度，应根据工程地质、水文地质条件、设备类型因素决定，应大于2.0倍隧道外径，且低于设计冲刷线以下1.5倍隧道外径，并应满足隧道抗漂浮要求。对于冲淤变化大、砂土液化、挖砂取石、船舶抛锚水域的隧道，应增大埋深。

⑦隧道结构应按施工和正常使用阶段进行强度、刚度和稳定性计算。对于混凝土结构，应进行抗裂验算或裂缝宽度验算。当计入地震作用或其他偶然作用因素时，可不验算结构的裂缝宽度。

⑧隧道弃渣设计时，应合理选择弃渣场地，支挡构筑物结构设计应满足设计洪水下的安全要求，渣场综合布置与植被恢复应符合环保及水土保持要求。

⑨隧道设计、施工应贯彻环境保护的原则，采用环保型泥浆并循环使用，废弃泥浆处理应达标并定点排放。

⑩隧道防水应按GB 50108《地下工程防水技术规范》的有关要求分级，隧道防水等级应符合表5.9的要求。

表5.9　隧道防水等级

隧道方式	防水等级
山岭钻爆法隧道	四级
水域钻爆法隧道	四级
水域盾构法隧道	二级
水域顶管法隧道	三级

⑪隧道施工时应进行围岩及衬砌结构变形监测和施工环境监测。

⑫隧道分级应符合表5.10的要求。

表5.10　隧道分级

分级	重要性系数	性质
1	1.1	全国性输油（气）干线、支干线
2	1.0	省、区、油（气）干线隧道和支线隧道

⑬隧道分类应符合表5.11的要求。

表5.11　隧道分类

隧道类型	长隧道/m	中长隧道/m	短隧道/m
山岭钻爆法隧道	$L \geqslant 1500$	$1500 > L > 500$	$L \leqslant 500$
水域钻爆法隧道	$L \geqslant 1000$	$1000 > L > 500$	$L \leqslant 500$
水域盾构法隧道	$L \geqslant 1200$	$1200 > L > 800$	$L \leqslant 800$
顶管法隧道	$L \geqslant 400$	$400 > L > 200$	$L \leqslant 200$

5.2.1.6 公路、铁路穿越设计的一般规定

①油气管道不宜与公路、铁路反复交叉穿越；需要与公路、铁路交叉时，其穿越点宜选在公路、铁路的路堤段和管道的直线段，穿越宜避开高填方区、路堑、路两侧为同坡向的陡坡地段。当条件受限时也可从公路、铁路的桥梁下交叉穿越。

②在穿越公路、铁路的套管或涵洞内，输送管道不应设置水平或竖向弯管。

③穿越铁路或二级及以上公路时，应采用顶进套管、顶进箱涵或水平定向钻穿越方式，并满足路基稳定性的要求。对三级及三级以下公路穿越，可采用挖沟法埋设。当套管或涵洞内空间充填细土将穿越管段埋入时，可不设检漏管及两端的封堵。

④采用钢套管穿越公路的管段，对管道阴极保护形成屏蔽作用时，应增加牺牲阳极保护。

⑤新建公路、铁路与已建管道交叉时，应设置保护管道的涵洞，涵洞尺寸应满足管道运营维护要求。

⑥油气管道与公路、铁路宜垂直交叉，在特殊情况下，交角不宜小于30°。油气管道与公路、铁路桥梁交叉时，在对管道采取防护措施后，交叉角可小于30°，防护长度应满足公路、铁路用地范围以外3m的要求。

⑦油气管道穿越公路、铁路时，其穿越点四周应有足够的空间，满足管道穿越施工、维护及邻近建（构）筑物和设施安全距离的要求。

⑧油气管道不应利用公路、铁路的排水涵洞进行穿越。

⑨油气管道穿越公路、铁路时，套管顶部最小覆盖层厚度应符合表5.12的要求。

表5.12 套管顶部最小覆盖层厚度

穿越分类	位置	最小覆盖层
铁路穿越	铁路路肩以下	1.7
	自然地面或者边沟以下	1.0
公路穿越	公路路面以下	1.2
	公路边沟底面以下	1.0

⑩管道穿越公路、铁路时，输送管道或套管的底部应放置在密实而均匀的地层上。

⑪采用套管穿越公路、铁路时，套管内径应大于输送管道外径300mm以上。套管采用人工顶管施工方法时，套管内直径不宜小于1m。

⑫采用套管穿越公路、铁路时，套管长度宜伸出路堤坡脚、排水沟外边缘不小于2m；当穿过路堑时，应长出路堑顶不小于5m。被穿越的公路、铁路有扩建规划时，应按照扩建后的情况确定套管长度。

⑬采用涵洞穿越铁路时，涵洞净空高度不宜小于1.8m，涵洞内宽度不宜小于输送管道外径加2.5m。

⑭采用直接钻孔法敷设穿越管道或者套管时，其钻孔孔洞直径不应超过输送管道或者套管外直径50mm。

5.2.2 跨越管段设计

5.2.2.1 跨越管段设计基本规定

①管道跨越工程应划分为甲类和乙类。甲类为通航河流、电气化铁路和高速公路跨越；乙类为非通航河流及其他障碍跨越。

②管道跨越工程等级应按表 5.13 划分。

表 5.13 跨越工程等级

工程等级	总跨长度 L_1/m	主跨长度 L_2/m
大型	≥300	≥150
中型	$100 \leqslant L_1 < 300$	$50 \leqslant L_2 < 150$
小型	<100	<50

③管道跨越位置的选择应符合下列规定：

a）跨越位置应处理好与油气输送管道线路工程的衔接，以及与铁路、公路、河流、城市及水利规划的相互关系。

b）跨越位置应符合线路总走向，线路局部走向可根据跨越位置进行调整。

c）跨越位置和方案应根据管道工程的环境影响评价报告、灾害性地质评价报告、地震安全评价报告、防洪安全评价报告及其他涉及工程的有关要求等选定。

d）不同地形、地质条件下跨越位置的确定，应满足下列规定：

(a）跨越位置宜选择在河流较窄、两岸有山嘴或高地、侧向冲刷及侵蚀较小、并有良好稳定地层的地段。当河流有弯道时，宜选择在弯道的上游平直河段。

(b）跨越位置应选择在闸坝上游或其他水工构筑物影响区之外。

(c）跨越位置应避开冲沟沟头发育地段。

(d）跨越位置应避开活动地震断裂带、滑坡、泥石流、岩溶，以及其他不良地质发育的地段。

e）跨越位置应避开地面或地下已有重要设施的地段。

f）跨越位置附近宜具有一定的施工安装场地及较方便的交通运输条件。

④跨越管段与埋地管道相连接时，应满足下列规定：

a）跨越管段的管径应与埋地管道的管径匹配，所有弯管的曲率半径宜大于管道外径的4倍。

b）大型管道跨越工程宜在两端设置截断阀。

c）跨越管段与埋地管道在入土连接点处加绝缘接头时，应符合 SY/T 0086《阴极保护管道的电绝缘标准》的有关规定。

d）跨越管段与线路段管道连接点宜在跨越结构端点外 10m 处。

⑤跨越工程的设计洪水设防频率应根据不同工程等级按表 5.6 选用，并结合当地水文资料确定相应的设计洪水位。

⑥管道在通航河流上跨越时，管道架空结构的最下缘净空高度应符合现行国家标准 GB 50139《内河通航标准》的有关规定，当地有特定要求时，可协商确定。

⑦管道在无通航、无流筏的河流上跨越时，管道架空架构的最下缘，大型跨越工程应高于设计洪水位3m，中、小型跨越工程应高于2m；当无准确的水文资料时，应适当加大架空高度；当河流上有其他项目规划时，还应满足相关部门对净空高度的要求。

⑧管道跨越铁路或道路时，管道架空结构的最下缘净空高度不应低于表5.14的规定。管道跨越工程两侧应设置限高标志，必要时应设置限高构筑物。

表5.14 管道跨越铁路或道路净空高度

类型	净空高度/m
人行道路	3.5
等级公路与城市道路	5.5
铁路	6.5～7.0
电气化铁路	11.0

⑨跨越管道与桥梁之间的最小距离应符合表5.15的规定。

表5.15 跨越管道与桥梁之间最小距离 m

管道类型	大桥		中桥		小桥	
	铁路	公路	铁路	公路	铁路	公路
输油管道	100	100	80	50	40	10
输气管道	100	100	100	50	50	20

⑩通航河流上的管道跨越工程应按GB 13851《内河交通安全标志》的规定设定标志。

5.3 长输管道场站设计

长输管道系统都设有首站和中间站（或分输站）等场站。根据输油或输气介质的不同，场站的辅助设施及功能也有所不同。

输油管道的首站一般具有收油、储存、增压正输（加热）、发送清管、检测器、站内循环等功能。中间泵站具有增压正输、加热正输、压力越站、热力越站、全越站、接收和发送清管、检测器或清管、检测器越站等功能。

输气管道首站具有分离、过滤、气质分析、计量、调压、清管器发送或天然气增压等功能。分输站具有过滤、计量、调压等功能。

5.3.1 输油站设计

5.3.1.1 输油站站场选址规定

①站场选址应合理利用土地，并应结合当地城乡建设规划。

②站址宜选定在地势平缓、开阔、具有较好的工程、气象、水文、地质条件，且交通、供电、供水、排水及职工生活社会依托均较方便的地方；应符合与附近城镇居民点、工矿企业、铁路、公路等的安全距离要求。

③站场位置选定应结合管道线路走向，满足管道工艺设计的要求；站内应有足够的生产及施工操作场地；并行敷设管道的站场宜合建。

④站址宜远离海、江、河、湖泊。当确需邻近建设时，应采取防止事故状态下事故液对周边水体污染的相应措施。

⑤站场位置选定应避开下列场所：

a）存在崩塌、活动断层、滑坡、沼泽、流沙、泥石流、矿山采空区等不良地质的地段。

b）蓄（滞）洪区及有内涝威胁的地段。

c）易受洪水及泥石流影响的地段，窝风地段。

d）在山地、丘陵地区在用开山填沟营造人工场地时，应避开山洪流经过的沟谷。

e）水源保护区、自然保护区、风景名胜区和地下文物遗址。

⑥首、末站站址的选定宜与上下游企业联合选址，并应使管道的进出线方便。

⑦各类站场的站址选择应符合 SY/T 0048《石油天然气工程总图设计规范》中的相关规定。独立建设或与炼厂、油库、油品码头等石油化工企业毗邻建设的输油站场，与相邻的居民点、企业的安全距离应符合 GB 50183《石油天然气工程设计防火规范》的相关规定。

⑧站场与油田的集中处理站、炼厂、油库等石油化工企业合并建设时，各设施与相邻石油化工企业相关设施的安全距离，应按照 GB 50183 和相关规范中企业内部各设施之间安全距离要求的较大者确定。

5.3.1.2 输油站场总平面布置设计规定

①防火间距及防火措施应符合 GB 50183 的相关规定。

②总平面布置的防爆要求应符合 SY/T 6671《石油设施电气设备场所 1 级 0 区、1 区和 2 区区域划分推荐作法》的相关规定。

③站场总平面和竖向布置应符合现行行业标准 SY/T 0048 的相关规定。

④各类站场内部设施的总平面布置应根据各类设施的火灾危险性，并结合地形、风向等条件，按功能进行分区布置。

⑤各类站场内使用性质相近的建（构）筑物，在符合生产使用和安全防火要求的条件下，宜合并布置。

⑥各类站场应结合当地情况，选择合理的雨水排放和收集方案，避免由于雨水排放造成的水土流失、环境污染等情况发生。

⑦输油站场生产区周围宜设置防止事故状态下事故液漫流的导流和收集设施。

5.3.1.3 输油站设备设置设计

①原油储罐宜选用浮顶油罐。储存汽油、石脑油、煤油、溶剂油、航空煤油、喷气燃料油等成品油应选用内浮顶罐；闪点低于 45℃的柴油宜选用内浮顶罐，闪点高于 45℃的柴油、重油等可选用固定顶油罐。储存液化石油气储罐，在常温下应选用卧式金属储罐或球形储罐。

②输油泵泵型应根据所输油品性质合理选择。当在输送温度下油品的动力黏度在 100mPa·s 以下时，宜选用离心泵。泵机组不应少于 2 台，但不宜多于 5 台，并应至少备用 1 台。输送液化石油气的泵送设备还应符合下列规定：

a）宜选用液化石油气专用泵。泵的安装高度应保证不使其发生汽蚀，并应采取防振动措施。

b）选用泵的外壳应为铸钢，应选用无泄漏型机械密封。

c）入口管段上应设置操作阀、过滤器、放散阀及放散管，放散管应引至安全放空地点。

d）泵出口管段上应设置止回阀、操作阀和液相安全回流阀。

③输油站的减压站内减压系统的设置应符合下列规定：

a）减压系统应能保证油品通过上游高点时不出现汽化现象，并应控制下游管道压力不超压。

b）减压系统应设置备用减压阀，减压阀应选择故障关闭型。

c）减压站不应设置越站管道。

d）减压阀上、下游应设置远控截断阀，阀门的压力等级应和减压阀压力等级保持一致，应能保证在管道停输时完全隔断静压力。

e）减压阀组上游应设置过滤器，过滤网孔径尺寸应根据减压阀结构形式确定。

f）设置伴热保温的减压阀组，每路减压阀组应设置单独的伴热回路。

g）减压站内进、出站管道上应设置超压保护泄放阀。

④输油站清管设施的设置应符合下列规定：

a）输油管道应设置清管设施。

b）清管器出站端及进站端管线上应设置清管器通过指示器；设置清管器转发设施的站场，应在清管器转发设施的上游和下游管线上设置清管器通过指示器。

c）清管器接收、发送筒的结构、筒径及长度应能满足通过清管器或检测器的要求。

d）当输油管道直径大于 $DN500$、且清管器总重超过 45kg 时，宜配备清管器提升设施。

e）清管器发送、接收操作场地应根据一次清管作业中使用的清管器（包括检测器）数量及长度确定。

f）清管作业清出的污物应进行集中收集处理。

⑤输油管道用阀门的选择应符合下列规定：

a）安装于通过清管器管道上的阀门应选择全通径型（阀门通道直径与相连接管道的内径相同）；不通清管器的阀门可选择普通型或缩径型。

b）埋地安装的阀门宜采用全焊接阀体结构，并采用焊接连接。

c）当阀门与管道焊接连接时，阀体材料的焊接性能应与所连接的钢管的焊接性能相适用。

d）输油管道不得使用铸铁阀门。

⑥液化石油气管道站场的压缩机组及附件的设置应符合下列规定：

a）站内宜设置压缩机，对储罐及装卸设备中的气相液化石油气增压。

b）压缩机进出口管道上设置阀门。

c）压缩机进出口管之间应设置旁通管及旁通阀。

d）压缩机进口管道上应设置过滤器。

e）压缩机出口管道上应设置止回阀和安全阀。

f）当站内无压缩机系统时，罐区内各储罐的气相空间之间、槽车与储罐气体空间应采用平衡管连通。

5.3.2 输气站设计

5.3.2.1 输气站设置原则

①输气站的设置应符合目标市场、线路走向和输气工艺设计的要求，各类输气站宜联合建设。

②输气站位置的选择应符合下列规定：

a）应满足地势平缓、地势相对较高及近远期扩建需求。

b）应满足供电、供水、排水、生活及交通方便的需求。

c）应避开山洪、滑坡、地面沉降、风蚀沙埋等不良工程地质地段及其他不宜设站的地方。

d）压气站的位置选择宜远离噪声敏感区。

e）区域布置的防火距离应符合 GB 50183 的有关规定。

③输气站内平面布置、防火安全、场内道路交通及与外界公路的连接应符合 GB 50183 和 SY/T 0048 的有关规定。

5.3.2.2 输气站内清管设施设计规定

①清管设施宜与输气站合并建设，当输气站站间距超过清管器可靠运行距离时，应单独设置清管站。

②清管工艺应采用不停气密闭清管工艺流程，进出站的管段上宜设置清管器通过指示器。

③清管器收、发筒的结构尺寸应能满足通过清管器或智能检测器的要求。

④清管作业清除的污物应进行收集处理，不得随意排放。

5.3.2.3 输气站内压缩机组的布置及厂房设计

①压缩机组应根据工作环境及对机组的要求，布置在露天或厂房内。在严寒地区、噪声控制地区或风沙地区宜采用全封闭式厂房，其他地区宜采用敞开式或半敞开式厂房。

②厂房内压缩机及其辅助设备的布置，应根据机型、机组功率、外形尺寸、检修方式、运输等因素按单层或双层布置，并应符合下列规定：

a）两台压缩机组的突出部分间距及压缩机组与墙的间距，应满足操作、检修的场地和通道要求。

b）压缩机组的布置应便于管道和设备安装。

c）压缩机基础的布置和设计应按照 GB 50040《动力机器基础设计规范》的有关规定，并应采取相应的减振、隔振措施。

③压气站内建（构）筑物的防火、防爆和噪声控制应按国家现行相关标准的有关规定进行设计。

④压缩机房的每一操作层及其高出地面 3m 以上的操作平台，应至少有两个安全出口及通向地面的梯子。操作平台上的任意点沿通道中心线与安全出口之间的最大距离不得大于 25m。安全出口和通往安全地带的通道，必须畅通无阻。压缩机房设置的平开门应朝外开。

⑤压缩机房的建筑平面、空间布置应满足工艺流程、设备布置、设备安装和维修的要求。

⑥压缩机房的防火设计应符合 GB 50183 的有关规定。

⑦压缩机房内应视压缩机检修的需要，配置供检修用的固定起重设备。当压缩机组布置在露天、敞开式厂房内或机组自带起吊设备时，可不设固定起重设备，但应设置移动式起重设备的吊装场地和行驶通道。

5.3.2.4　输气站压缩机组的安全保护设计

①往复式压缩机出口与第一个截断阀之间应装设安全阀和放空阀，安全阀的泄放能力应不小于压缩机的最大排量。

②每台压缩机组应设置安全保护装置，并应符合下列规定：

a）压缩机气体进口应设置压力高限、低限报警和低限越限停机装置。

b）压缩机气体出口应设置压力高限报警和高限越限停机装置。

c）压缩机的原动机（除电动机外）应设置转速高限报警和超限停机装置。

d）启动气和燃料气管道应设置限流及超压保护设施。燃料气管道应设置停机或故障时的自动切断气源及排空设施。

e）压缩机组润滑油系统应有报警和停机装置。

f）压缩机组应设置振动监控装置及振动高限报警、超限自动停机装置。

g）压缩机组应设置轴承温度及燃气轮机透平进口气体温度监控装置，温度高限报警、超限自动停机装置。

h）离心式压缩机应设置喘振检测及控制设施。

i）压缩机组的冷却系统应设置振动检测及超限自动停车装置。

j）压缩机组应设置轴位移检测、报警及超限自动停机装置。

k）压缩机的干气密封系统应有泄放超限报警装置。

③事故紧急停机时，压缩机进、出口阀应自动关闭，防喘振阀应自动开启，压缩机及其配管应自动泄压。

5.3.2.5　输气站站内管道设计

①站内所有工艺管道均应采用钢管及钢质管件。

②机组的仪表、控制、取样、润滑油、离心式压缩机用密封气、燃料气、压缩空气等系统的阀门、管道及管件宜采用不锈钢材质。

③钢管强度计算应符合现行国家标准 GB 50251 的规定。详见本书第 10 章。

④站内管道安装设计应采用减小振动和热应力的措施。压缩机进、出口配管对压缩机连接法兰所产生的应力应小于压缩机技术条件的允许值。

⑤管道的连接方式除因安装需要采用螺纹、卡套或法兰连接外，均应采用焊接。

⑥输气站内管道应采用地上或埋地敷设，不宜采用管沟敷设。当采用管沟敷设时，应采取防止天然气泄漏积聚的措施。

⑦管道穿越车行道路和围墙基础时，宜采取保护措施。

⑧从站内分离设备至压缩机入口的管段宜进行内壁清洗。

⑨与分离器、清管收发筒、压缩机组等设备相连的地面和埋地管道应采取防止管道沉降或位移的措施。

思考题

1. 长输管道与工业管道比较有什么不同？
2. 长输管道的线路选择与管道敷设应符合哪些原则？
3. 长输管道敷设如何确定？
4. 输油管道布置时应避开哪些区域？
5. 输气管道布置时应避开哪些区域？
6. 输气管道线路的总体走向如何确定？
7. 当管道采用弹性弯曲敷设时，其弯曲曲率半径应满足什么要求？
8. 输气线路用热煨弯管的曲率半径应满足什么条件？
9. 埋地输气管道并行敷设时应符合哪些要求？
10. 何谓穿越管段？何谓跨越管段？
11. 水域穿越位置应避开什么地区？
12. 隧道法穿越设计时，隧道位置的选择应符合哪些要求？
13. 管道跨越位置的选择应符合哪些规定？
14. 输油管道和输气管道站场的首站有哪些功能？
15. 液化石油气管道站场的压缩机组及附件的设置应符合哪些规定？
16. 输气站位置的选择应符合哪些规定？
17. 输气站压缩机组的安全保护设计有哪些要求？
18. 输气站站内管道设计有哪些要求？

第6章 公用管道布置设计

公用管道分为城镇燃气管道和城镇热力管道。城镇燃气管道布置设计的主要内容有：室外燃气管道布置设计、燃气门站与储配站布置设计、燃气调压装置布置设计等；城镇热力管道布置设计的主要内容有：城镇热力管道布置与敷设设计、中继泵站与热力站布置设计等。

公用管道布置设计相关标准有：

GB 50028—2006《城镇燃气设计规范》；

GB 50494—2009《城镇燃气技术规范》；

GB/T 13611—2018《城镇燃气分类和基本特性》；

CJJ 63—2018《聚乙烯燃气管道工程技术标准》；

CJJ 34—2010《城镇供热管网设计规范》；

CJJ/T 81—2013《城镇供热直埋热水管道技术规程》；

CJJ/T 104—2014《城镇供热直埋蒸汽管道技术规程》等。

6.1 城镇燃气管道布置设计基本规定

6.1.1 城镇燃气管道输送的介质

6.1.1.1 城镇燃气的种类

城镇燃气是指城市、乡镇或居民点中，从地区性的气源点，通过输配系统供给居民生活、商业、工业企业生产、采暖通风和空调等各类用户公用性质的，且符合国家相关标准燃气质量要求的燃气。城镇燃气一般包括天然气、液化石油气、人工燃气、工业余气等。

①天然气一般包括下列5种气体：

a）气田天然气：从气井开采出来的气田气或称纯气田天然气。

b）油井天然气：伴随石油一起开采出来的石油气也称石油伴生气。

c）含石油轻质馏分的凝析气田气。

d）煤田气：在开采煤矿时从井下煤层抽出的煤矿矿井气也称煤田气。

e）煤层气。

②人工燃气

a）固体燃料干馏煤气：利用焦炉、连续式直立碳化炉和立箱炉等制得的干馏煤气。

b）固体燃料气化煤气：利用压力气化煤气、水煤气、发生炉煤气。

c）油制气：包括重油蓄热热裂解制气、重油蓄热催化裂解制气。

d）高炉煤气：是炼铁时的副产品，与高热值燃气掺混作城镇燃气气源。

③液化石油气。从天然气中分离出来C_3、C_4的烃类，也可从石油化工的催化裂化等过程获得。

④工业余气。石油化工、化肥等工业生产时排出大量可燃气体，可作为燃气气源。

⑤掺混气。不同类别的燃气或燃气与空气按照城镇燃气质量标准要求混合配制供城镇作为气源，包括液化石油气或天然气与其他低热值燃气的掺混。

⑥沼气。含有蛋白质、纤维素、脂肪、淀粉等有机物质，在缺氧情况下借助厌氧菌的作用，使之发酵分解生成可燃气体，即为沼气。

6.1.1.2 城镇燃气质量要求

①城镇燃气质量指标应符合下列要求：

a）城镇燃气（应按基准气分类）的发热量和组分的波动应符合城镇燃气互换的要求。

b）城镇燃气偏离基准气的波动范围宜按现行的国家标准 GB/T 13611《城市燃气分类》的规定采用，并应适当留有余地。

②采用不同种类的燃气除应符合上述要求外，还应分别符合下列的规定。

a）天然气的质量指标应符合下列规定：

(a) 天然气发热量、总硫和硫化氢含量、水露点指标应符合现行国家标准 GB 17820《天然气》的一类气或二类气的规定；

(b) 在天然气交接点的压力和温度条件下，天然气的烃露点应比最低环境温度低 5℃；天然气中不应有固态、液态或胶状物质。

b）液化石油气质量指标应符合现行国家标准 GB 9052.1《油气田液化石油气》或 GB 11174《液化石油气》的规定。

c）人工煤气质量指标应符合现行国家标准 GB 13612《人工煤气》的规定；

d）液化石油气与空气的混合气做主气源时，液化石油气的体积分数应高于其爆炸上限的 2 倍，且混合气的露点温度应低于管道外壁温度 5℃。硫化氢含量不应大于 $20mg/m^3$。

③城镇燃气应具有可以察觉的臭味，燃气中加臭剂的最小量应符合下列规定：

a）无毒燃气泄漏到空气中，达到爆炸下限的 20%时，应能察觉；

b）有毒燃气泄漏到空气中，达到对人体允许的有害浓度时，应能察觉；对于以一氧化碳为有毒成分的燃气，空气中一氧化碳含量达至 0.02%（体积分数）时，应能察觉。

④城镇燃气加臭剂应符合下列要求：

a）加臭剂和燃气混合在一起后应具有特殊的臭味。

b）加臭剂不应对人体、管道或与其接触的材料有害。

c）加臭剂的燃烧产物不应对人体呼吸有害，并不应腐蚀或伤害与此燃烧产物经常接触的材料。

d）加臭剂溶解于水的程度不应大于 2.5%（质量分数）。

e）加臭剂应有在空气中能察觉的加臭剂含量指标。

6.1.2 城镇燃气管道系统设计技术规定

6.1.2.1 城镇燃气管道系统一般技术规定

①城镇燃气输配系统一般由门站、燃气管网、储气设施、调压设施、管理设施、监控系统等组成。城镇燃气输配系统设计，应符合城镇燃气总体规划，在可行性研究的基础上，做到远、近相结合，以近期为主，经技术经济比较后确定合理的方案。

②城镇燃气输配系统压力级制和总体布置应根据燃气供应来源和供气压力、用户的用气量及其用户分布、原有燃气设施状况等因素合理确定。

③城镇燃气干管的布置，应根据用户用量及其分布，全面规划，宜按逐步形成环状管网供气进行设计。

④城镇燃气管道压力分级。城镇燃气管道按燃气设计压力 p 分为 7 级，详细分级如表 6.1 规定。

表 6.1 城镇燃气管道设计压力（表压）分级

名称		压力/MPa
高压燃气管道	A	$2.5<p\leqslant4.0$
	B	$1.6<p\leqslant2.5$
次高压燃气管道	A	$0.8<p\leqslant1.6$
	B	$0.4<p\leqslant0.8$
中压燃气管道	A	$0.2<p\leqslant0.4$
	B	$0.01<p\leqslant0.20$
低压燃气管道		$p\leqslant0.01$

⑤燃气输配系统各种压力级制的燃气管道之间应通过调压装置相连。当有可能超过最大允许工作压力时，应设置防止管道超压的安全保护设备。

⑥城镇燃气管道的设计使用年限应不小于 30 年。

⑦城镇燃气管道应按设计压力分级（表 6.1）进行建设、运行维护和使用。

6.1.2.2 城镇燃气管道敷设方式

①地下燃气管道：在城镇中常采用地下敷设。

②架空燃气管道：管道穿越铁路、河流时为了管理检修方便，也常采用架空敷设。

6.1.2.3 城镇燃气管道平面布置的要求

①应保障主要燃气管道工作可靠，燃气应从管道的两个方向得到供应，管道应尽可能逐步连成环形。

②次高压、中压管道不要沿车辆来往频繁的城镇主要交通干线敷设，对于低压管道，有时在不可避免的情况下，可沿交通干线敷设。

③燃气管道可以沿街道的一侧敷设，也可以双侧敷设。

④燃气管道布线时，应与街道轴线或建筑物的前沿相平行，管道宜敷设在人行道或绿化地带内，并尽可能避免在高级路面的街道下敷设。

⑤在空旷地带敷设燃气管道时，应考虑城镇发展规划和未来的建筑物布置情况等。

6.1.2.4 城镇燃气输配管道布置技术规定

①燃气管道与建筑物及其他管道之间应保持一定距离，并应符合国家相关标准的规定。液态液化石油气管道不得穿越居民区。

②地下燃气管道不得从建筑物和地上大型构筑物的下面穿越，但架空的建筑物和大型构筑物除外。

③地下燃气管道应根据冻土层、路面荷载和道路结构层确定其埋设深度。当埋设深度不能满足技术要求时，应采取有效的安全防护措施。

④当燃气管道架空敷设时，应采取防止车辆冲撞等外力损害的有效防护措施。

⑤当地下燃气管道穿越排水沟、热力管沟、电缆沟、联合地沟、隧道及其他沟槽时，应采取防止燃气泄漏到沟槽中的措施。

⑥当燃气管道穿越铁路、公路、河流和城镇主要干道时，应采取不影响交通、水力设施和保证燃气管道安全的防护措施。

⑦在设计压力大于等于0.01MPa的燃气管道上，应根据检修和事故处置的要求设置分段阀门。

6.1.2.5 城镇燃气调压设施布置技术规定

①城镇燃气调压站站址的选择应符合城乡规划和系统设置的要求，站内设置调压装置的建筑物或露天设置的调压装置与周围建（构）筑物之间的距离应符合国家现行标准的规定。

②对调节燃气相对密度大于0.75的调压装置，不得设置在地下室、半地下室内和地下单独的箱内。

③调压箱的安装位置应根据周边环境条件综合确定。设置在建筑物外墙上的地上单独调压箱，其燃气进口压力应符合国家现行标准的有关规定。

④设置调压装置的建筑物和体积大于1.5m^3的调压箱应符合国家现行标准有关防爆的要求。

⑤设置调压装置的场所，其环境温度应能保持调压装置的正常工作。

⑥调压装置应具有防止出口压力过高的安全措施。

⑦下列调压站或调压箱的连接管道上应设置切断阀门：

a）进口压力大于等于0.01MPa的调压站或调压箱的燃气进口管道；

b）进口压力大于0.4MPa的调压站或调压箱的燃气出口管道。

⑧调压站或调压箱的燃气进出口管道上的切断阀门与调压站或调压箱应保持一定的距离。

6.1.2.6 城镇燃气用户管道布置技术规定

①用户燃气管道的运行压力应符合下列规定：

a）住宅内，不应大于0.2MPa；

b）商业用户建筑内，不应大于0.4MPa；

c）工业用户的独立、单层建筑物内，不应大于0.8MPa。

②暗埋的用户燃气管道的设计使用年限不应小于50年，管道的最高运行压力不应大于0.01MPa。

③燃气管道不得穿越卧室、易燃易爆物品仓库、配电间、变电室、电梯井、电缆（井）沟、烟道、进风道和垃圾道等场所。

④燃气管道敷设在地下室、半地下室及通风不良的场所时，应设置通风、燃气泄漏报警等安全设施。

⑤穿越建筑物外墙或基础的燃气管道应适应建筑物的沉降；高层建筑的燃气立管应有承重的支承和必要的补偿措施。

⑥敷设在室外的用户燃气管道应有可靠的防雷接地装置。

⑦用户燃气管道的连接必须牢固、严密，不得断裂、脱落和漏气。

⑧用户燃气立管、调压器和燃气表前、燃具前、测压点前、放散管起点等部位应设置手动快速式切断阀。

⑨用户燃气管道与电气设备、相邻管道应保持一定距离，并应符合国家现行标准的要求。

⑩用户燃气管道应设在便于安装、检修和不受外力冲击的位置。

⑪暗设的燃气管道除与设备、阀门连接外，不应有机械接头。

⑫燃气管道的安装不得损坏房屋的承重结构及房屋任何部分的耐火性。

6.2 城镇室外燃气管道布置设计

6.2.1 压力不大于 1.6MPa 的室外燃气管道布置设计

6.2.1.1 地下燃气管道布置设计

①地下燃气管道与建筑物、构筑物或相邻管道之间的垂直和水平净距，不应小于表 6.2 和表 6.3 的规定。

表 6.2 地下燃气管道与构筑物或相邻管道之间垂直净距 m

项目		地下燃气管道（当有套管时，以套管计）
给水管、排水管或其他燃气管道		0.15
热力管的管沟底（或顶）		0.15
电缆	直埋	0.50
	在导管内	0.15
铁路轨底		1.20
有轨电车轨底		1.00

注：1. 如受地形限制无法满足表 6.2 和表 6.3 时，经与有关部门协商，采取行之有效的防护措施后，表 6.2 和表 6.3 规定的净距，均可适当缩小，但次高压燃气管道距建筑物外墙面不应小于 3.0m，中压管道距建筑物基础不应小于 0.5m 且距建筑物外墙面不应小于 1m，低压管道应不影响建（构）筑物和相邻管道基础的稳固性。且次高压 A 燃气管道距建筑物外墙面 6.5m 时，管道壁厚不应小 9.5mm。

2. 表 6.2 和表 6.3 规定除地下室燃气管道与热力管的净距不适于聚乙烯燃气管道和钢骨架聚乙烯塑料复合管外，其他规定也均适用于聚乙烯燃气管道和钢骨架聚乙烯塑料复合管道。聚乙烯燃气管道与热力管道的净距应按 CJJ 63《聚乙烯燃气管道工程技术规程》执行。

表 6.3　地下燃气管道与建筑物、构筑物或相邻管道之间的水平净距　m

项目		地下燃气管道				
		低压	中压		次高压	
			B	A	B	A
建筑物的	基础	0.7	1.0	1.5	—	—
	外墙面（出地面处）	—	—	—	4.5	6.5
给水管		0.5	0.5	0.5	1.0	1.5
污水、雨水排水管		1.0	1.2	1.2	1.5	2.0
电力电缆（含电车电缆）	直埋	0.5	0.5	0.5	1.0	1.5
	在导管内	1.0	1.0	1.0	1.0	1.5
通信电缆	直埋	0.5	0.5	0.5	1.0	1.5
	在导管内	1.0	1.0	1.0	1.0	1.5
其他燃气管道	$DN \leqslant 300$mm	0.4	0.4	0.4	0.4	0.4
	$DN > 300$mm	0.5	0.5	0.5	0.5	0.5
热力管	直埋	1.0	1.0	1.0	1.5	2.0
	在管沟内（至外壁）	1.0	1.5	1.5	2.0	4.0
电杆（塔）的基础	≤35kV	1.0	1.0	1.0	1.0	1.0
	>35kV	2.0	2.0	2.0	5.0	5.0
通讯照明电杆（至电杆中心）		1.0	1.0	1.0	1.0	1.0
铁路路堤坡脚		5.0	5.0	5.0	5.0	5.0
有轨电车钢轨		2.0	2.0	2.0	2.0	2.0
街树（至树中心）		0.75	0.75	0.75	1.2	1.2

②地下燃气管道穿过排水管、热力管沟、联合地沟、隧道及其他各种用途沟槽时应将燃气管道敷设于套管内。套管伸出构筑物外壁不应小于表 6.3 中燃气管道与该构筑物的水平净距。套管两端应采用柔性的防腐、防水材料密封。

③地下燃气管道埋设的最小覆土厚度（路面至管顶）应符合下列要求：

a）埋设在车行道下时，不得小于 0.9m；

b）埋设在非车行道（含人行道）下时，不得小于 0.6m；

c）埋设在庭院（指绿化地及载货汽车不能进入之地）内时，不得小于 0.3m；

d）埋设在水田下时，不得小于 0.8m。

④输送湿燃气的燃气管道，应埋设在土壤冰冻线以下。燃气管道坡向凝水缸的坡度不宜小于 0.003。

⑤地下燃气管道的地基宜为原土层。凡可能引起管道不均匀沉降的地段，其地基应进行处理。

⑥地下燃气管道不得在堆积易燃、易爆材料和具有腐蚀性液体的场地下面穿越，并不宜与其他管道或电缆同沟敷设。当需要同沟敷设时，必须采取防护措施。

6.2.1.2 穿越、跨越燃气管道布置设计

①燃气管道穿越铁路、高速公路、电车轨道和城镇主要干道时应符合下列要求：

a）穿越铁路和高速公路的燃气管道，共外应加套管。

b）穿越铁路的燃气管道的套管，应符合下列要求：

(a) 套管埋设的深度：铁路轨底至套管顶不应小于1.20m，并应符合铁路管理部门的要求；

(b) 套管宜采用钢管或钢筋混凝土管；

(c) 套管内径比燃气管道外径大100mm以上；

(d) 套管两端与燃气管的间隙应采用柔性的防腐、防水材料密封，其一端应装设检漏管；

(e) 套管端部距路堤坡脚外距离不应小于2.0m。

c）燃气管道穿越电车轨道和城镇主要干道时宜敷设在套管或地沟内；穿越高速公路

的燃气管道的套管、穿越电轨道和城镇主要干道的燃气管道的套管或地沟，并应符合下列要求：

(a) 套管内径应比燃气管道外径大100mm以上，套管或地沟两端应密封，在重要地段的套管或地沟端部宜安装检漏管；

(b) 套管端部距电车道边轨不应小于2.0m；距道路边缘不应小于1.0m。

d）燃气管道宜垂直穿越铁路、高速公路、电车轨道和城镇主要干道。

②燃气管道通过河流时，可采用穿越河底或采用管桥跨越的形式。当条件许可也可利用道路桥梁跨越河流。并应符合下列要求：

a）路桥梁跨越河流的燃气管道，其管道的输送压力不应大于0.4MPa。

b）当燃气管道随桥梁敷设或采用管桥跨越河流时，必须采取安全防护措施。

c）燃气管道随桥梁敷设，宜采取如下安全防护措施：

(a) 敷设于桥梁上的燃气管道应采用加厚的无缝钢管或焊接钢管，尽量减少焊缝，对焊缝进行100%无损探伤；

(b) 跨越通航河流的燃气管道底标高，应符合通航净空的要求，管架外侧应设置护桩；

(c) 在确定管道位置时，应与随桥敷设的其他可燃的管道保持一定间距；

(d) 管道应设置必要的补偿和减震措施；

(e) 过河架空的燃气管道向下弯曲时，向下弯曲部分与水平管夹角宜采用45°形式；

(f) 对管道应做较高等级的防腐保护；对于采用阴极保护的埋地钢管与随桥管道之间应设置绝缘装置。

③燃气管道穿越河底时，应符合下列要求：

a）燃气管道宜采用钢管；

b）燃气管道至规划河底的覆土厚度，应根据水流冲刷条件确定，对不通航河流不应小于0.5m；对通航的河流不应小于1.0m，还应考虑疏浚和投锚深度；

c）稳管措施应根据计算确定；

d）在埋设燃气管道位置的河流两岸上、下游应设立标志；

e）燃气管道对接安装引起的误差不得大于3°，否则应设置弯管，次高压燃气管道的弯管应考虑盲板力。

④跨越河流的燃气管道的支座（架）应采用不燃材料制作。

⑤穿越或跨越重要河流的燃气管道，在河流两岸均应设置阀门。

⑥在次高压、中压燃气干管上，应设置分段阀门，并在阀门两侧设置放散管。在燃气支管的起点处，应设置阀门。

⑦地下燃气管道上的检测管、凝水缸的排水管、水封阀和阀门，均应设置护罩或护井。

⑧室外架空的燃气管道，可沿建筑物外墙或支柱敷设，并应符合下列要求：

a）中压和低压燃气管道，可沿建筑耐火等级不低于二级的住宅或公共建筑的外墙敷设；次高压B、中压和低压燃气管道，可沿建筑耐火等级不低于二级的丁、戊类生产厂房的外墙敷设；

b）沿建筑物外墙的燃气管道距住宅或公共建筑物门、窗洞口的净距：中压管道不应小于0.5m，低压管道不应小于0.3m。燃气管道距生产厂房建筑物门、窗洞口的净距不限；

c）架空燃气管道与铁路、道路、其他管线交叉时的垂直净距不应小于表6.4的规定。

表6.4　架空燃气管道与铁路、道路、其他管线交叉时的垂直净距

建筑物和管线名称		最小垂直净距	
		燃气管道下	燃气管道上
铁路轨顶		6.0	—
城市道路路面		5.5	—
厂区道路路面		5.0	—
人行道路路面		2.2	—
架空电力线，电压	3kV 以下	—	1.5
	3～10kV	—	3.0
	35～66kV	—	4.0
其他管道，管径	≤300mm	同管道直径，但不小于0.10	同左
	>300mm	0.30	0.30

注：1. 厂区内部的燃气管道，在保证安全的情况下，管底至道路路面的垂直净距可取4.5m；管底至铁路轨顶的垂直净距，可取5.5m。在车辆和人行道以外的地区，可在从地面到管底高度不小于0.35m的低支柱上敷设燃气管道。

2. 电气机车铁路除外。

3. 架空电力线与燃气管道的交叉垂直净距尚应考虑导线的最大垂度。

d）输送湿燃气的管道应采取排水措施，在寒冷地区还应采取保温措施。燃气管道坡向凝水缸的坡度不宜小于0.002；

e）工业企业内燃气管道沿支柱敷设时，尚应符合现行的国家标准GB 6222《工业企业煤气安全规程》的规定。

6.2.2　压力大于1.6MPa的室外燃气管道布置设计

6.2.2.1　高压燃气管道地区等级分级

城镇高压燃气管道在沿管道中心线两侧各200m范围内，任意划分为1.6km长并能包括最多供人居住的独立建筑物数量的地段，按分级单元内的建筑物密集程度分为四级。具体地区等级划分如下：

①一级地区：有 12 个或 12 个以下供人居住的独立建筑物。

②二级地区：有 12 个以上，80 个以下供人居住的独立建筑物。

③三级地区：介于二级和四级之间的中间地区。有 80 个和 80 个以上供人居住的独立建筑物。

④四级地区：4 层或 4 层以上的建筑物普遍且占多数、交通频繁、地下设施多的城市中心城区。

6.2.2.2　高压燃气管道布置基本要求

高压燃气管道布置应符合下列要求：

①高压燃气管道不宜进入城市四级地区；不宜从县城、卫星城、镇或居民居住区中间通过。当受条件限制需要进入或通过本款所列区域时，应遵守下列规定：

a）高压 A 地下燃气管道与建筑物外墙面之间的水平净距不应小于 30m（当管道厚度 $\delta \geqslant 9.5$mm 且对燃气管道采取行之有效的保护措施时，不应小于 20m）；

b）高压 B 地下燃气管道与建筑物外墙面之间的水平净距不应小于 16m（当管道厚度 $\delta \geqslant 9.5$mm 且对燃气管道采取行之有效的保护措施时，不应小于 10m）；

c）管道分段阀门应采用遥控或自动控制。

②高压燃气管道不应通过军事设施、易燃易爆仓库、国家重点文物保护单位的安全保护区、飞机场、火车站、海（河）、港码头。当受条件限制管道必须在本款所列区域通过时，必须采用安全防护措施。

③高压燃气管道宜采有埋地方式敷设。当个别地段需要采用架空敷设时，必须采取安全防护措施。

6.2.2.3　高压燃气管道与建筑物的距离

①一级或二级地区地下燃气管道与建筑物之间的水平净距不应小于表 6.5 的规定。

②三级地区地下燃气管道与建筑物之间的水平净距不应小于表 6.6 的规定。

③高压地下燃气管道与构筑物或相邻管道之间的垂直和水平净距，不应小于表 6.2 和表 6.3 次高压 A 的规定。但高压 A 和高压 B 地下燃气管道与铁路路堤坡脚的水平净距分别不应小于 8m 和 6m；与有轨电车钢轨的水平净距分别不应小于 4m 和 3m。

表 6.5　一级或二级地区地下燃气管道与建筑物之间的水平净距　　m

燃气管道公称直径 DN/mm	地下燃气管道压力/MPa		
	1.61	2.5	4.0
$900<DN\leqslant1050$	53	60	70
$750<DN\leqslant900$	40	47	57
$600<DN\leqslant750$	31	37	45
$450<DN\leqslant600$	24	28	35
$300<DN\leqslant450$	19	23	28
$150<DN\leqslant300$	14	18	22
$DN\leqslant150$	11	13	15

注：1. 如果燃气管道强度设计系数不大于 0.4 时，一级或二级地区地下燃气管道与建筑之间的水平净距可按表 6.6 确定。

2. 水平净距是指管道外壁到建筑物出地面处外墙面的距离。建筑物是旨供人使用的建筑物。

3. 当燃气管道压力与表中数不相同时，可采用直线方程内插法确定水平净距。

表 6.6 三级地区地下燃气管道与建筑物之间的水平净距 m

燃气管道公称直径和壁厚δ/mm	地下燃气管道压力/MPa		
	1.61	2.5	4.0
所有管径；δ<9.5	13.5	15.0	17.0
所有管径；9.5≤δ<11.9	6.5	7.5	9.0
所有管径；δ≥11.9	3.0	3.0	3.0

注：1. 如果对燃气管道采取行之有效的保护措施，δ<9.5mm 的燃气管道也可采用表中 B 行的水平净距。
2. 水平净距是指管道外壁到建筑物出地面处外墙面的距离。建筑物是指供人使用的建筑物。
3. 当燃气管道压力表中数不相同时，可采用直线方程内插法确定水平距离。

6.2.2.4 高压燃气管道阀门设置

高压燃气管道阀门的设置应符合下列要求：

①在高压燃气干管上，应设置分段阀门；分段阀门的最在间距；以四级地区为主管段不应大于 8km；以三级地区为主的管段不应在于 13km；以二级地区管段不应大于 24km；以一级地区为主的管段不应大于 32km。

②在高压燃气支管的起点处，应设置阀门。

③燃气管道阀门的选用应符合有关国家现行标准。应选择适用于燃气介质的阀门。

④在防火区内关键部位使用的阀门，应具有耐火性能。需要通过清管器或电子检管的阀门，应选用全通径阀门。

6.3 城镇燃气门站与调压装置设计

6.3.1 城镇燃气门站和储配站设计

门站的作用是：接受天然气长输管道来气，并根据需要进行净化、调压、计量、加臭后，向城镇燃气输配管网或储配站输送商品燃气。

储配站的作用是：接受由气源或门站供应的燃气，并根据需要进行净化、调压、计量、加臭后，向城镇燃气输配系统输送商品燃气。通常门站与储配站建设在一起，可以节约投资、节省占地、便于运行管理。

门站和储配站一般由储气罐、加压机房、调压计量间、加臭间、变电室、配电间、控制室、水泵房、消防水池、锅炉房、工具库、油料库、储藏室以及生产和生活辅助设施等组成。

6.3.1.1 城镇燃气门站、储配站工艺设计要求

①功能应满足输配系统输气调度和调峰的要求。

②站内应根据输配系统调度要求分组设置计量和调压装置，装置前应设过滤器，门站进站总管上设分离器。

③调压装置应根据燃气流量、压力降等工艺条件确定设置加热装置。

④站内计量调压装置和加压设备应根据工作环境要求露天或在厂房内布置。

⑤进出站管道应设置切断阀门和绝缘法兰。

⑥储配站内进罐管道上宜设置控制进罐压力和流量的调节装置。

⑦当长输管道采用清管工艺时，其清管器的接收装置宜设置在门站内。

⑧站内管道上应根据系统要求设置安全保护及放散装置。

⑨站内设备、仪表、管道等安装的水平间距和标高均应便于观察、操作和维修。

6.3.1.2 门站与储配站平面布置设计

①门站和储配站总平面布置应符合以下要求：

a）总平面应分区布置，即分为生产区（包括储罐区、调压计量区、加压区等）和辅助区；

b）站内的各建构筑物之间以及站外建筑物的耐火等级不应低于现行的国家标准 GB 50016《建筑设计防火规范》的有关规定。站内建筑物的耐火等级不应低于现行的国家标准 GB 50016“二级”的规定；

c）储配站生产区应设置环形消防车通道，消防车通道宽度不应小于 3.5m。

②储配站内的储气罐与站内的建、构筑物的防火间距应按表 6.7 执行。

③储气罐或罐区之间的防火间距，应符合以下要求：

a）湿式储气罐之间、干式储气罐之间、湿式储气罐与干式储气罐之间的防火间距，不应小于相邻大罐的半径；

b）固定容积储气罐之间的防火间距，不应小于相邻在罐直径的 2/3；

c）固定容积储气罐与低压湿或干式储气罐之间的防火间距，不应小于相邻较大罐的半径；

d）数个固定容积储气罐的总容积大于 200000m^{3}时，应分组布置。组与组之间的防火间距：卧式储罐，不应小于相邻较大罐长度的一半；球形储罐，不应小于相邻大罐的直径，且不应小于 20m；

e）储气罐与液化石油气罐之间防火间距应符合现行的国家标准 GB 50016 的有关规定。

表 6.7 储气罐与站内的建、构筑物的防火间距 m

储气罐总容积 V/m^3	$V\leqslant1000$	$1000<V\leqslant10000$	$10000<V\leqslant50000$	$50000<V\leqslant200000$	$V>200000$
明火或散发火花地点	20	25	30	35	40
调压间、压缩机间、计量间	10	12	15	20	25
控制室、配电间、汽车库等辅助建筑	12	15	20	25	30
机修间、燃气锅炉房	15	20	25	30	35
综合办公生活建筑	18	20	25	30	35
消防泵房、消防备水池取水口	20	20	20	20	20
站内道路（路边）	10	10	10	10	10
围墙	15	15	15	15	18

注：1. 低压湿式储气罐与站内的建、构筑物的防火间距，应按本表确定；

2. 低压干式储气罐与站内的建、构筑物的防火间距，当可燃气体的密度比空气大时，应按本表增加 25%；比空气小或等于时，可按本表确定；

3. 固定容积储气罐与站内的建、构筑物的防火间距应按本表的规定执行。总容积按其几何容积（m^2）和设计压力（绝对压力，102kPa）的乘积计算；

4. 低压湿式或干式储气罐的水封室、油泵房和电梯间等附属设施与该储罐的间距工艺要求确定；

5. 露天燃气工艺装置与储气罐的间距按工艺要求确定。

6.3.2 城镇燃气调压装置设计

6.3.2.1 城镇燃气调压装置的作用与类型

(1) 燃气调压装置的作用

调压装置是将较高燃气压力降至所需较低压力的调压单元总称。包括调压器及其附属设备。

为了对城镇燃气输配管网中的燃气进行压力调节与控制，需设置燃气调压装置。其作用就是将高压燃气降到所需的压力，并使其出口压力保持不变。调压装置中调压器是其主要设备。

在城镇燃气输配管网系统中，燃气调压装置通常安设在城镇燃气气源、门站、储配站、加压站、配气站、加气站、各级压力管网之间、分配管网与用户处。

(2) 燃气调压装置的类型

按城镇燃气输配系统中的位置与作用，燃气调压装置可分为 4 种类型。

①站场调压装置。站场调压装置是指气源、门站、储配站、气化站、混气站、加气站等的调节系统。它是根据站、场的工艺需要进行设计与建造。一般站场等调压装置的进出口压力较高，并根据条件与要求可露天设置也可设在室内；站场调压装置一般均设有计量设备，以便对进出站的燃气进行计量。

②网络调压装置。是指在燃气输配系统中各级管网上改变压力所设置的调压系统。其进出口压力由输配系统的压力级制确定。网络调压装置一般均设在专用建筑物内。

③专用调压装置。是指城镇燃气输配系统直接向工业用户或大型商业用户单独供气的调压系统。

④用户调压装置。用户调压装置是用以供应一户或一栋（或数栋）住宅居民用户使用的调压系统。供应一户的调压装置一般设置在燃气用具处，其进口管段的压力相对较高，并敷设在室内，因此应采取必要的安全措施，保证安全运行。

6.3.2.2 燃气调压装置布置设计

①调压装置的设置，应符合下列要求：

a) 自然条件和周围环境许可时，宜设置在露天，但应设置围墙、护栏或车挡；

b) 设置在地上单独的调压箱（悬挂式）内时；对居民和商业用户燃气进口压力不应大于 0.4MPa；对工业用户（包括锅炉）燃气进口压力不应大于 0.8MPa；

c) 设置在地上单独的调压柜（落地式）内时；对居民、商业用户和工业用户（包括锅炉）燃气进口压力不宜大于 1.6MPa；

d) 在条件许可时，可设置在地上单独的建筑物内；

e) 当受到地上条件限制，且调压装置进口压力不大于 0.4MPa 时，可设置在地下单独的建筑物内或地下单独的箱内。

f) 液化石油气和相对密度大于 0.75 的燃气调压装置不得设于地下室、半地下室内和地下单独的箱内。

②调压站（含调压柜）与其他建筑物、构筑物的水平净距应符合表 6.8 的规定。

③调压箱（悬挂式）的设置应符合下列要求：

a）调压箱的箱底距地坪的高度宜为1.0～1.2m，可安装在用气建筑物的外墙壁上或悬挂于专用的支架上；当安装在用气建筑物的外墙上时，调压器进出口管径不宜大于*DN*50。

b）调压箱到建筑物的门、窗或其他通向室内的孔槽的水平净距应符合下列规定：

当调压器进口燃气压力不大于0.4MPa时，不应小于1.5m；

当调压器进口燃气压力大于0.4MPa时，不应小于3.0m；

调压箱不应安装在建筑物的门、窗的上、下方墙上及阳台的下方；不应安装在室内通风机进风口墙上。

c）安装调压箱的墙体应为永久性的实体墙，其建筑物耐火等级不应低于二级。

d）调压箱上应有自然通风孔。

表6.8　调压站（含调压柜）与其他建筑物、构筑物水平净距　m

设置形式	调压装置入口燃气压力级制	建筑物外墙面	重要公共建筑物	铁路（中心线）	城镇道路	公共电力变配电柜
地上单独建筑	高压（A）	18.0	30.0	25.0	5.0	6.0
	高压（B）	13.0	25.0	20.0	4.0	6.0
	次高压（A）	9.0	18.0	15.0	3.0	4.0
	次高压（B）	6.0	12.0	10.0	3.0	4.0
	中压（A）	6.0	12.0	10.0	2.0	4.0
	中压（B）	6.0	12.0	10.0	2.0	4.0
调压柜	次高压（A）	7.0	14.0	12.0	2.0	4.0
	次高压（B）	4.0	8.0	8.0	2.0	4.0
	中压（A）	4.0	8.0	8.0	1.0	4.0
	中压（B）	4.0	8.0	8.0	1.0	4.0
地下单独建筑	中压（A）	3.0	6.0	6.0	—	3.0
	中压（B）	3.0	6.0	6.0	—	3.0
地下调压箱	中压（A）	3.0	6.0	6.0	—	3.0
	中压（B）	3.0	6.0	6.0	—	3.0

注：1. 当调压装置露天设置时，则指距离装置的边缘；

2. 当建筑物（含重要公共建筑物）的某外墙为无门、窗洞口的实体墙，且建筑物耐火等级不低于二级时，燃气进口压力级制为中压（A）或中压（B）的调压柜一侧或两侧（非平行），可贴靠上述外墙设置；

3. 当达不到上表净距要求时，采取有效措施，可适当缩小净距。

④调压柜（落地式）的设置应符合下列要求：

a）调压柜应单独设置在牢固的基础上，柜底距地坪高度宜为0.30m。

b）与其他建筑物、构筑物的水平净距应符合表6.8的规定。

c）体积大于1.5m^{3}的调压柜应有爆炸泄压口，爆炸泄压口不应小于上盖或最大柜壁面积的50%（以较大者为准）。爆炸泄压口宜设在上盖上。通风口面积可包括在计算爆炸泄压口面积内。

d）调压柜上应有自然通风口，其设置应符合下列要求：

当燃气相对密度大于0.75时，应在柜体上、下各设1%柜底面积通风口；调压柜四周应设护栏；

当燃气相对密度不大于 0.75 时，可仅在柜体上部设 4%柜底面积通风口；调压柜四周宜设护栏。

⑤安装调压箱（或柜）的位置应以满足调压器安全装置的安装要求。

⑥安装调压箱（或柜）的位置应使调压箱（或柜）不被碰撞，不影响观瞻并在开箱（或柜）作业时不影响交通。

⑦地下调压箱的设置应符合下列要求：

a）地下调压箱不宜设置在城镇道路下，与其他建筑物、构筑物的水平净距应符合表 6.8 的规定。

b）地下调压箱上应有自然通风口，其设置应符合本章本节第（4）条②项规定；

c）安装地下调压箱的位置应能满足调压器安全装置的安装要求；

d）地下调压箱设计应方便检修；

e）地下调压箱应有防腐保护。

6.3.2.3 单用户专用燃气调压装置布置设计

单独用户专用燃气调压装置的布置除按本章第 6.3.2.2 节要求外，尚可按下列形式设置，但应符合下列要求：

①当商业用户调压装置进口压力不大于 0.4MPa，或工业用户（包括锅炉）调压装置进口压力不大于 0.8MPa 时，可设置在用气建筑物专用单层毗连建筑物内。

a）该建筑物与相邻建筑应用无门窗和洞口的防火墙隔开，与其他建筑物、构筑物水平净距应符合表 6.8 的规定。

b）该建筑物耐火等级应符合现行的国家标准 GB 50016《建筑设计防火规范》的不低于“二级”设计的规定，并应具有轻型结构屋顶爆炸泄压口及向外开启的门窗。

c）地面应采用不会产生火花的材料。

d）室内通风换气次数每小时不应小于 2 次。

e）室内电气、照明装置应符合现行的国家标准 GB 50058《爆炸和火灾危险环境电力装置设计规范》的“1 区”设计的规定。

②当调压装置进口压力不大于 0.2MPa 时，可设置在公共建筑的顶层房间内。

a）房间应靠建筑外墙，不应布置在人员密集房间的上面或贴邻，并满足上述的二级耐火等级建筑、不发生火花地面、电气照明为 1 区等要求。

b）房间内应设有连续通风装置，并能保证每小时通风换气次数大于 3 次。

c）房间内应设置可燃气体浓度检测监控仪表及声、光报警装置。该装置应与通风设施和紧急切断阀联锁，并将信号引入该建筑物监控室。

d）调压装置应设有超压自动切断保护装置。

e）室外进口管道应设有阀门，并能在地面操作。

f）调压装置和燃气管道应采用钢管焊接和法兰连接。

③当调压装置进口压力不大于 0.4MPa，且调压器进出口管径不大于 $DN100$ 时，可设置在用气建筑物的平屋顶上，但应符合下列条件：

a）应在屋顶承重结构受力允许的条件下，且建筑物耐火等级不应低于二级；

b）建筑物应有通向屋顶的楼梯；

c）调压箱、柜（或露天调压装置）与建筑物烟囱的水平净距不应小于5m。

④当调压装置进口压力不大于0.4MPa时，可设置在单层建筑的生产车间、锅炉房和其他工业生产用气房间内，或当调压装置进口压力不大于0.8MPa时，可设置在单独、单层建筑的生产车间或锅炉房内，但应符合下列条件：

a）应满足建筑物二级耐火等级、室内通风换气次数每小时不应小于2次的要求；

b）调压器进出口管径不应大于*DN*80；

c）调压装置宜设不燃烧体护栏；

d）调压装置除在室内设进口阀门外，还应在室外引入管上设置阀门。

6.4 城镇热力管道布置与敷设设计

6.4.1 城镇热力管道系统概述

6.4.1.1 城镇集中供热系统的概念

（1）城镇集中供热系统

集中供热系统是指一个或多个集中的热源通过供热管网（管道系统）向多个热用户供应热能的系统，主要由热源、热网和热用户组成。其中热源是指将天然或人造的能源形态转化为符合供热要求的热能装置；热网是指由热源向热用户输送和分配供热介质的管道系统；热用户是指从热源获得热能的用热装置。

（2）集中供热系统的分类

集中供热系统有三种分类方式：根据热源分类、根据热媒分类、根据供热管网分类。

①按照热源形式的不同，集中供热系统可分为：热电厂供热系统、区域锅炉房供热系统、地热供热系统、工业余热供热系统、核供热堆和太阳能供热系统等。

②根据热媒不同，集中供热系统分为蒸汽供热系统和热水供热系统。

a）蒸汽供热系统采用蒸汽为热媒，适用范围为：全部为生产负荷的供热系统；生产、采暖负荷兼有，且生产负荷量较大，采暖负荷量较小、采暖期较短的供热系统。

b）热水供热系统采用热水作为热媒，其适用范围为全部为生活和采暖负荷的供热系统。热水供热系统又分为闭式系统和开式系统。闭式系统是指作为热媒的管网循环水闭路使用，热用户与管网通过换热设备间接连接。其优点是水量损失小，补充水量为热网循环水量的2%，但需设置间接换热设备，投资增大，维修工作量大。开式系统是指作为热媒的管网循环水部分或全部用于热用户中，不被回收。其优点是不设换热设备，系统简单，投资小，但热网补充水量较多。

③根据供热管网的不同，集中供热系统可分为单管制、双管制和多管制系统。

6.4.1.2 城镇热网供热介质参数确定原则

①热水供热管网最佳设计供、回水温度，应结合具体工程条件，考虑热源、供热管道、热用户系统等方面的因素，进行技术经济比较确定。

②当不具备条件进行最佳供、回水温度的技术经济比较时，热水热力网供、回水温度可

按下列原则确定：

a）以热电厂或大型区域锅炉房为热源时，设计供水温度可取110～150℃，回水温度不应高于70℃。热电厂采用一级加热时，供水温度取较小值；采用二级加热（包括串联尖峰锅炉）时，供水温度取较大值；

b）以小型区域锅炉房为热源时，设计供回水温度可采用户内采暖系统的设计温度；

c）多热源联网运行的供热系统中，各热源的设计供回水温度应一致。当区域锅炉房与热电厂联网运行时，应采用以热电厂为热源的供热系统的最佳供、回水温度。

6.4.1.3 城镇供热管网相关标准的适用范围

①CJJ 34《城镇供热管网设计规范》适用于供热热水介质设计压力小于或等 2.5MPa，设计温度小于或等于200℃；供热蒸汽介质设计压力小于或等于1.6MPa，设计温度小于或等于350℃的下列城镇供热管网的设计：

a）以热电厂或锅炉房为热源，自热源至建筑物热力入口的供热管网；

b）供热管网新建、扩建或改建的管道、中继泵站和热力站等工艺系统。

②CJJ/T 81《城镇供热直埋供热管道技术工程》适用于设计温度小于或等于150℃、设计压力小于或等于2.5MPa、*DN* 小于或等于1200mm 城镇供热直埋热水管道的设计、施工、验收和运行管理。

③CJJ/T 104《城镇供热直埋蒸汽管道技术规程》适用范围为工作压力小于或等于2.5MPa，温度小于或等于350℃，直接埋地敷设的钢质外护蒸汽保温管道的设计施工、验收及运行维护。

6.4.1.4 城镇供热管道系统供热介质选择的原则

①承担民用建筑物采暖、通风、空调及生活热水负荷的城镇供热管网应采用水作为供热介质。

②同时承担生产工艺热负荷和采暖、通风、空调及生活热水负荷的城镇供热管网，供热介质应按下列原则确定：

a）当生产工艺热负荷为主要负荷，且必须采用蒸汽供热时，应采用蒸汽作为供热介质；

b）当以水为供热介质能够满足生产工艺需要，且技术经济合理时，应采用水作为供热介质；

c）当采暖、通风、空调热负荷为主要负荷，生产工艺又必须采用蒸汽供热，经技术经济比较认为合理时，可采用水和蒸汽两种供热介质。

6.4.2 城镇供热管道布置与敷设

6.4.2.1 城镇供热管道布置的原则

①城镇供热管网的布置应在城镇规划的指导下，根据热负荷分布、热源位置、其他管道及构筑物、园林绿地、水文、地质条件等因素，经技术经济比较确定。

②城镇供热管网管道的位置应符合下列规定：

a）城镇道路上的供热管道应平行于道路中心线，并宜敷设在车行道以外，同一条管道应只沿街道的一侧敷设；

b）穿过厂区的供热管道应敷设在易于检修和维护的位置；

c）通过非建筑区的供热管道应沿公路敷设；

d）供热管网选线时宜避开土质松软地区、地震断裂带、滑坡危险地带以及高地下水位区等不利地段；

③管径小于或等于300mm的供热管道，可穿越建筑物的地下室或用开槽施工法自建筑物下专门敷设的通行管沟内穿过。用暗挖法施工穿过建筑物时不受管径限制。

④热力网管道可与自来水管道、电压10kV以下的电力电缆、通信线路、压缩空气管道、压力排水管道和重油管道一起敷设在综合管沟内。在综合管沟内，热力网管道应高于自来水管道和重油管道，并且自来水管道应做绝热层和防水层。

⑤地上敷设的供热管道可与其他管道敷设在同一管架上，但应便于检修，且不得架设在腐蚀性介质管道的下方。

6.4.2.2 城镇热力管道敷设方式及选择原则

（1）敷设方式

热力管道敷设方式分地上敷设和地下敷设两种：

①地上敷设包括：低支架敷设、中支架敷设、高支架敷设。

②地下敷设包括：直埋敷设、管沟敷设。

（2）敷设方式选择原则

①城市街道上和居住区内的热力网管道宜采用地下敷设。地下敷设困难时，可采用地上敷设，但应注意美观。

②厂区的热力网管道，宜采用地上敷设。

③热水供热管道地下敷设时，宜采用直埋敷设。

④热水或蒸汽管道采用管沟敷设时，宜采用不通行管沟敷设；穿越不允许开挖检修的地段时，应采用通行管沟敷设；当采用通行管沟困难时，可采用半通行管沟敷设。

6.4.2.3 城镇热力管道布置基本要求

①当蒸汽管道采用直埋敷设时，应采用保温性能良好、防水性能可靠、保护管耐腐蚀的预制保温管直埋敷设，其设计寿命不应低于25年。

②直埋敷设热水管道应采用钢管、保温层、保护外壳合成一体的预制保温管道。

③工作人员经常进入的通行管沟应有照明设备和良好的通风。人员在管沟内工作时，管沟内空气温度不得超过40℃。

④通行管沟应设置事故人孔。设有蒸汽管道的通行管沟，事故人孔间距不应大于100m；热水管道的通行管沟，事故人孔间距不应大于400m。

⑤整体混凝土结构的通行管沟，每隔200m宜设一个安装孔。安装孔宽度不应小于600mm，且应大于管沟内最大管道的外径加100mm，其长度应满足6m长的管子进入管沟。

⑥地上敷设的供热管道穿越行人过往频繁地区时，管道保温结构下表面距地面的净距不应小于2.0m；在不影响交通的地区，应采用低支架，管道保温结构下表面距地面的净距不应小于300mm。

⑦供热管道同河流、铁路、公路等交叉时应垂直相交。特殊情况下，管道与铁路或地下铁路交叉角度不得小于60°；管道与河流或公路交叉角度不得小于45°。

⑧地下敷设供热管道与铁路或不允许开挖的公路交叉，交叉端的一侧留有足够的抽管检

修地段时，可采用套管敷设。

⑨供热管道套管敷设时，套管内不应采用填充式保温，管道保温层与套管间应留有不小于50mm的间隙。套管内的管道及其他钢部件应采取加强防腐措施。采用钢套管时，套管内、外表面均应作防腐处理。

⑩地下敷设供热管道和管沟坡度不应小于0.2%。进入建筑物的管道宜坡向干管。地上敷设的管道可不设坡度。

⑪当给水、排水管道货电缆交叉传入热力网管沟时，必须加套管或采用厚度不小于100mm的混凝土防护层与管沟隔开，同时不得妨碍供热管道的检修和管沟的排水，套管伸出管沟外的长度不应小于1.0m。

⑫热力网管沟内不得穿过燃气管道。

⑬当热力网管沟与燃气管道交叉的垂直净距小于300mm时，必须采取可靠措施防止燃气泄漏进管沟。

⑭管沟敷设的热力管道进入建筑物或穿过构筑物时，管道穿墙处应封堵严密。

⑮地上敷设的供热管道同架空输电线或电气化铁路交叉时，管道的金属部分（包括交叉点两侧5m范围内钢筋混凝土结构的钢筋）应接地。接地电阻不应大于10Ω。

⑯直埋蒸汽管道敷设方式应符合下列规定：

a）直埋蒸汽管道的工作管，应采用有补偿的敷设方式；

b）当采用轴向补偿器时，两个固定支架之间的直埋蒸汽管道不宜有折角；

c）无补偿敷设的外护管，直管段允许斜切的最大折角应符合CJJ/T 104表3.2.4的规定；

d）当管道由地下转至地上时，外护管应一同引出地面，外护管局地面的高度不宜小于500mm，并应设防水帽和采取隔热措施；

e）当直埋蒸汽管道与地沟敷设管道或井室内管道相连接时，直埋蒸汽管道保温层应采取防渗水措施。

6.4.2.4　管沟敷设的尺寸要求

管沟敷设分为通行管沟、半通行管沟、不通行管沟三种形式。管沟敷设时沟盖板或检查室盖板覆土深度不应小于200mm；其他相关尺寸应符合表6.9的规定。

表6.9　管沟敷设相关尺寸　m

管沟类型	相关尺寸					
	管沟净高	人行通道	管道保温表面与沟墙净距	管沟保温表面与沟顶净距	管沟保温表面与沟底净距	管道保温表面间的净距
通行管沟	≥1.8	≥0.6（注1）	≥0.2	≥0.2	≥0.2	≥0.2
半通行管沟	≥1.2	≥0.5	≥0.2	≥0.2	≥0.2	≥0.2
不通行管沟			≥0.1	≥0.05	≥0.15	≥0.2

注：1. 当必须在沟内更换钢管时，人行通道宽度还不应小于管子外径加100mm。

6.4.2.5　地下、地上敷设热力管道距离要求

①热力管网管沟的外表面、直埋敷设热水管道的保温结构表面与建筑物、构筑物、道

路、铁路、电缆、架空电线和其他管道的最小水平净距、垂直净距应符合表 6.10 的规定。

表 6.10 地下敷设热力网管道与建筑物或其他管道等的最小距离 m

<table>
<tr><th colspan="3">建筑物、构筑物或管道名称</th><th>最小水平净距</th><th>最小垂直净距</th></tr>
<tr><td rowspan="4">建筑物基础</td><td colspan="2">管沟敷设热力网管道</td><td>0.5</td><td>—</td></tr>
<tr><td rowspan="2">直埋闭式热力网管道</td><td>DN≤250mm</td><td>2.5</td><td>—</td></tr>
<tr><td>DN≥300mm</td><td>3.0</td><td>—</td></tr>
<tr><td colspan="2">直埋开式热力网管道</td><td>5.0</td><td>—</td></tr>
<tr><td colspan="3">铁路钢轨</td><td>钢轨外侧 3.0</td><td>轨底 1.2</td></tr>
<tr><td colspan="3">电车钢轨</td><td>钢轨外侧 2.0</td><td>轨底 1.0</td></tr>
<tr><td colspan="3">铁路、公路路基边坡底脚或边沟的边缘</td><td>1.0</td><td>—</td></tr>
<tr><td colspan="3">通信、照明或 10kV 以下电力线路的电杆</td><td>1.0</td><td>—</td></tr>
<tr><td colspan="3">桥墩（高架桥、栈桥）边缘</td><td>2.0</td><td>—</td></tr>
<tr><td colspan="3">架空管道支架基础边缘</td><td>1.5</td><td>—</td></tr>
<tr><td colspan="3">高压输电线铁塔基础边缘 35～220kV</td><td>3.0</td><td>—</td></tr>
<tr><td colspan="3">通信电缆管块</td><td>1.0</td><td>0.15</td></tr>
<tr><td colspan="3">直埋通信电缆（光缆）</td><td>1.0</td><td>0.15</td></tr>
<tr><td colspan="2" rowspan="2">电力电缆和控制电缆</td><td>35kV 以下</td><td>2.0</td><td>0.5</td></tr>
<tr><td>100kV</td><td>2.0</td><td>1.0</td></tr>
<tr><td rowspan="7">燃气管道</td><td rowspan="4">管沟敷设热力网管道</td><td>燃气压力<0.01MPa</td><td>1.0</td><td rowspan="4">钢管 0.15
聚乙烯管在上 0.2
聚乙烯管在下 0.3</td></tr>
<tr><td>燃气压力≤0.4MPa</td><td>1.5</td></tr>
<tr><td>燃气压力≤0.8MPa</td><td>2.0</td></tr>
<tr><td>燃气压力>0.8MPa</td><td>4.0</td></tr>
<tr><td rowspan="3">直埋敷设热水热力网管道</td><td>燃气压力≤0.4MPa</td><td>1.0</td><td rowspan="3">钢管 0.15
聚乙烯管在上 0.5
聚乙烯管在下 1.0</td></tr>
<tr><td>燃气压力≤0.8MPa</td><td>1.5</td></tr>
<tr><td>燃气压力>0.8MPa</td><td>2.0</td></tr>
<tr><td colspan="3">给水管道、排水管道</td><td>1.5</td><td>0.15</td></tr>
<tr><td colspan="3">地铁</td><td>5.0</td><td>0.8</td></tr>
<tr><td colspan="3">电气铁路接触网电杆基础</td><td>3.0</td><td>—</td></tr>
<tr><td colspan="3">乔木（中心）、灌木（中心）</td><td>1.5</td><td>—</td></tr>
<tr><td colspan="3">车行道路面</td><td>—</td><td>0.7</td></tr>
</table>

注：1. 表中不包括直埋敷设蒸汽管道与建（构）筑物或其他管道的最小距离的规定。
2. 当热力网管道的埋设深度大于建（构）筑物基础深度时，最小水平净距应按土壤内摩擦角计算确定。
3. 热力网管道与电力电缆平行敷设时，电缆处的土壤温度与月平均土壤自然温度比较，全年任何时候对于电压 10kV 的电缆不高出 10℃，对于电压 35～110kV 的电缆不高出 5℃时，可减小表中所列距离。
4. 在不同深度并列敷设各种管道时，各种管道间的水平净距不应小于其深度差。
5. 热力网管道检查室，方形补偿器壁龛与燃气管道最小水平净距亦应符合表中规定。
6. 在条件不允许时，可采取有效技术措施并经有关单位同意后，可以较小表中规定的距离，或采用埋深较大的暗挖法、盾构法施工。

②当直埋蒸汽管道与其他地下管线交叉时，直埋蒸汽管道的道路附件距交叉部位的水平净距宜大于3m。

③直埋蒸汽管道的最小覆土深度应符合CJJ/T 104 表3.1.4的规定；直埋热水管道的最小覆土深度应符合CJJ/T 34 表4.1.3的规定。当不符合要求时，应采取相应的技术措施对管道进行保护。

④地上敷设热力管网管道的保温结构表面与建筑物、构筑物或其他管道的最小距离应符合CJJ/T 34 表8.2.11-2的规定。

6.4.3 热力管道阀门设置规定

①热力网管道干线、支干线、支线的起点应安装关断阀门。

②热水热力网管道干线应装设分段阀门。输送干线分段阀门的间距宜为2000～3000m；输配干线分段阀门的间距宜为1000～1500m。蒸汽热力网可不安装分段阀门。

③热力网的分段阀门和关断阀门均应采用双向密封阀门。

④工作压力大于或等于1.6MPa，且公称直径大于或等于500mm的管道上的闸阀应设旁通阀。旁通阀的直径可按阀门直径的1/10选用。

⑤公称直径大于或等于500mm的管道上的阀门，宜采用电动驱动装置。由监控系统远程操作的阀门，其旁通阀亦应采用电动驱动装置。

6.5 中继泵站与热力站布置设计

6.5.1 中继泵站与热力站建设一般规定

①中继泵站与热力站应降低噪声，不应对环境产生干扰。当中继泵站、热力站所在场所有隔振要求时，水泵基础和连接水泵的管道应采取隔振措施。

②中继泵站与热力站的站房应有良好的照明和通风。

③站房设备间的门应向外开。热水热力站当热力网设计水温大于等于100℃、站房长度大于12m时，应设2个出口。蒸汽热力站均应设置2个出口。安装孔或门的大小应保证站内需检修更换的最大设备出入。多层站房应考虑用于设备垂直搬运的安装孔。

④站内地面宜有坡度或采取措施保证管道和设备排出的水引向排水系统。当站内排水不能直接排入室外管道时，应设集水坑和排水泵。

⑤站内应有必要的起重设施，并应符合下列规定：

a）当需要起重的设备数量较少且起重重量小于1.2t时，应采用固定吊钩或移动吊架；

b）当需要起重的设备数量较多或需要移动且起重重量小于2t时，应采用手动单轨或单梁吊车；

c）当起重重量大于2t时，宜采用电动起重设备。

⑥站内地坪到屋顶梁底的净高，除应考虑通风、采光等因素外，尚应考虑起重设备的需要，且应符合下列规定：

a）当采用固定吊钩或移动吊架时，净高不应小于3m；

b）当采用单轨、单梁、桥式吊车时，应保持吊起物底部与吊运所越过的物体顶部之间有 500mm 以上的净距；

c）当采用桥式吊车时，除满足本条①要求外，还应考虑吊车安装和检修的需要。

⑦站内宜设集中检修场地，其面积应根据需检修设备的要求确定，并在周围留有宽度不小于 700mm 的通道。当考虑设备就地检修时，可不设集中检修场地。

⑧站内各种设备和阀门的布置应便于操作和检修。站内各种水管道及设备的高点应设放气阀，低点应设放水阀。

⑨站内架设的管道不得阻碍通道，不得跨越配电盘、仪表柜等设备。

⑩管道与设备连接时，管道上宜设支吊架，以减小加在设备上的管道载荷。

⑪位置较高而且需经常操作的设备处应设置操作平台、扶梯和防护栏杆等设施。

6.5.2 中继泵站布置设计

①中继泵站的位置、泵站数量及中继水泵的扬程，应在管网水力计算和管网水压图详细分析的基础上，通过技术经济比较确定。中继泵站不应建在环装管网的环线上。中继泵站应优先考虑采用回水加压方式。

②中继泵应采用调速泵且应减少中继泵的台数。设置 3 台或 3 台以下中继泵并联运行时应设备用泵，设置 4 台或 4 台以上中继泵并联运行时可不设备用泵。

③水泵机组的布置应符合下列规定：

a）相邻两个机组基础间的净距应符合下列要求：

当电动机容量小于等于 55kW 时，不应小于 800mm；

当电动机容量大于 55kW 时，不应小于 1.2m。

b）当考虑就地检修时，至少在每个机组一侧应留有大于水泵机组宽度加 500mm 的通道。

c）相邻两个机组突出部分的净距以及突出部分与墙壁间的净距，应保留泵轴和电动机转子在检修时能拆卸，并应不小于 700mm；当电动机容量大于 55kW 时，不应小于 1.0m。

d）中继泵站的主要通道宽度不应小于 1.2m。

e）水泵基础应高出站内地坪 150mm 以上。

④中继泵吸入母管和压出母管之间应设装有止回阀的旁通管。

⑤中继泵吸入母管和压出母管之间的旁通管，宜与母管等径。

⑥中继泵站水泵入口处应设除污装置。

6.5.3 热力站布置设计

6.5.3.1 热水热力网热力站设计

①热水热力网民用热力站最佳供热规模，应通过技术经济比较确定。当不具备技术经济比较条件时，热力站的规模宜按下列原则确定：

a）对于新建的居民区，热力站最大规模以供热范围不超过本街区为限；

b）对已有采暖系统的街区，在减少原有采暖系统改造工程量的前提下，宜减少热力站的个数。

②用户采暖系统与热力网连接的方式应按下列原则确定：

a）有下列情况之一时，用户采暖系统采用简接连接：

大型集中供热热力网；

建筑物采暖系统高度高于热力网水压图供水压力线或静水压线；

采暖系统承压能力低于热力网回水压力或静水压力；

热力网资用压头低于用户采暖系统阻力，且不宜采用加压泵；

由于直接连接，而使管网运行调节不便、管网失水率过大及安全可靠性不能有效保证。

b）当热力网水力工况能保证用户内部系统不汽化、不超过用户内部系统的允许压力、热力网资用压头不大于用户系统阻力时，用户系统可采用直接连接。

③当热力站入口处热力网资用压头不满足用户需要时，可设加压泵；加压泵宜布置在热力站回水管道上。

④热力站内各分支管路的供、回水管道上应设阀门。在各分支管路没有自动调节装置时，宜装设手动调节阀。

⑤热力站内其他设备的选择与布置应符合 CJJ/T 34 第 10.3 节的规定。

6.5.3.2 蒸汽热力网热力站设计

①蒸汽热力站应根据生产工艺、采暖、通风、空调及生活热负荷的需要设置分汽缸，蒸汽主管和分支管上应装设阀门。当各种负荷需要不同的参数时，应分别设置分支管、减压减温装置和独立安全阀。

②热力站的汽水换热器宜采用带有凝结水过冷段的换热设备，并应设凝结水水位调节装置。

③蒸汽系统应按下列规定设置疏水装置：

a）蒸汽管路的最低点、流量测量孔板前和分汽缸底部应设启动疏水装置；

b）分汽缸底部和饱和蒸汽管路安装启动疏水装置处应安装经常疏水装置；

c）无凝结水水位控制的换热设备应安装经常疏水装置。

④蒸汽热力网用户宜采用闭式凝结水回收系统，热力站中应采用闭式凝结水箱。当凝结水量小于 10t/h 或热力站距热源小于 500m 时，可采用开式凝结水回收系统，此时凝结水温度不应低于 95℃。

⑤凝结水箱的总储水量宜按 10～20min 最大凝结水量计算。

⑥全年工作的凝结水箱宜设置 2 个，每个水箱容积应为总储水量的 50%；当凝结水箱季节工作且凝结水量在 5t/h 以下时，可只设 1 个凝结水箱。

⑦凝结水泵不应少于 2 台，其中 1 台备用，并应符合下列规定：

a）凝结水泵的适用温度应满足介质温度的要求。

b）凝结水泵的流量应按进入凝结水箱的最大凝结水流量计算，扬程应按凝结水管网水压图的要求确定，并应留有 30～50kPa 的富裕压力。

c）凝结水泵吸入口的压力，不应低于吸入口可能达到的最高水温下的饱和蒸气压力加 50kPa。

d）凝结水泵的布置应符合以下规定：

水泵基础高出地面不应小于 1500mm；

水泵基础之间、水泵基础与墙的距离不应小于 700mm；

当地方狭窄，且电动机功率不大于 20kW 或进水管管径不大于 100mm 时，两台泵可做联合基础，机组之间突出部分的净距不应小于300mm，但两台以上泵不得做联合基础。

⑧热力站内应设凝结水取样点。取样管宜设在凝结水箱最低水位上、中轴线以下。

⑨热力站内其他设备的选择与布置应符合CJJ/T 34第10.3节的规定。

思考题

1. 公用管道布置设计的主要内容有哪些?
2. 城镇燃气分为哪几类?
3. 城镇燃气输配系统由哪些部分组成?
4. 城镇燃气管道按压力分级属于压力管道的有哪些?
5. 城镇燃气管道平面布置有哪些要求?
6. 用户燃气管道的运行压力应符合哪些规定?
7. 地下燃气管道埋设的最小覆土厚度应符合哪些要求?
8. 燃气管道穿越河底时应符合哪些要求?
9. 燃气管道应在哪些位置设置阀门?
10. 高压燃气管道布置有哪些要求?
11. 城镇燃气门站的作用是什么?
12. 城镇燃气调压装置有哪几种?
13. 城镇集中供热系统有哪几种分类方式?
14. 热力管道敷设方式的选择原则有哪些?
15. 直埋蒸汽管道敷设方式应符合哪些规定?
16. 热力管道阀门设置有哪些规定?
17. 中继站水泵机组的布置应符合哪些规定?
18. 热水热力网热力站的规模如何确定?

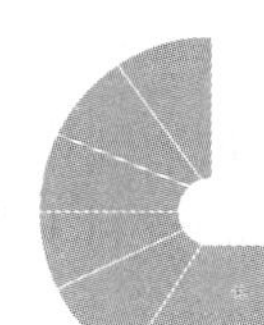

第7章　压力管道材料基础

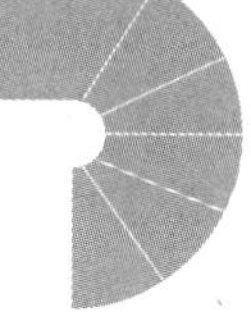

7.1　压力管道常用材料

压力管道材料的种类很多，主要有金属材料和非金属材料。金属材料包括铸铁、钢、有色金属及其合金等。其中，钢和铸铁是工程中应用最广泛、最重要的材料，是由95%以上的铁和0.05%～4%的碳及1%左右的杂质元素所组成的合金，也称为铁碳合金。

7.1.1　铁碳合金的金相组织结构

铁与碳组成的合金称为铁碳合金。铁的熔点为1538℃，密度为7870kg/m^3。铁冷却到1395℃和912℃先后发生两次晶格类型转变（同素异构转变）：

在1538～1395℃之间，铁为体心立方晶格的δ-Fe；

在1395～912℃之间，铁为面心立方晶格的γ-Fe；

低于912℃时，铁为体心立方晶格的α-Fe。

碳对铁碳合金的性能影响很大，铁中加入少量碳，强度显著增加。碳在铁碳合金中的存在形式有三种：碳溶解在铁的晶格中形成固溶体；碳与铁形成化合物（Fe_3C）；碳以石墨状态单独存在。铁碳合金的基本金相组织有铁素体、奥氏体、渗碳体、珠光体和莱氏体等。

（1）铁素体

碳溶解在α-Fe中形成的固溶体称为铁素体。α-Fe原子间隙小，因而溶碳能力很差，室温下α-Fe的含溶碳量0.006%，在727℃时达到最大溶解度，溶碳也仅为0.0218%。所以铁素体强度和硬度低（$\sigma_b\approx$250MPa，硬度为80HB），但塑性和韧性很好。低碳钢是含铁素体的钢，具有软而韧的性能。

（2）奥氏体

碳溶解在γ-Fe中形成的固溶体称为奥氏体。γ-Fe的原子间隙较大，故碳在γ-Fe中的溶解度比在α-Fe中大得多，如727℃时可溶解0.77%，1148℃时达到最大值2.11%。奥氏体的强度和硬度不高，塑性好，容易压力加工。奥氏体没有磁性。

（3）渗碳体

铁和碳形成的化合物Fe_3C称为渗碳体。渗碳体的含碳量为6.69%，硬度很高（约800HB），极脆，塑性几乎为零。因而渗碳体本身无法应用，但在塑性很好的铁素体基体上散布着这些硬度很高的微粒时，将大大提高钢的强度。

铁碳合金中，当碳的含量小于 2.11％时，其组织是在铁素体中散布渗碳体，这就是碳素钢；当碳的含量大于 2.11％时，部分碳就以石墨形式存在于铁碳合金中，这就是铸铁。石墨本身性软，强度低。从强度的观点来看，分布在铸铁中的石墨，相当于在合金中挖了许多孔洞，因而铸铁的抗拉强度和塑性都比钢低，但石墨的存在，并不削弱抗压强度，并使铸铁具有一定的消震能力，除此之外，石墨还可使铸铁的流动性增加，收缩性降低，有利于浇铸形状复杂的铸件。

(4) 珠光体

铁素体和渗碳体构成的机械混合物称为珠光体。碳素钢中珠光体组织的平均含碳量约为 0.8％。珠光体的力学性能介于铁素体和渗碳体之间，即强度、硬度比铁素体显著提高，塑性、韧性比铁素体差，但比渗碳体高得多，综合力学性能较好。

(5) 莱氏体

具有特定比例的奥氏体和渗碳体构成的共晶混合物称为莱氏体。由于莱氏体中含有大量的渗碳体，所以硬度高，但很脆，主要存在于高碳钢和白口铁中。

(6) 马氏体

钢从高温奥氏体状态急冷（淬火）生成的一种组织称为马氏体。硬度很高，很脆，延展性很低。同时，马氏体由于过饱和，所以不稳定，加热后容易分解或转变为其他组织。

在铁碳合金中，一般含碳量在 0.02％～2.11％者称为钢，大于 2.11％者称为铸铁。含碳量小于 0.02％时称为工业纯铁，强度、硬度很低，含碳量大于 4.3％的铸铁极脆，因此这两种铁在工程实际中很少应用。

7.1.2 铸铁

工业上常用的铸铁为含碳量约 2％～4.5％的铁碳合金，另外，还含有硫、磷和锰、硅等杂质。铸铁是一种脆性材料，抗拉强度较低，但是有优良的铸造性、减振性、耐磨性和切削加工性。铸铁生产工艺和熔化设备简单，成本低廉，因此在工业中得到普遍应用。许多管道组成件，如管件、阀门的阀体等都是铸铁材料制成。

工业铸铁有以下几种：

(1) 白口铸铁

碳全部以渗碳体形式存在的铸铁称白口铸铁，断口呈银白色。这种铸铁组织中含有大量渗碳体和莱氏体共晶，因而其性能既硬又脆，所以不宜用作结构材料，一般都用作炼钢原料。

(2) 灰口铸铁

碳全部或大部分以石墨形式存在的铸铁，称作灰口铸铁，其断口呈灰暗色。生产中多用来铸造各种机械零件。它的抗压强度较大，但抗拉强度、冲击韧性很低，不适于制造承受弯曲、拉伸、剪切和冲击载荷的零件。灰铸铁的耐磨性、耐蚀性好，同时具有良好的铸造性、减振性，可用来铸造承受压力、要求消振、耐磨的零件，如管道支架、阀体、泵体、机座、管路附件，等等。

常用灰铸铁牌号有 HT100，HT150，HT200，HT250，HT300，HT350 等。“HT”表示“灰铁”的汉语拼音字首，数字表示其最低抗拉强度 σ_b 值（MPa）。

（3）可锻铸铁

它是由一定成分的白口铸铁经石墨化退火后形成。其中的碳全部或大部以团絮状石墨形式存在于铸铁中。它又称韧性铸铁或马铁。可锻铸铁实际上并不可锻，只不过具有一定塑性而已。与灰铸铁相比有较好的塑性和韧性，又比钢具有更好的铸造性能，常用于截面较薄而形状复杂的轮壳、管接头等。

采用不同的退火工艺，可以获得铁素体和珠光体两种不同基体的可锻铸铁。前者称为黑心可锻铸铁，主要特点是塑性好；后者称为珠光体可锻铸铁，与铁素体可锻铸铁相比，具有更高的硬度，但塑性、韧性较差。

可锻铸铁的牌号以种类代号（KTH，KTZ）加两组数字表示，KT，H 和 Z 分别为“可铁”、“黑”和“珠”的汉语拼音字首，数字表示其最低抗拉强度 σ_b 值（MPa）。例如，KTH350－10 表示强度极限 σ_b＝350MPa、延伸率 σ＝10％的黑心可锻铸铁。

（4）球墨铸铁

合金中加入少量球化剂（如 Mg，Ca 和稀土元素等）和石墨化剂，使碳元素呈球状。它在强度、塑性和韧性方面大大超过灰铸铁，甚至接近于钢，仍具有灰铸铁的许多优点，如铸造性、耐磨性、切削工艺性好等，是目前最好的铸铁，但价格低于钢。由于球墨铸铁兼有普通铸铁和钢的优点，因而过去用碳钢和合金钢制造的重要零件，如曲轴、连杆、主轴、中压阀门等，目前不少改用球墨铸铁制造。球墨铸铁的牌号由“QT”加两组数字组成，如 QT400－17、QT700－02 等。QT 为“球铁”的汉语拼音字首，后面数字的意义与可锻铸铁相同。

7.1.3 碳素结构钢

碳素结构钢又称碳钢，是含碳量 0.02％～2.11％的铁碳合金。按含碳量多少，碳素钢可分为低碳钢（≤0.3％）、中碳钢（≤0.3％～0.6％）、高碳钢（＞0.6％）。除碳以外，碳素钢中还含有少量的硫（S）、磷（P）、硅（Si）、氧（O）、氮（N）等，这些元素并非为改善钢材的质量有意加入的，而是由矿石及其冶炼过程中带入的，故称为杂质元素。这些杂质元素对钢的性能有一定的影响，如硫在钢中与铁化合形成硫化亚铁（FeS），其熔点低（985℃），使钢在热加工过程中容易开裂，产生“热脆”现象；而磷可引起钢材塑性、冲击韧性的明显降低，尤其在低温下，能使钢材显著变脆，发生“冷脆”现象。因此，为保证钢材质量，必须严格控制各类钢中的杂质含量。并按钢中有害元素硫、磷含量的多少，把碳素钢分为普通碳素钢、优质碳素钢、锅炉和压力容器与压力管道专用钢。

（1）普通碳素结构钢

该类钢的牌号由代表钢的屈服强度的字母 Q（屈的拼音字母字首）、屈服强度值（单位为 MPa）、质量等级符号（A、B、C、D）、脱氧方法符号四个部分顺序组成。

屈服强度有四个级别：Q195，Q215，Q235，Q275。其中 Q235 具有良好塑性、韧性和加工工艺性，且价格便宜，在过程设备和压力管道中应用较为广泛。

质量等级按碳、硫、磷含量的控制范围、脱氧程度、允许使用的最低温度以及是否提供 A_{KV} 值划分为 A、B、C、D 四级，D 级质量最高，A 级最低。常用牌号如 Q235A、Q235B 等系列板材。

脱氧程度以沸腾钢（F）最差，半镇静钢（B）次之，镇静钢（Z）和特殊镇静钢（TZ）

脱氧最完全。普通碳素钢的牌号、化学成分、力学性能见 GB/T 700—2006《碳素结构钢》。

（2）优质碳素结构钢

这类钢既保证化学成分，又保证力学性能，含硫、磷杂质元素较少，都是镇静钢，均匀性及表面质量都比较好。优质碳素钢的钢号、化学成分、力学及工艺性能可参考标准 GB/T 699—2015《优质碳素结构钢》。

优质碳素结构钢的牌号用两位数字表示。钢号顺序为 08，10，15，20，25（以上为优质低碳钢），30，35，40，45，50，55（以上为优质中碳钢），60，65，70，80（优质高碳钢）。钢号数字表示钢中平均含碳量的万分数，如 45 钢表示钢中含碳量平均为 0.45%。

（3）锅炉和压力容器与压力管道专用钢

在锅炉和压力容器与压力管道制造行业，为提高产品质量，保证设备与管道的安全性，经常选用锅炉和压力容器与压力管道专用钢。锅炉和压力容器与压力管道专用钢的化学成分、力学性能等要求，都已标准化、系列化，如相关标准有：GB 3087—2008《低中压锅炉用无缝钢管》；GB 5310—2008《高压锅炉用无缝钢管》；GB 6479—2013《高压化肥设备用无缝钢管》；GB/T 9711—2011《石油天然气工业管线输送系统用钢管》；GB 9948—2013《石油裂化用无缝钢管》；GB 713—2014《锅炉和压力容器用钢板》；GB 19189—2011《压力容器用调质高强度钢板》；等等。

7.1.4 合金结构钢

工业的发展与进步对材料提出了更高的要求，碳钢的使用受到一定限制，主要表现为三方面，一是碳钢强度较低，用它制造的高负荷的零件尺寸往往很大，同时碳钢的屈强比也较低，材料的潜力不能充分发挥；二是碳钢的耐蚀性差，限制了其在许多介质中的应用；三是碳钢的使用范围较窄，无法满足某些工艺过程提出的高温或低温要求。为提高或改善钢的某些性能，炼钢时向钢中加入一些合金元素，这样获得的钢称为合金结构钢，简称合金钢。

7.1.4.1 低合金高强度结构钢

低合金高强度结构钢曾称为普通低合金钢、低合金结构钢，是低碳低合金钢，简称低合金钢。低合金钢含碳量通常小于 0.25%，合金总含量小于 5%。与碳钢相比，低合金钢具有较高的屈服强度（300～1000MPa）和屈强比（0.65～0.95）。同时，低合金钢还具有优良的韧性、焊接性能、成形性能和耐腐蚀性能。采用低合金钢，不仅可以减小容器和管道的厚度，减轻重量，节约钢材，而且能解决大型压力容器和压力管道在制造、安装、检验、运输、安装中因厚度太大带来的各种困难。

低合金钢的钢号是以碳含量的万分数的数字为首，后边依次写出所溶入合金元素的符号及每种元素含量的百分数，合金元素后面的数字表示该元素的近似含量百分数，如果合金元素平均质量分数低于 1.5%时，通常不标明其含量；当平均质量分数大于等于1.5%～2.49%时，则在元素后面标“2”，依此类推。如 35CrMo，35 表示钢的含碳量平均为万分之 35（即 0.35%），含 Cr、Mo 在 1.5%以下。也有少数专门用途的低合金钢钢板以“Q”字母为首类似普通碳素结构钢来表示少量低合金钢钢号，如 Q345R。

压力容器与压力管道常用的低合金钢，包括专用钢板 Q345R，15CrMoR，16MnDR，15MnNiDR，09MnNiDR 等；钢管 16Mn，09MnD；锻件 16Mn，20MnMo，16MnD，09MnNiD，12Cr2Mo1；等等。符号 D 表示低温用钢。

Q345R 是屈服强度为 340MPa 级的压力容器专用钢板，也是中国压力容器行业使用量最大的钢板，具有良好的综合力学性能和制造工艺性能，主要用于制造中低压容器和多层高压容器及大直径压力管道。

16MnDR、15MnNiDR 和 09MnNiDR 三种钢板是工作在-20℃及更低温度的压力容器和压力管道专用钢板，即低温压力容器用钢。16MnDR 是制造-40℃压力容器的经济而成熟的钢板，可用于制造液氨储罐等设备与管道；15MnNiDR 常用于制造-40℃低温球形容器；09MnNiDR 是一种-70℃级低温压力容器与压力管道用钢，可制造液丙烯（-47.7℃）、液硫化氢（-61℃）等设备和管道。

15CrMoR 属低合金热强钢，是中温抗氢钢板，常用于制造温度不超过 550℃的压力容器和压力管道。

20MnMo 锻件有良好的热加工和焊接工艺性能，常用于制造使用温度为-19～470℃的重要大中型锻件。

09MnNiD 锻件有优良的低温韧性，用于制造使用温度为-70～-45℃的低温容器。

12Cr2Mo1 锻件及其加钒的改进型锻件（如 2.25Cr-1Mo-0.25V）具有较高的热强抗氧化性和良好的焊接性能，常用于制造高温（350～480℃）、高压（约 25MPa）、临氢压力容器和压力管道，如大型煤液化装置和热壁加氢反应器。

7.1.4.2　高合金钢

合金元素含量大于 10%的合金钢称为高合金钢。在过程设备和压力管道中使用的高合金钢主要是指不锈钢和耐热钢。

（1）不锈钢

不锈钢是不锈耐酸钢的简称，包括不锈钢和耐酸钢两类。在空气中能抵抗腐蚀的钢叫不锈钢，在酸、碱、盐等溶液和其他腐蚀介质中能抵抗腐蚀的钢叫耐酸钢。不锈钢以耐蚀为主要特性，且铬含量至少为 10.5%，碳含量最大不超过 1.2%的钢。根据不锈钢的组织类型，分为奥氏体型不锈钢、奥氏体-铁素体（双相）型不锈钢、铁素体型不锈钢、马氏体型不锈钢、沉淀硬化型不锈钢五种类型。

奥氏体型不锈钢，主要合金元素为铬和镍，其次有钛、钼、氮、锰等。具有稳定的奥氏体组织，加热无相变，无铁磁性。这类钢韧性高，脆性转变温度低，具有良好的耐蚀性和高温强度，具有较好的抗氧化性、良好的压力加工和焊接性能。但屈服强度较低，且不能采用热处理方法强化。奥氏体不锈钢代表牌号有：06Cr19Ni10（统一数字代号为 S30408）、022Cr19Ni10（代号为 S30403）、06Cr17Ni12Mo2（代号为 S31608）、022Cr17Ni12Mo2（代号为 S31603）等等。

铁素体型不锈钢，主要合金元素为铬，其含量通常大于等于 13%，不含镍，有些钢种还添加钼、钛等。加热时无相变，且存在加热晶粒长大不可逆性，不能用热处理方法改变。高铬铁素体型不锈钢存在 475℃和 σ 相析出产生的脆性，可用加热到 550℃或 800℃以上然后快冷加以消除。这类钢具有良好的抗氧化性介质腐蚀的能力，并具有良好的热加工性及一定的冷加工性能。但缺口敏感性和脆性转变温度较高，加热后对晶间腐蚀也较为敏感。铁素体型不锈钢代表牌号有：06Cr13（代号为 S11306）、06Cr13Al（代号为 S11348）、019Cr19Mo2NbTi（代号为 S11972）等等。

奥氏体-铁素体型不锈钢（简称双相不锈钢），是在 18-8 型奥氏体不锈钢的基础上添加更多的铬、钼和硅元素，或降低含碳量制成。其屈服强度为奥氏体不锈钢的2倍。可焊性良好，韧性较高，应力腐蚀、晶间腐蚀及焊接热裂纹倾向均较奥氏体型钢小。双相不锈钢代表牌号有：022Cr19Ni5Mo3Si2N（代号为S21953)、022Cr22Ni5Mo3N（代号为S22253)、022Cr23Ni5Mo3N（代号为S22053）等等。

马氏体型不锈钢，主要合金元素也是铬，其含量为13%以上，含碳量较高，热处理时有相变，可采用热处理方法强化。钢在淬火回火状态下使用，有较高的强度、硬度和耐磨性。一般用作刀具类产品。

沉淀硬化型不锈钢，热处理后具有高的强度，耐蚀性由于铁素体型钢而低于奥氏体型钢。在压力容器和压力管道中很少应用。

(2) 耐热钢

普通碳钢的机械强度在350℃以上有极大的下降，而在570℃以上又会发生显著的氧化，为适应现代高温高压技术发展的需要，所以产生了耐热钢。耐热钢是在高温下具有良好的化学稳定性或较高强度的合金钢。所谓耐热性是包括热安定性和抗热性的一个综合概念。热安定性是指金属对高温气体（氧气、硫化氢、二氧化硫、氢气）腐蚀的抵抗能力。抗热性是指金属在高温下对机械载荷的抵抗能力。

提高钢的热安定性的途径是在钢中融入铬、铝、硅等元素，这些合金元素在高温含氧气作用下在钢表面生成一层氧化物膜（Cr_2O_3、Al_2O_3、SiO_2），该膜组织金属铁原子与高温腐蚀性气体的接触，从而提高钢材耐高温气体腐蚀的能力。

为了增加钢的高温强度，可在钢中融入镍、锰、铝、铬、钨、钒等元素。其中的镍或锰可使钢材保持具有较高的再结晶温度的奥氏体组织结构，而铝、钨、钒等元素均可和钢中的碳形成比碳化铁稳定的碳化物，这些碳化物分散度很大，硬度极高，从而延缓或阻止了蠕变的进行，使钢材获得较高的高温强度。

许多不锈钢同时也兼为耐热钢，如S30408、S30403、S31608等等。不锈钢和耐热钢的牌号及化学成分可参见GB/T 20878—2007《不锈钢和耐热钢牌号及化学成分》。

7.1.5 有色金属

通常把非铁金属及其合金称为有色金属及其合金。有色金属与黑色金属比较，具有重量轻、耐蚀性好、强度较低、冶炼困难、价格高等特点。但由于它们具有某些特殊的性能，例如良好的导电性、导热性、密度小、熔点高、低温韧性，在空气、海水以及一些酸、碱介质中耐腐蚀等，以及良好的工艺性和一定的力学性能等等，有色金属是现代工业生产中不可缺少的材料。压力管道常用的有色金属有铜及铜合金；铝及铝合金；镍及镍合金；钛及钛合金等。

7.1.5.1 铜及铜合金

(1) 纯铜

纯铜颜色为玫瑰红，表面形成氧化膜后外观呈紫红色，故又称紫铜。纯铜的密度为$8.94g/cm^3$，熔点1083℃。纯铜有良好的导电、导热和耐蚀性，同时具有良好的塑性，并且在低温时可保持较高的塑性和冲击韧性，广泛用于制作深冷设备、管道和高压设备的垫片。

铜耐稀硫酸、亚硫酸，稀的和中等浓度的盐酸、醋酸、氢氟酸及其他非氧化性酸等介质的腐蚀，对淡水、大气、碱类溶液的耐蚀能力很好。铜不耐各种浓度的硝酸、氨和铵盐溶液。在氨和铵盐溶液中，会形成可溶性的铜氨离子 $[Cu(NH_4)_2]^{2+}$，故不耐腐蚀。所以在氨生产中使用的管道、仪表、泵、阀门等均不能用铜制造。

纯铜的牌号有 T1，T2，T3，TU1，TU2，TP1，TP2 等，后面的数字越大，表示纯度越低。其中 T1，T2 是高纯度铜，用于制造电线，配制高纯度合金；T3 主要用于一般材料，如垫片、铆钉等；TU1，TU2 为无氧铜，纯度高，主要用作真空器件；TP1，TP2 为磷脱氧铜，多以管材供应，主要用于冷凝器、蒸发器、换热器等热交换器的换热管等。

（2）铜合金

纯铜的塑性好但强度低，很少用于制造结构零件，常加入其他元素制成铜合金，以提高力学性能。铜合金是指以铜为基体加入其他元素所组成的合金。铜合金可分为黄铜、白铜、青铜三大类。

黄铜是铜与锌的合金。其铸造性能良好，力学性能比纯铜高，耐蚀性能与纯铜相似，在大气中耐腐蚀性比纯铜好，价格便宜，在化工上应用较广。黄铜的力学性能取决于含锌量，当含锌量达到约 30%时，塑性达到最高值；含锌量小于 30%时，强度和塑性都随着含锌量的增加而提高；含锌量大于 30%时，随含锌量的增加，强度继续提高，而塑性降低。当含锌量约为 45%时，黄铜的强度最高，含锌量大于 45%时，强度与塑性都急剧下降。常用的普通黄铜牌号有 H80、H68、H62 等，其中 H 为黄的汉语拼音字首，两位数字表示合金内铜平均含量的百分数。H80 在大气、淡水及海水中有较高的耐腐蚀性、加工性能优良，可作薄壁管和波纹管。H68 塑性好，可在常温下冲压成型，做容器的零件，如散热器外壳导管等。H62 在室温下塑性较差，但有较高的机械强度，易焊接，价格低廉，可做深冷设备的筒体、管板、法兰及螺母等。在铜锌合金中再加入铝、铅、锰、锡等元素，这类黄铜称为特殊黄铜。特殊黄铜具有更好的力学性能、耐蚀性和耐磨性。特殊黄铜的牌号与普通黄铜类似，但标出主要添加元素的符号和百分数，如锡黄铜 HSn70-1，表示含铜量 70%、含锡量 1%及 29%含锌量的锡黄铜，能提高在海水中的耐蚀性，由于它首先应用于舰船，故又称海军黄铜（简称海军铜）。

白铜是以铜为基、镍为主要合金元素的铜合金。镍的质量分数低于 50%的铜镍合金称为简单（普通）白铜。再加入锰、铁、锌或铝等元素的白铜称为复杂（特殊）白铜。白铜是工业铜合金中耐腐蚀性能最优者，抗冲击腐蚀、应力腐蚀性能亦良好，是海水冷凝管的理想材料。白铜的牌号与黄铜类似，字首为“B”，后面跟主添元素符号，如 BFe30-1-1 就是含 30%Ni，1%Fe，1%Mn 的铁白铜。在众多的白铜中，化工生产使用较多的是 B30，BFe30-1-1，BFe10-1-1，它们主要用作冷凝器、热交换器的传热管及各种耐蚀零件。

青铜是指除黄铜、白铜之外的铜合金。根据添加元素不同，有多种青铜。铜与锡的合金称为锡青铜，它是最古老且应用较广的青铜；铜与铝、硅、铅、铍、锰等组成的合金称无锡青铜。锡青铜主要用来铸造耐腐蚀和耐磨零件，如泵壳、阀门、轴承、蜗轮、齿轮、旋塞等。无锡青铜（如铝青铜）的力学性能比黄铜、锡青铜好。其具有耐磨、耐蚀特点，无铁磁性，冲击时不生成火花，主要用于加工成板材、带材、棒材和线材。

7.1.5.2 铝及铝合金

铝是一种银白色的轻金属，密度小（$2.7g/cm^3$），约为铁的三分之一。其导电性、导热性能好，仅次于金、银和铜；塑性好、强度低，可进行各种压力加工，并可进行焊接和切削。

铝在氧化性介质中易形成 Al_2O_3 保护膜，因此在干燥或潮湿的大气中，在氧化剂的盐溶液中，在浓硝酸以及干氯化氢、氨气中，都是耐腐蚀的。但含有卤素离子的盐类、氢氟酸以及碱溶液都会破坏铝表面的氧化膜，所以铝不宜在这些介质中使用。

铝在过程工业生产中有许多特殊用途。如铝不会产生火花，故常用于制作含易挥发性介质的容器；铝不会使食物中毒，不沾污物品，不改变物品颜色，因此，在食品工业中可代替不锈钢制作有关设备。铝的导热性能好，适合于作换热设备。

铝合金种类较多，根据其成分和工艺特点可分为形变铝合金和铸造铝合金两类。

形变铝及铝合金。其新牌号有两种情况，一种是采用四位阿拉伯数字或在四位阿拉伯数字后面加一个英文字母 A 组成的；另一种是采用国际四位字符体系牌号的编号方法，即“一位数字＋字母＋两位数字”，其中第一位数字表示铝及铝合金的组别；字母表示纯铝或铝合金的改型情况，如字母为“A”，则表示为原始纯铝或原始铝合金；如果字母为“B～Y”的字母，则表示已改型；牌号最后的两位数字表示铝的纯度，数字越小，杂质含量越高。按主要性能特点，形变铝及铝合金分为工业纯铝、防锈铝、硬铝、超硬铝和锻铝等几类。用于过程装备的主要是工业纯铝、防锈铝。

工业纯铝。其含铝量不小于 99.0%。工业高纯铝，可用来制造对耐腐蚀要求较高的浓硝酸设备，如高压釜、槽车、贮槽、阀门、泵及其管道等。工业纯铝，牌号如 8A06，用于制造含硫石油工业设备、橡胶硫化设备及含硫药剂生产设备中，同时也大量用于食品工业和制药工业中要求耐腐蚀、防污染而不要求强度的设备，例如反应器、热交换器、深冷设备、塔器及其管道等。

防锈铝。主要有铝-锰系、铝-镁系合金。防锈铝合金耐腐蚀性强，塑性及焊接性能较好。常用铝-锰系防锈铝合金有 3A21，常用来制造需冷弯、冷拉或冲压的零件，如油箱、管道、低压容器。铝-镁系防锈铝合金能耐潮湿大气的腐蚀，有足够的塑性，强度比铝-锰系防锈铝合金高，常用来制造各式容器、分馏塔、热交换器等。其中 5A02、5A03 用于中等强度的零件或设备；5A05 适用于制造铆钉；5A06 用于受力零件及焊制容器。

铸造铝合金。其铸造性能较好，常用铸造方法生产毛坯或零件。铸造铝合金有 Al-Si、Al-Cu、Al-Mg、Al-Zn 系等四种系列。其中以 Al-Si 系铸造铝合金应用最广，常称为硅铝明，可用于制造泵的壳体、仪表壳体与支架、发动机的汽缸头等。

铸造铝合金的牌号为：字头用“ZAl”表示铸造铝合金；后面为合金元素符号；紧跟其后的数字为该合金元素平均含量的百分数，例如，ZAlSi9Mg。铸造铝合金也常用代号来表示：ZL 和后面的三位数字，“ZL”表示铸造铝合金，后面的第一个数字表示合金的系列，其中“1”表示 Al-Si 系、“2”表示 Al-Cu 系、“3”表示 Al-Mg 系、“4”表示 Al-Zn 系，尾部的两位数为顺序号。例如，ZL104（即 ZAlSi9Mg）。

7.1.5.3 镍及镍合金

（1）纯镍

镍的密度为 8900kg/m^3，熔点较高（为 1455℃），在空气中具有很高的热稳定性，在高于 600℃以上时发生氧化。镍是用途广泛又较贵重的金属，具有较高的强度和塑性，还有良好的延展性和可锻性。可制成薄板、管材等。

镍的标准电极电位为－0.25V，比铁正，比铜负，有显著的钝化性能。镍特别耐碱的腐蚀，镍在高温的或在熔融的碱中都较其他许多金属稳定。但在高温（300～400℃）、高浓度

(75%～98%)碱中，没有退火的镍容易发生晶间应力腐蚀开裂，故使用前要进行退火。镍无毒、耐果酸腐蚀。在常温下，镍表面有一层保护膜，因而在水、海水和许多盐溶液及有机介质中极为稳定。

纯镍焊接时，焊缝及热影响区易产生热裂纹。焊缝内存在氢气和水蒸气时，由于纯镍熔池的流动性差，在冷凝过程中气体来不及析出而残留在焊缝中，因而有形成气孔的倾向；纯镍的导热系数低、电阻系数大，在不适当的焊接热的作用下，焊缝和热影响区基体金属容易过热，引起晶粒长大的倾向，从而降低焊缝的力学性能。工业纯镍牌号有 N5、N6、N7 等。

(2) 镍合金

在过程工业中应用的镍合金主要有镍基耐蚀合金、抗氧化镍基合金、热强性镍基高温合金。

镍基耐蚀合金是以镍为基(含镍大于等于 50%)，加入铜、铬、钼、钨等元素而发展起来的镍合金。镍基耐蚀合金的力学性能、焊接性能、加工性能及热处理性能都优于纯镍。主要合金类型有 Ni-Cu 合金、Ni-Cr 合金、Ni-Mo 合金。

抗氧化镍基合金主要含有抗腐蚀的合金元素铬，有时也含有少量的强化元素，如钨、钼、钛等。抗氧化镍基合金在高温下具有很好的抗高温氧化性、抗高温燃气腐蚀，但不能承受外载荷或只能承受极小的外力。

热强性镍基高温合金的最大特点是既有高的抗高温腐蚀性能，又有高的高温综合力学性能，能在较高的温度与应力下工作。

7.1.5.4 钛及钛合金

(1) 工业纯钛

钛在室温下呈银白色，密度小($4.51g/cm^3$)、熔点高(1668℃)、耐腐蚀性好。这些特点使钛在军工、航空、化工领域中日益得到广泛应用。典型的工业纯钛牌号有 TA0，TA2，TA3(编号越大，杂质含量越多)。

纯钛塑性好，易于加工成型，冲压、焊接、切削加工性能良好；在大气、海水、氧化性酸和大多数有机酸中，其抗腐蚀性超过不锈钢，但钛不耐热强碱、氢氟酸以及还原性酸(硫酸、盐酸等)等的腐蚀。钛也是很好的耐热材料，它常用于飞机骨架、耐海水腐蚀的管道、阀门、泵体、热交换器、蒸馏塔及海水淡化系统装置与零部件。

(2) 钛合金

在钛中添加锌、铝、铬、钼、钒等元素，可获得性能优良的钛合金。钛合金按使用特点可分为结构钛合金(工作温度在 400℃以下)、热强钛合金(工作温度在 400℃以上)、耐蚀钛合金。耐蚀钛合金在一定程度上克服了工业纯钛的弱点，耐蚀性优于纯钛。

7.1.6 非金属材料

除金属以外的所有工程材料，通称为非金属材料。非金属材料具有耐腐蚀性好，原料来源丰富、品种多样、造价便宜的优点。它既可以单独用作过程装备的结构材料，又可用作金属材料保护衬里或涂层，还可做设备的密封材料、保温材料和耐火材料，是一种有着广阔发展前途的过程装备材料。

非金属材料用于压力容器、压力管道，除要求有良好的耐腐蚀性外，还应有一定的强度、抗老化性和良好的加工制造性能。其缺点一般是：耐高温性能不佳，对温度波动比较敏感，与金属相比强度较低（除玻璃钢外）。非金属材料分为无机非金属材料、有机非金属材料（又称高分子材料）和复合材料。

（1）无机非金属材料

无机非金属材料包括陶瓷、搪瓷、石墨、耐火材料、玻璃等。

陶瓷分为化工陶瓷和工程陶瓷。化工陶瓷主要用于制造接触强腐蚀介质的塔、贮槽、容器、反应器、搅拌器、过滤器、泵、风机、阀门、旋塞和管道、管件等。其最大的缺点是抗拉强度低、脆性大、导热系数小、热膨胀系数大，受碰击或温差急变而易破裂。因此，不宜制作应力高、温度波动大、尺寸太大的设备。工程陶瓷的共同特点是均具有极好的化学稳定性，硬度高、耐磨损，但抗冲击韧性低、脆性大。过程装备上应用较广的工程陶瓷主要有氧化铝陶瓷、碳化硅陶瓷和氮化硅陶瓷，应用于机械密封的摩擦副。

化工搪瓷具有优良的耐腐蚀性能、力学性能和电绝缘性能，但易碎裂。搪瓷的热导率不到钢的1/4，热膨胀系数大，故搪瓷设备不能直接用火焰加热，以免损坏搪瓷表面，可以用蒸汽或油浴缓慢加热，使用温度为-30～270℃。目前我国生产的搪瓷设备有反应釜、储罐、换热器、蒸发器、塔和阀门等。

石墨具有特别高的化学稳定性及良好的导电、导热性。石墨是用焦炭粉和石墨粉作基料，用沥青作黏结剂，经模压成型在高温下烧结而成。但在制造过程中，由于高温烧结而逸出挥发物，造成石墨中有很多微孔，影响它的机械强度和加工性能，直接应用会出现介质的渗透性泄漏。因此，用于制造过程装备的石墨，常用浸渍处理以获得不透性石墨，并提高其强度。不透性石墨的导热性比碳钢大两倍半，比不锈钢大5倍，热膨胀系数小，耐温，急变性好，易切削加工，多用来制造热交换器。

（2）高分子材料

高分子材料的种类繁多。按材料来源可分为天然高分子材料和人工合成高分子材料。天然高分子材料如天然橡胶、皮革、棉纤维等；合成高分子材料如塑料、合成橡胶、化学纤维等。按性能及用途可分为塑料、橡胶、纤维、胶黏剂、涂料等。压力容器与压力管道中常用的高分子材料有以下几种。

涂料，是一种有机高分子胶体的混合物，将其均匀地涂在容器和管道表面上能形成完整而坚韧的薄膜，起耐腐蚀和保护作用。

工程塑料，可分为热塑性塑料和热固性塑料。热塑性塑料的特点是加热软化，冷却硬化，过程可逆，可反复进行。典型产品有聚乙烯（PE）、聚氯乙烯（PVC）、聚四氟乙烯（PTFE）、改性聚苯乙烯（ABS）等，可用作制造低压容器的壳体、管道，也可用作密封元件、衬里等。热固性塑料在第一次加热可以软化流动且为不可逆过程，典型的产品有酚醛树脂、氨基树脂、环氧树脂等。

（3）复合材料

复合材料由两种或两种以上化学性质或组织结构不同的材料组合而成。复合材料一般由高强度、高模量的增强体和强度低、韧性好、低模量的基体组成。增强体主要起承受载荷作用，基体则起到黏结增强体，并把外载荷传递到增强体上的作用。复合材料的基体材料常用树脂、橡胶、金属陶瓷等；增强体材料常用玻璃纤维、碳纤维等。过程工业生产中常用的复合材料是玻璃钢。

玻璃钢，即玻璃纤维-树脂基复合材料，以合成树脂为黏结剂，玻璃纤维为增强材料，按一定成型方法，在一定温度及应力下使树脂固化而制成的复合材料。因其比强度（抗拉强度与密度之比）高，可以和钢铁相比，故又称玻璃钢。玻璃钢根据所用的树脂不同而差异很大。目前应用在化工防腐方面的有环氧玻璃钢（成本低）、酚醛玻璃钢（耐酸性好）、呋喃玻璃钢（耐酸、碱腐蚀性好）、聚酯玻璃钢（施工方便）等。

由于玻璃钢具有优良的耐腐蚀性能、强度高和良好的工艺性能，在过程工业生产中可做容器、储罐、塔、鼓风机、槽车、搅拌器、泵、管道、阀门等，应用越来越广泛。

7.2 材料的基本性能

材料的性能总体包括两大性能，一是使用性能；二是工艺性能。材料在使用条件下表现出来的性能，为材料的使用性能，它包括力学性能（机械性能）、物理性能和化学性能等。材料在加工过程中反映出来的性能为材料的工艺性能，包括冷（热）成型加工性能、切削加工性能、铸造（锻造）性能、焊接性能、热处理性能等。

7.2.1 材料的机械性能

材料的机械性是指材料在外加载荷（外力）作用下表现出来的抵抗变形与破坏等方面的性能，一般也称为力学性能。它是正确设计及安全使用设备的重要依据。在静载荷作用下材料的力学性能指标有：强度、硬度、塑性、断裂韧性；在动载荷作用下有：冲击吸收能量；在交变载荷作用下有：疲劳强度。

7.2.1.1 材料力学性能指标

(1) 强度指标

材料的强度指标是决定其许用应力值的依据。在压力管道设计中常用的有强度极限 σ_b 和屈服极限 σ_s；高温时还要考虑蠕变极限 σ_n 和持久极限 σ_D。

强度极限（抗拉强度）σ_b 是指在外力作用下，由开始加载到断裂时为止所能承受的最大应力。它是反映材料抵抗大量均匀塑性变形的强度指标。在拉伸应力-应变曲线上的最大应力点值即为强度极限，单位为 MPa。

屈服极限（屈服强度）σ_s 是指在外力作用下，由开始加载到刚出现塑性变形时所承受的应力。它是反映材料抵抗微量塑性变形的强度指标。对有些材料在拉伸试验时，拉伸曲线上并没有明显的（屈服平台）屈服点，这种情况工程上规定取试样产生 0.2% 残余变形的应力值作为该材料的屈服极限（称条件屈服极限），用 $\sigma_{0.2}$ 表示，单位为 MPa。

蠕变极限 σ_n 是指在给定温度下和规定的时间内，使试样产生一定蠕变量（塑性变形量）的应力值。工程上通常采用钢材在设计温度下，经 10 万小时、蠕变率为 1% 时的应力值作为蠕变极限，单位为 MPa。

持久极限 σ_D 是指在给定温度下，使试样经过一定时间发生蠕变断裂的应力值。工程上常采用试样在设计温度下 10 万小时断裂时的应力平均值作为持久极限，单位为 MPa。

(2) 硬度

硬度是材料抵抗局部塑性变形的能力，或者说是材料抵抗外物压入表面的能力。材料硬度高，其耐磨性好。

根据硬度测试原理不同，硬度有三种表示方法：布氏硬度 HB、洛氏硬度 HR、维氏硬度 HV。根据经验，钢材的硬度与抗拉强度有如下近似关系：

低碳钢 $\sigma_b=0.36$HB；中碳钢和低合金钢 $\sigma_b=0.35$HB；硬度为 250～400HB 的合金钢，经热处理后 $\sigma_b=0.33$HB。由于测定方便，对金属材料焊接接头也常用测定热影响区硬度的方法来确定其淬硬程度。

(3) 塑性指标

主要参数有延伸率 δ、断面收缩率 ψ。

延伸率 δ 是指试样在拉伸试验中发生破坏时，产生的塑形伸长量与原试样长度比值的百分率。一般试样原始长度为直径的 5 倍或 10 倍，相应的延伸率有 δ_5 和 δ_{10} 两个数据。

断面收缩率 ψ：是指试样在拉伸试验发生破坏时，缩颈处的横截面缩小量与原横截面比值的百分数。

(4) 断裂韧性

断裂韧性是判断材料内部裂纹危险性的一个指标，用在断裂力学设计中，或用于在役压力管道的安全评定。根据不同的断裂力学理论和测试方法，断裂韧性有三种表达形式：K 因子理论的断裂韧性表示为 $K_{\mathrm{I}c}$，单位为 N/mm$^{1.5}$；COD 理论的断裂韧性表示为 δ，单位为 mm；J 积分理论的断裂韧性表示为 $J_{\mathrm{I}c}$，单位为 N/mm。

(5) 冲击吸收能量

冲击吸收能量（冲击功）是材料受冲击载荷作用时的主要设计依据，也是低温或超低温条件下对材料使用性考核的一个重要指标。

冲击吸收能量 KV_2 是指试样在进行夏比（V 型缺口）冲击试验时，摆锤冲击消耗在试样上的能量。它是衡量钢材韧性，确定钢材是否产生脆性破坏的一个指标，单位为焦耳(J)。

(6) 疲劳强度

疲劳强度（疲劳持久极限 σ_{-1}）是指材料在交变载荷作用下，发生破坏时的最大应力，通常用疲劳持久极限 σ_{-1} 来衡量，即材料在交变应力作用下，经过无数次（一般规定 10^6～10^7 次）的应力循环也不会发生疲劳破坏时的最大应力。它是反映材料抗交变应力破坏的强度指标。

7.2.1.2　材料的拉伸试验简介

材料的力学性能主要通过各种力学试验测定。强度指标和塑性指标由拉伸试验获得；硬度通过硬度计测试；断裂韧性通过带裂纹试件进行测试获得；冲击吸收能量由冲击试验获得；疲劳强度要通过疲劳试验获得。在各种力学试验中，由拉伸试验所获得的性能指标应用最广，试验亦相对简单。压力管道常采用低碳钢或含碳量较低的合金钢制造，我们取低碳钢材料为例，对材料的拉伸试验作以简单介绍。

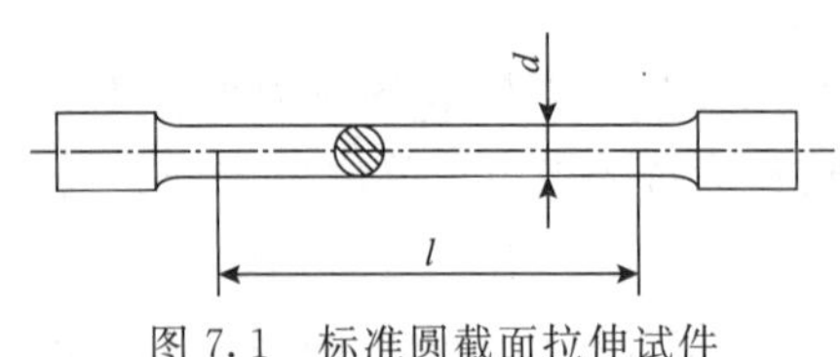

图 7.1　标准圆截面拉伸试件

拉伸试验所用的标准圆截面试件，如图 7.1 所示。标距 $l=10d$（长试件）或 $l=5d$（短试件），$d=10$mm。

试验时，将试件装夹在材料试验机上，缓慢增加拉力，对应每一个拉力 F，试件的标距 l 有一个

伸长量 Δl，记录 F 与 Δl 的关系曲线称为拉伸曲线（图 7.2）。

试件的拉伸曲线不仅与试件材料有关，而且与试件几何尺寸有关。用同一种材料做成直径不同的试件，试验所得的拉伸曲线差别很大。为了消除试件尺寸的影响，将拉力 F 除以试件横截面面积 A，得到试件横截面上的应力 σ，即纵坐标改为横截面的正应力；将伸长量 Δl 除以试件的标距 l，得到试件的应变 ε，即横坐标改为线应变，从而得到 $\sigma-\varepsilon$ 曲线，即应力-应变曲线。

图 7.3 为低碳钢的 $\sigma-\varepsilon$ 曲线，可以分成 4 个阶段。

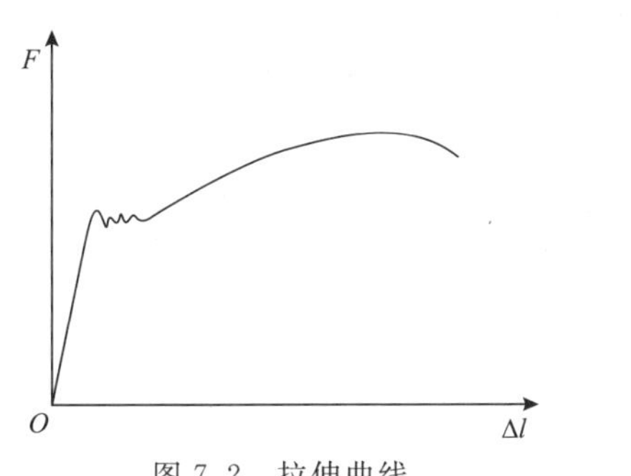

图 7.2 拉伸曲线

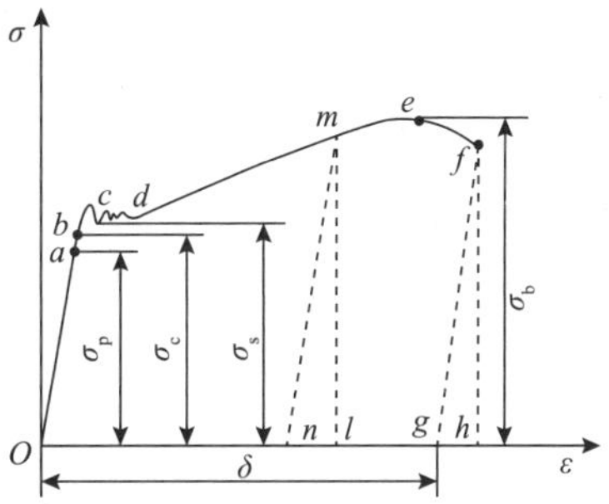

图 7.3 应力-应变曲线

（1）弹性阶段（Ob 段）

在 Oa 直线段部分，应变 ε 与应力 σ 成正比例关系，即 $\sigma=E\varepsilon$，符合胡克定律。直线 Oa 的最高点 a 所对应的应力值，称为材料的比例极限，用 σ_p 表示。ab 微弯曲段表示应力与应变不再保持正比关系，但在此阶段内所产生的变形仍为弹性变形。弹性阶段的最高点 b 所对应的应力值称为弹性极限，用 σ_e 表示。材料的比例极限 σ_p 和弹性极限 σ_e 意义不同，但两者的数值非常接近，工程上常不予区别。故 Ob 段称为弹性阶段，在该段内，当外力消除后，由外力引起的变形 Δl 可以完全恢复，这种变形叫做弹性变形。

在弹性变形阶段，若直线 Oa 的倾角为 α，则其斜率为

$$\tan\alpha=\frac{\sigma}{\varepsilon}=E \tag{7-1}$$

即直线段 Oa 的斜率代表材料的弹性模量 E，表示材料抵抗弹性变形的能力，它是衡量材料刚度的指标，属于材料的物理性能之一。

（2）屈服阶段（cd 段）

超过弹性极限后，图线的弯曲明显，直至 c 点，然后出现一段接近水平的锯齿形线段 cd。在此阶段内，应力仅在很小的范围内波动，而应变急剧增加，这说明材料暂时丧失了抵抗变形的能力，这种现象称为材料的屈服现象，并把出现屈服现象的最低应力值称为材料的屈服极限，或屈服强度，用 σ_s 表示。发生屈服时产生较大的变形，此时即使卸掉外力，试件也不会完全恢复原来的形状，通常把不能恢复原状的变形称为塑性变形，或称永久变形。

材料出现屈服现象时，会产生较大的塑性变形，这对一般零件是不允许的。因此一般零件的实际工作应力都必须低于屈服极限 σ_s。

（3）强化阶段（de 段）

de 段为一上升的曲线，直至曲线顶点 e。表明经过屈服后，材料又恢复了抵抗变形的能力，要使其继续变形，必须增加应力，这种现象称为材料的强化（或称应变硬化现象），de

段则称为强化阶段。强化阶段的最高点 e 所对应的应力值称为材料的强度极限，或抗拉强度，用 σ_b 表示。

强度极限代表材料所能承受的最大应力值，当试件中的应力达到强度极限 σ_b 时，就意味着试件即将破坏。

（4）颈缩阶段（ef 段）

当应力达到强度极限 σ_b 时，试件某个部位的直径会突然变细，出现所谓的“颈缩”现象，如图 7.4 所示。由于颈缩处横截面面积显著减小，抵抗外力的能力明显降低，导致试件继续变形所需的拉力反而减小，所以应力应变曲线（ef 段）下降，达到 f 点时，试件被拉断。

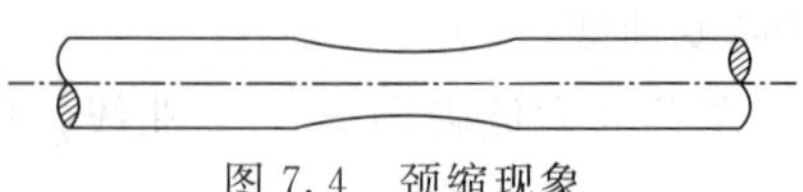
图 7.4　颈缩现象

试件断裂后，弹性变形消失，但塑性变形仍然保留。将试样在断裂处紧密对接在一起，标距由 l 变为 l_1，断口处横截面积由原来的 A 缩减为 A_1，则

$$\delta=\frac{l_1-l}{l}\times 100\% \qquad (7-2)$$

$$\psi=\frac{A-A_1}{A}\times 100\% \qquad (7-3)$$

通常把 δ 称为材料的延伸率或伸长率；ψ 称为材料的断面收缩率。延伸率 δ 和断面收缩率 ψ 是衡量材料塑性的基本参数。工程中把延伸率 δ 大于 5% 的材料称为塑性材料，延伸率 δ 小于 5% 的材料称为脆性材料。低碳钢是典型的塑性材料，其延伸率 δ 为 20%～30%。

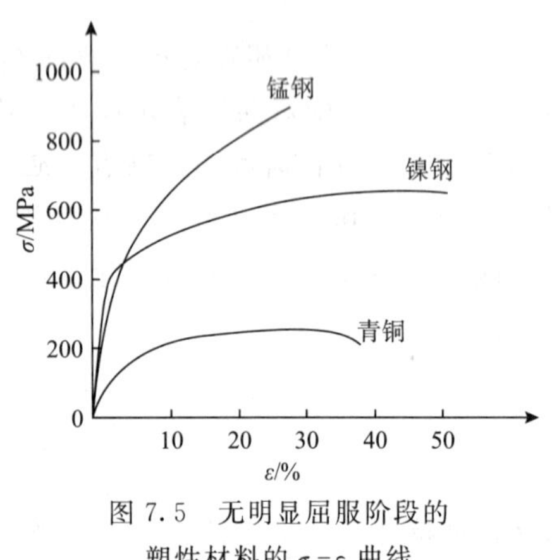

图 7.5　无明显屈服阶段的塑性材料的 $\sigma-\varepsilon$ 曲线

有些塑型材料如 16Mn、18－8 铬镍奥氏体不锈钢、青铜等，其拉伸的应力-应变曲线如图 7.5 所示，与低碳钢相比，这类材料的共同特点是具有良好的塑性；不同点是这些材料无明显的屈服阶段。为此工程上规定，对这类塑性材料，可将试件卸载后产生 0.2% 的塑性应变时的应力值，作为材料的名义屈服极限，记为 $\sigma_{0.2}$，其意义相当于 σ_s。

7.2.1.3　许用应力与安全系数的概念

如上所述，简单拉伸时直杆横截面上的最大正应力若达到材料的屈服极限 σ_s（或 $\sigma_{0.2}$）或强度极限 σ_b，材料就会产生较大的塑性变形或发生断裂破坏，这两种情况在工程上均不允许。通常把构件产生过大的塑性变形或断裂不能正常工作时的应力称为极限应力，用 σ_{lim} 表示。

对于塑性材料，在屈服时就产生过大的塑性变形，因此以屈服极限 σ_s（或 $\sigma_{0.2}$）作为极限应力；对于脆性材料，截面上的正应力达到材料的强度极限时，构件将迅速断裂，不能正常工作，因此以强度极限 σ_b 作为极限应力；对于高温（蠕变温度以上）工况，则以蠕变极限 σ_n 和持久极限 σ_D 为作为极限应力。

为保证杆件能正常工作，必须把杆件的最大应力限制在低于极限应力的某个数值 $[\sigma]$，即

$$\sigma_{max} < [\sigma] < \sigma_{lim}$$

式中，$[\sigma]$ 称为材料的许用应力。许用应力与极限应力之间的关系为：

$$[\sigma] = \frac{\sigma_{lim}}{n} \tag{7-4}$$

对于塑性材料，$[\sigma] = \frac{\sigma_s}{n_s}$ 或 $[\sigma] = \frac{\sigma_{0.2}}{n_s}$

对于脆性材料，$[\sigma] = \frac{\sigma_b}{n_b}$

对于高温工况，$[\sigma] = \frac{\sigma_n}{n_n}$ 或 $[\sigma] = \frac{\sigma_D}{n_D}$

式中，n_s、n_b、n_n 和 n_D 分别为 σ_s、σ_b、σ_n 和 σ_D 对应的安全系数，其值大于等于 1。

安全系数为用于确定材料许用应力和构件在特定失效模式条件下的安全裕度，是一个综合指标，与各工业领域的综合技术能力和发展历史有关，安全系数代表技术的先进水平。在压力管道和压力容器行业中，影响安全系数的确定主要有以下因素：

①压力管道与压力容器用材料的技术水平和供应稳定状况；

②强度设计准则和设计计算方法的可靠性；

③压力管道与压力容器建造的技术能力；

④压力管道与压力容器建造的质量管理方式和管理水平；

⑤压力管道与压力容器使用管理的水平；

⑥其他未知因素等。

安全系数是一个兼顾先进性和可靠性的参数，安全系数过大，会造成材料浪费，成本增加；安全系数过小，很可能造成安全事故。为此，必须根据生产实际情况、行业特点，按照国家标准或有关设计规范，合理选取安全系数，从而求得材料的许用应力。一般情况，材料的许用应力可从相关标准或手册中直接查得。

7.2.2 材料的物理性能

材料的物理性能也是压力管道选材要考虑的。如高温管道选材要用熔点高的材料，熔点高的材料再结晶软化温度较高；作为换热元件（如换热管）则要用导热系数较高的材料；等等。管道选材要考虑的物理性能参数主要有密度、导热系数、熔点、线膨胀系数、弹性模量等。

①密度 ρ：为材料单位体积的质量，单位为 kg/m^3。

②线膨胀系数 α：是指材料在温度变化 1℃时单位长度的伸缩变化量，单位为（mm/℃·mm)℃$^{-1}$。

③导热系数 λ：是指当温度梯度（温度差与器壁厚度的比值）为 1℃/m 时，每小时通过每平方米传热面积传过的热量，单位为 W/（m·K）。此值越大，表示材料的导热性越好。

④弹性模量 E：在弹性范围内，应力与应变成直线关系，应力与应变的比值叫做材料的弹性模量。是指材料在外力作用下产生单位弹性变形所需要的应力。它是反映材料抵抗弹性变形能力的指标，单位为 MPa。E 值大的材料，抵抗弹性变形的能力强，要想使这种材料产生一定的变形量，就需要有更大（相对于 E 值小的材料）的应力作用在它上面才行。

由于材料使用的场合不同，对其物理性能要求也不同，如换热设备要求换热管材料有很好的导热性，同时由于管、壳的温差，计算温差应力时线膨胀系数是一个主要物理性能参数；对衬里或复合钢板所制设备，应尽量使不同材料的线膨胀系数相等或接近。

7.2.3 材料的化学性能

材料的化学性能是指材料对外界接触物的耐受性，即化学稳定性。材料的化学性能一般指材料的抗氧化性、耐腐蚀性、耐老化性。对于金属材料的化学性能主要指抗氧化性和耐腐蚀性。

（1）抗氧化性

所谓抗氧化性，是指金属材料在室温或高温时抵抗氧化性气氛腐蚀作用的能力。如锅炉的过热器、水冷壁管，汽轮机的汽缸、高温管道等，长期在高温下工作，更容易产生氧化腐蚀。许多金属都能与空气中的氧进行化合而形成氧化物，在金属表面形成一层氧化膜。如果金属表面形成的氧化物层比较疏松，这时，外界氧气便可以继续与金属作用，使金属材料受到破坏，这种现象就叫做金属的氧化。如果金属表面形成的氧化物层比较致密，而且牢固地覆盖在金属表面上，于是就形成了一层保护层，使氧气不能再与金属接触，阻止了金属的继续氧化，金属就得到了保护，这样的金属抗氧化性能高，如铝在空气中那样。

（2）耐腐蚀性

耐腐蚀性能是材料在使用工艺条件下抵抗腐蚀性介质（大气、酸、碱、盐等）侵蚀的能力。材料遭受腐蚀后，其质量、厚度、力学性能、组织结构及电极过程等都可能发生变化，其变化程度可用以衡量材料的腐蚀性能。

对于均匀腐蚀，通常以腐蚀速率来衡量金属材料的腐蚀性能。腐蚀速率有质量指标、深度指标和电流指标，在工程设计中多用前两种指标，尤其是深度指标。

质量指标腐蚀速率：

$$K=(W_0-W_1)/At \tag{7-5}$$

深度指标腐蚀速率：

$$K_d=8.75K/\rho \tag{7-6}$$

式中 K——单位表面积、单位时间内由于腐蚀而引起的质量变化，g/（m^2·h）；

K_d——单位时间内由于腐蚀引起的厚度减薄量，mm/h；

W_0——材料的初始质量，g；

W_1——消除腐蚀产物后材料的质量，g；

A——材料与腐蚀介质接触的面积，mm^2；

t——腐蚀作用时间，h；

ρ—材料的密度，g/cm^3。

当金属发生局部腐蚀时，采用平均腐蚀速率来衡量材料的耐腐蚀性能是不合适的。大多数局部腐蚀的结果，如点腐蚀、晶间腐蚀、应力腐蚀、氢腐蚀及腐蚀疲劳等，几乎都是在无明显的质量损失情况下遭受突然破坏。对于这些类型的腐蚀应通过各种相应的试验方法来判断材料对这些腐蚀行为的倾向。如把腐蚀前后的金属进行拉伸、弯曲、扭转等试验，以测定金属的强度、塑性等性能的变化；把腐蚀前后的材料试样进行金相分析或电镜分析，以观测腐蚀前后材料的组织结构变化、化学成分变化及裂纹萌生、扩展情况；也可以把腐蚀前后的金属材料作电极过程的测试，以分析其电化学腐蚀的行为等。

注意，不能用增加腐蚀裕量的方法来解决金属材料的局部腐蚀问题，而应当选择相应的耐腐蚀材料及防护措施。金属材料的耐蚀性能由低到高的排列如下：

碳钢、低合金钢＜高合金钢（不锈钢）＜有色金属

7.2.4 材料的加工工艺性能

金属材料通过一定的加工工艺才能形成构件或设备。材料的加工工艺性能是指在保证加工质量的前提下，加工过程的难易程度。材料的加工工艺性能也是影响选材的一个重要因素。

金属材料的加工分为冷加工和热加工。冷加工包括冷冲压、冷锻、冷挤压与机械加工；而热加工包括铸造、热锻、焊接与热处理。压力容器与压力管道用金属材料主要考虑的加工工艺性能有机械加工性、压力加工性能、可铸造性、可锻造性、可焊性、热处理性能等。

（1）机械加工性能

机械加工性能即切削加工性能，是指金属材料被机床刀具切削加工的难易程度。金属材料机械加工的难易，与具体加工要求和加工条件有关，一般来讲，若刀具耐用程度高、许用切削速度较高，加工表面质量易于保证，或断屑问题易于解决，则这种材料容易机械加工。硬度过大、过小或韧性过大，则机械加工性能不好。奥氏体不锈钢韧性好，但难以机械加工。一般情况下，常用金属材料的切削加工性能由好到差的顺序为：

铝合金、镁合金＞铜合金＞一般铸铁＞碳素钢＞合金钢＞奥氏体不锈钢。

（2）压力加工性能

压力加工是使材料产生塑性变形的加工方法（如冲压、旋压、锻造等）。变形量小可用冷加工，变形量大要用热加工。在冷或热状态的压力作用下，材料产生塑性变形的能力叫做压力加工性能。一般要求在压力加工过程中，既要有足够的塑性变形能力，又不能产生不允许的塑性裂纹。压力加工性能要包括有必需的固态活动性，较低的对模具壁的摩擦阻力，强的抵抗氧化起皮及热裂能力，低的冷作硬化及皱折、开裂倾向等。

低碳钢的压力加工性能比中碳钢、高碳钢、低合金钢好，各种铸铁属于脆性材料，不能承受压力加工。

（3）可铸造性

铸造性能是指金属材料是否适于铸造及所铸构件质量的好坏。金属材料的铸造性能包括流动性、收缩性、偏析性等方面。流动性是指液态金属充满铸模的能力，流动性越好，越易铸造细薄精致的铸件；收缩性是指铸件凝固时体积收缩的程度，收缩越小，铸件凝固时变形越小；偏析是指化学成分不均匀，偏析越严重，铸件各部位的性能越不均匀，铸件可靠性越差。常用的金属材料中，铸造性能较好的是铸铁、铸钢、铸造铝合金和铜合金等。比较而言，铸造铝合金和铜合金的铸造性能优于铸铁和铸钢，而铸铁又优于铸钢，合金钢的铸造性更差。

（4）可焊接性

可焊接性是指金属材料通过焊接方法和焊接工艺评定而获得良好焊接接头的性能。金属材料的焊接性能包括焊接性及焊后焊接结构的使用性能。各种金属材料的焊接性能相差很

大，导热性过高或过低、热膨胀性大、塑性低或焊接时容易淬硬、氧化、吸气的金属，焊接性能一般较差。焊接性能差的金属，焊接后焊缝塑性低，容易开裂等。良好的焊接接头是指不易产生焊接缺陷，如裂纹、气孔、夹杂等，且焊接接头的机械性能接近母材。

钢材的焊接性与其化学成分关系很大，其中影响最大的是含碳量。因为钢中含碳量增加，塑性下降，淬硬倾向增大，容易产生裂纹。一般钢中含有多种元素，影响是综合性的，因此，往往用碳当量来估计钢的焊接性。碳当量是指钢中的含碳量与其他合金元素按其作用折算成相当的含碳量的总和。或者说是将钢的各种化学成分对钢淬硬性的影响折算成碳的影响，称为碳当量 C_e。各国所采用碳当量的计算方法不尽相同，国际焊接协会推荐的碳钢和低合金钢碳当量计算公式如下：

$$C_e = C\% + (Mn/6)\% + [(Cr + Mo + V)/5]\% + [(Ni + Cu)/15]\% \quad (7-7)$$

根据试验一般认为：

①当 $C_e < 0.4\%$ 时，钢材的淬硬倾向不明显，可焊性优良，焊接时不必预热；

②当 $C_e = 0.4\% \sim 0.6\%$ 时，钢材的淬硬倾向逐渐明显，可焊性逐渐差，一般需要采取焊前预热、控制线能量等工艺措施；

③当 $C_e > 0.6\%$ 时，淬硬倾向强，可焊性差，需采取较高的预热温度和严格的工艺措施。

前面提到过，硫、磷对钢的焊接性有很坏的影响，由于对合格的钢材中的硫、磷含量都有严格的控制，所以碳当量计算中未考虑硫、磷的影响。在实际使用中，当钢材出现焊接裂纹时，就需要化验硫、磷含量，以便分析产生裂纹的原因。

(5) 热处理性能

金属材料适应各种热处理工艺的性能称为热处理性能。热处理工艺是以改善钢材的某些性能为目的，将钢材加热到一定温度，在此温度保持一定的时间，然后以不同的冷却速度冷却下来的一种操作。常用钢材的热处理方法有退火、正火、回火、淬火、调质、固溶处理等。衡量金属材料热处理工艺性能的指标，包括导热系数、淬硬性、淬透性、淬火变形、开裂趋势、表面氧化及脱碳趋势、过热及过烧的敏感趋势、晶粒长大趋势、回火脆性等。

7.3 环境对压力管道用材料性能的影响

7.3.1 温度的影响

金属材料在不同的温度环境中，其性能将发生一系列的变化。

7.3.1.1 金属材料在高温下的性能变化

在高温工作条件下使用的钢材主要有如下特点：一是高温下钢材会产生蠕变现象；二是高温下钢材的力学性能随温度及载荷持续时间而变化；三是高温下钢材的组织结构常会发生转变。

(1) 钢材的蠕变及应力松弛

当材料的使用温度超过熔点的 0.25～0.35 倍时，金属的性能处于不稳定状态，此时在外力作用下会出现高温蠕变和应力松弛现象。

高温蠕变：金属材料在长时间的恒温、恒应力作用下，发生缓慢的塑性变形的现象称为蠕变，一般是伴随着高温而产生，所以又称高温蠕变。产生蠕变现象的原因是高温下金属材料内部原子活动的能力提高，在外力作用下抵抗变形的能力减小所造成的。蠕变会使材料性质发生变化，一般是变脆；蠕变使材料力学性能下降，以致断裂。温度越高，蠕变变形越快。

蠕变在较低温度下也会产生，但只有当温度高于金属材料熔点的0.3倍时才显著。一般来说，对于碳素钢和普通低合金钢，当温度高于350～400℃时，低合金铬钼钢温度高于450℃时，高合金钢温度高于550℃时就不能忽略蠕变现象，需要对蠕变变形进行计算。

应力松弛：与蠕变现象相反，当材料受高温和外力的持续作用时，材料的总应变量不变，但由于发生蠕变，使其中部分弹性变形转化成了塑性变形，从而导致弹性应力随时间的增加而自发的逐渐降低的现象称为应力松弛。应力松弛实际上是蠕变发生的另一种表现形式。材料抵抗应力松弛的能力称为松弛稳定性。如压力管道中常用的螺栓连接、安全阀的弹簧等都是在固定尺寸和固定应力的工况下工作的，但在高温长期应力作用下，随着时间的增加其固紧应力会逐渐降低，引起失效。这些构件的选材必须考虑钢材的松弛稳定性。

(2) 钢材的高温组织结构变化

钢材在高温下长期运行，不仅会发生蠕变，而且钢材的组织结构也会发生变化。常见的变化现象有：渗碳体的石墨化、珠光体的球化、合金元素的再分配、新相的形成等。

石墨化：碳钢和一些低合金钢，在高温作用下，其过饱和的碳原子会发生迁移和聚集，并转化为石墨（石墨为游离的碳原子），这种现象称为石墨化。石墨化是钢材在高温作用下渗碳体自行分解的一种现象。由于石墨强度极低，并以片状存在于珠光体内，使材料的强度大大降低，而脆性增加。一般碳钢长期处于425℃以上环境中就有石墨化发生，在475℃以上时则明显出现（注意相关标准对材料使用温度上限的规定）。

球化：球化是低合金珠光体耐热钢在高温长期作用下，珠光体组织中片状渗碳体逐渐转变为球状渗碳体，并逐渐集聚长大的现象。球化的结果使材料的抗蠕变能力和持久强度下降，而塑性增加。一般碳钢长期处于450℃以上温度环境时，就有明显的球化现象。

(3) 材料的高温氧化

金属材料处于高温和氧化性介质（如空气）的环境中，将会被氧化。氧化产物为疏松的非金属物质，容易脱落，有时成为氧化皮。

7.3.1.2 金属材料在低温下的性能变化

在低温情况下，材料因其原子周围的自由电子活动能力和“黏结力”减弱而使金属呈现脆性。钢材在较低温度时发生的脆性断裂通常称为“冷脆”。材料开始变脆（发生脆裂）时有个临界温度，称为韧性-脆性转变温度，简称脆性转变温度。为了衡量材料在低温下的韧性，常用低温夏比（V型缺口）冲击试验测试冲击吸收能量来判断材料的韧性。

在低温下，塑性材料将呈现脆性断裂，且常是突然发生的，极其危险。

7.3.2 腐蚀环境的影响

金属材料在周围介质（液体、气体等）作用下，由于化学变化、电化学变化或物理溶解而产生的破坏称为腐蚀。腐蚀造成的危害是十分惊人的，据估计世界上每年因腐蚀报废的钢铁量约占年产量的30%，其中除约2/3可以回炉外，每年生产的钢铁约10%因腐蚀而完全变成废物。实际上，由于腐蚀原因引起工厂的停产、设备更换、产品和原料流失、能源的浪费等间接损失远比腐蚀废掉的金属材料的价值大得多。因此，正确地控制腐蚀，避免或减少腐蚀事故发生尤为重要。在设计阶段就充分考虑腐蚀控制方案，将产生巨大的经济效益。

7.3.2.1 腐蚀的分类

腐蚀的分类方法较多，通常有以下几种分类：

①按腐蚀介质分为：大气腐蚀、水腐蚀、土壤腐蚀、高温气体腐蚀以及各种酸、碱、盐的腐蚀等；

②按遭受腐蚀的材料分为：碳钢的腐蚀、不锈钢的腐蚀、各种有色金属的腐蚀、高分子材料的腐蚀等；

③按腐蚀反应机理分为：化学腐蚀、电化学腐蚀两大类。

a）化学腐蚀：是指金属与非电解质直接发生化学作用而引起的破坏。腐蚀过程是一种纯氧化和还原的纯化学反应，即腐蚀介质直接同金属表面的原子相互作用而形成腐蚀产物。反应进行过程中没有电流产生，其过程符合化学动力学规律。例如，铝在乙醇中的腐蚀，镁或钛在甲醇中的腐蚀，以及金属在高温气体中刚形成膜的阶段都属于化学腐蚀。

b）电化学腐蚀：是指金属与电解质溶液发生电化学作用而引起的破坏。反应过程同时有阳极失去电子、阴极获得电子以及电子的流动（电流），其历程服从电化学动力学的规律。金属在大气、海水、工业用水、各种酸、碱、盐溶液中的腐蚀都属于电化学腐蚀。

④按腐蚀的形式分为：均匀腐蚀（全面腐蚀）和局部腐蚀两大类。

a）全面腐蚀：是指腐蚀作用发生在整个金属表面上，它可能是均匀的，也可能是不均匀的。碳钢在强酸、强碱中的腐蚀属于均匀腐蚀，这种腐蚀是在整个金属表面以同一腐蚀速率向金属内部蔓延，相对来说危险性较小，因为事先可以预测，设计时可以根据设备或管道要求的使用寿命估算腐蚀裕度。

b）局部腐蚀：是指腐蚀集中在金属的局部区域，而其他部分几乎没有腐蚀或腐蚀很轻微。局部腐蚀难以实现预测，有时破坏前金属外观无明显变化，因此，局部腐蚀相对于全面腐蚀危害性更大。

7.3.2.2 典型的局部腐蚀环境

局部腐蚀可分为晶间腐蚀、点腐蚀、缝隙腐蚀、疲劳腐蚀、应力腐蚀，等等。下面介绍几种典型的、危害性较大的局部腐蚀环境。

（1）晶间腐蚀

晶间腐蚀是一种微电池作用而引起的局部破坏现象，是金属材料在特定的腐蚀介质中沿着材料晶间产生的腐蚀。腐蚀沿晶间进行，在表面还看不出破坏时，晶粒间已经几乎完全失去了结合力，并失去金属声音，金属机械强度急剧降低；严重时只要轻轻敲打就可以破碎，甚至形成粉末状。特别是不锈钢材料，有时即使晶间腐蚀已发展到相当严重的程度，其表观仍然保持着光亮无异的原态。可见，晶间腐蚀是一种危害性很大的局部腐蚀。

贫铬理论阐述了奥氏体不锈钢产生晶间腐蚀的机理，提出奥氏体不锈钢长期处于450～850℃时易发生晶间腐蚀，通常称此区域为晶间腐蚀敏化区。其中的700～750℃温度范围为最危险区域。

防止不锈钢晶间腐蚀一般采取如下措施：

固溶处理。加热到1050～1150℃，再在水中冷却，即经淬火进入一次稳定区。这种工艺比较复杂，且构件淬火后易变形，仅适宜小部件。

稳定化退火。加热到850～900℃保温2～5h后空冷，进入二次稳定区。

选择超低碳不锈钢。控制其含碳量低于0.04%，可大大降低碳化铬的析出量。

加入合金元素。加入钛、铌、钽等比铬亲碳能力更强的合金元素，使用碳与这些合金元素优先形成碳化物析出，起到稳定奥氏体内铬含量的作用，避免了贫铬。这些合金元素中，以钛最好，它能同时起到细化晶粒的作用，如稳定型的18-8钢，应用十分广泛。

（2）应力腐蚀

应力腐蚀是指金属结构在拉应力和特定腐蚀环境共同作用下，以显著的速率发生和扩展的一种开裂破坏。应力腐蚀断裂（SCC）是应力与腐蚀介质综合作用的结果。

其中应力的性质必须是拉应力，而压应力的存在不仅不会引起SCC，甚至可以使之延缓。拉应力的来源除了载荷产生的工作应力外，更多的是来自制造加工过程，如机械加工、冷冲压、锻造、焊接、热处理以及装配过程都会产生残余应力。据报道残余应力造成的SCC事故远高于工作应力所占比例，其中尤以焊接残余应力为最多。

产生SCC的另一重要条件是环境因素（包括腐蚀介质的性质、浓度、温度等）。对于某种材料其对应的环境条件是特定的，就是说只有在一定的材料和一定环境的组合情况下才能发生应力腐蚀破坏。工程上常用材料可能产生SCC的环境介质见表7.1。

表7.1 常用材料易产生应力腐蚀破裂的环境组合

材料	环境	材料	环境
碳钢及低合金钢	苛性碱溶液	奥氏体不锈钢	高温碱液（NaOH、Ca（OH）$_2$、LiOH）
			氯化物水溶液
	氨溶液		海水、海洋大气
	硝酸盐水溶液		连多硫酸
	含HCN水溶液		高温高压含氧高纯水
	湿的CO-CO_2空气		浓缩锅炉水
	硝酸盐和重碳酸溶液		260℃水蒸气
	含H_2S水溶液		260℃硫酸
	海水		湿润空气（湿度90%）
	海洋大气和工业大气		$NaCl+H_2O_2$水溶液
	CH_3COOH水溶液		热$NaCl+H_2O_2$水溶液
	$CaCl_2$、$FeCl_3$水溶液		热NaCl
	$(NH_4)_2CO_3$		湿的氯化镁绝缘物
	H_2SO_4-HNO_3混合酸水溶液		H_2S水溶液

续表

材料	环境	材料	环境
钛及钛合金	红烟硝酸	铜合金	氨蒸气及氨水溶液
	N_2O_4（含 O_2、不含 NO，24～74℃）		三氯化铁
	湿的 Cl_2（288℃、346℃、427℃）		水，水蒸气
	HCl（10%，35℃）		水银
	硫酸（7%～60%）		硝酸银
	甲醇，甲醇蒸气	铝合金	氯化钠水溶液
	海水		海水
	CCl_4		$CaCl_2+NH_4Cl$ 水溶液
	氟里昂		水银

应力腐蚀裂纹形态有晶间型、穿晶型和混合型三种。不同的金属一环境体系，将出现不同的裂纹形态。例如，碳钢、高强钢、铝合金、铜合金多半是沿晶间断裂；奥氏体不锈钢、镁合金大多是穿晶型；而钛合金为混合型。应力腐蚀开裂的裂纹端口形貌，宏观上属于脆性断裂，即使塑性很好的金属材料，在应力腐蚀断裂时也不产生宏观的塑性变形。即这种破坏往往是在没有宏观前兆时突然发生，危害极大。

从压力管道设计的角度，防止或减轻应力腐蚀破坏应该采取如下措施：

①降低设计应力。使最大有效应力或应力强度降低到临界值以下。

②合理进行结构设计。结构设计时应尽可能想办法降低最大有效应力。例如，选用大的曲率半径、采用流线型结构、光滑过渡结构，等等，使结构变化连续、应力分布均匀，减少局部应力集中，避免过高的峰值应力。

③合理的加工工艺。良好的焊接工艺，可以大大降低焊接残余应力；采用合理的热处理工艺，可以消除焊接残余应力，或改善合金的组织结构；等等。都会降低对应力腐蚀破裂的敏感性。

④合理选材。

（3）腐蚀疲劳

金属在腐蚀介质和交变载荷（交变应力、脉动应力）联合作用下而引起的断裂破坏，称为腐蚀疲劳。纯力学性质的疲劳，如果工作应力不超过临界循环应力值（疲劳极限）就不会发生疲劳破坏，但腐蚀疲劳并不存在疲劳极限值，往往在很低的应力条件下也会发生断裂。腐蚀疲劳的产生条件与应力腐蚀比较，它没有特定的腐蚀介质的限定，也就是说，在任何腐蚀环境中都可能发生。因此，腐蚀疲劳的危害性并不亚于应力腐蚀断裂。防止腐蚀疲劳最为有效的方法是降低部件的应力，这也是要通过正确的设计和热处理工艺等方面予以改善。

（4）小孔腐蚀

小孔腐蚀简称孔蚀，又叫点蚀。点蚀只发生在金属表面的局部区域，腐蚀破坏主要集中在某些活性点上，腐蚀孔的直径等于或小于腐蚀孔的深度，严重时可导致结构（设备、管道）穿孔。粗糙表面往往不容易形成连续而完整的保护膜，在膜缺陷处，容易形成孔蚀；加工过程的锤击坑或表面机械擦伤部位将优先发生和发展孔蚀。一旦形成了孔蚀，如果存在力学因素的作用，就会诱发应力腐蚀或腐蚀疲劳裂纹。

（5）缝隙腐蚀

当金属与金属或金属与非金属之间存在很小的缝隙（一般为0.025～0.1mm）时，缝隙内介质不易流动而形成滞留状态，促使缝隙内的金属加速腐蚀，这种腐蚀称为缝隙腐蚀。许多工程结构都普遍存在这类缝隙，例如，螺纹连接、螺母压紧面、法兰垫片接合面、设备底板（支座底板）与基础的接触面等等。有些缝隙是设计部合理造成的，而有些从设计上是很难避免的。此外，泥沙、污垢、灰尘等沉积在金属表面上，无形中也形成了缝隙。大多数工业用金属或合金都可能产生缝隙腐蚀，几乎所有的腐蚀介质（包括淡水）都能引起缝隙腐蚀。遭受缝隙腐蚀的金属，在缝隙内呈现深浅不一的腐蚀坑或深孔，缝口常有腐蚀产物覆盖。防止缝隙腐蚀，主要是在结构设计上如何避免形成缝隙和能造成表面沉积的几何构形。如果在结构设计上不能采用无缝隙方案，也应使结构能够妥善排流，以利于沉积物及时清除。设计选材时，采用某些耐缝隙腐蚀的材料，可以延长设备和管道的寿命。

另外，加载速度也会影响材料的性能。加载速度过快，会使材料硬化现象加剧，屈服点提高，韧性和塑形降低，增加脆性断裂倾向。如果材料中存在裂纹类缺陷，则会加速脆性断裂的发生。对于循环加载还要考虑疲劳断裂问题。

7.4 化学元素对金属材料性能的影响

钢材的化学成分对其性能有较大影响。不同的元素以及它在材料中的含量、和哪些元素配合等都决定了材料的最基本性能。在钢材中常见的化学元素有碳（C）、铬（Cr）、锰（Mn）、镍（Ni）、硅（Si）、硼（B）、钨（W）、铝（Al）、钼（Mo）、钒（V）、钛（Ti）和稀土元素（Re）、硫（S）、磷（P）等。

C——碳含量增加，钢材的强度和硬度增高，而韧性和塑形降低，可焊接性能下降，焊缝热影响区扩大。但当含碳量大于0.9%后，由于二次渗碳体增加较多，且呈网状分布，钢的强度反而下降。压力容器和压力管道用钢的含碳量一般不大于0.25%。

Cr——铬是合金钢中最重要的合金元素之一；在化学性能方面不仅能提高金属耐腐蚀性能，也能提高抗氧化性能。当其含量达到13%时，能使钢的耐腐蚀能力显著提高，并增加钢的热强性。铬能提高钢的淬透性并有二次硬化作用，显著提高钢的强度、硬度和耐磨性。铬是显著提高钢的脆性转变温度的元素，随着铬含量的增加，钢的脆性转变温度也逐步提高，但它使钢的塑性和韧性降低，冲击值随铬含量增加而下降。

Mn——锰是炼钢时作为脱氧剂进入钢中的残余元素，锰有很好的脱氧能力。锰能溶于铁素体和渗碳体中，使其固溶化，形成锰与铁的固溶体，可提高钢的强度和硬度；增加锰含量能提高钢的低温冲击韧性。锰还可以与硫形成MnS，以消除硫的有害影响。但它使材料的延展性有所降低，而且增加了应力腐蚀开裂的敏感性。一般在碳锰钢和低合金钢中，锰含量1%～2%；非合金钢中锰含量为0.25%～0.8%。

Mo——钼对钢的强度产生有利作用，是提高钢热强性最有效的合金元素，主要在于它能强烈提高钢中铁素体对蠕变的抗力。如压力管道常用材料15CrMo、1Cr5Mo等。

Ni——能提高淬透性，使钢具有很高的强度，而又保持良好的塑性和韧性。镍还能提高耐腐蚀性和低温冲击韧性。镍基合金具有更高的热强性能。镍被广泛应用于不锈耐酸钢和耐热钢中。

Si——硅也是作为脱氧剂进入钢中的，硅比锰的脱氧能力还强。硅能溶于铁素体使其固溶强化，从而提高其强度、硬度、弹性，提高高温疲劳强度、耐热性及耐 H_2S 等介质的腐蚀性，但硅含量增高会降低钢的塑性和冲击韧性。

Al——强脱氧剂；显著细化晶粒，提高冲击韧性，降低冷脆性；铝还能提高钢的抗氧化性和耐热性，对抵抗 H_2S 介质腐蚀有良好作用；铝的价格比较便宜，所以在耐热合金钢中常以它来代替铬。

V——用于固溶体中可提高钢的高温强度，细化晶粒，提高淬透性。铬钢中加少量钒，在保持钢的强度情况下，能改善钢的塑性。

Ti——强脱氧剂；可提高强度，细化晶粒，提高韧性，减小铸锭缩孔和焊缝裂纹等倾向；在不锈钢中起稳定碳的作用，减少铬与碳化合的机会，防止晶间腐蚀，还可提高耐热性。

Re——稀土元素可提高强度，改善塑性、低温脆性、耐腐蚀性及焊接性。

S—硫是钢中的有害元素，由矿石与焦炭中带来的。硫能促使非金属夹杂物形成，使钢的塑性和韧性降低；硫与铁形成化合物 FeS（熔点约为 1190℃），而 FeS 与铁形成低熔点（985℃）的共晶体分布在晶界处，当钢在 1000～1200℃进行锻压或轧制时，由于这种共晶体先熔化，而使钢沿晶界开裂，称为“热脆”。硫还降低钢的耐腐蚀性。

P—磷是钢中的有害杂质元素，磷在钢中能全部溶于铁素体内，而使铁素体在室温的强度和硬度提高，但塑性和韧性却剧烈下降，会增加钢的脆性，特别是低温脆性，即产生“冷脆性”。磷也降低钢的可焊性，增加焊接裂纹的敏感性。

我国压力容器和压力管道用钢，控制硫和磷含量为 0.020％和 0.030％以下。

思考题

1. 压力管道常用材料包括哪些？
2. 碳对铁碳合金的性能有什么影响？
3. 铸铁有什么优缺点？主要用于哪些管道元件的制作？
4. 何谓碳钢？碳钢分为几种类型？
5. 何谓高合金钢？压力管道中使用的高合金钢主要指什么钢？
6. 工业用非金属材料主要有哪些？
7. 材料的力学性能指标有哪些？
8. 影响安全系数确定的因素有哪些？
9. 金属材料的加工工艺性能包括哪些？
10. 在高温工作条件下使用的钢材主要有哪些特点？
11. 金属材料在低温下性能有什么变化？
12. 按腐蚀反应机理，腐蚀分为哪几类？
13. 局部腐蚀包括哪些类型？
14. 何谓应力腐蚀？
15. 在钢材中有害的元素有哪些？

第8章　压力管道材料设计

管道材料设计是整个压力管道设计过程中的基础部分，直接影响到压力管道的可靠性和经济性。压力管道材料设计的主要内容有：管道材料选用；压力管道组成件的选用，包括：管子、管件、法兰及其紧固件、阀门等标准体系选用、结构形式选择、连接形式选择等内容。

8.1　管道材料的选用原则

压力管道的操作条件异常复杂，温度从低温到高温，压力从真空到超高压，介质有易燃、易爆、有毒及强腐蚀性等，不同的操作条件对材料的要求不尽相同。合理的材料性能和状态是保证压力管道安全的重要因素，选材是否恰当，将直接影响压力管道的使用性能、使用寿命及制造成本。因此，为保证压力管道的安全运行及经济性要求，必须根据管道的具体操作条件及制造等方面的要求，合理选材。

8.1.1　材料选用的基本原则

管道组成件的材料选用应当满足以下各项基本要求，设计时根据特定使用条件和介质，选择合适的材料。

（1）满足操作条件的要求

材料的选择主要是考虑使用条件，如操作温度、操作压力、介质特性、操作特点等。

首先，应根据操作条件来判断该管道是否属于压力管道，属于哪一类压力管道。不同类别的压力管道因其重要性不同，发生事故带来的危害程度不同，则对材料的要求也不同。一般情况下，高类别压力管道从材料的冶炼工艺到最终产品的检查和试验，都比低类别压力管道要求高。

其次，应考虑操作条件对材料的选择要求，如腐蚀情况、温度情况（高温或低温）等等；考虑在可能发生的火灾和灭火条件下的材料适用性，以及由此带来的材料性能变化和次生灾害。

（2）满足材料的使用性能要求

在预期的寿命内，材料在使用条件下具有足够的稳定性，包括物理性能、化学性能、机械性能、耐腐蚀性能以及应力腐蚀破裂的敏感性等。如金属材料的延伸率不低于14%，材料在最低使用温度下具备足够的抗脆断能力，因此，压力管道选用的金属材料的延伸率不得低于14%；由于特殊原因必须使用延伸率低于14%的金属材料时，应能够采取必要的防护措施。

(3) 满足材料的工艺性能要求

理想的材料应具有良好的加工工艺性能，材料适合相应制造、制作加工（包括锻造、铸造、焊接、冷热成型加工、热处理等）的要求。例如对于一些腐蚀介质，用碳钢与不锈钢复合制造压力管道及其元件，显然比用纯不锈钢经济，但在制造工艺上却比较困难。用于焊接的碳钢、低合金钢的含碳量应当小于或者等于0.30%。

(4) 满足标准与标准化的要求

压力管道上应用的材料应该符合相应材料标准的规定，其使用方面的要求符合管道有关安全技术规范的规定。选用的材料应该是标准化、系列化的。将材料（尤其是管道元件）标准化、系列化有利于大规模的工业化生产，减少材料品种，增加互换性，从而可以节省设计、制造、安装、使用等各环节的投入，同时也将大大降低生产成本。所以工程上选材应首先选用标准材料。

(5) 当管道组成件采用几种不同的材料组合使用时，应考虑可能产生的不利影响

(6) 满足经济性和可获得性的要求

选择材料时在满足安全可靠性的前提下，还要考虑经济性和可获得性。材料的经济性是一个很原则的问题，实际操作起来很是复杂。需要多方面的知识进行综合判断。设计选材既要可靠，又要经济，能用低等级材料就不要选用高等级材料。国产与进口材料的选择，新材料的选择等，还要注意其可获得性。

8.1.2 压力管道用金属材料的应用限制

管道材料选用还应注意各种材料的使用限制条件，如温度限制、压力限制、化学元素含量、介质适用性，等等。不同类别压力管道（规范和标准）对材料的使用限制也不尽相同。在TSG D0001—2009《压力管道安全技术监察规程 工业管道》、GB/T 20801.2《压力管道规范 工业管道 第2部分：材料》、GB 50316《工业金属管道设计规范》、GB/T 34275—2017《压力管道规范 长输管道》、SH/T 3059—2012《石油化工管道设计器材选用规范》等法规、规范和标准中，都对金属管道材料提出了相应的使用限制和使用要求。

8.1.2.1 管道用金属材料的一般使用限制和要求

(1) 铸铁类材料的使用限制

①球墨铸铁用作受压管道组成件时，其延伸率应不低于15%，使用温度不应低于-20℃且不大于350℃；除用于GC3级管道外，球墨铸铁应符合GB/T 1348的冲击性能要求，压力额定值应不大于5.0MPa；球墨铸铁不得用于剧烈循环工况。

②灰铸铁用作管道组成件时，设计温度应不低于-10℃且不大于225℃，设计压力应不大于2.0MPa。可锻铸铁管道组成件的设计温度应不小于-20℃且不大于300℃，压力额定值应不大于2.0MPa。灰铸铁和可锻铸铁管道组成件不得用于GC1级管道或剧烈循环工况；灰铸铁和可锻铸铁管道组成件用于GC2级管道时，其使用温度应不大于150℃，最高允许工作压力应不大于1.0MPa；应采取防止过热、急冷急热、振动以及误操作等安全防护措施。

球墨铸铁、灰铸铁和可锻铸铁管、管件、管法兰、阀门的适用压力-温度额定值还应符合GB/T 20801.3表5-8相应标准的规定；在制造、制作、安装过程中不得焊接。

(2) 碳素结构钢的使用限制

碳素结构钢的使用限制应符合下列各项规定：

①不得用于 GC1 级管道组成件；

②选用 Q215A、Q235A 等 A 级镇静钢时，设计压力应不大于 1.6MPa，设计温度应不大于 350℃，介质限于非可燃及非有毒流体；

③用于焊接的管道组成件，含碳量不得大于 0.30%。选用沸腾钢和半镇静钢时，厚度应不大于 12mm；选用 A 级镇静钢时，厚度应不大于 16mm。

(3) 优质碳素钢和低合金耐热钢（铬钼合金钢）的使用限制

①用于焊接结构的优质碳素钢和低合金耐热钢，含碳量应不大于 0.30%；

②使用温度大于 455℃的低合金耐热钢（如 2.25Cr-1Mo），焊缝金属的含碳量应不小于 0.05%；

③铬钼合金钢焊管和管件的焊缝应进行 100%射线检测或超声检测，且符合 JB/T 4730.2 规定的Ⅱ级要求（RT）或 JB/T 4730.3 规定的Ⅰ级要求（UT)。铬钼合金钢焊管和管件焊缝的射线或超声检测应在焊后热处理后进行。

(4) 奥氏体不锈钢的使用限制

①低碳（C≤0.08%）非稳定化不锈钢（如 06Cr19Ni10、06Cr17Ni12Mo2）在非固溶状态下（包括固溶后经热加工或焊接）不宜用于可能发生晶间腐蚀的环境。

②超低碳不锈钢在 425℃以上长期使用存在晶间腐蚀倾向，因此，不宜在 425℃以上温度长期使用。

③304/304L、316/316L 等双牌号钢，其常温机械性能应满足两个牌号中机械性能的较高值，化学成分应满足 L 级的要求。

④根据设计文件要求，奥氏体不锈钢可按 GB/T 4334 进行晶间腐蚀试验，也可按相关标准进行应力腐蚀试验或点腐蚀试验，试验方法、试样状态、抽样比例和合格指标应在设计文件中明确。

8.1.2.2 高温条件下材料的使用限制

(1) 一般要求

①高温条件下长期使用的材料，应考虑因组织或性能变化对材料使用可靠性的影响。

②高温工况长期使用的材料，应考虑因蠕变引起的过度变形、过大位移、材料组织和性能的劣化以及螺栓的应力松弛。

③高温条件下使用的材料，应考虑因高温及化学腐蚀引起的材料损伤。

④通过热处理强化的材料，如果长期在接近或高于回火温度下使用，应考虑材料强度降低的因素。

(2) 高温条件下碳钢及铬钼合金钢的使用要求

①高温工况（见 GB/T 20801.3 的 3.13）铬钼合金钢管道元件的纵向焊缝或螺旋焊缝均应经 100%射线或超声检查且应符合 GB/T 20801.5 的Ⅰ级要求（纵缝）。

②在高温条件长期使用时，碳钢、碳锰钢、低温用镍钢的使用温度不应高于 425℃，碳钼钢的使用温度不应高于 470℃。

③铬钼合金钢焊接钢管的焊缝射线检测应在焊后热处理后进行。

(3) 高温条件下不锈钢的使用要求

①铁素体不锈钢、马氏体不锈钢的使用温度不宜超过 370℃。

②奥氏体不锈钢的使用温度高于 525℃时，钢中的含碳量不应小于 0.04%，并且在固溶

状态下使用。

③双相不锈钢的使用温度不宜高于300℃。

④钛及钛合金的使用温度不宜高于300℃。

⑤镍及镍基合金的使用温度应符合表8.1的规定。

表8.1 镍及镍合金的使用温度 ℃

材料	不含硫的环境			蒸汽	含硫环境	
	氧化	H_2还原	CO还原		氧化	还原
镍（N4、N6）	≤1040	≤1260	≤1260	≤425	≤315	≤260
镍-铜（NCu30）	≤540	≤1100	≤815	≤370	≤315	≤260
镍-铬-铁（NS312）	≤1100	≤1150	≤1150	≤815	≤815	≤540
镍铁铬（NS111、NS112）	≤1100	≤1260	≤1150	≤980	≤815	≤540

8.1.2.3 低温条件下的材料使用要求

①碳钢、低温钢、铬钼合金钢、铁素体不锈钢和双相不锈钢的最低使用温度及低温冲击试验免除条件应符合现行国家标准的有关规定。

②低温管道用钢应采用镇静钢。

③管道设计温度低于或等于-20℃时，碳钢、低温钢、低合金钢、中合金钢和铁素体高合金钢、铬钼奥氏体不锈钢的母材及其焊缝金属和热影响区应按国家标准的有关规定进行低温冲击试验。

④铬钼奥氏体不锈钢母材在设计温度不低于-196℃、且满足下列各项要求时，可免除做低温冲击试验：

a）材料含碳量不大于0.10%；

b）材料应为固溶热处理状态。

⑤铬钼奥氏体不锈钢焊缝金属及热影响区在满足下列各项要求时，可免除做低温冲击试验：

a）含碳量不大于0.10%的奥氏体不锈钢母材，不加填充金属焊接，设计温度不低于-101℃；

b）焊缝金属含碳量不大于0.10%，焊接使用的填充金属复合相应标准，设计温度不应低于-48℃。

8.2 管道组成件应用标准体系

管道组成件是指用于连接或装配成压力密封的管道系统机械元件，包括：管子、管件、法兰、垫片、紧固件、阀门、安全保护装置以及膨胀节、挠性接头、耐压软管、过滤器、管路中的仪表（如孔板流量计）和分离器等。

这些管道组成件通过一定的规则在一个管路系统中得到应用，它们之间相互衔接，相互配合，从而确定了管道及其元件的基本参数。为满足工业化生产的要求，这些组成件均已经标准化、系列化。一个管路系统中各管道元件所用系列标准的集合，称之为应用标准体系。在这些标准中尤其以管子标准体系和法兰标准体系最具有代表性，它们是其他应用标准的基础。

压力管道组成件在应用标准时，有两个主要参数：公称直径*DN*和公称压力*PN*。管道组成件的标准体系也正是围绕这两个参数的确定而有所不同。

8.2.1 管子应用标准体系

管子是用以输送流体或传递流体压力的密封中空连续体。管子是压力管道系统的主体组成件。压力管道设计中需要确定的管子参数主要是管子直径和管子壁厚，管子应用标准体系就是确定这两个参数的表示方法。

8.2.1.1 管子直径系列

在工程实际中，都用管子的公称直径作为选用基准。公称直径一般是通过工艺设计，根据介质的流量和流速来确定。公称直径是一个与管子外径有关的直径，对于不同的系列标准，同一公称直径对应的管子外径是不同的。管径系列一般分为公制系列和英制系列，其中公制系列又有大外径和小外径之分。公称直径与外径尺寸系列如表 8.2 所示。

表 8.2 金属管道外径尺寸系列

公称直径 *DN*		外径 ϕ		
英制/in	公制/mm	英制/mm	大外径/mm	小外径/mm
3/8	10	17.2	17	14
1/2	15	21.3	22	18
3/4	20	26.9	27	25
1	25	33.7	34	32
1¼	32	42.4	42	38
1½	40	48.3	48	45
2	50	60.3	60	57
2½	65	76.1	76	73
3	80	88.9	89	89
4	100	114.3	114	108
5	125	139.7	140	133
6	150	168.3	168	160
8	200	219.1	219	219
10	250	273	273	273
12	300	323.9	324	325
14	350	355.6	356	377
16	400	406.4	406	426
18	450	457	457	480
20	500	508	508	530
24	600	610	610	630

注意：公称直径 300mm 以后，小外径系列的尺寸比大外径系列的大了。实际上大外径就是英制外径圆整而来。

8.2.1.2 管子公称壁厚表示方法

在国际上钢管壁厚的表示方法主要有三种：表号法；重量法；壁厚尺寸法。

(1) 管子表号表示法

用管子表号（Sch）表示壁厚。管表号是管子设计压力与设计温度下材料许用应力的比值乘以1000，并经圆整后的数值。即：

$$Sch = 1000p/[\sigma]^t$$

这是美国钢管壁厚的一种表示法，是以外径为基准的管子系列。同一外径管表号不同则壁厚不同。

美国 ASME B36.10M《焊接和无缝轧制钢管》标准中，管子表号 Sch 有：10、20、30、40、60、80、100、120、140、160；

ASME B36.19M《不锈钢管》中管子表号 Sch 有：5S、10S、40S、80S（S 为不锈钢系列）。

（2）管子重量表示法

美国 ASME 也规定了以管子重量表示管壁厚度的方法。将管子壁厚分为三种：

标准重量管，以 STD 表示；

加厚管，以 XS 表示；

特厚管，以 XXS 表示。

对于 $DN \leqslant 250$mm 的管子，Sch40 相当于 STD；$DN < 200$mm 的管子，Sch80 相当于 XS。

（3）壁厚尺寸表示法

外径乘壁厚，中国、ISO 和日本部分钢管标准等标准系列采用壁厚表示钢管的公称壁厚。如 ϕ25×2.5mm，表示管子外径为 25mm，壁厚为 2.5mm。

各种壁厚等级对照如表 8.3 所示。

8.2.2 管法兰应用标准体系

在压力管道设计中选用标准法兰尺寸，主要依据公称直径 DN 和公称压力 PN。国际统一规定，管法兰公称直径就是管子公称直径，管法兰直径标准体系与管子直径标准体系相同。因此，由于法兰公称压力等级不同而出现了不同的法兰应用标准体系。

目前，国际上法兰总体有两大标准体系，即欧洲体系和美洲体系。二者主要区别是计算基准温度和压力等级不同。

（1）欧洲法兰标准体系（欧洲体系）

以 200℃作为计算基准温度（设计温度），公称压力等级分为：

PN0.1，0.25，0.6，1.0，1.6，2.5，4.0，6.3，10.0，16，25，40（MPa）。公称压力用 PN 表示，故又称 PN 系列法兰。

（2）美洲法兰标准体系（美洲体系）

以约 430℃作为计算基准温度，公称压力等级为：

CL150（PN20），CL300（PN50），CL400（PN68），CL600（PN100），CL900（PN150），CL1500（PN260），CL2500（PN420）。公称压力用 Class（CL）表示，又称 Class 系列法兰。括号内数字为对应 PN、单位为 bar（巴）的公称压力值，为美洲体系压力等级的另一表示方法。Class 是磅级压力单位，与 MPa 和 bar 存在如下的换算关系：

$$\text{Class} \times 2.5 = \text{psi}/145 = \text{MPa} = 10\text{bar} \qquad (8-1)$$

例如：Class300=300×2.5=750psi/145=5MPa=50bar。

上述美洲体系压力等级括号里的数值，是按式（8－1）换算后经圆整（靠公称系列）的数值。

表 8.3　管子壁厚等级对照表

公称直径		外径	公称壁厚 δ/mm																
英制/in	公制/mm	D/mm	Sch5S	Sch10S	Sch10	Sch20	Sch30	Sch40S	STD	Sch40	Sch60	Sch80S	XS	Sch80	Sch100	Sch120	Sch104	Sch160	XXS
1/8	6	10.3	…	1.24	…	…	…	1.73	1.73	1.73	…	2.41	2.41	2.41	…	…	…	…	…
1/4	8	13.7	…	1.65	…	…	…	2.24	2.24	2.24	…	3.02	3.02	3.02	…	…	…	…	…
3/8	10	17.1	…	1.65	…	…	…	2.31	2.31	2.31	…	3.20	3.20	3.20	…	…	…	…	…
1/2	15	21.3	1.65	2.11	…	…	…	2.77	2.77	2.77	…	3.73	3.73	3.73	…	…	…	4.78	7.47
3/4	20	26.7	1.65	2.11	…	…	…	2.87	2.87	2.87	…	3.91	3.91	3.91	…	…	…	5.56	7.82
1	25	33.4	1.65	2.77	…	…	…	3.38	3.38	3.38	…	4.55	4.55	4.55	…	…	…	6.35	9.09
1¼	32	42.2	1.65	2.77	…	…	…	3.56	3.56	3.56	…	4.85	4.85	4.85	…	…	…	6.35	9.70
1½	40	48.3	1.65	2.77	…	…	…	3.68	3.68	3.68	…	5.08	5.08	5.08	…	…	…	7.14	10.15
2	50	60.3	1.65	2.77	…	…	…	3.91	3.91	3.91	…	5.54	5.54	5.54	…	…	…	8.74	11.07
2½	65	73.0	2.11	3.05	…	…	…	5.16	5.16	5.16	…	7.01	7.01	7.01	…	…	…	9.53	14.02
3	80	88.9	2.11	3.05	…	…	…	5.49	5.49	5.49	…	7.62	7.62	7.62	…	…	…	11.13	15.24
3½	90	101.6	2.11	3.05	…	…	…	5.74	5.74	5.74	…	8.08	8.08	8.08	…	…	…	…	…
4	100	114.3	2.11	3.05	…	…	…	6.02	6.02	6.02	…	8.56	8.56	8.56	…	11.13	…	13.49	17.12
5	125	141.3	2.77	3.40	…	…	…	6.55	6.55	6.55	…	9.53	9.53	9.53	…	12.70	…	15.88	19.05
6	150	168.3	2.77	3.40	…	…	…	7.11	7.11	7.11	…	10.97	10.97	10.07	…	14.27	…	18.26	21.95
8	200	219.1	2.77	3.76	…	6.35	7.04	8.18	8.18	8.18	10.31	12.70	12.70	12.70	15.09	18.26	20.62	23.01	22.23
10	250	273.1	3.40	4.19	…	6.35	7.80	9.27	9.27	9.27	12.70	12.70	12.70	15.09	18.26	21.44	25.40	28.58	25.40
12	300	323.9	3.96	4.57	…	6.35	8.38	9.53	9.53	9.53	14.27	12.70	12.70	17.48	21.44	25.40	28.58	33.32	25.40
14	350	355.6	3.96	4.78	6.35	7.92	9.53	…	9.53	11.13	15.09	…	12.70	19.05	23.83	27.79	31.75	35.71	…
16	400	406.4	4.19	4.78	6.35	7.92	9.53	…	9.53	12.70	16.66	…	12.70	21.44	26.19	30.96	36.53	40.49	…
18	450	457.2	4.19	4.78	6.35	7.92	11.13	…	9.53	14.27	19.05	…	12.70	23.83	29.36	34.93	39.67	45.24	…
20	500	508	4.78	5.54	6.35	9.53	12.70	…	9.53	15.09	20.62	…	12.70	26.19	32.54	38.10	44.45	50.01	…
22	…	559	4.78	5.54	6.35	9.53	12.70	…	9.53	…	22.23	…	12.70	28.58	34.93	41.28	47.63	53.98	…
24	600	610	5.54	6.35	6.35	9.53	14.27	…	9.53	17.48	24.61	…	12.70	30.96	38.89	46.02	52.37	59.54	…
26	…	660	…	…	7.92	12.70	…	…	9.53	…	…	…	12.70	…	…	…	…	…	…
28	700	711	…	…	7.92	12.70	15.88	…	9.53	…	…	…	12.70	…	…	…	…	…	…
30	…	762	6.35	7.92	7.92	14.27	15.88	…	9.53	…	…	…	12.70	…	…	…	…	…	…
32	800	813	…	…	7.92	12.70	15.88	…	9.53	…	…	…	12.70	…	…	…	…	…	…
34	…	864	…	…	7.92	12.70	15.88	…	9.53	…	…	…	12.70	…	…	…	…	…	…
36	900	914	…	…	7.92	12.70	15.88	…	9.53	…	…	…	12.70	…	…	…	…	…	…
38	…	965	…	…	…	…	…	…	9.53	…	…	…	12.70	…	…	…	…	…	…
40	1000	1016	…	…	…	…	…	…	9.53	…	…	…	12.70	…	…	…	…	…	…
42	…	1067	…	…	…	…	…	…	9.53	…	…	…	12.70	…	…	…	…	…	…
44	1100	1118							9.53				12.70					…	…
46	…	1168							9.53				12.70					…	…
48	1200	1219							9.53				12.70					…	…

注意：无论是管子还是法兰，上述两个系列或体系是不能互换的，即不能混合使用。

(3) 国际上常用的管法兰标准体系

德国及前苏联应用的标准体系，典型的欧洲体系；

美国及日本应用的标准体系，美洲体系。

国际标准化组织的标准体系，同时包括欧洲体系和美洲体系。

英国及法国的应用体系，两种体系均有。

8.3 管子的选用

管子是压力管道中应用最普遍、用量最大的元件，它的重量约占整个压力管道的2/3，而投资占近3/5。可见，管子的选用是否经济、合理，直接影响到过程工业的生产安全和建设投资费用。因此，在压力管道设计过程中，正确地选用管子非常重要。

8.3.1 管子结构类型

根据制造方法不同，钢管分为无缝钢管和焊接钢管两大类，另外还有复合管、衬里管。

8.3.1.1 无缝钢管

无缝钢管的制造工艺方法较多，常用的制造方法有热轧、热挤、热扩、冷轧和冷拔等方法。根据钢管材料不同可分为碳素钢无缝钢管、铬钼钢无缝钢管、不锈钢无缝钢管，等等。目前，无缝钢管公称直径6～600mm范围内，生产工艺比较成熟，也是过程工业生产装置中应用最多的管子。

8.3.1.2 焊接钢管

总体来讲，焊接钢管质量与无缝钢管比较是差些的，因此在实际工程中大量使用的还是无缝钢管。随着现代工业制造技术的发展，焊接钢管的生产技术水平和质量在不断提高，其应用范围在不断扩大。焊接钢管与无缝钢管比较，价格便宜、材料利用率高、尺寸偏差小(厚度均匀)、生产设备投资较少，尤其是大直径（$DN>600$mm）钢管的生产制造，无缝钢管的生产制造已比较困难。因此，目前新建或改、扩建的石油化工生产装置中，应用焊接钢管越来越多。

焊接钢管根据焊缝的形式和焊接方法分为如下几种类型：

①连续炉焊（锻焊）钢管。是指在加热炉内对钢带进行加热，然后对已成型的边缘采用机械加压方法使其焊接在一起而形成的具有一条直缝的钢管。其特点是生产效率高、生产成本低，但焊接接头冶金结合不够完全，焊缝质量较差，综合机械性能差。在压力管道设计中，炉焊管主要用于水、压缩空气和一些低压的介质场合。

②电阻焊钢管。是指通过电阻焊或电感应焊接工艺生产的、带有一条直焊缝的钢管。特点是生产效率高、自动化程度高，焊接时不需要焊条和焊药，对母材损伤小，焊后的变形和残余应力也比较小。但电阻焊管的生产设备比较复杂，设备投资较高，对焊接接头的表面质量要求也比较高。由于接头处难免有杂质存在，所以接头处的塑性和冲击吸收能量较低，不宜用于高温和重要的场合。适用介质为水、煤气、空气、采暖蒸汽等普通流体。

③电弧焊钢管。电弧焊钢管是指通过电弧焊焊接方法生产的钢管。特点是焊接接头达到完全的冶金结合，接头的机械性能能够完全达到或接近母材的机械性能。在经过适当的热处理和无损检验之后，电弧焊直缝钢管的使用条件可以达到无缝钢管的使用条件，可以取代无缝钢管。根据焊缝形状的不同，电弧焊钢管可分为直缝管和螺旋焊缝管两种；根据焊接时采取的保护方法不同，电弧焊钢管又可分为埋弧焊钢管和熔化极气体保护焊钢管。

a）埋弧焊钢管。通过一个或几个裸金属自耗电极与工件间形成的一个或几个电弧，对金属加热而产生金属结合的，带有一条直焊缝或螺旋焊缝的钢管。在焊接过程中，电弧和熔化金属被工件上易熔的小颗粒材料保护起来。即电弧被埋起来，故称为埋弧焊。

b）熔化极气体保护电弧焊钢管。通过连续的自耗电极和工件间形成的一个或数个电弧，对金属加热而产生结合的、带有直焊缝或螺旋焊缝的钢管。保护电弧完全由外部提供的气体（如氩气）或混合气体来获得。

螺旋缝焊接钢管是在焊接过程中，焊枪与焊缝处于旋转运动和直线运动组合的相对运动中，其焊缝呈螺旋形。与直缝钢管相比，其焊缝线长，且焊缝的受力状态为二维拉应力（直缝管受力为一维拉应力）。因此，螺旋缝焊接钢管一般适用于设计温度为0～200℃、设计压力不超过1.0MPa的无毒介质管道。但由于螺旋缝焊接钢管可以连续生产作业，生产效率高，材料利用率高，直径范围广（DN250～2500mm），便于大规模生产，因此被广泛应用于以水、煤气、空气、采暖蒸汽等普通流体的管道中。

8.3.1.3 复合管和衬里管

复合管和衬里管都是通过两种材料复合而成的管子。一般接触介质的材料（常称为复层）为耐腐蚀的不锈钢、有色金属或非金属材料，而承压部分（常称为基层）为较为便宜的碳钢材料。这种管子常用于耐热、耐磨和抗腐蚀的特定环境中。

①复合管。对于小直径管子，常采用无缝钢管内复合不锈钢材料；由于制造困难，小直径管子复层贴合率不易保证，所以这种管子不能用于高温环境。对于大直径管子，可以采用复合板卷制，制造质量有所保证，且有相应的国家标准，可以正常选用。

②衬里管。衬里管的基层为碳钢，复层为塑料、橡胶、有色金属等材料。对于不同的复层材料和衬里工艺，都已制定了相应的国家标准，管道设计时可以根据介质情况进行选用。

需要注意的是，在我国的钢管标准中有结构用钢管和流体输送用钢管之分。结构用管主要用于一般金属结构，如桥梁钢构架等，它只要求保证强度与刚度，而对钢管的严密性不作要求。流体输送用管主要用于带有压力的流体输送，除要保证强度和刚度外，还要求保证密封性，即钢管出厂前要求逐根进行液压（水压）试验。压力管道必须采用流体输送管道。

8.3.2 压力管道设计常用钢管标准

钢管标准主要规定管子的分类、尺寸、外形、重量、技术要求、试样、试验方法、检验规则等内容。不同的钢管标准在尺寸系列、材料、制造方法、试验项目、检验规则等方面都有所不同。压力管道设计中常用的钢管标准有：

GB/T 3087—2008《低中压锅炉用无缝钢管》；

GB/T 5310—2017《高压锅炉用无缝钢管》；

GB/T 6479—2013《高压化肥设备用无缝钢管》；

GB/T 8163—2018《输送流体用无缝钢管》；

GB/T 9948—2013《石油裂化用无缝钢管》；

GB/T 13296—2013《锅炉、热交换器用不锈钢无缝钢管》；

GB/T 14976—2012《流体输送用不锈钢无缝钢管》；

GB/T 18984—2003《低温管道用无缝钢管》；

GB/T 9711—2011《石油天然气工业 管线输送系统用钢管》；

GB/T 3091—2015《低压流体输送用焊接钢管》；

GB/T 12771—2008《流体输送用不锈钢焊接钢管》；

SY/T 5037—2012《普通流体输送管道用埋弧焊钢管》；

SY/T 5038—2012《普通流体输送管道用直缝高频焊钢管》；

ASME SA672《中温高压电熔焊管技术条件》；

ASME SA691《高温高压用碳钢和合金钢制电熔焊管技术条件》等。

①GB/T 3087—2008《低中压锅炉用无缝钢管》。钢管的外径和壁厚系列符合 GB/T 17395—2008《无缝钢管尺寸、外形、重量及允许偏差》的规定。GB/T 17395 中有 3 个外径系列，系列 1 为通用系列，属于推荐选用系列；系列 2 为非通用系列；系列 3 是少数特殊、专用系列；外径范围为 6～1016mm。

钢管材料为优质碳素结构钢，钢管由 10、20 牌号的钢制造；

钢管采用热轧（挤压、扩）和冷拔（扎）方法制造。

力学性能：强度指标（抗拉强度、屈服强度）；塑性指标（断后伸长率）；

工艺性能：压扁试验、扩口试验、弯曲试验；

液压试验：钢管逐根进行液压试验。

②GB/T 8163—2018《输送流体用无缝钢管》。尺寸系列符合 GB/T 17395 的规定。

钢管材料为优质碳素结构钢，钢管由 10、20、Q345、Q390、Q420、Q460 牌号的钢制造。

钢管采用热轧（扩）和冷拔（扎）方法制造。

力学性能：强度指标（抗拉强度、屈服强度）、塑性指标（断后伸长率）、冲击吸收能量。

工艺性能：压扁试验、扩口试验、弯曲试验。

液压试验：钢管逐根进行液压试验。

无损检测：用涡流检测或漏磁检测可以代替液压试验；超声检测可在订货合同上确定。

③GB/T 5310—2017《高压锅炉用无缝钢管》。钢管的外径和壁厚系列符合 GB/T 17395 的规定；可供应 GB/T 17395 以外尺寸的钢管。

钢管材料有：优质碳素结构钢，牌号有 20G、20MnG、25MnG；合金结构钢，牌号有 15MoG、20MoG、12CrMoG、15CrMoG、12Cr2MoG、12Cr1MoVG、12Cr2Mo-WVTiB、07Cr2MoW2VNbB、12Cr3MoVSiTiB、15Ni1MnMoNbCu、10Cr9MoW2VNbN、10Cr11MoW2-VNb-Cu1BN、11Cr9Mo1W1VNbN；不锈（耐热）钢，牌号有 07Cr19Ni10、10Cr18Ni9-NbCu3BN、07Cr25Ni21、07Cr25Ni21NbN、07Cr19Ni11Ti、07Cr18Ni11Nb、08Cr18Ni-11NbFG。

钢管制造方法：热轧（挤压、扩）和冷拔（扎）方法制造；热处理状态交货。

力学性能：强度指标（抗拉强度、屈服强度）；塑性指标（断后伸长率）；冲击吸收能量；硬度。

工艺性能：压扁试验、扩口试验、弯曲试验；

液压试验：钢管逐根进行液压试验。

晶间腐蚀试验：不锈钢管可作晶间腐蚀试验。

无损检测：逐根进行超声检测；用涡流检测或漏磁检测可以代替液压试验。

④GB/T 6479—2013《高压化肥设备用无缝钢管》。钢管的外径和壁厚系列符合 GB/T 17395 的规定；可供应 GB/T 17395 以外尺寸的钢管。

钢管材料牌号：10、20、Q345B、Q345C、Q345D、Q345E、12CrMo、15CrMo、12Cr2Mo、12Cr5Mo、10MoWVNb、12SiMoVNb。

钢管制造方法：热轧（挤压、扩）和冷拔（扎）方法制造；热处理状态交货。

力学性能：强度指标（抗拉强度、屈服强度）；塑性指标（断后伸长率、断后收缩率）；冲击吸收能量。

工艺性能：压扁试验、扩口试验。

液压试验：钢管逐根进行液压试验。

无损检测：逐根进行超声检测；用涡流检测或漏磁检测可以代替液压试验。

⑤GB/T 9948—2013《石油裂化用无缝钢管》。钢管的外径和壁厚系列符合 GB/T 17395 的规定；可供应 GB/T 17395 以外尺寸的钢管。

钢管材料牌号：10、20、12CrMo、15CrMo、12Cr1Mo、12Cr1MoV、12Cr2Mo、12Cr5Mo1、12Cr9Mo1、07Cr19Ni10、07Cr18Ni11Nb、07Cr19Ni11Ti、022Cr17Ni12Mo2。

钢管制造方法：热轧（挤压、扩）和冷拔（扎）方法制造；热处理状态交货。

力学性能：强度指标（抗拉强度、屈服强度）；塑性指标（断后伸长率）；冲击吸收能量；硬度。

工艺性能：压扁试验、扩口试验、弯曲试验。

液压试验：钢管逐根进行液压试验。

无损检测：逐根进行超声检测；用涡流检测或漏磁检测可以代替液压试验。

晶间腐蚀试验：不锈钢管应作晶间腐蚀试验。

⑥GB/T 3091—2015《低压流体输送用焊接钢管》。该标准适用于水、空气、采暖蒸汽和燃气等低压流体输送用直缝电焊钢管、直缝埋弧焊钢管和螺旋埋弧焊钢管。

钢管的外径和壁厚符合 GB/T 21835—2008《焊接钢管尺寸及单位长度重量》的规定。GB/T 21835 中有 3 个外径系列，系列 1 为通用系列，属于推荐选用系列；系列 2 为非通用系列；系列 3 是少数特殊、专用系列；外径范围为 12～2540mm。

钢管材料牌号：Q195、Q215A、Q215B、Q235A、Q235B、Q275A、Q275B、Q345A、Q345B。

钢管制造方法：直缝高频电焊、直缝埋弧焊、螺旋缝埋弧焊。

力学性能：强度指标（抗拉强度、屈服强度）；塑性指标（断后伸长率）。

工艺性能：压扁试验、扩口试验、弯曲试验。

液压试验：钢管逐根进行液压试验。

无损检测：电焊钢管可用超声检验或涡流检验代替液压试验；埋弧焊钢管可用超声检验或射线检验代替液压试验。

⑦GB/T 12771—2008《流体输送用不锈钢焊接钢管》。钢管的外径和壁厚系列符合 GB/T 21835 的规定；可供应 GB/T 21835 以外尺寸的钢管。

钢管材料牌号：奥氏体型有12Cr18Ni9、06Cr19Ni10、022Cr19Ni10、06Cr25Ni20、06Cr17Ni12Mo2、022Cr17Ni12Mo2、06Cr18Ni11Ti、06Cr18Ni11Nb；铁素体型有022Cr18Ti、019Cr19Mo2NbTi、06Cr13Al、022Cr11Ti、022Cr12Ni；马氏体型有06Cr13。

钢管制造方法：钢管采用添加或不添加填充金属的单面自动电弧焊接方法或双面自动电弧焊接方法制造。

钢管按制造方法和无损检验比例分为以下六类：

Ⅰ类：钢管采用双面自动焊接方法制造，且焊缝100%全长射线检验；

Ⅱ类：钢管采用单面自动焊接方法制造，且焊缝100%全长射线检验；

Ⅲ类：钢管采用双面自动焊接方法制造，且焊缝局部射线检验；

Ⅳ类：钢管采用单面自动焊接方法制造，且焊缝局部射线检验；

Ⅴ类：钢管采用双面自动焊接方法制造，且焊缝不做射线检验；

Ⅵ类：钢管采用单面自动焊接方法制造，且焊缝不做射线检验；

力学性能：强度指标（抗拉强度、屈服强度）；塑性指标（断后伸长率）。

工艺性能：压扁试验、弯曲试验。

液压试验：钢管逐根进行液压试验。涡流检验可代替液压试验。

无损检验：对采用Ⅰ类、Ⅱ类方法制造的钢管，对焊缝全长进行100%射线检验，射线合格级别应符合NB/T 4730中Ⅱ级的规定；对采用Ⅲ类、Ⅳ类方法制造的钢管，应对焊缝不低于全长20%的比例进行射线检验，射线合格级别应符合NB/T 4730中Ⅲ级的规定。

⑧GB/T 9711—2011《石油天然气工业 管线输送系统用钢管》。该标准规定了石油天然气管线输送系统用无缝钢管和焊接钢管的制造要求。

标准规定了两个产品质量等级PSL1和PSL2，PSL2的质量等级较高。钢管材料用钢管等级和钢级（钢名的牌号）表示，钢管等级或钢级表示了钢管材料的强度水平。

PSL1产品等级包括的钢管等级/钢级有：L175/A25、L175P/A25P、L210/A、L245/B、L290/X42、L320/X46、L360/X52、L390/X56、L415/X60、L450/X65、L485/X70。钢管等级L后面的数字是钢管材料的最小屈服强度值，单位为MPa；A、B表示A级钢和B级钢，X后面的数字为X1000后（向下圆整到临近的整数）单位为psi的最小屈服强度值；后缀P表示该钢中含有规定量的磷。

PSL2产品等级包括的钢管等级/钢级有：L245R/BR、L290R/X42R、L245/BN、L290N/X42N、L320/X46N、L360N/X52N、L390N/X56N、L415N/X60N、L245Q/BQ、L290Q/X42Q、L320Q/X46Q、L360Q/X52Q、L390Q/X56Q、L415Q/X60Q、L450Q/X65Q、L485Q/X70Q、L555Q/X80Q、L245M/BM、L290M/X42M、L320M/X46M、L360M/X52M、L390M/X56M、L415M/X60M、L450M/X65M、L485M/X70M、L555M/X80M、L625M/X90M、L690M/X100M、L830M/X120M。其中字母R、N、Q、M表示交货状态，R表示轧制状态交货；N表示正火轧制、正火成型、正火或正火加回火状态交货；Q表示淬火加回火状态交货；M表示热机械轧制状态交货。

8.3.3 管子的选用原则与使用要求

8.3.3.1 管子选用基本原则

在进行压力管道设计时，管径经计算确定后，就要选择管子的材料。管子材料的选用是根据输送介质的操作条件以及在操作条件下的介质特性而决定。

材料选择不当，会造成浪费或埋下事故隐患。在选择管子材料时，要求设计人员首先要了解管子的种类、规格、性能、使用范围，最好还要调查该管子材料在其他类似的压力管道的应用情况。然后考虑下列原则：

①在选用管子材料时，一般先考虑采用金属材料，金属材料不适用时，再考虑非金属材料。

②金属材料优先选择钢制管材，后考虑选用有色金属材料。

③钢制管材中，先考虑采用碳钢，不适用时再考虑不锈钢。在考虑碳钢材料时，先考虑焊接钢管，不适用时再选用无缝钢管。

另外，要考虑介质压力的影响、介质温度的影响、介质腐蚀性的影响，等等。

8.3.3.2 工艺管道管子的选用要求

在SH/T 3059—2012《石油化工管道设计器材选用规范》、GB 50316《工业金属管道设计规范》等规范和标准中，都对工艺管道管子的选用提出了相应的规定。

①管子公称直径的选用。SH/T 3059中规定管子公称直径系列为：*DN*15、20、25、40、50、80、100、150、200、250、300、350、400、450、500、600、700、750、800、900、1000、1050、1200；公称直径大于*DN*1200时，可按200mm递增。除仪表连接管、蒸汽伴管和特殊要求者外，管子最小公称直径应为*DN*15mm，且管子内径不应小于6mm。

②管子壁厚的确定。管子壁厚不应小于以下三项中的最大值：

a）按承受内压管强度计算得到的壁厚；

b）按D_o/150（D_o为管子外径，mm）确定的管子壁厚；

c）管子最小壁厚条件应符合表8.4。

表8.4 管子最小壁厚 mm

材料	公称直径 *DN*			
	≤100	150～200	250～300	≥350
碳素钢、低合金钢	2.4	3.2	4.0	4.8
高合金钢、奥氏体不锈钢	1.5	2.3		

③输送极度危害介质、高度危害介质、可燃介质或压力、温度参数较高或承受机械振动、压力脉动及温度剧烈变化的管道，宜选用无缝钢管。

④无缝钢管用于设计压力大于等于10MPa时，制造检验应符合现行国家标准GB/T 5310《高压锅炉用无缝钢管》、GB/T 6479《高压化肥设备用无缝钢管》、GB/T 9948《石油裂化用无缝钢管》的规定；不锈钢管的检验应不低于现行国家标准GB/T 14976《流体输送用不锈钢无缝钢管》的规定。

⑤夹套管的内管应采用无缝钢管。

⑥焊接钢管宜按下列规定选用（产品标准明确规定，并经设计确认可用于压力、温度较高或特定条件除外）：

a）碳钢电阻焊直缝钢管，可用于设计温度不高于200℃的无毒介质管道；

b）碳钢埋弧焊螺旋缝钢管，可用于设计温度不高于300℃的非极度危害和高度危害介质管道；

c）碳钢电弧焊直缝钢管的使用温度不宜高于425℃，奥氏体不锈钢电弧焊直缝钢管的使用温度不宜高于600℃；

d）焊接钢管应符合现行国家标准GB/T 9711《石油天然气工业 管线输送系统用钢管》和GB/T 12771《流体输送用不锈钢焊接钢管》的有关规定。

8.3.3.3 长输管道管子的选用要求

GB/T 34275—2017《压力管道规范 长输管道》对线路和场站用钢管的选用作出了具体规定。

（1）线路用钢管

①天然气管道线路用钢管产品等级应为GB/T 9711《石油天然气工业 管线输送系统用钢管》中的PSL2级，原油和成品油管道线路用钢管产品等级宜选GB/T 9711 PSL2级，其钢管钢级包括GB/T 9711中的L290/X42～L555/X80钢级。选用钢管产品的质量性能应符合GB/T 34275—2017《压力管道规范 长输管道》与GB/T 9711的规定。

②油气管道线路用钢管应综合考虑管道直径、壁厚、制造技术成熟度、使用要求及经济适用性，选择合适的高频焊（HFW）、螺旋缝埋弧焊（SAWH）和直缝埋弧焊（SAWL）三种类型的钢管。

③应根据钢管的不同使用环境，对钢管进行冷扩径。机械扩径过程中，应采用适当的措施，防止内扩径装置与焊缝相接触。不同介质与不同制造形式的钢管扩径应满足下列要求：

对于3级原油管道和3级、4级成品油管道用直缝埋弧焊管，应采用全长冷扩径，扩径率不大于1.5%；

对于天然气管道用直缝埋弧焊管，应采用全长冷扩径，扩径率不大于1.4%；

管径不小于711mm螺旋埋弧焊管管端150mm范围内宜进行冷扩径，扩径率不大于0.6%。

④线路用钢管应取样进行拉伸试验、弯曲试验和压扁试验等力学性能试验。

⑤线路用钢管应取样进行CVN冲击试验，其冲击吸收能量值应满足下列要求：

对于3级及以下级别天然气管道用钢管的焊缝和热影响区，3个试样夏比冲击吸收能量（KV）平均最小值为40J，单个试样KV的最小值为30J；

对于4级天然气管道用钢管的焊缝和热影响区，3个试样KV平均最小值为60J，单个试样KV的最小值为45J；

对于5级天然气管道用钢管的焊缝和热影响区，3个试样KV平均最小值为80J，单个试样KV的最小值为60J，试验温度与管体试验温度相同；

对于原油和成品油管道，钢管与焊缝及热影响区的3个试样KV平均最小值为27J～40J（不同钢级对应不同的最小值，详见GB/T 34275的表8）；

对于埋地天然气管道，钢管冲击试验温度为-5℃；对于埋地原油和成品油管道，钢管冲击试验温度为0℃，如果管道钢管的最低设计温度低于0℃，可在最低设计温度下进行试验；

⑥对于高频焊（HFW）钢管应进行压扁试验，其试验结果应符合下列要求：

对于壁厚不小于12.7mm、钢级不低于L415/X60的钢管，板间距离达到钢管原始外径的66%时，焊缝应不出现裂纹；对于钢管钢级和规定壁厚的所有其他组合，板间距离达到钢管原始外径的50%时，焊缝应不出现裂纹；

对于直径与壁厚比值大于10的钢管，板间距离达到钢管原始外径的33%时，除焊缝之外的金属不应出现裂纹或撕裂；

对所有钢管继续压扁，直到钢管的管壁贴合为止，在整个压扁试验过程中，不得出现分层或过烧金属的迹象。

⑦所有规格的埋弧焊钢管焊缝应进行导向弯曲试验，试验过程中试样边缘出现的裂纹，只要其长度不超过6.4mm，应视为试验合格；如果试样出现其下列任何一种状况，应视为试验不合格：

a）完全断裂；

b）在焊缝金属处出现任何长度大于3.2mm的裂纹或断裂，无论深度如何；

c）在母材金属、热影响区或熔合线处出现任何长度大于3.2mm、深度大于规定壁厚的12.5%的裂纹或断裂。

（2）站场用钢管

站场内管道所用钢管宜采用油气输送钢管，钢管的规格与性能应符合GB/T 34275—2017《压力管道规范 长输管道》与GB/T 9711的规定；站场内管道采用油气输送钢管有困难时，也可以采用设计规定的相关标准的钢管。

①站场用钢管选型的基本要求：

对于钢管公称直径小于或等于300mm时，宜采用无缝钢管；

对于钢管公称直径大于300mm小于或等于500mm时，宜选用高频电阻焊钢管，也可选用螺旋缝埋弧焊钢管或直缝埋弧焊钢管；

对于钢管公称直径大于500mm时，宜选用螺旋缝埋弧焊钢管或直缝埋弧焊钢管。

②对于外径为114.3mm及以上的站场用钢管，其夏比冲击试验按GB/T 9711相关要求进行；当钢管外径为70～114.3mm，且壁厚不小于6.5mm时，应取纵向试样进行夏比冲击试验；夏比冲击试验温度应按下列要求选取：

钢管及其焊缝的冲击试验温度应考虑当地最低环境温度（最低环境温度可按该地区气象资料，取历年来月平均最低气温的最低值。月平均最低气温是指当月各天的最低气温值相加后除以当月的大数），试验温度一般取-10℃、-20℃或-30℃；

当最低环境温度低于-30℃时，试验温度取-45℃，或/和采取保温或伴热等工艺措施，确保采取工艺措施后管道壁温不低于-30℃；

站场埋地钢管应在-5℃下进行冲击试验。

8.3.3.4 动力管道管子的选用要求

①无缝钢管。符合GB/T 8163的无缝钢管，可用于设计压力不大于1.6MPa的管道；符合GB/T 3087的无缝钢管，可用于设计压力不大于5.3MPa的管道；符合GB/T 5310的无缝钢管，可由于设计压力大于5.3MPa的管道。

②焊接钢管。符合ASME SA672《中温高压电熔焊管技术条件》和ASME SA691《高温高压用碳钢和合金钢制电熔焊管技术条件》的直缝电熔焊钢管，可用于设计压力不大于10MPa、且设计温度不在蠕变范围之内的管道；符合GB/T 3091、SY/T 5037、SY/T 5038的电熔焊钢管，可用于设计压力不大于1.6MPa且设计温度不大于300℃的管道；电阻焊碳钢钢管不得用于设计压力大于1.6MPa或设计温度大于200℃的管道。

③高温再热蒸汽管道、低压给水管道应采用无缝钢管；300MW及以上容量机组低温再

热蒸汽管道宜采用电熔焊钢管或无缝钢管。

④管道系统中汽水两相流的管道宜采用 CrMo 合金钢管。

8.4 管件的选用

管件的作用是用来改变管道方向、改变管径大小、进行管道分支、局部加强、实现特殊连接等作用的管道元件。常用的管件有弯头、三通、异径管（大小头）、管帽、加强管嘴、加强管接头、活接头、丝堵、管箍、翻边短节等（部分管件实物如图 8.1 所示）。

图 8.1 管件实物图例

8.4.1 管件的结构形式

由于管件有不同的连接方式，制造方法也不同，结构形式也是多种多样。

8.4.1.1 对焊管件

常用的对焊管件包括弯头、三通、异径管和管帽（封头），等等。弯头、三通、异径管大多采用无缝钢管或焊接钢管通过推制、拉拔、挤压而成；管帽（封头）多采用钢板冲压而成。它们通过公称壁厚等级实现与管子等强度。

①弯头。弯头是用于改变管道方向的管件。根据可改变管道方向的角度不同，弯头可分为 45°、90°和 180°三种形式；根据弯头转弯的曲率半径不同，又可将弯头分为短半径弯头（曲率半径等于管子的公称直径，即 $R=1.0DN$）和长半径弯头（$R=1.5DN$）。有时为了缓和介质在转弯处的冲刷和动能，还可能用到 $R=3DN$、$R=6DN$、$R=10DN$、$R=20DN$ 的弯头。

②三通。三通是用作管道分支的管件。通常有等径三通（直管与主管直径相同）和异径三通（分支管直径比主管直径小）两种形式。作为管道的分支，有时还用到 Y 型三通和四通两种管件。Y 型三通常常代替一般三通用于输送有固体颗粒或冲刷腐蚀严重的管道上，四通则可以实现将管道同时分为四路。

③异径管（大小头）。异径管是用作管子变径的管件。通常有同心异径管（大端和小端的中心轴重合）和偏心异径管（大端和小端的一个边的外壁在同一直线上）两种形式。一般情况下，偏心异径管用的较多，因为它能实现管道变径前和变径后有一个相同的管底或管顶

标高，便于支承。有时为了不因管子变径而形成一个集液袋或集气袋，也需要采用偏心异径管。

④管帽（封头）。管帽是用于管子终端封闭的管件。常用的管帽有平板和椭圆两种型式。一般情况下，平板封头制造容易，价格较低，但其受力状态不如椭圆封头好，所以平板封头常用于公称直径较小、介质压力较低的场合。在很多情况下，管帽都由法兰盖代替，主要考虑便于管子的吹扫和清洗。

8.4.1.2 承插焊和螺纹连接管件

这种管件一般是指小直径（通常 $DN \leqslant 40$mm）的管道元件，包括弯头、三通、加强嘴、加强管接头、管帽、管箍、异径短节、活接头、丝堵、仪表管嘴、软管站快速接头、水喷头等。

①弯头。同样有45°和90°之分，但无长半径和短半径之分。属于承口或者阴螺纹连接管件。作用与对焊弯头相同。

②三通。也有同径和异径之分，属于承口或者阴螺纹连接管件，作用同焊制三通。

③管帽。作用与对焊管帽相同，但它多以螺纹连接的形式用于排液和放空的终端，作二次保护用。

④加强管嘴。加强管嘴用于管道的分支连接。当主管直径较大支管直径较小（$DN \leqslant$ 40mm）时，如果此时支管超出标准三通的变径范围而不能用三通，则应采用加强管嘴进行分支，并对分支点进行局部加强。加强管嘴的一端与主管采用角焊缝连接，另一端与支管（小管子）采用承插焊或螺纹连接。

⑤活接头。活接头常与螺纹短节一起配套使用，实现可拆卸连接。在正常的管道中，仅有螺纹短节和螺纹管件是无法实现可拆卸的，只有配上活接头才能实现。因此在设计中，当管道在某处需要采用螺纹可拆卸时，应采用活接头。

⑥仪表管嘴。仪表管嘴用于管道与管道上仪表的连接。它的一端与管道进行角焊连接，另一端则与仪表采用螺纹连接。根据所连接仪表不同，可分为压力表管嘴、双金属温度计管嘴、热电偶管嘴等类型。

8.4.2 压力管道设计常用管件标准

在压力管道设计中常用的管件标准有：

GB/T 12459—2017《钢制对焊管件 类型与参数》；

GB/T 13401—2017《钢制对焊管件 技术规范》；

GB/T 13295—2013《水及燃气管道用球墨铸铁管、管件和附件》；

GB/T 14383—2008《锻制承插焊和螺纹管件》；

GB/T 19326—2012《钢制承插焊、螺纹和对焊支管座》；

GB/T 32294—2015《锻制承插焊和螺纹活接头》；

SH/T 3408—2012《石油化工钢制对焊管件》；

SH/T 3410—2012《石油化工锻制承插焊和螺纹管件》；

SH/T 3419—2007《钢制异径短节》；

SY/T 0510—2010《钢制对焊管件规范》；

DL/T 515—2018《电站弯管》；

ASME B16.9《对焊管件》；

ASME B16.11《承插焊和螺纹管件》等。

在管件标准中规定了管件的型式、尺寸系列、制造技术要求、检验与试验要求等内容。

8.4.3 管件公称参数的确定

选用标准管件，首先要确定公称直径和公称压力。公称直径就是与之相配合的管子的公称直径；公称压力等于管道相应位置上法兰的公称压力 PN。法兰公称压力的确定见本章8.6.3.1。管件公称压力 PN 确定后，管件在设计温度下的允许使用压力应按照相应标准规定的压力-温度额定值，或按式（8-2）计算：

$$[p] = PN[\sigma]^t/[\sigma]_x \qquad (8-2)$$

式中 $[p]$ ——设计温度下的许用压力，MPa；

PN ——管件的公称压力，MPa；

$[\sigma]^t$——设计温度下管件材料的许用应力，MPa；

$[\sigma]_x$——决定管件厚度时采用的计算温度下材料的许用应力，MPa。

8.4.4 管件的选用原则与使用要求

①弯头、三通、异径管、管帽等管件的材质、压力等级或壁厚规格应与所连接管子一致或相当（级别可以高于管子），并应符合下列要求：

a）钢制对焊管件应符合现行标准 GB/T 12459、GB/T 13401、SH/T 3408 等的规定；

b）钢制锻造管件应符合现行标准 GB/T 14383、SH/T 3410 等的规定。

②弯头的选用应符合如下规定：

a）弯头宜选用长半径弯头，当采用短半径弯头时，其最高工作压力不宜超过同规格长半径弯头的0.8倍；

b）公称压力大于 PN2.5MPa 的管道上均应采用无缝热压弯头，且宜带直管段；低温再热蒸汽管道可采用同质量电熔焊钢管热成型弯头。

③对于主蒸汽、再热蒸汽和高压给水等主要管道，宜采用较大弯曲半径的弯管，弯管弯曲半径宜为管子外径的3～5倍。

④斜接弯头应符合下列规定：

a）斜接弯头的曲率半径不宜小于同规格长半径弯头的曲率半径；

b）斜接弯管的设计压力不宜超过2.5MPa；

c）斜接角度大于45°的斜接弯头，不宜用于极度危害介质、高度危害介质、可燃介质管道或可能承受由于机械振动、压力脉动及温度变化产生交变载荷的部位；

d）剧烈循环工况下的管道中采用斜接弯管时，其一条焊缝方向改变的角度不应大于22.5°，设计压力应不大于2.0MPa。

e）夹套管道的内管不应采用斜接弯管，应采用圆弧弯头或弯管。

⑤不应采用电阻焊碳钢钢管制造对焊管件。

⑥剧烈循环操作条件下采用的管件应符合下列规定：

a）采用锻造件及轧制无缝管件；

b）轧制焊接件，焊接接头系数应不小于0.9；

c）铸钢件的铸件质量系数不应小于 0.9。

⑦预制的突缘短节的选用应符合下列规定：

a）焊接加工的突缘短节，突缘的外径必须符合法兰标准或设计指定法兰标准的突缘短节尺寸要求，突缘的厚度不应小于与其相连管子的名义厚度；

b）整体扩口翻边的突缘短节，突缘的外径必须符合法兰标准或设计指定法兰标准的突缘短节尺寸要求，翻边的圆角半径应与相应的法兰匹配；

c）整体扩口翻边的突缘短节不得用于剧烈循环条件下。

8.4.5 管道组成件的连接形式及其选用

管件的连接形式是在管道材料表中必须标准的内容之一。管件之间、管件与管道之间常用的连接方式有四种：对焊连接、承插焊连接、螺纹连接和法兰连接。

（1）对焊连接和承插焊连接

对焊连接和承插焊连接属于不可拆卸连接，连接接头的密封性好，常用于不要求拆卸的管道元件之间的链接。一般情况下，对焊连接适用于 DN50mm 及以上直径的管道元件之间的链接，而承插焊连接常用于 DN50mm 以下直径管道元件之间的连接，但下列情况不能采用承插焊连接：

①壁厚大于等于 Sch160（PN25）等级的小口径管道（厚壁管，如 DN40，壁厚为 7.14mm）。

②可能产生缝隙腐蚀或严重冲蚀的场合。

③要求焊接部位及管道内壁光滑过渡的场合。

④剧烈循环工况或 GC1 级管道的场合，且连接接头的公称直径大于 DN40mm。

（2）螺纹连接和法兰连接

螺纹连接和法兰连接属于可拆卸连接，连接接头的密封性较差，常用于要求拆卸的管道元件之间的连接。

①螺纹连接。一般情况下，螺纹连接仅适用于 DN40mm 及以下直径的管道元件之间的链接；当用于可燃介质、有毒介质管道上时，应进行密封焊。螺纹连接不得用于有缝隙腐蚀的流体工况中；不应用于扭矩大或有振动的管道上。

②法兰连接。法兰连接常用于阀门、动设备、静设备等管道的连接。

8.5 管法兰及紧固件的选用

管法兰与垫片和紧固件（螺栓）共同组成管道中可拆的连接结构，是一种重要而普遍应用的连接方式。为使连接接头能安全运行并获得满意的密封效果，选用时要对法兰的结构型式、密封面形式、垫片的材料和结构形式、紧固件的材料和尺寸等全面地进行综合考虑，正确选用。

8.5.1 法兰的结构型式

8.5.1.1 法兰型式

(1) 欧洲体系法兰型式

欧洲体系管法兰型式包括：板式法兰、带径平焊法兰、带径对焊法兰、整体法兰、承插焊法兰、螺纹法兰、对焊环松套法兰、平焊环松套法兰、法兰盖、法兰衬里等。法兰型式及其代号见图 8.2 和表 8.5。

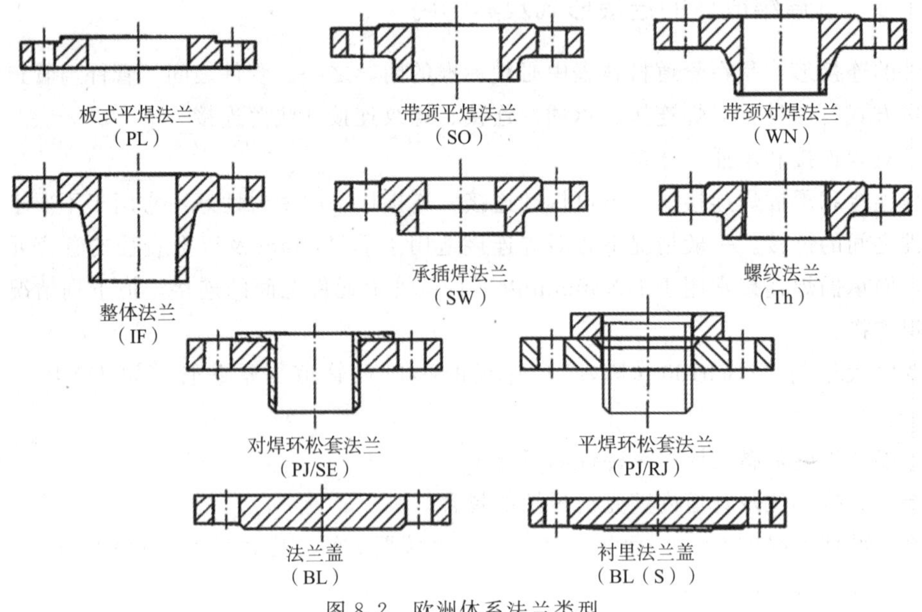

图 8.2 欧洲体系法兰类型

表 8.5 欧洲体系法兰类型代号

法兰类型代号	法兰类型
PL	板式平焊法兰
SO	带颈平焊法兰
WN	带颈对焊法兰
IF	整体法兰
SW	承插焊法兰
Th	螺纹法兰
PJ/SE	对焊环松套法兰
PJ/RJ	平焊环松套法兰
BL	法兰盖
BL(S)	衬里法兰盖

(2) 美洲体系法兰型式

美洲体系管法兰型式包括：带径平焊法兰、带径对焊法兰、整体法兰、承插焊法兰、螺纹法兰、对焊环松套法兰、长高颈法兰、法兰盖等。法兰型式及其代号见图 8.3 和表 8.6。

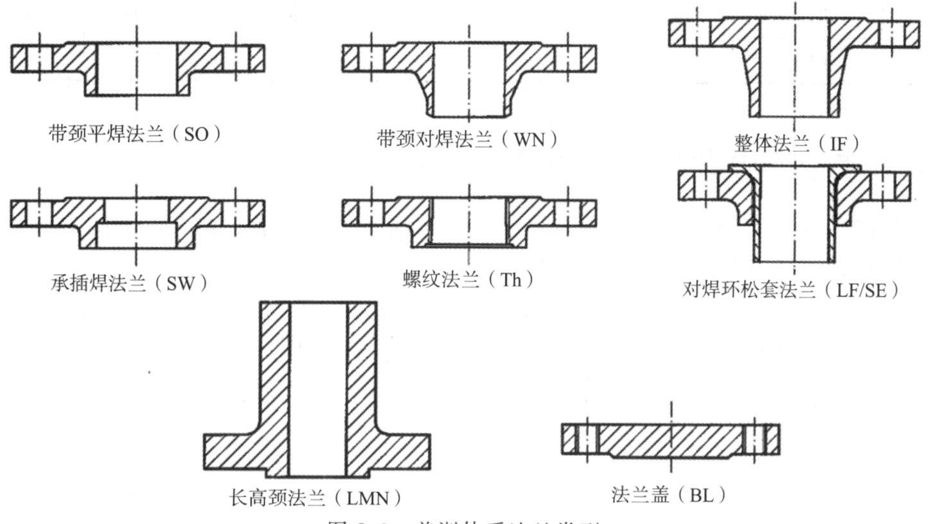

图 8.3　美洲体系法兰类型

表 8.6　美洲体系管法兰类型代号

法兰类型代号	法兰类型	法兰类型代号	法兰类型
SO	带颈平焊法兰	SW	承插焊法兰
WN	带颈对焊法兰	Th	螺纹法兰
LWN	长高颈法兰	LF/SE	对焊环松套法兰
IF	整体法兰	BL	法兰盖

8.5.1.2　法兰密封面型式

欧洲和美洲体系的法兰密封面型式及其代号完全相同。法兰密封面型式包括：突面、凹面/凸面（凹凸面）、榫面/槽面（榫槽面）、全平面、环连接面等。密封面型式及其代号见图 8.4 和表 8.7。

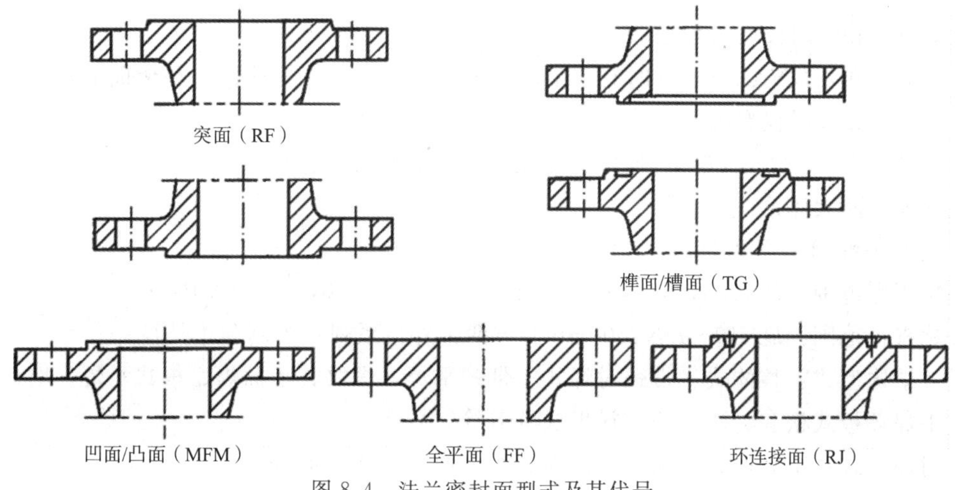

图 8.4　法兰密封面型式及其代号

表 8.7　法兰密封面型式及其代号

密封面型式	突面	凹面	凸面	榫面	槽面	全平面	环连接面
代号	RF	FM	M	T	G	FF	RJ

8.5.2　国内常用管法兰标准简介

我国管法兰标准比较多，但在压力管道上常用的管法兰标准主要有以下四个。

(1) GB/T 9112～9124—2010《钢制管法兰》

综合了美国的 ASME B16.5《（NPS½～NPS24）管法兰和法兰管件》和欧盟的 EN1092—1《法兰及其连接—管道、阀门、管配件及附件用圆形法兰，*PN* 标识第一部分，钢制法兰》两个标准编制而成。包括了 Class 系列法兰和 *PN* 系列法兰，标准中有 2 个公称压力等级。

PN 系列压力等级有 8 个等级：

*PN*2.5，6，10，25，40，63，100，160（MPa）；

Class 系列压力等级有 6 个等级：

CL150（*PN*20），CL300（*PN*50），CL600（*PN*110），CL900（*PN*150），CL1500（*PN*260），CL2500（*PN*420）。

法兰结构型式有：整体式、对焊式、带颈平焊、带颈螺纹、带颈承插焊、板式平焊、对焊环板松套、对焊环带颈松套、平焊环板式松套、翻遍环板式松套、法兰盖等。

密封面型式：*DN*≤600mm 时有全平面、突面、凹凸面、榫槽面、环槽面等。

(2) SH/T 3406—2013《石油化工钢制管法兰》

该标准参照美国（国家标准）ASME B16.5《管法兰和法兰管件（NPS½～NPS24）》和 ASME B16.47《大直径钢管法兰（NPS26～NPS60）》两个标准编制而成。属于美洲体系。

公称压力范围：*PN*11，20，50，68，110，150，260，420（bar）；

公称直径范围：*DN*15～*DN*1500mm。

法兰结构型式：*DN*≤600mm 时有对焊、平焊、承插焊、松套、螺纹等；

DN≥650mm 时仅有对焊法兰。

密封面型式：*DN*≤600mm 时有全平面、突面、凹凸面、榫槽面、环槽面等；

DN≥650mm 时仅有突面。

(3) HG/T 20592～20635—2009《钢制管法兰、垫片、紧固件》

该标准有两大体系。

①欧洲体系 HG/T 20592

公称压力范围：*PN*2.5，6，10，16，25，40，63，100，160（MPa）；

公称直径范围：*DN*10～*DN*2000mm。有两个外径系列：英制和小外径。

法兰结构型式：整体式、带颈对焊式、带颈平焊、螺纹、承插焊、板式平焊、对焊环板松套、平焊环板式松套、法兰盖、衬里法兰盖等。

密封面型式：全平面、突面、凹凸面、榫槽面、环连接面等。

②美洲体系 HG/T 20615

公称压力范围：CL150（$PN20$），300（50），600（110），900（150），1500（260），2500（420）。

公称直径范围：$DN15$～$DN1500$mm。

法兰结构型式：带径平焊法兰、带径对焊法兰、整体法兰、承插焊法兰、螺纹法兰、对焊环松套法兰、长高颈法兰、法兰盖等。。

密封面型式：全平面、突面、凹凸面、榫槽面、环连接面等。

（4）JB/T 74～90—2015《管路法兰及垫片》，属于欧洲体系。

公称压力范围：$PN0.25$，0.6，1.0，1.6，2.5，4.0，7.3，10，17，20MPa；

公称直径范围：$DN15$～$DN1600$mm。

法兰结构型式：整体式、对焊式、板式平焊、平焊环板式松套、对焊环板式松套、翻边板式松套、法兰盖等。

密封面型式：突面、凹凸面、榫槽面、环连接面等。

这些管法兰标准各有各自的温度—压力等级表、密封面型式和接管尺寸，相互之间互换性差，有些不能配套使用，在压力管道设计时要加以注意。

8.5.3 管法兰的选用

8.5.3.1 法兰公称压力等级的确定

压力管道的组成件一般都是标准件，所以压力管道组成件的设计主要是其标准件的选用。前面提到过，查标准选择标准件主要有两个参数，公称直径和公称压力。管子的公称直径确定之后，所有其他管道组成件的公称直径也就确定了；关键是公称压力如何确定？

在压力管道设计中，一般法兰是确定其他管道组成件公称压力等级的基准件。即法兰的公称压力等级基本就是其他组成件的公称压力等级。

确定法兰的公称压力等级，要考虑的因素有：管道的设计压力 p、管道支承和管道位移等情况引起的管道系统附加力。折合其当量设计压力为：

$$p_d = p + 16M/(\pi D_G^3) + 4F/(\pi D_G^2) \tag{8-3}$$

式中 p——管道的设计压力，MPa；

M——法兰连接承受的管系附加外力矩，N·mm；

F——法兰连接承受的管系附加轴向力，N；

D_G——垫片压紧力作用中心圆直径，mm。

当量设计压力圆整到法兰标准中的公称压力，即为法兰的公称压力等级（即为法兰的公称压力 PN）。

8.5.3.2 管法兰选用的规定

在法兰标准中对法兰的选用都有一些规定，一般包含以下内容：

①法兰型式、结构尺寸应符合其相应标准的规定；

②法兰许用工作压力应根据法兰标准中所列的温度-压力额定值确定；

③有毒、可燃介质或温度频繁变化的管道，不得采用板式平焊法兰；

④承插焊法兰和螺纹法兰不得使用在可能发生缝隙腐蚀或严重腐蚀处；有频繁大幅度温度循环的情况下，承插焊法兰和螺纹法兰不宜用于高于 260℃及低于-45℃；

⑤在剧烈循环工况下，应选用整体法兰或对焊式法兰；

⑥配对的两个法兰如果具有不同的压力额定值，则该连接接头的使用条件应以较低压力额定值的法兰为准，并应控制安装时的螺栓扭矩，防止出现过紧；

⑦金属法兰与非金属法兰相连接或采用脆性材料的法兰时，法兰的密封面应采用全平面型式。当必须采用突面型法兰时，应有防止螺栓过载而损坏法兰的措施；

⑧配用非金属垫片的法兰，法兰密封面的粗糙度宜为3.2～6.4μm；对于配用缠绕式垫片的法兰，应为光滑的密封面，粗糙度宜为1.6～3.2μm，并应采用公称压力大于或等于2.0MPa的法兰；

⑨设计温度大于300℃或公称压力大于等于 *PN*4.0MPa 的管道，应选用对焊法兰；设计温度在300℃以下且公称压力小于等于 *PN*2.5MPa 的管道，宜选用带径平焊法兰；

⑩动力管道系统中不宜采用承插焊法兰、松套法兰和螺纹法兰；

⑪对焊法兰宜采用凹凸面和突面型式，带径平焊法兰应采用突面型式；

⑫当采用非标准法兰时，必须按现行国家标准 GB/T 150.3 进行强度设计计算。

8.5.4 垫片的选用

8.5.4.1 垫片的性能参数

预紧密封比压 y：在预紧条件下，为形成初始密封条件而必须施加在垫片单位面积上的最小压紧力，称为预紧密封比压，单位为MPa。

垫片系数 m：在操作条件下，发生临界泄漏时，单位密封面上所具有的密封压紧力称为工作密封比压 y_g，工作密封比压与介质操作压力 p 的比值称为垫片系数，即：$m=y_g/p$。

y、m 是反映垫片性能的两个重要参数，其数值与垫片的种类和材质有关，两个值越大表明垫片达到密封时需要更大的螺栓载荷。在法兰和连接螺栓的设计计算中，需要垫片的这连个性能参数，y 和 m 的具体数值由实验测试而得，设计计算时可查阅相关标准。

8.5.4.2 垫片种类及标准

（1）垫片种类

常用法兰密封垫片有三大类：

①非金属垫片：主要包括石棉橡胶类垫片，非石棉纤维橡胶垫片，聚四氟乙烯包覆垫片等。垫片型式多为平垫。

②半金属垫片：这种垫片由金属和非金属两种材料组合而成，主要包括缠绕式垫片、金属包覆垫片等。这种垫片密封性能好，耐压性能好。

③金属垫片：此类垫片为金属（或合金）材料经机械加工制成。垫片型式有平垫片、椭圆形垫片、八角形垫片等。金属垫的材料根据介质的腐蚀性质和温度选取，具体有软铁、合金钢、铜、铝等。一般用于高压情况。使用温度则根据选用的材料而定。

（2）垫片的主要标准

HG/T 20606～20612—2009《钢制管法兰用垫片》（欧洲体系）；

HG/T 20627～20633—2009《钢制管法兰用垫片》（美洲体系）；

GB/T 13403—2008《大直径钢制管法兰用垫片》；

GB/T 9126—2008《管法兰用非金属平垫片尺寸》；

SH/T 3401—2013《石油化工钢制管法兰用非金属平垫片》；

SH/T 3402—2013《石油化工钢制管法兰用聚四氟乙烯包覆垫片》；

SH/T 3403—2013《石油化工钢制管法兰用金属环垫片》；

SH/T 3407—2013《石油化工钢制管法兰用缠绕式垫片》；等等。

8.5.4.3 垫片的选用要求

①垫片的选用应考虑流体性质、使用温度、压力以及法兰密封面等因素；垫片的密封载荷应与法兰的压力等级、密封面型式、表面粗糙度和紧固件相匹配。

②非金属垫片与不锈钢法兰配合使用时，应考虑垫片材料氯离子含量对法兰材料性能的影响（其氯离子含量不得超过50ppm）；石棉橡胶垫片不得用于真空管道。

③选用缠绕式垫片、金属包覆垫片等半金属垫或金属环垫的公称压力小于等于*PN*2.0MPa的标准管法兰，应采用带颈对焊等刚性较大的结构型式。

④可燃材料（如橡胶）制成的垫片，不得用于输送强氧化性介质的管道。

⑤缠绕式垫片选用应符合下列规定：

a）凸凹面法兰上应采用带内环型缠绕式垫片；

b）突面法兰上应采用带外环型缠绕式垫片；

c）榫槽面法兰应采用基本型缠绕式垫片；

d）公称压力大于或等于CL900（*PN*150）的突面法兰应采用带内外环型缠绕式垫片。

⑥用于平面型法兰的垫片，应为全平面非金属垫片。

8.5.5 紧固件的选用

紧固件包括六角头螺栓、等长双头螺柱、全螺纹螺柱、螺母和垫圈等元件。

8.5.5.1 紧固件的性能等级

(1) 公差等级

螺栓、螺母、螺钉等紧固件分为精制、半精制、粗制公差等级，根据加工精度分为A、B、C级。C级螺栓加工粗糙，尺寸不够准确，只要求Ⅱ类孔（在单个零件上一次冲成或不用钻模钻成设计孔径的孔），成本低，栓径比孔径小1.5～2.0mm。A级和B级螺栓须经机床削加工，精度较高，要求Ⅰ类孔，孔径与孔栓相等，只分别允许其有正和负公差，因此栓杆和螺孔间的空隙仅为0.3mm左右。由此可见，A级和B级螺栓与螺孔为紧配合，受剪性能较好，变形很小，但制造和安装过于费工，价格昂贵，目前在钢结构中应用较少。C级螺栓由于与螺栓孔的空隙较大，当传递拉力的性能仍较好，所以C级螺栓广泛用于需要装拆的连接、承受拉力的安装连接、不重要的连接或作安装时的临时固定。

(2) 性能等级

紧固件的性能等级分3.6、4.6、4.8、5.6、6.8、8.8、9.8、10.9、12.9等10余个等级，其中8.8级及以上螺栓材质为低碳合金钢或中碳钢并经热处理（淬火、回火），通称为高强度螺栓，其余通称为普通螺栓。螺栓性能等级标号有两部分数字组成，分别表示螺栓材料的公称抗拉强度值和屈强比值。例如，性能等级4.6级的螺栓，其含义是：

螺栓材质公称抗拉强度达400MPa级；螺栓材质的屈强比值为0.6；螺栓材质的公称屈服强度达400×0.6＝240MPa级。

螺栓性能等级：3.6　4.6　4.8　5.6　5.8　6.8　8.8　9.8　10.9　12.9

抗拉强度 σ_{bmin}：330 400 420 500 520 600 800 900 1040 1220 MPa

屈服强度 σ_{smin}：190 240 340 300 420 480 640 720 940 1100 MPa

不锈钢紧固件通常标为 A4－70，A2－70 的型式，“--”前后分别表示紧固件材料和强度等级。

A—奥氏体不锈钢；C—马氏体不锈钢；F—铁素体不锈钢。

A 后面的数字 1、2、3、4、5 表示化学成分范围（查标准表）。

后面的两位数字代表紧固件材料抗拉强度的 1/10。

例如：A2－70 表示，奥氏体钢、冷加工、最小抗拉强度为 700MPa。

8.5.5.2　紧固件标准

GB/T 5780—2016《六角头螺栓 C 级》；

GB/T 5781—2016《六角头螺栓 全螺纹 C 级》；

GB/T 5782—2016《六角头螺栓》；

GB/T 9125—2010《管法兰连接用紧固件》；

SH/T 3404—2013《石油化工钢制管法兰用紧固件》；

HG/T 20613—2009《钢制管法兰用紧固件》（欧洲体系）；

HG/T 20634—2009《钢制管法兰用紧固件》（美洲体系）等。

8.5.5.3　紧固件选择要求

①应选用国家现行标准中的标准紧固件，并在相应管道规范所规定材料的范围内选用。选择法兰连接紧固件材料时，应同时考虑管道操作压力、操作温度、介质特性和垫片类型等因素。

②较高强度等级的紧固件可以代用较低强度等级的紧固件。高温条件下使用的紧固件应与法兰材料具有相近的热膨胀系数。

③法兰连接用紧固件螺纹的螺距不宜大于 3mm；直径 $M30$ 以上的紧固件可采用细牙螺纹。

④配对法兰中有一个是铸铁、铜合金或其他铸造法兰时，紧固件应采用较低强度的法兰所配的紧固件材料。但以下情况除外：

a）两侧法兰的密封面均为全平面，且采用全平面垫片；

b）考虑到持续载荷、位移应变、临时载荷以及法兰强度各方面的因素，对螺栓拧紧力矩和拧紧顺序已作了规定；

⑤低强度等级的紧固件不得用于剧烈循环工况下的法兰接头；在剧烈循环条件下，法兰连接的螺栓或双头螺柱，应采用合金钢的材料。

8.6　压力管道常用阀门及其选择

8.6.1　常用阀门的结构特点及用途

阀门是压力管道中的重要组成件之一，用于开闭、节流和保障管道及设备的安全运行等。工程上应用的阀门种类很多，压力管道中常用的阀门有闸阀、截止阀、止回阀、球阀、蝶阀、隔膜阀、安全阀，等等。其中闸阀、截止阀、止回阀三种阀在石油化工生产装置中是应用最多的阀门，约占整个阀门总量的80%，而其中的闸阀又占这三种阀门的90%左右。

(1) 闸阀

闸阀的闸板由阀杆带动，沿阀座密封面作升降运动，可接通或截断流体的通路。它主要用于各种介质管道的启闭。闸阀与截止阀相比，闸阀流动阻力小、启闭省力；闸阀与球阀和蝶阀相比，闸阀密封可靠性高，生产成本低。因此是最常用的一种阀门。但当闸阀部分开启时，介质会在闸板背面产生涡流，易引起闸板的冲蚀和振动，阀座的密封面也易损坏，故一般不作为节流用。另外，与球阀和蝶阀相比，闸阀的开启时间较长，结构尺寸较大，故不宜用在直径较大的管道上。它与管道的连接可以是螺纹、承插焊、法兰或对焊连接。

(2) 截止阀和节流阀

截止阀和节流阀都是向下闭合式阀门，阀瓣由阀杆带动，沿阀座中心线做升降运动。截止阀与节流阀结构基本相同，只是阀瓣形状有所不同，截止阀的阀瓣是盘形；节流阀的阀瓣多为圆锥形，可以改变流道截面积，以调节流量和压力。与闸阀相比，截止阀具有一定的调节作用，故常用于调节阀组的旁路。截止阀在关闭时需要克服介质的阻力，因此，它最大直径仅用到 DN200mm。

(3) 止回阀

止回阀又称单向阀，它只允许介质向一个方向流动，自动防止管道内的流体逆向流动。当介质顺流时阀瓣会自动开启，当介质反向流动时能自动关闭。安装止回阀时，应注意介质的流动方向应与止回阀上的箭头方向一致。

根据结构型式不同，止回阀有升降式止回阀、旋启式止回阀、斜盘式止回阀和双板式止回阀等四种。升降式止回阀是靠介质压力将阀门打开，当介质逆向流动时，靠自重关闭（有时是借助于弹簧关闭），因此升降式止回阀只能安装在水平管道上。旋启式止回阀是靠介质压力将阀门打开，靠介质压力和重力将阀门关闭，因此它即可以用在水平管道上，又可用在垂直管道上（此时介质必须是自下而上）。

(4) 蝶阀

蝶阀具有90°旋转快速开启关闭的特点，而且具有重量轻、结构尺寸小（尤其是对夹式蝶阀）等优点，并具有一定的调节功能，适合于大直径和压力较低的管道。但它密封性能不如闸阀可靠，故在石化生产装置上应用的并不多。但随着石化生产装置的大型化，用蝶阀代替闸阀是必然趋势。目前，许多阀门生产厂都在开发生产双偏心或三偏心高性能金属硬密封蝶阀，它们较好地解决了热胀补偿和磨损补偿的问题，因此，它们也开始逐渐用于油品、油气管道上。

(5) 球阀

球阀的阀瓣为一中间有通道的球体，球体绕自身轴线作90°旋转，达到启闭目的。球阀的最大特点是在众多的阀门类型中其流体阻力最小、流动特性最好，同时它也具有90°旋转而快速启闭的特点。球阀根据球体结构不同，可分为浮动球和固定球两种；根据阀座密封结构不同，球阀有软密封和硬密封两种。

固定球球阀适用于大口径（$DN \geqslant 100$mm）的情况，浮动球球阀适用于小口径情况。

使用软密封球阀时，阀门的工作温度和允许工作压力不仅是其相应法兰系列的压力-温度限定值，还要注意软密封填料的温度-压力额定值。

(6) 疏水阀

蒸汽流过管道时，因传热作用会出现凝结水，凝结水留在管道的低点时，会产生水击，严重时会导致管子的破坏。蒸汽凝结水流入机械设备时（如蒸汽轮机），会影响其工作效率或导致机械故障，留在伴热道内时，还会降低伴热效果，等等。疏水阀就是用于排除这些凝结水的管道设备。

在压力管道设计中，疏水阀型式分热静力型、热动力型和机械型，常用的疏水阀有双金属式疏水阀、圆盘式疏水阀、杠杆浮球式疏水阀、自由浮球式疏水阀和倒吊桶式疏水阀等型式。

双金属式疏水阀属于热静力型疏水阀，疏水阀的感温体是双金属板，根据凝结水的温度变化使金属圆板呈凸形或凹形弯曲，并以此启闭疏水阀。此种疏水阀具有排量大、体积小、动作噪声小、可靠性高、蒸汽损失少、允许背压高、有止回作用、可以在水平管道也可以在垂直管道上安装等优点。因此，它成为石化生产装置中应用最多的一种疏水阀。

圆盘式疏水阀属于热动力型疏水阀，主要是利用蒸汽和凝结水的温度不同，使变压室内的压力发生变化，从而达到启闭疏水阀的目的。此种疏水阀具有结构简单、体积小、维修简单等优点。但它同时具有空气流入后不能动作、动作噪声大、背压允许度低、不能在低压（0.03MPa 以下）使用、有蒸汽泄漏现象、不适用于大排量情况等缺点。圆盘式疏水阀仅适用于水平管道上。

杠杆浮球式、自由浮球式及倒吊桶式等三种疏水阀属于机械型疏水阀，此种疏水阀主要是利用蒸汽和凝结水的密度不同而进行阀门启闭的。由于蒸汽和凝结水的密度相差很大，它们对浮子会产生不同的浮力，使浮子随凝结水位的高低而升降，从而达到启闭阀门

的目的。此类疏水阀具有排除空气能力强、排液能力大等特点，适用于蒸汽用量大的加热设备的疏水。它适用于安装在水平管道上。

(7) 隔膜阀

隔膜阀的启闭是一块橡胶隔膜，夹于阀体和阀盖之间。隔膜中间突出部分固定在阀杆上，阀体内衬有橡胶，由于介质不进入阀盖内腔，因此无需填料箱。隔膜阀结构简单、密封性能好、便于维修、流体阻力小，适用于温度小于 200℃、压力小于 1.0MPa 的油品、水、酸性介质和含悬浮物的介质；不适用于有机溶剂和强氧化剂的介质。

(8) 安全阀

安全阀是一种保护性设备。当装置操作出现不稳定、误操作、超温等问题而造成设备或管道超压时，它能自动开启而泄压，从而达到保护设备和管道的目的。它是石油化工生产装置中常用的一种管道安全设备。安全阀的种类也很多，一般介质的管道上多用弹簧式安全阀，而蒸汽汽泡上多用重锤平衡式安全阀。

(9) 调节阀

调节阀常用于管道的节流、降压、自动调节介质流量等，而且经常与液面计、温度计等配合使用以实现自动控制设备的液位和介质的温度。调节阀的使用，一般由自动控制工程师进行选定。

8.6.2 阀门标准

GB/T 12232—2005《通用阀门 法兰连接铁制闸阀》；

GB/T 12233—2006《通用阀门 铁制截止阀与升降式止回阀》；

GB/T 12234—2015《钢制阀门 一般要求》；

GB/T 12235—2007《石油、化工及相关工业用的钢制截止阀和升降式止回阀》；

GB/T 12236—2008《石油、化工及相关工业用的钢制旋启式止回阀》；

GB/T 12237—2007《石油、石化及相关工业用的钢制球阀》；

GB/T 12238—2008《法兰和对夹连接弹性密封蝶阀》；

GB/T 12239—2008《工业阀门 金属隔膜阀》；

GB/T 12241—2005《安全阀 一般要求》；

GB/T 12243—2005《弹簧直接载荷式安全阀》；

GB/T 12246—2006《先导式减压阀》；

SY/T 0511.2—2010《石油储罐附件 第2部分：液压安全阀》等。

8.6.3 阀门选用要求

8.6.3.1 阀门选用基本要求

①阀门选用应选取相应的阀门标准，并按本章8.5.3条确定使用参数。

②应根据管道的设计温度、设计压力、介质性质和阀门用途来选用阀门，并应考虑外部载荷对阀门操作性能和密封性能的影响。

③对于内部可能滞留流体介质的阀门，应采取适当的安全措施防止因温度升高导致的压力增加。

④对于阀杆填料和管道内流体介质温差较大的工况，应采用加长阀杆的结构形式。

⑤根据流体的流量和允许的压力损失来决定阀门的尺寸，一般应与工艺管道的尺寸一致。

⑥对于磨蚀性大的流体，阀座及阀芯应选用耐磨材料；对于有磨蚀的流体，选用闸阀时，宜为明杆结构形式。

⑦选用手动阀门，当开启力大于400N时，宜采用齿轮操纵结构。

⑧易燃或可燃气体的阀门应采用严密性较好的可燃气体专用阀门，不应采用输送普通流体的阀门代替。

⑨有毒介质管道的阀门应采用严密型的钢制阀门，阀门本体的密封应有可靠的防泄漏措施。

⑩对于氧气管道不应使用快开、快闭型的阀门。阀内垫片及填料不应采用易脱落碎末、纤维的材料或可燃的材料制成。

8.6.3.2 阀门型式的选用原则

阀门型式的选用是管道材料设计的重点工作内容之一，也是难点之一。它要求设计者不仅应对常用阀门的结构型式、性能特点、相关标准等比较熟悉，也应对应用环境和工程要求比较熟悉。一般情况下，阀门的型式可按下列原则选用。

①一般开关情况下应首选闸阀。$DN\leqslant 40$mm 的闸阀宜采用明杆支架式楔式固定闸板结构型式；$DN\geqslant 50$mm 的闸阀宜采用明杆支架式楔式弹性闸板结构型式；对带有固体颗粒的介质，闸阀阀体上应带一个（阀门 $DN\leqslant 80$mm 时）或两个（阀门 $DN>80$mm 时）吹扫孔；对低温介质，应选用低温专用闸阀；对要求防凝的介质，应选用夹套闸阀。

②对要求有一定调节作用的开关场合（如调节阀旁路、软管站等）和输送液化石油气、液态烃介质的场合，宜选用截止阀以代替闸阀；对剧毒介质，宜选用波纹管密封的截止阀代替闸阀；对有特殊防腐要求的场合，宜选用带非金属衬里的截止阀。截止阀宜采用明杆支架

型式。截止阀一般适用于公称直径小于等于 DN200mm 的管道尺寸。

③对于要求能自动防止介质倒流的场合应选用止回阀。一般情况下，DN≤40mm 时宜用升降式止回阀（仅允许安装在水平管道上）；DN=50～400mm 时，宜采用旋启式止回阀（不允许装在介质由上到下的垂直管道上）；DN≥450mm 时，宜选用缓冲型止回阀；DN=100～400mm，也可以采用对夹式止回阀，其安装位置不受限制。

④蝶阀在下列条件下可以代替闸阀：设计压力小于 1.0MPa，设计温度小于 100℃，管道直径为 DN400～1200mm，介质为工业用水或压缩空气，此时可采用双偏心或三偏心软密封型式；设计压力小于 1.0MPa，设计温度小于 300℃，介质为压缩空气，此时应采用双偏心或三偏心金属硬密封型式；设计压力小于 1.0MPa，设计温度小于 300℃，直径为 DN400～1000mm，介质为油气，此时应采用双偏心或三偏心金属硬密封型式；设计压力小于 2.0MPa，设计温度小于 300℃，直径为 DN200～500mm，介质为油气，此时应采用三偏心金属硬密封型式；双偏心型式必须具有金属弹性密封环结构，双偏心或三偏心蝶阀宜具有双向密封功能，至少其逆向密封压力应不低于正向的 80%；设计选型应结合制造厂进行。

⑤球阀在下列条件下可以代替闸阀：设计压力小于 1.0MPa，设计温度小于 100℃，DN≤200mm，介质为工业用水、压缩空气，此时可选用非金属密封副球阀，也可以选用金属密封副球阀；设计压力小于 2.0MPa，设计温度小于 300℃，DN≤200mm，介质为油品、油气，此时应选用金属密封副球阀；设计压力小于 4.0MPa，设计温度小于 425℃，DN≤300mm，介质为饱和水或过热蒸汽，此时应选用金属密封副球阀；在输送浆液和有粉尘物料的工艺管道上多采用非金属密封球阀（此时的介质温度应根据所采用的非金属材料确定），但此时阀门应具有防火、防静电结构。金属密封副球阀必须具有磨损补偿和热胀补偿结构。设计选型应结合制造厂进行。

8.7 其他管道组成件及其选用

其他管道组成件包括膨胀节、过滤器、阻火器、消声器、视镜等。

8.7.1 波纹管膨胀节

为防止管道因热胀冷缩产生过大的应力，在压力管道中常设置膨胀节（补偿器）。应用最多的是金属波纹管膨胀节。

8.7.1.1 膨胀节的类型

根据膨胀节自身能否承受压力推力分为非约束型和约束型两种型式。

非约束型：自身不能承受压力推力的膨胀节，称为非约束型膨胀节。

约束型：自身能承受压力推力的膨胀节，称为约束型膨胀节。

根据膨胀节吸收位移（方向）的类型可分为：轴向型、角向型、横向型、万向型四种型式。

轴向型：主要用于吸收轴向位移；可以设计成非约束型或约束型。

角向型：属于约束型膨胀节，用于吸收角向位移。当设置铰链时，用于吸收单平面角向位移；当设置万向环时，用于吸收多平面角向位移。

横向型：属于约束型膨胀节，用于吸收横向位移。当膨胀节中设置两根拉杆时，可以吸收垂直于两拉杆构成平面的角向位移；设置双铰链或双万向环的膨胀节，也可用于吸收角向位移。

万向型：用于吸收多个方向的位移。可以设计成非约束型或约束型。

常用膨胀节结构型式见表 8.8。

表 8.8 常用膨胀节结构型式

自身能否承受压力推力类型	吸收位移类型	型式	示意图	位移				
				轴向	横向		角向	
					单个平面	多个平面	单个平面	多个平面
非约束型	轴向型	单式轴向型	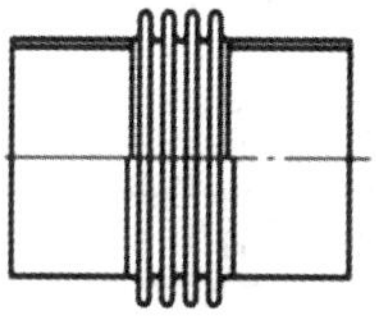	●	○	○	○	○
非约束型		外压轴向型	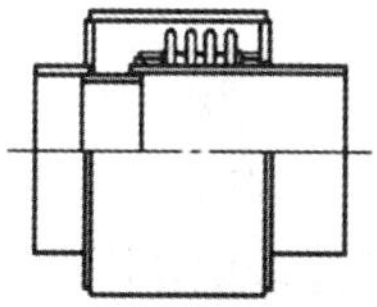	●	○	○	○	○
约束型	轴向型	直管压力平衡型	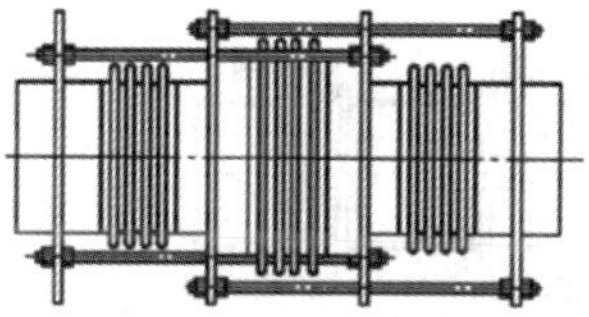	●	×	×	×	×
约束型		旁通直管压力平衡型	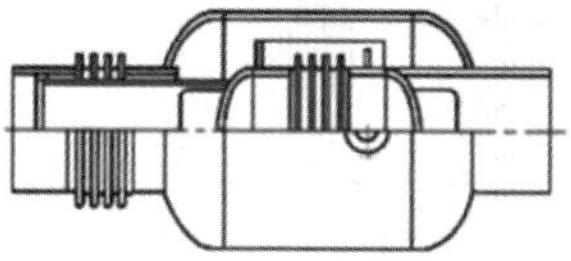	●	×	×	×	×
约束型		弯管压力平衡型	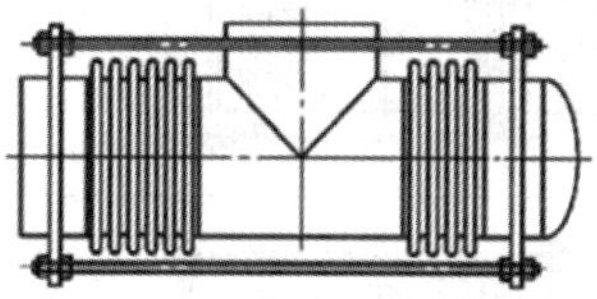	●	○	○	◎只有2根拉杆	×
约束型	角向型	单式铰链型	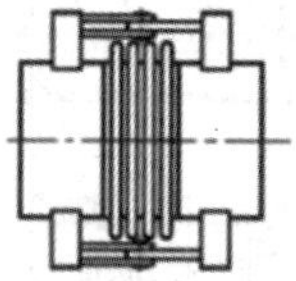	×	×	×	●	×
约束型		单式万向铰链型	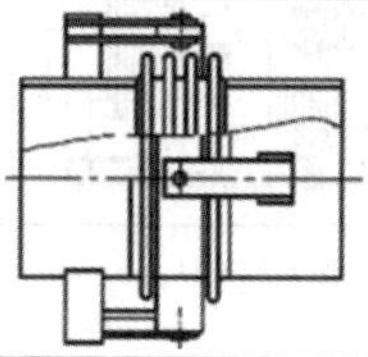	×	×	×	●	●

续表

自身能否承受压力推力类型	吸收位移类型	型式	示意图	位移				
				轴向	横向		角向	
					单个平面	多个平面	单个平面	多个平面
约束型	横向型	复式拉杆型	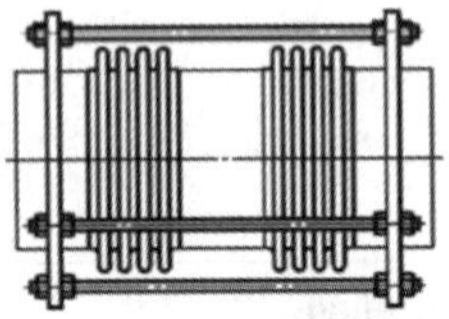	×	●	●	◎只有2根拉杆	×
约束型		复式万向铰链型	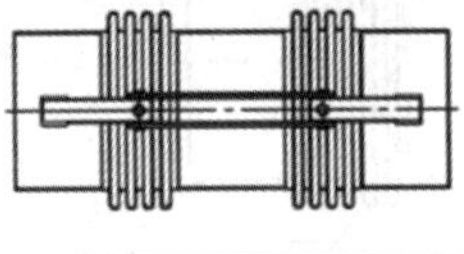	×	●	●	●	×
约束型		复式铰链型	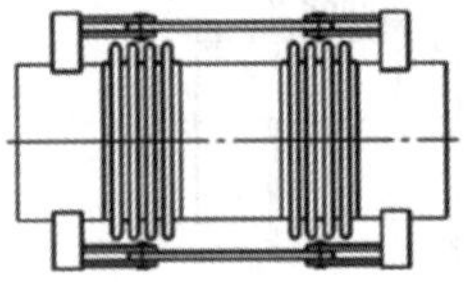	×	●	×	●	×
约束型		复式万向角型	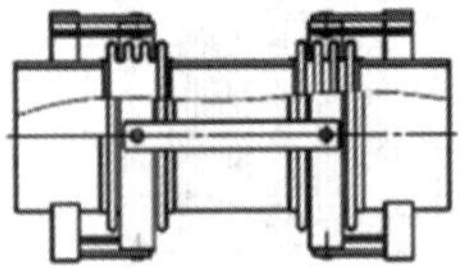	×	●	●	●	●
非约束型	万向型	复式自由型	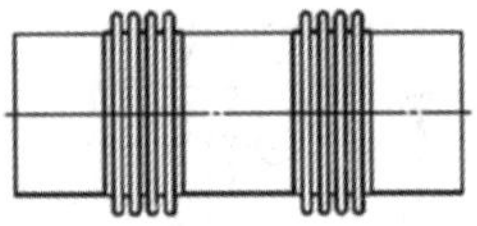	●	●	●	●	●
约束型		弯管压力平衡型	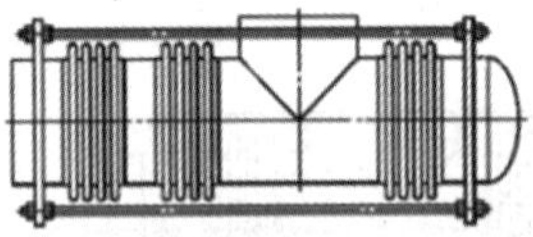	●	●	●	◎只有2根拉杆	×
约束型		直管压力平衡拉杆型	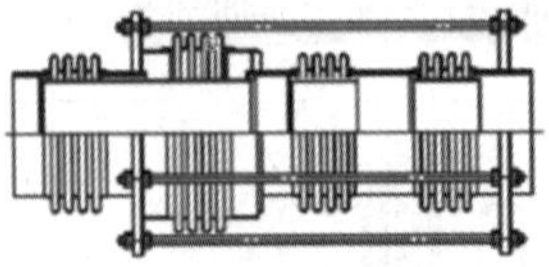	●	●	●	◎只有2根拉杆	×
约束型		直管压力平衡万向铰链型	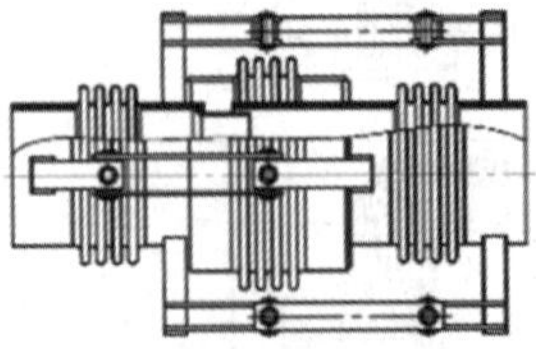	●	●	●	●	●

注：●——适用；◎——有条件适用；○——有限范围适用；×——不适用。

8.7.1.2 膨胀节标准与膨胀节选用

(1) 膨胀节相关标准

压力管道用膨胀节主要有如下标准：

GB/T 12777—2008《金属波纹管膨胀节通用技术条件》；

GB/T 35990—2018《压力管道用金属波纹管膨胀节》；

GB/T 35979—2018《金属波纹管膨胀节选用、安装、使用维护技术规范》。

(2) 膨胀节的选用

为了减少管道系统或者设备中由温度变化、设备机械运动、振动等引起的位移所造成的载荷，可设置膨胀节解决。设置膨胀节与各种支架的设计密切相关，所以选用膨胀节的第一步是初步设定管道固定支架的位置。不论一个管系如何复杂，都可以用固定支架将其划分为一些形状比较简单、独立膨胀的管段（如直管段、“L”形弯管段、“Z”形弯管段等）。最简单、最经济的补偿形式是在轴向位移的直管段上应用单式轴向型膨胀节，然而，这种补偿形式会受到压力推力的限制，压力推力可能使主固定支架超载，在这种情况下，就要应用能承受压力推力的约束型膨胀节。

就是说，膨胀节的选用是一个复杂的过程，要综合考虑诸多的因素；要从经济、空间限制和受力状态的要求等各方面对各种不同补偿形式进行对比分析以后，才能确定所选用膨胀节的类型。在压力管道设计中，关于膨胀节的具体选用，可按照现行国家标准 GB/T 35979 进行选型设计。

8.7.2 过滤器

过滤器的作用是过滤掉管道中的固体颗粒，以达到保护机械设备或其他管道设备的目的。管道过滤器多用于泵、仪表、疏水阀等位置前的液体管道上。

(1) 过滤器类型

过滤器种类很多，一般情况下有临时过滤器和永久性过滤器之分。按其形状可分为 Y 型过滤器、三通直流式、直角式、筒形（篮式等）、锥形等形式。

(2) 过滤器标准

GB/T 14382—2008《管道用三通过滤器》；

GB/T 26114—2010《液体过滤用过滤器 通用技术规范》；

HG/T 4085—2009《压力式纤维束过滤器》；

HG/T 21637—1991（2000 年实施）《化工管道过滤器》；

JB/T 7538—2016《管道用篮式过滤器》；

SY/T 0523—2008《油田水处理过滤器》等。

(3) 过滤器的选用原则

①根据介质的性质和温度、压力来选用合适的过滤器。

②过滤器的压力等级一般应比介质的工作压力高一个档次。

③一般情况下，当管道直径 $DN \leqslant 80$mm 时，应选用 Y 型过滤器；当 $DN \geqslant 100$mm 时，应根据管道布置情况选用直流式或三通型过滤器。

④当需要较大的过滤面积时，可选用加长型三通过滤器或篮式过滤器。

⑤常用的过滤器过滤等级为 30 目，当与之相连的机械对过滤器的滤网有更高的要求时，

应根据要求选择相应的滤网目数。

8.7.3 阻火器及其选用

(1) 阻火器的作用

阻火器是一种防止火焰蔓延的安全装置，通常安装在易燃易爆的气体管道上。管道的末端为明火端或者有可能产生明火的设施，当管道中介质压力降低时，可能会因介质的倒流而将明火引向介质源头而产生着火或爆炸。在这些管道的靠终端处，安装阻火器能防止或阻止火焰随介质的倒流而窜入介质的源头管道或设备。例如，乙炔气体，在充灌瓶和压缩机之间的管道，要求设置三个阻火器。由于阻火器是一个安全保护元件，因此阻火器生产厂必须通过消防部门的认证。

(2) 阻火器的种类

一般按照阻火器内的填料来分类，有碳素钢壳体镀锌铁丝网阻火器、不锈钢壳体不锈钢丝网阻火器、钢制砾石阻火器、碳钢壳体铜丝网阻火器、波形散热片式阻火器、铸铝壳体铜丝网阻火器等。

(3) 阻火器标准

GB/T 13347—2010《石油气体管道阻火器》；

GB 5908—2005《石油储罐阻火器》；

HG/T 20570.19—1995《阻火器的设置》；

SH/T 3413—1999《石油化工石油气体管道阻火器选用、检验及验收》；等。

(4) 阻火器的选用原则

①所选的阻火器，其安全阻火速度应大于安装位置可能达到的火焰传播速度。

②阻火器主要是根据介质的化学性质、温度、压力来选用。阻火器的壳体应能承受介质的压力、允许的温度，还要能够耐介质的腐蚀；填料要有一定的强度，且不能和介质起化学反应。

③在寒冷地区使用的阻火器，应选用部分或整体带加热套的壳体，也可采用其他伴热方式。

④安装与管端部的阻火器，当工程直径小于 *DN*50mm 时宜采用螺纹连接；当公称直径大于或等于 *DN*50mm 时，应采用法兰连接；安装于管道中间的阻火器，应采用法兰连接。

8.7.4 消声器和视镜

8.7.4.1 消声器

在过程工业中产生较大噪声的设备一般有：风机、锅炉、压力容器、管道、蒸汽、真空泵、蒸压釜、设备排汽、气体排放等设备。消声器是阻止声音传播而允许气流通过的一种器件，是消除压力管道系统噪声的重要元件。工业消声器已广泛用于各行业的消声降噪。

(1) 消声器的类别及消声原理

按设备种类可分为风机消声器、空压机消声器、排气喷流消声器。

按消声原理及结构的不同，可分为阻性消声器、抗性消声器、微穿孔板消声器、复合式消声器和扩容减压、小孔喷射式排气放空消声器等五种型式。

①阻性消声器。是利用声波在多空性吸声材料中传播时，摩擦将声能转化为热能而散发掉，以达到消声的目的。阻性消声器具有良好的中、高频消声性能。

②抗性消声器。是利用声波的反射、干涉及共振等原理，吸收或阻碍声能向外传播。它

适用于消除中、低频噪声或窄带噪声。

③微穿孔板消声器。是建立在微穿孔板吸声结构基础上的既有阻又有抗共振式消声器。这种消声器可承受较高气流速度的冲击，耐高温、不怕水和潮湿，且能耐一定粉尘。

④复合式消声器。为了达到宽频带、高吸收的消声效果，可将阻性和抗性消声器组合为复合式消声器。这种消声器既有阻性吸声材料，又有共振器、扩张室、穿孔屏等声学滤波器件。

⑤扩容减压、小孔喷射式排气放空消声器。为减低高温、高速、高压排气喷流噪声而设计的排气放空消声器。

从结构上讲，风机消声器、空压机消声器大多是阻性或阻抗复合式消声器；排气喷流消声器大多是节流降压、扩容降速、或小孔喷注型消声器。

(2) 消声器的选用

消声器的选用应综合考虑如下因素：

①防火、防潮、防腐、洁净度的要求；

②安装的空间位置，房间（或放空）允许的噪声级别；

③噪声源频谱特性、系统自然声衰减、系统气流再生噪声、系统允许的压力损失；

④消声器价格；等等。

一般情况是：消声器的消声量越大，压力损失就越大，且消声器价格越高；消声量相同时，如果压力损失越小，消声器所占空间就越大。关于消声器的型式、技术要求及选用要求参见现行标准 HG/T 21616—1997 (2009)《化工厂常用设备消声器标准系列》。

8.7.4.2 视镜

视镜适用于石油、化工、石化等过程工业的设备或管道上，以观察装置内部物料操作情况，防止意外事故的发生。例如，用于冷却水管道和润滑油管道等，通过其透明的视窗可以观察到管道内循环冷却水或润滑油是否在流动。

视镜作为标准组合部件，由视镜玻璃、视镜座、密封垫、压紧环、螺母和螺柱等件组成。

视镜与设备或管道的连接形式有两种：一种是视镜座外缘直接与壳体或封头（管帽）相焊接（见图 8.5)；另一种是视镜座由配对管法兰（或法兰凸缘）夹持固定（见图 8.6)。

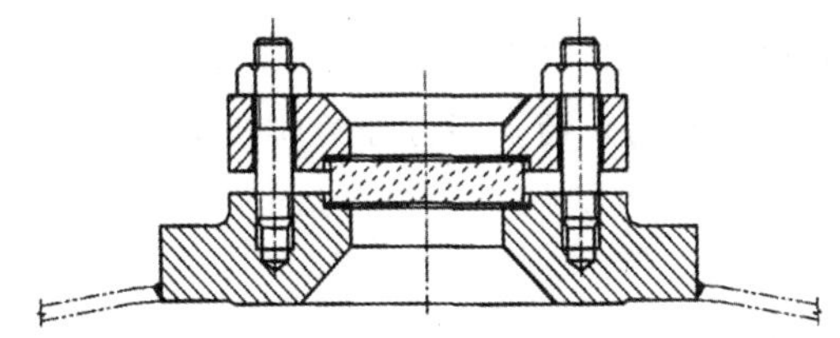

图 8.5 视镜座与壳体直接焊接结构

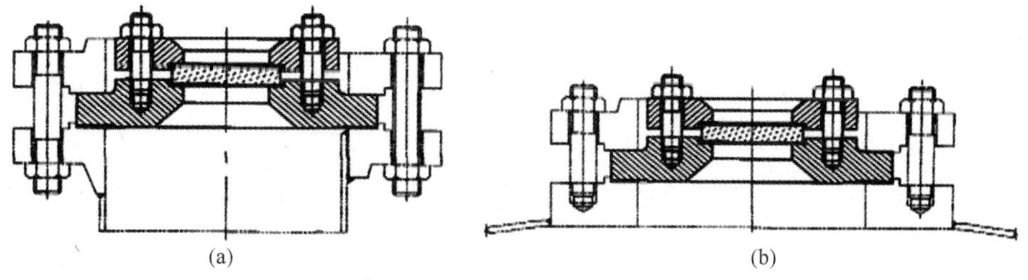

图 8.6 配对管法兰（或法兰凸缘）夹持固定式结构

视镜的详细结构、技术参数、技术条件及选用事项参见现行标准 NB/T 47017—2011《压力容器视镜》。

思考题

1. 压力管道材料设计的主要包括哪些内容?
2. 压力管道选材的基本原则是什么?
3. 管道材料选用应注意哪些使用限制条件?
4. 碳钢的使用限制应符合哪些规定?
5. 哪些元件为管道组成件?
6. 压力管道设计中需要确定的管子主要参数是什么?
7. 管子直径系列有哪几种?
8. 钢管壁厚表示方法有哪几种?
9. 管法兰标准体系有哪两类? 主要有什么区别?
10. 管子选用的基本原则是什么?
11. 常用的管件有哪些?
12. 管件允许使用压力与管件公称压力是什么关系?
13. 管件与管件、管件与管道常用的连接方式有哪几种?
14. 管法兰的密封面形式有哪几种?
15. 选用管法兰都有哪些规定?
16. 垫片的主要性能参数是什么?
17. 常用法兰密封垫片有哪几类?
18. 紧固件包括哪些元件?
19. 管道中常用阀门有哪些?
20. 安全阀的作用是什么?
21. 其他管道组成件包括哪些?
22. 根据膨胀节吸收位移(方向)的类型可分为哪几类?
23. 过滤器的作用是什么?
24. 阻火器的作用是什么?
25. 消声器的作用是什么?

第9章　压力管道力学基础

在工程实际中，构件的形状多种多样，按几何形状主要分为杆件、壳体和块。长度远比横截面尺寸大的构件称为杆件，如螺栓、轴、梁、管道等；横截面大小、形状不变的直杆称为等截面直杆；轴线为曲线的杆称为曲杆。若构件厚度尺寸远比长和宽的尺寸小，这样的构件称为薄板或壳体（如圆筒体、平板封头、球罐等）。若构件三维尺寸都较接近，则该构件称为块。

从结构形式上讲，压力管道为长径比非常大的圆筒体，它既是杆件，也属于壳体。本章首先介绍杆件的应力与强度问题，再进行壳体的应力分析，最后介绍压力管道的设计准则，为压力管道的强度和应力分析设计奠定基础。

9.1　杆件应力分析与强度设计

杆件在不同外力作用下的变形可以用某种基本变形形式或几种基本变形形式的组合来表示。杆件变形的基本形式有拉伸或压缩、剪切、弯曲和扭转四种，如表9.1所示。

表9.1　杆件的基本变形形式

基本变形形式	变形简图	工程实例
拉伸、压缩	F　F F　F	连接容器法兰用的螺栓；容器的立式支腿；承受轴向载荷的管道
剪切	P P	剪床上受剪切的钢板；承受集中载荷的管道；等
弯曲	m　m	各种机器的转动轴；承受重力、风载荷、地震载荷的塔体和管道；等
扭转	m　m	搅拌轴；空间支管载荷作用的管道；等

9.1.1 直杆拉伸与压缩时的应力分析与强度设计

从表 9.1 工程实例可知，当杆件受到作用线与杆轴线重合的轴向拉力或压力作用时，杆件将产生沿轴线方向的伸长或缩短。这种变形称为拉伸或压缩变形。

9.1.1.1 直杆拉伸与压缩时横截面上的内力

物体未受到外力作用时，组成物体的分子之间存在相互作用力。当受到外力作用后，物体内部的相互作用力要发生变化，同时产生变形，这种由外力引起的物体内部相互作用力的变化量称为内力。物体的变形与破坏与内力密切相关，因此要分析构件的强度和刚度问题时，先从分析内力入手。

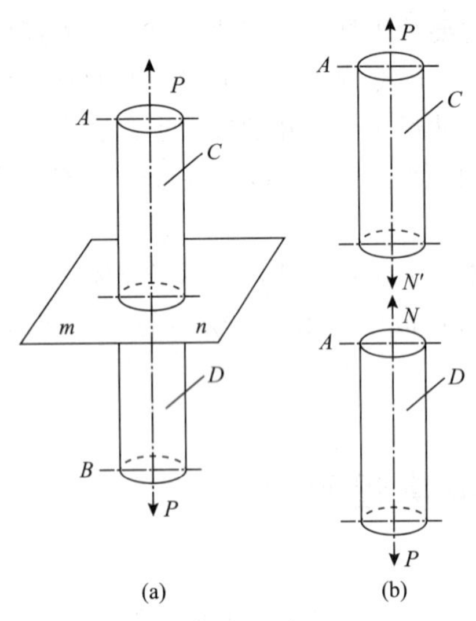

图 9.1 截面法求内力

内力的大小可应用截面法求取。如图 9.1（a）所示，沿横截面 $m-n$ 假想将直杆截开，分成两部分，任取其中一部分作为研究对象（如以 D 为研究对象），进行受力分析。由于 AB 杆是平衡的，D 部分也必然是平衡的。在 D 部分除了外力 P 以外，横截面 $m-n$ 上还有 C 部分对 D 部分的作用力 N，这就是横截面 $m-n$ 上的内力［见图 9.1（b）］。根据静力平衡条件，可求出内力 N 的大小，$N=N'=P$。

因为外力 P 和内力 N 的作用线与杆轴线重合，所以将内力 N 称为轴力。产生拉伸变形时的轴力取正值；产生压缩变形时的轴力取负值。

当杆件受两个以上轴向外力时，为了清晰地表示杆件各截面上的轴力，把轴力随截面位置变化的情况用图线表示出来。一般以杆的轴线方向为横坐标，表示横截面的位置，而以垂直于杆轴线的方向为纵坐标，表示横截面上的轴力，这样绘出来的图形称为轴力图。作轴力图时图中应标注受力的特征值及正负号。

例题 9.1 如图 9.2（a）所示，一等截面直杆，受轴向外力 F_1、F_2 及 F_3 作用，已知 $F_1=8kN$，$F_2=10kN$，$F_3=6kN$，试求出 AB，BC，CD 各段横截面上的轴力，并画出轴力图。

解：为计算方便，在 AB，BC，CD 各段任取一截面 1-1，2-2，3-3，它们的轴力则代表了各段的轴力。分析杆上所受外力情况，求各截面的轴力时，取其左半段较为方便。

（1）求各段的内力

AB 段：$N_1=F_1=8kN$

BC 段：$N_2=F_1-F_2=8-10=-2kN$

CD 段：$N_3=F_1-F_2+F_3=8-10+6=4kN$

（2）画轴力图

建立 $N-x$ 坐标系，将三个轴力 N_1，N_2，N_3 按照适当的比例，并考虑各段轴力的正负号，在各段杆长的范围内画出三条水平线，即可得到直杆的轴力图，如图 9.2（b）所示。

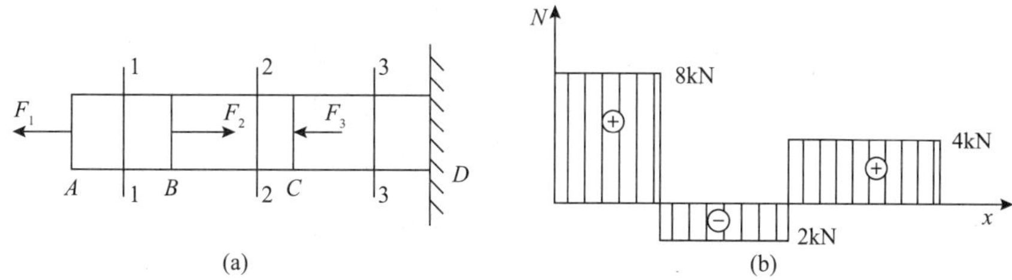

图 9.2 直杆受力图与轴力图

9.1.1.2 直杆拉伸与压缩时横截面上的应力

用截面法只能求出杆件截面上内力的总和，而单根据内力的大小还不能直接判断杆件是否会发生破坏。例如，同样材料制成的粗细不同的杆件，在相同拉力作用下，内力相同，但细杆显然比粗杆易断。因此，直杆在轴向拉伸及压缩工作时安全与否，还需知道承受内力的杆件的横截面积及内力在截面上的分布情况。

为确定杆件受拉伸时截面上内力的分布情况，取等截面直杆 F，在杆的外表面画出两条垂直于杆轴线的横向圆周线 $m-m$ 和 $n-n$，在两圆周线之间画出两条与轴线平行的纵向线 1－1和 2－2，如图 9.3（a）所示。然后在杆两端施加一对轴向拉力 F，可以看到，圆周线 $m-m$ 和 $n-n$ 变形后仍垂直于轴线，纵向线变形后仍相互平行，它们的伸长量相等，如图 9.3（b）所示。根据以上现象，作出如下假设：杆在受轴向力作用时，横截面在变形后仍为垂直于轴线的平面。这个假设称为平面假设。根据平面假设可以推断：杆件受拉伸时，内力在横截面上均匀分布，其方向与横截面垂直，如图 9.3（c）所示。

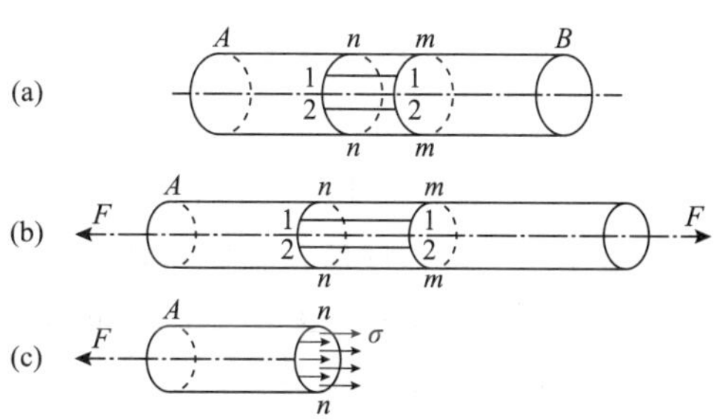

图 9.3 直杆截面上的应力分析

杆件截面上各点承受的内力称为应力，应力决定杆件的强度与变形。受拉伸与压缩杆件的横截面上与轴力对应的应力是正应力。如果杆件内力为 N，横截面积为 A，截面上的正应力为

$$\sigma=\frac{N}{A} \tag{9-1}$$

轴向拉伸时，横截面的正应力为拉应力；压缩时，则为压应力。规定正应力与轴力具有同样的符号，即受拉为正，受压为负。

应力的单位为 N/m^2，即 Pa（帕斯卡，简称帕），因为 Pa 的单位太小，工程上常用 N/mm^2，即 MPa（兆帕）为单位，$1MPa=10^6Pa$。

例题 9.2 杆 AD 受力情况如图 9.4（a）所示，截面积 $A=5cm^2$。求杆 AD 所受最大正应力 σ_{max}。

解：

（1）在 AB，BC，CD 各段任取一截面 1－1，2－2，3－3，分析各段的轴力并画出轴力图。

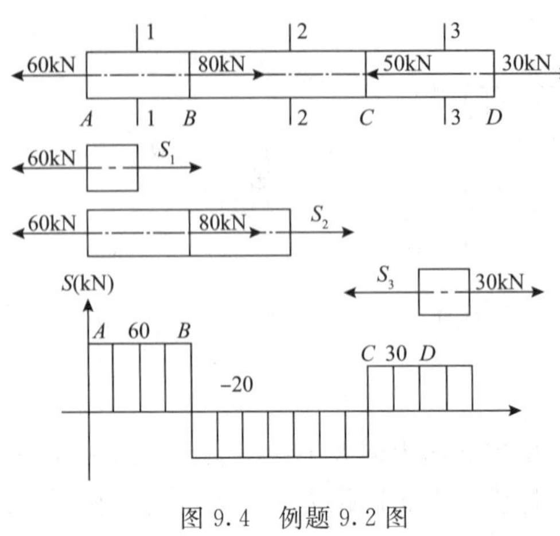

图 9.4　例题 9.2 图

1-1 截面：$S_1=60\text{kN}$

2-2 截面：$S_2=-20\text{kN}$

3-3 截面：$S_3=30\text{kN}$

(2) 求最大正应力

AB 段应力为：$\sigma_{AB}=\dfrac{S_1}{A}$

$=60\times1000/0.0005$

$=120\text{MPa}$（拉应力）

BC 段应力为：$\sigma_{BC}=\dfrac{S_2}{A}$

$=20\times1000/0.0005$

$=40\text{MPa}$（压应力）

CD 段应力为：$\sigma_{CD}=\dfrac{S_3}{A}$

$=30\times1000/0.0005$

$=60\text{MPa}$（拉应力）

由此可见，AB 段承受最大的正应力。通过这个例题也可以看出，对于等截面直杆，最大正应力发生在最大轴力处，即为最易破坏处。

9.1.1.3　直杆拉伸与压缩时的变形

如图 9.5 所示，杆件在轴向拉伸或压缩时，其纵向长度和横向尺寸都将发生变化。杆件受轴向拉伸后，由原长 l 增长到 l'，而横向尺寸由原来的 b 减小到 b'。杆件的纵向尺寸和横向尺寸的绝对变化量分别为

$\Delta l=l'-l$（纵向）　　　$\Delta l=l'-l$（纵向）

$\Delta b=b'-b$（横向）　　　$\Delta b=b'-b$（横向）

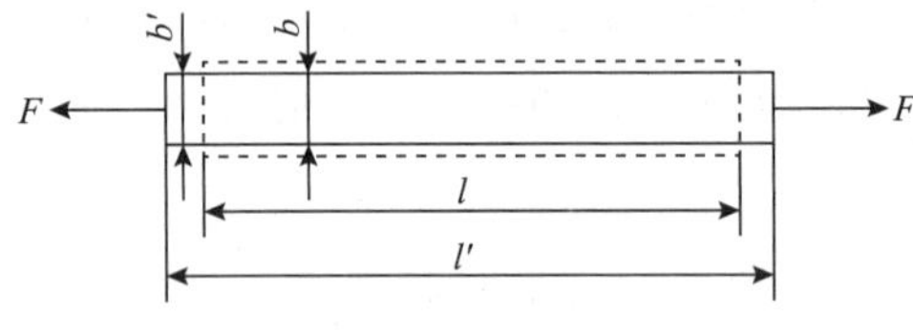

图 9.5　直杆轴向拉伸变形

由于 Δl 和 Δb 的值与杆的原始尺寸有关，还不能反应它的变形大小。因此引入绝对变形与原始尺寸的比值，即线应变，来衡量杆的变形程度。

应变是指构件单位长度的伸长量或缩短量。杆件拉伸或压缩时的纵向应变为

$$\varepsilon=\frac{l'-l}{l}=\frac{\Delta l}{l} \tag{9-2}$$

横向应变为

$$\varepsilon=\frac{b'-b}{b}=\frac{\Delta b}{b} \tag{9-3}$$

材料试验表明，当杆的拉伸或压缩变形在弹性范围时，横向应变 ε' 与纵向应变 ε 之比的绝对值为常数 μ，即

$$\mu=\left|\frac{\varepsilon'}{\varepsilon}\right| \tag{9-4}$$

μ 称为材料的横向应变系数或泊松比，其值随材料不同而异，由试验测定。对于钢材，$\mu=0.3$。

材料发生弹性变形时，应力与应变成正比，这一规律是由英国科学家胡克发现的，被称为胡克定律，即：

$$\sigma=E\varepsilon \tag{9-5}$$

式中，E 为比例常数，称为材料的弹性模量，表示材料抵抗弹性变形的能力，通过拉伸试验获得。因为 ε 没有量纲，故 E 的量纲与 σ 相同，常用单位为 MPa 或 GPa，$1\text{GPa}=10^9\text{Pa}$。

在压力管道系统中，由热胀冷缩产生的位移载荷和其他轴向外载荷的作用下，管道会产生轴向的拉伸或压缩变形。

9.1.1.4 直杆拉伸与压缩时的强度设计

（1）强度条件

为保证受拉伸或压缩杆件具有足够强度，必须使其最大工作应力不超过材料的许用应力，即：

$$\sigma_{\max}=\frac{N}{A}\leqslant[\sigma] \tag{9-6}$$

式（9-6）称为轴向拉伸及压缩杆件的强度条件。利用强度条件可解决强度校核、设计截面尺寸、确定许可载荷三类工程实际问题。

（2）截面尺寸设计

由式（9-6）可得设计所需截面面积，即：

$$A\geqslant\frac{N}{[\sigma]} \tag{9-7}$$

（3）确定允许载荷

同理，由式（9-6）可得允许使用的外载荷，即：

$$N\leqslant A[\sigma] \tag{9-8}$$

式中　$[\sigma]$——材料的许用正应力（多数指拉应力），MPa。

9.1.2 杆件剪切时的应力分析与强度设计

9.1.2.1 剪切变形的概念

剪切变形大多发生在工程中的连接构件中，如螺栓、销钉、铆钉和键等。如图 9.6（a）所示，两块钢板用螺栓连接，当钢板上受 F 力作用后，螺栓两侧分别受合力为 F 的分布压力作用［如图 9.6（b）所示］，且这两个合力大小相等、方向相反、垂直于轴线且作用线相距很近，从而引起两力作用线之间的 $m-m$ 截面发生相对错动［如图 9.6（c）所示］，若力 F 足够大，则螺栓可能沿 $m-m$ 截面被剪断［如图 9.6（d）所示］，这种变形称为剪切变形，$m-m$ 截面称剪切面。

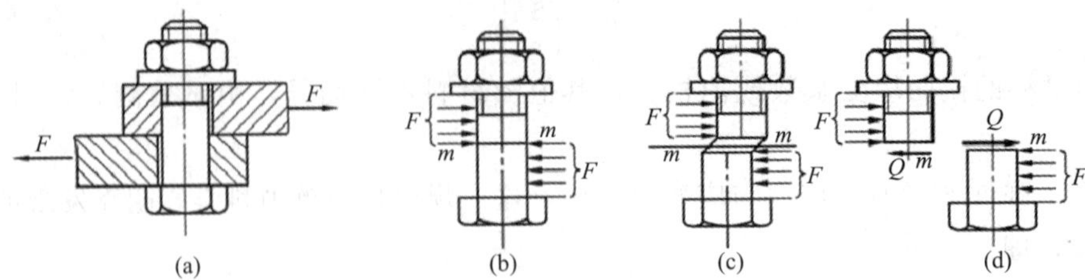

图 9.6　螺栓剪切变形

9.1.2.2　剪切及其强度设计

（1）剪应力计算

计算构件的剪切强度时，也要首先分析其内力，剪切面上的内力称剪力，用截面法假想从 $m-m$ 截面将螺栓切开，分别考虑上半部分或下半部分的平衡，如图 3－1（d）所示，截面上的剪力 Q 可以根据静力平衡条件求得，即：

$$\sum F_x = 0 \Rightarrow F - Q = 0 \Rightarrow F = Q$$

剪切面上的应力一般都不是均匀分布的，为简化计算，通常假设剪力 Q 在剪切面上均匀分布，则剪切面上的剪应力 τ 为：

$$\tau = \frac{Q}{A} \tag{9-9}$$

式中　Q——剪切面上的剪力，N；

A——剪切面面积，mm^2。

（2）强度设计

为了保证连接件在工作时不发生剪切破坏，剪切面上的最大剪应力不得超过连接件材料的许用剪应力［τ］，则剪切强度条件为：

$$\tau = \frac{Q}{A} \leqslant [\tau] \tag{9-10}$$

式中　［τ］——材料的许用剪应力，MPa，可从有关设计规范中查取，与许用正应力［σ］之间有下列关系：

塑性材料：［τ］＝（0.6～0.8）［σ］

脆性材料：［τ］＝（0.8～1.0）［σ］

利用剪切强度条件，同样可以解决剪切变形的强度校核、截面选择和许可载荷确定等三类问题。

试验表明，当剪应力不超过材料的剪切比例极限时，剪应力 τ 与剪应变 γ 成正比，这就是剪切胡克定律，即：

$$\tau = G\gamma \tag{9-11}$$

式中　G——剪切弹性模量，MPa。对于各向同性材料，剪切弹性模量 G、拉压弹性模量 E 及泊松比 μ 之间存在如下关系：

$$G = \frac{E}{2(1+\mu)} \tag{9-12}$$

在管道系统中，除法兰螺栓会产生剪切变形外，管道及其元件很少产生单纯的剪切变形

9.1.3 杆件扭转时的应力分析与强度设计

9.1.3.1 圆轴扭转的概念

在机械工程中有很多构件承受扭转作用。如汽车的方向盘操纵杆（转向轴），驾驶员加在方向盘上两个大小相等、方向相反的切向力，它们在垂直于操纵杆轴线的平面内组成一力偶，操纵杆下端则受到一转向相反的反力偶的作用，在这两个力偶作用下，操纵杆产生扭转变形。又如反应器的搅拌轴，所受的电机的驱动力偶 m_c 和物料的阻力偶 m_A，使得搅拌轴产生扭转变形。除此之外，电机的转轴、钻杆等也受到扭转作用。从上述实例可以看出，扭转时受力和变形的特点是：杆件的两端受到一对大小相等、方向相反、作用面与杆件轴线垂直的力偶作用，杆件的各横截面都绕其轴线发生相对转动。杆件产生的这种变形称为扭转变形。

9.1.3.2 杆件扭转时的应力分析

受扭转变形杆件通常为轴类零件，其横截面大都是圆形（或圆环形）。下面以圆轴为例，分析其扭转时的应力状态。

在一等截面圆轴的两端施加一对大小相等、方向相反的外力偶，如图 9.7（a）所示，并在轴上画一些平行于轴线的纵向线和与轴线垂直的圆周线。通过实验可观察到，轴表面的纵向线近似为直线，只是倾斜了一个角度 γ，所有圆周线只绕轴线转过了不同的角度，各圆周线的形状、大小及圆周线间的距离均未改变。

根据观察到的现象，圆轴的横截面扭转变形前后都保持平面、形状和大小不变，半径保持为直线；且相邻截面间的距离不变，满足平面假设，如图 9.7（a）所示。由此可得如下推论：横截面上只有剪应力而无正应力；横截面上任一点处的剪应力均沿其相对错动的方向，即与半径垂直。

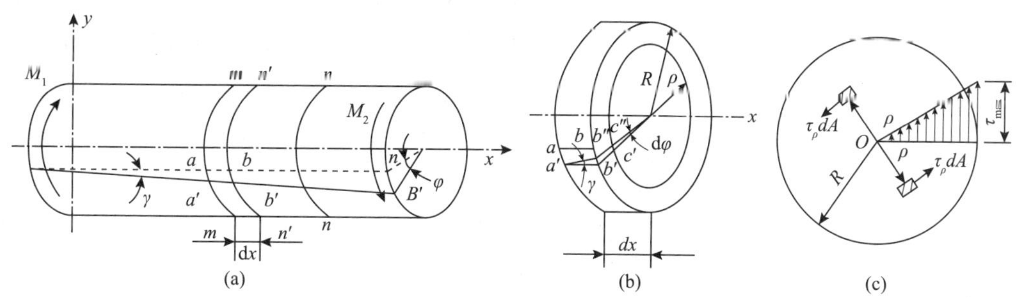

图 9.7 圆轴扭转变形的应力分析

下面从几何关系、物理关系和静力学关系三个方面来研究剪切时的应力大小、分布规律及计算。

（1）变形几何关系

为了确定横截面上各点处的应力，从圆轴上取长为 dx 的微段进行分析，如图 9.7（b）所示。根据变形现象，右截面相对于左截面转动一个角度 $d\varphi$，纵向线 ab 变形到 $a'b'$ 且相对于原位置倾斜了 γ 角，此角度即为横截面边缘上的点在垂直于半径平面内的剪应变。在小变形时，可得：

$$\gamma \approx \tan\gamma = \frac{\widehat{b''b'}}{ab} = \frac{\widehat{b''b'}}{\mathrm{d}x} \tag{9-13}$$

又$\widehat{b''b'} = R\mathrm{d}\varphi$，所以有：

$$\gamma = R\frac{\mathrm{d}\varphi}{\mathrm{d}x} \tag{9-14}$$

在横截面上半径为ρ的点处的剪应变为：

$$\gamma_\rho = \frac{\widehat{c''c'}}{\mathrm{d}x} = \rho\frac{\mathrm{d}\varphi}{\mathrm{d}x} \tag{9-15}$$

式（9-15）表达了圆轴扭转时横截面上各点剪应变的变化规律。式中$\frac{\mathrm{d}\varphi}{\mathrm{d}x}$表示扭转角沿杆长的变化率，对于给定横截面，该值是个常量，剪应变γ_ρ与ρ成正比，即沿半径按直线规律变化。

（2）物理关系

由剪切胡克定律可知，在剪切比例极限范围内，剪应力与剪应变成正比，所以，横截面上距圆心距离为ρ处的剪应力为：

$$\tau_\rho = G\gamma_\rho \tag{9-16}$$

将式（9-15）代入式（9-16）得：

$$\tau_\rho = G\rho\frac{\mathrm{d}\varphi}{\mathrm{d}x} \tag{9-17}$$

式（9-17）表明，在同一半径ρ的圆周上各点处的剪应力τ_ρ值均相等，其值与ρ成正比，圆心处τ为0，轴外表面τ最大。剪应力沿半径的变化规律如图9.7（c）所示。

（3）静力学关系

下面从剪应力和扭矩的关系来推导剪应力的实用计算公式。式（9-17）中的$\frac{\mathrm{d}\varphi}{\mathrm{d}x}$可通过静力学关系确定。在距圆心$\rho$处的微面积$\mathrm{d}A$上作用有微剪力$\tau_\rho \mathrm{d}A$，如图9.7（c）所示，它对圆心$O$的力矩为$\tau_\rho \mathrm{d}A\rho$。在整个横截面上，所有微力矩之和等于该截面的扭矩，即：

$$M_\mathrm{n} = \int_A \rho\tau_\rho \mathrm{d}A \tag{9-18}$$

将式（9-17）代入上式，整理后得：

$$M_\mathrm{n} = G\frac{\mathrm{d}\varphi}{\mathrm{d}x}\int_A \rho^2 \mathrm{d}A \tag{9-19}$$

令：

$$I_\rho = \int_A \rho^2 \mathrm{d}A \tag{9-20}$$

式中，I_ρ称为横截面的极惯性矩，只与截面形状及尺寸有关。

将式（9-20）代入式（9-19）得：

$$\frac{\mathrm{d}\varphi}{\mathrm{d}x} = \frac{M_n}{GI_\rho} \tag{9-21}$$

式（9-21）为圆轴扭转变形的基本公式，将其代入式（9-17）可得：

$$\tau_\rho = \frac{M_n}{I_\rho}\rho \tag{9-22}$$

式（9－22）为圆轴扭转时横截面上任一点处剪应力的计算公式，当 ρ 等于最大值 $D/2$ 时，即在横截面周边上的各点处，剪应力达到最大。

令 $W_\rho=\frac{I_\rho}{\rho}$，则最大剪应力为：

$$\tau_{\max}=\frac{M_{n\max}}{W_\rho} \tag{9-23}$$

式中　W_ρ——抗扭截面模量，mm^3；

对于实心圆形（实心轴）截面，按式（9－24）计算：

$$W_\rho=\frac{I_\rho}{D/2}=\frac{\pi D^3}{16} \tag{9-24}$$

对于空心圆形（空心轴、圆形管道）截面，按式（9－25）计算：

$$W_\rho=\frac{I_\rho}{D/2}=\frac{\pi(D^4-d^4)}{16D} \tag{9-25}$$

$M_{n\max}$——等截面轴上的最大扭矩，N·mm。

9.1.3.3　杆件（圆轴）扭转的强度条件

为了保证杆件扭转时能正常工作，必须将杆件的最大剪应力 $\tau_{\max}$ 控制在材料的允许范围内，则杆件的扭转剪切强度条件为：

$$\tau_{\max}=\frac{M_{n\max}}{W_\rho}\leqslant[\tau] \tag{9-26}$$

式中，$[\tau]$ 为材料的许用剪应力，MPa。同样，利用扭转强度条件，可以解决扭转变形的强度校核、截面选择和许可载荷确定等三类问题。

9.1.4　杆件弯曲时的应力分析与强度设计

9.1.4.1　杆件弯曲的概念

弯曲变形是工程上最常见的基本变形形式之一。例如，工厂的单梁吊车受自重和物体重力的作用发生弯曲变形，如图 9.8 所示；支承在两个鞍座上的卧式容器（或管道），受自重和内部物料重量的作用发生弯曲变形，如图 9.9 所示；塔器或立式布置的管道在水平方向风载荷的作用下发生弯曲变形，如图 9.10 所示。

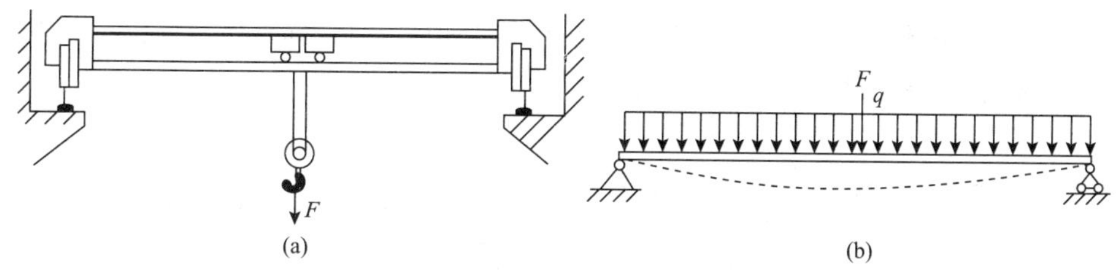

图 9.8　桥式吊车受力图

这些受弯杆件的共同特点是：作用在杆件上的外力垂直于杆的轴线，杆件的轴线由原来的直线弯成曲线，故称弯曲变形。在材料力学中，以弯曲变形为主的杆件习惯上称为梁。

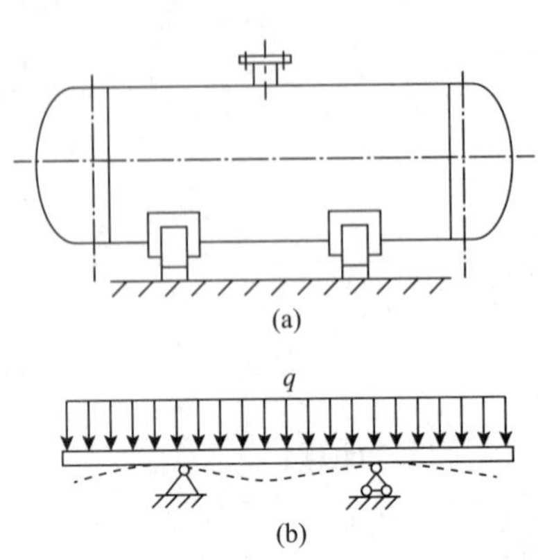

图 9.9　卧式容器或管道受力图

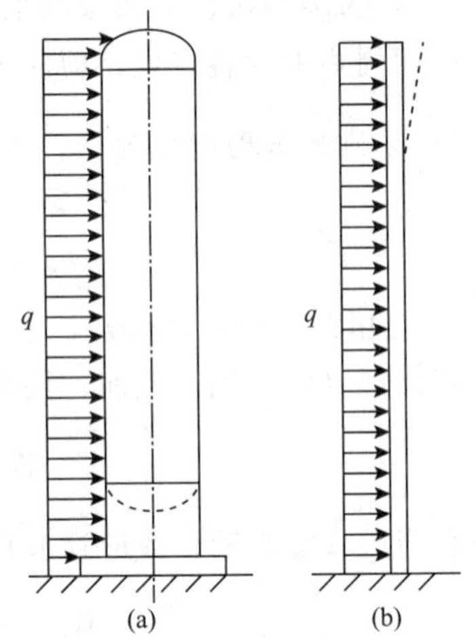

图 9.10　受风载荷的塔设备或立式管道

9.1.4.2　梁的外力、支座与分类

作用在梁上的外力有集中力、集中力偶和分布载荷三种形式。

梁的约束方式一般有固定铰链支座、可移动铰链支座和固定端约束三种。为了便于对梁进行受力分析和强度计算，常需对梁进行简化，如果梁的支座反力仅利用静力平衡方程便可全部求出，这种梁称为静定梁，常见的静定梁有以下三种形式：

(1) 简支梁。一端为固定铰链支座，另一端为可动铰链支座。如图 9.8 (b) 所示，由桥式吊车简化的横梁为简支梁。

(2) 外伸梁。一端或两端伸出支座以外的梁。如图 9.9 (b) 所示，由两鞍座支承卧式容器简化的梁为外伸梁。

(3) 悬臂梁。一端刚性固定（固定端），另一端处于自由状态的梁。如图 9.10 (b) 所示，塔器即可简化为悬臂梁。

9.1.4.3　梁弯曲时的内力

(1) 梁横截面上的内力——剪力与弯矩

根据平衡方程，可以求出静定梁在载荷作用下的支座约束反力，于是作用在梁上的外力皆为已知量，则可用截面法研究各横截面上的内力。如图 9.11 (a) 所示简支梁，受集中载荷 F 作用，现求取 AC 段横截面上的内力。

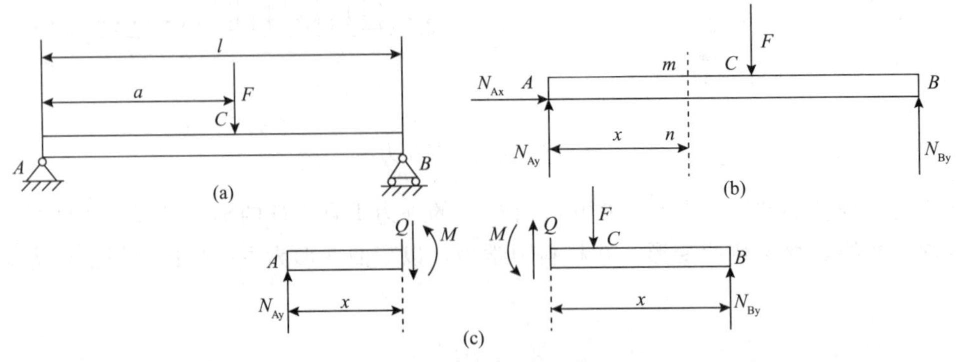

图 9.11　梁弯曲时的内力

首先求取梁的支座反力。梁上有三个未知反力，A 端的水平反力 N_{Ax} 和垂直反力 N_{Ay}，B 端的垂直反力 N_{By}。根据静力学平衡方程：

$$\sum F_x = 0 \qquad N_{Ax} = 0$$

$$\sum m_A(F) = 0 \qquad N_{By}l - Fa = 0 \qquad N_{By} = Fa/l$$

$$\sum F_y = 0 \qquad N_{Ay} + N_{By} - F = 0 \qquad N_{Ay} = F(1-a)/l$$

为了显示横截面的内力，用截面法沿截面 $m-n$ 假想地将截面分为左右两部分，并取左半部分为研究对象，如图 9.11（c）所示。由左段的平衡关系可知，横截面 $m-n$ 上必然存在着一个剪力 Q 和一个力矩 M。其中剪力 Q 与 N_{Ay} 平衡，以阻止外力 N_{Ay} 使分离体向上移动；力矩 M 与 N_{Ay} 对 $m-n$ 截面形心的力矩平衡，以阻止外力 N_{Ay} 使分离体绕 $m-n$ 截面形心转动。

由 $\sum F_y = 0$、$N_{Ay} - Q = 0$，得到剪力计算式为：

$$Q = F\frac{(1-a)}{l}\ (0<x<a) \tag{9-27}$$

对 $m-n$ 截面的形心取矩，得：

$$\sum m_0(F) = 0 \qquad M - N_{Ay}x = 0$$

由此得到弯矩计算式为：

$$M = F(1-a)\frac{x}{l} \quad (0\leqslant x\leqslant a) \tag{9-28}$$

可以证明，若取右段作为分离体进行受力分析，用截面法所求得的剪力 Q 和弯矩 M 结果与上述结果完全相同。为使两段梁在同一横截面上剪力和弯矩的正负号一致，根据梁的变形情况规定如下：

在梁上截取一微段梁，使该微段梁左段相对于右段有向上错动的趋势时，横截面上的剪力 Q 为正［图 9.12（a）］，反之为负［图 9.12（b）］；使该微段梁弯曲呈凹形时的弯矩为正［图 9.12（c）］，弯曲呈凸形时的弯矩为负［图 9.12（d）］。

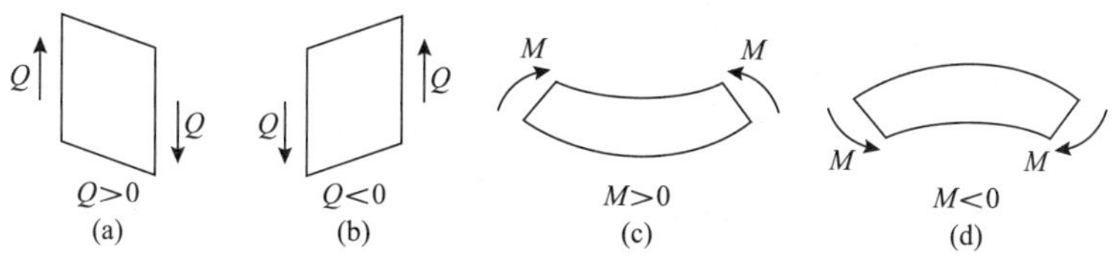

图 9.12　剪力和弯矩的正负号规定

（2）剪力图与弯矩图

①剪力方程和弯矩方程

从剪力和弯矩的计算过程可以看出，梁横截面上的剪力和弯矩一般随横截面的位置不同而变化。若取梁的一端作为原点，梁的轴线为 x 轴，用坐标 x 表示横截面沿梁轴线的位置，则剪力和弯矩均可表示为 x 的函数，即：

$$Q = Q(x) \tag{9-29}$$

$$M = M(x) \tag{9-30}$$

以上两个函数表达了剪力和弯矩沿梁轴线变化的规律，分别称为剪力方程和弯矩方程。

由于梁横截面上的剪力和弯矩与横截面的位置有关，因而往往需要分段列出剪力方程和弯矩方程，在这一段内剪力方程和弯矩方程的表达式不变，分段的原则为：在这一段中外载荷的变化规律相同（可以不包括端点）。

②剪力图和弯矩图的绘制

为了直观地表明梁各横截面上的剪力和弯矩沿梁长度方向的变化情况，与绘制轴力图一样，以横截面沿梁轴线的位置为横坐标 x、横截面上的剪力 Q 和弯矩 M 作为纵坐标，将剪力方程和弯矩方程用图表示出来，这种图称为剪力图和弯矩图。

绘制剪力图和弯矩图的目的在于能从图中容易地找出梁内最大剪力和最大弯矩的大小及位置，为梁弯曲的强度计算和刚度计算提供依据。剪力图和弯矩图的绘制步骤如下：

a）绘制分离体的受力图，求未知的约束反力；

b）分段列出剪力方程和弯矩方程；

c）绘制剪力图和弯矩图，确定最大剪力和最大弯矩数值与位置。

下面以例说明剪力图和弯矩图的绘制过程。

例题 9.3　有一简支梁，如图 9.13 所示。梁的跨度为 l，在 C 处作用着一个力偶 m。试画出该梁的剪力图和弯矩图。

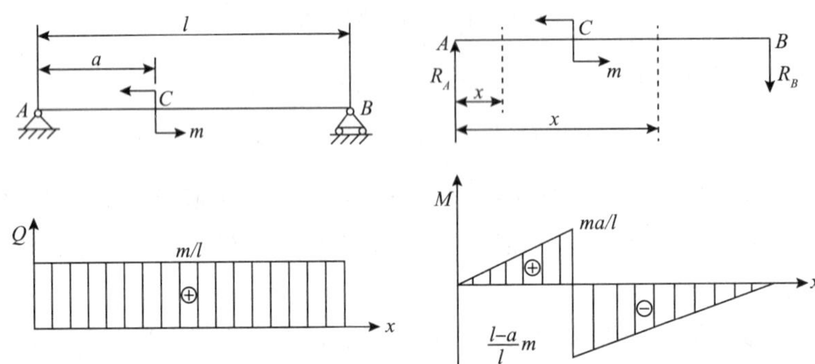

图 9.13　例题 9.3 剪力图和弯矩图绘制过程

解：

（1）画受力图，求支座反力。

由静力平衡方程可得：

$$\sum m_B(F)=0 \qquad m-R_A l=0 \qquad R_A=\frac{m}{l}$$

$$\sum F_y=0 \qquad R_A-R_B=0 \qquad R_B=\frac{m}{l}$$

（2）列剪力方程和弯矩方程。

由于梁在 C 处作用着一个集中力偶 m，需要分为 AC、CB 两段，分别列剪力方程和弯矩方程。

AC 段（取左段作分离体）：

$$Q(x)=R_A=\frac{m}{l}\ (0<x\leqslant a)$$

$$M(x)=R_A x=\frac{m}{l}x\ (0\leqslant x<a)$$

CB 段（取右段作分离体）： $Q(x)=R_B=\frac{m}{l}$ $(a\leqslant x<l)$

$$M(x)=-R_B(l-x)=-\frac{m}{l}(l-x)\quad(a<x\leqslant l)$$

（3）画剪力图和弯矩图。

由剪力方程和弯矩方程可知，剪力图是一条与 x 轴平行的线段，即沿梁轴向各点剪力相同；弯矩图是两条斜线段，在 C 点弯矩最大，可见该处为危险截面，如图 9.13 所示。

9.1.4.4 梁（杆件）弯曲时的应力分析

（1）梁弯曲时横截面上的正应力

从前面的分析讨论可知，一般情况下，梁在弯曲时其横截面上既有剪力，又有弯矩。因此在横截面上既存在正应力 σ，也存在剪应力 τ。力的存在说明梁不仅有弯曲变形，还有剪切变形，这种弯曲称为剪切弯曲（或称横力弯曲）。当横截面上只有弯矩而无剪力时的弯曲称为纯弯曲，如图 9.14 所示的 CD 段为纯弯曲梁。为使问题简化，在材料力学中，是按梁的纯弯曲进行应力分析，所推得的应力计算公式也适用于当梁的跨度与横截面高度之比大于 5 时的剪切弯曲。下面以图 9.14 中 CD 段的纯弯曲梁为基础分析弯曲时的正应力。

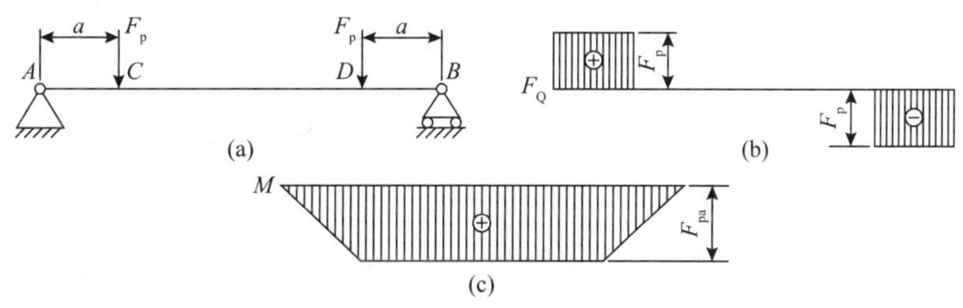

图 9.14　含纯弯曲段梁

①变形几何关系

从受纯弯曲的梁中任意截取两个相邻的横截面，如图 9.15（a）所示，分别为 a_1b_1 和 a_2b_2 所在的横截面，并画出与梁轴线相平行的三条纵向线 m_1m_2，O_1O_2，n_1n_2，其中 O_1O_2 在梁的 1/2 高度处。纯弯曲变形后如图 9.15（b）所示，从图中可以发现：

a）横向线 a_1b_1，a_2b_2 仍保持为直线，且仍与变为弧线的纵向线垂直，只是相对转动了一个角度。说明变形前的横截面变形后仍然保持为平面，即满足平面假设。

b）由于横截面只是相对地偏转了一个角度，无其他方向的相对错动，纵向纤维只是受到轴向的拉伸或压缩，可见，纯弯曲变形的本质是拉伸或压缩变形，而非剪切变形，则纯弯曲梁横截面上只有正应力，而无剪应力。凹侧纤维缩短，受到压缩作用，存在压应力；凸侧纤维伸长，受到拉伸作用，存在拉应力。

c）梁的所有纵向纤维由直线变成弧线，纵向线 m_1m_2 和 n_1n_2 各代表凹侧和凸侧的一层纵向纤维，各层纤维从凹侧到凸侧由缩短过渡到伸长。根据变形的连续性，在伸长纤维和缩短纤维之间，必有一层既不伸长也不缩短的纤维层称为中性层，如图 9.15（c）所示，中性层与横截面的交线为中性轴。

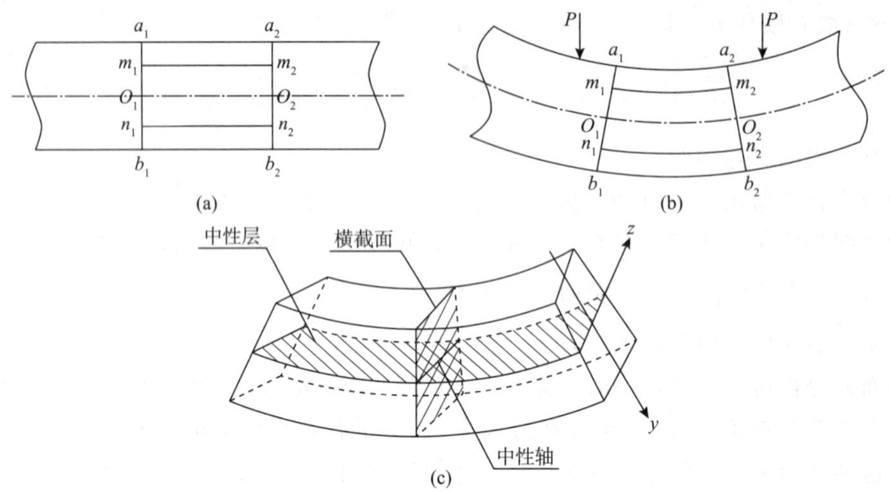

图 9.15　梁的纯弯曲变形

如图 9.16 所示，从受纯弯曲的梁中截取两横截面相距为 dx 的微段，设两横截面变形后的夹角为 $d\varphi$，中性层的曲率半径为 ρ，曲率中心为 O。以梁的横截面的对称轴为 y 轴，且向下为正，以中性轴为 z 轴。因梁的中性层弯曲变形前后的长度不变，则有：

$$\overline{O_1O_2}=\widehat{O_1O_2}=\rho d\varphi=dx$$

距中性层 O_1O_2 距离为 y 的一层纤维上的任一纤维 c_1d_1，变形前的长度为：

$$\overline{c_1d_1}=dx=\overline{O_1O_2}=\rho d\varphi$$

变形后的长度为：

$$\widehat{c_1d_1}=(\rho+y)d\varphi$$

从而可得纵向纤维 c_1d_1 的应变为：

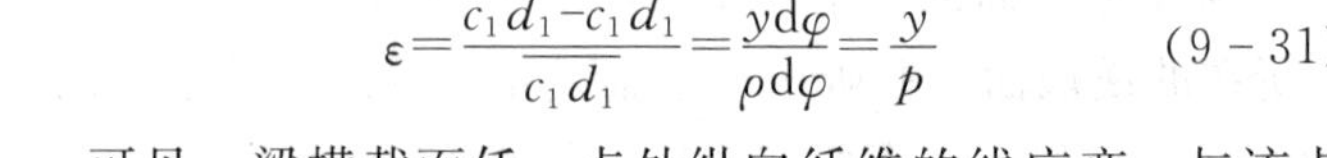

$$\varepsilon=\frac{\widehat{c_1d_1}-\overline{c_1d_1}}{\overline{c_1d_1}}=\frac{yd\varphi}{\rho d\varphi}=\frac{y}{\rho} \tag{9-31}$$

可见，梁横截面任一点处纵向纤维的线应变 ε 与该点至中性轴的距离 y 成正比。

图 9.16　纯弯曲的变形几何关系

②物理关系和应力分布

梁纯弯曲时，所有纵向纤维只受到轴向拉伸或压缩的作用，故可应用胡克定律来确定横截面上的弯曲正应力，即

$$\sigma=E\varepsilon=E\frac{y}{\rho} \tag{9-32}$$

式（9-32）表明，梁纯弯曲时横截面上任一点的正应力 σ 与该点到中性轴的距离 y 成正比；距中性轴距离相等的所有点的正应力均相等。显然，中性轴上各点的正应力为 0；而在中性轴一侧都是拉应力，另一侧都是压应力；横截面上、下边缘处的正应力最大。

③静力平衡关系

由于曲率半径 ρ 与弯矩 M 之间的关系尚且未知，所以不能用式（9-32）直接计算梁横截面上的正应力 σ，需要建立起弯曲正应力 σ 与内力弯矩 M 之间的静力学关系。

梁发生纯弯曲时，横截面上的内力只有弯矩。如图 9.17 所示，在梁的横截面上任取一

微面积 dA，则作用于该面积上的微内力为 σdA，此微内力对中性轴 z 的微力矩为 dM＝σdAy，这些微力矩的总和就是该截面上的弯矩 M，即：

$$M = \int_A dM = \int_A \sigma dAy$$

将式（9－32）代入上式得：

$$M = \frac{E}{\rho}\int_A y^2 dA = \frac{E}{\rho} I_z$$

式中，$I_z = \int_A y^2 dA$ 称为横截面对中性轴 z 的轴惯性矩，单位 m^4，整理上式可得：

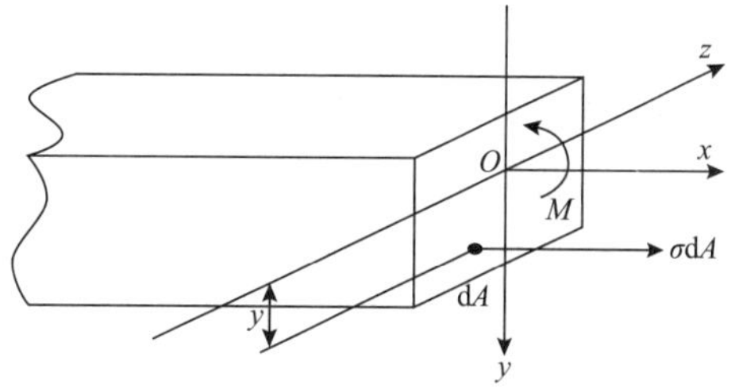

图 9.17　弯曲应力和弯矩间的静力学关系

$$\frac{1}{\rho} = \frac{M}{EI_z} \tag{9-33}$$

式（9－33）说明梁轴线弯曲曲线的曲率 $1/\rho$ 与弯矩 M 成正比；EI_z 越大，$1/\rho$ 越小，表明梁的变形越小，刚度越大。故把 EI_z 称为梁的抗弯刚度。

将式（9－33）代入式（9－32），可得梁纯弯曲时横截面上任一点的正应力 σ 的计算公式为：

$$\sigma = \frac{My}{I_z} \tag{9-34}$$

式（9－34）表明，梁纯弯曲时横截面上任一点的正应力 σ 与该截面上的弯矩 M 和点到中性轴的距离 y 成正比，与截面对中性轴的惯性矩 I_z 成反比。

一般情况下，梁的强度是由横截面上的最大正应力决定。最大正应力所处的的点称为危险点。从式（9－34）可知，横截面上距中性轴最远的外边缘处的弯曲正应力最大，则横截面上的最大弯曲正应力为：

$$\sigma_{max} = \frac{My_{max}}{I_z} \tag{9-35}$$

式中，y_{max}为最外边缘处的点到中性轴 z 的距离。

令 $W_z = \frac{I_z}{y_{max}}$，则横截面最大正应力为：

$$\sigma_{max} = \frac{M}{W_z} \tag{9-36}$$

式中，W_z 为横截面对中性轴 z 的抗弯截面模量，mm^{3}或 m^3。

对于实心圆形截面，W_z按式（9－37）计算：

$$W_z = \frac{I_z}{y_{max}} = \frac{\pi D^4/64}{D/2} = \frac{\pi D^3}{32} \tag{9-37}$$

对于圆环形（管道）截面，W_z 按式（9－38）计算：

$$W_z = \frac{I_z}{y_{max}} = \frac{\frac{\pi(D^4 - d^4)}{64}}{\frac{D}{2}} = \frac{\pi(D^4 - d^4)}{32D} \tag{9-38}$$

（2）梁弯曲时横截面上的剪应力

从梁弯曲时的内力分析可知，梁在弯曲时截面上既有弯矩又有剪力，因而截面上就既有正应力也有剪应力。根据梁横截面形状不同，其弯曲剪应力公式也不同。

①矩形截面梁的弯曲剪应力

矩形截面梁横截面上各点的弯曲剪应力 τ，按式（9-39）计算：

$$\tau=\frac{QS}{I_z b} \tag{9-39}$$

式中 Q——横截面上的剪力，N；

b——截面宽度，mm；

I_z——截面对中性轴（z 轴）的惯性矩，mm^4；

S——截面上距中性轴为 y 的横线以外的部分面积对中性轴的静距，mm^3，见图9.17。对于矩形截面，取微元面积 $dA=b dy_1$，为微元条高度度，取为微元至中性轴的距离，于是有：

$$S=\int A_1 y_1 dA=\int_y^{h/2} b y_1 dy_1=\frac{b}{2}\left(\frac{h^2}{4}-y^2\right) \tag{9-40}$$

将式（9-40）代入式（9-39）得：

$$\tau=\left(\frac{Q}{2I_z}\right)\left(\frac{h^2}{4}-y^2\right) \tag{9-41}$$

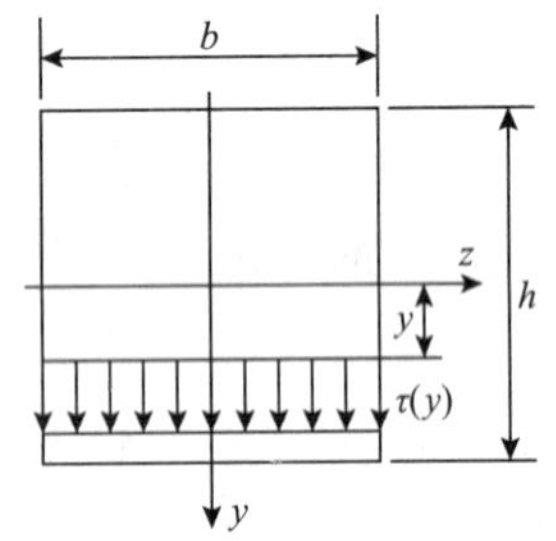

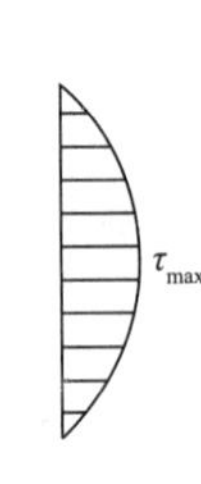

图 9.18 矩形截面梁弯曲剪应力分布图

从公式（9-41）看出，剪应力沿截面高度呈抛物线规律变化，如图 9.18 所示。当$y=\pm h/2$时，$\tau=0$，这表明在截面的上下边缘的各点上剪应力为零；随着距中性轴的距离 y 的减小，剪应力逐渐增大；当 $y=0$ 时，剪应力最大。即剪应力最大值发生在中性轴上的各点处，且为：

$$\tau_{max}=\frac{h^2 Q}{2I_z} \tag{9-42}$$

将矩形截面的惯性矩 $I_z=\frac{bh^3}{12}$代入式（9-42）可得：

$$\tau_{max}=\frac{3Q}{2bh} \tag{9-43}$$

可见，矩形截面梁的最大弯曲剪应力为平均剪应力 Q/bh 的 1.5 倍。

②圆形截面梁的弯曲剪应力

分析过程与矩形截面梁类似，不再重述。圆形截面梁的最大弯曲剪应力按式（9-44）计算：

$$\tau_{max}=\frac{4Q}{3\pi R^2} \tag{9-44}$$

可见，圆形截面梁的最大弯曲剪应力为平均剪应力$\frac{Q}{\pi R^2}$的 4/3 倍。

③圆环形截面梁的弯曲剪应力

圆环形截面梁的最大弯曲剪应力按式（9-45）计算：

$$\tau_{max}=\frac{2Q}{2\pi R\delta}=\frac{2Q}{A} \tag{9-45}$$

式中 R——圆环（圆）外半径，mm；

δ——圆环厚度，mm；

A——圆环截面积，$A=2\pi R\delta$，mm^2。

可见，圆环形截面梁的最大弯曲剪应力为平均剪应力$\frac{Q}{A}$的 2 倍。

9.1.4.5　梁弯曲时的强度设计

(1) 梁弯曲时正应力的强度条件

为保证梁能安全可靠地工作，必须将梁的最大工作应力控制在梁材料允许的范围内。梁弯曲时的弯曲正应力不得超过材料的许用弯曲应力，即强度条件为：

$$\sigma_{max}=\frac{M_{max}}{W_z}\leqslant[\sigma] \tag{9-46}$$

式中　σ_{max}——梁的最大工作正应力，MPa；

M_{max}——梁上的最大弯矩，取正值，N·mm；

$[\sigma]$——为材料的弯曲许用应力，MPa。

利用梁计算的强度条件式（9-46）可以解决梁的强度校核；确定梁的截面形状和最小尺寸；确定梁的最大许用载荷三类问题。

(2) 梁弯曲时剪应力的强度条件

梁弯曲时的弯曲剪应力不得超过材料的许用剪应力$[\tau]$，即强度条件为：

$$\tau_{max}\leqslant[\tau] \tag{9-47}$$

(3) 实心圆形截面梁弯曲正应力与弯曲剪应力的比较

对于直径为 D 的圆形截面，跨距为 L，承受载荷发生弯曲时，其最大正应力与最大剪应力之比为：

$$\frac{\sigma_{max}}{\tau_{max}}=6\frac{L}{D} \tag{9-48}$$

从上式看出，杆件在发生弯曲时，其正应力比剪应力大的多；在工程实际中，正应力也是杆件破坏的主要因素，所以，一般对于杆件弯曲问题只进行正应力的强度计算。对于管道来讲，一般长径比都很大，弯曲时的剪应力相对于正应力很小很小，可以忽略不计，这也是将在第 11 章管道应力分析中只考虑弯矩 M 的作用而没有考虑剪力 Q 的作用的原因。

9.1.4.6　梁弯曲时的变形

工程上，梁不但需要满足强度条件，还需满足刚度条件，即把梁的变形控制在允许的范围内，否则就会影响梁的正常工作。例如，若车床主轴弯曲变形过大，会影响零件的加工精度；管道弯曲过大会影响管道内物料的正常输送，出现积液、沉淀等现象。因此，必须对梁的变形加以控制。梁弯曲变形的基本量为挠度和转角。

(1) 梁的挠度和转角

如图 9.19 所示，悬臂梁在自由端的集中力 F 的作用下，发生弯曲变形，梁的轴线由原来的直线 OA 变为曲线 OA'，这条曲线称为挠曲线，又称弹性曲线。在距固定端 O 为 x 的 B 处的截面形心 B 变形后移至 B'，将弯曲变形后截面形心在垂直于梁轴线（x 轴）方向的位移称为挠度，用 y 表示。若与 y 轴方向一致则挠度为正；反之为负。

由图 9.19 可见，挠度 y 随横截面位置而变化，可表示为横坐标 x 的函数，称为挠曲线方程（又称弹性曲线方程），用下式表示

$$y=f(x) \tag{9-49}$$

梁弯曲变形后，横截面相对于原来位置绕自身的中性轴转过了一个角度 θ，称为该截面的转角。规定：逆时针方向的转角为正；顺时针方向的转角为负。

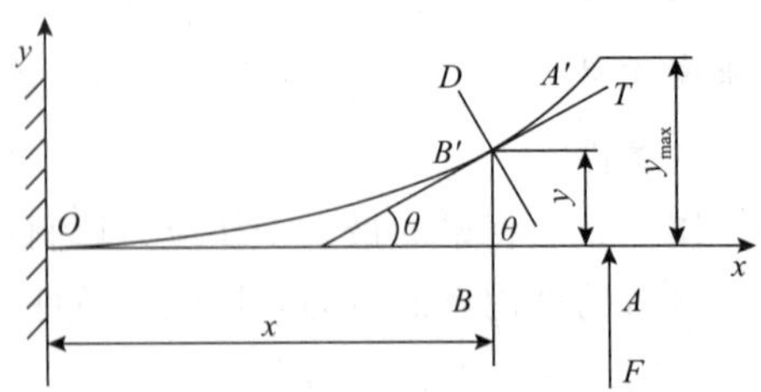

图 9.19　梁的挠度和转角

过挠曲线上的 B' 点，作切线 $B'T$，由几何关系可知，此切线与 x 轴的夹角就等于转角 θ。由微分学可知，挠曲线 $y=f(x)$ 上任一点的斜率可表示为：

$$\mathrm{tg}\theta=\frac{\mathrm{d}y}{\mathrm{d}x}=f'(x)$$

在工程实际中，梁的变形很小，转角 θ 极小，属于小变形，故有 $\mathrm{tg}\theta\approx\theta$，则有：

$$\theta=\frac{\mathrm{d}y}{\mathrm{d}x}=f'(x)$$

上式说明，梁上任一点的截面转角等于挠曲线上对应点的斜率。可见，若已知梁的挠曲线方程 $y=f(x)$，可通过对其求一阶导数求得各截面的转角。

梁的变形与梁的材料、尺寸、受载和支承情况有关，若这些条件保持不变，梁的变形是位置 x 的函数，可由计算求得。简单载荷作用下梁的最大挠度和转角的计算公式可查表 9.2。由表可见，梁的变形与 EI_z 成反比，EI_z 越大，抵抗弯曲变形的能力愈大，则变形越小，所以称 EI_z 为梁的抗弯刚度。

表 9.2　几种简单载荷作用下梁的挠度和转角

梁的类型和载荷	挠曲线方程	梁端转角	最大挠度
	$y=-\frac{Fx^2}{6EI_z}(3l-x)$	$\theta=-\frac{Fl^2}{2EI_z}$	$y_{\max}=-\frac{Fl^3}{3EI_z}$
	$y=-\frac{Fx^2}{6EI_z}(3c-x),0\leqslant x\leqslant c$ $y=-\frac{Fc^2}{6EI_z}(3x-c),c\leqslant x\leqslant l$	$\theta=-\frac{Fc^2}{2EI_z}$	$y_{\max}=-\frac{Fc^2}{6EI_z}(3l-c)$
	$y=-\frac{qx^2}{24EI_z}(x^2+6l^2-4lx)$	$\theta=-\frac{ql^3}{6EI_z}$	$y_{\max}=-\frac{ql^4}{8EI_z}$
	$y=-\frac{mx^2}{2EI_z}$	$\theta=-\frac{ml}{EI_z}$	$y_{\max}=-\frac{ml^2}{2EI_z}$

续表

梁的类型和载荷	挠曲线方程	梁端转角	最大挠度
	$y=-\frac{Fx}{48EI_z}(3l^2-4x^2)$ $0\leqslant x\leqslant \frac{l}{2}$	$\theta_1=-\theta_2$ $=-\frac{Fl^2}{16EI_z}$	$y_{\max}=-\frac{Fl^3}{48EI_z}$
	$y=-\frac{Fbx}{6lEI_z}(l^2-x^2-b^2)$ $0\leqslant x\leqslant a$ $y=-\frac{Fb}{6lEI_z}[(l^2-b^2)x-x^3+$ $\frac{1}{b}(x-a)^3],a\leqslant x\leqslant l$	$\theta_1=-\frac{Fab(l+b)}{6lEI_z}$ $\theta_2=\frac{Fab(l+a)}{6lEI_z}$	若 $a>b$,在 $x=\sqrt{\frac{l^2-b^2}{3}}$ 处, $y_{\max}=-\frac{\sqrt{3}Fb}{27lEI_z}(l^2-b^2)^{3/2}$
	$y=-\frac{qx}{24EI_z}(l^3-2lx^2+x^3)$	$\theta_1=-\theta_2$ $=-\frac{ql^3}{24EI_z}$	$y_{\max}=-\frac{5ql^4}{384EI_z}$
	$y=-\frac{mx}{6lEI_z}(l^2-x^2)$	$\theta_1=-\frac{ml}{6EI_z}$ $\theta_2=\frac{ml}{3EI_z}$	在 $x=\frac{\sqrt{3}}{3}l$ 处, $y_{\max}=-\frac{\sqrt{3}ml^2}{27EI_z}$

（2）梁弯曲时的刚度校核

如前所述，如果梁的弯曲变形过大，会影响零件的加工精度和机器、管道等的正常工作。因此在工程设计中，一般是先按强度条件确定出梁的截面尺寸，然后再进行刚度校核。刚度校核的目的就是：控制梁的弯曲变形，使梁的最大挠度和最大转角控制在允许的范围内。即梁的刚度条件为：

$$y_{\max}\leqslant [y] \tag{9-50}$$

$$\theta_{\max}\leqslant [\theta] \tag{9-51}$$

式中　$[y]$ ——许用挠度，mm；

$[\theta]$ ——许用转角，rad。

工程上，许用值可通过查阅相关标准或手册获得。对于架空管道的$[y]=L/500$，L 为管道长度；一般塔器的许用挠度为：

$$[y]=\left(\frac{1}{500}\sim\frac{1}{1000}\right)h\text{，其中 } h \text{ 为塔高。}$$

9.2　承受压力载荷的旋转壳体应力分析

压力容器、压力管道组成件中的管子、管件和一些附属设备的外壳大多属于旋转壳体。

9.2.1　旋转壳体的几何概念

①旋转曲面。由一条平面曲线（或直线）绕其同平面内的一条固定直线（轴线）旋转一周形成的表面为旋转曲面，如图 9.20 所示。

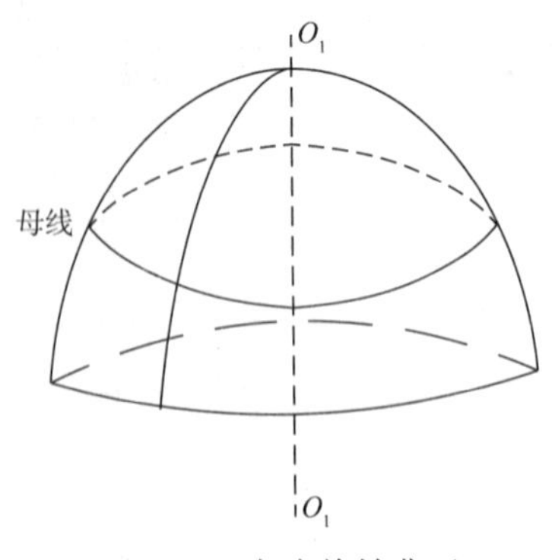

图 9.20　任意旋转曲面

②旋转壳体。由无数旋转曲面叠加组成的具有一定厚度的壳体。

③中间面。与壳体两曲面等距离的点所组成的曲面称为壳体的中间面。

④母线。用于形成旋转壳体且在旋转体中间面的平面曲线叫母线，如图 9.21 曲线 OA。当母线为一特殊的平面曲线时，旋转壳体就形成具有规则形状的旋转壳体。如母线为直线且与轴线平行时形成圆柱形壳体；当母线为直线且与轴线成一夹角时形成圆锥形壳体；当母线为圆时形成球形壳体；等等。不同母线形状形成旋转壳体的具体形状如图 9.22 所示。

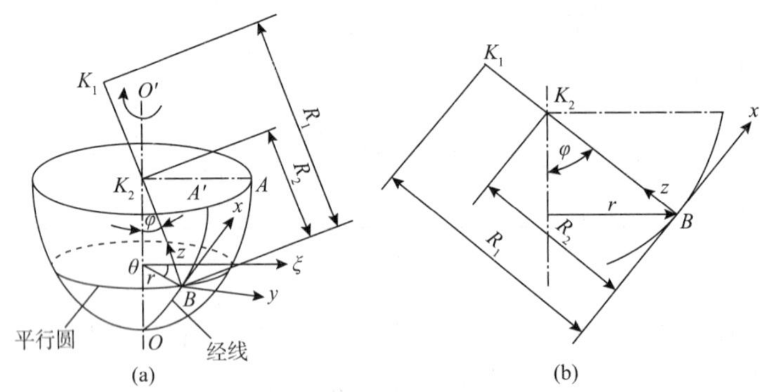

图 9.21　旋转壳体中间面的几何参数

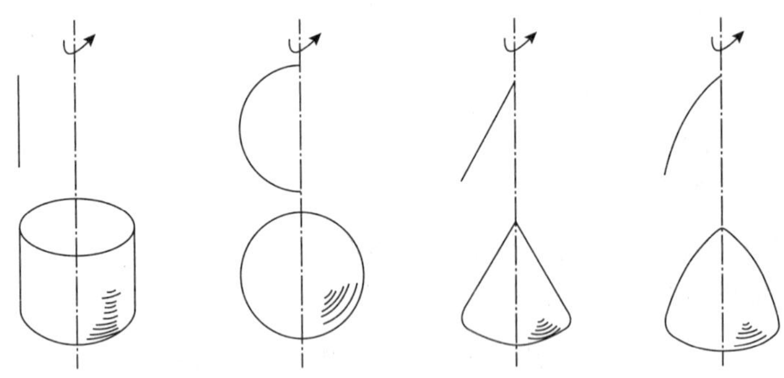
图 9.22　各种典型形状的旋转壳体

⑤经线。母线绕轴线旋转到任意位 OA'。

⑥平行圆。垂直于轴线的平面与旋转曲面的交线形成的圆称为平行圆，半径用 r 表示。

⑦法线。通过经线上一点 B 垂直于壳体中间面的直线，称为中间面在该点的法线（z 轴方向）。法线的延长线必与旋转轴相交与 K_2，如图 9.21 所示。

⑧纬线。如果作圆锥面与壳体中间面正交，得到的交线叫纬线（平行圆也是纬线）。

⑨第一曲率半径。中间面上任意一点 B 处经线的曲率半径为第一曲率半径（经线半径），如图 9.21 中的 K_1B，用 R_1 表示。

⑩第二曲率半径。中间面上任意一点 B 沿法线与轴线交点间的长度为第二曲率半径

（纬线半径），如图 9.21 中的 K_2B，用 R_2 表示。由图 9.21（b）可见，第二曲率半径与平行圆半径存在如下关系：

$$R_2=\frac{r}{\sin\varphi} \tag{9-52}$$

⑪经度。经线与母线之间的夹角 θ 为经度，用于确定经线相对于母线的位置。

⑫纬度。第二曲率半径（纬线半径）与轴线的夹角 φ 为纬度，用于确定纬线的位置。

从旋转壳体几何概念可知，壳体是一种以两个曲面为界，且曲面之间的距离远比其他方向的尺寸小得多的构件，两曲面之间的距离即为壳体的厚度，一般用 δ 表示。按照壳体厚度与壳体第二曲率半径的比值大小，壳体又分为薄壁壳体和厚壁壳体。工程上一般把 $\delta/R_2\leqslant 0.2$ 的壳体归于薄壁壳体，反之为厚壁壳体。对于圆柱壳体（又称圆筒），当 $\frac{D_o}{D_i}=K\leqslant 1.2$ 或 $\delta/D_i\leqslant 0.1$ 时，称为薄壁圆柱壳或称为薄壁圆筒；当 $\frac{\delta}{D_i}>0.1$ 或 $K>1.2$ 时称为厚壁圆柱壳或厚壁圆筒。

9.2.2 承压壳体应力分析理论（有力矩理论与无力矩理论）

在杆件的应力分析中，采用截面法求取内力和应力。对于承压壳体也可采取同样的思路，但不是切开一个截面，而是要在壳体中切出一个微元体进行内力和应力的分析，如图 9.23 所示。

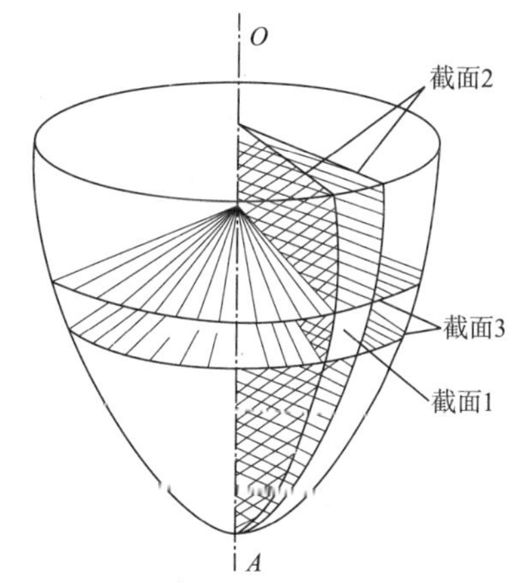

图 9.23　以中间面表示的旋转壳体微元体的截取

如图 9.24 所示，一般情况下，壳体中间面上存在 10 个内力分量，即：N_φ、N_θ 为法向力，$N_{\varphi\theta}$、$N_{\theta\varphi}$ 为剪力，这 4 个内力是因中间面的拉伸、压缩和剪切变形而产生的，称为薄膜内力（或薄膜力）；Q_φ、Q_θ 为横向剪力；M_φ、M_θ 和 $M_{\varphi\theta}$、$M_{\theta\varphi}$ 分别为弯矩与扭矩，这 6 个内力是因中间面的弯曲率、扭转率的改变而产生的，称为弯曲内力。

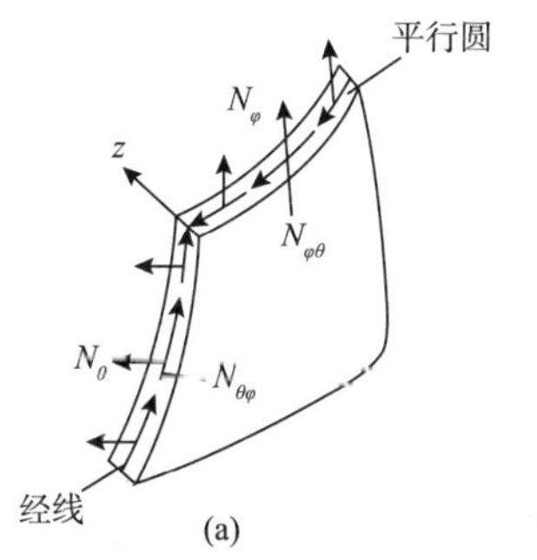

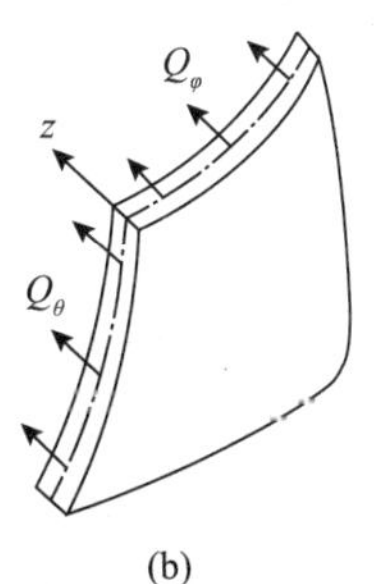

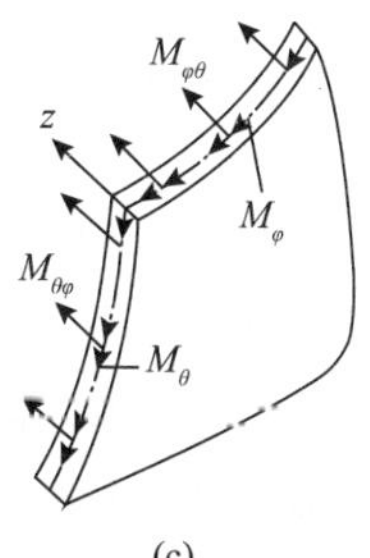

图 9.24　微元壳体的内力分量

（1）有力矩理论

对承压壳体进行受力分析时，同时考虑上述所有（10 个内力分量）内力分量的分析方法称为有力矩理论。显然，按此理论进行分析，要求出 10 个内力分量，其计算量非常大；并且要给出全部的解析解有时也是很困难的。对于薄壁壳体，其抗弯刚度非常小，即弯曲内力很小，在研究薄壁壳体受力平衡时，可以略去弯曲内力对平衡的影响，于是人们提出了一种简化的理论，即用无力矩理论分析薄壁壳体的应力状态。

（2）无力矩理论及其基本方程

如上所述，当壳体较薄时，弯曲内力与法向力相比很小，可以略去，从而提出了无力矩理论。无力矩理论将薄壁壳体视为薄膜来进行应力分析的，所以也称为薄膜理论，按此理论得出的应力称为薄膜应力，薄膜应力沿壳体壁厚均布。

①微元体平衡方程

同样，在壳体上取微元体进行受力分析，如图 9.25 所示。

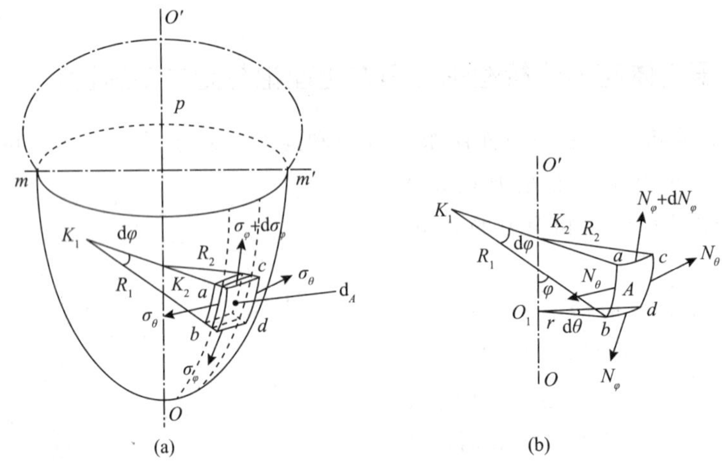

图 9.25　无力矩微元体受力分析

从图 9.25 中看出，薄壁壳体微元在经向上存在应力 σ_φ，在环向上存在应力 σ_θ。通过力的平衡方程求解，可得微元平衡方程：

$$\frac{\sigma_\varphi}{R_1}+\frac{\sigma_\theta}{R_2}=\frac{p}{\delta} \tag{9-53}$$

公式（9－53）即为著名的拉普拉斯方程。

式中　σ_φ——经向薄膜应力，MPa；

σ_θ——环向（周向）薄膜应力，MPa；

p——压力载荷，MPa；

R_1——应力分析点的第一曲率半径，mm；

R_2——应力分析点的第二曲率半径，mm；

δ——壳体厚度，mm；

②区域平衡方程

微元平衡方程式（9－53）中有两个未知量 σ_φ 和 σ_θ，必须再找一个补充方程。在图 9.25（a）中，过 mm' 作一与壳体正交的圆锥面 mDm'，并取截面以下区域作为分离体，如图 9.26 所示。

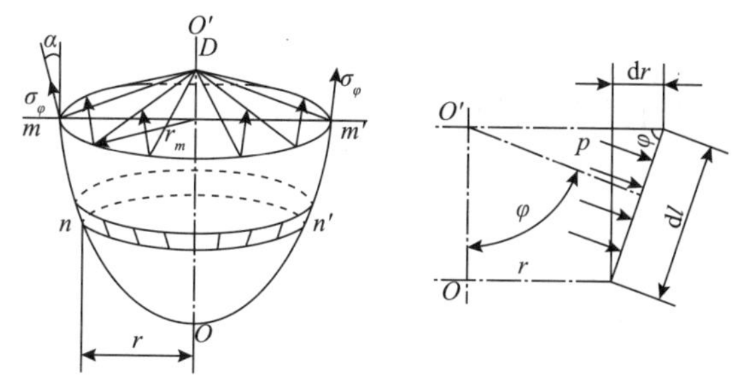

图 9.26 区域静力平衡

在壳体 mOm' 区域上，外载荷在轴线方向的合力为：

$$V = 2\pi\int_0^{r_m} pr\,dr \tag{9-54}$$

在壳体截面 mm' 上的内力在轴线方向的合力为：

$$V' = 2\pi r_m \delta \sigma_\varphi \sin\varphi \tag{9-55}$$

由轴线上内外力平衡可得：

$$\sigma_\varphi = \frac{V}{2\pi r_m \delta \sin\varphi} \tag{9-56}$$

此式称为壳体的区域平衡方程。通过式（9－56）和式（9－53）可求得 σ_φ 和 σ_θ。微元平衡方程与区域平衡方程就是无力矩理论的两个基本方程。

9.2.3 无力矩理论的应用

下面应用无力矩理论，分析几种典型旋转壳体的薄膜应力，并讨论无力矩理论应用的条件。

9.2.3.1 承受气体内压旋转薄壳的应力

旋转薄壳仅受气体内压作用时，各处的压力相等，压力载荷产生的轴向力 V 为：

$$V = 2\pi\int_0^{r_m} pr\,dr = \pi r_m^2 p$$

将此式代入式（9－56）得：

$$\sigma_\varphi = \frac{pr_m}{2\delta\sin\varphi}$$

其中，r_m 为平行圆半径，由式（9－52）可得 $r_m = R_2\sin\varphi$，代入上式得：

$$\sigma_\varphi = \frac{pR_2}{2\delta} \tag{9-57}$$

将式（9－57）代入式（9－53）得：

$$\sigma_\theta = \sigma_\varphi\left(2 - \frac{R_2}{R_1}\right) \tag{9-58}$$

（1）薄壁圆柱壳应力分析

圆筒（圆柱壳）：第一曲率半径 $R_1 = \infty$，第二曲率半径等于平行圆半径（筒体半径），即 $R_2 = R$。则由式（9－57）和式（9－58）可得薄壁圆筒的两向膜应力为：

$$\sigma_\varphi = \frac{pR}{2\delta} = \frac{pD}{4\delta} \tag{9-59a}$$

$$\sigma_\theta=2\sigma_\varphi=\frac{pR}{\delta}=\frac{pD}{2\delta} \tag{9-59b}$$

式中 R、D——圆柱壳中间面的半径和直径，mm；

其他符号意义同前。

圆柱壳两向膜应力的特点是环向膜应力是轴向膜应力的 2 倍，即 $\sigma_\theta=2\sigma_\varphi$。公式（9－59）也称为圆筒壳体的中径公式。

（2）薄壁球壳应力分析

球壳的第一曲率半径与第二曲率半径相等，且等于球壳半径（球属于心对称），即$R_1=R_2=R$。由两个基本方程得：

$$\sigma_\theta=\sigma_\varphi=\frac{pR}{2\delta} \tag{9-60}$$

可见，球壳的两向膜应力的特点是两向膜应力相等。

9.2.3.2 承受液体静压旋转薄壳的应力

承受液体静压与承受气体内压的旋转壳体不同，壳壁上的液柱静压力随着液层的深度而变化，即外载荷不是常数了。下面以圆筒形壳体为例，介绍承受液体静压壳体的应力分析。

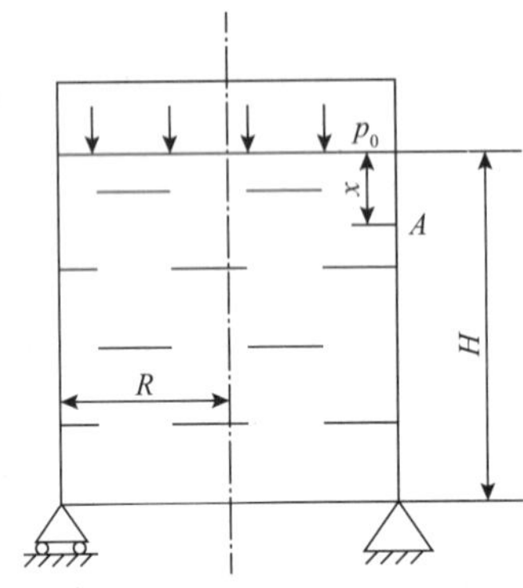

图 9.27 承受液体静压的圆筒

如图 9.27 所示，底部支承的圆筒，液体表面压力为 p_0，液体密度为 ρ，筒壁上任一点 A 承受的压力为：

$$p=p_0+\rho gx$$

由式（9－59b）可得周向膜应力为：

$$\sigma_\theta=(p_0+\rho gx)\frac{R}{\delta} \tag{9-61a}$$

作垂直于旋转轴的任一横截面，由上部壳体的轴向力平衡可得轴向膜应力为：

$$\sigma_\varphi=\frac{p_0R}{2\delta} \tag{9-61b}$$

若支座位置不在底部，则应分别计算支座上、下部分壳体的轴向应力。

9.2.3.3 无力矩理论适用的条件

无力矩理论将壳体视为薄膜，薄膜是不能抵抗弯曲与扭曲变形的，但作为工业用钢制的壳体，无论多么薄都能承受一定的弯曲和扭曲变形，所以说薄膜理论是一个使壳体应力分析简化的近似理论。无力矩理论在工程上是比较简单实用的，但它适用的范围除壳体较薄这一条件外，还应满足下列条件：

①旋转壳体曲面在几何上是轴对称的，壳体厚度没有突变；中间面曲率是连续变化的，亦没有突变；壳体材料是均匀连续且各向同性的，其物理性能无变化。

②载荷在壳体曲面上的分布是轴对称和连续的，没有突变情况；在壳体上有任何集中力作用处或壳体边缘存在边缘力和边缘力矩时，都将不可避免地有弯曲变形产生，无力矩理论在这些部位不适用。

③壳体边界应该是自由的，不得限制边界的转角和位移。

④壳体边界上无横向剪力、弯矩和扭矩的作用。

9.2.3.4 边缘与边缘应力的概念

(1) 边缘的概念

对于实际的容器或管道壳体，同时满足上述条件非常困难，理想的无力矩状态不容易实现。在工程实际中的壳体结构，大多都是由几种简单壳体组合而成，即由圆柱壳、球壳、锥壳、圆平板等连接组成。如图 9.28 所示的组合壳体结构，包含了球壳、圆柱壳、锥壳和椭球壳等基本壳体，可以将它看作是一根曲线围绕轴线旋转而得到的旋转壳体，但其母线不是简单曲线，而是由圆弧、椭圆曲线和直线等几种形状规则的曲线段组合而成。另外，在工程的实际壳体中，沿壳体轴线方向的厚度、载荷、温度和材料的物理性能也可能出现突变。几何、载荷、材料等不连续的因素引起了壳体结构中薄膜应力的不连续，我们将这些薄膜应力不连续的部位称为边缘。

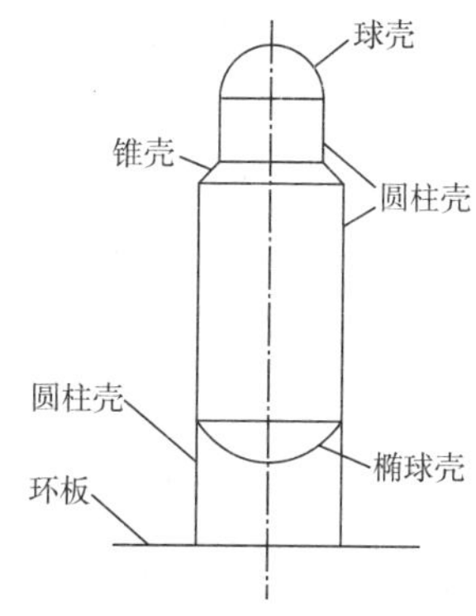

图 9.28 组合壳体

(2) 边缘应力的概念

如图 9.28 所示，如果将球壳和圆柱壳作为自由体，即在内压作用下可以自由变形，那么在连接处的薄膜位移和转角肯定是不相等，而实际上这两个壳体是连接在一起的，即两壳体在连接处的位移和转角必须相等。这在两个壳体连接处附近就形成一种约束，迫使连接处壳体发生局部的弯曲变形，从而连接边缘处会产生附加的边缘力和边缘力矩及抵抗这种弯曲变形的应力，使得这一区域的总应力增大。由于这种总体结构不连续，在组合壳体连接处出现的应力增大现象，称为“不连续效应”或“边缘效应”，由此引起的局部应力称为“不连续应力”或“边缘应力”。

(3) 边缘应力的特性

边缘应力有连个特性：局部性和自限性。

①局部性。不同的结构组合壳体，在连接边缘处有不同的边缘应力，有的边缘应力可以达到很大的数值。但它们都有一个共同的特性，即影响范围很小，这些边缘应力只在连接处附近的局部区域存在。例如，圆柱壳边缘应力作用的范围为 2.5 $(R\delta)^{\frac{1}{2}}$，在大多数情况下，这个数值与壳体半径 R 相比是一个很小的数字，这说明边缘应力具有很大的局部性。

②自限性。边缘应力是由于相邻壳体在连接处的薄膜变形不相等（不协调），两壳体连接边缘的变形受到弹性约束而产生，因此，对于塑性材料制造的壳体，当连接边缘的局部区域产生塑性变形，这种弹性约束就开始缓解，变形不会继续发展；变形不继续发展，边缘应力就会自动限制，不会无限增大，这种性质称为边缘应力的自限性。

(4) 边缘应力的考虑

由于边缘应力具有局部性和自限性的特点，对于受静载荷作用的塑性材料制壳体，在工程设计中一般不对边缘应力作具体计算，仅按照无力矩理论求出问题的解，然后采取结构上局部处理的方法（如局部补强措施），以限制其应力水平。但对于脆性材料制造的壳体、经受疲劳载荷或低温的壳体等，因对过高的边缘应力十分敏感，可能导致壳体产生疲劳破坏或脆性断裂，因而在设计中应按有关规定进行计算，并限制其边缘应力值。

9.2.4 厚壁圆筒的应力分析

在过程工业中，由于承受高温高压，一些设备和管道的壁厚较大，其外直径与内直径的比值常常是大于1.2，则属于厚壁圆筒。例如在合成氨、合成甲醇、合成尿素、油类加氢等工程中使用的容器和管道。

厚壁圆筒可以解释为由许多同心的薄壁圆筒组成，但在承受压力载荷时不能像独立的薄壁圆筒，变形是自由的。组成厚壁圆筒的每个薄壁圆筒的变形，既要受到内层圆筒的约束，又要受到外层圆筒的限制，变形不再自由。由于各层圆筒的变形受到约束和限制是不一样的，因此每个薄壁圆筒所受内外侧压力也是不同的，造成应力沿壁厚的分布也不均匀；同时，在厚度方向的应力也不容忽略。因此，厚壁圆筒不仅有经向应力、周向应力，还要考虑径向应力，是三向应力状态。此外，随着壁厚增加，内外壁间的温差加大，由此产生的热应力相应增大，因此应考虑筒壁中的热应力。

9.2.4.1 厚壁圆筒弹性应力分析

对于薄壁圆筒，由于壳壁较薄，应力沿厚度均匀分布，可以根据微元平衡方程和区域平衡方程求得壳体中的应力。厚壁圆筒是三向应力状态，应力沿厚度非均匀分布，用薄壁壳体的方法不能求解其应力。

早在1833年，拉美（Lame）首次对厚壁圆筒进行应力分析，利用力的平衡方程、几何方程和物理方程三个方面的分析，得到了在内外压力作用下厚壁圆筒弹性状态的三向应力表达式，即：

$$
\begin{aligned}
&\text{周向应力}\ \sigma_\theta=\frac{p_iR_i^2-p_oR_o^2}{R_o^2-R_i^2}+\frac{(p_i-p_o)R_i^2R_o^2}{R_o^2-R_i^2}\frac{1}{r^2}\\
&\text{径向应力}\ \sigma_r=\frac{p_iR_i^2-p_oR_o^2}{R_o^2-R_i^2}-\frac{(p_i-p_o)R_i^2R_o^2}{R_o^2-R_i^2}\frac{1}{r^2}\\
&\text{轴向应力}\ \sigma_z=\frac{p_iR_i^2-p_oR_o^2}{R_o^2-R_i^2}
\end{aligned}
\tag{9-62}
$$

式中 p_i、p_o——内压力和外压力，MPa；

R_i、R_o——圆筒内半径和外半径，mm；

r——沿圆筒厚度任一半径，mm。

厚壁圆筒中的应力分布如图9.29所示。

公式（9－62）就是著名的拉美公式。当仅有内压或仅有外压时，此公式可以简化，其应力表达式见表9.3，应力分布如图9.30所示。

表9.3 厚壁圆筒的应力公式

受力情况 / 位置 / 应力分析	仅受内压 $p_o=0$			仅受外压 $p_i=0$		
	任意半径 r 处	内壁处 $r=R_i$	外壁处 $r=R_o$	任意半径 r 处	内壁处 $r=R_i$	外壁处 $r=R_o$
σ_r	$\frac{p_i}{K^2-1}\left(1-\frac{R_o^2}{r^2}\right)$	0	$-p_i$	$\frac{-p_oK^2}{K^2-1}\left(1-\frac{R_i^2}{r^2}\right)$	0	$-p_o$
σ_θ	$\frac{p_i}{K^2-1}\left(1+\frac{R_o^2}{r^2}\right)$	$p_i\left(\frac{K^2+1}{K^2-1}\right)$	$p_i\left(\frac{2}{K^2-1}\right)$	$\frac{-p_oK^2}{K^2-1}\left(1+\frac{R_i^2}{r^2}\right)$	$-p_o\left(\frac{2K^2}{K^2-1}\right)$	$-p_o\left(\frac{K^2+1}{K^2-1}\right)$
σ_Z	$p_i\left(\frac{1}{K^2-1}\right)$			$-p_o\left(\frac{K^2}{K^2-1}\right)$		

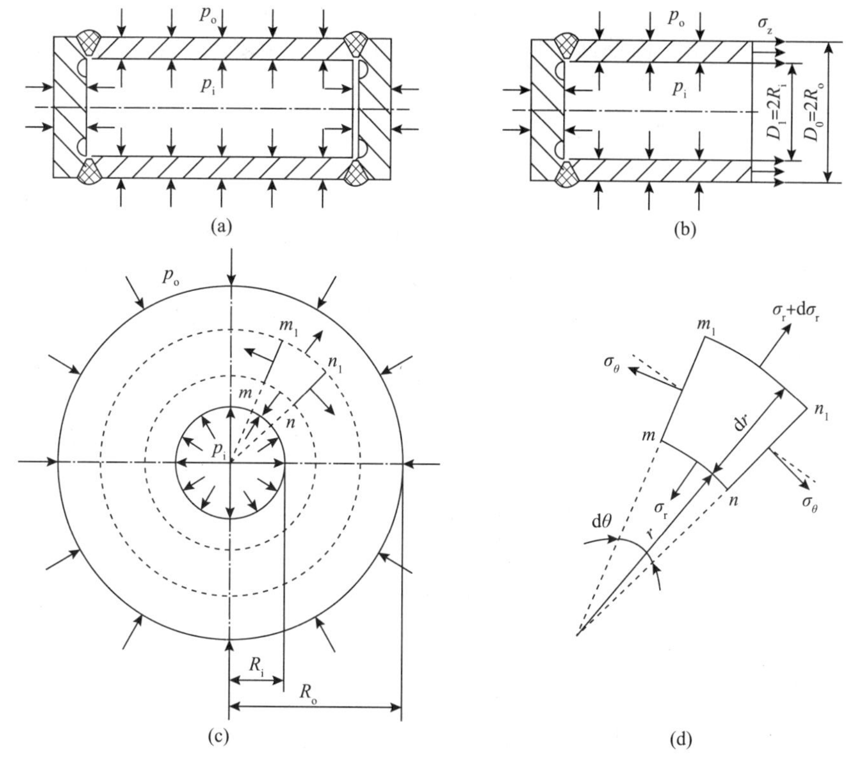

图 9.29　厚壁圆筒中的应力

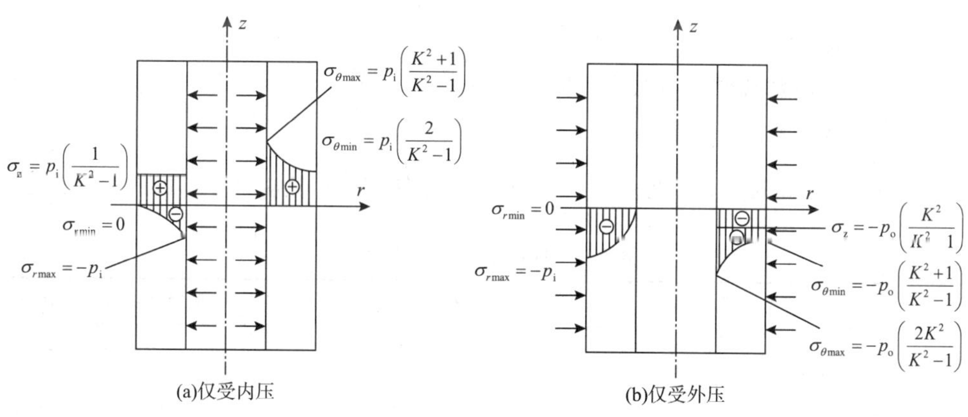

图 9.30　厚壁圆筒中的应力分布

在工程实际中，厚壁圆筒多数是承受内压，根据表 9.3 和图 9.30（a）可归纳内压作用下的厚壁圆筒的应力，具有如下特点：

①周向应力 σ_θ、轴向应力 σ_z 均为拉应力（正值），径向应力 σ_r 为压应力（负值）。

②周向应力 σ_θ、径向应力 σ_r 沿壁厚不均布，且内壁处有最大值；轴向应力 σ_z 沿厚度均布（常量），且为周向应力 σ_θ 和径向应力 σ_r 之和的一半，即 $\sigma_z=\frac{\sigma_\theta+\sigma_r}{2}$。

③周向应力 σ_θ、径向应力 σ_r 沿壁厚不均匀程度与径比 K 有关，K 越大，不均匀程度越强。注意：当 $K=1.1$ 时，内、外壁应力只相差 10%；当 $K=1.3$ 时，内、外壁应力相差

35%。所以，一般规定 $K\leqslant 1.2$ 作为薄壁筒和厚壁筒的分界限。

④以绝对值大小而论，内壁面周向应力 σ_θ 为所有应力中之最大，设计校核要特别注意此应力。

9.2.4.2 厚壁圆筒的热应力分析

(1) 热应力求解

求解厚壁圆筒中的热应力，先要确定筒壁中的温度分布，再根据平衡方程、几何方程和物理方程，结合边界条件来求解。当厚壁圆筒处于对称于中心轴且沿轴向不变的温度场时，稳态传热状态下，三向热应力的表达式（详细推导见文献［7］）如下：

$$\begin{aligned}
&\text{周向热应力}\ \sigma_\theta^t=\frac{E\alpha\Delta t}{2(1-\mu)}\left(\frac{1-\ln K_r}{\ln K}-\frac{K_r^2+1}{K^2-1}\right)\\
&\text{径向热应力}\ \sigma_r^t=\frac{E\alpha\Delta t}{2(1-\mu)}\left(-\frac{\ln K_r}{\ln K}+\frac{K_r^2-1}{K^2-1}\right)\\
&\text{轴向热应力}\ \sigma_z^t=\frac{E\alpha\Delta t}{2(1-\mu)}\left(\frac{1-2\ln K_r}{\ln K}-\frac{2}{K^2-1}\right)
\end{aligned}\tag{9-63}$$

式中 Δt——筒体内外壁的温差，$\Delta t=t_i-t_o$，℃；

t_i——筒体内壁面温度，℃；

t_o——筒体外壁面温度，℃；

K——筒体的外半径与内半径之比，$K=\frac{R_o}{R_i}$；

K_r——筒体的外半径与任意半径之比，$K_r=\frac{R_o}{r}$；

E——筒体材料弹性模量，MPa；

α——筒体材料线膨胀系数，1/℃；

μ——筒体材料泊松比。

厚壁圆筒各半径处的热应力见表 9.4，表中 $p_t=\frac{E\alpha\Delta t}{2(1-\mu)}$；热应力分布如图 9.31 所示。

表 9.4 厚壁圆筒中的热应力

热应力	任意半径 r 处	圆通内壁 $K_r=K$ 处	圆筒外壁 $K_r=1$ 处
σ_r^t	$p_t\left(-\frac{\ln K_r}{\ln K}+\frac{K_r^2-1}{K^2-1}\right)$	0	0
σ_θ^t	$p_t\left(\frac{1-\ln K_r}{\ln K}-\frac{K_r^2+1}{K^2-1}\right)$	$p_t\left(\frac{1}{\ln K}-\frac{2K^2}{K^2-1}\right)$	$p_t\left(\frac{1}{\ln K}-\frac{2}{K^2-1}\right)$
σ_Z^t	$p_t\left(\frac{1-2\ln K_r}{\ln K}-\frac{2}{K^2-1}\right)$	$p_t\left(\frac{1}{\ln K}-\frac{2K^2}{K^2-1}\right)$	$p_t\left(\frac{1}{\ln K}-\frac{2}{K^2-1}\right)$

由表 9.4 和图 9.31 可见，厚壁圆筒中热应力及其分布有如下规律：

①热应力大小与筒体内外壁温差 Δt 成正比。温差取决于壁厚，径比 K 值越大 Δt 值也越大，表 9.4 中的 p_t 值也越大。

②热应力沿筒体厚度是变化的。径向热应力 σ_r^t 在内外壁面处均为零，在各任意半径处的数值也很小，且内加热时为压应力，外加热时为拉应力。周向热应力 σ_θ^t 和轴向热应力 σ_z^t，在内加热时，外壁面处拉应力最大，内壁面处为压应力；在外加热时，内壁面处拉应力最大，外壁面处为压应力。同时，内外壁面的周向热应力 σ_θ^t 和轴向热应力 σ_z^t 相等。

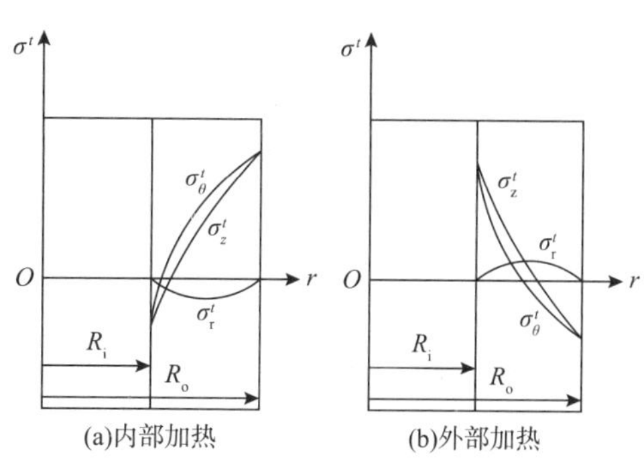

图 9.31　厚壁圆筒中的热应力分布

(2) 内压与温差同时作用引起的弹性应力

在厚壁圆筒中，如果由内压引起的应力与温差引起的热应力同时存在，在弹性变形范围内筒壁的总应力为两种应力的叠加，即：

$$\sum\sigma_r = \sigma_r + \sigma_r^t,\ \sum\sigma_\theta = \sigma_\theta + \sigma_\theta^t,\ \sum\sigma_z = \sigma_z + \sigma_z^t \tag{9-64}$$

具体计算公式见表 9.5，应力分布如图 9.32 所示。

表 9.5　厚壁圆筒在内压与温差作用下的总应力

总应力	圆筒内壁处 $r=R_i$	圆筒外壁处 $r=R_o$
$\sum\sigma_r$	$-p$	0
$\sum\sigma_\theta$	$(p-p_t)\dfrac{K^2+1}{K^2-1}+p_t\dfrac{1-\ln K}{\ln K}$	$(p-p_t)\dfrac{2}{K^2-1}+p_t\dfrac{1}{\ln K}$
$\sum\sigma_z$	$(p-2p_t)\dfrac{1}{K^2-1}+p_t\dfrac{1-2\ln K}{\ln K}$	$(p-2p_t)\dfrac{1}{K^2-1}+p_t\dfrac{1}{\ln K}$

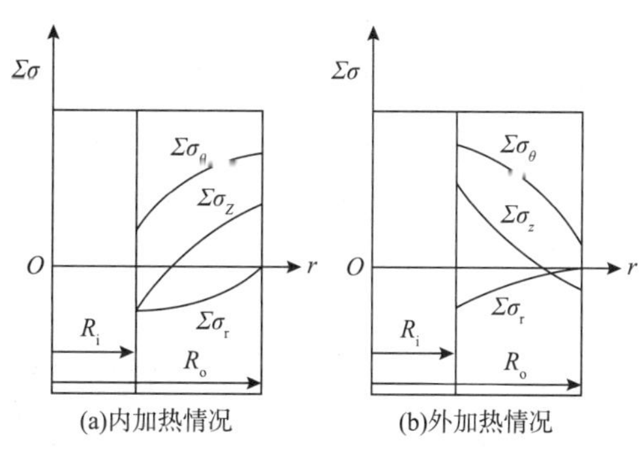

图 9.32　厚壁圆筒中的总应力分布

由图 9.32 可见，内压内加热情况下内壁应力叠加后得到改善，而外壁面应力有所恶化；内压外加热时则相反，内壁面应力恶化，外壁面应力得到很大改善。

(3) 热应力的特点

归纳热应力主要有如下特点：

①热应力随约束程度的增大而增大。由于材料的线膨胀系数、弹性模量等参数随温度变化而变化，热应力不仅与温度变化量有关，而且受初始温度的影响。

②热应力与零外载荷相平衡，即热应力不是由外载荷引起的，是由热变形受到约束引起的自平衡应力。在温度高处发生压缩变形，在温度低处发生拉伸变形。由于温度场不同，热应力可能在管道或容器的整体中出现，也可能只是在局部区域产生。

③热应力具有自限性，屈服流动或高温蠕变可使热应力降低或停止增长。对于塑性材料，热应力不会导致构件断裂，但如果热应力交变则可能导致构件发生疲劳失效或塑性变形积累。

总结厚壁圆筒与薄壁圆筒的应力分析，二者有如下区别：

①、应力状态不同。薄壁圆筒是两向应力状态；厚壁圆筒是三向应力状态，径向应力不能忽略。

②、沿壁厚应力分布状态不同。薄壁圆筒的两向膜应力是沿厚度均匀分布，从内壁面到外壁面应力值相等；厚壁圆筒的周向应力和径向应力沿壁厚方向不均布，有应力梯度。

③、温差应力问题。薄壁圆筒不考虑温差产生的热应力；厚壁圆筒则考虑温差产生的热应力。

④、应力分析方法不同。薄壁圆筒通过力的微元平衡方程和区域平衡方程，求得壳体中的应力；厚壁圆筒则需要通过力的平衡方程、几何方程、物理方程三个方面的分析，才能求得壳体中的应力。

9.2.4.3　厚壁圆筒的弹塑性应力分析

通过弹性应力分析可知，对于承受内压的厚壁圆筒，随着内压的增大，内壁面材料先开始屈服，呈现塑性状态。若内压继续增加，则塑性层将向外扩展，从而在近内壁处形成塑性区，塑性区之外仍然为弹性区，塑性区与弹性区的交界面为一个与厚壁圆筒同心的圆柱面。可见，这时厚壁圆筒还没有失效，所以对弹塑性区域的应力进行分析，有着实际意义。

为了分析弹性区与塑性区的应力分布，从厚壁圆筒远离边缘处的筒体中取一由塑性区与弹性区组成的筒节的横截面，如图 9.33 所示。两区分界面的半径为 R_c，界面上的内压为 p_c（弹塑性区相互作用的径向应力）；则内层的塑性区承受外压 p_c、内压 p_i，而外层的弹性区外压为零，只承受内压 p_c。

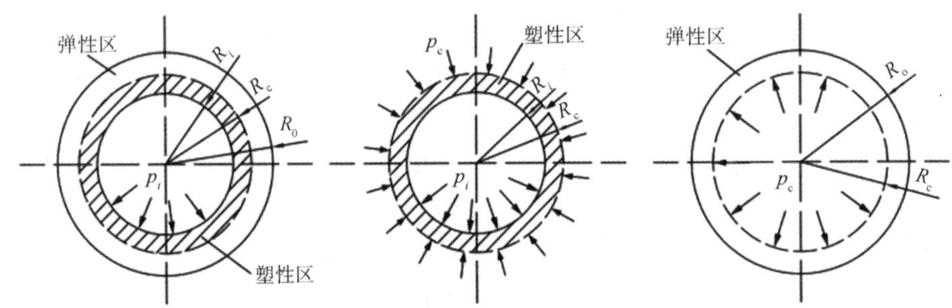

图 9.33　厚壁圆筒的弹塑性状态

(1) 屈服准则

在单向应力状态下，由拉伸试验可知，应力达到屈服点（$\sigma=\sigma_s$），材料由弹性进入塑性，表示该质点屈服。对于多向的复杂应力状态，必须同时考虑所有应力分量，来判断材料的质点屈服。在一定变形条件下，只有各个应力分量之间符合一定关系时，质点才进入塑性状态，这种一定关系即为屈服准则，也称屈服条件或塑性条件。

即屈服准则又称屈服条件，是指在复杂应力状态下材料开始进入屈服的条件，它的作用是控制塑性变形的开始阶段。用函数关系表示，满足式（9－65）时质点屈服：

$$\sigma_{eq}=\sigma_s \tag{9-65}$$

式中 σ_{eq} 为与各个应力分量相关的应力函数，也称为当量应力；σ_s 为由试验获得的材料屈服强度。显然，当 $\sigma_{eq}<\sigma_s$ 时质点为弹性状态；当 $\sigma_{eq}\geqslant\sigma_s$ 时质点为塑性状态。

对于金属材料有两个屈服条件成立，即 Tresca 屈服条件和 Mises 屈服条件。按表 9.3 仅有内压时的应力大小次序为 $\sigma_\theta\geqslant\sigma_z\geqslant\sigma_r$，则式（9－65）可以写成用主应力表示的形式。

则对于厚壁圆筒有 Tresca 屈服条件为：

$$\sigma_\theta - \sigma_r = \sigma_s \tag{9-66}$$

厚壁圆筒的 Mises 屈服条件为：

$$\sigma_\theta - \sigma_r = \frac{2}{\sqrt{3}}\sigma_s \tag{9-67}$$

（2）弹塑性应力

利用式（9-66）、式（9-67）和表 9.3 的弹性应力表达式，可以导得弹性区和塑性区的应力计算式，详见表 9.6（推导过程见文献［10］）。

表 9.6 厚壁圆筒弹塑性区的应力计算式（仅有内压）

屈服失效判据	应力	塑性区（$R_i \leqslant r \leqslant R_c$）	弹性区（$R_c \leqslant r \leqslant R_o$）
Mises	径向应力	$\frac{2}{\sqrt{3}}R_{eL}\ln\frac{r}{R_i}-p_i$	$\frac{R_{eL}}{\sqrt{3}}\frac{R_c^2}{R_o^2}\left(1-\frac{R_o^2}{r^2}\right)$
	周向应力	$\frac{2}{\sqrt{3}}R_{eL}\left(1+\ln\frac{r}{R_i}\right)-p_i$	$\frac{R_{eL}}{\sqrt{3}}\frac{R_c^2}{R_o^2}\left(1+\frac{R_o^2}{r^2}\right)$
	轴向应力	$\frac{R_{eL}}{\sqrt{3}}\left(1+2\ln\frac{r}{R_i}\right)-p_i$	$\frac{R_{eL}}{\sqrt{3}}\frac{R_c^2}{R_o^2}$
	p_i 与 R_c 关系	$p_i=\frac{R_{eL}}{\sqrt{3}}\left(1-\frac{R_c^2}{R_o^2}+2\ln\frac{R_c}{R_i}\right)$	
Tresca	径向应力	$R_{eL}\ln\frac{r}{R_i}-p_i$	$\frac{R_{eL}}{2}\frac{R_c^2}{R_o^2}\left(1-\frac{R_o^2}{r^2}\right)$
	周向应力	$R_{eL}\left(1+\ln\frac{r}{R_i}\right)-p_i$	$\frac{R_{eL}}{2}\frac{R_c^2}{R_o^2}\left(1+\frac{R_o^2}{r^2}\right)$
	轴向应力	$R_{eL}\left(0.5+\ln\frac{r}{R_i}\right)-p_i$	$\frac{R_{eL}}{2}\frac{R_c^2}{R_o^2}$
	p_i 与 R_c 关系	$p_i=R_{eL}\left(0.5-\frac{R_c^2}{2R_o^2}+\ln\frac{R_c}{R_i}\right)$	

注：表 9.6 中 $R_{eL}=\sigma_s$，为材料的屈服强度。

9.2.4.4 屈服压力和爆破压力

（1）厚壁圆筒爆破过程分析

塑性较好材料制造的厚壁圆筒壳体的爆破过程如图 9.34 所示。图中 OA 线段为弹性变形阶段，壳体壁内应力较小，产生弹性变形，内压与容积变化量成正比；到 A 点时壳体内表面开始屈服，与 A 点对应的压力称为初始屈服压力 p_s。AC 线段为弹塑性变形阶段，随着内压的提高，材料屈服区从内壁向外壁扩展，此时，一方面因塑性变形而使材料强化（材料的应变硬化现象）导致壳体承压能力提高，另一方面因厚度不断减薄而使承压能力下降；但材料强化作用大于厚度减薄作用，到达 C 点时两种作用已经接近，则 C 点对应的压力是壳体所能承受的最大压力，称为塑性垮塌压力。CD 线段为爆破阶段，壳体容积突然急剧增大，使壳体继续膨胀所需的压力相应减小，

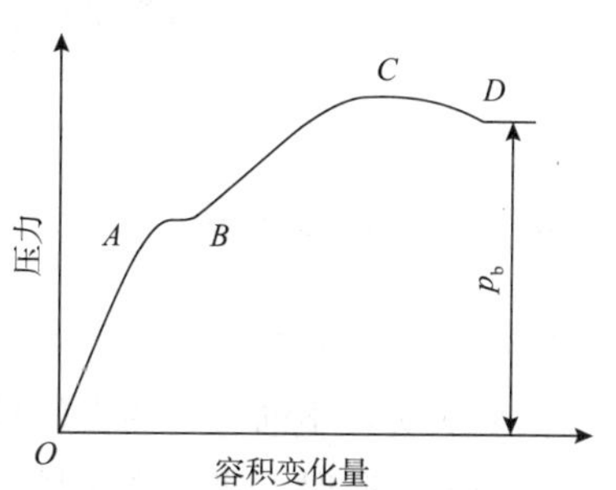

图 9.34 厚壁圆筒爆破过程曲线

压力降低到 D 点壳体爆破，D 点对应的压力即为爆破压力 p_b。

（2）初始屈服压力

对于承受内压的厚壁圆筒，有 $\sigma_1=\sigma_\theta$，$\sigma_3=\sigma_r$，则将表 9.3 中的应力计算式代入式（9-66），并令 $p_i=p_s$，可得到基于 Tresca 屈服条件的圆筒初始屈服压力为：

$$p_s=\sigma_s\frac{K^2-1}{2K^2} \tag{9-68a}$$

同理，可得基于 Mises 屈服条件的圆筒初始屈服压力为：

$$p_s=\sigma_s\frac{K^2-1}{\sqrt{3}K^2} \tag{9-68b}$$

（3）全屈服压力

对于承受内压的厚壁圆筒，当筒体壁达到从内壁到外壁的整体屈服状态时所承受的压力，称为圆筒的全屈服压力，用 p_{so} 表示。

根据表 9.6 中 p_i 与 R_c 的关系式，令 $R_c=R_o$，$p_i=p_{so}$，可得到基于 Tresca 屈服条件的圆筒全屈服压力为：

$$p_{so}=\sigma_s\ln K \tag{9-69a}$$

基于 Mises 屈服条件的圆筒全屈服压力为：

$$p_{so}=\frac{2}{\sqrt{3}}\sigma_s\ln K \tag{9-69b}$$

（4）爆破压力

厚壁圆筒爆破压力的计算公式较多，但与试验值接近的、最具有代表性的是福贝尔（Faupel）公式。Faupel 对碳素钢、低合金钢、不锈钢及铝青铜等材料制成的厚壁圆筒进行爆破试验，发现爆破压力随材料的屈强比呈线性规律变化。于是归纳出爆破压力计算公式为：

$$p_b=\frac{2}{\sqrt{3}}\sigma_s\ln K\left(2-\frac{\sigma_s}{\sigma_b}\right) \tag{9-70}$$

Faupel 公式形式简单，计算方便，很多国家（包括中国）标准中都把它作为厚壁圆筒强度设计的基本公式。

9.3 压力管道强度与应力分析设计准则

9.3.1 强度理论

9.3.1.1 强度理论的概念

实验表明，不同材料的失效形式是不同的。对于塑性材料（如低碳钢），在轴向拉伸下，当达到屈服极限时，将出现明显的塑性变形或流动现象。对实际构件这种情况已不能正常使用，因此出现塑性变形作为失效的标志，相应的失效应力为材料的屈服强度（屈服极限）σ_s。对于脆性材料，在轴向拉伸下，当还没有明显变形时就突然断裂，则是以断裂作为失效标志，相应的失效应力为材料的抗拉强度（强度极限）σ_b。可见，强度不足引起的失效形式主要可以分为两类：一是屈服，二是断裂。

在第 7 章中已介绍，材料的极限应力可以通过拉伸试验获得，把极限应力除以安全系数得到许用应力，并建立了如 9.1 节所示的强度条件。而 9.1 节介绍的是杆件简单变形的应力分析，属于单向应力状态。显然，在单向应力状态下的强度条件可以说是根据实验结果建立的。在工程实际中，大多数构件的危险点都处于复杂应力状态，如承受压力载荷的厚壁圆筒属于三向应力状态。由于复杂应力状态中应力组合的方式有各种可能性，如果按照单向应力状态用实验方法建立强度条件，则必须对材料在各种各样的应力状态下，一一进行实验，以确定相应的极限应力，再建立强度条件，这显然是难以实现的。即不能直接由实验的方法来建立复杂应力状态下的强度条件。解决这类问题，需要采用判断推理的方法，提出一些假说，推测材料在复杂应力状态下失效原因，从而建立强度条件。

人们在长期的生产实践中，综合分析材料强度的各种失效现象，经过判断和推理，对材料破坏原因提出了各种不同的假说。各种假说尽管各有差异，但它们都认为：材料之所以按某种方式失效（屈服或断裂），是由于应力、应变或应变能密度等诸因素中的某一因素引起的。按照这种假说，无论单向或复杂应力状态，造成失效的原因是相同的，即引起失效的因素是相同的且数值是相等的。于是，可以利用简单应力状态的实验结果，建立复杂应力状态的强度条件。这样的一些假说称为强度理论。

9.3.1.2 常用的四种强度理论

推测强度失效的原因之假说，被实验证实后就成为理论，目前还没有万能理论。强度失效的形式主要有两种，即屈服与断裂。故强度理论也应分成两类：一类是解释断裂失效的理论，其中有最大拉应力理论（第一强度理论）和最大伸长线应变理论（第二强度理论）。另一类是解释屈服失效的理论，其中有最大切应力理论（第三强度理论）和形状改变应变能密度理论（第四强度理论）。对于复杂应力状态，在前面屈服准则一节中提到了当量应力 σ_{eq} 的概念，不同的强度理论有不同的 σ_{eq} 表达式。假定三向应力 $\sigma_1>\sigma_2>\sigma_3$，介绍不同强度理论的强度条件。

（1）第一强度理论

第一强度理论称最大拉应力理论（适用于脆性材料）。是最早的强度理论，意大利 G. Galilo（1564—1642 年）就做过简单的强度实验。通常认为该理论主要归功于著名的英国教育家 W. J. M. Rankine（1820—1872 年），该理论有时称为 Rankine's Theory。

这一理论认为：不论材料处在什么应力状态，引起材料发生脆性断裂的原因是最大拉应力达到了某个极限值。根据这一理论，可利用单向拉伸实验结果建立复杂应力状态下的强度计算准则。根据这一强度理论建立的强度条件为：

$$\sigma_{eq}=\sigma_1\leqslant[\sigma] \tag{9-71}$$

式中 σ_1 为第一主应力，且必须是拉应力。

利用第一强度理论可以很好地解释铸铁等脆性材料在轴向拉伸和扭转时的破坏情况。铸铁在单向拉伸下，沿最大拉应力所在的横截面发生断裂；在扭转时，沿最大拉应力所在的斜截面发生断裂。这些都与最大拉应力理论相一致。但是，这一理论没有考虑其他两个主应力的影响，且对于没有拉应力的应力状态（如单向压缩、三向压缩等）也无法解释。

（2）第二强度理论

第二强度理论称为最大拉应变理论，最早由著名物理学家 Mariotto（1682）提出。该理论常认为由法国著名弹性理论专家 B. de Saint Venant（1797—1886 年）所创立。称为 St. Venant's Theory。圣维南是针对屈服失效提出的，后人用于断裂，并修正为最大拉应变理论。

这一理论认为，不论材料处在什么应力状态，引起发生脆性断裂的原因是由于最大拉应变达到了某个极限值。根据这一理论，便可利用单向拉伸时的实验结果来建立复杂应力状态下的强度计算准则。根据这一强度理论建立的强度条件为：

$$\sigma_{eq}=\sigma_1-\mu(\sigma_2+\sigma_3)\leqslant[\sigma] \tag{9-72}$$

作为断裂失效理论，这一强度理论与石料、混凝土等脆性材料的轴向压缩实验结果相符合。

这些材料在轴向压缩时，如在试验机与试块的接触面上加添润滑剂，以减小摩擦力的影响，试块将沿垂直于压力的方向裂开。但对于金属材料因与实验结果相差较大，所以这一理论各国都很少采用。

（3）第三强度理论

第三强度理论称最大剪应力理论。最初由 C. A. Coulumb 1773 年提出，后来，1868 年 H. Tresca 在法国科学院发表了他的论文："金属在高压下的流动"。现在该理论常用他的名字，称为 Tresca 屈服条件。

这一理论认为，不论材料处在什么应力状态，材料发生屈服的原因是由于最大的剪应力达到了某个极限值。根据这一理论，在单向应力状态下引起材料屈服的原因是 45°斜截面上的最大剪应力达到了极限数值。根据这一强度理论建立的强度条件为：

$$\sigma_{eq}=\sigma_1-\sigma_3\leqslant[\sigma] \tag{9-73a}$$

对于杆件类的管道除压力载荷外，在重力载荷、风载荷、地震载荷等外载荷作用下，会产生拉伸或压塑、弯曲、扭转等组合变形。拉伸或压塑与弯曲产生的都是轴向正应力，可以直接代数叠加；而扭转产生的剪应力是垂直于轴线方向。这时组合变形产生的应力属于两向应力状态，根据第三强度理论建立的强度条件为：

$$\sigma_{eq}=[(\sigma_a+\sigma_w)^2+4\tau_n^2]^{1/2}\leqslant[\sigma] \tag{9-73b}$$

式中 σ_a——拉伸或压塑产生的轴向应力；

σ_w——弯曲产生的轴向弯曲应力；

τ_n——扭转产生的剪应力。

最大剪应力理论较为满意地解释了塑性材料的屈服现象。与塑性材料二向应力实验符合较好，且偏于安全。低碳钢拉伸时在与轴线成 45°的斜截面上剪应力最大，也正是沿这些平面的方向出现滑移线，表明这是材料内部沿这一方向滑移的痕迹。这一理论既解释了材料出现塑性变形的现象，且又具有形式简单，概念明确的特点，在机械工程中得到了广泛的应用。但是，这一理论忽略了中间主应力 σ_2 的影响，且计算的结果与实验相比，偏于保守。

（4）第四强度理论

第四强度理论称形状改变能密度理论（或最大剪切变形能理论）。意大利 E. Beltrami1885 年提出最大应变能理论，它不能解释三向等压情况下的实验。为了与实验结果更加符合，波兰学者 M. T. Huber 1904 年将其修正为最大形状改变能密度理论；后来进一步由德国 R. von Mises（1913）和美国 H. Hencky（1925）所发展和解释。这个广泛应用的理论常称 Huber-Hencky-Mises 屈服条件，或简称为 von Mises 屈服条件。

这一理论认为，不论材料处在什么应力状态，材料发生屈服的原因是由于形状改变能密度达到了某个极限值。根据这一强度理论建立的强度条件为：

$$\sigma_{eq} = \left\{ \frac{1}{2} \left[(\sigma_1 - \sigma_2)^2 + (\sigma_2 - \sigma_3)^2 + (\sigma_3 - \sigma_1)^2 \right] \right\}^{\frac{1}{2}} \leqslant [\sigma] \tag{9-74a}$$

同理，对于杆件类管道的组合变形产生的应力，按第四强度理论得到的强度条件为：

$$\sigma_{eq} = \left[(\sigma_a + \sigma_w)^2 + 3\tau_n^2 \right]^{\frac{1}{2}} \leqslant [\sigma] \tag{9-74b}$$

根据几种塑性材料（钢、铜、铝）的薄管试验资料，表明第四强度理论比第三强度理论更符合实验结果。在纯剪切下，按第三强度理论和第四强度理论的计算结果差别最大，这时，由第三强度理论的屈服条件得出的结果比第四强度理论的计算结果大15%。

四种强度理论与实验结果的比较表明：第一强度理论是解释断裂失效的强度理论；第二强度理论已经不用。第三、第四强度理论是解释屈服失效的强度理论。一般情况下铸铁、石料、混凝土、玻璃等脆性材料可以用第一强度理论。钢、铝、铜等塑性材料可以用第三、第四强度理论。

9.3.2 失效判据与失效形式

求得压力管道在静态或动态工况下的力学响应（如应力、应变等）后，必须根据压力管道最有可能发生的失效形式，确定力学响应的限制值，以判断压力管道能否安全使用，能否获得满意的使用效果。

9.3.2.1 失效判据

应力、应变或与它们相关的量，可以用来衡量压力管道受力和变形的程度。压力管道以某种方式失效时，是因应力、应变或与它们相关的量中的某个量过大或过小。按照这种假说，无论是简单还是复杂的应力状态，只要这个量达到某一数值，压力管道就失效。这个数值可用简单的实验测量，如拉伸试验中测得的屈服强度和抗拉强度等。将力学分析结果与简单实验测量结果相比较，就可以判断压力管道是否会失效。这种判据称为失效判据。

9.3.2.2 失效形式

压力管道失效的原因有很多种，但失效的最终表现形式均为过度变形、断裂和泄漏。压力管道失效形式有许多分类方法。根据失效机理的不同，可分为突发型失效和退化型失效。突发型失效又称短期失效，是指管道在丧失功能之前保持或基本保持所需功能，但由于某种原因在某个时刻突然失效，如韧性断裂、脆性断裂、失稳等；退化型失效，是指随着工作时间的延长，管道性能参数逐渐下降，直到超过某一临界值而导致的失效，如腐蚀断裂、蠕变断裂、疲劳断裂等。退化型失效还可分为两类：一类是由长期载荷引起的，如蠕变断裂、腐蚀断裂等；另一类是由循环载荷引起的，如疲劳断裂等。按照失效原因，压力管道失效形式主要分为强度失效、刚度失效、失稳失效、泄漏失效等四种类型。

（1）强度失效

因材料屈服或断裂引起的失效称为强度失效。强度失效包括韧性断裂、脆性断裂、疲劳断裂、蠕变断裂、腐蚀断裂等形式。

①韧性断裂。是压力管道在载荷作用下，产生的应力达到或接近材料的强度极限而发生的断裂。特征是断裂后有肉眼可见的宏观变形，如整体鼓胀，断口处厚度明显减薄；没有碎片或偶尔有碎片；按实际测量厚度计算的爆破压力与实际爆破压力相当接近。

②脆性断裂。是指变形量很小且在壳体壁中的应力值远低于材料的强度极限时发生的断裂。其特征是断裂时断口没有明显的塑性变形；断口平齐，并与最大应力方向垂直；断裂速度极快，有碎片产生。这种断裂是在较低应力状态下发生的，所以又称低应力脆断。由于脆性断裂时的实际应力（压力）值很低，安全阀、爆破片等安全附件不会动作，其危害性比韧性断裂严重得多。

③疲劳断裂。压力管道在交变载荷作用下，经过一定周期后发生的断裂称为疲劳断裂。交变载荷是指大小和（或）方向随时间周期性（或无规则）变化的载荷，包括运行时的压力波动、开车和停车、加热或冷却时温度变化引起的热应力变化、振动引起的应力变化、支管引起的附加载荷的交变而形成的交变载荷等。疲劳断裂一般有裂纹萌生、裂纹扩展和最后断裂三个阶段，因而其断口一般由裂纹源、裂纹扩展区和最终断裂区组成。裂纹源往往位于接管根部、焊接接头等高应力区或有缺陷的部位。疲劳断裂时壳体的总体应力水平较低，断裂往往在管道正常工作条件下发生，没有明显的征兆，是突发性破坏，危险性很大。

④蠕变断裂。压力管道在长期高温下受载，随时间的增加材料不断发生蠕变变形，造成厚度明显减薄与鼓胀变形，最终导致压力管道断裂的现象称为蠕变断裂。

⑤腐蚀断裂。因均匀腐蚀导致的厚度减薄，或局部腐蚀造成的凹坑所引起的断裂，一般没有明显的塑性变形，具有韧性断裂的特征；因晶间腐蚀、应力腐蚀等引起的断裂，一般没有明显的塑性变形，具有脆性断裂的特征。

（2）刚度失效

由于压力管道的变形大到足以影响其正常工作而产生的失效，或者说管道过度的弹性变形引起的失效，称为刚度失效。例如，卧式布置的管道，在重力等载荷作用下，若发生过大的弯曲变形，流体在管道内流通不畅则会影响管道正常工作。

（3）失稳失效

在压应力作用下，壳体截面突然失去原有的规则几何形状引起的失效，称为失稳失效。失稳失效多发生于承受外压的管道。

（4）泄漏失效

由于泄漏而引起的失效称为泄漏失效。泄漏不仅有可能引起中毒、燃烧和爆炸等事故，还会造成环境的污染。在压力管道设计时，应重视各种可拆式接头的密封性能。

9.3.3 设计准则

将力学分析结果与实验测量结果相比较，判别压力管道是否会失效，为失效判据。一般失效判据不能直接用于压力管道的设计计算。因为压力管道存在许多不确定因素，如材料性能的不稳定、计算模型引起的不确定性、制造水平的高低、检验的手段等。为有效地利用现有材料的强度或刚度，工程上在考虑上述不确定因素时，常用的方法是引入安全系数，得到与失效判据相对应的设计准则。即失效判据引入一定的安全系数，构成设计准则。压力管道设计准则大致可分为：强度失效设计准则、刚度失效设计准则、稳定失效设计准则、泄漏失效设计准则。

压力管道设计时，应先确定管道最有可能发生的失效形式，选择合适的失效判据和设计准则，确定适用的设计规范和标准，再按规范和标准要求进行强度设计和应力分析设计。

9.3.3.1 强度失效设计准则

强度失效设计准则又分为弹性失效设计准则、塑性失效设计准则、爆破失效设计准则、弹塑性失效设计准则、疲劳失效设计准则、蠕变失效设计准则、脆性断裂设计准则等。

(1) 弹性失效设计准则

弹性失效设计准则认为：壳体总体部位进入初始屈服即为失效。对于单向拉应力 σ 状态，屈服失效判据为：$\sigma=\sigma_s$，考虑安全系数 n_s 得相应的设计准则，即强度条件：

$$\sigma\leqslant[\sigma]^t \tag{9-75}$$

式中 $[\sigma]^t$——材料设计温度下的许用应力，$[\sigma]^t=\sigma_s/n_s$。

对于三向应力状态采用相当应力（当量应力）的概念，建立设计准则为：

$$\sigma_{eq}\leqslant[\sigma]^t \tag{9-76}$$

当量应力的概念和求解，见 9.3.1 节的强度理论。

(2) 塑性失效设计准则

弹性失效设计准则是以初始屈服为失效判据，这对于各处应力相等的构件，如内压薄壁圆筒，应力沿壁厚均布，内壁屈服也就意味着整体屈服了，那么弹性失效设计准则是正确的。但对于应力分布不均布的构件，如内压厚壁圆筒，当内壁发生屈服时，沿厚度其余各点处仍处于弹性状态，不会导致整个截面屈服，壳体仍能继续承载。在这种情况下，弹性失效设计准则就显得过于保守。

塑性失效设计准则认为：只有整个截面全部进入屈服才算失效。对于内压厚壁圆筒，整个截面屈服时的压力就是式（9-69）的全屈服压力 p_{so}，则塑性失效判据可表示为：

$$p=p_{so} \tag{9-77}$$

引入全屈服安全系数 n_{so}，得到相应的塑性失效设计准则为：

$$p\leqslant\frac{p_{so}}{n_{so}} \tag{9-78}$$

式中 p——设计压力。

(3) 爆破失效设计准则

压力管道用材料为韧性较好的材料，一般都具有应变硬化现象，爆破压力大于全屈服压力。爆破失效设计准则以壳体爆破作为失效状态，相应的设计准则为：

$$p\leqslant\frac{p_b}{n_b} \tag{9-79}$$

式中 p_b——爆破压力，按式（9-70）计算；

n_b——爆破安全系数。

(4) 弹塑性失效设计准则

弹塑性失效设计准则又称安定性准则，适用于各种载荷不按同一比例递增、载荷大小反复变化的场合。"安定性"的含义是，结构在初始阶段少数几个载荷循环中产生一定的塑性变形外，继续施加循环载荷作用不再发生新的塑性变形，即不会发生塑性疲劳，此时结构处于安定状态。以图 9.35 所示，来看加载卸载的安定性分析过程。

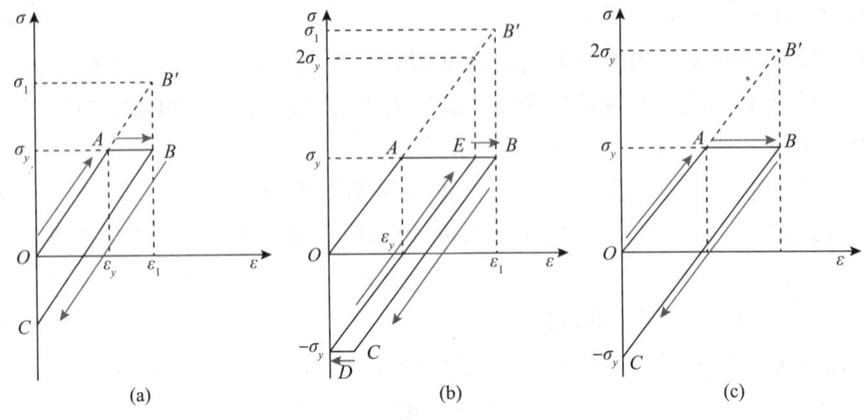

图 9.35 加载卸载应力应变曲线

①进入安定状态，如图 9.35（a）所示。当虚拟应力 σ_1 在 $\sigma_y<\sigma_1<2\sigma_y$ 范围（σ_y 为屈服强度值），第一次加载时，局部塑性区内的应力应变按 OAB 线变化，按虚拟应力 σ_1 计的应力应变线为 OAB'。卸载时沿 BC 线下降。由于结构不连续区周围存在弹性约束，卸载时能使塑性变形回复到 O，此时必产生残余压应力，压应力的大小由 OC 线段代表。第二次加载卸载循环将沿 BC 线变化，这时不再发生新的塑性变形，结构表现出新的弹性行为，亦即进入安定状态。

②处于不安定状态，如图 9.35（b）所示。在 $\sigma_1>2\sigma_y$ 范围，塑性区内的虚拟弹性应力超过两倍屈服强度值后，卸载时从 B 点沿 BC 线下降，由于约束而产生反向压缩屈服达到 D 点。于是第二次加载卸载循环则沿 $DEBCD$ 回线变化。如此多次循环，则反复出现拉伸屈服和压缩屈服，则可能引起塑性疲劳，结构便处于不安定状态。

③达到安定状态，如图 9.35（c）所示。$\sigma_1=2\sigma_y$，这是安定与不安定的界限。第一次加载卸载的应力应变回线为 $OABC$，这是不出现反向屈服的最大回线，以后的加载卸载的应力应变循环均沿一条最长的 BC 线变化，不再出现新的塑性变形，表现出最大的弹性行为，即达到安定状态。与此对应的虚拟应力 σ_1 正好为 $2\sigma_y$，因此，$\sigma_1\leqslant 2\sigma_y$ 为出现安定的条件，即为弹塑性失效设计准则。

压力管道的应力分析和压力容器的应力分析设计法，对一次应力加二次应力的限制就是采用了安定性的强度条件。

（5）疲劳失效设计准则

一般压力管道和压力容器疲劳属于低周疲劳。低周疲劳时，每次循环中材料都将产生一定的塑性应变，疲劳失效时的循环次数较低，一般在10^5 次以下。根据试验研究和理论分析结果，可以得到虚拟应力幅与许用循环次数之间的关系曲线，即低周疲劳设计曲线。由壳体应力集中部位的最大虚拟应力幅，按低周疲劳设计曲线确定许用循环次数，只要实际循环次数小于许用的循环次数，壳体就不会发生疲劳失效，这就是疲劳失效设计准则。压力容器分析设计法直接采用了这一设计准则；在压力管道规范和标准中，间接地采用了疲劳失效设计准则。

（6）蠕变失效设计准则

对于高温工况，将应力限制在由蠕变极限和持久强度确定的许用应力以内，便可防止壳体在使用寿命内发生蠕变失效，这就是蠕变失效设计准则。

（7）脆性断裂失效设计准则

脆性断裂或低应力脆断大多是由于壳体材料存在缺陷（裂纹）所致。传统的强度设计准则都是假设材料是无缺陷的均匀连续体，因而难以解释脆性断裂现象。脆性断裂属于断裂力学研究的范畴。

断裂力学认为材料中存在缺陷，研究裂纹尺寸、材料断裂韧性和结构承载能力之间的定量关系。建立不同断裂参量的断裂判据，用断裂判据和引入的安全系数作为设计和安全评定的依据，这就是脆性断裂失效设计准则。

9.3.3.2 刚度失效设计准则

在载荷作用下，要求构件的弹性位移或（和）转角不超过规定的数值，为刚度失效设计准则，亦称刚度条件。公式表示为：

$$\omega \leqslant [\omega] \tag{9-80a}$$

$$\theta \leqslant [\theta] \tag{9-80b}$$

式中 ω——载荷作用下产生的位移，mm；

$[\omega]$——许用位移，mm；

θ——载荷作用下产生的转角，rad；

$[\theta]$——许用转角，rad。

9.3.3.3 失稳失效设计准则

在压力管道设计中，应防止失稳发生。对于仅承受均布外压的圆筒，设计外压力应小于周向临界压力；对于由弯矩或弯矩与压力共同引起的轴向压塑，压应力应小于轴向临界应力。这就是失稳失效设计准则。

9.3.3.4 泄漏失效设计准则

上述提及的强度、刚度和稳定失效设计准则，都是基于壳体结构完整性范畴内的失效形式而选定的设计准则。而泄漏失效不仅是由于壳体遭受机械性损伤，也是壳体结构本身或连接部件失去密封功能发生的失效形式，它是直接引发设备结构燃烧、爆炸、中毒和环境污染等事故的首要条件。

对于泄漏，常用紧密性这一概念来比较和评价密封的有效性。紧密性用被密封流体在单位时间内通过泄漏通道的体积或质量来表示，即用泄漏率表示。

压力管道和压力容器泄漏失效设计准则，是指壳体发生的泄漏率(L)不超过允许的泄漏率($[L]$)，即 $L \leqslant [L]$。一般根据介质的价值、对人体和设备的危害性以及环保要求，确定允许泄漏率。设计时要遵循相关法规和标准的要求。

思考题

1. 杆件的基本变形有哪几种？
2. 管道是否属于杆件？
3. 利用强度条件可以解决什么问题？

4. 什么变形的杆件称为梁？常见的静定梁有哪几种形式？
5. 如何区分薄壁圆筒和厚壁圆筒？
6. 何谓无力矩理论？
7. 薄壁圆筒的两向膜应力有什么特点？
8. 无力矩理论适用的条件是什么？
9. 边缘应力有什么特性？
10. 厚壁圆筒中的应力有什么特点？
11. 厚壁圆筒与薄壁圆筒的应力分析有什么不同？
12. 何谓初始屈服和全屈服？
13. 常用的强度理论有哪几种？
14. 压力管道主要失效形式有哪几种类型？
15. 强度失效设计准则包括哪些设计准则？

第 10 章　压力管道强度设计

国际上最早规定压力管道强度设计和应力分析设计方法的标准，是美国的 ASME B31.1《Power Piping 动力管道》、ASME B31.3《Process Piping 工艺管道》、ASME B31.4《Piping Transportation Systems for Liquids and Slurries 液态烃和其他液体管线输送系统》、ASME B31.5《Refrigeration Piping and Heat Transfer Components 制冷管道和传热部件》、ASME B31.8《Gas Transmission and Distribution Piping ystems 气体输配管道系统》等标准。我国的 GB 50316—2008《工业金属管道设计规范》、GB/T 20801.3—2006《压力管道规范工业管道　第 3 部分：设计与计算》、SH/T 3059—2012、《石油化工管道器材选用规范》、GB 50251—2015《输气管道工程设计规范》、GB 50253—2014《输油管道工程设计规范》、GB/T 34275—2017《压力管道规范　长输管道》、GB/T 32270—2015《压力管道规范　动力管道》等压力管道设计标准中，也规定了压力管道强度设计和管道应力分析的方法。我国压力管道设计标准中有关强度设计和应力分析的内容基本是参照美国 ASME B31 系列标准而来。本书结合我国的压力管道标准和 ASME B31 系列标准介绍压力管道的强度设计和应力分析设计（见第 11 章）的方法。

压力管道强度设计，主要包括承受压力作用的管道和管道元件壁厚的设计计算、支管连接开孔补强设计计算等内容。考虑的载荷只有单独作用的压力（主要是内压）载荷，所以压力管道强度设计与管道布置、支架设置、管道的柔性分析等没有直接关系。

10.1　承受内压的直管强度设计

在不同的标准中对压力管道强度设计的计算公式、设计参数选取等方面有所不同，因此，本章将按不同的管道类别分别介绍其强度设计方法。

10.1.1　工艺管道直管强度设计

在 GB 50316—2008《工业金属管道设计规范》、GB/T 20801.3—2006《压力管道规范　工业管道　第 3 部分：设计与计算》、SH/T 3059—2012《石油化工管道器材选用规范》等规范中，都给出了压力管道强度设计的方法，其中的设计计算公式均来源于 ASME B31.3，由于跟踪 ASME B31.3 版本年代不同，稍有差异。本书以最新版 GB/T 20801 和 ASME B31.3—2016 为主要参考，介绍工艺管道的强度设计内容。

10.1.1.1 直管壁厚设计计算公式

（1）直管的设计计算公式

计算厚度：
$$\delta=\frac{pD_o}{2\left(\phi W[\sigma]^t+pY\right)} \tag{10-1}$$

设计厚度：
$$\delta_d=\delta+C_2+C_3=\delta+C \tag{10-2}$$

名义厚度：
$$\delta_n=\delta_d+C_1+C_4 \tag{10-3}$$

最小厚度：
$$\delta_{min}=\delta_n-C_1 \tag{10-4}$$

有效厚度：
$$\delta_e=\delta_n-C_1-C \tag{10-5}$$

式中 p——设计压力，MPa；

D_o——直管外径，mm；

$[\sigma]^t$——管子材料设计温度下的许用应力，MPa；

C_1——管子厚度负偏差，mm；

C_2——腐蚀或磨蚀附加量，mm；

C_3——机械加工深度，mm；

C_4——厚度圆整值（Δ），mm；

ϕ——纵向焊接接头系数；

W——焊接接头高温强度降低系数；

Y——计算系数。

（2）直管的校核计算公式

当已知名义厚度或实际测量厚度时，可以由式（10-6）确定允许使用的工作压力。从公式（10-1）可以导出：

$$[p]=\frac{2\delta_e\phi W[\sigma]^t}{(D_o-2Y\delta_e)} \tag{10-6}$$

式中 $[p]$——允许使用的工作压力（最小设计压力），MPa；

其他符号意义同前。

10.1.1.2 设计参数的确定

（1）设计压力 p

①管道设计压力应当不小于在操作过程中可能遇到的最苛刻的压力与温度组合工况的压力（设计压力不小于操作压力）。

②当管道与设备直接连接作为一个压力系统时，管道的设计压力应不小于设备的设计压力。

③未设置压力泄放装置或可能发生与压力泄放装置隔离、堵塞的管道，其设计压力应不小于可能因此而产生的最大压力。

④离心泵出口管道的设计压力应不小于泵的关闭压力（吸入压力与扬程相应压力之和）；

⑤输送制冷剂、液化烃类等低沸点（气化温度低）介质的管道，其设计压力应不小于阀

门切断时或介质不流动时介质可能达到的最大饱和蒸气压（在最高环境温度下汽化所能达到的最高压力）；

⑥当管道被分隔件（包括夹套管、盲板等）分隔为几个单独的受压段时，该分隔件的设计压力应不小于在操作中两侧受压室可能遇到的最苛刻的压差和温度组合工况的压力；

⑦装有安全控制装置的真空管道，设计压力取最大压差的 1.25 倍或 0.1MPa 中的较小值，并按外压条件进行设计；对于没有安全控制装置的真空管道，设计压力取 0.1MPa。

⑧装有安全泄放装置的管道，设计压力应不小于安全泄放装置的设定压力。

a）当管道上装有安全阀时，管道的设计压力按以下步骤确定：

(a) 根据管道的工作压力 p_w，确定安全阀的设定压力（开启压力）p_s，一般 $p_s=(1.05\sim1.1)\ p_w$；当 $p_s<0.18$MPa 时，可适当提高 p_s 相对于 p_w 的比值；

(b) 取管道的设计压力 p 等于或稍大于设定压 p_s 力，即 $p\geqslant p_s$。

b）当管道装有爆破片安全装置时，管道的设计压力按以下步骤确定：

(a) 根据管道的工作压力 p_w，确定爆破片的最低标定爆破压力 p_{smin}。根据不同形式的拱形金属爆破片，推荐的 p_{smin} 值参见表 10.1。

表 10.1 最低标定爆破压力 p_{smin}

爆破片型式	载荷性质	p_{smin}/MPa
普通正拱形	静载荷	$\geqslant1.43p_w$
开缝正拱形	静载荷	$\geqslant1.25p_w$
正拱形	脉动载荷	$\geqslant1.7p_w$
反拱形	静载荷、脉动载荷	$\geqslant1.1p_w$

(b) 选定爆破片的制造范围，爆破片的制造范围见表 10.2；

(c) 计算爆破片的设计爆破压力 p_b，等于 p_{smin} 加上所选爆破片制造范围的下限（按 p_{smin} 查表 6.2，并取绝对值）；

(d) 管道的设计压力 p 应不小于 p_b 加上所选爆破片制造范围的上限。

表 10.2 爆破片的制造范围 MPa

爆破片类别	设计爆破压力	全范围		1/2 范围		1/4 范围		0 范围	
		上限（正）	下限（负）	上限（正）	下限（负）	上限（正）	下限（负）	上限	下限
正拱形	>0.30～0.40	0.045	0.025	0.025	0.015	0.010	0.010	0	0
	>0.40～0.70	0.065	0.035	0.030	0.020	0.020	0.010	0	0
	>0.70～1.00	0.085	0.045	0.040	0.020	0.020	0.010	0	0
	>1.00～1.40	0.110	0.065	0.060	0.040	0.040	0.020	0	0
	>1.40～2.50	0.160	0.085	0.080	0.040	0.040	0.020	0	0
	>2.50～3.50	0.210	0.105	0.100	0.050	0.040	0.025	0	0
	>3.50	6.0%	3.0%	3.0%	1.5%	1.5%	0.8%	0	0
反拱形	≥0.1	0	10.0%	0	5.0%	—	—	0	0

注：对于正拱形爆破片，当设计爆破压力小于 0.3MPa 时，可由制造单位和使用单位（或设计单位）协商商定一个双方都能接受的较大的制造范围。

（2）设计温度 t

①管道设计温度应当按照操作中可能遇到的最苛刻的压力和温度组合工况的温度确定。

②对无外隔热层的管道，介质温度小于65℃时，管道组成件的设计温度与介质温度相同，但应考虑阳光辐射或其他可能导致介质温度升高的因素；介质温度大于或等于65℃时，管道组成件的设计温度确定应符合以下规定：

对于阀门、管子、翻边端部和焊接管件，取介质温度的95%；

对于松套法兰以外的法兰，取介质温度的90%；

对于松套法兰，取介质温度的85%；

对于螺栓，取介质温度的80%；

也可以取实测的平均壁温或根据传热计算得到的平均壁温。

③外部隔热管道的设计温度一般取介质温度；但也可以取实测的平均壁温或根据传热计算得到的平均壁温，采用伴管或夹套结构的管道应考虑加热或冷却对设计温度的影响（应以外加热或管内流体温度中较高的温度作为管道设计温度）；

④内部隔热管道的管道组成件，设计温度应按传热计算或试验确定。

（3）许用应力$[\sigma]^t$

根据管道材料和设计温度查GB/T 20801.2“材料许用应力表”。对于新材料或有特殊要求时，按照相应标准或规范规定，用强度指标和相应的安全系数计算确定。

（4）厚度附加量与厚度圆整

在管道壁厚设计计算中，按照公式（6－1）得到的厚度是满足强度要求的最小厚度，即为计算厚度；而在设计图纸上的厚度为名义厚度，即强度设计的最终厚度。在名义厚度和计算厚度之间的差值为厚度附加量、材料厚度负偏差和向上圆整量三部分。在前面GB 50316的计算公式中用C_1和C_2表示，GB/T 20801.3计算公式中用C_1、C_2和C_3表示，厚度圆整量Δ（本书用符号为C_4）。

①厚度附加量。包括腐蚀、冲蚀、螺纹深度或机械加工沟槽深度所需的裕量之和。

腐蚀裕量：如果已知介质对选定管道材料的腐蚀速率（mm/a），则可根据管道设计使用寿命（一般为8～15年，具体按相关标准规定）计算其腐蚀裕量；如果没有腐蚀速率资料，对于一般介质，碳钢和低合金钢腐蚀裕量可取1～2mm，不锈钢为0。

机械加工度：对带螺纹的管道组成件，取公称螺纹深度；对未规定公差的机械加工表面或槽，取规定切削深度加0.5mm。

②管子厚度负偏差。对于管子规格以外径×壁厚标示的无缝钢管，厚壁负偏差按式（10－7）确定：

$$C_1=\frac{m\delta_{\mathrm{d}}}{100-m} \tag{10-7}$$

式中　m——管子产品技术条件中规定的壁厚允许负偏差，%；

δ_{d}——为管子设计厚壁，mm。

对于焊接钢管，采用钢板厚度的负偏差值，且不应小于0.5mm。

③厚度圆整。见式（10－3），设计厚度加厚度负偏差后，需要加一个圆整量C_4，使得名义厚度符合管子产品规格中公称厚度系列的规定值。

(5) 纵向焊接接头系数 ϕ

无缝钢管纵向焊接接头系数 $\phi=1.0$；焊接钢管纵向焊接接头系数按表 10.3 选取。

表 10.3 纵向焊接接头系数 ϕ

序号	焊接型式	焊缝类型	检查	φ
1	连续炉焊（注）	直缝	按材料标准规定	0.60
2	电阻焊（ERW）（注）	直缝或螺旋缝	按材料标准规定	0.85
3	电容焊（EFW）			
	a. 单面对接焊（带或不带填充金属）	直缝或螺旋缝	按材料标准或本规范规定不作 RT	0.80
			局部（10%）RT	0.90
			100%RT	1.00
	b. 双面对接焊（带或不带填充金属）	直缝或螺旋缝	按材料标准或本规范规定不作 RT	0.85
			局部（10%）RT	0.90
			100%RT	1.00
4	GB/T 9711 埋弧焊、气体保护金属弧焊或两者结合	直缝（一条或两条）或螺旋缝	按 GB/T 9711 规定	0.95

注：不得通过附加无损检测来提高电阻焊（ERW）的纵向焊接接头系数。

(6) 焊接接头高温强度降低系数 W

考虑一些材料在高温工况下长期工作，其焊接接头的强度可能会低于母材，故引入系数 W，其值按表 10.4 查取。

表 10.4 焊接接头高温强度降低系数 W

材料	温度/℃														
	427	454	482	510	538	566	593	621	649	677	704	732	760	788	816
CrMo 钢①②③	1	0.95	0.91	0.86	0.82	0.77	0.73	0.68	0.64	—	—	—	—	—	—
CSEF（N+T）③④⑤	—	—	—	1	0.95	0.91	0.86	0.82	0.77	—	—	—	—	—	—
CSEF③④（PWHT）	—	—	1	0.5	0.5	0.5	0.5	0.5	0.5	—	—	—	—	—	—
无填充金属的 300 系奥氏体不锈钢及 800 和 600 镍基合金自熔焊⑥	—	—	—	1	1	1	1	1	1	1	1	1	1	1	1
带填充金属的 300 系奥氏体不锈钢及 800 镍基合金	—	—	—	1	0.95	0.91	0.86	0.82	0.77	0.73	0.68	0.64	0.59	0.55	0.5

①CrMo 钢包括：0.5Cr-0.5Mo，1Cr-0.5Mo，1.25Cr-0.5Mo，2.25Cr-1Mo，3Cr-1Mo，5Cr-0.5Mo，9Cr-1Mo。直缝及螺旋缝应是正火、正火加回火、或适当的亚临界焊后热处理（PWHT）状态。

②直缝及螺旋缝电熔焊结构不允许用于 454℃以上的 Cr0.5Mo 钢。

③焊缝填充金属的碳含量应≥0.05%。埋弧焊焊剂的碱度应≥1.0%。

④CSEF（强韧型铁素体耐热钢）钢包括如下钢级：91，92，911，122 和 23。

⑤N+T：焊后正火+回火。

⑥无填充金属的自熔焊。焊后应进行固溶退火处理。

⑦表列温度仅用于相应材料焊接接头高温强度降低系数 W，材料的使用温度上限按 GB/T 20801.2 的相应规定。

（7）计算系数 Y

当 $\delta < D_o/6$ 时 $\left(K=\dfrac{D_o}{D_i}<1.5\right)$，$Y$ 值按表 10.5 选取；

当 $\delta \geqslant D_o/6$ 时（$K \geqslant 1.5$）：

$$Y=\frac{(D_i)}{(D_i+D_o)} \tag{10-8}$$

式中 D_i 为管子内径。

表 10.5　$\delta < D_o/6$ 时的系数 Y 值

材料	温度/℃							
	≤482	510	538	566	593	621	649	≥677
铁素体钢	0.4	0.5	0.7	0.7	0.7	0.7	0.7	0.7
奥氏体钢	0.4	0.4	0.4	0.4	0.5	0.7	0.7	0.7
镍基合金	0.4	0.4	0.4	0.4	0.4	0.4	0.5	0.7
其他延性材料	0.4	0.4	0.4	0.4	0.4	0.4	0.4	0.4
铸铁	0.0	—	—	—	—	—	—	—

（8）关于几个厚度的定义

计算厚度：按照式（10－1）计算得到的厚度为计算厚度，是满足压力载荷所需要的最小厚度。

设计厚度：计算厚度加上壁厚附加量为设计厚度，这是在设计寿命期间内满足强度要求的最小厚度。

名义厚度：设计厚度加上厚度负偏差再加上圆整量，与产品规格中厚度系列值一致。名义厚度即为设计图纸上的厚度。

有效厚度：名义厚度减去厚度附加量和厚度负偏差为有效厚度，一般强度校核时用此厚度。

最小厚度：此厚度实际上是个采购厚度，为采购技术条件中的最小厚度。

几个厚度之间的关系见图 10.1。

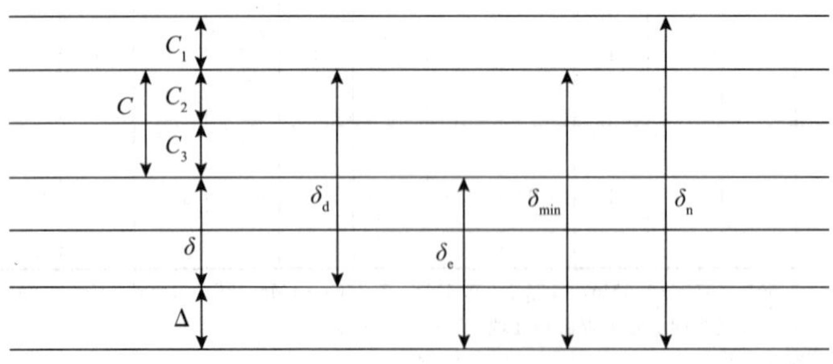

图 10.1　厚度、附加量和负偏差及其相互关系

10.1.1.3　直管（圆筒）壁厚计算公式分析与讨论

为了更好地理解和运用公式（10－1）进行直管壁厚计算，有必要对公式（10－1）的由来、公式的应用范围和计算系数 Y 的含义进行分析介绍。

(1) 直管壁厚计算公式的由来

在第 9 章中已经介绍，对于承受压力载荷的圆筒的应力分析，对于薄壁筒应用薄膜理论得到两向膜应力：

根据薄膜理论，圆筒的两向膜应力中的最大应力为周向膜应力：

$$\sigma_\theta=\frac{pD}{2\delta}=\frac{p(D_i+\delta)}{2\delta}=\frac{p(D_o-\delta)}{2\delta} \tag{10-9}$$

这是用内径 D_i 或外径 D_o 表示的中径公式。

根据拉美（Lame）公式，厚壁筒的三向应力中的最大应力为内壁处的周向应力

$$\sigma_\theta=\frac{p\ (R_o^2+R^2)}{R_o^2-R^2}=\frac{(K^2+1)}{(K^2-1)}p \tag{10-10}$$

拉美公式大约在 1833 年由科学家提出，为较精确的圆筒应力计算公式。由于拉美公式的应力沿厚度是变化的，其公式比较复杂。波特曼（Boardman）在中径公式（10－9）的基础上，提出了一个半经验公式：

$$\sigma_\theta=\frac{p(D_i+2Y\delta)}{2\delta} \tag{10-11}$$

或

$$\sigma_\theta=\frac{p(D_o-2Y\delta)}{2\delta} \tag{10-12}$$

波特曼提出这个经验公式的目的：是以介于内径和外径之间的某个中间直径处的膜应力公式，代替精确的、复杂的拉美公式（10－10）。

美国的锅炉压力容器规范 ASME Ⅷ－1 和管道规范 ASME B31.3 对内压圆筒（直管）的强度设计，均采用了弹性失效设计准则的最大主应力理论（第一强度理论），并采用了波特曼的经验公式。即由式（10－11）和式（10－12）得到的强度条件为：

$$\frac{p(D_i+2Y\delta)}{2\delta}\leqslant[\sigma]^t \tag{10-13}$$

或

$$\frac{p(D_o-2Y\delta)}{2\delta}\leqslant[\sigma]^t \tag{10-14}$$

由式（10－13）和式（10－14）解得圆筒壁厚计算公式为：

$$\delta=\frac{pD_i}{[2\ ([\sigma]^t-pY)]} \tag{10-15}$$

$$\delta=\frac{pD_o}{[2([\sigma]^t+pY)]} \tag{10-16}$$

ASMEⅧ－1 根据式（10－15）和式（10－16），对内压薄壁圆筒规定的设计公式为：

以内径为基础的计算厚度（规定式（10－15）中 $Y=0.6$）

$$\delta=\frac{pR_i}{[(\phi[\sigma]^t-0.6p)]} \tag{10-17}$$

以外径为基础的计算厚度（规定式（10－16）中 $Y=0.4$）

$$\delta=\frac{pR_o}{[(\phi[\sigma]^t+0.4p)]} \tag{10-18}$$

式中 ϕ 为考虑焊接接头影响引入的系数。注意：这里以内径 $Y=0.6$ 和以外径 $Y=0.4$，

确定的是同一个中间直径的位置。

在式（10－15）和式（10－16）中引入焊接接头系数 ϕ 和高温影响系数 W，就得到 ASME B31.3 对直管壁厚规定的设计公式。如以外径为基础的计算厚度公式（10－1）：

$$\delta=\frac{pD_o}{[2(\phi W[\sigma]^t+pY)]}$$

此式与公式（10－18）所不同的是增加了一个系数 W，另外，0.4 用 Y 替代，并且 Y 值以表格的形式给出。

（2）Y 值的确定

我们注意到，如果不考虑高温蠕变的影响，ASME Ⅷ－1 规定的内压圆筒壁厚设计公式和 ASME B31.3 对直管壁厚规定的设计公式是一样的，即在不考虑高温蠕变的影响且以外径为基础时，$Y=0.4$（或以内径为基础时 $Y=0.6$）。并且都规定壁厚计算公式的适用范围均为 $K=D_o/D_i\leqslant 1.5$（ASME B31.3 的 $\delta<\frac{D_o}{6}$ 和 ASME Ⅷ－1 的 $p\leqslant 0.385[\sigma]^t$）。下面以外径为基础，推导 $Y=0.4$ 的来历。

将波特曼公式（10－12）表示为外径与内径之比 K 的函数，则有：

$$\sigma_\theta=\frac{p(D_o-2Yt)}{2t}=p\left(\frac{R_o}{t-Y}\right)=p\left[\frac{R_o}{(R_o-R_i)}-Y\right]=p\left[\frac{1}{(1-1/K)}-Y\right] \tag{10-19}$$

令式（10－10）式和式（10－19）两式相等有：

$$\frac{(K^2+1)}{(K^2-1)}=\frac{1}{1-\frac{1}{K}}-Y \tag{10-20}$$

由式（10－20）解得：

$$Y=\frac{1}{1-\frac{1}{K}}-\frac{(K^2+1)}{(K^2-1)} \tag{10-21}$$

取 $K=1.5$，计算得 $Y=0.4$，代入式（10－12）得：

$$\sigma_\theta=p\left(\frac{R_o}{t}-0.4\right)=p\left(\frac{1}{1-\frac{1}{K}}-0.4\right) \tag{10-22}$$

ASME Ⅷ－1 规定的内压圆筒壁厚设计公式和 ASME B31.3 对直管壁厚规定的设计公式就是由式（10－22）按第一强度理论的强度条件而得。注意，当 $Y=0.5$ 时，由式（10－11）和式（10－12）得到的就是薄膜理论的周向应力计算公式。

ASME B31.3 对直管壁厚规定的设计公式中的 Y 值用表格给出，在表 10.5 中 Y 的最小值是 0.4，随着温度的升高 Y 值又增大。这主要是考虑到，当温度较高发生蠕变时，由于内壁与外壁面温差引起的温差应力对内压引起的应力分布有影响，使得综合应力沿壁厚的分布发生变化。在此过程中，拉美公式中的公式（10－10）周向应力的数值，将由弹性时的内壁最大外壁最小，逐渐趋于沿壁厚均匀分布，最终是外壁大内壁小。这个变化过程的分析详见文献［10］。另外，材料发生高温蠕变后，还会出现应力松弛现象，使得应力有所减小。所以，用 Y 值的增大来体现高温下的这种应力分布变化的影响，使得计算厚度有所减小。实验证明，用公式（10－12）按照 $Y=0.7$ 计算的结果，与考虑蠕变后的最终结果相当接近。

（3）直管壁厚计算公式的适用范围与适用程度分析

拉美公式（10－10）和波特曼公式（10－19）均表示为 K 的函数形式，用不同的 K 值分别代入两个公式和中径公式计算应力值，计算结果汇总于表 10.6。

表 10.6　不同周向应力公式计算结果对比

公式	$K=D_o/D_i$								
	1.1	1.2	1.3	1.4	1.5	1.6	1.7	1.8	1.9
波特曼公式	10.6	5.599	3.93	3.1	2.6	2.267	2.028	1.85	1.711
拉美公式	10.52	5.545	3.898	3.083	2.6	2.282	2.058	1.89	1.766
中径公式	10.5	5.50	3.833	3.00	2.5	2.167	1.928	1.75	1.611

注：按公式计算表中应力数值后面均有设计压力“p”。

从表 10.6 中可以看到，当 $K<1.5$ 时，用波特曼公式计算的应力值，均大于用拉美公式计算的应力值；当 $K>1.5$ 时，用波特曼公式计算的应力值，均小于用拉美公式计算的应力值；而用中径公式计算的应力值，总是小于拉美公式计算的应力值。这表明在 $K\leqslant1.5$ 范围内，用半经验的波特曼公式代替较为精确的拉美公式，可以得到偏于保守的结果；当 $K>1.5$ 时，继续用波特曼公式将得到偏于不保守的结果；若用中径公式代替拉美公式，无论 K 在什么范围都将得到偏于不保守的结果。

所以，ASME Ⅷ-1 和 ASME B31.3 都规定内压圆筒（直管）壁厚设计采用波特曼公式，公式的适用范围为 $K\leqslant1.5$。

前面已经给出，当 $K>1.5$ 时，$Y=\dfrac{D_i}{(D_o+D_i)}$，将此式和 $\delta=\dfrac{(D_o-D_i)}{2}$ 代入公式（10－12）可得：

$$\sigma_\theta=p\left[\frac{D_o}{(D_o-D_i)}-\frac{D_i}{(D_o+D_i)}\right]=p\,\frac{[D_o(D_o+D_i)-D_i(D_o-D_i)]}{(D_o^2-D_i^2)}=p\,\frac{(D_o^2+D_i^2)}{(D_o^2-D_i^2)}=p\,\frac{(K^2+1)}{(K^2-1)}$$

此即为拉美公式的周向应力计算公式（10－10）。即当 $K>1.5$ 时，直接用拉美公式进行圆筒（直管）的设计计算。

10.1.2　动力管道直管强度设计计算

由于动力管道主要是指电站内部的管道，其介质是高温高压的蒸汽，在材料使用、应力分析等方面有些特殊的要求，因此，各国单独编制了标准。如对于动力管道的强度设计，美国有单独标准 ASME B31.1《Power Piping 动力管道》，我国也制定了相应的标准 GB/T 32270—2015《压力管道规范　动力管道》，且我国 GB/T 32270 与 ASME B31.1 基本一致。

（1）直管厚度计算公式

计算厚度：

$$\delta=\frac{pD_o}{[2(\phi[\sigma]^t+pY)]} \tag{10-23}$$

注意公式（10－23）与公式（10－1）的区别是分母中少了个系数 W；另外，$\delta\geqslant\dfrac{D_o}{6}$ 时（$K\geqslant1.5$）：对于设计温度不大于 480℃的铁素体和奥氏体钢，Y 值按式（10－8）计算。

(2) 设计参数的确定

动力管道与工艺管道比较，设计压力和设计温度有些特殊规定，其他参数的确定是一样的。

①设计压力。GCD 类管道的设计压力应符合下列规定：

a) 超临界及以下参数机组，主蒸汽管道设计压力应取用锅炉最大连续蒸发量时过热器出口的额定工作压力。

b) 超超临界参数机组，主蒸汽管道设计压力应取下列两项的较大值：

(a) 汽轮机主汽门进口处设计压力的 105%；

(b) 汽轮机主汽门进口处设计压力加主蒸汽管道压降。

c) 再热蒸汽管道设计压力应取用汽轮机最大计算出力工况（调节汽门全开）热平衡中高压缸排汽压力的 1.15 倍；对于再热器出口联箱到汽轮机的部分，可减至再热器出口安全阀动作的最低整定压力。

d) 汽轮机抽汽管道设计压力应符合下列规定：

(a) 非调整抽汽管道，应取用汽轮机最大计算出力工况下该抽汽压力的 1.1 倍，且不小于 0.1MPa；

(b) 调整抽汽管道，应取其最高工作压力；

(c) 背压式汽轮机排汽管道应取其最高工作压力，但不应小于 0.1MPa。

e) 与直流锅炉启动分离器连接的汽水管道设计压力应取用分离器各种运行工况中可能出现的最高工作压力。

f) 高压给水管道设计压力应符合下列规定：

(a) 非调速给水泵出口管道，从前置泵到主给水泵或从主给水泵至锅炉省煤器进口区段，应分别取用前置泵或主给水泵特性曲线最高点对应的压力与该泵进水侧压力之和；

(b) 调速给水泵出口管道，从给水泵出口至第一个关断阀的管道，设计压力应取用泵在额定转速特性曲线最高点对应的压力与进水侧压力之和；从泵出口关断阀至锅炉省煤器进口区段，应取用泵在额定转速及设计流量下泵提升压力的 1.1 倍与泵进水侧压力之和；

(c) 高压给水管道设计压力，应计及水泵进水温度对压力的修正。

g) 低压给水管道设计压力应符合下列规定：

(a) 对于定压除氧系统，应取用除氧器额定压力与最高水位时水柱静压之和；

(b) 对于滑压除氧系统，应取用汽轮机最大计算出力工况下除氧器加热抽汽压力的 1.1 倍与除氧器最高水位时水柱静压之和。

h) 凝结水管道设计压力应符合下列规定：

(a) 凝结水泵进口侧管道，应取用泵吸入中心线至汽轮机排汽缸借口平面处的水柱静压（此时凝汽器内按大气压力），且不小于 0.35MPa；

(b) 凝结水泵出口侧管道，应取用泵出口阀关断情况下泵的提升压力与进水侧压力（凝汽器热井最高水位与泵吸入口中心线的水柱静压）之和。

i) 加热器疏水管道设计压力应取用汽轮机最大计算出力工况下抽汽压力的 1.1 倍，且不应小于 0.1MPa；当管道中疏水静压引起压力升高值大于抽汽压力 3%时，应计及静压的影响。

j) 锅炉排污管道设计压力应符合下列规定：

(a) 锅炉排污阀前管道，对于定期排污管道，设计压力不应小于汽包上所有安全阀中的最低整定压力与汽包最高水位至管道最低点水柱静压之和；对于连续排污管道，设计压力不应小于汽包上所有安全阀的最低整定压力；

（b）锅炉排污阀后管道，当排污阀后的管道装有阀门或堵板等可能引起管内介质压力升高时，其设计压力应按排污阀前管道设计压力的选取原则确定；当锅炉排污阀后的管道上未装有阀门或堵板等不会引起管内介质压力升高时，排污管道（定期排污或连续排污）的设计压力应按表 10.7 选取。

表 10.7 锅炉排污阀后管道设计压力 MPa

项目	锅炉压力			
	1.750～4.150	4.151～6.200	6.201～10.300	≥10.301
管道设计压力	1.750	2.750	4.150	6.200

k）给水再循环管道设计压力应符合下列规定：

（a）当采用单元制系统时，进除氧器的最后一道关断阀及其以前的管道，应取用相应的高压给水管道的设计压力；其后的管道，对于定压除氧系统，应取用除氧器额定压力；对于滑压除氧系统，应取用汽轮机最大计算出力工况下除氧器加热抽汽压力的 1.1 倍；

（b）当采用母管制系统时，节流孔板及其以前的管道，应取用相应的高压给水管道的设计压力；节流孔板后的管道，当为装设阀门或介质出路上的阀门不可能关断时，应取用除氧器的额定压力。

l）安全阀后排汽管道设计压力应根据排汽管道的水力计算结果确定。

m）其他管道的设计压力应符合下列规定：

（a）对于输送汽化温度低的流体（液化气体）管道组成件，其设计压力应不小于被关闭或流体不流动时在最高环境温度下汽化所能达到的最高压力；

（b）离心泵出口至第一道关断阀之间的管道组成件，对于定速泵，其设计压力不应小于泵额定工作曲线最高点对应的压力与泵吸入口压力之和；

（c）装有安全阀的管道，管道组成件的设计压力不应小于安全阀的最低整定压力；

（d）减压装置后没有安全阀且流体可能被关断或堵塞的管道，设计压力不应低于减压装置前流体可能达到的最高压力。

②设计温度。GCD 类管道的设计温度应符合下列规定：

a）主蒸汽管道设计温度应取用锅炉过热器出口蒸汽额定工作温度加上锅炉正常时允许的温度偏差值，当锅炉制造厂未提供温度偏差时，温度偏差值可取用 5℃。

b）再热蒸汽管道设计温度应符合下列规定：

（a）高温再热蒸汽管道，应取用锅炉再热器出口蒸汽额定工作温度加上锅炉正常运行时允许的温度偏差，当锅炉制造厂未提供温度偏差时，温度偏差值可取用 5℃；

（b）低温再热蒸汽管道，应取用汽轮机最大计算出力工况下高压缸排汽参数，等熵求取在管道设计压力下的相应温度。

c）汽轮机抽汽管道设计温度应符合下列规定：

（a）非调整抽汽管道，应取用汽轮机最大计算出力工况下抽汽参数，等熵求取在管道设计压力下的相应温度；

（b）调整抽汽管道，应取用抽汽的最高工作温度；

(c) 背压式汽轮机排汽管道应取排汽的最高工作温度。

d) 减温装置后的蒸汽管道设计温度应取用减温装置出口蒸汽的最高工作温度。

e) 与直流锅炉启动分离器连接的汽水管道，设计温度应取用分离器各种运行工况中管内介质可能出现的最高工作温度。

f) 高压给水管道设计温度应取用高压加热器后高压给水的最高工作温度。

g) 低压给水管道设计温度应符合下列规定：

(a) 对于定压除氧系统，应取用除氧器额定压力对应的饱和温度；

(b) 对于滑压除氧系统，应取用汽轮机最大计算出力工况下 1.1 倍除氧器加热抽汽压力对应的饱和温度。

h) 凝结水管道设计温度应取用低压加热器后凝结水的最高工作温度。

i) 加热器疏水管道设计温度应取用该加热器抽汽管道设计压力对应的饱和温度。

j) 锅炉排污管道设计温度应符合下列规定：

(a) 锅炉排污阀前管道（定期排污或连续排污）的设计温度，应取用汽包上所有安全阀中最低整定压力对应的饱和蒸汽温度；

(b) 锅炉排污阀后管道，当排污阀后的管道装有阀门或堵板等可能引起管内介质压力升高时，排污管道（定期排污或连续排污）的设计温度应按排污阀前管道的选取原则确定；当锅炉排污阀后的管道上未装有阀门或堵板等不会引起管内介质压力升高时，排污管道（定期排污或连续排污）的设计温度应按表 10.8 选取。

表 10.8 锅炉排污阀后管道设计温度 MPa

项目	锅炉压力			
	1.750～4.150	4.151～6.200	6.201～10.300	≥10.301
管道设计温度/℃	210	230	255	280

k) 给水再循环管道设计温度应符合下列规定：

(a) 对于定压除氧系统，应取用除氧器额定压力对应的 饱和温度；

(b) 对于滑压除氧系统，应取用汽轮机最大计算出力工况下 1.1 倍除氧器加热抽汽压力对应的饱和温度。

l) 安全阀后排汽管道的设计温度，应根据排汽管道水力计算中相应数据选取。

m) 对于非金属材料衬里管道，基体管道的设计温度宜按流体的最高温度确定。

其他设计参数的确定与本章 10.1.1.2 条相同。

10.1.3 制冷管道直管壁厚强度设计

制冷管道属于工艺管道范畴，我国没有单独规定制冷管道的强度设计方法，按照工艺管道强度设计方法进行即可。ASME B31.5 中规定了制冷管道的内压强度设计方法。直管计算厚度计算公式形式与动力管道的式（10-23）相同，但其适用范围不同。动力管道的式（10-23）适用范围为 $\delta<D_o/6$（$K<1.5$），而 ASME B31.5 给出该计算公式的适用范围为 $\delta<D_o/4$（$K<2.0$）。

另外规定公式中系数 Y 的取值：对于钢材 $Y=0.4$；对于铸铁 $Y=0.0$；当 $D_o/\delta=4\sim6$

时，$Y=\frac{D_i}{D_i+D_o}$。这表明，在 $\delta<D_o/6$（$k<1.5$）范围内，采用了波特曼的近似公式；在 $1.5\leqslant K<2.0$ 范围内，采用了厚壁筒拉美公式的环向应力公式（见 10.1.1.3 节的分析）。

10.1.4 长输管道直管强度设计计算

关于长输管道的机械设计，我国主要相关标准有 GB/T 34275—2017《压力管道规范 长输管道》、GB 50251—2015《输气管道工程设计规范》、GB 50253—2014《输油管道工程设计规范》等。这些标准主要参考 ASME B31.4《Piping Transportation Systems for Liquids and Slurries 液态烃和其他液体管线输送系统》和 ASME B31.8《Gas Transmission and Distribution Piping ystems 气体输配管道系统》。

10.1.4.1 输油管道直管壁厚计算公式

输油管道直管壁厚按式（10－24）进行计算：

$$\delta=\frac{pD_o}{2[\sigma]} \tag{10-24}$$

式中 δ——直管计算壁厚，mm；

p——设计内压力，MPa；

D_o——钢管外直径，mm；

$[\sigma]$——许用应力，MPa；

$$[\sigma]=K\phi\sigma_s \tag{10-25}$$

σ_s——钢管材料的最小屈服强度，MPa；

K——强度设计系数；

ϕ——焊接接头系数，无缝钢管焊接接头系数为 1。

10.1.4.2 输气管道直管段壁厚计算公式

输油管道直管壁厚按式（10－26）进行计算：

$$\delta=\frac{pD_o}{2tK\phi\sigma_s} \tag{10-26}$$

式中 t——温度折减系数，当温度小于 120℃时，取 $t=1$。

其他符号意义同上。

10.1.4.3 穿越、跨越管段直管壁厚计算公式

$$\delta=\frac{pD_o}{2\eta tK\phi\sigma_s} \tag{10-27}$$

式中 η——钢管许用应力提高系数，运营阶段工况取 1.0，施工阶段工况（包括试压工况）取 1.3；

其他符号意义同上。

10.1.4.4 设计参数的确定

比较式（10－24）和式（10－26），两式区别在于式（10－26）分母多了个系数 t，其他参数完全相同。另外看式（10－24）形式，就是按第一强度理论由薄膜理论的周向应力建立的强度条件而来。只是用外径代替了中间面直径 D，这将得到偏于保守的结果。

（1）设计压力 p 的确定

①输油管道系统任何一处的设计内压力不应小于该处的最高稳态操作压力，且不应小于管内流体处于静止状态下该处的静压力。当设置反输流程时，输油管道任何一处的设计内压力不应小于该处正、反输送条件下的最高稳态操作压力的较高值，且不应小于该处正、反输送条件下静压力的较高值。管道及管道附件应能承受作用在其上的外压、内压、外压与内压之间最大压差。

②输气管道的设计压力应根据起源条件、用户需要、管道材质及地区安全等因素综合确定。管道系统的最大允许操作压力应小于等于设计压力。

（2）设计温度。设计温度应结合管道内介质温度、管道运行条件和环境温度综合确定。

（3）强度设计系数 K

①输送 C5 及 C5 以上的液体管道除穿跨越管段按国家现行标准《原油和天然气输送管道穿跨越工程设计规范》（SY/T 0015）的规定取值外，输油站外一般地段取 0.72；城镇中心区、市郊居住区、商业区、工业区、规划区等人口稠密地区应取 0.6；输油站内与清罐器收发筒相连接的干线管道应取 0.6；其他按地区等级选取（见表 10.9）。

表 10.9　地区等级及管道强度设计系数

地区等级	说明	强度设计系数 K
一级地区	户数在 15 户或以下区段	0.72
二级地区	户数在 15 户以上，100 户以下区段	0.60
三级地区	户数在 100 户或以上的区段包括市郊、商业区、工业区、不够四级的人口稠密区	0.50
四级地区	系指地面四层及四层以上楼房普遍集中、交通频繁、地下设施多的区段	0.40

②输送管道穿越铁路、公路和人群聚集场所的管段以及输气站内管道的强度设计系数，应满足表 10.10 的规定。

表 10.10　穿越铁路、公路及输气站内管道的强度设计系数

管道及管段	地区等级			
	一	二	三	四
	强度设计系数 K			
有套管穿越三级、四级公路的管道	0.72	0.60	0.50	0.40
无套管穿越三级、四级公路的管道	0.60	0.50	0.50	0.40
有套管穿越一级、二级公路、高速公路、铁路的管道	0.60	0.60	0.50	0.40
输气站内管道及其上、下游各 200m 管道，截断阀室管道及其上、下游 50m 管道（其距离从输气站的阀室边界线起算）	0.50	0.50	0.50	0.40
人群聚集场所的管道	0.50	0.50	0.50	0.40

③输送 LPG 管道穿越铁路、公路和人群聚集场所的管段以及 LPG 站内管道的强度设计系数，应满足表 10.11 的规定。

表 10.11　穿越铁路、公路及 LPG 站内管道的强度设计系数 *K*

管道及管段	地区等级			
	一	二	三	四
	强度设计系数			
有套管穿越三级、四级公路的管道	0.72	0.60	0.50	0.40
无套管穿越三级、四级公路的管道	0.60	0.50	0.50	0.40
有套管穿越一级、二级公路、高速公路、铁路的管道	0.60	0.60	0.50	0.40
LPG 站内管道及其上下游各 200m 管段、人群聚集场所的管段	0.40	0.40	0.40	0.40

④穿越管道强度设计系数应符合表 10.12 的规定。

表 10.12　穿越管道强度设计系数 *K*

穿越管段类型	输气管道				输油管道
	一级地区	二级地区	三级地区	四级地区	
三、四级公路有套管穿越	0.72	0.60	0.50	0.40	0.72
三四级公路无套管穿越	0.60	0.50	0.50	0.40	0.60
一二级公路、高速公路、铁路穿越	0.60	0.60	0.50	0.40	
水域小型穿越	0.72	0.60	0.50	0.40	0.72
水域大、中型穿越	0.60	0.50	0.40	0.40	0.50
山岭隧道、冲沟穿越	0.60	0.50	0.50	0.40	0.60

注：穿越渡槽、桥梁、古迹可视其重要性按水域穿越取设计系数

⑤跨越管道强度设计系数应符合表 10.13 的规定。

表 10.13　跨越管道强度设计系数 *K*

工程分类	工程等级	输气管道				输油管道
		一级地区	二级地区	二级地区	四级地区	
甲类	大型	0.40	0.40	0.40	0.40	0.45
	中型	0.45	0.45	0.45	0.40	0.50
	小型	0.50	0.50	0.50	0.40	0.55
乙类	大型	0.50	0.50	0.50	0.40	0.55
	中型	0.55	0.55	0.50	0.40	0.60
	小型	0.60	0.60	0.50	0.40	0.65

注：甲类为通航河流、电气化铁路和高速公路跨越，乙类为非通航河流及其他障碍跨越。

（4）焊缝系数 ϕ 和钢管的最低屈服强度 σ_s。长输管道常用钢管钢级的最低屈服强度、最低抗拉强度和焊缝系数见表 10.14。

（5）厚度的确定。按照式（10－24）和式（10－26）得到的是计算厚度，与工业管道一样，还要考虑腐蚀裕量、负偏差等附加量，最后得到图纸厚度，即名义厚度 δ_n。另外，GB 50251 规定：输气管道的最小管壁厚度不应小于 4.5mm，且钢管外径与壁厚之比不应大于 100。

表 10.14　长输管道常用钢管钢级的最低屈服强度、最低抗拉强度和焊缝系数

钢管标准名称	钢号或钢级	最低屈服强度 σ_b/MPa	最低抗拉强度 σ_b/MPa	焊缝系数	备注
GB/T 8163（输送流体用无缝钢管）	Q295	295（$S\leqslant$16mm） 275（16mm$<S\leqslant$30mm） 255（$S>$30mm）	390	1.0	S-钢管的公称壁厚
	Q345	345（$S\leqslant$16mm） 325（16mm$<S\leqslant$30mm） 295（$S>$30mm）	470		
	20	245（$S\leqslant$16mm） 235（16$<S\leqslant$30mm） 225（$S>$30mm）	410		
《石油天然气工业管线输送系统用钢管》GB/T 9711 PSL1 钢管的钢管等级	L175　L175P	175	310	1.0	—
	L210	210	335		
	L245	245	415		
	L290	290	415		
	L320	320	435		
	L360	360	460		
	L390	390	490		
	L415	415	520		
	L450	450	535		
	L485	485	570		
《石油天然气工业管线输送系统用钢管》GB/T 9711 PSL2 钢管的钢管等级	L245R L245N L245Q L245M	245	415	1.0	—
	L290R L290N L290Q L290M	290	415		
	L320N L320Q L320M	320	435		
	L360N L360Q L360M	360	460		
	L390N L390Q L390M	390	490		
	L415N L415Q L415M	415	520		
	L450Q　L450M	450	535		
	L485Q　L485M	485	570		
	L555Q　L555M	555	625		
	L625M	625	695		
	L690M	690	760		
	L830M	830	915		

10.1.4.5　管道的强度校核计算

对于长输埋地管道、穿越管道、跨越管道还需进行强度校核计算。这部分内容属于应力分析范畴，将在第 11 章介绍。

10.1.5 公用管道直管壁厚强度设计

公用管道有城镇燃气管道、城镇热力管道之分。城镇燃气管道的强度设计按照长输管道的输气管道进行设计计算；城镇热力管道中，蒸汽管道的强度设计按照动力管道进行设计，热水管道的强度设计按照工艺管道进行设计计算。相关标准有 GB 50028—2006《城镇燃气设计规范》、GB 50494—2009《城镇燃气设计规范》、CJJ 34—2010《城镇供热管网设计规范》、CJJ/T 81—2013《城镇供热直埋热水管道技术规程》、CJJ/T 104—2014《城镇供热直埋蒸汽管道技术规程》等。

其中，CJJ/T 81 规定直埋管道的直管壁厚设计计算的公式形式与式（10-23）相同，但式中参数规定有所不同，即式中：

ϕ——为许用应力修正系数，无缝钢管取 $\phi=1.0$，螺旋焊缝钢管取 $\phi=0.9$；

Y——计算系数，取 $Y=0.4$；

C_1——厚度负偏差，不小于 0.5mm；

其他符号同式（10-23）规定。

CJJ/T 81 对直埋管道的管道元件提出了强度校核的规定，将在本书第 11 章介绍。

10.1.6 高压管道直管壁厚强度设计

在 ASME B31.3 中单独将高压管道设计列为一章，即第Ⅸ章《高压管道》。将设计压力大于 42MPa（Class 2500）的工艺管道定义为高压管道，并提出一些特殊的设计要求。其中，规定直管壁厚的设计计算采用了塑性失效设计准则。

①对于奥氏体不锈钢、镍合金等应力-应变曲线没有明显屈服平台的材料制管道，采用了 Mises 屈服条件，直管壁厚按公式（10-28）进行计算：

$$\delta=\left(\frac{D_o}{2}\right)\left[1-\exp\left(-1.155\frac{p}{[\sigma]}\right)\right] \tag{10-28}$$

②对于其他材料（应力-应变曲线有明显屈服平台），采用了 Tresca 屈服条件，直管壁厚按公式（10-29）进行计算：

$$\delta=\left(\frac{D_o}{2}\right)\left[1-\exp\left(-\frac{p}{[\sigma]}\right)\right] \tag{10-29}$$

10.2 承受外压管道的稳定性分析设计

在过程工业生产中，除承受内压的管道外，还有管道承受外压，如真空储罐、减压蒸馏塔、蒸发器及蒸馏塔所用的真空冷凝器等真空设备连接的管道、带夹套的管道等。这类管道的共同特点是管道壳体外部压力大于其内部压力。壳体在承受均布外压作用时，壳壁中产生压缩薄膜应力，大小与受相等内压时的拉伸薄膜应力相同。在外压作用下管道壳体可能产生两种失效形式：一种是，所受压缩应力达到材料的屈服强度或抗压强度，产生强度失效；另一种是，当外压载荷增大到某一值时，壳体会突然失去原有形状，被压扁或出现波纹，载荷卸去后，壳体无法恢复原状，这种现象称为外压壳体的屈曲（Buckling）或失稳（Instability)，即产生失稳失效。对于外压壳体，往往是强度还足够时就已经发生了失稳，即外压管道主要是稳定性设计问题（强度设计与内压直管相同）。

10.2.1 外压管道失稳的概念

当管道壳体受外压作用达某一临界值时，壳体横截面突然失去原几何形状，被压扁或出现波纹，这种现象称为失稳。

圆筒形壳体的失稳主要有三种形式：

①周向（侧向）失稳。是指壳体受均匀周向外压引起的失稳。周向失稳时壳体断面由原来的圆形被压瘪而呈现波形，其波形数可能为2，3，4……n，如图10.2所示。

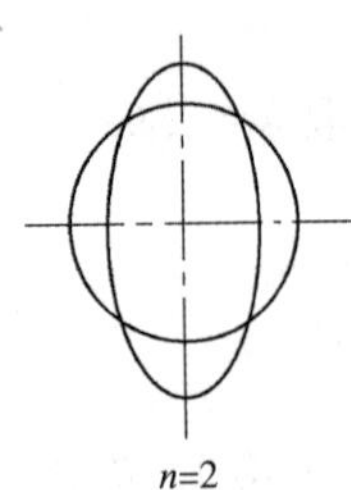

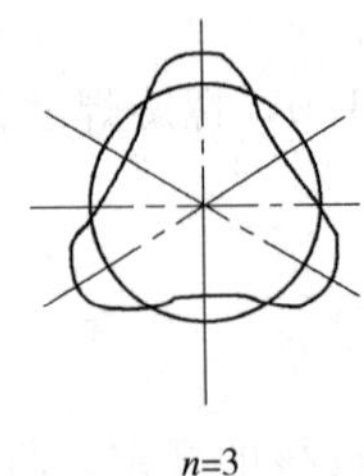

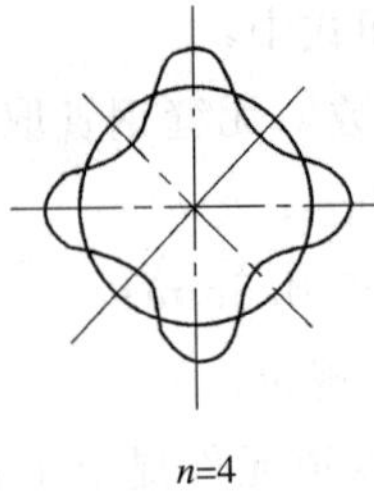

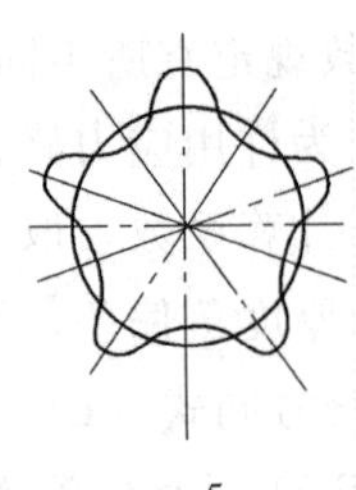

图 10.2 外压容器失稳后的形状

②轴向失稳。若一薄壁圆筒承受轴向外压，当载荷达到某一临界值时，圆筒也能失去稳定性。失稳时，它仍具有圆形的环截面，但母线的直线性被破坏，产生了波形，即圆筒发生了褶皱，如图10.3所示。

③局部失稳。管道在支座或其他支承处以及在安装运输中由于过大的局部外压引起的局部失稳。本书主要讨论受均匀周向外压的圆筒以及封头的稳定性设计。

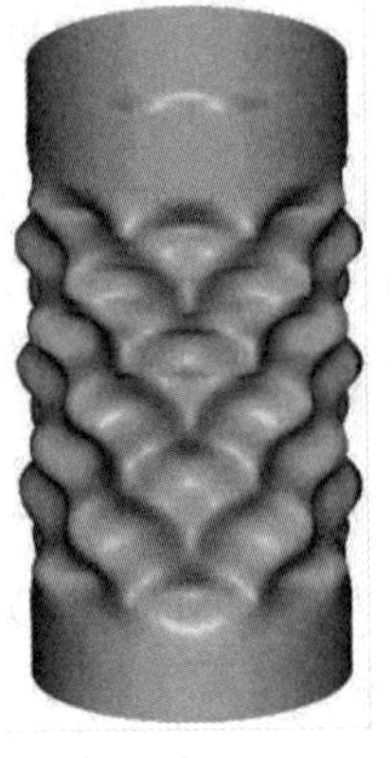
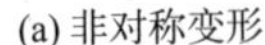
(a) 非对称变形
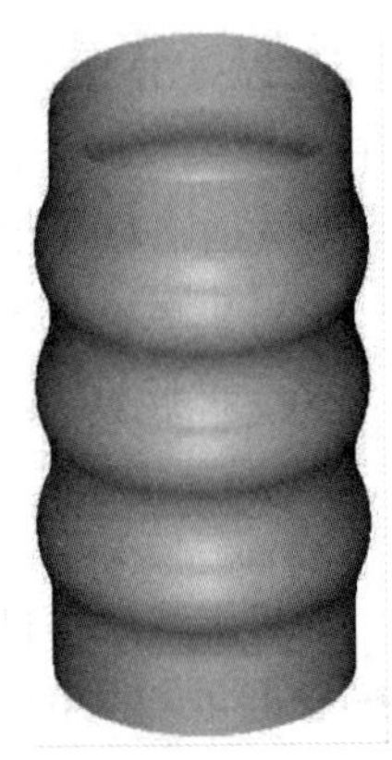
(b)对称变形

图 10.3 外压容器失稳后的形状

10.2.2 外压圆筒的临界压力

使外压圆筒产生失稳时的临界外压称为该筒体的临界压力，以 p_{cr} 表示。临界压力是表征外压圆筒抵抗失稳能力的重要参数。圆筒壳体在临界压力作用下，筒壁内的周向压缩应力称为临界应力，以 σ_{cr} 表示。壳体所受外压低于 p_{cr} 时，产生的变形在压力卸除后能恢复原来的形状，即发生弹性变形；当外压达到或高于 p_{cr} 时，产生的变形将不可恢复，即发生失稳失效。临界压力的大小与筒体几何尺寸、材料性能以及筒体椭圆度等因素有关。

10.2.2.1 临界压力的影响因素

（1）圆筒壳体的几何尺寸

外压圆筒的临界压力和筒体的长度与直径之比 $\frac{L}{D}$，以及筒体有效厚度与直径之比 $\frac{\delta_e}{D}$ 有关。工程上，根据失稳时出现不同的波形数，将圆筒壳体分为长圆筒、短圆筒和刚性圆筒。

①长圆筒。筒体的 $\frac{L}{D_o}$ 值和 $\frac{D_o}{\delta_e}$ 值较大，筒体两端边界的影响可以忽略，筒体本身刚性

差。失稳时 p_{cr} 仅与 $\frac{\delta_e}{D_o}$ 有关，而与 $\frac{L}{D_o}$ 无关；失稳时波形数 $n=2$。

②短圆筒。筒体的 $\frac{L}{D_o}$，$\frac{D_o}{\delta_e}$ 值较小，两端约束或刚性构件对筒体变形的支持作用比较显著，壳体刚性较大，失稳时会出现两个以上的波形数，即失稳时 $n>2$。圆筒的 $\frac{L}{D_o}$ 和 $\frac{D_o}{\delta_e}$ 越小，失稳时出现的波形数也越多。临界压力 p_{cr} 与 $\frac{D_o}{\delta_e}$ 和 $\frac{L}{D_o}$ 均有关。

③刚性圆筒。筒体的 $\frac{L}{D_o}$，$\frac{D_o}{\delta_e}$ 值很小，壳体刚性很大，此时筒体失效形式已不是失稳而是压缩强度破坏。

(2) 筒体的材料性能

实验表明，薄壁圆筒的临界压力与材料的屈服极限无关，而与材料的弹性模量 E 和泊松比 μ 有关。E、μ 值较大的材料抵抗变形的能力较强，其临界压力较高。但压力管道和压力容器所用各种钢材的 E、μ 值相差不大，故对于外压圆筒，材料的 E、μ 值对其临界压力影响很小。

(3) 筒体的椭圆度和材料的不均匀性

临界压力的计算公式是在假设圆筒截面是规则圆形及材料均匀的情况下得到的。而实际使用的筒体不可能是绝对圆的，存在一定的椭圆度，所以实际筒体的临界压力值将低于由公式计算得到的理论值，即由于筒体的椭圆度与材料的不均匀性致使圆筒的临界压力的数值降低，使失稳可能提前发生。

10.2.2.2 圆筒临界压力计算公式

对外压圆筒失稳的分析是以理想圆柱壳小挠度理论为基础，此理论有两个基本假设：

第一，圆柱壳厚度与半径比是小量，位移与壁厚比是小量，从而可得到用位移表示的线性平衡微分方程；

第二，失稳时筒体的应力仍处于弹性范围。

(1) 长圆筒临界压力计算

长圆筒的失稳不受筒端的约束作用，其临界压力计算式为：

$$p_{cr}=\frac{2E}{1-\mu^2}\left(\frac{\delta_e}{D}\right)^3 \tag{10-30}$$

式中 p_{cr}——临界压力，MPa；

δ_e——圆筒的有效厚度（定义见 10.1.1.1），mm；

D——圆筒的中间面直径，近似取圆筒外径，$D\approx D_o$，mm；

E——圆筒材料的弹性模量，MPa。

公式（10-30）由 Bresse 在 1866 年导出，是薄壁长圆筒受均布侧向外压时常采用的理论公式。

对于钢质圆筒，取 $\mu=0.3$，式（10-30）可改写为

$$p_{cr}=2.2E\left(\frac{\delta_e}{D_o}\right)^3 \tag{10-31}$$

由于仅受侧向均布外压作用，壳体处于单向应力状态，所以临界压力在圆筒壁中仅引起周向压缩应力，称为临界应力，由中径公式得：

$$\sigma_{cr}\approx\frac{p_{cr}D_o}{2\delta_e}=1.1E\left(\frac{\delta_e}{D_o}\right)^2 \tag{10-32}$$

(2) 短圆筒临界压力的计算

由于短圆筒两端约束或刚性构件对筒体变形的支持作用比较显著，它在失稳时会出现两个以上的波形，圆筒的$\frac{L}{D}$和$\frac{D}{\delta_e}$越小，失稳时出现的波形也越多，故稳定性计算较长圆筒复杂。工程上采用 Mises 临界压力的近似公式，取最小临界压力计算式为：

$$p_{cr}=2.59E\left(\frac{\delta_e}{D_o}\right)^{2.5}\frac{D_o}{L} \tag{10-33}$$

式中 L——为圆筒计算长度，mm；

其他符号意义同上。

公式（10－33）亦称 B. M. Pamm 近似公式，其计算结果比 Mises 公式低 12%，故偏于安全，仅适合于弹性失稳。

(3) 刚性圆筒临界压力的计算

受外压短而厚的刚性圆筒，其破坏是由于圆筒壁的压缩应力超过材料设计温度下的屈服极限，不存在稳定性问题。为了统一概念，可以由刚性筒的强度条件导出一个临界压力计算式。按照强度校核公式：

$$\sigma_{cr}=\frac{p_{cr}D_o}{2\delta_e}\leqslant[\sigma]^t \tag{10-34}$$

由式（10－34）得到刚性筒的临界压力计算式为：

$$p_{cr}=\frac{2\delta_e[\sigma]^t}{D_o} \tag{10-35}$$

式中 $[\sigma]^t$——材料在设计温度下的许用应力，MPa；

其他符号意义同上。

10.2.3 临界长度与计算长度

10.2.3.1 临界长度的确定

(1) 长圆筒与短圆筒的临界长度

区分上述不同类型圆筒的特征长度称为临界长度。当一个已知的圆筒，分别按长圆筒和短圆筒计算其临界压力，所得结果完全一致时，该圆筒所具有的长度就是长圆筒和短圆筒的分界限，用“L_{cr}”表示。

当 $2.2E\left(\frac{\delta_e}{D_o}\right)^3=2.59E\left(\frac{\delta_e}{D_o}\right)^{2.5}\frac{D_o}{L}$时，式中的 L 即为 L_{cr}。由此得：

$$L_{cr}=1.17D_o\sqrt{\frac{D_o}{\delta_e}} \tag{10-36}$$

(2) 短圆筒与刚性筒的临界长度

同样，另公式（10－33）和公式（10－35）相等，可解得区分短圆筒和刚性圆筒的临界长度 $L'cr$，即：

$$L'_{cr}=\frac{1.3E\delta_e}{\sigma_s^t\sqrt{\frac{D_o}{\delta_e}}} \tag{10-37}$$

10.2.3.2 计算长度的确定

计算长度 L，是指圆筒上相邻两刚性构件（如封头或支座圈、法兰、加强圈等）之间的距离。但先决条件是此“刚性构件”必须有足够的稳定性，在外压力作用下不失稳。

①如图 10.4（a）所示，当圆筒部分没有加强圈（或可作为加强的构件）时，则取圆筒的总长度加上每个凸形封头曲面深度的 1/3。

②如图 10.4（c）所示，当圆筒部分有加强圈（或可作为加强的构件）时，则取相邻加强圈中心线间的最大距离。

③如图 10.4（d）所示，取圆筒第一个加强圈中心线至圆筒与封头连接线间的距离加上凸形封头曲面深度的 1/3。

④如图 10.4（b）、(e)、(f) 所示，当圆筒与锥壳（变径连接）相连接，若连接处可做为支承线时，取此连接处与相邻支承线之间的最大距离；

⑤如图 10.4（g）所示，对带夹套的圆筒，则取承受外压的圆筒长度；若带有凸形封头，还应加上封头曲面深度的 1/3；若有加强圈（或可作为加强的构件）时，则按（2）、（3）计算其计算长度；

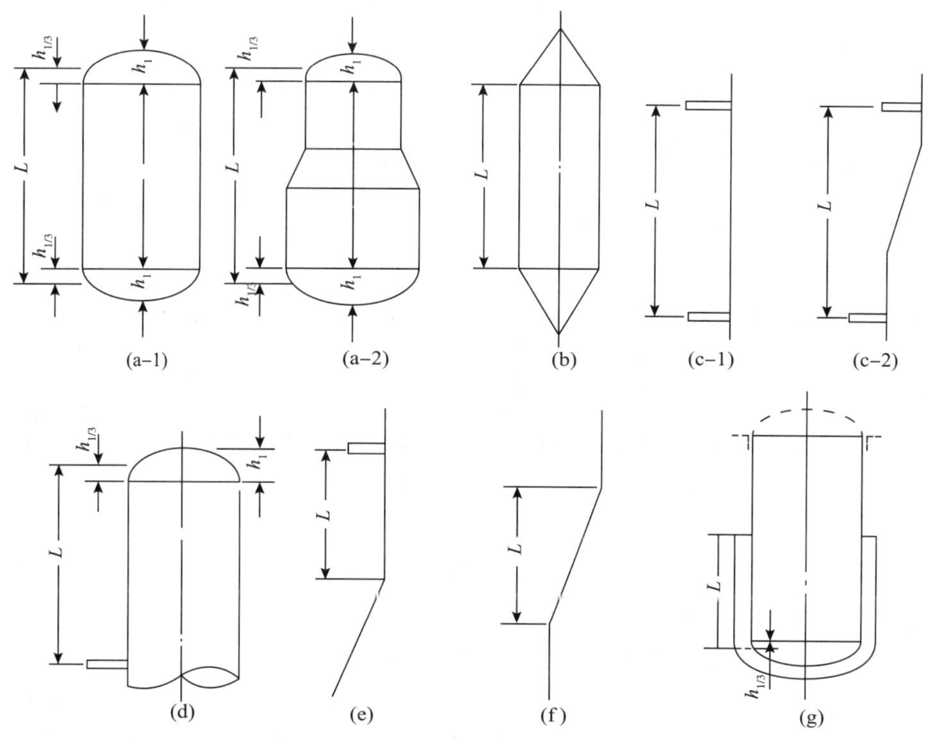

图 10.4　外压圆筒的计算长度

在确定了圆筒的计算长度和临界长度后，就可按以下方法来判定其圆筒的类型：

当 $L \geqslant L_{cr}$ 时，为长圆筒；

当 $L_{cr} \geqslant L \geqslant L'_{cr}$ 时，为短圆筒；

当 $L \leqslant L'_{cr}$ 时，为刚性圆筒。

10.2.4　外压圆筒的稳定性设计

10.2.4.1　稳定性设计准则

从理论上讲，当圆筒实际承受的外压力小于其本身所具有的临界压力时，圆筒就不会失稳。但在工程实际中，由于存在制造误差、材料也非绝对均匀，所以许多长圆筒或管子的一般压力达到临界压力的1/2～1/3时，就被压瘪而发生失稳失效，即实际的临界压力低于理论值。另外，工程设计中也不允许圆筒（管道或容器）在接近极限载荷下运行，要留有一定的安全裕度，故引入稳定系数，得到圆筒的稳定条件为：

$$p_c \leqslant [p] = \frac{p_{cr}}{m} \tag{10-38}$$

式中 p_c——计算外压力，MPa；

$[p]$——许用外压力，MPa；

m——稳定安全系数。

稳定安全系数 m 的大小取决于圆筒形状的准确性、载荷的对称性、材料的均匀性、制造方法以及管道（设备）在空间的位置等许多因素。标准 GB 150.3—2011《压力容器第3部分：设计》规定，对圆筒、锥壳，取 $m=3$。

计算外压力一般取设计压力 p。外压管道设计压力的选取应符合下列规定：

(1) 外压管道。取不小于正常工作过程中可能产生的最大内外压力差；

(2) 真空管道。无夹套，设有安全装置时，取1.25倍最大内外压力差或0.1MPa两者中的较小值；无夹套，未设置安全装置时，取0.1MPa；带夹套，夹套内为内压，取无夹套真空管道的设计压力，再加上夹套内的设计压力；带夹套，夹套内为真空，按无夹套真空管道的规定选取。

10.2.4.2 外压管道稳定性设计方法

(1) 解析法

用解析法求取外压容器许用外压力的步骤如下：

①假设圆筒（直管段）的名义厚度 δ_n；

②按照公式（10-5）计算筒体的有效厚度 δ_e；

③根据公式（10-36）计算临界长度 L_{cr}，根据实际结构确定计算长度 L；比较计算长度 L 与临界长度 L_{cr}，判断圆筒属于长圆筒还是短圆筒；

④根据圆筒类型，选用相应公式计算临界压力 p_{cr}；

⑤选取合适的稳定性安全系数 m，计算许用外压 $[p]$；

⑥比较计算外压 p_c 和许用外压 $[p]$ 的大小。若 $p_c \leqslant [p]$，且较为接近，则假设的名义厚度 δ_n 符合要求；否则应重新假设 δ_n，重复以上步骤，直到满足要求为止。

式（10-31）和式（10-32）仅当临界应力 σ_{cr} 小于材料的屈服强度（比例极限）才适用，即仅适用于弹性失稳。当临界应力超过屈服强度时，应力与应变不再成线性关系，筒体将发生非弹性失稳或塑性屈服失效。非弹性失稳的机理及计算相当复杂，简化方法是把式（10-31）和式（10-33）中的弹性模量用当量弹性模量代替，从而求出临界压力。可见，用解析法求取外压圆筒的许用外压是比较繁琐的，工程上为避免计算当量弹性模量的麻烦，常采用图算法。目前，各国压力容器设计规范和标准均推荐采用 ASME Ⅷ-1 给出的图算法进行外压容器的设计。

(2) 图算法简介

图算法的基础是解析法，将解析法的相关公式经过分析整理，绘制成两张图。一张图反映圆筒受外压力后，变形与几何尺寸之间的关系，称为外压应变系数 A 曲线图，如图10.5所示；另一张图反映不同材质的圆筒在不同温度下，所受外压力与变形之间的关系，称为外压应力系数 B 曲线图，如图10.6所示。

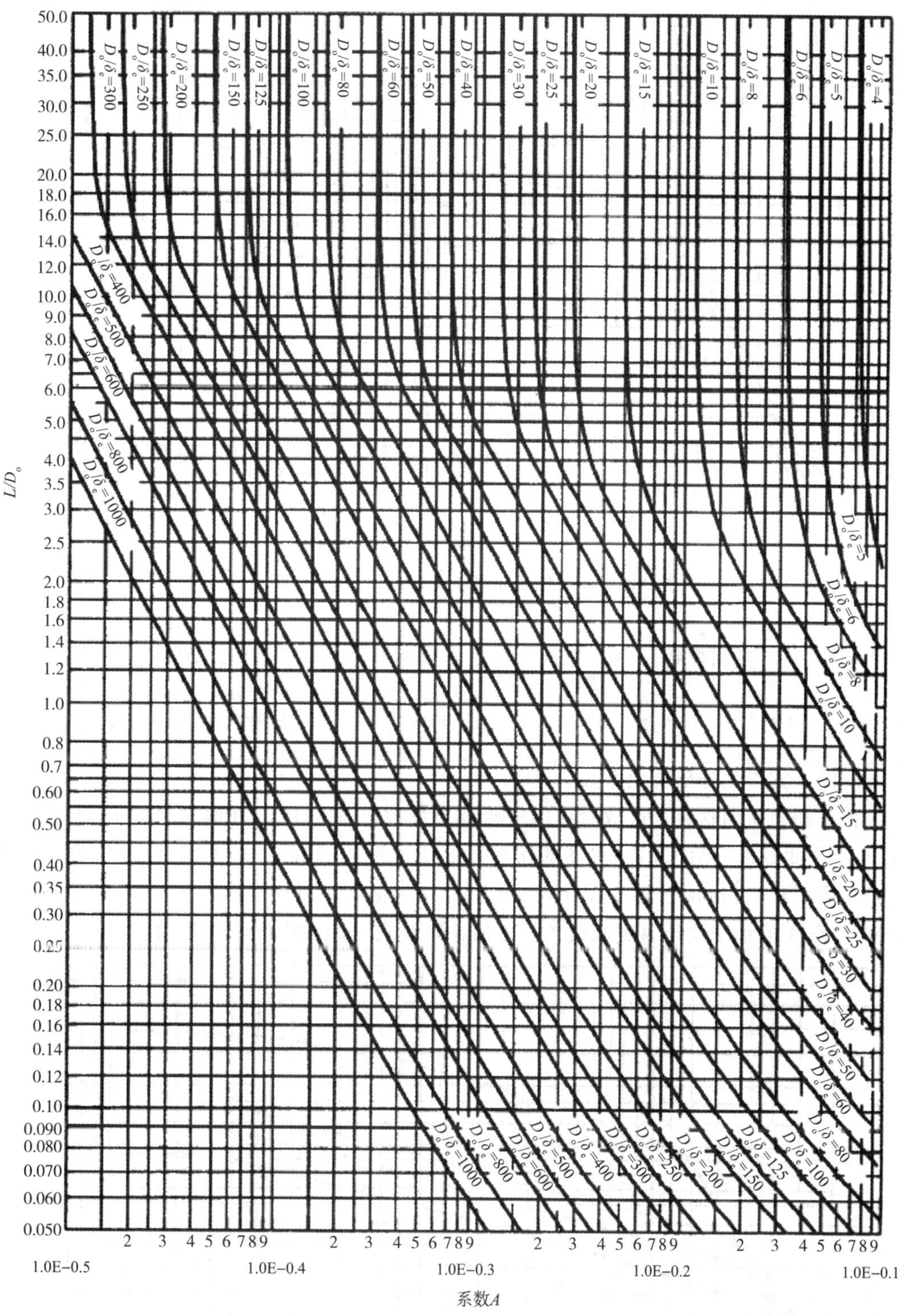

图 10.5　外压应变系数 A 曲线

利用两个算图进行外压圆筒设计的步骤如下：

①假设圆筒的名义厚度 σ_n，计算得有效厚度 $\delta_e=\delta_n-C$；

②计算$\frac{L}{D_o}$和$\frac{D_o}{\delta_e}$的值；

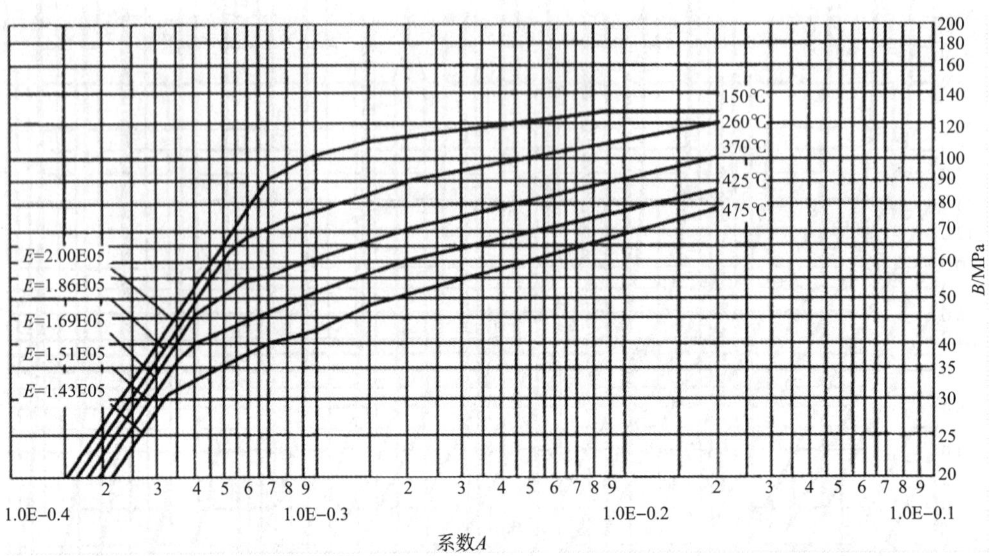

图 10.6　外压应力系数 B 曲线（适用于屈服强度 σ_s<207MPa 的碳素钢和 S11348 钢等材料）

③在图 10.5 左侧找到$\frac{L}{D_o}$值，过此点沿水平方向右移与$\frac{D_o}{\delta_e}$线相交（遇中间值用内插法）；若$\frac{L}{D_o}>50$，则用$\frac{L}{D_o}=50$查图，若$\frac{L}{D_o}<0.05$，则用$\frac{L}{D_o}=0.05$查图；过此交点沿垂直方向下移，在图的下方得到外压应变系数 A 值。

④根据圆筒所用材料，选取对应的外压应力系数 B 曲线图（其他材料的 B 曲线图详见 GB150.3），此处选取图 10.7；在图的横坐标上找出系数 A 值，由 A 值查取 B 值（遇中间温度值用内插法）。若 A 值超出设计温度曲线的最大值，则对应温度曲线右端点的纵坐标值为 B 值。若 A 值小于设计温度曲线的最小值，则按式（10－39）计算 B 值：

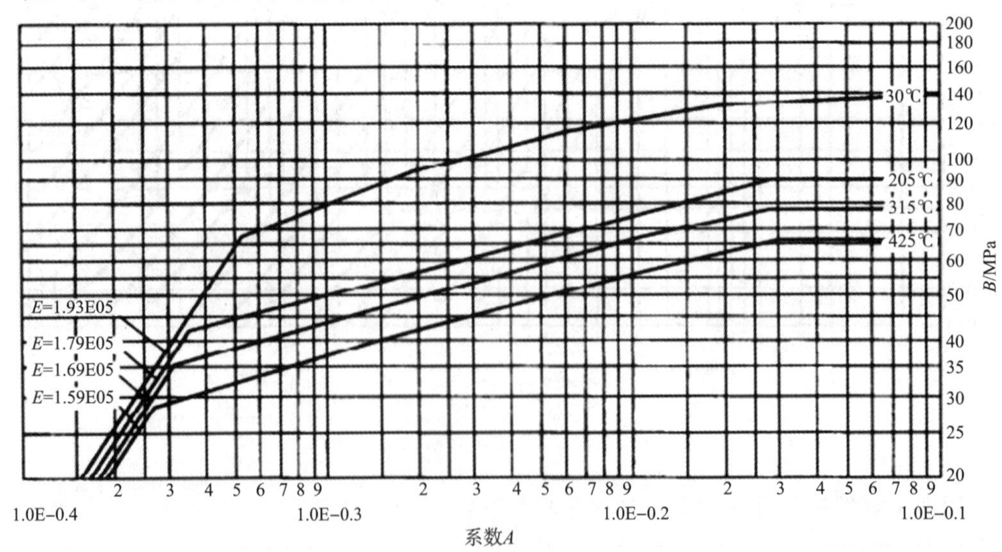

图 10.7　外压应力系数 B 曲线（适用于 S30403 钢等）

$$B=\frac{2AE^t}{3} \tag{10-39}$$

式中，E^t 为设计温度下材料的弹性模量。

⑤根据 B 值，按式（10－40）计算许应外压力［p］：

$$[p]=B\frac{\delta_e}{D_o} \tag{10-40}$$

⑥比较计算外压 p_c 和许用外压［p］的大小。若 $p_c \leqslant [p]$，且较为接近，则假设的名义厚度 δ_n 符合要求；否则应重新假设 δ_n，重复以上步骤，直到满足要求为止。

算图的由来参见文献［10］，详细的 B 曲线图及图算法的应用见 GB/T 150.3。

10.2.5　提高外压管道（圆筒）临界压力的措施

根据长圆筒和短圆筒的临界压力计算公式可知，在设计外压圆筒时，若许用外压力小于计算外压力，则可通过增加圆筒的厚度或缩短圆筒的计算长度的方法来提高临界压力，从而提高圆筒承受外压的能力。很显然，在外压圆筒的内部或外部设置加强圈可以减小圆筒的计算长度，这种方法比增加筒体壁厚更加经济合理，不仅可以节省材料，还可以减轻筒体质量。尤其当外压管道由不锈钢或其他贵重金属制成时，在管道外部设置碳钢制加强圈，可以减少贵重金属消耗量，更有经济意义。此外，加强圈还可以减少大直径薄壁圆筒形状缺陷的影响，提高筒体的刚度。因此，加强圈结构在外压管道设计中得到了广泛的应用。

加强圈通常采用扁钢、角钢、槽钢、工字钢或其他型钢制成，因为型钢截面惯性矩较大，刚性好，便于成形。可设置在管道内部或外壁，并应整圈围绕在管道的圆周上。加强圈应与管道壁面紧密连接，形成一个整体，以提高管道承受外压力。管道上设置加强圈、以及加强圈的设计计算应根据现行国家标准 GB/T 150.3《压力容器　第 3 部分：设计》规定的方法进行。

10.3　弯管（或弯头）强度设计计算

由于弯管（或弯头）在形状上存在按一定弯曲半径的弯曲度，故在弯曲处将产生一定的应力集中，在压力作用下产生的应力要较直管大的多，相应厚度也要比直管厚些。因此，弯管厚度计算均以直管厚度计算公式为基础，考虑弯管曲率变化的影响，加以修正便得到弯管的壁厚计算公式。

10.3.1　弯管或弯头壁厚设计计算

10.3.1.1　工业管道（含工艺管道、动力管道、公用管道）弯管或弯头壁厚计算公式

（1）内压弯管或弯头壁厚按式（10－41）进行设计计算：

$$\delta=\frac{pD_o}{\left[2\left(\phi\frac{[\sigma]^t}{I}+pY\right)\right]} \tag{10-41}$$

式中　I——计算系数，

计算弯头内侧厚度时：

$$I=\frac{\left[4\frac{R}{D_o}-1\right]}{\left[4\frac{R}{D_o}-2\right]} \quad (10-42)$$

计算弯头外侧厚度时：

$$I=\frac{\left[4\frac{R}{D_o}+1\right]}{\left[4\frac{R}{D_o}+2\right]} \quad (10-43)$$

计算弯头中心线处厚度时：$I=1.0$（与直管相同）；

R——为弯头或弯管的轴线（管子中心线）弯曲半径（对于弯管，一般取 $R \geqslant 3D_o$）；

其他符号意义同直管。

另外，弯管成形后的端部最小厚度应不小于直管设计厚度。

(2) 外压或真空弯管或弯头设计，按照外压直管的规定进行设计，其中计算长度 L 取直管上包括沿弯管轴线在内的两相邻支承线之间的距离。

10.3.1.2 长输管道弯管壁厚计算

(1) 弯管壁厚计算公式

弯管外弧侧最小厚度应满足式（10-44）的要求：

$$\delta_H \geqslant \delta \quad (10-44)$$

弯管内弧侧最小厚度应满足式（10-45）的要求：

$$\delta_i \geqslant \delta \cdot m \quad (10-45)$$

式中 δ_H——弯管的外弧侧最小厚度，mm；

δ_i——弯管的内弧侧最小厚度，mm；

δ——弯管所连接直管段的计算厚度，mm；

m——弯管的壁厚增大系数，用下式计算：

$$m=\frac{4R-D_o}{4R-2D_o} \quad (10-46)$$

R——弯管的曲率半径，mm；

D_o——弯管的外直径，mm。

注意：公式（10-46）与公式（10-42）形式相同，只是不同规范中定义不同而已。

(2) 弯管的母管壁厚应按式（10-47）计算：

$$\delta_b=\frac{\delta}{1-C} \quad (10-47)$$

式中 δ_b——弯管母管计算厚度，mm；

δ——弯管所连接直管段的计算厚度，mm；

C——弯管弯制允许最大壁厚减薄量，不大于 9%。

10.3.2 斜接弯头（虾米腰）的设计计算

当管道直径较大时，有时采用如图 10.8 所示的焊接弯头，通常称为斜接弯头。GB 50316、GB/T 20801.3 等标准中都给出了相同的斜接弯头设计方法。本书以 GB/T 20801.3 为基础，介绍斜接弯头的设计方法。

(1) 承受内压斜接弯头的设计计算

①对于变方向角 α 小于等于 3°的斜接弯头，壁厚按直管计算。

②对于变方向角 $3°<\alpha\leqslant45°$ 的单弯斜接弯头，最大许用内压 p_m 分别按式（10－48）和式（10－49）计算：

当 $\theta\leqslant22.5°$时，

$$p_m=\frac{\delta_e\phi W[\sigma]}{r_c}\frac{\delta_e}{\delta_e+0.643\tan\theta(\delta_e r_c)^{0.5}} \quad (10-48)$$

当 $\theta>22.5°$时，

$$p_m=\frac{\delta_e\phi W[\sigma]}{r_c}\frac{\delta_e}{\delta_e+1.25\tan\theta(\delta_e r_c)^{0.5}} \quad (10-49)$$

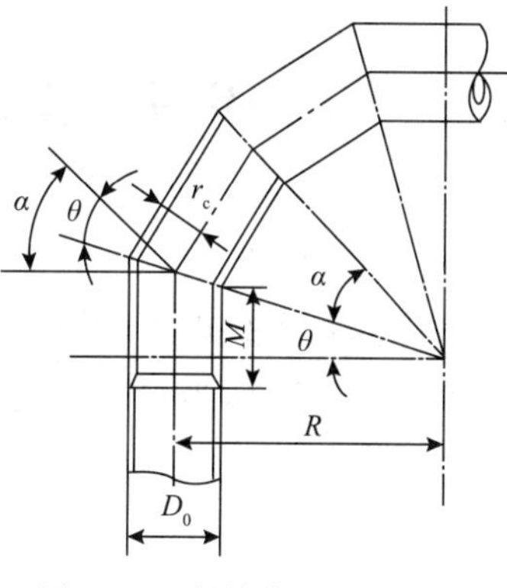

图 10.8 斜接弯头几何形状

③对于 $\theta\leqslant22.5°$的多弯斜接弯头，最大许用内压 p_m 应取式（10－48）和式（10－50）计算值的较小者：

$$p_m=\frac{\delta_e\phi W[\sigma]}{r_c}\frac{(R-r_c)}{(R-0.5r_c)} \quad (10-50)$$

④斜接弯头两端的直边长度 M（见图 10.8），应不小于下列式（10－51）和式（10－52）中的较大值：

$$M=2.5(r_c\delta_{min})^{0.5} \quad (10-51)$$

$$M=(R-r_c)\tan\theta \quad (10-52)$$

式中 p_m——斜接弯头的最大许用内压，MPa；

r_c——管子的平均半径（中径），mm；

θ——斜接处的切割角（见图 10.8），(°)；

α——斜接弯头的变方向角（见图 10.8），$\alpha=2\theta$，(°)；

R——斜接弯头的有效半径（见图 10.8），即斜接弯头曲率中心到斜接管中心线的垂直距离，其值应不小于$\frac{A}{\tan\theta}+\frac{D_o}{2}$，其中 A 值按表 10.15 确定。

表 10.15 系数 A 值 mm

管子有效厚度 δ_e	系数 A
$\leqslant13$	25
$>13\sim<22$	$2\delta_e$
$\geqslant22$	$(2\delta_e/3)+30$

其他符号意义同本书第 10.2 节规定。

(2) 承受外压斜接弯头的设计

承受外压（或真空）斜接弯头的设计按第 10.2 节的直管设计方法进行，但计算长度 L 应取直管包括斜接弯头各段斜接管轴线在内的两相邻支承线之间的距离。

10.4 管法兰和法兰盖的强度设计方法

(1) 当量压力

法兰和法兰盖正常工作时除承受压力载荷 p 外，还可能承受外加轴向力 F 和外加弯矩 M，这时需要计算当量压力进行强度设计。本书第 8 章已给出当量压力计算公式（8-5），即：

$$p_d = p + \frac{16M}{\pi D_G^3} + \frac{4F}{\pi D_G^2}$$

(2) 标准管法兰和法兰盖的强度设计

当选用国家标准中所列的标准管法兰和法兰盖时，根据当量压力确定的压力等级、管道设计温度和管道材料，按照相关标准规定的压力-温度额定值确定其允许的使用压力。选用标准的管法兰和法兰盖，不必另进行强度计算，直接选用标准中的相应尺寸。

(3) 非标准管法兰和法兰盖的强度设计

当选用非标准管法兰和法兰盖时，应按照 GB/T 17186.1—2015《管法兰连接计算方法 第 1 部分：基于强度和刚度的计算方法》（或参照 GB/T 150.3）的规定进行设计计算。计算过程中，用当量压力 p_d 代替各公式中的设计压力 p 即可。

10.5 焊制三通的强度设计

在压力管道设计中，三通是常用的管件，一般都是选用标准件，无需强度计算。但在有些情况需要用非标准件，采用非标准焊制三通，这时就需要对三通进行强度设计计算了。HG/T 20582—2011《钢制化工容器强度设计规定》第 23 章中规定了焊制三通的设计方法，下面作以介绍。

10.5.1 焊制三通的结构设计

HG/T 20582 规定的方法适用于焊制厚壁加强的正三通，结构形式如图 10.9 所示。主管外直径 $D_o \leqslant 660$mm，直管内直径与主管内直径之比 $\frac{d_i}{D_i} \geqslant 0.5$，主管外径与主管内径之比 $K = \frac{D_o}{D_i}$，在 1.05～1.5 范围内。主管部分的长度一般取为 $3.5D_o$，且不应小于 $2d_i$；直管至主管下部外壁的高度一般取不小于 $1.7D_o$。

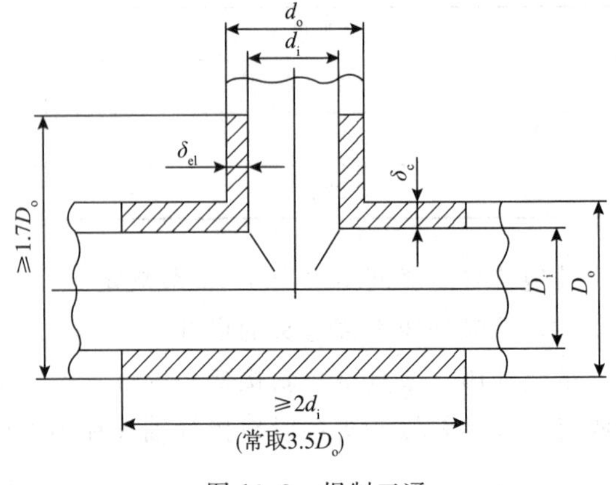

图 10.9 焊制三通

10.5.2 三通厚度设计计算

①主管计算厚度。主管厚度按式（10－53）或按式（10－54）计算：

$$\delta_1=\frac{pD_o}{2\phi[\sigma]^t+p} \tag{10-53}$$

$$\delta_1=\frac{pD_i}{2\phi[\sigma]^t-p} \tag{10-54}$$

②支管计算厚度。支管厚度按式（10－55）或按式（10－56）计算：

$$\delta_{11}=\delta_1\frac{d_o}{D_o} \tag{10-55}$$

$$\delta_{11}=\delta_1\frac{d_i}{D_i} \tag{10-56}$$

③设计厚度。计算厚度加上腐蚀等附加量得到的是设计厚度。

主管设计厚度为：

$$\delta_d=\delta_1+C_2 \tag{10-57}$$

支管设计厚度为：

$$\delta_{d1}=\delta_{11}+C_2 \tag{10-58}$$

④名义厚度。设计厚度加上钢管（或钢板）负偏差再圆整到钢管系列厚度，即为名义厚度。

主管名义厚度为：

$$\delta_n=\delta_d+C_1+\Delta \tag{10-59}$$

支管名义厚度为：

$$\delta_{n1}=\delta_{d1}+C_1'+\Delta \tag{10-60}$$

⑤有效厚度。名义厚度减去腐蚀欲量和负偏差剩余为有效厚度。

土管有效厚度为：

$$\delta_e=\delta_n-C_1-C_2 \tag{10-61}$$

支管有效厚度为：

$$\delta_{e1}=\delta_{n1}-C_1'-C_2 \tag{10-62}$$

式中 δ_1、δ_{11}——三通主管和支管的计算厚度，mm；

δ_d、δ_{d1}——三通主管和支管的设计厚度，mm；

δ_n、δ_{n1}——三通主管和支管的名义厚度，mm；

δ_e、δ_{e1}——三通主管和支管的有效厚度，mm；

D_i、d_i——三通主管和支管的内直径，mm；

D_o、d_o——三通主管和支管的外直径，mm；

p——设计压力，MPa；

$[\sigma]^t$——三通材料在设计温度下的许用应力（按主管和支管同材料考虑），MPa；

φ——强度减弱系数，按式（10－63）计算：

$$\varphi=\frac{1}{1.20\left(1+\frac{X\sqrt{1+Y^2}}{2Y}\right)} \tag{10-63}$$

其中系数 X 按式（10-64）计算，系数 Y 按式（10-65）计算：

$$X=\frac{d_i^{\ 2}}{D_m d_m} \tag{10-64}$$

$$Y=4.05\frac{\delta_e^{\ 3}+\delta_{e1}^{\ 3}}{\delta_e^{\ 2}\ (D_m\delta_e)^{0.5}} \tag{10-65}$$

式中　D_m、d_m——三通主管和支管的平均直径（中间面直径），mm。

10.6　盲板与其他管道组成件的强度设计

10.6.1　盲板强度设计计算

在管道设计中，法兰夹持的盲板也是常用组成件之一。盲板结构如图 10.10 所示；盲板厚度应按式（10-66）计算：

$$\delta=d_g\left(\frac{3p}{16\,[\sigma]^t\phi W}\right)^{1/2} \tag{10-66}$$

式中　δ——盲板计算厚度（图 10.10 中的 t_m），mm；

d_g——垫片内径，mm；

其他符号意义与 10.1 节符号相同。

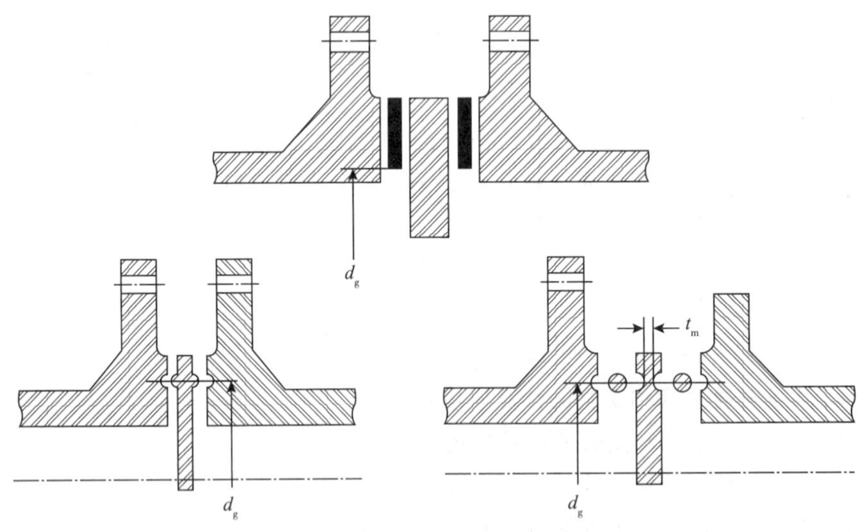

图 10.10　盲板结构示意图

10.6.2　其他管道组成件的强度设计

其他管道组成件的强度设计应相关标准进行。如凸形封头和平板封头应按 GB 150.3 的规定进行设计；波纹管膨胀节应按 GB/T 35990—2018《压力管道用金属波纹管膨胀节》附录 B 进行设计；等等。

10.7 支管连接的补强设计

压力管道设计中，支管与主管的连接除用标准的三通或四通外，很多情况是采用焊接支管连接结构（尤其是主管道直径较大的情况）。焊接支管连接，首先要在主管上开孔，然后将支管焊接于主管上。根据壳体应力分析可知，由于在开孔接管处几何不连续，不但会削弱主管（壳体）强度，而且由于结构连续性受到破坏，主管与支管（接管）相贯处应力集中，在内压作用下将产生较大的局部应力，局部地区的应力可达主管壁内基本应力的 3 倍以上。再加上支管上会有各种附加载荷产生的应力、温差应力以及管道材料和制造缺陷等因素综合作用，往往接管根部成为管道（或容器）破坏的原发部位，需要对开孔接管处进行开孔补强。因此开孔补强设计是压力管道强度设计中的一项重要内容。

10.7.1 支管连接补强结构与补强设计方法

（1）补强结构形式

支管开孔补强形式概括分两种：整体补强和局部补强。整体补强，是指把主管壳体整体加厚；局部补强，是指在支管开孔附近增加主管壳体厚度。局部补强结构有三种形式：补强圈补强、厚壁接管补强、整锻件（或带挤压成型接口）补强。

(a)补强圈补强

(b)厚壁接管补强

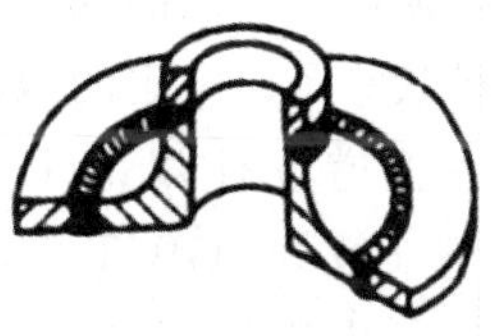
(c)整锻件补强

图 10.11 局部补强结构形式

①补强圈补强。这是中低压容器应用最多的补强结构，压力管道上只有主管直径较大时适用。这种结构如图 10.11（a）所示，补强圈贴焊在主管与支管连接处。结构简单，制造方便，使用经验也比较丰富。但补强圈与壳体金属之间不能完全贴合，传热效果差，在中温以上使用时，二者存在较大的热膨胀差，因而使补强局部区域产生较大的热应力；另外，补强圈与壳体采用搭接连接，难以与壳体形成整体，所以抗疲劳性能差。这种补强结构一般使用在静载荷、常温、中低压的工况。

②厚壁接管补强。在主管开孔处焊上一段厚壁接管，如图 10.11（b）所示；支管再与厚壁接管对接焊接。由于接管的加厚部分正处于最大应力区域内，故比补强圈更能有效地降低应力集中（系数）程度。接管补强结构简单，焊缝少，焊接质量容易检验，补强效果较好。一般高强度低合金钢制管道采用这种结构。

③整锻件补强。该补强结构是将接管和部分主管壳体连同补强做成整体锻件，再与主管和支管焊接，如图 10.11（c）所示。这种结构的优点是：补强金属集中于开孔应力最大部位，能最有效地降低应力集中系数；采用对接焊缝，并使焊缝及热影响区离开最大应力点，抗疲劳性能好。缺点是锻件制作困难，制造成本较高，所以只在重要的管道中应用，如核管

道，高强钢（σ_s>500MPa）管道的支管开孔及受低温、高温、疲劳载荷管道的大直径支管开孔等。

④带挤压成型接口补强。这种结构形状与整锻件补强结构一样，只是没有图10.11（c）中锻件与主管壳体的连接焊缝，这个接口是在主管壳体上通过挤压工艺而成型。除具备整锻件补强结构优点外，该结构比整锻件制造容易些，且接口根部圆滑过渡，抗疲劳性能更好。但此结构在高应力区域的补强金属面积没有整锻件结构多。

（2）补强设计方法

支管开孔补强设计就是指采取适当增加主管或支管（接管）厚度的方法，将应力集中减小到一个允许的程度。目前在压力容器和压力管道设计中采用的开孔补强设计方法有：等面积补强法、压力面积法和应力分析补强法。设计时，对于不同的使用场合和载荷性质可采用不同的设计方法。

①等面积补强法。是世界上采用最早的一种开孔补强设计方法，该方法认为壳体因开孔被削弱的承载面积，须有补强材料在离孔边一定距离范围内予以等面积补偿。它是一种建立在双向受拉伸的无限大平板开小孔的弹性分析理论基础上的带有经验性的方法，即仅考虑壳体中存在的拉伸薄膜应力，且以补强壳体的一次应力强度作为设计准则，故对小直径的开孔较为安全可靠。由于该补强设计方法没有考虑开孔处的应力集中的影响，没有考虑容器（主管道）直径变化的影响，补强后对不同的接管会得到不同的应力集中系数，即安全裕量不同，有时偏于安全，有时偏于不安全（如开孔直径相对较大时）。

等面积补强设计方法的优点是有长期的实践经验，简单易行，当开孔较大时，只要对其开孔尺寸和形状等予以一定的限制，在一般的使用条件下能够保证安全，因此很多国家的压力容器、压力管道设计规范主要采用这种方法进行补强设计，如ASME Ⅷ-1、ASME B31.3、GB/T 150.3、GB/T 20801.3等。

②压力面积补强法。压力面积法与等面积法其开孔补强的基本原理是一致的，都是基于以开孔有效补强范围的金属承载能力与内压力载荷相平衡的静力平衡方法，但其补强的有效范围有所不同。等面积补强范围不论开孔直径大小，都在孔径2倍的区域内，因此当孔径与壳体直径比较大时误差较大，从而不适用。而压力面积法的补强范围与孔径大小有关，其补强范围与开孔应力衰减范围相一致，因此比较合理，也就可以用于孔径与壳体直径比较大的场合。目前，压力面积法越来越受到国际压力容器和压力管道领域的重视，不仅已经列为欧盟标准，为欧洲各国广泛应用，而且也被美国ASME所接受。HG/T 20582—2011第7章详细介绍了压力面积补强设计方法，本书做以简要介绍。

③应力分析补强法。分析法的设计准则是基于塑性极限与安定分析而得出，通过保证一次加载时有足够的塑性承载能力和反复加载的安定要求来保证开孔安全。分析法的模型假定接管和壳体是连续的整体结构，因此在使用分析法时，应保证焊接接头的整体焊透性和质量。GB 150.3详细规定了应力分析补强的设计方法，管道设计时可参考应用，本书不再赘述。

10.7.2 等面积补强设计

等面积补强设计方法规定：局部补强的金属截面积，必须大于或等于开孔所挖去的壳壁截面积。

10.7.2.1　符号

等面积补强设计一节中符号较多，厚度符号又与前几节有所不同，故将符号单列一节加以说明，结合图 10.13 和图 10.14 理解符号含义。

A_1——因开孔削弱而要求补强的截面积，mm^2；

A_2——补强范围内主管上除承受压力所需面积之外的多于截面积，mm^2；

A_3——补强范围内支管上除承受压力所需面积之外的多于截面积，mm^2；

A_4——补强范围内的补强圈截面积，或挤压成型接口端部除承受压力所需之外的多于截面积，mm^2；

A_5——补强范围内的焊缝截面积，mm^2；

D_b——支管外直径，mm；

D_h——主管外直径，mm；

D_r——补强圈外直径，mm；

d_b——支管内直径，mm；

d_x——挤压成型口的内直径，取支管内直径与 2 倍的厚度附加量之和，mm；

d_1——扣除壁厚附加量后主管上斜开孔的长径（见图 10.13），mm；d_1 按式（10-67）计算：

$$d_1=\frac{D_b-2(T_b-C)}{\sin\beta} \tag{10-67}$$

d_2——补强范围宽度的一半，mm；

对于焊接连接的支管（见图 10.13），$d_2=\max(d_1,\ T_{eb}+T_{eh}+d_1/2)$；

对于挤压成型的接口（见图 10.14），$d_2=d_x$，且 $d_2\leqslant D_h$；

h_x——挤压成型接口的高度，且不小于 r_x，mm；

K——主管开孔补强设计的系数：

当 $D_b/D_h>0.6$ 时，$K=1.0$；

当 $0.6\geqslant D_b/D_h>0.15$ 时，$K=0.6+2D_b/3D_h$；

当 $D_b/D_h\leqslant 0.15$ 时，$K=0.7$；

L_4——主管外侧的补强范围高度，见图 10.13，$L_4=\min(2.5T_{eh},\ 2.5T_{eb}+T_r)$，mm；

L_5——主管外侧的补强范围高度，见图 10.14，$L_5=0.7(D_bT_x)^{1/2}$，mm；

r_x——挤压成型接口外轮廓部分的过渡半径，在支管与主管轴线相交的平面上测量，mm；

T_b——支管最小厚度，为实测所得或取名义厚度减去材料厚度负偏差，mm；

$\overline{T}_b$——支管名义厚度，mm；

T_{eb}——支管有效厚度，支管名义厚度减去厚度附加量和厚度负偏差的厚度，mm；

T_{eh}——主管有效厚度，主管名义厚度减去厚度附加量和厚度负偏差的厚度，mm；

T_h——主管最小厚度，为实测所得或取名义厚度减去材料厚度负偏差，mm；

$\overline{T}_h$——主管名义厚度，mm；

T_r——补强圈或补强鞍板的名义厚度，由管切制时则为最小厚度，mm；

T_x——挤压成型接口的厚度，从主管以上高度为 r_x 处测量，不包括腐蚀、冲蚀裕量，mm；

t_b——支管计算厚度，mm；

t_h——主管计算厚度，mm；

β——支管轴线和主管轴线间的夹角，应不大于 90°。

10.7.2.2 等面积补强法的适用范围

①等面积补强法计算是支管连接的最低要求，等面积补强法计算适用于以下支管连接结构：

a）图 10.12 所示的支管与主管焊接连接结构。

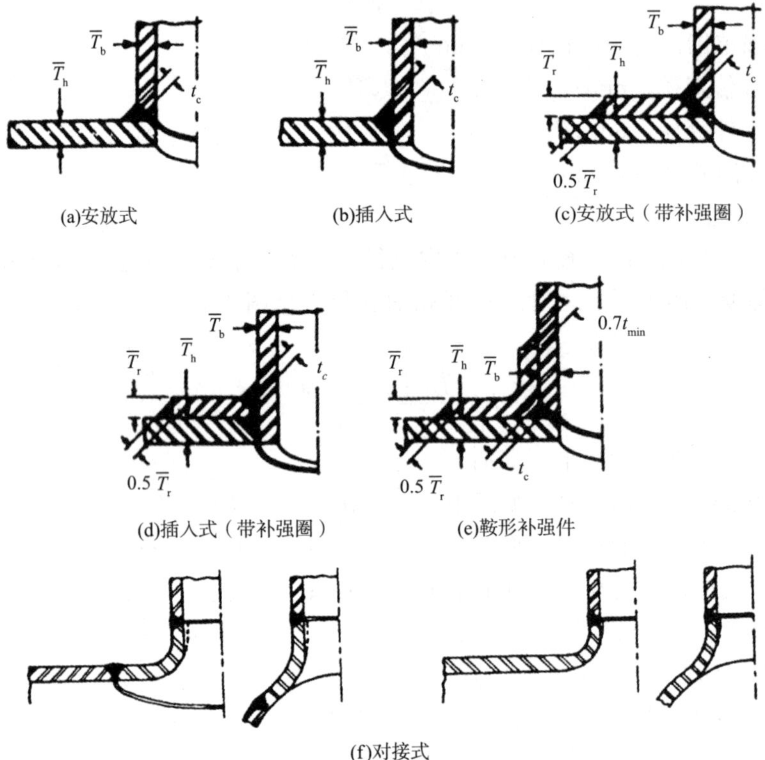

图 10.12 支管与主管焊接连接结构

b）与 a）结构类似的焊接或锻造三通、四通、斜三通；

c）其他直接焊接于主管的支管连接管件。

②等面积补强法的结构尺寸应符合以下规定：

a）$\frac{D_h}{T_h}<100$ 时，$\frac{D_b}{D_h}\leqslant 1.0$；$\frac{D_h}{T_h}\geqslant 100$ 时，$\frac{D_b}{D_h}<0.5$；

b）$\beta\geqslant 45^{\circ}$；

c）支管轴线和主管轴线相交。

③外加补强材料应符合以下规定：

a）外加补强材料可不同于主管材料，但应和主管、支管材料具有相近的焊接性能、热处理要求、电位差和热膨胀系数等；

b）如外加补强材料的许用应力低于主管的许用应力，则用于补强的截面积 A_4 应乘以二者许用应力的比值后再行校核；如补强材料的许用应力高于主管的许用应力，则其影响可不予考虑。

④对于剧烈循环工况和高温工况的管道及设计压力大于等于 10.0MPa 的高压管道不宜采用补强圈作为补强措施。

10.7.2.3　不需要补强的条件

符合下列情况之一者，不需要进行补强计算，也不需要采取其他补强措施。

①直接焊于主管的螺纹、承插焊半管接头（GB/T 14383），且符合下列各项要求：

a）支管公称直径不大于 $DN50$；

b）$\frac{D_b}{D_h} \leqslant 1/4$。

②直接焊于主管的支管座（GB/T 19326）；

③经验证性压力试验的三通、四通（GB/T 12459）；

④螺纹或承插焊三通、四通或斜三通（GB/T 14383）。

10.7.2.4　支管直接焊于主管的补强计算

（1）补强结构

①所有截面上的补强圈宽度应为恒值；

②对于$\frac{D_b}{D_h} > 0.8$的焊接支管，宜采用整体补强或支管补强结构，如需采用外加补强圈补强，则应采用套筒型补强圈。

（2）补强有效范围（见图 10.13）

补强有效范围为主管表面沿支管中心线两侧各位 d_2、垂直于主管表面距离为 L_4 的范围。

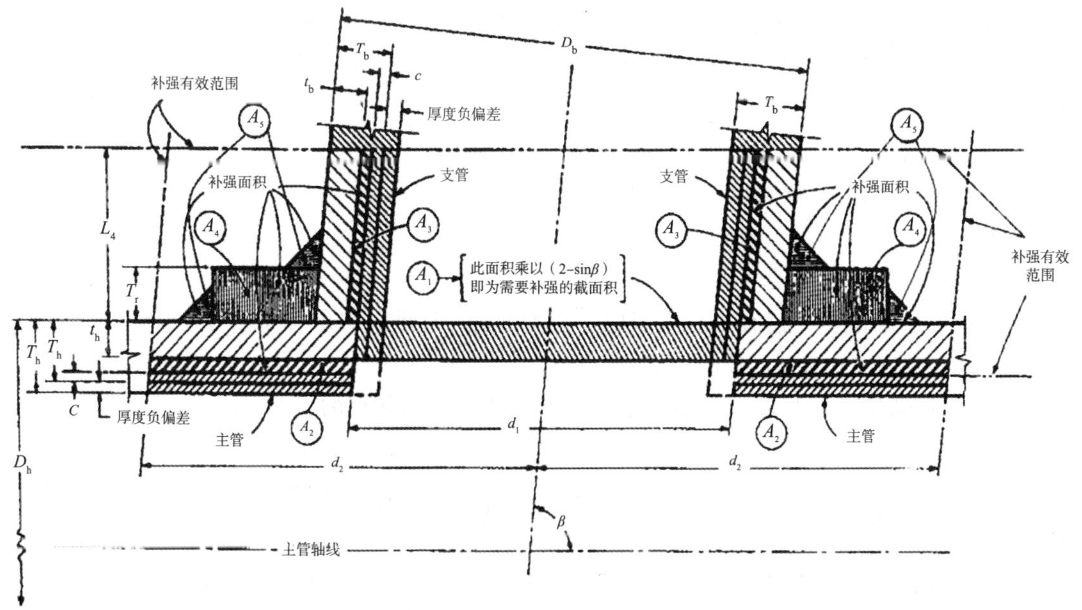

图 10.13　直管主管上的支管连接补强范围

（3）主管开孔所需最小补强面积（开孔削弱的金属截面积）A_1

①对于承受内压的支管连接件，A_1应按式（10－68）计算：

$$A_1 = t_h d_1 (2 - \sin\beta) \tag{10-68}$$

②对于承受外压（或真空）的支管连接件，A_1按内压公式（10－68）计算。

（4）补强范围内有效补强金属面积

①除承受压力载荷所需计算厚度 t_h之外，主管上多余厚度构成的金属面积 A_2 应按式（10－69）计算，但内压或外压（或真空）的计算厚度 t_h 应予以区别。

$$A_2 = (2d_2 - d_1)(T_{eh} - t_h) \tag{10-69}$$

②除承受压力载荷所需计算厚度 t_b之外，支管上多余厚度构成的金属面积 A_3 应按式（10－70）计算，但内压或外压（或真空）的计算厚度 t_h 应予以区别。

$$A_3 = \frac{2L_4(T_{eb} - t_b)}{\sin\beta} \tag{10-70}$$

③补强圈金属面积应取式（10－71a）和式（10－71b）中的较小值：

$$A_4 = \frac{D_r - D_b}{\sin\beta} T_r \tag{10-71a}$$

$$A_4 = \frac{2d_2 - D_b}{\sin\beta} T_r \tag{10-71b}$$

④焊缝金属截面积 A_5 按实际焊缝尺寸计算。

（5）补强面积的校核要求

补强面积应满足式（10－72）的校核要求：

$$A_2 + A_3 + A_4 + A_5 \geqslant A_1 \tag{10-72}$$

10.7.2.5　带挤压成型接口的支管连接补强计算

（1）补强结构设计

①接口（包括支管）轴线和主管轴线相交，且垂直于主管轴线。

②挤压成型接口在主管表面的凸出高度 h_x 应大于等于接口外侧的过渡半径 r_x［见图 10.14（a）］。

③最小过渡半径 r_x 应取 0.05D_b 或 38mm 中小者。

④最大过渡半径 r_x 应满足以下要求：

当 $D_b < DN200$，$r_x = 32$mm；

当 $D_b \geqslant DN200$，$r_x \leqslant 0.1D_b + 13$mm。

⑤接口外轮廓由多个过渡半径组成时，应取超过 45°弧线的最佳拟合半径为最大半径 r_x 值，且应满足上述 3）和 4）条的规定。

⑥当 r_x 不满足上述要求时，不得采用机加工的方法达到目的。

（2）补强有效范围

如图 10.14 所示，补强有效范围为主管表面沿支管中心线两侧各为 d_2、垂直于主管表面距离为 L_5的范围。

（3）要求补强的面积 A_1

①对于承受内压的主管上挤压成型的接口，A_1 应按式（10－73）计算：

$$A_1 = K t_h d_x \tag{10-73}$$

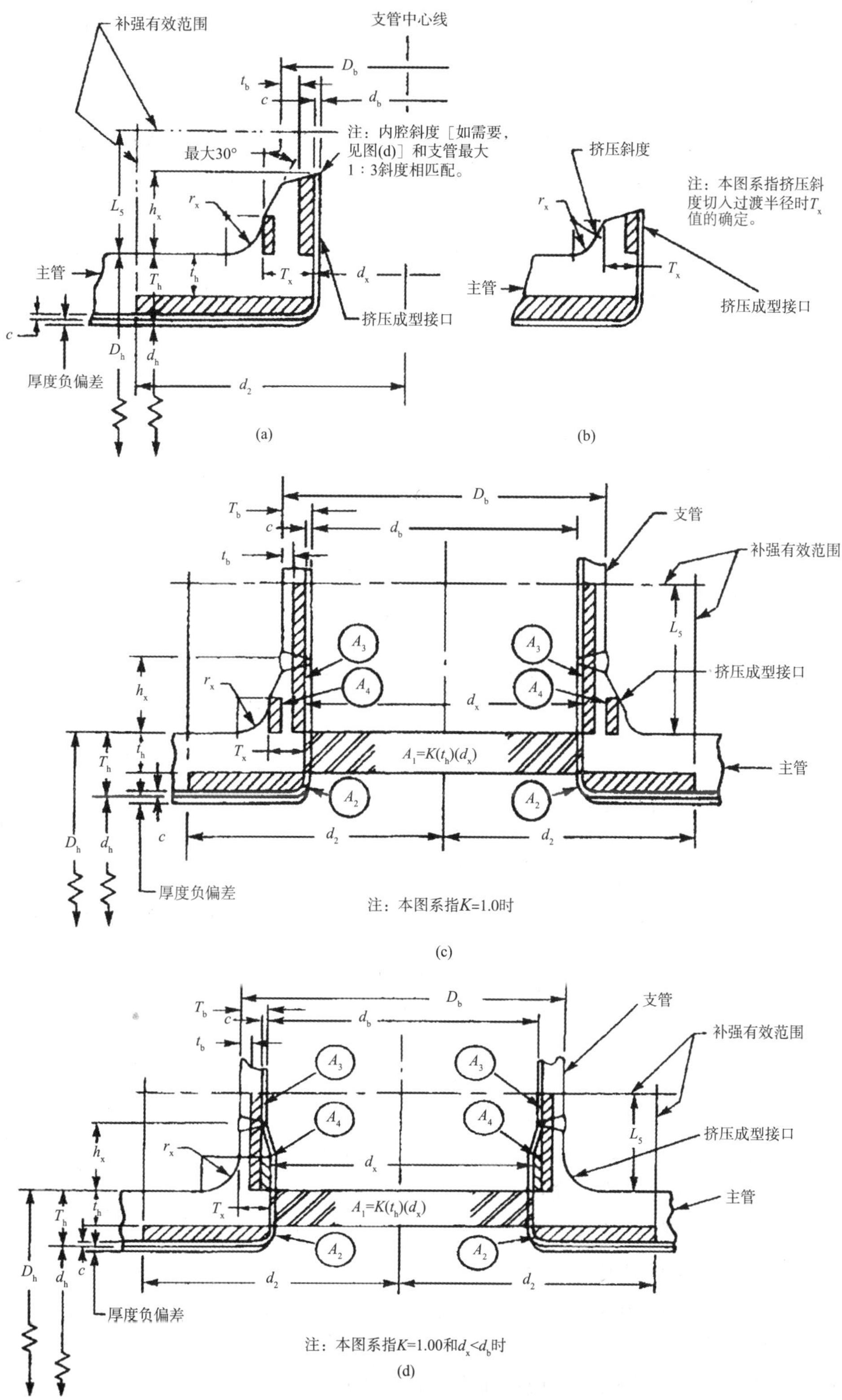

图 10.14　带挤压成型接口的支管连接补强范围

②对于承受外压（或真空）的主管上挤压成型的接口，A_1 应将外压（或真空）作为内压按式（10－73）计算。

（4）补强范围内的补强面积

①除承受压力荷载所需计算厚度 t_h 之外，主管上多余厚度构成的面积 A_2 应按式（10－74）计算，但内压或外压（或真空）的计算厚度 t_h 应予以区别。

$$A_2=(2d_2-d_x)(T_{eh}-t_h) \tag{10-74}$$

②除承受压力荷载所需计算厚度 t_b 之外，支管上多余厚度构成的面积 A_3 应按式（10－75）计算，但内压或外压（或真空）的计算厚度 t_b 应予以区别。

$$A_3=2L_5(T_{eb}-t_b) \tag{10-75}$$

③对于挤压成型接口端部的多余厚度构成的面积 A_4 应按式（10－76）计算：

$$A_4=2r_x(T_x-T_{eb}) \tag{10-76}$$

（5）补强面积的校核要求

补强面积应满足式（10－77）的校核要求：

$$A_2+A_3+A_4\geqslant A_1 \tag{10-77}$$

10.7.3 压力面积法补强设计

在 HG/T 20582—2011 第 7 章“大开孔的补强计算”中，规定了 10 种开孔补强结构及其设计要求，本书以压力管道常见的结构为例（如图 10.15、图 10.16 所示），介绍压力面积补强设计的过程。

10.7.3.1 符号

d_i——接管（支管开孔）内直径，mm；

d_o——接管（支管）外直径，mm；

D_i——主管（壳体）内直径，mm；

D_o——主管外直径，mm；

R_i——主管计算的内径，对于圆筒和球形壳体，$R_i=\frac{D_i}{2}$，mm；

δ_b——接管（支管）采用厚度，mm；

δ_s——主管（壳体）采用厚度，mm；

δ_p——补强圈采用厚度，mm；

h_1、h_2——分别为接管外侧和内侧补强的有效高度，mm；

b——主管补强的有效宽度，mm；

C——主管厚度附加量（含腐蚀裕量和钢管负偏差等），mm；

C'——支管厚度附加量，mm；

C_2——腐蚀裕量，mm；

p——设计压力，MPa；

A_{ps}——补强有效范围内主管内的压力面积，mm^2；

$$A_{ps}=R_i\left(b+\frac{d_o}{2}\right) \tag{10-78}$$

A_{pb}——补强有效范围内支管（接管）内的压力面积，mm^2；

$$A_{pb}=\frac{d_i}{2}[h_1+(\delta_s-C)] \tag{10-79}$$

A_{fs}——主管上开孔区有效承压金属面积，mm²；

$$A_{fs}=b(\delta_s-C)\text{（适用于图 10.15 结构）} \tag{10-80}$$

$$A_{fs}=[b+(\delta_b-C')](\delta_s-C)\text{（适用于图 10.16 结构）} \tag{10-81}$$

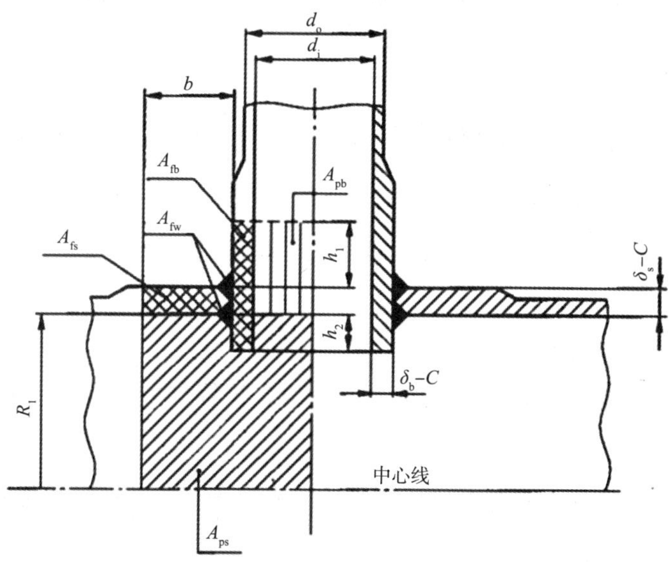

图 10.15　圆筒壳体单个开孔壁厚增厚补强和插入式接管补强结构

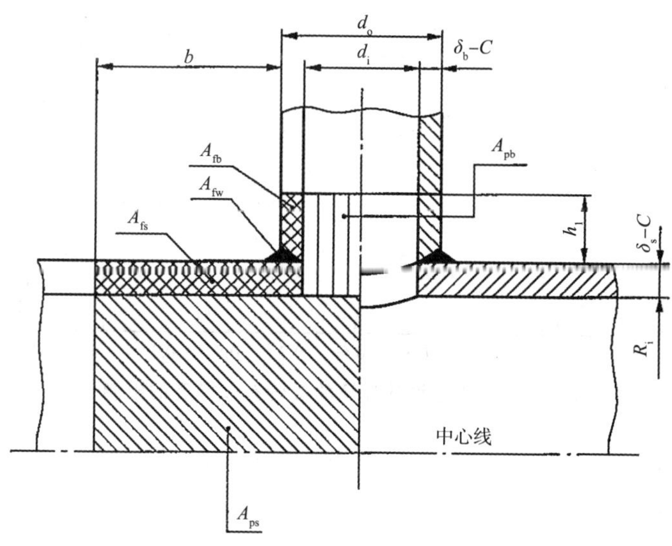

图 10.16　圆筒壳体单个开孔且座式接管补强结构

A_{fb}——支管上开孔区有效承压金属面积，mm²；

$$A_{fb}=[h_1+h_2+(\delta_s-C)](\delta_b-C')\text{（适用于图 10.15 结构）} \tag{10-82}$$

$$A_{fb}=h_1(\delta_b-C')\text{（适用于图 10.16 结构）} \tag{10-83}$$

A_{fw}——补强连接处凸出壳体表面的焊接接头金属面积，mm²；

A_{fp}——补强圈截面的金属面积，mm²；

$[\sigma]_s$——主管材料许用应力，MPa；

$[\sigma]_b$——支管材料许用应力，MPa；

$[\sigma]_p$——补强圈材料许用应力，MPa。

10.7.3.2　结构尺寸、制造及使用场合的限制

（1）开孔直径及厚度的限制

①主管壳体上采用接管补强的开孔（如图 10.15、图 10.16 所示），其开孔处接管内径与主管内径之比：$\frac{d_i}{D_i} \leqslant 1.0$。

②厚度的限制。用于设计计算时，接管有效厚度与主管壳体有效厚度之比$\frac{\delta_b - C}{\delta_s - C}$应不超过图 10.17 查出的值；如果超过，超出部分不应计入补强。用于制造时，接管有效厚度与主管壳体有效厚度之比$\frac{\delta_b - C}{\delta_s - C}$应不超过图 10.18 查出的值，这一限制是为了避免疲劳或蠕变产生的问题。

（2）制造及使用场合的限制

①支管（接管）与主管壳体应采用全焊透结构，接管与主管连接内外壁应避免尖角过渡，而采用 r 圆角过渡。

②支管、主管、补强件的材料其常温屈强比应满足$\frac{\sigma_s}{\sigma_b} \leqslant 0.68$；应避免采用标准抗拉强度下限值 $\sigma_b > 540$MPa 的材料。

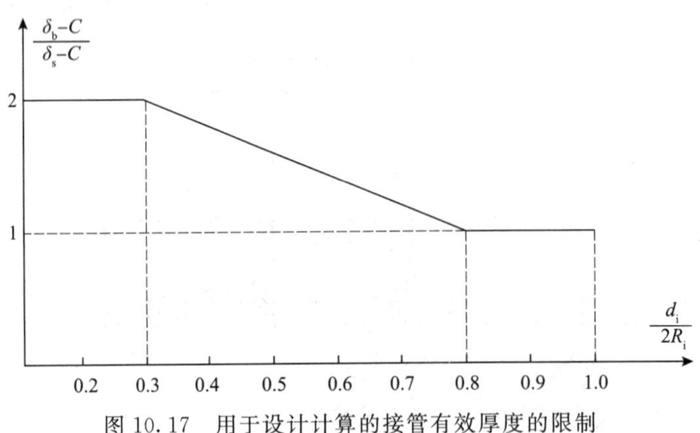

图 10.17　用于设计计算的接管有效厚度的限制

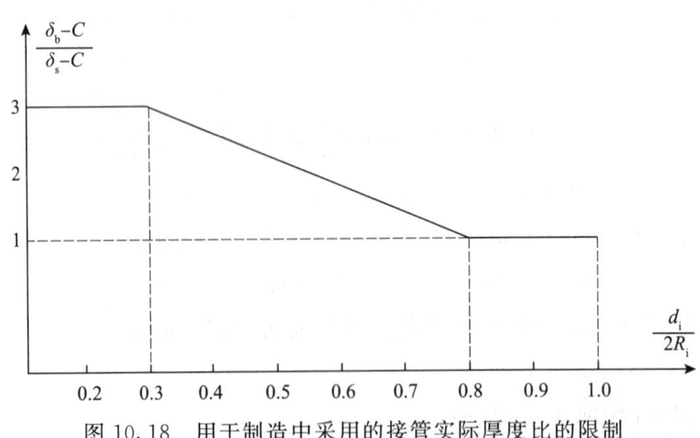

图 10.18　用于制造中采用的接管实际厚度比的限制

③支管、主管、补强件之间的焊接接头应无损检测合格；补强范围内应避免壳体焊缝，如无法避免，焊缝应100%无损检测合格。

④此补强方法不宜用于介质对应力敏感的场合；大开孔应避免用于可产生蠕变或有脉动载荷的场合。

10.7.3.3　补强范围计算

①主管（壳体）补强的有效宽度，按式（10-84）计算（且 $b \geqslant 3\delta_s$）：

$$b=[(2R_i+\delta_s-C)(\delta_s-C)]^{\frac{1}{2}} \tag{10-84}$$

②接管外侧补强的有效高度，按式（10-85）计算：

$$h_1=[(d_i+\delta_b-C')(\delta_b-C')]^{\frac{1}{2}} \tag{10-85}$$

③接管内侧补强的有效高度，按式（10-86）计算：

$$h_2=0.5[(d_i+\delta_b-C'-C_2)(\delta_b-C'-C_2)]^{\frac{1}{2}} \tag{10-86}$$

④当壳体实际宽度小于式（10-84）计算结果时，应以实际宽度代入补强计算；当接管内外实际宽度小于式（10-85）和式（10-86）计算结果时，应以实际高度代入补强计算。

10.7.3.4　补强计算

（1）压力面积校核条件

对于接管和补强圈补强，按式（10-87）进行计算：

$$(A_{fs}+A_{fw})([\sigma]_s-0.5p)+A_{fp}([\sigma]_p-0.5p)+A_{fb}([\sigma]_b-0.5p) \geqslant p(A_{ps}+A_{pb}) \tag{10-87}$$

（2）最大允许压力计算

对于接管和补强圈补强，根据式（10-88）可得出最大允许压力 p_{max}。

当 $[\sigma]_b<[\sigma]_s$ 或 $[\sigma]_p<[\sigma]_s$ 时，按式（10-88a）计算：

$$p_{max}=\frac{(A_{fs}+A_{fw})[\sigma]_s+A_{fb}[\sigma]_b+A_{fp}[\sigma]_p}{(A_{ps}+A_{pb})+0.5(A_{fs}+A_{fw}+A_{fb}+A_{fp})} \tag{10-88a}$$

当 $[\sigma]_b \geqslant [\sigma]_s$ 或 $[\sigma]_p \geqslant [\sigma]_s$ 时，按式（10-88b）计算：

$$p_{max}=\frac{(A_{fs}+A_{fw}+A_{fb}+A_{fp})[\sigma]_s}{(A_{ps}+A_{pb})+0.5(A_{fs}+A_{fw}+A_{fb}+A_{fp})} \tag{10-88b}$$

10.8　压力管道强度设计应用举例

例题10.1　设计一工艺管道，设计压力为 $p=1.6$MPa，设计温度为 $t=100$℃，用 $\phi630$ 直缝钢板卷管，采用Q235热轧钢板双面对接焊，焊缝进行20%射线检测，腐蚀附加量为 $C_2=2.0$mm，试确定其钢板厚度。

解：

（1）由材料手册查得，Q235热轧钢板在100℃时的许用应力 $[\sigma]^t=113$MPa；由表10.3查得焊接接头系数为 $\phi=0.85$；由表10.4查得 $W=1.0$；由表10.5查得系数 $Y=0.4$；由钢板手册查得钢板厚度负偏差附加量为 $C_1=1.2$mm。

（2）直管计算厚度

根据公式（10-1），承受内压直管计算厚度为：

$$\delta=\frac{pD_o}{[2(\phi W[\sigma]^t+pY)]}=1.6\times630/[2\times(0.85\times1.0\times113+1.6\times0.4)]=5.2mm$$

(3) 直管设计厚度

$$\delta_d=\delta+C_2=5.2+2.0=7.2mm$$

(4) 直管名义厚度

$$\delta_n=\delta_d+C_1=7.2+1.2=8.4mm \text{ 圆整 } \delta_n=9mm。$$

结论：该直缝钢管可选用厚度为 10mm（靠钢板标准）的钢板制造。

例题 10.2　在真空下操作的某管道，外径 $D_o=508mm$，壁厚 $\delta_{min}=6.3mm$，两连接法兰之间的距离 $L=15m$，材料为 20 号无缝钢管，取腐蚀裕量 $C_2=1mm$，在常温下操作。试问所选壁厚是否合适？(已知：$E=2.03\times10^5 MPa$)

解：

(1) 由式（10－36）计算临界长度：

$$L_{cr}=1.17D_o\sqrt{\frac{D_o}{\delta_e}}=1.17\times0.508\times\sqrt{\frac{508}{(6.3-1)}}=5.82m$$

(2) $L=15m>L_{cr}$，所以为长圆筒，可由（10－31）计算临界外压：

$$p_{cr}=2.2E\left(\frac{\delta_e}{D_o}\right)^3=2.2\times2.03\times10^5\times\left(\frac{6.3-1}{508}\right)^3=0.507$$

(3) 由（10－38）计算许应外压：

$$[p]=\frac{p_{cr}}{3}=\frac{0.507}{3}=0.169MPa$$

$p<[p]$，且较接近，故所选壁厚合适。

例题 10.3　在真空下操作的某管道，从连接法兰到异径管连接线的大端直管外径为 $D=508mm$，壁厚 $\delta_n=6.3mm$，大端直管长 6000mm；从异径管小端连接线到小端直管连接法兰的长度为 6000mm，小端直管外径 $D=324mm$，壁厚 $\delta_n=4.0mm$，与大、小直管焊接相连的异径管壁厚 $\delta_n=6.3mm$，异径管的轴向长度为 508mm，直管材料都为 20 号无缝钢管，异径管系由 Q235－B 钢板卷制，取腐蚀裕量 $C_2=1mm$，在常温下操作。试问大端直管、小端直管、异径管的所选壁厚是否合适？

解：采用图算法

(1) 计算 L/D 和 D/δ_e

根据本书第 10.2.3.2 节，包括异径管在内的真空管道计算长度为：

$$L=6000+508+6000=12508mm$$

对于大端直管，$L/D=\frac{12508}{508}=24.6$，$D/\delta_e=\frac{508}{6.3-1}=95.8$

对于小端直管，$L/D=\frac{12508}{324}=38.6$，$D/\delta_e=\frac{324}{4-1}=108$，

(2) 查 A 值、B 值确定许用外压力

①对于大端直管，根据图 10.5，可由 $L/D=24.6mm$，$D/\delta_e=95.8mm$ 而得 $A=0.00014$，并据 GB/T 20801.2 表 B－3，$t=20℃$ 时得 $E=2.03\times10^5MPa$，根据 GB/T 150.3，大端直管的许用外压：

$$[p]=\frac{2AE}{3(D/\delta_e)}=\frac{2\times0.00014\times2.03\times10^5}{3\times95.8}=0.170MPa$$

②对于小端直管，和大端直管相同，可由 $L/D=38.6\text{mm}$，$D/\delta_e=108\text{mm}$ 而得 $A=0.00010$，并由 $E=2.03\times10^5\text{MPa}$，得小端直管的许用外压：

$$[p]=\frac{2AE}{3(D/\delta_e)}=\frac{2\times0.00010\times2.03\times10^5}{3\times108}=0.125\text{MPa}$$

③因异径管等于大端直管厚度，故可得和大端直管相同的许用外压。

（3）结论

由上计算可知，大端、小端直管以及异径管在所选厚度时都能满足所受真空要求。

例题 10.4　外径 $D_h=219\text{mm}$、壁厚 $\overline{T}_h=8\text{mm}$ 的油品主管上有一垂直支管，支管外径 $D_b=114\text{mm}$，壁厚 $\overline{T}_b=6.3\text{mm}$，主管和支管材料都是 15CrMo 无缝钢管，见图 10.19。设计压力 $p=2\text{MPa}$，设计温度 $t=200$，接管处填角焊缝符合本章 10.7.2.2 节和图 10.12（a）规定的最小尺寸要求，取腐蚀裕量 $C_2=2.5\text{mm}$，试问该管件是否需要另加补强？

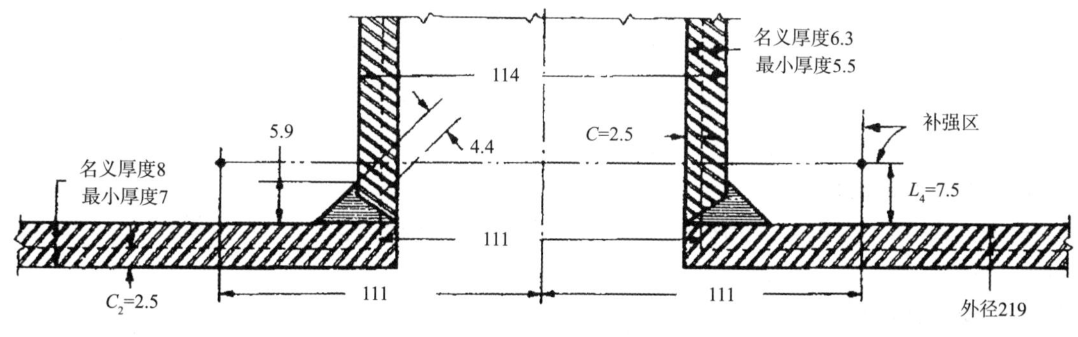

图 10.19　例题 10.4 的附图

解：

（1）参数确定

①由材料表查得许用应力 $S=121\text{MPa}$，无缝钢管，焊接接头系数 $\phi=1.0$。

②管子最小厚度计算

管子最小厚度为名义厚度减去负偏差，取负偏差为 0.125%名义厚度，则主管最小厚度为：

$$T_h=0.875\overline{T}_h=0.875\times8=7\text{mm}$$

同理，支管最小厚度为：

$$T_b=0.875\,\overline{T}_b=0.875\times6.3=5.5\text{mm}$$

③管子的计算厚度计算

根据第 10.1 节计算公式得主管和支管计算厚度为：

$$t_h=\frac{pD_h}{2(S\phi+pY)}=\frac{2\times219}{2\times(121\times1+2\times0.4)}=1.8\text{mm}$$

$$t_b=\frac{pD_b}{2(S\phi+pY)}=\frac{2\times114}{2\times(121\times1+2\times0.4)}=0.94\text{mm}$$

t_h、t_b式中的 Y 值由表 10.5 查得，$Y=0.4$。

④焊缝厚度

由图 11.19，焊缝厚度取下列两式中的较小值：

$$t_c = 0.7\ \overline{T_b} = 0.7 \times 6.3 = 4.4\text{mm}$$
$$t_c = 6.4\text{mm}$$

取 $t_c = 4.4\text{mm}$

（2）补强有效范围确定

根据本章第 10.7.2.4 节确定补强有效范围：

$$d_1 = (D_b - 2T_{eb})/\sin\beta = [114 - (5.5 - 2.5)]/\sin 90^\circ = 111\text{mm}$$

d_2 取下列两式中的较大值：

$$d_2 = d_1 = 111\text{mm}$$
$$d_2 = T_{eb} + T_{eh} + \frac{d_1}{2} = (5.5 - 2.5) + (7 - 2.5) + \frac{111}{2} = 63\text{mm}$$

取 $d_2 = 111\text{mm}$

L_4 取下列两式中的较小值：

$$L_4 = 2.5T_{eh} = 2.5 \times (7 - 2.5) = 11.25\text{mm}$$
$$L_4 = 2.5T_{eb} = 2.5 \times (5.5 - 2.5) = 7.25\text{mm}$$

取 $L_4 = 7.5\text{mm}$

（3）补强所需面积计算

根据公式（10 - 68），所需补强面积为：$A_1 = t_h d_1 (2 - \sin\beta) = 1.8 \times 111 (2 - \sin 90^\circ) = 199.8\ \text{mm}^2$

（4）多余截面积计算

由式（10 - 69），主管的多余截面积：

$$A_2 = (2d_2 - d_1)(T_{eh} - t_h) = 111 \times (7 - 2.5 - 1.8) = 300\ \text{mm}^2$$

由式（10 - 70），支管的多余截面积：

$$A_3 = 2L_4(T_{eb} - t_b)/\sin\beta = 2 \times 7.5 \times (5.5 - 2.5 - 0.94)/\sin 90^\circ = 31\ \text{mm}^2$$

焊缝截面积 $A_5 = 2 \times 0.5 \times \left(\frac{tc}{0.707}\right)^2 = 2 \times 0.5 \times \left(\frac{4.4}{0.707}\right)^2 = 38.7\ \text{mm}^2$

（5）判断

总的补强面积 $A_2 + A_3 + A_5 = 300 + 31 + 38.7 = 369.7\text{mm}^2 > 199.8\text{mm}^2 = A_1$

因此，该接管开孔已满足补强要求，不需另加补强。

例题 10.5：外径 $D_h = 324\text{mm}$、壁厚 $\overline{T_h} = 17.5\text{mm}$ 的主管上有一垂直支管，支管外径 $D_b = 219\text{mm}$，壁厚 $\overline{T_b} = 12.5\text{mm}$，主管和支管材料都是 ASTM B241 6061 - T6 无缝铝合金管，在连接处用 ASTM B241 6063 - T6 无缝铝管上切取的 $D_r = 350\text{mm}$、$T_r = 17.5\text{mm}$ 的补强圈，如图 10.20 所示。设计温度 $t = -196℃$，填角焊缝符合图 10.12c）的最小尺寸要求，规定取腐蚀裕量 $C_2 = 0$。试问该管件的最大允许设计内压为多少？

解：

（1）参数确定

查材料表（GB/T 20801.2），对于主管和支管，许用应力为 $S = 55\text{MPa}$；对补强圈许用应力为 $S = 55\text{MPa}$；无缝管，焊接接头系数 $\phi = 1.0$。以下参数确定同例题 10.4。

$T_h = 0.875\ \overline{T_h} = 0.875 \times 17.5 = 15.3\text{mm}$

$T_b = 0.875\ \overline{T_b} = 0.875 \times 12.5 = 10.9\text{mm}$

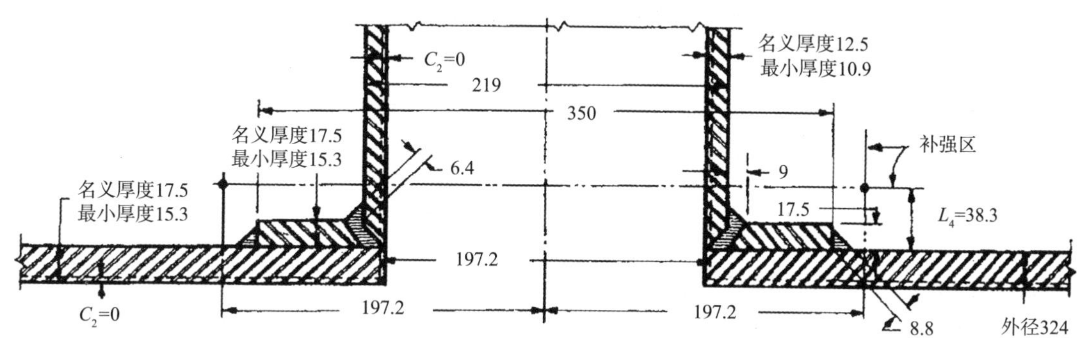

图 10.20 例题 10.5 的附图

$$t_h=\frac{pD_h}{2(S\phi+pY)}=\frac{324p}{2\times(55\times1+0.4p)}$$

$$t_b=\frac{pD_b}{2(S\phi+pY)}=\frac{219p}{2\times(55\times1+0.4p)}$$

t_h、t_b 式中的 Y 值查表 10.5，$Y=0.4$

采用符号 $q=\frac{p}{110+0.8p}$，则可得：

$t_h=324q$

$t_b=219q$

(2) 补强有效范围

$d_1=(D_b-2T_{eb})/\sin\beta=(219-2\times10.9)/\sin 90°=197.2\ \text{mm}$

d_2取下列两式中的较大值：

$d_2=d_1=197.2\text{mm}$

$d_2=T_{eb}+T_{eh}+\frac{d_1}{2}=10.9+15.3+\frac{197.2}{2}=124.8\text{mm}$

取 $d_2=197.2\text{mm}$

L_4取下列两式中的较小值：

$L_4=2.5T_{eh}=2.5\times15.3=38.3\text{mm}$

$L_4=2.5T_{eb}+T=2.5\times10.9+15.3=42.6\text{mm}$

取 $L_4=38.3\text{mm}$

支管对主管的焊缝厚度为 t_c取下列两式中的较小值：

$t_c=0.7\overline{T_b}=0.7\times12.5=8.8\text{mm}$

$t_c=6.4\text{mm}$

取 $t_c=6.4\text{mm}$

补强圈对主管的焊缝厚度 $t_c=0.5T_r=0.5\times17.5=8.8\text{mm}$

(3) 补强所需面积

所需补强面积：

$$A_1=t_hd_1(2-\sin\beta)=324q\times197.2\times(2-\sin 90°)=63892.8q\text{mm}^2$$

(4) 多余截面积

主管的多余截面积：

$A_2=(2d_2-d_1)(T_{eb}-t_b)=197.2\times(15.3-324q)=3017.2-63892.8q\ mm^2$

支管的多余截面积：

$$A_3=2L_4(T_{eh}-t_h)/\sin\beta=2\times38.3\times(10.9-219q)=833.9-16753.5q\ mm^2$$

补强圈截面积取式（10－71a）和式（10－71b）中的较小值：

$$A_4=\left(D_r-\frac{D_b}{\sin\beta}\right)\times0.875T_r=\left(350-\frac{219}{\sin 90^\circ}\right)\times0.875\times17.5=2006\ mm^2$$

$$A_4=\left(2d_2-\frac{D_b}{\sin\beta}\right)\times0.875T_r=\left(2\times197.2-\frac{219}{\sin 90^\circ}\right)\times0.875\times17.5=2686\ mm^2$$

取 $A_4=2006\ mm^2$

焊缝截面积

$$A_5=2\times0.5\times\left(\frac{t_c}{0.707}\right)^2+2\times0.5\times\left(\frac{t_c}{0.707}\right)^2=\left(\frac{6.4}{0.707}\right)^2+\left(\frac{8.8}{0.707}\right)^2=236.9\ mm^2$$

（5）允许压力计算

根据式（10－72），由 $A_2+A_3+A_4+A_5=A_1$ 可得：

$(3017.2-63892.8q)+(833.9-16753.5q)+236.9+2006=63892.8q$

由上式解得 $q=0.042$，由式 $q=\dfrac{p}{110+0.8p}$ 可解得最大允许设计内压为：

$p=4.78MPa$。

例题 10.6　外径 $D_h=406mm$、壁厚 $\overline{T}_h=12.5mm$ 的油品主管上有一沿主管 60°轴向倾斜的支管，支管外径 $D_b=168mm$，壁厚 $\overline{T}_b=7.1mm$，材料都为 15CrMo 无缝管，在连接处用 16MnR 板材所制的 $D_r=300mm$、$T_r=12mm$ 的补强圈，如图 10.21 所示。设计温度 $t=370℃$，设计压力 $p=3.5MPa$，支管对主管、补强圈对主管的填角焊缝焊脚尺寸都是 9mm，规定取腐蚀裕量 $C_2=2.5mm$，试问该管件是否满足补强设计？

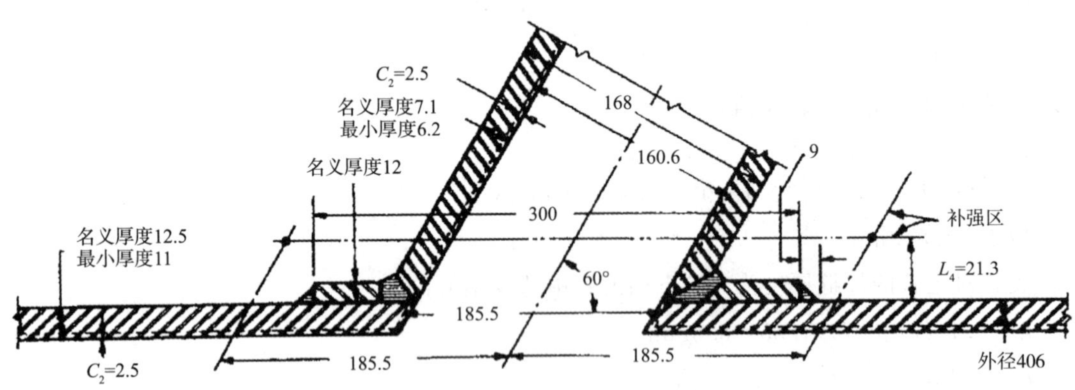

图 10.21　例题 10.6 的附图

解：

（1）参数确定

由 GB/T 20801.2 查表得，主管和支管许用应力为 $S=109MPa$，补强圈材料许用应力为 $S=117MPa$，据本部分 10.7.2.3 的规定，在计算补强圈面积 A_4 值时可不予关注。

焊接接头系数 $\phi=1.0$。

$T_h=0.875\overline{T}_h=0.875\times12.5=11mm$

$T_b = 0.875\ \overline{T}_b = 0.875 \times 7.1 = 6.2\text{mm}$

$$t_h = \frac{pD_h}{2(S\phi + pY)} = \frac{3.5 \times 406}{2 \times (109 \times 1 + 3.5 \times 0.4)} = 6.4\text{mm}$$

$$t_b = \frac{pD_h}{2(S\phi + pY)} = \frac{3.5 \times 406}{2 \times (109 \times 1 + 3.5 \times 0.4)} = 2.7\text{mm}$$

t_h、t_b 式中的 Y 值查表 10.5，$Y = 0.4$。

（2）补强有效范围

$d_1 = (D_b - 2T_{eb})/\sin\beta = [168 - 2 \times (6.2 - 2.5)]/\sin60° = 185.5\text{mm}$

d_2取下列两式中的较大值：

$d_2 = d_1 = 185.5\text{mm}$

$$d_2 = T_{eb} + T_{eh} + \frac{d_1}{2} = (6.2 - 2.5) + (11 - 2.5) + 185.5/2 = 105\text{mm}$$

取 $d_2 = 185.5\text{mm}$

L_4取下列两式中的较小值：

$L_4 = 2.5T_{eh} = 2.5 \times (11 - 2.5) = 21.3\text{mm}$

$L_4 = 2.5T_{eb} + T_r = 2.5 \times (6.2 - 2.5) + 12 = 21.3\text{mm}$

取 $L_4 = 21.3\text{mm}$

（3）补强所需面积

所需补强面积为：

$A_1 = t_h d_1 (2 - \sin\beta) = 6.4 \times 185.5 \times (2 - \sin60°) = 1346.8\ \text{mm}^2$

（4）多余截面积

主管的多余截面积：

$A_2 = (2d_2 - d_1)(T_{eh} - t_h) = 185.5 \times (8.6 - 6.4) = 408.1\ \text{mm}^2$

支管的多余截面积：

$A_3 - 2L_4(T_{eb}\ \ t_b)/\sin\beta = 2 \times 21.3 \times (3.7 - 2.7)/\sin\beta = 49.3\ \text{mm}^2$

补强圈截面积取式（10－71a）、式（10－71b）中的较小值：

$$A_4 = \left(D_r - \frac{D_b}{\sin\beta}\right)T_r = \left(300 - \frac{168}{\sin60°}\right) \times 12 = 1272.1\ \text{mm}^2$$

$$A_4 = \left(2d_2 - \frac{D_b}{\sin\beta}\right)T_r = \left(2 \times 185.5 - \frac{168}{\sin60°}\right) \times 12 = 2124.1\ \text{mm}^2$$

取 $A_4 = 1272.1\ \text{mm}^2$

焊缝截面积 $A_5 = 4 \times 0.5 \times 9^2 = 162\ \text{mm}^2$

（5）补强判断

总的补强面积：

$A_2 + A_3 + A_4 + A_5 = 408.1 + 49.3 + 1272.1 + 162 = 1891.8\ \text{mm}^2 > 1346.8\ \text{mm}^2 = A_1$

结论：该管件满足补强设计。

例题 10.7　外径 $D_h = 219\text{mm}$、壁厚$\overline{T}_h = 8\text{mm}$ 的主管上有一垂直支管，支管外径 $D_b = 114\text{mm}$，壁厚$\overline{T}_b = 6.3\text{mm}$，主管和支管都是 15CrMo 无缝管，如图 10.22 所示。设计压力 $p = 2.5\text{MPa}$，设计温度 $t = 200℃$，假设包括主管和支管在内的管系在服役寿命期内所有除承受压力所需之处的多余厚度全部腐蚀殆尽（其中对主管取 $C_2 = 4.8\text{mm}$，对支管取 $C_2 = 3.8\text{mm}$），即按式

(10－69)、式（10－70）算得的 $A_2=A_3=0$。试问该管件要求多厚的补强圈?

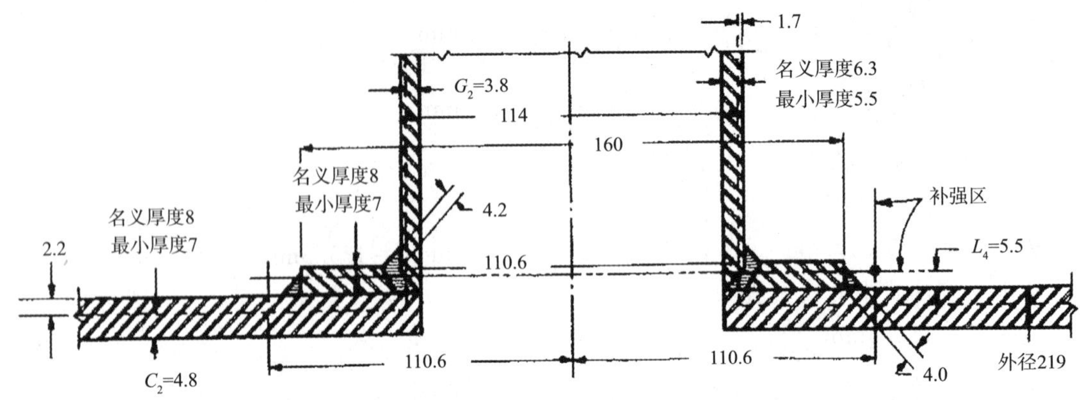

图 10.22　例题 10.7 的附图

解：

(1) 参数确定

由 GB/T 20801.2 查得，$S=121$MPa，无缝管，焊接接头系数 $\phi=1.0$。

$T_h=0.875\overline{T_h}=0.875\times 8=7$mm

$T_b=0.875\overline{T_b}=0.875\times 6.3=5.5$mm

$$t_h=\frac{pD_h}{2(S\phi+pY)}=\frac{2.5\times 219}{2\times(121\times 1+2.5\times 0.4)}=2.2\text{mm}$$

$$t_b=\frac{pD_b}{2(S\phi+pY)}=\frac{2.5\times 114}{2\times(121\times 1+2.5\times 0.4)}=1.2\text{mm}$$

t_h、t_b式中的 Y 值查表 10.5，$Y=0.4$。

(2) 补强有效范围

$d_1=(D_b-2T_{eb})/\sin\beta=[114-2\times(5.5-3.8)]/\sin 90^\circ=110.6$mm

d_2取下列两式中得较大值：

$d_2=d_1=110.6$mm

$$d_2=T_{eb}+T_{eh}+\frac{d_1}{2}=(5.5-3.8)+(7-4.8)+\frac{110.6}{2}=59.2\text{mm}$$

取 $d_2=110.6$mm

L_4取下列两式中得较小值：

$L_4=2.5T_{eh}=2.5\times(7-4.8)=5.5$mm

$L_4=2.5T_{eb}=2.5\times(5.5-3.8)=4.3$mm

初取 $L_4=4.3$mm（初定 L_4 值时，暂未考虑设置补强圈）

试取补强圈直径 $D_r=160$mm，并假设该补强圈是由主管材料切割制成。

故 $T_r=T_h=0.875\overline{T}_h=0.875\times 8=7$mm

由于考虑了设置补强圈，故重新确定补强区高度 L_4，L_4 取下列两式中的较小值：

$L_4=2.5T_{eh}=2.5\times(7-4.8)=5.5$mm

$L_4=2.5T_{eb}+T_r=2.5\times(5.5-3.8)+7=11.3$mm

取 $L_4=5.5$mm

由于 $T_r=7$mm，而 $L_4=5.5$mm，所以计算补强圈截面积时其厚度只能按 L_4 计算。

（3）补强所需面积

所需补强面积：

$A_1=t_h d_1\ (2-\sin\beta)\ =2.2\times110.6=243.3\text{mm}^2$

（4）多余补强面积

根据式（10－71a）、式（10－71b），补强圈截面积取该两式中的较小值：

$$A_4=\left(D_r-\frac{D_h}{\sin\beta}\right)L_4=\left(160-\frac{114}{\sin90°}\right)\times5.5=253\ \text{mm}^2$$

$$A_4=\left(2d_2-\frac{D_b}{\sin\beta}\right)L_4=\left(2\times110.6-\frac{114}{\sin90°}\right)\times5.5=589.6\ \text{mm}^2$$

取 $A_4=253\text{mm}^2$

由于 $L_4<T_r$，所以在计算焊缝面积 A_5 时，只计及补强圈对主管的连接焊缝，而不计及支管对主管的连接焊缝。

焊脚尺寸为 $\frac{0.5T_r}{0.707}=\frac{0.5\times8}{0.707}=5.7$mm

焊缝截面积 $A_5=2\times0.5\times\ (5.7)^2=32.5\text{mm}^2$

（5）补强判断

$A_4+A_5=253+32.5=285.5\text{mm}^2>243.3\text{mm}^2=A_1$

结论：设置由无缝主管上切割制成的补强圈是能够满足本管件的补强要求的。

例题 10.8　外径 $D_h=219$mm、壁厚 $\overline{T_h}=8$mm 的油品主管上有一垂直锻制承插焊管接头，$D_b=38$mm，支管的焊缝都符合图 10.12 的焊缝尺寸要求，主管材料为 20 号无缝钢管，设计压力 $P=2.8$MPa，$t=230$℃，规定取腐蚀裕量 $C_2=2.5$mm。试问此管件是否需要另加补强？

解：

在主管和支管按内压计算能满足强度的前提下，对此承插焊管接头，根据本章第 10.7.2.3 节不需补强的条件（1），此管接头不必进行补强计算，也不必采用补强措施。

思考题

1. 压力管道强度设计包括哪些内容？
2. 直管的计算厚度、设计厚度、名义厚度之间的关系是什么？
3. 管道设计压力、工作压力、安全阀开启压力哪个最大？哪个最小？
4. 外压圆筒分为哪几种形式？几种圆筒有什么区别？
5. 提高外压圆筒临界压力的措施是什么？
6. 管法兰设计时当量压力如何确定？写出公式并指明公式中各符号的含义。
7. 支管连接补强结构有哪几种形式？
8. 支管补强方法有哪几种？
9. 等面积补强法适用的范围是什么？
10. 压力面积补强法适用的范围是什么？

第 11 章　压力管道应力分析

本书第 10 章介绍的内容基本上属于单个管道元件的力学分析和强度计算。实际的压力管道往往是由多个管道元件组成的一个具有空间几何形状的管道系统，简称管系。而且由于管道系统输送的介质常常是有温度的，有时甚至是高温；管系的两端又常常受到与其相连设备的约束，管系中间则受管道支吊架的约束，因此使得管系中各元件的受力变得复杂起来。

压力管道的强度设计，是对单个管道元件根据压力载荷产生的周向应力建立的强度条件，确定管道元件的壁厚和许用压力。对于由多个管道元件组成的管道系统，承受的载荷不仅仅是压力载荷，还有质量（重力）、风、地震、压力脉动、冲击等外力载荷，以及热胀冷缩和支承位移载荷等等。这些载荷作用于管道上的特点和方式不同，对管道强度的影响也不同，由此也导致了管道力学研究的复杂性。压力管道应力分析设计就是在管道元件强度设计的基础上，对整个管系进行应力分析，以进一步校核管道元件的壁厚是否满足轴向强度要求，校核管道走向、支吊架位置、管道柔性等管道布置设计是否合理。

11.1　压力管道应力分析概述

一般来说，管道应力分析包括静力分析和动力分析两部分内容。静力分析是指在静力载荷的作用下对管道系统进行力学分析，并进行相应的安全评价，使之满足标准和规范的要求。动力分析主要是指往复式压缩机和往复式泵的振动分析、管道的地震分析、水锤和冲击载荷作用下管道的振动分析等，其目的是使地震和振动的影响得到有效控制。

进行管道应力分析，首先要清楚管系承受哪些载荷，这些载荷产生的应力有什么特点，应力分析有哪些基本内容，等等。

11.1.1　管道载荷及其工况组合

（1）管道系统载荷

根据 ASME B31.3 和 GB/T 20801.3 将管道上可能承受的载荷分为以下类别：

①持久性载荷：永久作用于管道系统的载荷，主要有压力载荷（内压和外压，且以内压为多）；重力载荷（包括管道元件的自重，管道内介质重量，保温层等，但不包括冰和积雪载荷）。

②临时性载荷：短时间作用于管道系统的载荷，主要有风载荷；地震载荷；冰雪载荷；

阀门开、关时的反冲力和压力升高等载荷。

③交变性载荷：大小和方向随时间发生变化的载荷，主要有温差引起（管道热胀冷缩）的位移载荷；支承沉降等引起的载荷；风力引起的端点位移载荷；两相流脉动载荷；压力脉动载荷（如往复压缩机的往复运动所产生的压力脉动）；瞬变流冲击载荷（如安全阀起跳或阀门的快速开闭时的压力冲击等）；机械振动载荷（如回转设备的简谐振动）。

（2）应考虑的载荷组合工况

①压力、重力等持久载荷同时作用工况。

②以上持久载荷与风载荷或地震载荷等临时载荷同时作用工况。必要时，还需要考虑冰雪载荷、阀门关闭引起的压力短时升高、泄放阀打开时对管道的反冲力等载荷的作用。

③因温差引起的位移载荷及其他交变载荷。

④必要时，需考虑端点或支吊架永久性位移引起的载荷，但在结构设计时应尽可能消除该载荷的影响。

（3）应考虑临时性载荷的条件和要求

①同时满足以下条件时，应计及地震载荷：

a）GC1 类管道、介质毒性为高度危害的 GC2 类管道、介质为可燃的 GC2 管道；

b）地震烈度大于等于 8 度，且设计基本地震加速度大于等于 0.3g。

②如需计及风载荷，则风载荷和地震载荷无需同时与其他临时性载荷构成组合工况。

③如需计及因阀门开、关产生的载荷，则该载荷与地震载荷无需同时与其他临时性载荷构成组合工况。

11.1.2 管道应力分析的基本内容

管道静力分析主要包括两方面内容，应力计算和柔性分析。应力计算是对管道系统进行受力与变形的分析计算，了解管道系统的应力分布，从而优化相关设计参数，并判断管道是否安全。柔性分析是分析管道系统（几何）变形的难易程度，即分析管道柔性，管道柔性表示管道通过自身变形吸收热胀冷缩或其他位移的能力，是管道系统的重要特征之一。柔性分析的目的是保证管道在设计条件下具有足够的柔性，防止管道因温度变化、端部位移、支承设置不当等原因造成应力过大而损坏管道及与之相连接的机器或设备，确保管道系统的结构完整与安全操作。

动力分析主要是对往复式压缩机和往复式泵进出口管道的振动分析，管道因阀门快速关闭产生“水锤”现象和安全阀起跳时管道的受力情况分析。

（1）管道静力分析基本内容

管道静力分析主要应完成下列内容：

①计算管道中的应力（含外载荷和位移载荷引起的轴向当量应力），防止管道产生塑性变形破坏和疲劳破坏，保证管道自身的安全可靠性。

②计算管道对与其相连接的机器、设备的作用力，使之满足标准和规范的要求，保证机器、设备的正常运行。

③计算管道对支吊架和土建结构的作用力，为支吊架和土建结构的设计提供依据，保证支吊架和土建结构的安全性。

④计算管道系统位移，防止位移过大造成支架脱落或管道碰撞，并为弹簧支吊架的选用

提供依据。

⑤管道上法兰处的受力计算，防止法兰泄漏。

⑥埋地管道的强度及稳定性校核计算，避免埋地管道强度失效和失稳失效。

⑦穿越和跨越管段的强度校核计算，以保证穿、跨越管段的安全可靠性。

（2）管道动力分析基本内容

①管道的地震分析，防止管道系统在地震中发生破坏。

②往复压缩机和往复泵管道的固有频率和振型分析，防止管道系统发生机械共振。

③往复压缩机和往复泵管道的强迫振动分析，控制管道的振动应力，防止管道因振动发生疲劳破坏。

④计算管道内流体固有频率和压力脉动，计算管道系统结构固有频率及其动力响应，避免共振和压力脉动过大，防止管道振动和应力过大。

⑤管道因阀门快速关闭而产生的“水锤”现象分析，安全阀起跳时管道的受力分析。

11.1.3 管道应力（静力）分析设计准则

11.1.3.1 压力管道应力分类

上面提到，管道系统承受着多种载荷。各种不同载荷产生不同类型的应力，不同类型的应力对管道损伤破坏的影响各不相同，如果一律采取统一的强度条件，可能导致过于保守的结果，因此管道应力分析设计采用了将应力分类进行校核的方法。应力分类校核方法所遵循的是等安全裕度（等强度）原则，即根据应力对管道系统破坏的危险程度将应力分类，危险性小的应力可以比危险性大的应力取较高的设计应力值。换句话说，对于危险性小的应力，许用应力值可以放宽（相对增大）；危险性大的应力，许用应力值要严格控制（相对减小）。在压力管道应力分析中，将应力分为一次应力和二次应力两大类，然后对不同的应力类型采用不同的强度条件进行设计计算。

①一次应力 S_L。是指由于压力、重力和其他外力载荷的作用所产生的应力，它是平衡外力载荷所需的应力。一次应力的特点是：第一，这类应力必须满足外载与内力及内力矩的静力平衡关系，即可按静力平衡条件加以确定；第二，有非自限性，应力随着外力载荷的增加而增加，不会因达到屈服而自行限制，直至破坏。

②二次应力 S_E。是指由于热胀、冷缩、端点位移等位移载荷的作用所产生的应力。它不直接与外力平衡，而是为了满足位移约束条件或管道自身变形协调的要求所必须的应力。二次应力的特点是：第一，不是为了满足与外力的平衡，而是为了满足变形协调条件所引起的应力；第二，具有自限性，当局部范围内的材料产生屈服或小量变形，相邻部分之间的约束便得到缓和，使变形趋向协调不再继续发展，应力则自动地限制在一定范围内不能继续增长。

一般来讲，只要不反复加载，二次应力不会导致管道破坏。或者说，二次应力引起的破坏形式主要是疲劳破坏。

11.1.3.2 应力分析设计准则（应力校核条件）

由一次应力和二次应力的定义和特点可知，由于一次应力没有自限性，所以它比二次应力更危险，应该受到严格限制。

①一次应力的强度条件。对于持久载荷组合工况，一次应力 S_L 应该满足式（11－1）的强度条件：

$$S_L \leqslant S_h \tag{11-1}$$

对于持久载荷与临时载荷组合工况，一次应力 S_{L2} 应满足式（11－2）的强度条件：

$$S_{L2} \leqslant 1.33S_h \tag{11-2}$$

②二次应力的强度条件。二次应力 S_E 应满足式（11－3）的强度条件：

$$S_E \leqslant S_A \tag{11-3}$$

式中　S_L——由持久载荷引起管子和管道元件的一次（轴向）应力之和，或称为当量应力、应力范围（本书统称应力范围），MPa；

S_{L2}——由持久载荷与临时载荷组合引起管子和管道元件的一次（轴向）应力的应力范围，MPa；

S_E——由位移载荷（交变载荷）引起管子和管道元件的二次应力的应力范围，MPa；

S_h——最高工作温度下（热态）的材料许用应力，MPa；

S_A——二次应力的许用应力范围，MPa；一般情况 S_A 按式（11－4）计算：

$$S_A = f(1.25S_c + 0.25S_h) \tag{11-4}$$

如果持久载荷满足式（11－1）的强度条件，许用应力范围 S_A 可按（11－5）计算：

$$S_A = f[1.25(S_c + S_h) - S_L] \tag{11-5}$$

式中　S_c——最低工作温度下（冷态）的材料许用应力，MPa；

f——许用应力范围折减系数，查表 11.1、或查图 11.1、或按式（11－6）计算：

$$f = 6.0\,(N)^{-0.2} \leqslant 1.0 \tag{11-6}$$

表 11.1　许用应力范围折减系数

当量循环次数 N	折减系数 f
$N \leqslant 7000$	1.0
$7000 < N \leqslant 14000$	0.9
$14000 < N \leqslant 22000$	0.8
$22000 < N \leqslant 45000$	0.7
$45000 < N \leqslant 100000$	0.6
$100000 < N \leqslant 200000$	0.5
$200000 < N \leqslant 700000$	0.4
$700000 < N \leqslant 2000000$	0.3
$N > 2000000$	0.15

N—预期工作寿命内，以最大应力范围为基准的当量循环次数，按式（11－7）计算：

$$N = N_E + \sum (r_i^5 N_i) \qquad i = 1,2,\cdots,n \tag{11-7}$$

式中　N_E——最大应力范围作用下的循环次数；

r_i——比值，$r_i = \dfrac{S_i}{S_E}$；

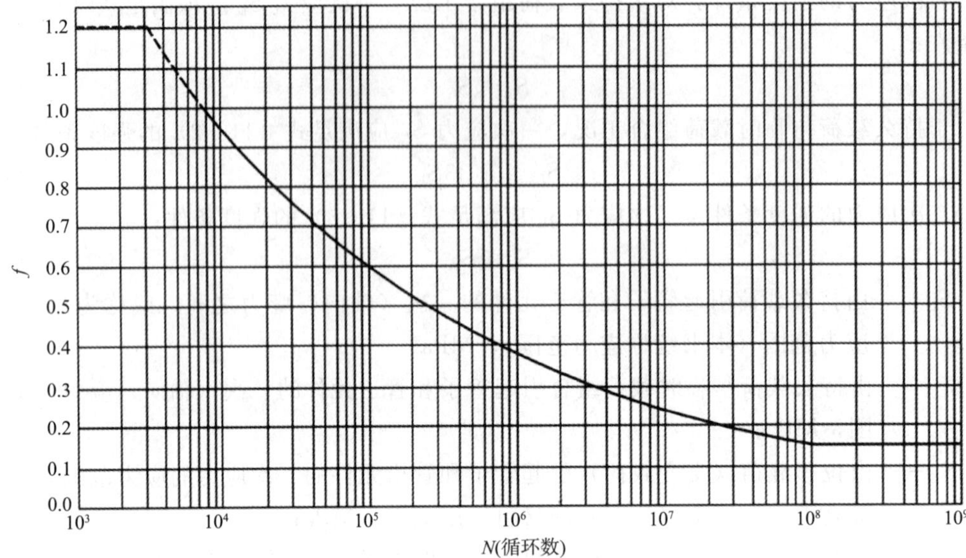

图 11.1 许用应力范围折减系数 f

S_i——在循环载荷作用时，小于最大应力范围 S_E 的某一个应力范围值，MPa；

N_i——应力范围 S_i 作用下的循环次数。

11.1.3.3 管道应力（静力）分析设计准则的分析与讨论

在压力管道的相关标准和规范中，并没有明确给出压力管道应力分类的定义，而是国内很多关于压力管道设计的文献（有关书籍和论文）中都在压力管道应力分析中人为给出了管道应力分类的概念。压力管道应力分类的概念应该源于压力容器的应力分析设计方法。

(1) 压力容器应力分析设计简介

压力容器设计有两种方法：一是常规（规则）设计法，如我国 GB/T 150.1～4—2011《压力容器》、美国的 ASME Ⅷ-1《压力容器建造规则》等标准规定的方法；二是应力分析设计法，我国的 JB 4732《钢制压力容器-分析设计标准》、ASME Ⅷ-2《压力容器建造另一规则》规定的方法。应力分析设计法的基本思路：以容器整体为研究对象，根据容器上各部位应力的不同性质，即应力对容器强度失效所起的作用的大小，将应力分为三类：一次应力、二次应力、峰值应力。然后对不同的应力采取不同的强度条件。

①应力分类

a）一次应力（P）。一次应力也称基本应力，它是由于外载荷（如压力或重力）的作用而在容器中产生的正应力或剪应力。是指平衡外加机械载荷所必需的应力。一次应力的特点是：没有自限性；可以按静力平衡条件求解。

一次应力又分为：一次总体薄膜应力（P_m），一次弯曲应力（P_b），一次局部薄膜应力（P_L）。

b）二次应力（Q）。由于容器部件的自身约束或相邻部件的约束、温差的热胀冷缩而产生的正应力或剪应力称为二次应力。二次应力的特点是：具有自限性；不是为了满足与外力的平衡，而是为了满足变形协调条件所引起的应力。

二次应力包括：由总体结构不连续引起的弯曲应力（边缘应力）；总体温差应力。

c）峰值应力（F）。由于局部结构的不连续引起的应力集中，峰值应力是指该处总应力（最大应力）中，扣除一次和二次应力后多余的应力值，如开孔接管连接处（接管根部）的应力集中。峰值应力的基本特征是：应力分布区域很小，它不会引起整个结构的任何明显变形，而只是导致容器产生疲劳破坏或脆性断裂的可能根源，因此，在一般设计中不予考虑，只是在疲劳设计时加以限制。

②应力强度（或当量应力、应力范围）

压力容器分析设计中划分了五类基本应力强度：

一次总体薄膜应力强度：$S_{\mathrm{I}}=P_m$；

一次局部薄膜应力强度：$S_{\mathrm{II}}=P_L$；

一次薄膜加一次弯曲应力强度：$S_{\mathrm{III}}=P_m(P_L)+P_b$；

一次加二次应力强度：$S_{\mathrm{IV}}=P_m(P_L)+P_b+Q$；

峰值应力强度：$S_{\mathrm{V}}=P_m(P_L)+P_b+Q+F$

③各类应力强度的许用值

对应上述五个应力强度，建立如下五个强度条件：

一次总体膜应力强度限制条件：

$$S_{\mathrm{I}}\leqslant KS_m \tag{11-8}$$

式中，$K=1\sim1.25$，为载荷组合系数；S_m 为设计应力强度（即材料的许用应力）。

一次局部膜应力强度限制条件：

$$S_{\mathrm{II}}\leqslant 1.5KS_m \tag{11-9}$$

一次薄膜应力加一次弯曲应力强度条件：

$$S_{\mathrm{III}}\leqslant 1.5KS_m \tag{11-10}$$

一次应力加二次应力强度条件：

$$S_{\mathrm{IV}}\leqslant 3S_m \tag{11-11}$$

峰值应力强度条件：由于峰值应力同时具有局部性和自限性，它不会引起总体的明显变形，其危害在于可能导致疲劳失效或脆性断裂。按照疲劳设计准则，峰值应力强度应由疲劳设计曲线所确定的许用应力幅 S_a 进行评定，即：

$$S_{\mathrm{V}}\leqslant S_a \tag{11-12}$$

（2）压力管道应力分析与压力容器应力分析法的对比分析

从强度设计方法上看，压力管道与压力容器的设计思路基本是相同的。上一章介绍的压力管道强度设计方法就与压力容器的常规设计方法是一致的，即均是以弹性失效设计准则为基础，以各个受压元件（部件）为研究对象，将受压壳体总体部位应力限制在弹性范围内的某一许用值。本章介绍压力管道应力分析与压力容器应力分析设计方法的思想也是一致的，即均是以整体为研究对象，对不同性质的应力采用不同的强度条件。由此可见，在压力管道应力分析设计中，将其应力进行分类有其合理性，所以本书也采用了管道应力分类的概念。

在我国压力管道设计规范化管理的早期（2000 年以前），有些文献将压力管道应力分类与压力容器应力分类完全等同起来了，显然这是不准确的。文献［12］对这个问题也进行了阐述。总体看，压力管道应力分析与压力容器应力分析有如下几点区别。

①应力分类的不同。二者均有一次应力和二次应力之分，但压力管道没有对一次应力再

细划分，即没有压力容器的一次总体薄膜、一次弯曲、一次局部薄膜应力的划分。压力容器二次应力除温差外，主要是边缘不连续的变形不协调产生的应力；压力管道二次应力主要指温差和端点位移引起的应力，没有涉及边缘不连续的局部应力。压力管道亦没有峰值应力。

②应力分析对象和应力状态不同。压力容器的应力分析是针对容器局部结构处的应力，且应力是三向的复杂应力状态；压力管道应力分析是针对管道系统总体的应力分析，亦为管道系统的柔性分析，且应力主要是指管道轴向的组合应力，基本属于单向状态。

③应力校核条件不同。压力管道的一次应力校核条件相当于压力容器的一次总体薄膜应力的校核条件，但只是轴向综合应力的校核。二次应力校核条件二者基本相同，都是来自弹塑性失效设计准则，但压力管道的二次应力校核条件引入了疲劳的概念。压力容器存在峰值应力时，需要疲劳设计计算，压力管道没有峰值应力概念，也没有单独采用（压力容器的）疲劳设计曲线进行疲劳设计的规定。

(3) 压力管道应力分析许用条件解析

①一次应力的许用应力。式（11－1）和式（11－2）是根据弹性失效设计准则而来，其中许用应力 S_h 与材料的屈服强度 σ_s 相关，即 $S_h=\sigma_s/n_s$，n_s 为安全系数。对于不同的管道类别，安全系数的取值也不同。工艺管道、动力管道和公用管道的安全系数为 $n_s=1.5$，其许用应力值可以直接按 GB/T 20801.2《压力管道规范 工业管道 第 2 部分：材料》查表选取；对于长输管道，输油管道 $n_s=1.33$，输气管道 $n_s=1.85$，在长输管道设计时，应按 GB/T 34275 的规定确定许用应力。

②二次应力的许用应力范围 S_A。二次应力的强度条件式（11－3）和式（11－4）是根据弹塑性失效设计准则而来。根据安定性条件（见本书第 9 章的 9.3.3.1 节），一次应力加二次应力应符合式（11－13）：

$$S_L+S_E\leqslant 2\sigma_s \tag{11-13}$$

对屈服强度取 1.5 的安全系数，则有 $\sigma_s=1.5S_m$，代入上式得：

$$S_L+S_E\leqslant 3S_m \tag{11-14}$$

此式即为压力容器应力分析的第四个强度条件［式（11－11)］。考虑到管道工作中可能处于冷态和热态两种状态交替，兼顾冷态和热态，将许用应力取冷态许用应力和热态许用应力的平均值，则有：

$$S_m=(S_c+S_h)/2 \tag{11-15}$$

将式（11－15）代入式（11－14）得：

$$S_L+S_E\leqslant 1.5(S_c+S_h) \tag{11-16}$$

从压力容器与压力管道应力分析的区别可知，压力容器的二次应力主要是边缘变形产生的应力，具有局部性质；而压力管道的二次应力主要是温差产生的位移应力，具有总体性质，所以，压力管道的一次应力加二次应力的限制条件比压力容器的更加严格些。即考虑留出一定的安全裕量，将式（11－16）中的 1.5 取为 1.25，则由式（11－16）可得到二次应力的校核条件：

$$S_E\leqslant 1.25(S_c+S_h)-S_L \tag{11-17}$$

公式（11－17）是根据安定性原理导出，满足此条件便可以防止低周疲劳的发生。考虑到某些管道承受位移循环次数较高，也可能发生高周疲劳破坏，因此引入了许用应力范围折减系数 f，当循环次数较高时，对许用应力变化范围加以进一步的限制。由此得：

$$S_E \leqslant f[1.25(S_c+S_h)-S_L] \quad (11-18)$$

公式（11－18）的右侧即为前面公式（11－5）。考虑持久载荷产生的一次应力必须满足公式（11－1）的条件，最不利的情况是 $S_L=S_h$，代入式（11－18）得到：

$$S_E \leqslant f(1.25S_c+0.25S_h) \quad (11-19)$$

这就是二次应力许用应力范围公式（11－4）的来历。

11.2 压力管道承受载荷与应力范围计算

上一节给出了静力分析的设计准则，即强度条件，并对许用应力范围进行了分析和讨论。这一节我们要介绍强度条件左边的量，即一次应力和二次应力的计算问题。

11.2.1 管道承受的载荷计算

11.2.1.1 持久载荷计算

(1) 压力载荷及其应力计算

管道（直管）在内压 p 的作用下，管端产生的轴向力按式（11－20）计算：

$$F_1=\frac{p\pi D_i^2}{4} \quad (11-20)$$

此轴向力在管壁中产生的轴向应力为：

$$\sigma_1=\frac{F_1}{A} \quad (11-21)$$

式中，A 为管子平衡轴向力的管壁横截面积，$A\approx\pi D_i\delta$。将 A 和式（11－20）代入式（11－21）得：

$$\sigma_1=\frac{pD_i}{2\delta}\approx\frac{pD_o}{2\delta} \quad (11-22)$$

此式即为第 9 章给出的圆筒壳体薄膜轴向应力公式。

式中 F_1——由内压产生的轴向力，N；

σ_1——内压产生的轴向应力，MPa；

其他符号意义同前。

(2) 重力载荷及其应力计算

①卧式管段

对于支座支承的卧式管段，承受重力作用的力学模型，相当于承受均布载荷 q 的梁。由于主管和支管相连接，支座形式又是多样，所以这种梁（管道）会同时承受弯矩 M_w 和扭矩 M_n 的作用，相应地产生弯曲应力和剪应力。弯矩在管道中产生的弯曲应力 σ_w 按式（11－23）计算：

$$\sigma_w=\frac{M_w}{W} \quad (11-23)$$

扭矩在管道中产生的剪应力 τ_n 按式（11－24）计算：

$$\tau_n=\frac{M_n}{W_n} \quad (11-24)$$

式中 M_w、M_n——弯矩、扭矩（弯矩和扭矩值与均布载荷 q 和支承的形式位置有关，具体计算参照第 9 章 9.1 节“杆件的应力分析和强度设计”；载荷 q 的计算将在本书第 12 章管道支吊架设计中介绍），N·mm；

W——管子或管道元件的抗弯截面模量，mm^3；

$$W=\frac{\pi(D_o^4-D_i^4)}{32D_o} \tag{11-25}$$

W_n——管子或管道元件的抗扭截面模量，mm^3；

$$W_n=\frac{\pi(D_o^4-D_i^4)}{16D_o} \tag{11-26}$$

由式（11－25）和式（11－26）可得：

$$W_n=2W \tag{11-27}$$

②立式管段

对于立式布置的管段，在重力作用下会产生轴向的拉伸或压缩。拉伸和压缩产生的轴向应力为：

$$\sigma_2=\frac{4F_2}{\pi(D_o^2-D_i^2)}\approx\frac{F_2}{\pi D_i\delta} \tag{11-28}$$

式中 σ_2——重力作用产生的轴向应力，正为拉应力，负为压应力，MPa；

F_2——重力折合的轴向力，N；

其他符号意义同前。

11.2.1.2 位移载荷计算

(1) 热位移应力计算

管道受热膨胀，自由位移量（膨胀量）Δ 按式（11－29）计算：

$$\Delta=\alpha\cdot\Delta T\cdot L \tag{11-29}$$

式中 α——管道材料的热（线）膨胀系数，mm/（mm·℃）；

ΔT——管道温升（温差），$\Delta T=T_2-T_1$,℃；

T_2——介质最高工作温度,℃；

T_1——安装温度（或介质最低工作温度）,℃；

L——管道（两固定支座之间）计算长度，mm。

约束位移产生的轴向应力 σ_3 按式（11－30）计算：

$$\sigma_3=\frac{E\Delta}{L}=E\alpha\Delta T \tag{11-30}$$

式中 E—管道材料弹性模量，MPa。

约束位移产生的轴向推力 F_3 按式（11－31）计算：

$$F_3=\sigma_3\cdot A=\frac{\sigma_3\pi(D_o^2-D_i^2)}{4} \tag{11-31}$$

例题 11.1 一根 20＃钢管，ϕ219×10mm，L=2m，两端固定，加热升温到 200℃。材料 $\alpha=12.2\times10^{-6}$ mm/mm℃，$E=1.82\times10^5$ MPa，分析热应力。

解：因 $\Delta T=200-20=180$℃；管子横截面积 $A=\frac{\pi(D_o^2-D_i^2)}{4}=8258.2\ mm^2$；

解除一端约束，其自由膨胀量为：$\Delta=\alpha\cdot\Delta T\cdot L=4.39$mm；

自由端回到原位，管子受压缩产生轴向应力：$\sigma_3 = E\alpha\Delta T = 400\text{MPa}$；

管子受到的轴向推力：$F_3 = \sigma_3 \cdot A = 3303280\text{N}$，推力约为330吨。

（2）热位移应力分析

通过位移应力计算归纳分析如下：

①管子受热就会膨胀，管子的膨胀量与管子的长度和所受温度成正比；

②管子的热膨胀（或冷缩）导致了管子端点沿膨胀方向发生位移，当无其他附加位移时，端点位移等于膨胀量；

③管子端点位移受约束时管内会产生内力，该内力只与管子温度、管子材料和管子截面积有关，且成正比，而与管子长度无关；

④管子内力将导致对约束（支座）点施加一个推力。

11.2.1.3 临时载荷计算

（1）风载荷计算

①水平风力计算

ASME B31.3、我国GB/T 20801.3等相关标准和规范中都给出了风载荷的计算方法，对于管道承受的风载荷主要考虑水平风力的作用。作用于管道上的水平风力可看成为作用于管道上的均布载荷，单位长度上的水平风力按（11-32）计算：

$$F_i = K_1 K_2 K_3 P_o D_o \tag{11-32}$$

式中 F_i——第i段单位长度上管道所承受的水平风力，N/m；

D_o——所计算的管道外径，如有保温层，应计及保温层的厚度，m；

P_o——基本风压，与管道所在地区有关，按“全国主要城市风压数据表”查取（参见GB/T 20801.3），N/m²；

K_3——风压高度变化系数，按表11.2查取；

表11.2 风压高度变化系数K_3

计算截面距地面高度[2]/m	地面粗糙度类别			
	A	B	C	D
5	1.09	1.00	0.65	0.51
10	1.28	1.00	0.65	0.51
15	1.42	1.13	0.65	0.51
20	1.52	1.23	0.74	0.51
30	1.67	1.39	0.88	0.51
40	1.79	1.52	1.00	0.60
50	1.89	1.62	1.10	0.69
60	1.97	1.71	1.20	0.77
70	2.05	1.79	1.28	0.84
80	2.12	1.87	1.36	0.91
90	2.18	1.93	1.43	0.98
100	2.23	2.00	1.50	1.04

续表

计算截面距地面高度[2]/m	地面粗糙度类别			
	A	B	C	D
150	2.46	2.25	1.79	1.33
200	2.64	2.46	2.03	1.58

注：A类是指近海海面及海岛、海岸、湖岸及沙漠地区；

B类是指田野、乡村、丛林、丘陵以及房屋比较稀疏的乡镇和城市郊区；

C类是指有密集建筑群的城市市区；

D类是指有密集建筑群且房屋较高的城市市区。

K_1——空气动力系数，按以下规定取值：

a）上下双管（如图11.2所示）时，K_1按表11.3选取：

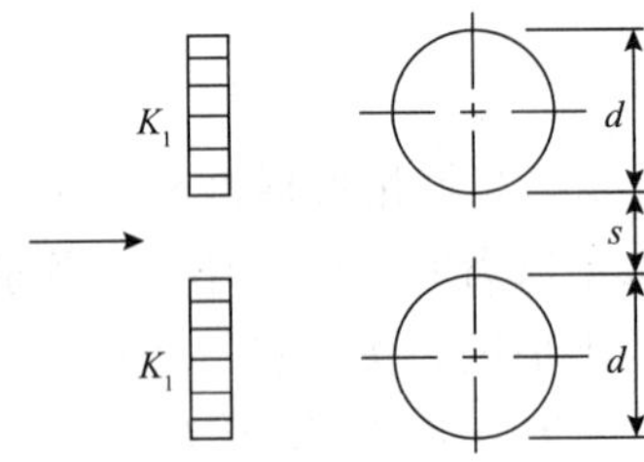

图11.2　上下双管排列结构

表11.3　上下双管排列结构的空气动力系数

s/d	≤0.25	0.5	0.75	1.0	1.5	2.0	≥3.0
K_1	1.2	0.9	0.75	0.7	0.65	0.63	0.6

b）前后双管（如图11.3所示）时，K_1按表11.4选取：

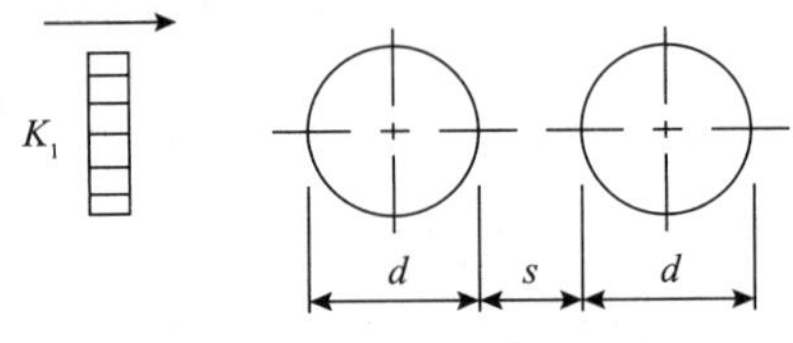

图11.3　前后双管排列结构

表11.4　前后双管排列结构的空气动力系数

s/d	≤0.25	0.5	1.5	3.0	4.0	6.0	8.0	≥10.0
K_1	0.68	0.86	0.94	0.99	1.08	1.11	1.14	1.20

c）密排多管（如图11.4所示）时：

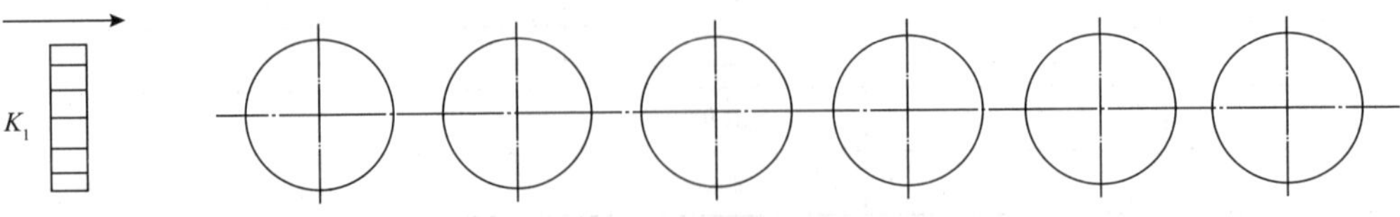

图11.4　密排多管结构

$K_1=1.4$，为各管之总和。

d）单根管时，$K_1=0.7$。

K_2——风振系数，按式（11－33）计算：

$$K_2=1+5I_{10}B_z\ (1+R^2)^{1/2} \tag{11-33}$$

式中 I_{10}——10m高度名义湍流强度，对应A、B、C和D类地面粗糙度，分别取0.12、0.14、0.23和0.39；

R——脉动风载荷的共振分量因子，按式（11－34）计算；

B_z——脉动风载荷的背景分量因子，按式（11－36）计算。

$$R=\left[X_1^2\ \frac{\pi}{0.06}(1+X_1^2)^{\frac{4}{3}}\right]^{\frac{1}{2}} \tag{11-34}$$

$$X_1=\frac{30f_1}{(K_w\omega_o)^{\frac{1}{2}}}，且\ X_1>5 \tag{11-35}$$

$$B_z=\frac{kH^{\alpha_1}\rho_z\Phi_1}{K_3} \tag{11-36}$$

式中 f_1——管道第1阶自振频率，Hz；

K_w——地面粗糙度修正系数，对应A、B、C和D类地面粗糙度，分别取1.2、1.0、0.54和0.26；

Φ_1——管道第1阶振型系数，当水平风力按均布载荷计算时，可取$\Phi_1=1.0$；

H——管道总高度，m；

ρ_z——脉动风载荷竖直方向相关系数，按式（11－37）计算：

$$\rho_z=\frac{10\ (H+60e^{-\frac{H}{60}}-60)^{\frac{1}{2}}}{H} \tag{11-37}$$

k、α_1——系数，按表11.5取值。

表11.5　系数 k 和 α_1

粗糙度类别	A	B	C	D
k	1.276	0.910	0.404	0.155
α_1	0.186	0.218	0.292	0.376

②风弯矩及弯曲应力计算

具有支吊架支承的管道在单位水平风力作用下，管道上任意计算截面处（参见图11.5）的风弯矩可按式（11－38）计算：

$$M_W^{I-I}=\frac{P_il_i}{2}+P_{i+1}\left(l_i+\frac{l_{i+1}}{2}\right)+P_{i+2}\left(l_i+l_{i+1}+\frac{l_{i+2}}{2}\right)+\cdots \tag{11-38}$$

风弯矩产生的轴向弯曲应力按式（11－39）计算：

$$\sigma_4=\frac{M_W}{W} \tag{11-39}$$

式中 M_W——管道上任意截面Ⅰ－Ⅰ处的风弯矩，N·m；

P_i——管道上第 i 段的水平风力，N；

$$P_i=F_il_i \tag{11-40}$$

l_i——第 i 段管道长度，m；

σ_4——风载荷产生的弯曲应力，MPa；

W——管子的抗弯截面模量，mm^3；按式（11-25）计算。

（2）地震载荷计算

地震将使地面构筑物产生水平、垂直和旋转三种运动形式，其中水平方向的运动对地面物体破坏力最大。因此，管道设计相关标准和规范（如 GB/T 20801.3）中主要考虑地震引起的水平惯性力对管道系统的影响。

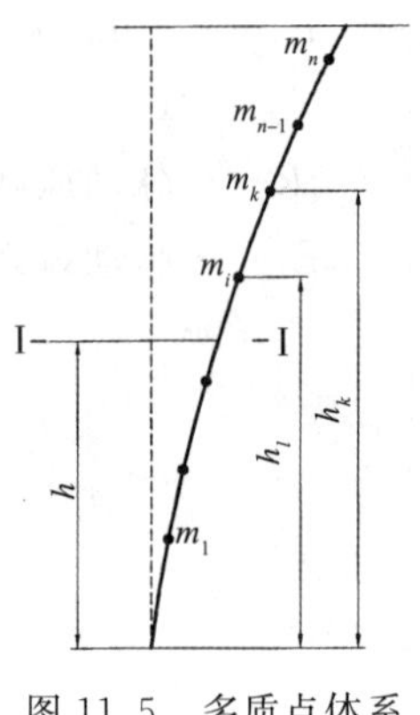

图 11.5　多质点体系基本振型示意图

①水平地震力的计算

当发生地震时，作用于管道上任意高度 h_k（见图 11.5）处的集中质量 m_k 引起的基本振型水平地震力，可按式（11-41）计算：

$$F_{1k}=\alpha_1\eta_{1k}m_kg \tag{11-41}$$

式中　F_{1k}——管道质量作为离散分布，在 k 处的（集中力）基本振型水平地震力，N；

m_k——管道质量作为离散分布，第 k 段的质量，kg；

g——重力加速度，取 $g=9.81\ m/s^2$；

α_1——对应于管道基本自振周期 T_1 的地震影响系数 α；

α——地震影响系数，按图 11.6 确定，但不小于 $0.2\alpha_{max}$；

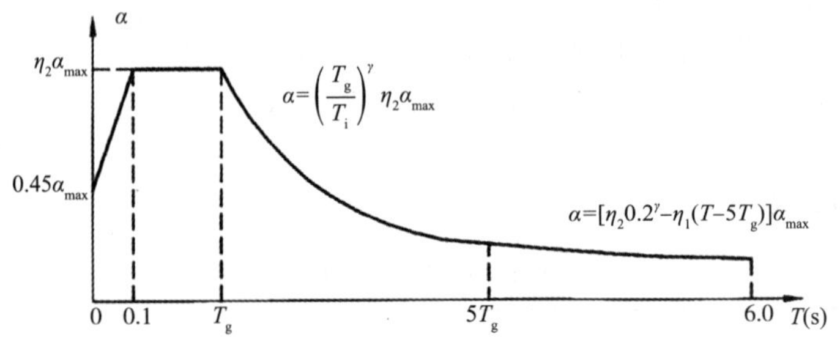

图 11.6　地震影响系数曲线

α_{max}——地震影响系数的最大值，按表 11.6 确定；

表 11.6　对应于设防烈度的 α_{max} 值

设防烈度	7		8		9
设计基本地震加速度	0.1g	0.15g	0.2g	0.3g	0.4g
地震影响系数最大值 α_{max}	0.08	0.12	0.16	0.24	0.32

T_g——各类场地土的特征周期，按表 11.7 确定；

表 11.7　各类场地土的特征周期值 T_g

设计地震分组	场地土类别			
	Ⅰ	Ⅱ	Ⅲ	Ⅳ
第一组	0.25	0.35	0.45	0.65
第二组	0.30	0.40	0.55	0.75
第三组	0.35	0.45	0.65	0.90

γ——曲线下降段的衰减指数，按式（11－42）计算：

$$\gamma=0.9+\frac{0.05-\xi}{0.5+5\xi} \tag{11-42}$$

η_1——直线下降段斜率的调整系数，按式（11－43）计算：

$$\eta_1=0.02+\frac{0.05-\xi}{4+32\xi} \tag{11-43}$$

当 $\eta_1<0$ 时，取 $\eta_1=0$；

η_2——阻尼调整系数，按式（11－44）计算：

$$\eta_2=1+\frac{0.05-\xi}{0.08+1.6\xi} \tag{11-44}$$

当 $\eta_2<0.55$ 时，取 $\eta_2=0.55$；

η_{1k}——管道上 k 处的基本振型参与系数，按式（11－45）计算：

$$\eta_{1k} = X_k \frac{\sum_{i=1}^{n} m_i X_i}{\sum_{i=1}^{n} m_i X_i^2} \tag{11-45}$$

X_i、X_k——在地震载荷作用下，管道上某点 i 处或 k 处对应于所求振型的水平位移（参见图 7.5），mm；

m_i——管道质量作为离散分布，第 i 段的质量，kg；

ξ——阻尼比。

②地震弯矩及弯曲应力计算

管道上任意计算截面Ⅰ－Ⅰ的基本振型地震弯矩按式（11－46）计算（见图 11.5）：

$$M_b = \sum_{k=1}^{n} F_{1k}(h_k - h) \tag{11-46}$$

一般对于管道在地震作用下的受激振动，需考虑高振型的影响。考虑高振型影响后的地震弯矩，可近似按式（11－47）计算：

$$M_h-1.25M_b \tag{11-47}$$

地震弯矩产生的轴向弯曲应力按式（11－48）计算：

$$\sigma_5=\frac{M_h}{W} \tag{11-48}$$

式中 M_b——对应于基本振型的地震弯矩，N·m；

h_k——任意计算截面 $I-I$ 以上的集中质量 m_k 距离地面的高度（见图 11.5），m；

h——计算截面距离地面的高度（见图 11.5），m；

M_h——考虑高振型影响后的地震弯矩，N·m；

W——管子的抗弯截面模量，mm^3，按式（11－25）计算。

11.2.2 综合一次应力（当量应力、应力强度）计算

通过上述对管道承受载荷的分析计算可知，管道在工作中的受力状态是非常复杂的，在管壁中存在轴向拉伸或压缩应力、存在不同方向的轴向弯曲应力、存在扭矩产生的剪应力。用三维坐标矢量表示管件处的弯矩和扭矩的受力图，如图 11.7 和图 11.8 所示。在管道应力分析时，首先按照可能的工况，对管道系统中可能的危险部位分别计算其轴向拉（压）应力、弯曲应力和扭矩引起的剪应力，然后按式（11－49）计算综合一次应力 S_L：

$$S_L=[(S_a+S_b)^2+4S_t^2]^{\frac{1}{2}} \tag{11-49}$$

式（11－49）是拉应力和剪应力组合应力状态，按照第三强度理论得到当量应力 S_L［见第9章公式（9－73b）］，其中的 S_b、S_a、S_t 应分别按式（11－50）～式（11－52）计算：

$$S_b=\frac{[(I_iM_i)^2+(I_oM_o)^2]^{\frac{1}{2}}}{W} \tag{11-50}$$

$$S_a=\frac{I_aF_a}{A_p} \tag{11-51}$$

$$S_t=\frac{I_tM_t}{2W} \tag{11-52}$$

式中 S_b——持久弯矩（矢量叠加）产生的应力，MPa；

M_i——持久载荷产生的平面内弯矩（参见图11.7和图11.8），N·mm；

M_o——持久载荷产生的平面外弯矩（参见图11.7和图11.8），N·mm；

I_i——平面内弯矩系数，缺少有效数据时，取 $I_i=0.75i_i$ 和1.0的大值；

I_o——平面外弯矩系数，缺少有效数据时，取 $I_o=0.75i_o$ 和1.0的大值；

W——管子的抗弯截面模量，mm^3，按式（11－25）计算；

S_t——持久扭矩产生的应力，MPa；

M_t——持久载荷产生的扭矩（参见图11.7和图11.8），N·mm；

I_t——扭矩系数，在缺少更多应用数据时，取 $I_t=1.0$；

S_a——持久轴向力产生的应力，MPa；

A_p——管道有效横截面，$A_p=\frac{\pi d_i}{4}$，mm^2；

F_a——持久载荷，如压力和重力产生的轴向力（例如前述 F_1、F_2 之和），N；

I_a——持久轴向力系数，在缺少更多应用数据时，取 $I_a=1.0$；

i_i——平面内应力增大系数，见本章11.3.1节说明；

i_o——平面外应力增大系数，见本章11.3.1节说明。

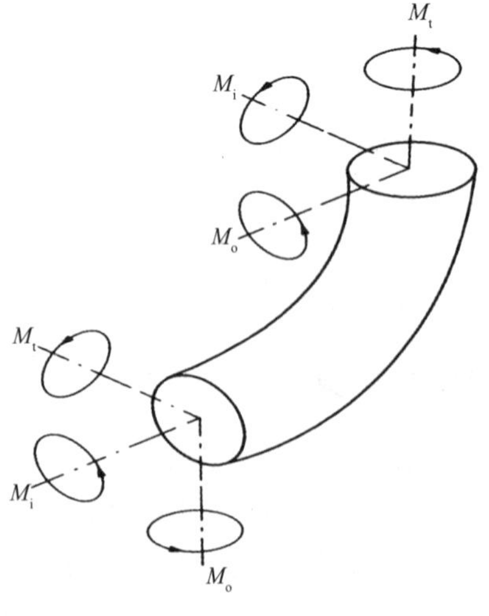

图11.7 弯头处的弯矩和扭矩

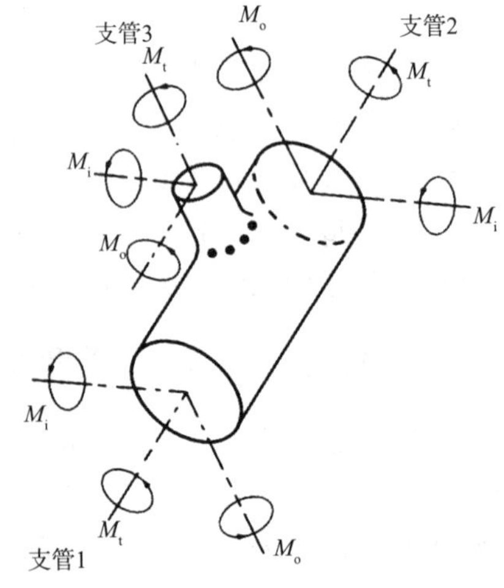

图11.8 支管连接处的弯矩和扭矩

11.2.3 综合二次应力范围（当量应力、应力强度）计算

如前述，二次应力主要是由位移载荷产生的应力。二次应力范围 S_E 的计算与综合一次应力的计算类似，管件处的弯矩和扭矩的受力图，仍然如图 11.7 和图 11.8 所示。首先要分析可能的工况，对管道系统中可能的危险部位分别计算由位移载荷引起的轴向拉（压）应力、弯曲应力和扭矩引起的剪应力，然后计算综合应力范围。和一次应力分析一样，在弯矩和扭矩同时作用下，按照第三强度理论［见第 9 章公式（9－73）］，综合二次应力范围 S_E 按式（11－53）计算：

$$S_E = [(S_a + S_b)^2 + 4S_t^2]^{\frac{1}{2}} \tag{11-53}$$

式（11－53）形式与式（11－49）一样，差别就是引起各应力的载荷不同。其中的 S_b、S_a、S_t 应分别按式（11－54）、式（11－55）和式（11－56）计算：

$$S_b = \frac{[(i_i M_i)^2 + (i_o M_o)^2]^{\frac{1}{2}}}{W} \tag{11-54}$$

$$S_a = \frac{i_a F_a}{A_p} \tag{11-55}$$

$$S_t = \frac{i_t M_t}{2W} \tag{11-56}$$

式中 S_b——由位移载荷引起的轴向应力范围，MPa；

M_i——要评估的两个工况间的平面内弯矩范围（参见图 11.7 和图 11.8），N·m；

M_o——要评估的两个工况间的平面外弯矩范围（参见图 11.7 和图 11.8），N·mm；

W——管子的抗弯截面模量，mm^3，按式（11－25）计算；

S_t——由位移载荷引起的扭转应力范围，MPa；

M_t——持久载荷产生的扭矩（参见图 11.7 和图 11.8），N·m；

S_a——由位移载荷引起的轴向应力范围，MPa；

A_p——管道有效横截面，$A_p = \pi d_i/4$，mm^2；

F_a——要评估的两个工况间的轴向力范围，N；

i_i——平面内应力增大系数，见本章 11.3.1 节说明；

i_o——平面外应力增大系数，见本章 11.3.1 节说明；

i_t——扭矩应力增大系数，缺少有效数据时，取 $i_t = 1.0$；

i_a——轴向应力增大系数，缺少有效数据时，对弯管、弯头、虾米弯，取 $i_a = 1.0$；对其他管道元件，取 $i_a = i_o$。

11.3 管道柔性分析设计

尽管使管道中产生应力的因素很多，但最主要的两个因素是存在重力、压力等外力载荷和热胀冷缩等位移载荷，由此将两种不同载荷产生的应力分为一次应力和二次应力。为减小一次应力，只要简单地按照相关规定确定壁厚和设置承重、导向支吊架便可实现，与管道的布置走向等因素关系不大。而由热胀冷缩等位移引起的二次应力则与管径、壁厚、管道布置

走向及温度高低等因素直接相关，分析设计较为复杂。当管道受热膨胀和遇冷收缩时，将对与其相连接的机器、设备、支吊架和土建结构产生作用力，反之机器、设备、支吊架和土建结构也将对管道产生反作用力，并在管道中引起应力，即前述的二次应力。当管道系统刚性大时则二次应力大，并可能导致管道和土建结构的破坏以及影响到机器、设备的正常运行。因此，为减小二次应力必须使管道系统具有足够的柔性，以避免上述情况发生。显然，管道柔性分析设计对管道安全运行十分重要。

11.3.1 管道柔性分析的概念

（1）管系柔性概念

在管道系统中由于设备的刚性、支架的约束等原因，管道中产生热应力是不可避免的。通常对管系通过自身的变形而吸收热胀位移的特性称为管系的柔性。

管系的柔性是反映管道系统变形难易程度的一个物理概念，表示管道通过自身变形吸收热胀冷缩和其他位移的能力。

（2）柔性分析设计的目的

管道柔性分析设计的目的是保证管道在设计条件下具有足够的柔性，防止管道因热胀、冷缩、端点附加位移、管道支承设置不当等原因造成下列问题：

①由于应力超限或金属疲劳原因导致管道破坏；

②管道连接部位泄漏；

③管道推力或力矩过大，导致管道支吊架破坏；

④管道推力或力矩过大，使得与其相连接的机器、设备产生过大的应力或变形，影响机器、设备的正常运行。

（3）影响管道系统柔性的因素

①管道规格及尺寸的影响。直径和壁厚小则管系柔性好；π 型补偿结构悬臂长则柔性好。

②管系端部相关设施刚度的影响。管道端部连接的机器、设备等设施相当于刚性约束。

③管系中间支承的影响。管道中间支承越多，相对柔性越差。

④管系中特殊管道元件的影响。不同的管道元件，对管道的柔性影响程度不同。如法兰、阀门、小型管道设备等属于刚性管道元件；波纹管膨胀节属于柔性元件。

⑤管系的空间几何形状影响。增加管系中的弯头数量，管系柔性增加。增加了变形点，弯头本身刚度也比直管小。三通等管件的刚度也比直管小。但是，在弯头、三通等管件部位由于结构的不连续，在增加了柔性的同时也增加了应力集中的程度。在压力管道应力分析中，反映这些管件影响程度的有两个重要系数，柔性系数和应力增大系数。

a）柔性系数 K。表示弯管等管件相对于直管在承受弯矩时柔性增大的程度。或者说，将同一弯矩作用于管件和直管后，管件的位移与直管位移之比。

b）应力增大系数 i。管道在载荷作用下，在弯头和三通等管件上将产生局部的应力集中。管道应力分析中，没有采用压力容器中的应力集中系数的概念，而是用应力增大系数来反映应力集中的程度。以同一弯矩值作用在管件上和直管后，所产生的最大应力之比称为应力增大系数。

ASME B31.3 的附录 D 给出了典型管道元件的柔性系数 K 和应力增大系数（平面内 i_i、

平面外 i_o）的计算方法。我国标准 GB/T 20801.3—2006 的附录C也给出了与 ASME B31.3 附录D相同的方法，在管道应力分析的手工计算中可以查阅使用。在当代所有的管道应力分析计算软件中也都包含柔性系数和应力增大系数的计算。

采用柔性系数和应力增大系数的目的，是在进行管道应力分析设计时考虑弯管、三通等管件的柔性和应力增大的影响。管道中的弯管在弯矩作用下与直管相比较，其刚度降低柔性增加，同时应力也增大。因此，在计算管件时就要考虑它的柔性系数和应力增大系数，使问题得到简化。前面在一次应力和二次应力计算中都引入了柔性系数和应力增大系数。

（4）管系的柔性设计

管道系统的柔性设计，首先应将管道系统作为一个整体考虑，并应考虑在各种工况下的所有危险部位及其受力状况，包括管子和管道组成件中的应力、支吊架处所产生的摩擦力和所受的支反力。管道系统柔性分析前，应首先确定所有管道支吊架及其他约束的位置和类型，并且假定支吊架和约束具有足够的强度和刚度，以承受管道或管道组成件对其施加的力和力矩。计算由位移载荷产生的二次应力范围 S_E，按照公式（11-3）进行校核，如果不满足强度条件的要求，则应重新进行管道柔性布置设计，即管系的柔性设计。从上述影响管系柔性的因素考虑，一般采取如下措施提高管系的柔性，以降低二次应力。

①管系的空间走向和尺寸设计。尽量采用自然补偿，即利用管系自身形状所具有的柔性以达到吸收热胀和端点位移。改变管道的走向，增加整个管道的柔性。

②考虑管端相关设施的刚度。变换与设备接口的主要连接方向；在管系和设备接口连接处设置柔性管件，如金属软管等。

③调整支吊架型式和位置。管系中间支承的设计；选用弹簧支吊架等。

④应用柔性管道组成件。选用波纹管式（膨胀节）补偿器、套筒式补偿器、球形补偿器等。

⑤考虑摩擦力的影响，应力计算中对摩擦力进行分析计算。

⑥采取管系冷紧措施。冷紧是指在安装时（冷态）使管道产生一个初使位移和初使应力的一种方法。冷紧的目的，是将管道的热位移的一部分分配到冷态，从而降低管道在热态下的热胀应力和对端点的推力与力矩，也可防止法兰连接处弯矩过大而发生泄漏。冷紧时要控制的一个重要参数是冷紧比。

冷紧比是指冷紧量与全部补偿量的比值，反映冷紧对管系热应力影响的程度。对于在材料蠕变温度及高于蠕变温度工作的管道，冷紧比宜为 0.7；在蠕变温度以下工作的管道，冷紧比宜为 0.5。

11.4 管道动力分析设计

管道动力分析是指对管道的振动问题进行分析设计，主要包括往复式压缩机和往复式泵的进出口管道在介质压力波动作用下引起的振动分析、两相流的介质引起的管道振动分析、水锤和冲击载荷作用下管道的振动分析，等等。即对有冲击载荷、两相流脉动载荷、压力脉动载荷、机械振动载荷等引起振动的管道，应该用动力分析方法进行管道的应力分析。其目的是使振动的影响得到有效控制，以保证管道安全和相关机器的正常运行。

目前，我国关于压力管道的设计标准和 ASME B31 等管道规范都没有单独明确地给出管道动力分析设计的方法。美国石油学会标准 API 618《石油、化学和气体工业设施用往复压缩机》规定了往复式压缩机及其管路振动的设计方法；《压力管道技术》[11]和《压力管道应力分析》（第二版）[12]两本专著中，阐述了压力管道动力分析设计的相关内容。本书主要参考 API 618 和文献［11］、文献［12］介绍管道动力分析设计的方法与原则。

11.4.1 往复式压缩机管道的振动分析设计

在管道振动问题中，只有往复式压缩机或往复泵因间歇排出介质引起的振动是正常工况下出现的不可避免的强迫振动，也是最典型、最复杂的振动。就往复式压缩机和往复泵来说，二者的振动特性是相同的，但前者的进出口管系更为复杂。因此，本书主要阐述往复式压缩机的管道振动分析设计，而往复泵的进出口管道振动设计可按类似的方法进行。

11.4.1.1 往复式压缩机管道振动概述

（1）往复式压缩机管道振动原因

往复式压缩机的工作特点是活塞在气缸中进行周期性往复运动，造成吸气和排气具有间歇性和周期性，使得进出口管道内气体呈脉动状态。管道内气体参数，如压力、流速、密度等随位置不同而变化，且随时间作周期性变化，这种现象称为气流脉动（压力脉动）。脉动气流遇到弯头、异径管、阀门、盲板等管道组成件时将产生随时间变化的激振力，在此激振力的作用下，管道产生振动。

往复式压缩机管道中的压力脉动是始终存在的，因此，往复式压缩机管道存在某种程度（允许范围内）的振动是正常现象，但要避免发生剧烈振动，否则可能导致管道破坏。引起管道产生剧烈振动的原因主要有两个：一是压缩机本身设计不合理、缓冲罐太小和管道内气柱发生共振，造成气流压力脉动过大，导致激振力过大发生剧烈振动；另一原因是管道固有频率与压缩机激振力频率基本接近，使管道发生机械共振。要防止管道发生剧烈振动，必须从两个方面考虑，即减小管道内气流的压力脉动和避免管道发生机械共振。

（2）往复式压缩机管道振动分析设计方法简述

为了控制压缩机管道的剧烈振动，美国石油学会标准 API 618 规定了如下三种分析设计方法。

①第一种分析设计方法，为经验确定脉动抑制装置尺寸法。脉动抑制装置的设计应使用专利和（或）经验分析技术，以满足基于正常运行工况下要求的管线侧脉动值和允许的最大压力降。应用此设计方法时不需要进行声学模拟分析。

②第二种分析设计方法，为声学模拟和管路约束力分析法。该方法是一种脉动控制，通过应用脉动抑制装置和经过验证的声学技术，结合管路运行和锚定系统（管夹的设计和间距）的力学分析，以达到对振动响应的控制。该方法包括压缩机、脉动抑制装置和相应管路之间的声学干扰的评价，包括脉动对压缩机性能的影响，以及脉动抑制装置中的声学激振力的评估。这种评估是通过建立压缩机系统和管路的模型，再进行声学模拟确定振动响应来完成。

③第三种分析设计方法，为声学模拟和管路约束力分析、加上力学分析的方法。该设计方法与第二种设计方法相同，但要对压缩机气缸、压缩机脉动抑制装置以及相连的管路系统，包括声学与机械系统响应的相互影响进行力学分析。即采用声学和力学两种方法进行

分析。

上述三种方法一个比一个内容更加详细、一个比一个要求更加严格。

11.4.1.2　往复式压缩机管道振动分析设计准则

管道产生振动的主要根源是管内气体的压力脉动，管道振动造成的破坏主要是疲劳破坏。为此，API 618中给出了两个控制管道振动的基本指标：管道压力脉动值和管道循环应力峰-峰值。不同的分析设计方法，对基本指标的限制条件不同。

（1）压力不均匀度计算

压力脉动的大小通常用压力不均匀度来衡量。压力不均匀度β按式（11－57）计算：

$$\beta=\frac{p_{max}-p_{min}}{p_m}\times 100\% \tag{11-57}$$

式中　β——管内气流压力不均匀度，又可称为压力脉动值，%；

p_{max}——管内不均匀压力的最大值（绝压），MPa；

p_{min}——管内不均匀压力的最小值（绝压），MPa；

p_m——管内平均压力（绝压），$p_m=\frac{p_{max}-p_{min}}{2}$，MPa。

（2）基本设计准则

①第一种方法设计准则。初步确定脉动抑制装置尺寸，限制管道内气体脉动值和最大压力降。

a）压缩机气缸法兰的最大许用压力脉动值，取7%或按式（11－58）计算值的较小者。

$$\beta_f=3R\% \tag{11-58}$$

b）脉动抑制装置的管线侧的最大许用压力脉动值，按式（11－59）计算：

$$\beta_g=\frac{4.1}{(p_m)^{\frac{1}{3}}}\% \tag{11-59}$$

c）最大压力降的限制。装置的压力降不应超过管道（绝对压力）的0.25%，或按式（11－60）确定的值，取高值。

$$\Delta p=1.67\frac{R-1}{R}\% \tag{11-60}$$

式中　β_f——压缩机气缸法兰处未滤波的最大许用压力脉动值（压力不均匀度），%；

β_g——管线侧任何离散频率下的最大许用压力脉动值，%

Δp——基于通过脉动抑制装置的稳定流的最大压力降，%；

R——本级压力比（出口绝压除以入口绝压）；

其他符号意义同前。

②第二种方法设计准则。同样要控制压力脉动值、压力降值，另外还要控制声学激振力。

a）压力脉动值和压力降的限制。除应满足式（11－58）～式（11－60）的要求外，还要对管道压力（绝压）在0.35～35MPa之间运行的系统进行压力脉动控制，每个单独的脉动部件的最大允许压力脉动值应限定在式（11－61）计算值内。

$$\beta_{g2}=\left(\frac{a}{350}\right)^{\frac{1}{2}}\frac{400}{(fD_iP_m)^{\frac{1}{2}}} \tag{11-61}$$

式中　β_{g2}——与基频和谐频相应的各单独的脉动部件的最大许用压力脉动值，%；

a——气体声速，m/s；

D_i——管道内直径，mm；

f——脉动频率，Hz，按式（11-62）计算：

$$f=\frac{NZ}{60} \tag{11-62}$$

N——压缩机轴转速，r/min；

Z——整数1、2、3…，对应于基频和高阶频率；

其他符号意义同前。

b）机械固有频率的限制。利用管道仪表和基本容器的计算指定最大管线跨度，并确定装置的固有频率。

设计任何压缩机或者管道系统元件的最小机械固有频率，应大于最大额定转速的2.4倍。

设计预计的机械固有频率，应与显著激振频率至少相差20%。

c）非共振声学激振力的限制。沿脉动抑制装置轴向作用的非共振声学激振力最大值不许超过式（11-63）的10%；对计算的脉动抑制装置机械固有频率的±20%内的频率，激振力最大值不许超过式（11-63）的1%。

$$F_{max}=45000 \tag{11-63}$$

式中　F_{max}——基于结构强度的最大脉动抑制装置非共振激振力最大指导值，N。

③第三种方法设计准则。除满足第二种方法的设计准则外，还要控制交变应力值。

a）管道系统非共振声学激振力。除满足式（11-63）要求外，管道系统最大非共振激振力的许用值应取式（11-64）和式（11-65）计算值的较小者。

$$F_{max}=K_e V \tag{11-64}$$

$$F_{max}=45N_p \tag{11-65}$$

式中　K_e——激振力作用处沿管道方向或脉动抑制装置轴向的有效静态刚度，N/mm；

V——设计振动位移最大指导值，mm（见图11.9）；

N_p——管子的公称尺寸，mm。

b）最大许用交变应力。脉动和（或）机械诱发的振动在管道和脉动抑制装置中引起的交变应力值，应不超过用于承受交变负荷的部件材料的疲劳极限。例如：对运行温度低于370℃的碳钢管，考虑了所有的应力集中因素存在和所有其他应力在适用规范限定内，其最大交变应力幅应小于180MPa。

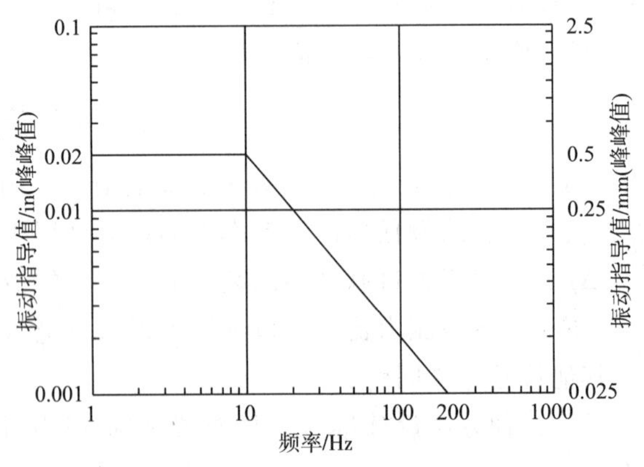

图11.9　振动设计位移指导值

11.4.1.3　往复式压缩机管道防振设计措施

（1）管道布置

对于往复式压缩机管道，在进行管道布置设计时应尽量沿地面敷设。这样有利于管道支承，一旦在机器运行时发生振动问题，比较容易进一步设置支架和采取减振措施。在进行管道布置时还应尽量减少弯头的数量，以起到减小激振力的作用。

（2）支吊架设置

往复式压缩机管道的支架应采用防振管卡或固定支架，不能采用简单支托，更不能采用吊架。防振管卡应尽量采用扁钢，不用圆钢，以增大管卡与管道之间的接触面积，使管卡能够卡紧；并且在管道与管卡之间应衬软垫。如果采用带有管托的防振管卡，则管托应与生根部位焊接，不能简单放置。

防振支架最好设置独立基础，尽量避免在压缩机基础或厂房的梁柱上生根。防振支架的结构和支架的生根部分应具有足够的刚度。防振支架的间距和位置应经过管道系统固有频率计算分析后再确定。

（3）管系固有频率分析调整

管系固有频率分析的目的，是通过调整管道系统的固有频率以避开机器的激振频率，防止发生共振。管系固有频率与系统的刚度直接相关，刚度越大固有频率越高，所以，管系固有频率的调整主要是通过调整系统刚度来实现。影响管道系统刚度的主要因素有：管道走向、管径、管子壁厚和管道支承情况等。减少弯头个数、增大管径和壁厚、增设支架等都会使管系刚度增大。实际当中，管径和壁厚由工艺条件确定，不易改变，另外增加管壁厚也不经济，所以可以改变（调整）的主要是管道走向和管道支承，而最常用的是通过增减支架来调整管系的固有频率。

管系的最低阶（基本）固有频率一般不得低于8Hz，这是保证管系具有一个基本刚度的条件。如果管系基频过低（即管系柔性过大），即使避开了共振频率，管系在激振力作用下仍有可能产生振动。关于管系固有频率的控制，在上面振动分析设计准则中已给出，对于复杂的管道系统，固有频率分析要靠计算机软件程序来完成。

11.4.2 其他的管道振动分析设计

在管道系统中，除了往复式压缩机和往复泵的进出口管道存在机械振动外，还常碰到一些管道的其他问题。如因介质水锤效应引起的管道振动、两相流介质呈柱塞流时引起的管道振动、介质因发生涡流而激起的管道振动、风载荷引起的管道振动、地震载荷引起的管道振动，等等。这些管道振动都不是正常操作工况下必然出现的振动，而是由于设计不当、或者操作不当、或者因自然因素而引起的振动。对于这些管道振动问题，虽然不是以振动为主进行设计，但应进行必要的振动校核，并采取相应的措施以避免可能因振动而带来的破坏。

11.4.2.1 水锤引起的管道振动分析设计

在输送液体的管道中，如果某一截面的液体流量（流速）突然发生变化，会造成该处的液体压力突然上升或下降，从而造成液体对管道或其元件的冲击作用，这种现象叫做“水锤”。如果管道内介质为气体，管道中某一截面的气体流速突然发生了改变，也可能发生“气锤”。水锤现象在管道系统中是常见的。例如，泵突然停车时，因止回阀突然关闭，阀前形成空穴，而造成回流介质对阀瓣的冲击；正常操作过程中，瞬时对管道进行大流量调节，而造成的对调节元件和管道的冲击；事故状态下安全元件（安全阀、爆破膜）阀门的突然开启或关闭，造成流体对阀门和管道的冲击，等等。

(1) 阀门快速关闭的水锤压力

①阀门快速关闭产生水锤的条件。当式(11－66)成立时，将出现“水锤”现象。

$$T<\frac{2L}{V_s} \tag{11-66}$$

式中 T——阀门的有效关闭时间，s；

L——管系长度，m；

V_s——管道中流体的声速，m/s，将管道完全视为刚性时，V_s 按式(11－67)计算：

$$V_s=\left(\frac{E_o}{\rho}\right)^{\frac{1}{2}}\times 10^3 \tag{11-67}$$

当考虑管道所具有的弹性时，V_s 按式(11－68)计算：

$$V_s=\left[\frac{1}{\rho\left(\frac{1}{E_o}+\frac{D_i}{\delta_e E}\right)}\right]^{\frac{1}{2}}\times 10^3 \tag{11-68}$$

式中 E_o——流体的体积弹性模量，MPa；

ρ——管道中流体的密度，kg/m^3；

E——钢管在操作温度下的弹性模量，MPa；

D_i——管道内直径，mm；

δ_e——管子有效壁厚，mm。

②压力升高值计算。阀门快速关闭时的压力升高值按式(11－69)计算：

$$\Delta p=V_s V\rho\times 10^{-6} \tag{11-69}$$

式中 V——管道中流体的实际流速，m/s。

③非平衡力(冲击力)的计算。对一段直管道，最大非平衡力 F 可按式(11－70)、式(11－71)计算：

对于刚性管道：
$$F=\frac{\Delta p\pi D_i^2 V_m L}{2V_o\lambda}\times 10^{-3} \tag{11-70}$$

对于柔性管道：
$$F=\frac{\Delta p\pi D_i^2 V_m L}{V_o\lambda}\times 10^{-3} \tag{11-71}$$

式中 V_o——阀门关闭过程中的最高速率，m^2/s；

V_m——阀门关闭过程中的平均速率，用总关闭时间除阀门面积而得，m^2/s；

λ——压力波的波长，m，λ 按式(11－72)计算：

$$\lambda=V_s T \tag{11-72}$$

(2) 泄放阀(安全阀)开启时反作用力的计算

当安全阀开启时，气体的排放会对阀门相连的管道产生一个反作用力，该反作用力将对管道的强度产生很大影响。在管道设计中，考虑安全阀开启的影响时，可认为管道中的物料向大气中排放，即按开放式系统考虑，这样可以采用较简单的静态分析方法，再以一个动态载荷系数修正，计其动态效应。

①安全阀开启时静态反作用力计算

安全阀开启时向通风管或大气中排放物料时，持续的反作用力 F 包括动量效应和压力效应两部分，可按式(11－73)计算：

$$F=GV_a+(p-p_a)A \tag{11-73}$$

式中 F——安全阀开启时的静态反作用力，N；

G——物料排放时的质量流速，kg/s；

V_a——物料在泄放阀的出口流速，m/s；

p——安全阀出口处的压力，MPa；

p_a——大气压力，MPa；

A——安全阀出口处的物料流通面积，mm。

②安全阀开启时动态反作用力计算

安全阀开启瞬间的动态反作用力，按式（11－74）计算：

$$F_d = F f_d \tag{11-74}$$

式中 F_d——考虑安全阀开启瞬时冲击动力效应的排气反作用力，N；

f_d——动态载荷系数（动载因子），按下述步骤确定：

a）计算安全阀系统（见图11.10）的自振周期 T，T 按式（11－75）计算：

$$T = 0.1146\left(\frac{Mh^3}{EJ}\right)^{1/2} \tag{11-75}$$

式中 T——安全阀系统的自振周期，s；

M——安全阀系统（包括阀门、管道、法兰和附件等）的质量，kg；

h——主管表面至出口管中心线的距离，mm；

E——设计温度下安全阀进口管道材料的弹性模量，MPa；

J——安全阀进口管的惯性矩，mm^4。

b）计算 $\frac{t_o}{T}$，t_o 是安全阀从全闭到全开的时间（单位为 s）；然后根据 $\frac{t_o}{T}$ 比值查图11.11，对应的纵坐标值即为动态载荷系数值。

（3）水锤的管道分析设计

上面对阀门快速关闭的冲击力和安全阀开启的反作用力进行了计算，这种作用力都可能使管道产生“水锤”现象。水锤的危害主要有两个方面：第一，在压力冲击波遇到弯头等管道转弯处，水锤压力将作用于管道，使管道发生剧烈震动；第二，当水锤压力过大时，管道可能由于压力太高而产生爆破。

水锤在管道中所引起的振动响应，可以通过将水锤压力作为激振力，按照强迫振动理论进行分析。考虑到水锤现象一般作用时间较短，在阻尼存在的情况下，振动会很快衰减直至停止，因此对水锤作用下的管道振动过程分析就显得不十分重要。在管道设计中需要考虑的是在水锤压力作用下，管道所产生的位移是否超限、管道是否会产生爆破。水锤随产生的冲击力可以通过将水锤压力乘以管道流通面积而求得。

为防止产生水锤现象，首先应从管道元件选型和工艺操作方面解决。例如，对于大型泵出口管道上的止回阀，采用辅助液压缓闭型止回阀；流量调节时，采用小流量长时间调节，缓慢开启或关闭阀门，等等。为减轻水锤的危害，还应考虑在管道的适当位置设置固定支架或限位支架和导向支架，并应使这些支架具有足够的刚度，以防止水锤发生时，管道位移和振动过大而破坏。另外，为防止水锤的危害，对于重要的管道还可以考虑设置蓄能器。

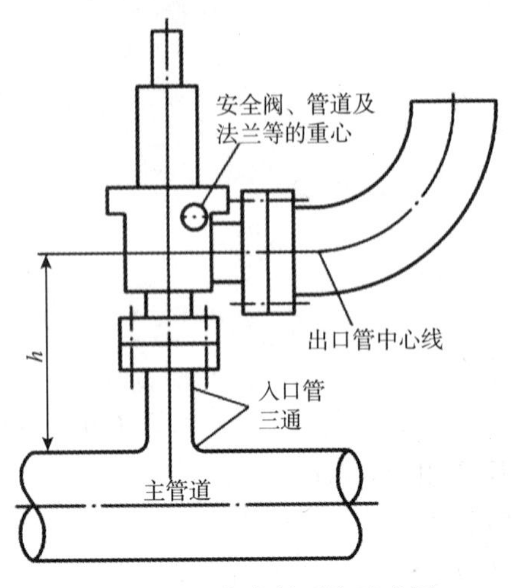

图 11.10　安全阀系统示意图

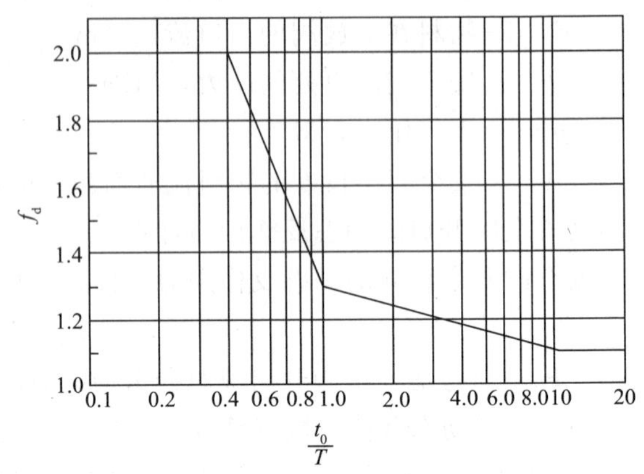

图 11.11　动态载荷系数

11.4.2.2　风载荷引起的管道振动问题

风载荷主要用风压来表示，前面已给出风压计算方法。风载荷随时间的变化具有随机性，引起的振动是随机振动。随机振动需要采用概率理论进行分析，比确定性（非概率）振动更加复杂，分析计算相当麻烦。由于管道直径较小，一般没有必要对大量的管道系统进行随机振动分析计算。为了简化计算，相关的管道设计标准和规范在管道应力分析中，都没有规定随机过程的分析方法，而是采用了等效静力方法。即把风载荷的影响按照临时载荷作用产生的一次应力加以考虑（具体分析方法前面已述）。这种方法避免了复杂的动力分析，又考虑了风载荷的影响，使分析工作大大简化。

11.4.2.3　地震载荷引起的管道振动问题

地震载荷与风载荷类似，地震载荷随时间的变化也是不确定的随机变化，它所引起的振动也是随机振动。为简化计算，相关管道设计标准和规范在管道应力分析中考虑地震载荷时，也是采用了等效静力方法。地震载荷的影响也是在一次应力校核时加以考虑。实际当中，发生地震时管道自身受地震作用造成应力过大而破坏的可能性并不大，通常是由于设备或管道支架的倒塌或管道从支承物上滑落，造成管道的破坏。按照 SH 3039《石油化工非埋地管道抗震设计通则》规定，只有地震烈度达到 6 度以上地区的管道，须进行抗震设计计算，其计算方法也是等效静力分析法。只要采取设置导向支架等防护措施，在绝大多数情况下，不需要进行管道的地震分析计算。

11.5　特殊管道的应力分析设计

前述应力分析内容均指非埋地的地面以上的管道系统，对于所有的管道类型均适用。除此之外，GB/T 34275《压力管道规范 长输管道》中，对于长输埋地管道、穿越和跨越管道还规定了一些特殊的应力分析要求；CJJ/T 81—2013《城镇供热直埋热水管道技术规程》中，对直埋管道也提出了一些特殊的应力分析要求。本书将这些管道的应力分析称为特殊管道的应力分析。

11.5.1 长输埋地管道的应力分析设计

埋地管道的应力分析与地面上管道的应力分析有所不同，除考虑综合应力作用的强度校核外，还要进行刚度和稳定性的校核计算，以避免埋地管道强度失效和失稳失效。

11.5.1.1 埋地管道的强度校核计算

(1) 埋地管道的轴向应力计算

埋地高压输送管道直管段的轴向应力，按式（11-76）计算：

$$\sigma_L = \mu\sigma_h + E\alpha(t_1 - t_2) \tag{11-76}$$

式中 σ_L——由内压和温度变化引起的轴向应力，拉应力为正，压应力为负，MPa；

μ——泊松比，钢管取0.3；

σ_h——由内压引起的周向应力，MPa；

$$\sigma_h = \frac{pD_i}{2\delta_n} \tag{11-77}$$

p——管道设计内压力，MPa；

D_i——管道内直径，mm；

δ_n——管道名义厚度，mm；

E——管道材料的弹性模量，MPa；

α——管道材料的线膨胀系数，1/℃；

t_1——管道下沟回填时的温度,℃；

t_2——管道的工作温度,℃。

(2) 应力校核条件

对于受到约束的埋地管道，根据第三强度理论计算当量应力，并应符合式（11-78）的要求：

$$\sigma_e = (\sigma_h - \sigma_L) \leqslant 0.9\sigma_s \tag{11-78}$$

式中 σ_e——当量应力，MPa；

σ_s——钢管材料的最低屈服强度，MPa。

11.5.1.2 埋地管道的刚度和稳定性校核

(1) 径向变形量计算及其限制条件

对于无套管穿越公路、穿越用钢套管及埋地较深的较大管段，应按无内压状态验算在外力作用下钢管的变形，其水平直径方向的变形量 ΔX 不应大于钢管外直径的3%。变形量按式（11-79）计算：

$$\Delta X = \frac{ZKWD_m^3}{8EI + 0.061E_sD_m^3} \tag{11-79}$$

式中 ΔX——钢管水平直径方向的最大变形量，m；

Z——钢管变形滞后系数，取 $Z=1.5$；

K——基床系数，宜按表11.8选取；

W——作用在单位管道长度上的总竖向载荷，N/m；

$$W = W_1 + W_2 \tag{11-80}$$

W_1——单位管长上的竖向持久载荷（垂直土压力），N/m；

W_2——地面堆放载荷传递到管道上的载荷，N/m；

D_m——钢管的平均直径，m；

E——管道材料的弹性模量，N/m^2；

I——单位管长截面惯性矩，m^4/m；

$$I=\frac{\delta_n^3}{12} \tag{11-81}$$

δ_n——钢管名义厚度，m；

E_s——土壤变形模量，N/m^2；E_s 按表 11.8 选取。

表 11.8 敷设管道条件的设计参数

敷管类型	敷管条件	E_s/MN/m^2	基床包角/(°)	基床系数 K
1 型	管道敷设在未扰动的土上，回填土松散	1.0	30	0.108
2 型	管道敷设在未扰动的土上，管道中线以下的土轻轻压实	2.0	45	0.105
3 型	管道放在厚度有 100mm 的松土垫层内，管顶以下的回填土轻轻压实	2.8	60	0.103
4 型	管道放在砂卵石或碎石垫层内，垫层顶面应在管底以上 1/8 管径处，但不应小于 100mm，管顶以下回填土夯实密度约 80%	3.8	90	0.096
5 型	管道中线以下放在压实的黏土内，管顶以下的回填土夯实，夯实密度约 90%	4.8	150	0.085

注 1：管径大于或等于 DN750mm 的管道，不采用 1 型。

注 2：基床包角系数指管基土壤反作用的圆弧角。

(2) 轴向压缩的稳定性校核

对于加热输送的埋地输油管道，应校核其轴向稳定性，并应符合式（11－82）和式（11－83）的要求：

$$N=[\alpha E(t_2-t_1)+(0.5-\mu)\sigma_h]A \tag{11-82}$$

$$N\leqslant\frac{N_{cr}}{n} \tag{11-83}$$

式中 N——由温差和内压产生的轴向压缩力，N；

N_{cr}——管道开始失稳时的临界轴向力（取值见 GB/T 34275 附录 C），N；

n——安全系数，对于公称直径大于 500mm 的钢管，取 $n=1.33$；对于公称直径小于或等于 500mm 的钢管，取 $n=1.11$；

A——钢管横截面积，m^2。

当按式（11－82）计算结果 N 为正值时，表示 N 为轴向压缩力，需按式（11－83）校核其轴向稳定问题；如果计算结果 N 为负值，说明 N 为轴向拉力，则不必校核轴向稳定问题。

11.5.2 长输穿越管道的应力分析设计

11.5.2.1 穿越管道的强度校核计算

穿越管段强度校核包括：根据作用效应组合计算轴向应力、环向应力和弯曲应力，然后对各种工况的当量应力进行校核计算。

①内压产生的环向应力，按式（11－77）计算。

②内压和温度变化产生的轴向应力，按以下方法计算。

当穿越管段变形受约束时，轴向应力按式（11－84）计算：

$$\sigma_L = \mu\sigma_h \tag{11-84}$$

当穿越管段变形不受约束时，轴向应力按式（11－76）计算。

③弹性敷设产生的弯曲应力，按式（11－85）计算：

$$\sigma_w = \pm\frac{ED_o}{2R} \tag{11-85}$$

④应力校核条件。穿越管段各单向应力、当量应力应满足如下条件要求：

$$\sum\sigma_L \leqslant [\sigma] \tag{11-86}$$

$$\sum\sigma_h \leqslant [\sigma] \tag{11-87}$$

$$\sigma_e = \left(\sum\sigma_h - \sum\sigma_L\right) \leqslant 0.9\sigma_s \tag{11-88}$$

式中　R——穿越管段弹性敷设曲率半径，mm；

$\sum\sigma_L$——各种载荷作用产生的轴向应力代数和，MPa；

$\sum\sigma_h$——各种载荷作用产生的环向应力代数和，MPa；

其他符号意义同前。

11.5.2.2　穿越管道的稳定性校核计算

①当内压与温度变化使穿越管段承受轴向压应力时，应按式（11－89）校核管段的轴向稳定性：

$$N \leqslant nN_{cr} \tag{11-89}$$

式中　N——由温差和内压产生的轴向压缩力，N，按式（11－82）计算；

n——安全系数，对于大型穿越工程，$n=0.7$；中型穿越工程，$n=0.8$；小型穿越工程，$n=0.9$。

②水下穿越管段漂浮稳定性校核。对于水下穿越管段满足埋深要求后，可以不进行位移稳定性校核，但应按式（11－90）进行抗漂浮稳定性校核。

$$W_1 = KF_s \tag{11-90}$$

式中　W_1——单位长度管段总重力（包括管身结构自重、加重层重、设计洪水冲刷线至管顶的土重，但不含管内介质重），N/m；

K——稳定安全系数，大中型穿越工程，$K=1.2$；小型穿越工程，$K=1.1$；

F_s——单位长度管段静水浮力，N/m，F_s 按式（11－91）计算：

$$F_s = \frac{\pi\gamma_s D_o^2}{4} \tag{11-91}$$

γ_s——穿越水域水的重度，N/m³；

对于竖向敷设穿越管段，管段总重力 W_1 应减去管段向上的弹性抗力。弹性抗力按式（11－92）计算：

$$q = 384\frac{EIh}{5L^4} - 0.0246615(D_o - \delta)\delta \tag{11-92}$$

式中 q——弹性敷设管段单位长度弹性抗力（反弹力），N/m；

I—钢管截面惯性矩，m^4；

$$I=\pi\frac{D_o^4-D_i^4}{64} \tag{11-93}$$

h——弹性敷设矢量高，m；

$$h=R-\left(R^2-\frac{L^2}{4}\right)^{\frac{1}{2}} \tag{11-94}$$

R——管段弹性敷设设计曲率半径，m；按式（11－95）计算，且 $R\geqslant 1000D_o$：

$$R\geqslant 3600\left[\frac{1-\cos\frac{\theta}{2}}{\theta^4}D_o^2\right]^{1/2} \tag{11-95}$$

D_o——钢管外直径，m；

D_i——钢管内直径，m；

δ——钢管壁厚，m；

L——弹性敷设起点与终点间的水平长度，m；

θ——管段弹性敷设转角，(°)，$\theta<5°$；

其他符号意义同前。

③定向钻穿越管段的径向屈曲稳定性校核。定向钻穿越管段在扩孔回拖时应进行空管在泥浆压力作用下的径向屈曲稳定校核。泥浆压力应满足式（11－96）的要求：

$$p_s\leqslant F_d p_{yp} \tag{11-96}$$

式中 p_s——泥浆压力，取 1.5 倍泥浆静压力或回拖施工时的实际动压力，MPa；

F_d——穿越管段径向屈曲稳定设计系数，取 $F_d=0.6$；

p_{yp}——穿越管段所能承受的极限外压力，MPa，p_{yp}从式（11－97）中解出：

$$p_{yp}-\left[\frac{\sigma_s}{m}+(1+6mn)p_{cr}\right]p_{yp}+\frac{\sigma_s p_{cr}}{m}=0 \tag{11-97}$$

$$m=\frac{D_o}{2\delta} \tag{11-98}$$

$$n=\frac{f_o}{2} \tag{11-99}$$

f_o——钢管的椭圆度，取 1%；

p_{cr}——钢管弹性变形临界压力，MPa，按外压长圆筒的临界压力公式［式（10－31）］计算；

其他符号意义同前。

11.5.3 长输跨越管道的应力分析设计

跨越管段的强度校核与穿越管段强度校核类似，校核内容包括：根据作用效应组合计算轴向应力、环向应力和弯曲应力，然后对各种工况的当量应力进行校核计算。

①内压产生的环向应力 σ_h，按式（11－77）计算。

②内压产生的轴向应力 σ_{L1}，按式（11－100）计算：

$$\sigma_{L1}=0.5\sigma_h \tag{11-100}$$

③载荷效应引起的轴向弯曲应力，按式（11－101）计算：

$$\sigma_{L2}=\frac{M}{W} \tag{11-101}$$

式中 σ_{L2}——桥面载荷效应组合引起的弯曲应力，MPa；

M——桥面载荷效应组合产生的弯矩，N·mm；

W——管道截面抗弯断面模数，mm^3。

④管道弯曲变形引起的轴向应力，按式（11-102）计算：

$$\sigma_{L3}=\frac{4ED_{o}f}{L^2+4f^2} \tag{11-102}$$

式中 σ_{L3}——管道悬垂引起的轴向应力，MPa；

f——矢量高度，mm；

L——跨越水平长度，mm。

其他符号意义同前。

⑤两段固定管道的温度应力，按式（11-103）计算：

$$\sigma_{Lt}=\alpha E\Delta t \tag{11-103}$$

式中 σ_{Lt}——温度变化引起的轴向应力，MPa；

Δt——温差，℃；

其他符号意义同前。

⑥管道最大剪应力，按式（11-104）计算：

$$\tau_{max}=\frac{2V}{A} \tag{11-104}$$

式中 τ_{max}——管道剪切引起的最大剪应力，MPa；

V——管道剪力，N；

A——管道横截面积，mm^2。

⑦当量应力及其强度条件。当量应力按式（11-105）计算，并应满足式（11-106）的要求。

$$\sigma=(\sigma_x^2+\sigma_y^2-\sigma_x\sigma_y+3\tau_{xy}^2)^{\frac{1}{2}} \tag{11-105}$$

$$\sigma\leqslant[\sigma] \tag{11-106}$$

式中 σ——跨越管段钢管的当量应力，MPa；

σ_x、σ_y——x、y 方向的应力，MPa；

τ_{xy}——xy 平面上的剪应力，MPa；

$[\sigma]$——管道材料的许用应力，MPa。

11.5.4 城镇直埋（热水）管道的应力分析设计

CJJ/T 81—2013《城镇供热直埋热水管道技术规程》规定，对直埋地管道组成件应进行应力校核分析。

11.5.4.1 直管段当量应力校核计算

(1) 工作管直管段当量应力范围

工作管直管段当量应力范围应满足式（11-107）要求：

$$\sigma_{eq}=(1-\nu)\sigma_h+\alpha E(t_1-t_2)\leqslant 3[\sigma] \tag{11-107}$$

式中 σ_{eq}——内压、热位移应力的当量应力范围，MPa；

ν——钢管材料的泊松比，取 0.3；

σ_h——管道内压引起的环向膜应力，按式（11-77）计算，MPa；

α——管材线膨胀系数，1/℃；

E——管材的弹性模量，MPa；

t_1——管道工作循环最高温度，℃；

t_2——管道工作循环最低温度，℃；

$[\sigma]$——管道材料的许用应力，MPa。

当不能满足公式（11-107）的要求时，管道系统设计时不应布置锚固段，且过渡段长度应按式（11-108）计算：

$$L \leqslant \frac{(3[\sigma]-\sigma_h)A\times 10^6}{1.6F_{max}} \tag{11-108}$$

式中 L——设计布置的过渡段长度，m；

A—工作管道管壁的横截面积，m^2；

F_{max}——单位长度最大摩擦力，按式（11-109）计算，N/m；

其他符号同前。

（2）保温管与土壤之间的摩擦力计算

直接埋地管道外层均设置保温管，保温管外壁与土壤之间的摩擦力按式（11-109）计算：

$$F=\mu\left[(1+K_0)\pi D_c\sigma_v/2+G-\rho g D_c{}^2\pi/4\right] \tag{11-109}$$

式中 F——单位长度摩擦力，N/m；

μ——摩擦系数，按表 11.9 查取；

D_c——保温（外护）管外径，m；

K_0——土壤静压力系数，$K_0=1-\sin\varphi$；

G——包括介质在内的管道单位长度的自重，N/m；

ρ——土壤密度，取 $\rho=1800\text{kg/m}^3$；

g——重力加速度，m/s^2；

φ——回填土内摩擦角，砂土取 $\phi=30°$；

σ_v——管道中心线处土壤应力，按式（11-110）计算，Pa。

（3）土壤应力计算

当管道中心线位于地下水位以上时，土壤应力按式（11-110a）计算：

$$\sigma_v=\rho g H \tag{11-110a}$$

当管道中心线位于地下水位以下时，土壤应力按式（11-110b）计算：

$$\sigma_v=\rho g H_w+\rho_w g(H-H_w) \tag{11-110b}$$

式中 ρ_w——地下水位线以下的土壤有效密度，可取 $\rho_w=1000\text{kg/m}^3$；

H_w——地下水位线深度，m；

H——管道中心线埋土深度，m；

其他符号同前。

表 11.9 保温管外壳与土壤间的摩擦系数

回填料	摩擦系数	
	最大摩擦系数 μ_{max}	最小摩擦系数 μ_{min}
中砂	0.40	0.20
粉质黏土或砂质粉土	0.40	0.15

11.5.4.2 直管段局部稳定性要求

①对由于土壤摩擦力约束热胀变形或局部沉降造成的高内力的直管段，不得出现局部屈曲、弯曲屈曲和皱折。

对于公称直径大于 500mm 的管道应进行局部稳定性校核，并应符合式（11－111）的计算规定。

$$\frac{E\delta}{D_o}\geqslant[\alpha E(t_1-t_2)+\nu p_d]+2\{4[\alpha E(t_1-t_2)+\nu P_d]^2-\nu E p_d\}^{1/2} \quad (11-111)$$

式中 D_o——工作管外直径，m；

δ——工作管公称壁厚，m；

E——钢管材料的弹性模量，MPa；

α——钢管材料的线膨胀系数，1/℃；

ν—钢管材料的泊松比，取 0.3；

t_1——管道工作循环最高温度,℃；

t_0——管道安装温度,℃；

p_d——管道计算压力，MPa。

②对于承受较大静土压和机动车动土压的管道，不得出现径向失稳。

对于公称直径大于 500mm 的管道应进行径向稳定性校核，并应符合式（11－112）的计算规定：

$$\Delta X=\frac{1.728WD_o}{E(\delta^3/R^3)+2562}\leqslant 0.03D_o \quad (11-112)$$

式中 ΔX——工作管径向最大变形量，m；

W——管顶单位面积上总垂直载荷，kPa，包括管顶垂直土载荷和地面车辆传递到管道上的载荷，直埋管道管顶单位面积上总垂直载荷应符合表 11.10 的规定；

R——工作管平均半径，m；

E——钢管材料弹性模量，kPa；

其他符号同前。

表 11.10 直埋管道管顶单位面积上垂直总载荷

管顶覆土深度/m	管顶单位面积上总垂直荷载/kPa
1.3	62
1.4	60
1.5	58
1.6	56

11.5.4.3 直埋管道竖向稳定性校核

(1) 直管段上的垂直载荷计算

直埋管道直管段上的垂直载荷应符合式（11－113）的要求：

$$Q \geqslant \frac{1.1N_{max}^2 f_0}{EI \times 10^5} \tag{11-113}$$

式中 Q——作用在单位长度管道上的垂直分布载荷，N/m，按式（11－114）计算；

E——钢管材料的弹性模量，MPa；

I——直管工作管横截面的惯性矩，m^4；

f_0——管道初始挠度，m，按式（11－115）计算；

N_{max}——管道的最大轴向力，N，按式（11－116a）计算。

(2) 垂直分布载荷计算

作用在单位长度管道上的垂直分布载荷按式（11－114a）计算：

$$Q = G_w + G + S_F \tag{11-114a}$$

式中，G_w为单位长度管道上方的土层重量，N/m，按式（11－114b）计算：

$$G_w = \rho g\left(HD_c - \frac{\pi D_c{}^2}{8}\right) \tag{11-114b}$$

S_F为单位长度管道上方土体的剪切力，N/m，按式（11－114c）计算：

$$S_F = \rho g H^2 K_0 \operatorname{tin}\varphi \tag{11-114c}$$

式中 G——包括介质在内的保温管单位长度自重，N/m；

ρ——土密度，取$\rho=1800\text{kg/m}^3$；

g——重力加速度，m/s^2；

H——管道中心线覆土深度，m；

K_0——土壤静压力系数，$K_0=1-\sin\varphi$；

φ——回填土内摩擦角，砂土取$\phi=30°$。

(3) 初始挠度计算

管道初始挠度按式（11－115）计算：

$$f_0 = \left(\frac{\pi}{200}\right)\left(\frac{EI \times 10^6}{N_{max}}\right)^{1/2} \tag{11-115}$$

式中 f_0——初始挠度，当$f_0<0.01$m时，取$f_0=0.01$m；

其他符号同前。

(4) 最大轴向力计算

在管道工作循环最高温度下，过渡段内工作管任一截面上的最大轴向力和最小轴向力，应按式（11－116a）和式（11－116b）计算：

最大轴向力：

$$N_{max} = F_{max}L_1 + F_f \tag{11-116a}$$

最小轴向力：

$$N_{min} = F_{min}L_1 + F_f \tag{11-116b}$$

式中 N_{max}——过渡段内计算截面的最大轴向力，N；

N_{min}——过渡段内计算截面的最小轴向力，N；

F_{max}——单位长度最大摩擦力，按公式（11－109）取表11.10中最大摩擦系数计算，N/m；

F_{min}——单位长度最小摩擦力，按公式（11-109）取表11.10中最小摩擦系数计算，N/m；

L_1——过渡段内计算截面距活动端的距离，m；当 $L_1 \geqslant L_{min}$ 时，取 $L_1 = L_{min}$；

F_f——活动端对管道伸缩的阻力，N；

L_{min}——直管段的过渡段最小长度，m。

（5）直管段的过渡段长度计算

直管段的过渡段最大长度按式（11-117a）计算：

$$L_{max} = \frac{[\alpha E(t_1 - t_0) - \nu\sigma_h]A \times 10^6}{F_{min}} \tag{11-117a}$$

直管段的过渡段最小长度按式（11-117b）计算：

$$L_{min} = \frac{[\alpha E(t_1 - t_0) - \nu\sigma_h]A \times 10^6}{F_{max}} \tag{11-117b}$$

其中，当 $t_1 - t_0 > \Delta T_y$ 时，取 $t_1 - t_0 = \Delta T_y$。

式中　ΔT_y——工作管屈服温差，按式（11-118）计算：

$$\Delta T_y = \frac{n\sigma_s - (1-\nu)\sigma_h}{\alpha E} \tag{11-118}$$

n——屈服极限增强系数，取 $n=1.3$；

σ_s——钢管材料的屈服极限最小值，MPa；

其他符号同前。

11.5.4.4　直埋管道管件的应力校核

弯头工作管的强度校核，应满足式（11-119）强度条件的要求：

$$\sigma_{bt} + \sigma_{ht} \leqslant 3\,[\sigma] \tag{11-119}$$

式中　σ_{ht}——弯头在内压作用下的最大环向应力，MPa，按式（11-120）计算：

$$\sigma_{ht} = \frac{p_d R_{bi}}{\delta_b} \tag{11-120}$$

p_d——管道计算压力，MPa；

R_{bi}——弯头工作管横截面的内半径，m；

δ_b——弯头工作管的公称厚度，m；

$[\sigma]$——钢管材料的许用应力，MPa；

σ_{bt}——弯头在弯矩作用下最大环向应力变化幅度，MPa，按式（11-121）计算：

$$\sigma_{bt} = \frac{\beta_b M R_{b0} \times 10^6}{I_b} \tag{11-121}$$

β_b——弯头平面弯曲环向应力加强系数，按式（11-122）计算

$$\beta_b = 0.9\lambda^{-2/3} \tag{11-122}$$

λ——弯头工作管的尺寸系数，按式（11-123）计算：

$$\lambda = \frac{R\delta_b}{R_{bm}} \tag{11-123}$$

R——弯头的曲率半径，m；

R_{bo}——弯头工作管横截面的外半径，m；

R_{bm}——弯头工作管横截面的平均半径，m；

M——弯头的弯矩变化范围，N·m；

I_b——弯头工作管横截面的惯性矩，m^4。

11.5.4.5 三通等管件工作管强度校核要求

三通等管件工作管应根据内压和主管轴向载荷联合作用进行强度校核。应采用有限元法进行分析计算或用应变仪进行应力测定，当不能满足应力校核条件时应进行加固。三通工作管加固可以采用以下措施：

①加大主管壁厚，提高三通总体强度（包括采用不等厚的锻钢三通）；

②在开孔区采取加固措施（包括增加支管壁厚）抑制三通开孔区的变形；

③在开孔区周围加设传递轴向载荷的结构。

11.6 压力管道应力分析方法及其应用

通过上述管道应力分析设计计算过程可以看出，对管道系统的应力分析并不是一件容易的事情，对某些简单管道系统，可以利用材料力学理论，通过建立静力平衡方程、物理方程、几何方程来求解管道承受的力和应力。但对于复杂的静不定管道系统，仅仅利用材料力学的理论是无法求解的，还需要结构力学的理论来求解，利用弹性力学或塑性力学的准则建立其强度条件。事实上，对于复杂的空间管道系统，其应力分析计算大多是以结构力学理论为基础。

然而，无论是采用材料力学理论还是结构力学理论，对于复杂的空间管系，都面临建立许多方程联立求解的问题。这种数学上的运算，如果用手工进行计算，它可能需要花费数日、数月的时间才能得出结果，基本是不现实的。为此，管道系统静力求解方法派生出许多类型，在工程实际中，用于管道应力分析的主要有两种方法：简化的近似分析方法（简化分析法即近似计算法）和详细的分析方法（详细分析法即计算机分析法）。

确定哪些管道应该进行详细的应力分析，是压力管道应力分析的一项重要内容。从原则上讲，是压力管道就应该进行详细的应力分析，但显然不够现实，也没有必要。因此，国内外的管道标准和规范中，都对哪些管道需要详细的应力分析作出了规定。

11.6.1 管道应力分析方法的确定

在 ASME B31.1、ASME B31.3、GB 50316、GB/T 20801、SH/T 3041 等标准中，都规定了管道应力分析方法选择的原则。这里对其进行汇总整理，给出管道应力分析方法的确定原则。

（1）不需要进行应力分析的管道

下列管道系统可以免除应力分析：

①与已经通过应力分析的管道系统相比，确认有足够的强度和柔性的管道系统；

②与运行良好的管道比较，柔性相同或基本相同的管道系统。

（2）可以采用简单分析法的管道

设计的管道系统中，对于具有同一直径、同一壁厚、无支管、不多于两个固定点、无中间约束的管道，可以采用简单分析法，且应满足式（11-124）的要求：

$$\frac{D_o Y}{(L-U)^2} \leqslant K_1 \tag{11-124}$$

式中 D_o——管道外直径，mm；

Y——管道系统所需吸收的总的位移，mm，按式（11-125）计算：

$$Y=(\Delta X^2+\Delta Y^2+\Delta Z^2)^{\frac{1}{2}} \tag{11-125}$$

L——管道在两固定点间的实际长度（展开长度），m；

U——管道两固定点间的直线距离，m；

K_1——判断因子，$(mm/m)^2$，按式（11-126）计算：

$$K_1=208000\frac{S_A}{E} \tag{11-126}$$

ΔX^2、ΔY^2、ΔZ^2——管道沿坐标轴 X、Y、Z 方向的线位移，mm；

S_A——允许位移应力范围，MPa，按式（11-4）计算；

E——管子材料常温下的弹性模量，MPa。

用公式（11-124）进行计算判断的过程，就是管道应力的简单分析方法。这个方法对下列情况不适用：

①在剧烈循环工况下运行，有疲劳危险的管道；

②管件应力增强系数大于或等于 5 的大直径薄壁管道；

③含有不等长“U”形弯管$\left(\frac{L}{U}>2.5\right)$或近似直线的锯齿状管道；

④不在固定支承连接方向上的附加位移量占总位移量大部分的管道；

⑤介质为极度危害或高度危害的管道。

（3）需要采用详细分析法的管道

符合以下条件之一的管道系统均应进行详细的应力分析，即符合下列条件的管道必须采用详细分析法对管系进行应力分析计算。

①设备管口有特殊受力（载荷）要求的管道；

②预期寿命内热循环次数超过 7000 次的管道；

③操作温度高于 400℃或低于-70℃的管道；

④利用简化分析法分析后，表明需要进行详细分析的管道［即不满足式（11-124）要求的管道］；

⑤进出加热炉及蒸汽发生器的高温管道；

⑥进出反应器的高温管道；

⑦进出汽轮机的蒸汽管道；

⑧进出离心式压缩机、往复式压缩机的工艺管道；等等。

11.6.2 管道应力分析的简单分析法及其应用

11.6.2.1 简单分析法的判断分析过程

简单分析方法就是利用公式（11-124）对某一管段进行柔性的分析计算，满足公式的要求，则认为管道是安全的，不必进行详细的分析计算，否则还要进行详细分析。采用式（11-124）进行判断分析的过程如下：

①建立一个空间坐标系 XYZ 轴，X 轴、Y 轴、Z 轴指向哪个方向都可以。一旦坐标系确定之后，下列计算均参照该坐标系进行。

②假定两固定端一端为 a，另一端为 b。

③令 ΔX_1、ΔY_1、ΔZ_1 为 b 端沿 X 轴、Y 轴、Z 轴方向的附加位移值减去 a 端相应方向的附加位移值。附加位移与坐标方向相同时取正值，相反时取负值。

④令 ΔX_2、ΔY_2、ΔZ_2 为假设 b 端放松后由于管道热膨胀引起的 b 端沿 X 轴、Y 轴、Z 轴方向的位移值。ΔX_2、ΔY_2、ΔZ_2 按式（11－127）计算：

$$\begin{aligned}\Delta X_2&=\alpha L_X\Delta T\\\Delta Y_2&=\alpha L_Y\Delta T\\\Delta Z_2&=\alpha L_Z\Delta T\end{aligned}\qquad(11-127)$$

式中 ΔX_2、ΔY_2、ΔZ_2——假设 b 端放松后由于管道热膨胀引起的 b 端沿 X 轴、Y 轴、Z 轴方向的位移值，mm；

α——管道材料从安装温度变化到操作温度的平均线膨胀系数，1/℃；

L_X、L_Y、L_Z——以 a 端为坐标原点时，b 端在 X、Y、Z 三个方向的坐标值，mm；

ΔT——管道从安装状态（一般取为 20℃）到操作状态的温度变化值，℃。

⑤计算管段在 X、Y、Z 三个方向的变形 ΔX、ΔY、ΔZ，其值按式（11－128）计算：

$$\begin{aligned}\Delta X&=\Delta X_2-\Delta X_1\\\Delta Y&=\Delta Y_2-\Delta Y_1\\\Delta Z&=\Delta Z_2-\Delta Z_1\end{aligned}\qquad(11-128)$$

⑥计算管段的总变形值 Y，Y 按式（11－125）计算。

⑦将计算得到的各值以及 S_A、E 代入式（11－124）计算，进行最终的判断。

11.6.2.2 简易分析法应用举例

例题 11.2 如图 11.12 所示，$DN250$ 的管道外径为 273mm，操作温度为 300℃，管道材质为 20 号钢，材料在 20℃和 300℃时的许应应力分别为 130MPa 和 101MPa，位移应力范围减小系数 f 等于 1，材料在 20℃时的弹性模量为 1.92×10^5 MPa，判断该管系是否需要进行正式的柔性分析。

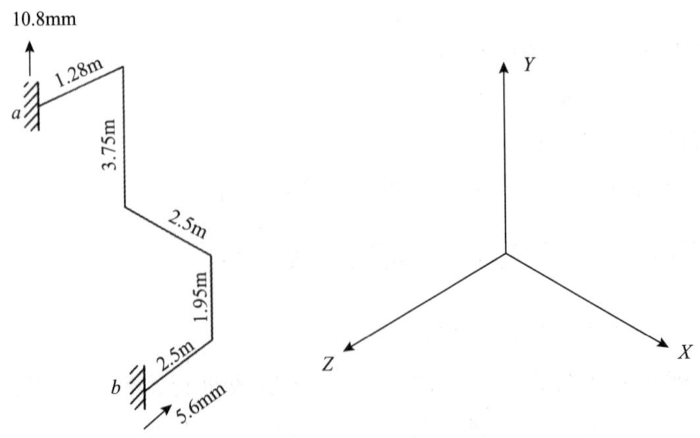

图 11.12 判断式应用实例

解：

（1）选定的坐标及 a、b 端，如图 11.12 所示；

（2）管系两固定点的展开长度为：

$$L=1.28+3.75+2.5+1.95+2.5=11.98\text{m}$$

（3）管系两固定点之间的直线距离为：

$$U=\sqrt{2.5^2+(3.75+1.95)^2+(2.5-1.28)^2}=6.34\text{m}$$

（4）计算 ΔX_1、ΔY_1、ΔZ_1：

$$\Delta X_1=0-0=0\text{mm}$$

$$\Delta Y_1=0-10.8=-10.8\text{mm}$$

$$\Delta Z_1=-5.6-0=-5.6\text{mm}$$

（5）计算 b 端放松后由于管道热膨胀引起的 b 端位移值 ΔX_2、ΔY_2、ΔZ_2：

根据标准，管系安装温度一般取 20℃。由材料手册查得碳钢从 20℃变为 300℃的平均线膨胀系数为 12.9×10^{-6} 1/℃

$$\Delta X_2=12.9\times10^{-6}\times2500\times(300-20)=9.03\text{mm}$$

$$\Delta Y_2=12.9\times10^{-6}\times[-(3750+1950)]\times(300-20)=-20.59\text{mm}$$

$$\Delta Z_2=12.9\times10^{-6}\times(-1280+2500)\times(300-20)=4.41\text{mm}$$

（6）计算管系在 X、Y、Z 三个方向的变形 ΔX、ΔY、ΔZ：

$$\Delta X=\Delta X_2-\Delta X_1=9.03-0=9.03\text{mm}$$

$$\Delta Y=\Delta Y_2-\Delta Y_1=-20.59-(-10.8)=-9.79\text{mm}$$

$$\Delta Z=\Delta Z_2-\Delta Z_1=4.41-(-5.6)=10.01\text{mm}$$

（7）计算需要由管系吸收的总变形合成值 Y：

$$Y=\sqrt{\Delta X^2+\Delta Y^2+\Delta Z^2}=\sqrt{9.03^2+(-9.79)^2+10.01^2}=16.66\text{mm}$$

（8）计算右端项

由式（11-4）计算 S_A：

$$S_A=1\times(1.25\times130+0.25\times101)=187.75\text{MPa}$$

$$2.08\times10^5\times\frac{S_A}{S_E}\approx2.08\times10^5\times\frac{187.75}{1.92\times10^5}=203.4$$

（9）进行核算

$$\frac{D_o\times Y}{(L-U)^2}=\frac{273\times16.66}{(11.98-6.34)^2}=143<203.4$$

结论：故不必进行正式的柔性分析。

例题 11.3　如图 11.13 所示，在相距 $U=60\text{m}$ 的固定支座的管段中，设置一个膨胀弯，以增加管段的柔性。假定管道外直径 $D_0=406\text{mm}$，管道安装温度为 15℃，运行温度为 80℃，管道材料的弹性模量 $E=210000\text{MPa}$，线膨胀系数 $\alpha=1.12\times10^{-5}$℃$^{-1}$，$S_A=210\text{MPa}$；试确定膨胀弯的高度 h 值。

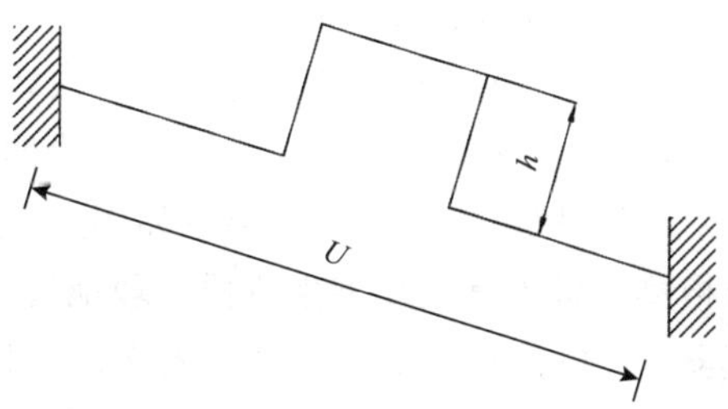

图 11.13　膨胀弯结构图

解：

（1）管道安装与运行状态的温度变化为：

$$\Delta T=80-15=65℃ \qquad \Delta T=80-15=65℃$$

（2）将各已知值代入式（11-127）之一得管道热位移量为：

$$Y=\Delta X=\alpha U\Delta T=1.12\times10^{-5}\times60\times10^{3}\times65=43.68\text{mm}$$

（3）设计膨胀弯后，管道的总长度为 $L=U+2h$，应用简化分析公式（11-124）得：

$$\frac{406\times43.68}{(60+2h-60)^{2}}\leqslant208000\times\frac{210}{210000}$$

$$406\times43.68/(60+2h-60)^{2}\leqslant208000\times210/210000$$

由上式解得：$h=4.6168\text{m}$。

11.6.3 管道应力分析的详细分析法（计算机法）及其应用

压力管道系统应力分析的详细分析法就是指利用计算机软件进行的应力分析。自20世纪70年代后，世界各国陆续开发了许多管道应力分析计算软件，应用比较广泛的有美国COADE公司开发的CAESAR Ⅱ、美国Bentley Systems Incorporated公司开发的AutoPIPE、英国Sunrise System Limited公司开发的PIPENET，等等。进入90年代，我国也相继开发了很多压力管道应力分析计算软件，如长沙易优软件有限公司（UEsoft）开发的AutoPSA、上海科元管道技术发展有限公司开发的STRESS V2.0、全国化工设备设计技术中心站和上海讯羽化工工程高技术中心联合开发的ASIP V1.0，等等。

在诸多管道应力分析软件中，国际公认的是CAESAR Ⅱ软件。CAESAR Ⅱ软件已经广泛应用于石油、化工、电力、钢铁、海事、船舶等领域。CAESAR Ⅱ是以梁单元模型为基础的有限元分析程序，具有在线帮助、图形显示以及纠错等功能，具有界面清晰，易操作等特点。CAESAR Ⅱ可进行静力分析，也可进行动力分析；可用于架空管道的分析，也可用于埋地管道的分析计算。具有丰富的材料库、弹簧数据库和膨胀节数据库。边界条件设置方便，数据与模型即时响应，可减少建模过程中错误的发生，提高建模效率。

CAESAR Ⅱ是世界上应用最广泛的软件之一，也是进入我国最早的管道应力分析计算软件，目前在国内得到了广泛的应用。因此，本书以CAESAR Ⅱ为例，介绍采用计算机软件（详细分析法）进行压力管道应力分析设计的过程。

11.6.3.1 CAESAR Ⅱ软件的基本操作指南

进行管道应力分析计算之前，需要得到的参数有管道设计温度、设计压力、工作介质、介质密度、管道外径及厚度、管道保温材料的密度及厚度，是否有内衬材料，内衬材料的厚度及密度，管道的基本走向，等等。

（1）主菜单界面介绍

①CAESAR Ⅱ软件的界面输入模式是交互式图形输入，可以使用户更直观地查看模型。CAESAR Ⅱ支持单线图、双线图、线框图和实体图。

②CAESAR Ⅱ主界面菜单如图11.14所示。主菜单中用户可以选择新建模型、打开已有模型、进入管道模型生成器、埋地管道、钢结构模型、静力分析、动态分析、静态分析处理器、ISO图形生成、配置输入文件、材料库，等等。

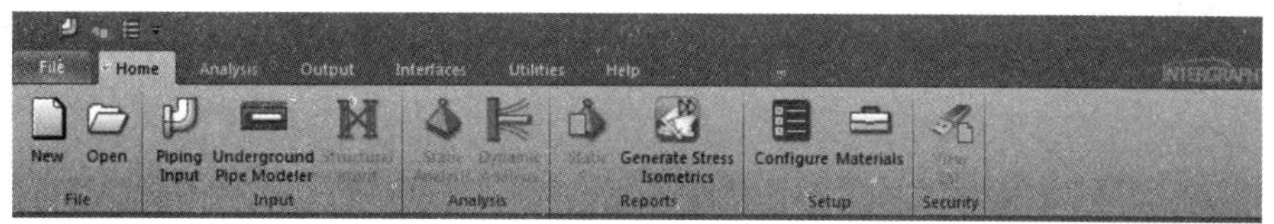

图 11.14　主菜单界面

点击 NEW，开启新建菜单（图 11.15）后，点击 Piping Input，此时将新建管道模型，当点击 Structural Input 则是新建钢结构模型（只能计算钢结构的刚度，不能计算钢结构的强度及安全性）。

新模型建立后，软件进入模型输入界面，如图 11.16 所示。模型输入界面分为基本参数输入区、管道元件结构参数输入区、边界条件输入区、设计规范选择区。

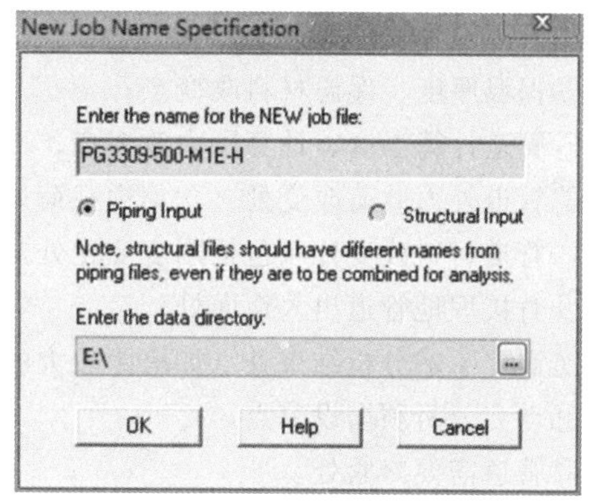

图 11.15　新建菜单界面

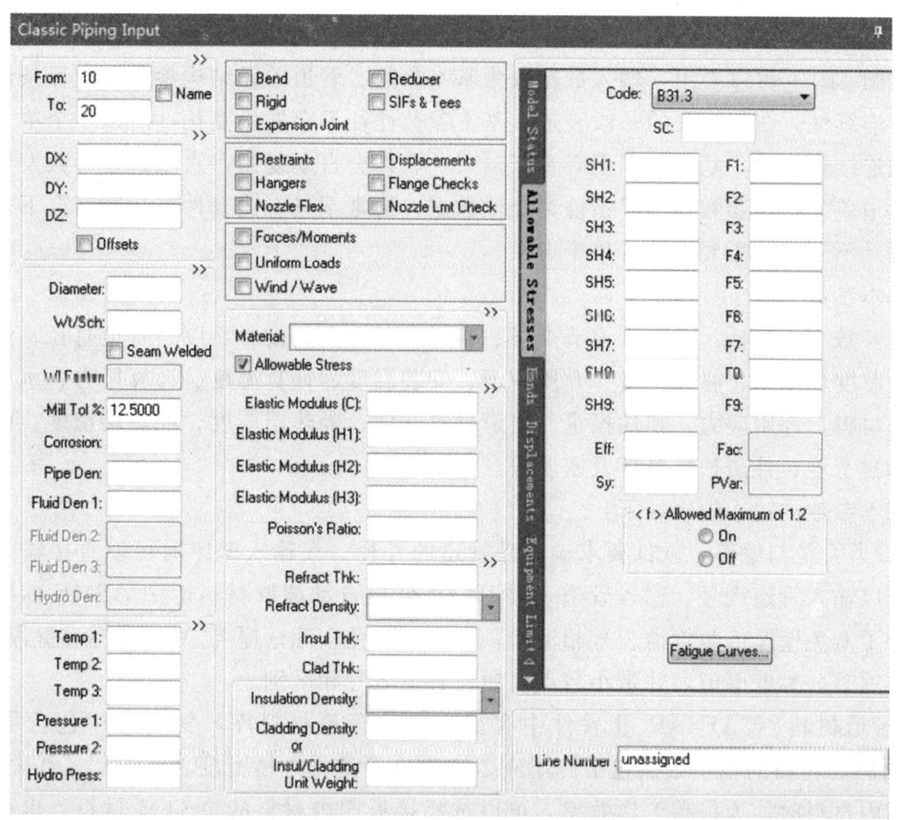

图 11.16　单元数据输入界面

（2）管道节点单元划分

建立管道分析模型的第一步是将管道划分为单元，这些单元在节点处相互连接。一般应在下列位置设置节点：

①管道端点（含管道与设备接管连接处）；

②管道约束点、支吊点和给定位移处（含弹簧支吊位置）；

③管道方向改变点或分支点（如弯头、三通处）；

④管道直径、壁厚改变点；

⑤保温厚度、保温材料改变点；

⑥管道计算温度、计算压力改变点；

⑦管道外力载荷改变处（含集中载荷处）；

⑧管道材料改变处（包括刚度变化处，如刚性元件、柔性元件、膨胀节等）；

⑨直接埋地管道出入地面处；

⑩需要了解分析结果处（如跨距较大的跨中点处）；

⑪动力分析须增设节点；

⑫管道需要冷紧处。

为了在分析中方便将已有单元细分，通常节点号并不连续排列，而是留有一定间隔，一般情况下可将相邻节点的编号间隔取 5 或 10。

（3）输入单元数据

通过图 11.16 可以看出，输入数据分为基本参数、管道单元结构参数和边界条件。由于管道具有连续性，在相当长的一段管道上基本参数往往不会发生变化，所以一个单元接一个单元依次连续输入时，基础数据不必重新输入，软件会自动复制，直至这些参数发生变化为止。而管道单元结构参数和边界条件为个性数据，通常不具有连续性，一般情况下，每个单元的数据是不同的，需要设计者单个定义。

①基本参数

基本参数主要包括：输入管道节点号、管道在各方向的投影长度、管道直径、壁厚、管道材料的厚度负偏差、腐蚀裕量、介质密度、安装温度、计算温度、计算压力、水压试验压力、管道材料、许用应力、弹性模量、管道材料密度、隔热层厚度、隔热层密度、内衬材料厚度、内衬密度、外防护层厚度及密度等。

各基本参数的输入规则如下：

a）管道直径与壁厚。软件要求输入是管道的外径。在输入壁厚时可以直接输入公称壁厚，也可以输入管道表号。输入管道表号时，计算机自动读取材料库中 ASME 标准数据壁厚值。为了避免壁厚值与管道表号相混淆，也为了避免实际壁厚与 ASME 标准壁厚有差别，建议直接填写公称壁厚值，并带小数点以便与管道表号相区别。

b）管道材料。CAESAR Ⅱ 软件中有很丰富的管道材料库，材料库中包含了常用的 ASTM 材料，材料的基本数据包括许用应力、弹性模量、材料密度、泊松比、线膨胀系数。当采用国内材料时，为提高工作效率，可以选择接近国内材料的 ASTM 材料。也可以选择 21 号［（21）USER DEFINED］自定义材料，手动填入材料特性参数。

c）介质密度。介质密度应按工艺专业提供的实际密度填入，对于两相流管道应输入介质的平均密度。因气体密度非常小，气体介质管道可不填入介质密度，但如果管道进行水压试验，填入水压试验压力后，在计算水压试验工况时，管道对支架的载荷会计入水的重量。

d）隔热层及内衬等密度及厚度。对支架及受力结构来说，每一处的载荷都关系到支架或结构规格的选择，隔热层及内衬等的密度及厚度的输入，计入到后台的数据即为对支架等受力结构的载荷，均需准确填入。

e）安装温度和计算温度。安装温度和计算温度都会影响到管道热胀冷缩量的计算结果，也会影响到力、位移和应力的计算结果。安装温度是指管道系统在施工时的环境温度。没有特殊要求的情况下，可取 20℃；计算温度按第 10 章规定的设计温度来确定。

f）计算压力。计算压力可按第 6 章规定的设计压力来确定。

②管道单元结构参数

管道单元结构参数主要包括管系中管道单元的几何形状及尺寸、结构特征（直管、弯头、三通、异径管、刚性件、膨胀节等）。对于所有单元，首先要输入的是单元起止点的节点号，然后输入单元在坐标轴上的投影增量。

a）直管单元的输入。输入直管单元起止点的节点号，再输入单元在坐标轴上的投影增量。当管道走向与坐标轴同向时，其投影增量为正；反之为负；当投影长度为零时可缺省。

b）弯头单元。弯头单元输入的基本内容与直管单元相同。不同之处是，当激活弯头输入框时，程序会弹开一个弯头参数界面，这些参数包括弯头的曲率半径、弯头两端的连接形式，弯头附加节点相对于弯头节点的角度及弯头上附加的节点号、焊接弯头的节数及弯头壁厚。弯头的曲率半径计算机默认值为 1.5DN；如需输入其他数据，可直接输曲率入半径值即可。如果已知在弯头处有支承点，应选择相应的提示状态。弯头壁厚值缺省时，计算机则自动取与前直管段相同的壁厚值。

c）三通单元。三通是管道分支点，只设置一个节点编号。点击三通输入菜单后，在界面提示输入区输入三通类型、三通平面内及平面外的应力增大系数、补强板厚度、三通肩部过渡区的曲率半径等特征参数。

需注意的问题：此处说的三通是指管道的支管连接。程序给出了六种支管连接的形式，分别为带补强圈的开孔连接、不带补强圈的开孔连接、标准对焊三通、嵌入式加强支管、对焊支管台、挤压成型对焊三通。不同的接管连接形式，有不同的应力增大系数，当选择好支管的连接方式后，程序会自动计算三通的应力增大系数。

d）刚性单元。当管道元件刚度较大时，如管道上的法兰、阀门、小型管道设备等，可作为刚性单元的形式计入模型。在管道应力分析中，认为其变形极小可以忽略，且往往代表一个集中质量。点击该菜单后，按提示输入刚性单元的重量。

e）膨胀节单元。点击膨胀节输入菜单后，需要按膨胀节的结构型式，输入相应的数据。定义膨胀节的数据包括轴向刚度、横向刚度、弯曲刚度、扭转刚度、有效直径等内容。注意当膨胀节为约束型，产生的盲板力已经被外部约束部件承受的，不要填入有效直径。这样程序就不会计入盲板力。

③边界条件

边界条件包括位移边界条件、载荷边界条件、弹簧边界条件。位移边界条件包括约束点的约束条件、附加位移等；载荷边界条件包括管道系统的集中载荷和分布载荷；弹簧边界条件考虑弹簧的作用。边界条件的输入与单元输入同时进行。

a）边界位移条件。点击位移边界中的约束条件菜单时，将会出现辅助菜单，提示输入相应的信息，包括约束节点号、关联节点号、约束类型、约束间隙、约束刚度、摩擦系数等。在实际的管道工作状态中，许多点都可能存在附加位移。在输入附加位移时，点击该输入菜单，在相应的输入提示信息中输入线位移和角位移即可。

b）载荷边界条件。分为集中载荷和均布载荷。分别点击输入菜单输入相关载荷值，载荷即可代入程序进行计算。

c）弹簧边界条件。CAESAR Ⅱ中提供有弹簧数据库，打开弹簧输入菜单后，此程序可以实现自动选择弹簧。程序中有包括中石化在内的各国知名弹簧制造商的弹簧参数，当选择一个数据库时，程序计算过程中会帮用户自动选取弹簧，并在计算书中列出弹簧的安装载荷、工作载荷、位移、弹簧刚度等一系列数据。

除了程序自动选取弹簧外，用户也可人为设定弹簧参数，如弹簧安装空间、弹簧允许载荷变化率、刚性支承位移准则、最大允许位移、并联弹簧的数量、是否允许选择短弹簧、弹簧工作载荷（计算利旧弹簧或现场支承条件不可更改情况选弹簧）、多种工况选弹簧、需要安装载荷接近零的节点、弹簧刚度、理论安装荷载、恒力弹簧荷载等。

（4）分析计算

①管道静力分析计算

a）输入数据的检查

CAESAR Ⅱ 程序运行前，建模过程中难免会出现输入错误，检查管道基本参数（只能自检）是否正确后，进入自动检查功能（可检查逻辑错误），如有错误会提醒设计者，设计者更改后，进入计算工况编辑器。

b）计算工况选择

确认原始输入数据无误后，即可进入计算工况选择程序。CAESAR Ⅱ给出的工况代号意义如下：

W—重力载荷工况，包括管道重、保温重、介质重、刚性元件重等重量；

WNC—重力载荷工况，与 W 不同的是不包括介质重量；

T_1～T_9—九种温度工况；

P_1～P_9—九种压力工况；

D_1～D_9—九种附加位移工况；

F_1～F_9—九种集中力和力矩工况；

WIN_1～WIN_4—四种风载荷工况；

WAV_1～WAV_4—四种波动载荷工况；

U_1～U_3—三种均布载荷工况；

H—弹簧工况；

CS—冷紧工况；

SUS—持久载荷工况组合，程序将自动对该类工况组合进行持久载荷作用下的一次应力校核；

EXP—纯热态载荷工况组合，程序自动对该类工况组合进行二次应力校核；

OCC—临时载荷工况组合，程序自动对该类工况组合进行临时载荷作用下的一次应力校核；

OPE—操作状态载荷工况组合，该类工况组合主要用于管道对支吊架和设备管口的推力计算，程序不对该类工况组合进行应力校核；

FAT—疲劳载荷工况组合，程序自动对该类工况进行疲劳校核。

②管道动力分析计算

进入 CAESAR Ⅱ的动力分析界面，可以进行各种动力分析，包括振型分析、简谐激振强迫振动分析、响应谱分析（地震分析、安全阀泄放载荷分析、水锤分析、柱塞流分析）、时间历程分析等。

CAESAR Ⅱ软件要求进行动力分析的管道系统和结构必须为线性系统，不允许非线性约束的存在。承重支架就是非线性约束的一个例子。为此，CAESAR Ⅱ软件在进行动力分析之前，要求首先进行静力分析计算，这主要是为了确定非线性约束的状态。如果承重支架在静力分析中脱空，则在动力分析中认为该点完全自由；否则认为该点上下两个方向均受到约束。

摩擦力也具有非线性性质，动力分析时必须将摩擦力线性化。缺省情况下，CAESAR Ⅱ将排除摩擦力的作用。如果需要，CAESAR Ⅱ软件可引入弹性刚度以考虑摩擦力的作用。

（5）计算结果的输出及安全评价

计算的结果是依据最初选择的规范，对一次应力和二次应力进行校核，并形成输出报告。报告内容包括：

①管系上各约束点的受力、力矩、应力；

②管系上各点的位移值；

③管系上各点的应力值（按工况分别列出）；

④管系上最大位移值及点的位置、各方向最大受力值及点的位置、最大应力值；

⑤如有弹簧，则报告中有弹簧约束点的弹簧号等弹簧数据表；

⑥输入法兰校核信息后，会得到法兰泄漏校核数据，为法兰的安全性提供依据；

⑦管系的基础输入数据，警告信息等；

⑧安全评价。一次应力评定，满足公式（11-1）和公式（11-2）的要求；二次应力（EXP 工况）评定，满足公式（11-3）的要求；

（6）编制计算书

分析计算结果满足标准和规范的要求后，应编制计算书，向相关专业提交应力分析计算结果。计算书内容一般包括如下内容：

①主要的输入数据；

②管道一次应力的校核结果；

③管道二次应力的校核结果；

④管道端点和各约束点、与机器设备的连接点、固定点、支吊点、限位和导向点以及位移给定点处的安装状态和操作状态的受力；

⑤各节点处安装状态和操作状态的位移；

⑥弹簧支吊架和膨胀节的型号等有关信息；

⑦离心式压缩机、汽轮机、离心泵的受力校核结果；

⑧往复式压缩机、往复式泵管道系统的固有频率；

⑨经分析计算最终得到的管道三维轴测图，包括支吊架的位置及形式、膨胀节位置等信息。

11.7 压力管道应力分析应用举例

前面介绍可以看出，压力管道应力分析是一个复杂的过程，软件的应用也不仅仅是简单操作的事情。需要设计者具有深厚的理论基础和丰富的实际设计经验，才能得到正确的应力分析结果。这里通过几个典型管道系统模型的应力分析（参见 ASME B31.3 附录 S），来说明压力管道详细应力分析的相应内容及其过程，对压力管道应力分析过程有个初步的认识。

11.7.1 几个定义

（1）坐标轴

本节计算中采用直角坐标 X、Y 和 Z 轴，垂直向上表示为 $+Y$（为正），而重力作用的方向表示为 $-Y$（为负）。

（2）压力

管道内压用 p_J 表示。当在管道系统中存在一个以上的条件时，使用下标（即如 p_1、p_2、…）。

（3）温度

用 T_J 表示管子的最高或最低金属温度。当在管道系统中存在一个以上的条件时，使用下标（即如 T_1、T_2、…）。

（4）Y+支承

用 Y+表示单独作用的支承。是指仅仅在垂直向上的方向提供支承，当管子施加一个向下的力在支承上时，它被认为是“活动的”，即管子可向上自由移动，也就是说，管子“提起”了支承；被“提起”状态的支承认为是从提供的支承中“移开了”，也就是说，在上述负荷条件期间，支承不起作用。

11.7.2 简单的标准适用模型（举例 1）

（1）模型基本条件

该模型为一个有适当支承和适当柔度的管道系统，如图 11.17 所示。在图 11.17 中的管道系统使用 ASTM A106 B 级的无缝管制造，其公称直径为 $DN=400$mm，公称壁厚为 9.53mm，硅酸钙保温层厚为 127mm，腐蚀裕量 1.59mm；流体有特定的相对密度 1.0。管道系统预计的当量循环数低于 7000，即按本章 11.1.3.2 节许用应力范围折减系数 $f=1.00$。

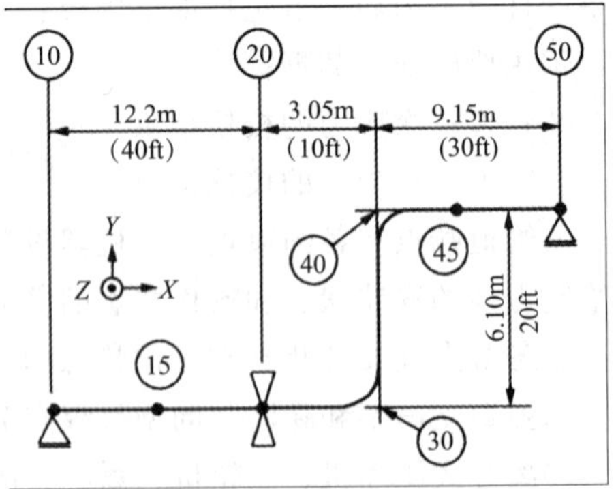

图 11.17 简单的标准适用模型

该管道系统为常规流体工况，安装温度为 21℃，用于管道分析的参考弹性模量为 203.4GPa，泊松比为 0.3。该管道系统在正常操作期间预计的内压、最高和最低金属温度及设计条件列于表 11.11。该设计条件是已按业主要求提供较实际操作条件更严格的要求用于压力设计，以确定有附加裕度的许用应力。

表 11.11 温度/压力组合条件

条件	压力	温度
设计条件	3795kPa	288℃
操作（p_1、T_1）	3450kPa	260℃
最高金属温度		
操作（p_2、T_2）	0kPa	-1℃
最低金属温度		
安装温度	0kPa	21℃

（2）确定设计条件

根据管道系统基本条件，确定压力额定参数、法兰额定参数、组件额定参数和要求的最小管壁厚度。

设计压力：$p=3795$kPa；

设计温度：$T=T_1=288$℃；

无缝管：焊接接头系数 $\phi=1.0$；焊接接头高温系数：$W=1.0$

许用应力：按设计温度为 288℃查材料表，许用应力 $S=125$MPa；

计算系数 Y：查表 10.5，$Y=0.4$；

腐蚀裕量：$C_2=1.59$mm；加工深度：$C_3=0$；

管子外径：$D=406.4$mm。

由公式（10-1）得管子计算厚度 δ 为：

$$\delta=\frac{pD_o}{[2(\phi[\sigma]^t+pY)]}=6.1\text{mm}$$

由公式（10-2）得管子设计厚度为：

$$\delta_d=\delta+C_2+C_3=\delta+C=6.10+1.59=7.69\text{mm}$$

管了要求的最小厚度即管子设计厚度 δ_d。现在选择一个适当的管标号，从公称管壁厚度 δ_n减去钢厂公差 12.5%以确定规定的最小管壁厚度 δ_{min}。

选择 $DN400$（NPS16）管标号 30/STD，从 ASME B36.10M 得到其公称管壁厚度：

$\delta_n=9.53$mm

$\delta_{min}=9.53\times(1.0-0.125)=8.34$mm

由于 $\delta_{min}\geqslant\delta_d$（即 8.34mm>7.69mm），所选择的 30/STD 管的壁厚度 δ_n是合格的。该管道系统规定的长半径弯头按 ASTM B16.9 使用管标号 30/STD 壁厚的管。法兰等级按 ASME B16.5 对 ASTM A105 的法兰要求的最低等级为 300 级。

（3）计算机模型的输入

表 11.12 和表 11.13 列出显示于图 11.17 的每个管道“要素”的“节点数”、长度等。在计算机模型中使用的弯头半径为公称管直径的 1.5 倍，即 609.6mm；公称管壁厚为 9.53mm。

表 11.12　一般管子应力模型的输入

术语	数值
操作条件	
内压 p_1	3450kPa
最高金属温度 T_1	260℃
最低金属温度 T_2	-1℃
装置温度	21℃
管线直径	*DN*400
管子	管标号 30/STD，9.53mm
加工允差	1.59mm
钢厂公差	12.5%
弯头	长半径
流体特定的相对密度	1.0
保温层厚度	127mm
保温层密度	176kg/m³
管子材料	ASTM　A106 B 级
管子密度	7833.4kg/m³
总质量	7439kg
单位质量	248.3kg/m

一般计算机程序选项“标记”如下：

①包括在弯头部分压力的增强；

②排除压力的猛推和波通（Bourdon）效应；

③在刚性矩阵和位移应力分析中使用公称截面性能；

④对于持久应力 S_L，使用“公称最小允差”的截面性能；

⑤在持久应力 S_L 中，包括轴向负荷和内压力；

⑥在计算弯头由于持续负荷引起的有效应力 S_L 中，加强弯头的平面内弯矩；

表 11.13　要素连接、类型和长度

起点	终点	D_x/m	D_y/m	要素类型
10	15	6.10	…	10-锚固件
				15-对分节点
15	20	6.10	…	20-“Y”型支承
20	30	3.05	…	三个节点的弯头①
30	40	…	6.10	三个节点的弯头①
40	45	3.05	…	报警节点
45	50	6.10	…	50=弯头

注：这个管道系统是平面的，即每个管道元件的 D_x=0m。

①规定的要素长度是从每个弯头切线交叉点为测量的起点或终点。

说明：ASME B31.3 不使用应力增强系数作为应力的指标应用于管道组件的持久负荷，应力增强系数是基于疲劳试验的结果，建立适当的索引是设计者的责任，本例使用 0.75 倍的应力增强系数用于持续不变的场合。

（4）压力影响

对于操作、持久和位移应力范围负载的案例，包括在弯头部分应力增强的影响按 ASME B31.3 附录 D 注（8）来确定末端的反作用力，不包括压力导致伸长压力波动效应的影响，这二者对于本例认为是可以忽略的。

（5）操作载荷的工况

对于任何附属设备、锚固件、支承件、导轨或障碍，操作负荷的工况是用来确定管道和反作用负荷的操作位置，该操作负荷的工况是基于温度范围从举例的安装温度 21℃ 到最高操作金属温度 260℃。本例的操作负荷也包括在管道系统中内压、管子重量、保温层重量和流体重量的影响，管道刚度和应力是基于管子的公称壁厚，对于本操作负荷工况的管子位移和内部反作用负荷列于表 11.14。作用于锚固件和支承结构的管道负荷列于表 11.15。

（6）持久载荷的工况

在本例中由于轴向力、内压和增强的弯曲力矩引起的持久应力联合后确定持久的纵向应力 S_L，该持久负荷工况排除了热影响，但包括了在管道系统中内压［p=3450kPa］、管子重量、保温层重量和流体重量的影响。

公称截面性能按 11.2 节用于计算机模型以产生刚性矩阵和持久负荷。公称厚度减去允差用来按 11.2 节计算持久应力 S_L 下的截面性能。

表 11.14 操作载荷工况的结果：内部负荷和位移

节点号	轴向力/N（有符号）	弯矩/N·m（无符号）	横向位移/mm	垂直位移/mm
10	26500	21520	0.00	0.00
15	-26500	10710	18.3	1.3
20	-26500	47560	36.7	0.00
近 30	-26500	57530	44.0	-3.7
30 中间	-46300	69860	44.7	-2.3
远 30	-37800	65320	41.4	0.4
近 40	-25920	63930	-23.0	15.1
40 中间	-36250	70860	-26.4	17.8
远 40	-26500	65190	-25.7	19.2
45	-26500	14900	-18.3	13.5
50	26500	47480	0.00	0.00

注：负荷和位移是平均值，来自商业程序的单位换算误差。

表 11.15　操作载荷工况的结果：在支承件和锚固件上的反作用负荷

节点号	球形轴的力和力矩		
	F_x/N（有符号）	F_y/N（有符号）	M_z/N·m（无符号）
10 锚固件	-26500	-12710	21570
20 支承件	…	-63050	…
50 锚固件	+26500	+2810	47480

汇总的持久载荷工况：内部反作用力、力矩和持久应力 S_L 规定于表 11.16。由于本例模型仅是在一个平面上，且在平面中的弯矩不是 0，仅有持久的弯曲应力。该平面的弯矩在每个弯头处应用适当的指标来增强，对于 A106 B 级管道在最高金属温度 T_1＝260℃，得到持久允许应力 S_h，在表 11.16 中对于节点允许的持久应力不超过 130MPa，该管道系统被认为是能防止倒塌的。

表 11.16　持久力和应力［S_h＝130MPa］

节点号	轴向力/N（有符号）①	弯矩/N·m（无符号）①	持久应力 S_L/kPa②
10 锚固件	+3270	17260	59100
20 支承件	-3270	56130	99200
远 30	-19880	16320	72700
远 40	+3270	2340	46050
50 锚固件	+3270	37860	80350

①负荷、位移和应力是平均值，来自商业程序的单位换算误差。

②有符号的轴向力不包括有符号的轴向压力，但包括持久应力 S_L。

(7) 位移应力范围载荷工况

在本例中的位移应力范围 S_E 是按 11.1.3 节确定，对于分析的热循环从安装温度 21℃到最低金属温度 T_2＝-1℃和从安装温度 21℃到最高金属温度 T_1＝260℃的范围。对于每个要素，该位移应力范围 S_E 按公式（11-3）计算，并连同内部反作用负荷一起列于表 11.17。由于该实例模型仅是在一个平面上，且在平面中的弯矩不是 0，在每个弯头处该平面的力应用无法兰弯头在平面内的适当应力增强系数 i_i 来增强。

表 11.17　位移应力范围［S_A＝205MPa］

节点号	F_x/N（无符号）	F_y/N（无符号）	M_z/N·m（无符号）	S_E/kPa
10 锚固件	25070	1130	4600	4000
20 支承件	25070	1130	9250	8040
30 中	25070	19330	60250	137000
40 中	25070	19330	76740	174500
50 锚固件	25070	19330	92110	79900

注：负荷、位移和应力是平均值，来自商业程序的单位换算误差。

(8) 应力分析结论

为了简化，允许的位移应力范围 S_A 使用公式（11-4）计算，虽然公式（11-4）用于本例，对于每个管道系统要素，基于其每个要素的持续应力 S_L 的量级，当 S_A 的值超过公式

(11-4) 的值时，也可使用公式 (11-5) 计算。

注意每个管道要素的位移应力范围，基于最低金属温度到最高金属温度，对于其热循环在分析 S_E不超过公式 (11-4) 的允许值 S_A，用限制 S_E到 S_A，该管道系统被认为调节到7000全位移当量循环是适当的。

考虑持久和位移应力范围负荷的实例，该管道系统是符合标准（ASME B31.3 和 GB/T 20801.3）的要求的。除非对于附属设备接管或支承结构在节点20是过载时，在锚固件节点10或50的持久或操作反作用负荷超过允许负荷，否则不要求对该管道系统重新设计。

11.7.3 管子提起模型（举例2）

本例是用来说明这样一个管道系统的分析过程，其中的一部分管道，至少在一个操作条件下，管道中至少在节点50处的支承被提起（图11.18）。本例是强调说明支承的除去对于确定预期的持久条件方面的影响。在这个例子所采用的同样原则也可用于导向支承和止推支承（单向止动或存在间隙的情况），在任意预期的操作工况中，这些支承反向发生作用的情况。

本例仅仅起说明的目的，并不用来说明同样的管道布置和/或支承的方案是适当的或甚至是合格的。在图11.18中的管道与举例1中的管道有相同的材料和尺寸特性。

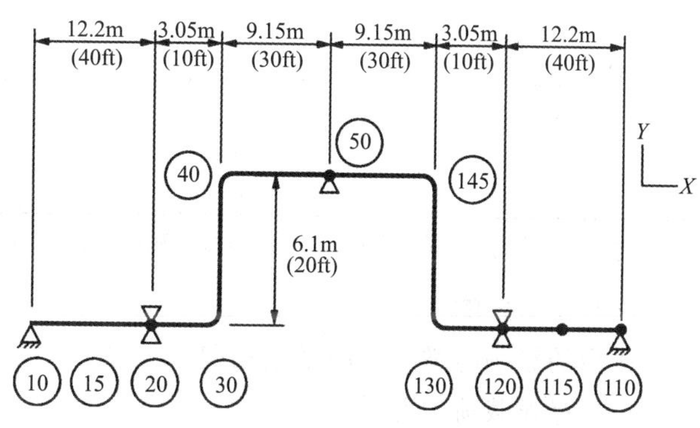

图11.18 管子提起的模型

（1）模型基本条件

见举例1的（1）模型基本条件。要注意设计和操作工况都远在蠕变温度以下，因此，该管道系统不产生任何永久性的与蠕变有关的位移、松弛和下垂。

（2）设计条件

设计条件与举例1中的管道相似，见表11.18。注意，虽然设计条件有轻微的提高，但最小厚度保持举例1中的数值不变。水压试验压力从6039kPa增加到6729kPa。

表11.18 温度/压力的组合

条 件	压 力	温 度
设计条件	3968kPa	302℃
操作在（p_1，T_1）	3795kPa	288℃
最大金属温度		
（操作情况1）		
操作在（p_2，T_2）	0kPa	-1℃
最小金属温度		
（操作情况2）		
安装温度	…	21℃

(3) 计算机模型的输入

表 11.19 列出显示于图 11.18 中每个管道组件节点值、长度等。计算机基本选项与举例 1 的模型相同。

表 11.19　普通管子的应力模型输入：要素连接、类型和长度

起点	终点	D_x/m	D_y/m	要素类型
10	15	6.10	…	10 -锚固件
				15 -报警节点
15	20	6.10	…	20 - “Y” 型支承
20	30	3.05	…	三个节点的弯头①
30	40	…	6.10	三个节点的弯头①
40	45	3.05	…	报警节点
45	50	6.10	…	50Y+支承
110	115	-6.10	…	110 -锚固件
				115 -报警节点
115	120	-6.10	…	120 - “Y” 型支承
120	130	-3.05	…	三个节点的弯头①
130	140	…	6.10	三个节点的弯头①
140	145	-3.05	…	报警节点
145	50	-6.10	…	

①规定的组件长度是从每个弯头切线交叉点作为测量的起点或终点。

(4) 压力影响

压力的影响与举例 1 的模型相同。

(5) 操作载荷工况

在本例中，评价讨论载荷工况的操作条件基于：操作工况 1，包括管子重量、安装重量、流体重量、内压 $p_1=3795\text{kPa}$ 和温度 $T_1=288℃$ 的影响。通过计算一个操作工况，来确定管道在操作时的状态以及确定对任何连接的设备、锚固件、支承件、导向支承或止推支承所作用的反力。特别的，设计需应对每个设计载荷工况下的支承方案进行计算和评价，以确定是否任意一个预期的持久工况需要按移除一个或多个支承来进行校核。对于操作实例 1，作用于锚固件和支承件结构的管道负荷列于表 11.20。注意只有节点号10～50 列于下列表中，这是由于模型的对称性，也为了便于与举例 1 比较。举例来说，对于节点号 10～40 与节点号 110～140 比较，除了符号不同外，其他都是相同的。

表 11.20　操作条件 1 的结果：在支承和锚固件上的反作用负荷

节点号	F_x/N（有符号）①	F_y/N（有符号）①	M_z/N·m①
10 锚固件	-26500	-14050	27000
20 支承	…	-58900	…
50	…	0②	…

①负荷和位移是平均值，来自商业程序的单位换算误差。对于节点 10 和 20 与节点 110 和 120，其负荷大小是相同的，只是符号不同。

②对于操作情况 1，在节点 50，支承没有提供约束。

(6) 持久工况

对于每个评价的持久条件，由长期持久负荷而产生的持久应力 S_L，按公式 (11－49) 计算，见本书第 11.2.2 节。

①预期的持久工况

利用所有可能的支承条件组合的所有预期持久工况都应考虑。对该管道系统，设计者已分析有四种预期的持久工况，每个工况都列于表 11.21 中，表中还注明了节点 50 支承 Y＋的状态，该状态是通过分析得到的结果或直接由设计者确定的。设计者已认为持久工况 3 是控制持久工况设计的，又是需要校核的。

表 11.21 预期的持久工况

持久条件	节点 50 的支承状态（作用/除去）
1：安装态①	作用
2：P②	作用
3：P②	作用中
4：P②	作用

①原始（安装态）条件只考虑管子重量和保温层重量，不包括流体或内压。

②持久工况反映有关操作条件的支承方案，不包括热影响但包括与管道系统有关的内压、管子重量、保温层重量和流体重量的影响。

②持久工况的校核结果

持久工况 3 反映了操作条件 1 的支承方案，不包括热影响但包括作用于管道系统的内压 [p_1＝3795kPa]、管子重量、保温层重量和流体重量的影响。对于持久工况 3，管道内反力、力矩和持久应力 S_L，汇总于表 11.22 中。有关确定持久应力的其他资料见本书第 11.2.2 节。

表 11.22 对于持久条件 3 的持久力和应力（随着节点 50 支承除去）
{允许的 S_h＝124.5MPa（不合格)} 球形轴力和力矩①

节点号	F_x/N（有符号)②	F_y/N（有符号)②	M_z/N·m（无符号）	持续的 S_L/kPa②③
10 锚固件	12575	8385	3995	48645
20 支承	12575	64565	82845	129975
30 远	12575	34985	29985	101920
40 中	12575	21950	32770	108525
50 支承	12575	0④	62885	109385

①负荷和位移是平均值，来自商业程序的单位换算误差。对于节点 10～40 与节点 110～140 的负荷和应力的大小是相同的，只是符号可能不同。

②在需要计算轴向应力时，应保留其符号，但不包括带符号的轴向压力，后者包括在持续应力 S_L 中。

③与单位换算误差比较，应力可能略大些。

④对于持久条件 3 的节点 50 约束点，没有提供支承件。

(7) 位移应力范围载荷工况

位移应力范围荷载工况并没有列出，因为它们不是本例的主题。

(8) 应力分析结论

持久工况 3 的结果显示，当考虑操作条件 1 时，管道系统在分析条件下，不能防止其倒塌，因此，要求管道系统重新设计。

如果管道系统按标准的意图进行了重新设计，不再要求对管道系统进行进一步的关注，除非在锚固件点 10 或 110 上的持久、水压试验或操作反作用荷载超过附着设备接管的许用荷载或引起节点 20 或 120 的支承结构过载。接管的负荷和支承结构的分析已超出了本举例的范围，不再叙述。虽然临时荷载工况对管道系统的设计和分析是重要的，但不在这里讨论。

11.7.4 力矩反转模型（举例 3）

本例是说明当管道系统有一个以上的操作条件，并在任意二个预期的操作条件下经历力矩作用方向相反时要求的柔性分析。本例仅用来说明如何计算的目的，并不用来描述这是适当的或甚至是可接受的管道布置结构和/或支承方案。设计和操作条件是在蠕变范围以外。

（1）模型基本条件

在图 11.19 中的管道系统有二个集管和二个支管，支管用作气体“仪表通道”，在给定的时间内，只有一个支管处于工作状态，不在工作状态的支管在常温条件下进行吹扫。设计技术条件规定每个仪表支管每周交替工作一次。对于管道系统计划的 20 年服役寿命期，由本书图 11.1 查得许用应力范围折减系数 $f=1.20$。管道系统制造使用 ASTM A53 Gr. B 的管子（$\phi=1.00$）。集管公称直径是 $DN600$，支管公称直径是 $DN500$，集管和支管的厚度均为 9.53mm。为简单起见，每段管道或组件的长度为 1.524m。

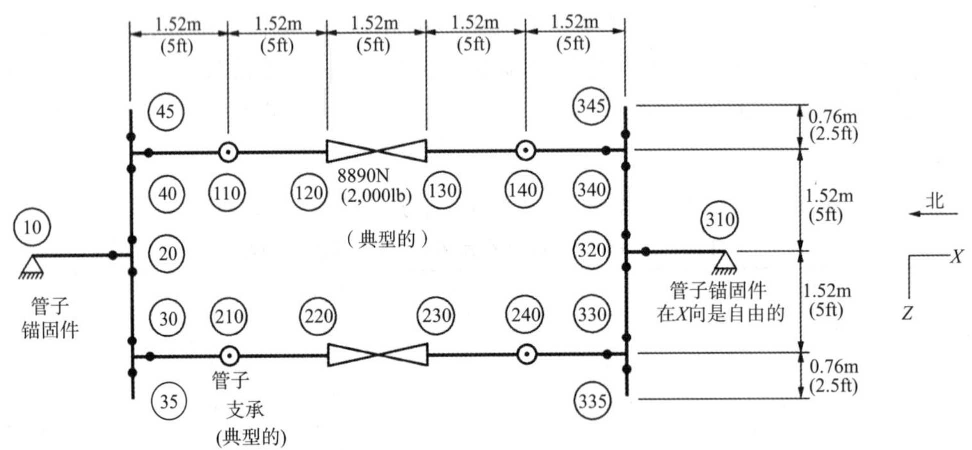

图 11.19　力矩反转模型

管道系统为常规流体工况，流体是气态的，不考虑其重量；也不考虑腐蚀和浸蚀的危险性，即没有腐蚀裕量。该管道不进行保温处理，其安装温度为 4.5℃，使用弹性模量为 203.4GPa，泊松比为 0.3。按本书第 11.3.1 节概念，考虑各集管上三个三通的最邻近的点，可以认为 ASME B31.3 附录 D 给出的应力增强系数对该管道系统中的集管三通是合适的。对于每个仪表通道在正常操作期间预期的管道内压、最低和最高金属温度及设计条件，列出于表 11.23。该设计条件高于操作条件，以提供业主要求的富余量。

表 11.23 温度/压力组合工况

条件	集管		西支管		东支管	
	压力/kPa	温度/℃	压力/kPa	温度/℃	压力/kPa	温度/℃
设计条件	2069	149	2069	149	2069	149
操作实例 1①	1724	121	1724	121	0	4.5
操作实例 2①	1724	121	0	4.5	1724	121
安装温度	…	4.5	…	4.5	…	4.5

注：对于计算用基本的温度和压力输入，考虑影响西支管从节点 30～330 的温度和压力列在表 11.24；同样地，考虑影响东支管从节点 40～340 的温度和压力列在表 11.24。

①东支管在大气条件下。

(2) 设计条件

设计条件规定了额定压力、法兰和管件的等级以及要求的最小壁厚。对于 ASEM A105 法兰，ASEM B16.5 要求最小为 300 磅级，对于支管和集管要求的最小壁厚为 4.4mm，考虑 12.5%的钢厂公差，因此选择标准壁厚为 9.5mm 的管子是合适的。

(3) 计算机模型输入

表 11.24 普通管子的应力模型输入要素连接、类型和长度

起点	终点	D_x/m	D_y/m	要素类型
10	20	1.52	…	10—锚固件（*DN*600 主管） 20—焊接三通
20	30	…	1.52	30—焊接三通
30	35	…	0.76	35—假设的端帽
20	40	…	-1.52	40—焊接三通
			-0.76	45—端帽
40	45	…		
40	110	1.52	…	（东 *DN*500 支管）110—Y 支承
110	120	1.52	…	120—管段
120	130	1.52	…	8890N 仪表
130	140	1.52	…	140—管段
140	340	1.52	…	340—焊接三通（西 *DN*500 支管）
30	210	1.52	…	210—Y 支承
210	220	1.52	…	220—管段
220	230	1.52	…	8890N 仪表
230	240	1.52	…	240—管段
240	330	1.52	…	330—焊接三通（*DN*600 主管）
310	320	-1.52	…	310—锚固件（从 *X* 向是自由的） 320—焊接三通
320	330	…	1.52 (5)	330—焊接三通
330	335	…	0.76 (2.5)	335—端帽
320	340	…	-1.52 (-5)	340—焊接三通
340	345	…	-0.76 (-2.5)	345—端帽

注：这个管道系统是平面的，即每个管道元件的 $D_y=0$m。

表 11.24 列出了显示于图 11.19 的每个管道部件的节点号、长度等。注意法兰和阀门部件没有明确地包括在表 11.24 列出的模型中。为简化起见，整个支管（从 T 形节点中心线到 T 形节点中心线）考虑在列于表 11.23 的条件下操作，即对于操作条件从节点 40 到节点 340 的东仪表支管，是在 1724kPa 和 121℃条件下操作。就计算机基本的选项来说，除了压力增强不包括在本例的分析中。与举例 1 是相同的。

（4）压力影响

在本分析中不考虑压力增强和压力波动效应。

（5）操作荷载工况

操作载荷工况是用来确定管道的位置以及所连接设备、锚固件、支承件、导向支架或障碍物所施加的反力。业主已在设计技术条件中规定了仪表支管和管道有更充分的支承，因此，虽必须给出应变范围的限制条件，但操作载荷工况并不作为本实例的重点，计算结果也没有给出。

（6）持久负荷工况

在本例中由轴向力、内压和增强的弯矩引起的持久应力组合后，确定持久应力 S_L，与在操作载荷工况中已陈述的相同理由，持久载荷工况的计算结果没有给出。

（7）位移应力范围负荷的实例

位移应力范围 S_E 按第 11.2.3 节进行计算，计算中是将列于表 11.23 的操作工况 1 算得的应变与初始状态（安装状态，对本特定算例而言）算得的应变代数相减。同样，位移应力范围 S_E 也从列于表 11.23 的操作工况 2 和安装状态的代数应变差算得。对每一个管道组件，按第 11.2.3 节的公式（11－53），计算各自的位移应力范围以及内力，计算结果按操作工况 1 和操作工况 2 列于表 11.25 和表 11.26 中。

以上讨论的两个工况计算结果中的代数应变差产生了该管系的最大总应力差，即 S_E “对应于总位移应变的应力范围”。对各个管道组件所产生的载荷组合和 S_E 列于表 11.27。

表 11.25 工况 1：位移应力范围［允许的 S_A＝248.2MPa（通过）］

球形轴的力和力矩			
节点号	F_x/N（有符号）①	M_y/N·m（有符号）①	S_E/kPa②
10 锚固件	0	147470	55610
20 三通	0	－147470	189945
30 三通	－78485	45900	84360
40 三通	78485	45900	84360
110Y	78485	45900	25155
120	78485	45900	25155
130 仪表	78485	45900	25155
140Y	78485	45900	25155
340 三通	78485	45900	84360

续表

球形轴的力和力矩			
节点号	F_x/N（有符号）①	M_y/N·m（有符号）①	S_E/kPa②
210Y	-78485	45900	25155
220	-78485	45900	25155
230 仪表	-78485	45900	25155
240Y	-78485	45900	25155
330 三通	-78485	45900	84360
310 锚固件	0	-147470	55610
320 三通	0	-147470	189945

①负荷是平均值，来自商业程序。直接影响刚性元件的选择，如阀门、法兰和其他有关的刚性组件。
②由于单位换算误差，应力可能略有不同。

表 11.26　工况 2：位移应力范围［允许的 S_A=248.2MPa（通过）］

球形轴的力和力矩			
节点号	F_x/N（有符号）①	M_y/N·m（有符号）①	S_E/kPa②
10 锚固件	0	-147470	55610
20 三通	0	147470	189945
30 三通	78485	-45900	84360
40 三通	-78485	-45900	84360
110Y	-78485	-45900	25155
120	-78485	-45900	25155
130 仪表	-78485	-45900	25155
140Y	-78485	-45900	25155
340 三通	78485	-45900	84360
210Y	78485	-45900	25155
220	78485	-45900	25155
230 仪表	78485	-45900	25155
240Y	78485	-45900	25155
330 三通	78485	-45900	84360
310 锚固件	0	147470	55610
320 三通	0	-147470	189945

①负荷是平均值，来自商业程序。直接影响刚性元件的选择，如阀门、法兰和其他有关的刚性组件。
②由于单位换算误差，应力可能略有不同。

表 11.27 综合工况 1 和 2 的负荷，总的应变基于：位移应力范围［允许的 $S_A=379.8MPa$（不合格）］

球形轴的力和力矩			
节点号	F_x/N（有符号）①	M_y/N·m（有符号）①	S_E/kPa②
10 锚固件	0	294940	111220
20 三通	0	-294940	379890
30 三通	-156970	91800	168720
40 三通	156970	91800	168720
110Y	156970	91800	55310
120	156970	91800	55310
130 仪表	156970	91800	55310
140Y	156970	91800	55310
340 三通	156970	91800	168720
210Y	-156970	91800	55310
220	-156970	91800	55310
230 仪表	-156970	91800	55310
240Y	-156970	91800	55310
330 三通	-156970	91800	168720
310 锚固件	0	-294940	111220
320 三通	0	294940	379890

注：节点 20 和 320 许用范围的持续应力为 $S_L=28380kPa$。
①负荷是平均值，来自商业程序。直接影响刚性元件的选择，如阀门、法兰和其他有关的刚性组件。
②由于单位换算误差，应力可能略有不同。
③平均的轴向位移应力，如外加冲击，不包括在确定位移应力范围中。

（8）应力分析结论

本管系符合标准中持久载荷的要求，从初始状态（安装工况）到各操作工况的位移应力范围表明，即使将其限制在按公式（11-4）得到的许用应力 S_A，该管系也符合标准的要求。但当考虑两个操作工况间的代数应变差而得到的对应于总位移应变的应力范围时，即采用公式（11-5）得到许用应力 S_A，该管系不能防止载荷循环产生的疲劳，因此，该管系需要重新进行设计。

重新设计应考虑平均轴向位移应力所产生的附加效应，如果该管系重新设计后能符合标准的要求，则该管系不再需要关注，除非持久载荷、液压试验载荷或操作工况载荷在固定点 10 或 310，或在仪表支管 130 或 290 超过了所连接设备、接管或支承结构的许用载荷。仪表载荷、接管载荷和支承结构分析超出了本范例的范围而不再陈述，虽然临时载荷工况对管系的设计和分析是重要的，但在本算例中不予讨论。

思考题

1. 压力管道应力分析包括哪些载荷类别？

2. 管道应力分析应考虑哪几种组合工况?
3. 管道静力分析的基本内容有哪些?
4. 管道动力分析的基本内容有哪些?
5. 何谓一次应力? 何谓二次应力?
6. 一次应力和二次应力的当量应力是按第几强度理论计算的?
7. 管道柔性的概念是什么?
8. 管道柔性设计的目的是什么?
9. 在管道振动问题中，什么引起的振动是正常工况下出现的不可避免的强迫振动?
10. 如何计算压力不均匀度? 写出公式和公式中符号含义。
11. 何谓“水锤”现象? 水锤对管道系统有什么危害?
12. 埋地管道与地面上管道应力分析有何不同?
13. 什么样的管道不需要进行应力分析?
14. 哪些管道必须采用详细分析法进行应力分析?
15. 何谓管道系统详细应力分析方法?

第 12 章　管道支吊架设计

从第 11 章的管道系统应力分析可见，管道支承直接影响管道系统的柔性和应力状态，选择合适的支吊架型式、正确地确定支吊架的位置是保证压力管道安全运行的重要条件之一。因此，管道支吊架设计也是压力管道机械设计的重要内容。

管道支吊架设计主要包括：管道支吊架型式选用和位置确定、管道跨距的确定、管道支吊架承受载荷计算、管道支吊架结构与强度设计等方面的内容。

管道支吊架设计相关标准有 GB/T 17116—2018《管道支吊架》、SH/T 3073—2016《石油化工管道支吊架设计规范》等。

12.1　管道支吊架设计基本要求

12.1.1　设置支吊架的作用

管道支吊架是用以承受管道荷载、限制管道位移、控制管道振动，并将荷载传递至承载结构上的各类组件或装置（简称为“支吊架”）。管道设置支吊架应避免出现以下情况：

①管道应力超过允许的应力；

②管道接头处泄漏；

③与管道连接的设备上出现过大的推力和力矩；

④支承件或约束件中出现过大的应力；

⑤管道系统发生共振；

⑥管道柔性不足；

⑦有坡度要求的管道过度下垂，即挠度过大；

⑧管道支吊架发生非预期的脱离；

⑨在反复热循环作用下产生蠕变的管道出现过量变形或松弛；

⑩支承件温度超过材料的允许温度。

12.1.2　管道支吊架类型

管道支吊架按照功能可分为承受管道载荷、限制管道位移和控制管道振动三大类型。

(1) 承重支吊架。主要用于承受管道载荷，进一步细分为：

①刚性支吊架；

②可调刚性支吊架；

③可变弹簧支吊架；

④恒力弹簧支吊架；

⑤滑动支架；

⑥滚动支架。

（2）限制性（限位）支吊架。用于限制管道位移，细分为：

①固定支架；

②限位支架；

③导向支架。

（3）防振支架。用于控制管道振动，细分为：

①减振装置（减振器）；

②阻尼装置（阻尼器）。

12.1.3 支吊架设计基本要求

管道支吊架应能承受管道持续荷载、位移荷载和偶然荷载，并满足管道位移的要求。

①支吊架的结构件应具有足够的强度和刚度，并应简单。除选用的标准支吊架零部件外，支吊架结构的零部件和连接形式应进行强度和/或刚度计算。

②管道支吊架及其生根结构的设计应考虑同时作用在支吊架上的载荷，包括管道自重以及由介质压力和温度偶合、振动、风、雪、地震、冲击和位移应变引起的载荷。此外，除非采取防止流体介质进入管道的措施，并且管道在现场安装期间或以后的检验不需进行水压试验，否则，对于输送气体或蒸汽的管道，还应考虑水压试验时的充水重量。

③管道支吊架的位置和设计通常可采取简单计算或工程经验来确定。当需要精确分析时，应采用计算得到的应力、力矩和作用力设计管道支吊架。

④操作中管道受振动或冲击可能产生共振时，应设置适宜的阻尼器、限位架或固定架等予以消除。

⑤支吊架的间距应满足下列要求：

a）支吊架的间距应小于或等于管道的允许跨距；

b）管道上有阀门等集中荷载较大的管道组成件时，应核算支吊架间距；

c）对有压力脉动的管道，确定支架间距时，应核算管道固有频率，防止管道产生共振。

⑥支吊架的设置应符合以下规定：

a）靠近设备管口宜设置支吊架；

b）直接与设备管口相接或靠近设备管口的公称直径等于或大于150mm的水平安装阀门，应在阀门附近的管道上设置支吊架；

c）在靠近阀门等集中荷载处宜设置支吊架；

d）弯管和大直径三通分支的附近宜设置支吊架；

e）阀门、法兰、活接头等拆卸管件的附近宜设置支吊架；

f）往复式压缩机的进出口管道以及其他有剧烈振动的管道宜单独设置支吊架；

g）对于复杂管系，尤其是需要做详细应力计算的管系，应根据计算结果调整其支吊架的位置；

h）支吊架的设置不应妨碍管道与设备的安装和检修；

i）支吊架的设置应使支管连接点的应力和法兰接头处所承受的荷载，控制在允许范围内。

⑦水平敷设在支架上的有绝热层的管道，应设置管托。垂直敷设的有绝热层的管道，在支架处应设置能保护绝热层的筋板或支耳等结构。

⑧下列管道的支吊架不宜采用焊接型支吊架：

a）管内介质温度等于或高于400℃的碳素钢材质的管道；

b）输送冷冻介质的管道；

c）需要进行焊后热处理的管道；

d）合金钢或不锈钢材质的管道；

e）非金属衬里的管道；

f）生产中需要经常拆卸检修的管道；

g）不易焊接施工的管道和不宜与管托、管吊直接焊接的管道。

⑨支吊架的生根点设置宜符合下列规定：

a）除振动管道外，宜利用建筑物、构筑物的梁柱作为支架的生根点；

b）在衬里设备或管道上的生根件，应在衬里前完成其焊接工作；

c）在砖、混结构上生根，应采用预埋生根件的方式，较大的荷载宜在主梁或立柱上生根；

d）支承在地面上的支架，当荷载较大，特别是弯矩较大或有振动荷载时，应有支架的生根基础；

e）管道的支吊架不得生根在高温介质管道、高压介质管道、低温介质管道和蒸汽管道上；

f）在钢制设备上的生根件，应计及生根点的局部应力和允许荷载，所用垫板应按设备外形成形；

g）对于整体热处理的设备需焊接支架垫板时，应在设备热处理前完成其焊接工作。

⑩支吊架设计时，应优先选用标准的管卡、管托和管吊等。

⑪对于设有膨胀节的管道，固定支架、导向支架和限位支架等的设置应符合产品特性及使用要求。

⑫对管道位移有限制时，应选用导向支架或限位支架。

⑬安全阀出口放空管宜设置刚性支架。

⑭往复式压缩机进出口管道的支架基础应与建筑物的基础分开。

⑮对于执行机构较重的阀门应根据需要对执行机构设置支架。

12.2 管道支吊架型式选用和位置确定

12.2.1 承重支吊架设置

12.2.1.1 承重支吊架位置设定原则

①宜靠近设备管口。

②宜靠近集中载荷。

③宜靠近弯管和大直径三通式分支管。

④支承点处无垂直方向位移或位移较小时可采用刚性支吊架；有垂直位移时可采用变力弹簧支吊架，位移量较大时可采用恒力弹簧支吊架。

⑤对于竖直管道，应在靠近上端部位设置承重支吊架。

⑥对于需要检修拆卸的管道组成件或相连设备需要拆卸移走时，应考虑相连管道的稳定性，必要时设置承重支吊架。

12.2.1.2 弹簧支吊架设置要求

①可变弹簧支吊架的荷载变化率不宜大于25%，荷载变化率应按公式（12－1）计算。

$$f_s=\frac{\Delta K_s}{F_H}100\% \tag{12-1}$$

式中 f_s——载荷变化率；

K_s——弹簧刚度，N/mm；

Δ——管道垂直位移绝对值，mm；

F_H——弹簧工作荷载，N。

②可变弹簧支吊架的设置应采取防止弹簧发生偏移、偏心荷载或过载的措施。

③串联可变弹簧支吊架应选用最大允许荷载相同的弹簧，热位移值应按弹簧的刚度来分配。

④当管道荷载超过一个可变弹簧支吊架的最大允许荷载时，可选用两个或两个以上相同型号的可变弹簧并联安装。每个弹簧承受的荷载应按并联弹簧数平均分配。

⑤当管道支吊点处垂直位移较大或有特殊要求的地方，宜选用恒力弹簧支吊架。

⑥选用恒力弹簧支吊架时，其公称位移量应比计算位移量大20%，且应大于20mm。计算位移量应满足由于水平位移引起的吊杆长度的增加。

⑦可变弹簧支吊架和恒力弹簧支吊架应设有荷载和行程指示器及位置锁定装置，并应在行程指示器的范围内使用。处于假定位置时，弹簧支吊架应可承受两倍最大工作载荷。

12.2.1.3 滑动支架与滚动支架设置

①滑动支架应允许管道在支承面内自由位移，滚动支架应允许管道在水平方向上沿轴线方向自由位移，其管托或底板的尺寸应满足管道的预期位移。

②用于滑动支架或滚动支架的材料和润滑剂不应超过该材料的允许使用温度。

③带聚四氟乙烯板的滑动支架，与聚四氟乙烯板接触的底板宜采用镜面不锈钢板或不锈

钢复合铜板，且底板的尺寸不应小于聚四氟乙烯板尺寸和预期位移之和。

12.2.2 限位支吊架设置

12.2.2.1 固定支吊架与限位支吊架设置

①当管道在支承点处不得有线位移和角变位时，应选用固定支架。

②固定支架的设置应满足管道柔性设计的要求，并有利于管道的自然补偿。

③对于复杂管系，在需要提高稳定性的场合，可在适当位置设置固定支架。

④需要承受管道振动或冲击荷载处宜设置固定支架。

⑤管道在支承点处需要限制管道多方向线位移的地方，应选用限位支架。

⑥介质温度等于或大于100℃或需用蒸汽吹扫的进出装置管道，宜在装置边界的邻近管架上设置固定支架或限位支架，固定支架或限位支架的位置应与装置外的管道布置综合考虑。

⑦Ⅱ型补偿器应设在两固定支架或轴向限位支架之间，距固定支架或轴向限位支架的距离不宜小于两固定支架或轴向限位支架间距的1/3。

⑧设在管系中部的次固定支架承受的水平力为较大一侧水平力减去较小一侧水平力的80%。常用结构固定支架的水平力的计算可参见SH/T 3073《石油化工管道支吊架设计规范》附录A。

⑨调节阀组的一侧宜设置固定支架或限位架。

12.2.2.2 导向支架设置

①当管道在支承点处需限制径向位移时，应选用导向支架。

②导向支架的设置位置宜符合下列规定：

a）安全阀出口管道；

b）可能产生振动的两相流管道；

c）横向位移过大可能影响相邻管道的场合；

d）管道距离过长，可能产生横向不稳定的场合；

e）Ⅱ型补偿器两侧的管道；

f）自然柔性过大的管道。

③导向支架的设置不应影响管道的自然补偿。

④补偿器两侧的导向支架设置宜符合下列规定：

a）水平管道上Ⅱ型补偿器与导向支架的间距可按图12.1确定；

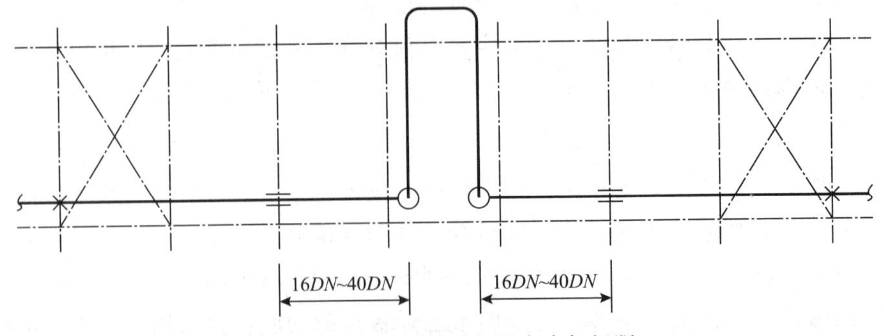

图12.1 Ⅱ型补偿器与导向支架间距

b）当波纹管膨胀节仅用于吸收轴向位移时，波纹管膨胀节宜靠近一端固定架设置，波纹管端部与第一个导向支架之间以及第二个导向支架与第一个导向架之间的距离应按图12.2确定：其他导向支架间的最大间距应按公式（12－2）计算。操作中波纹管受压时，取＋｜$K_X X$｜；拉伸时，取-｜$K_X X$｜。

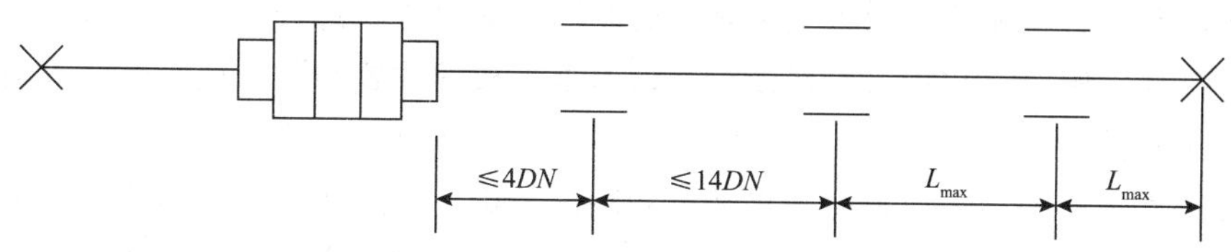

图12.2 波纹管膨胀节与导向支架的最大间距

$$L_{max}=0.001572\sqrt{\frac{E_t I_p}{p_d A_e \pm |K_x X|}} \quad (12-2)$$

式中 L_{max}——其他导向支架间最大间距，m；

E_t——管道或支吊架材料在设计温度下的弹性模量，MPa；

I_p——管道截面惯性矩，mm^4；

p_d——管道的设计压力，MPa；

A_e——波纹管补偿器的有效截面积，mm^2；

K_x——波纹管的轴向刚度，N/mm；

X——波纹管的轴向位移，mm。

⑤沿立式设备敷设的管道宜设导向支架。

⑥导向支架不宜设在弯头和支管连接处。

⑦导向支架的间距应按管道特性、现场自然条件和应力分析结果确定。

⑧导向支架在预定约束方向的冷态间隙不宜超过3mm，对于应力分析中有特殊要求的导向支架的间隙应符合应力分析的要求。对于在管道径向两侧约束的导向支架，其冷态间隙还应满足管道径向热膨胀的要求。

12.2.3 减振支吊架设置

12.2.3.1 减振装置

①管道用减振装置可选用弹簧减振器，其结构设计应承受管道振动力而不承受管道的重力，并设有可调结构。

②控制管道不同方向的振动，可设置几个不同方向的弹簧减振器。

③弹簧减振器应根据控制管道振动所需的防振力和最大行程来选择。

④当采用减振器时，在应力分析的各个工况中应计及减振器对管道和设备的影响。

12.2.3.2 阻尼装置

①阻尼装置用在需要承受管道地震荷载或冲击荷载及控制管系振动的地方。

②阻尼装置不应约束管道的热胀和冷缩，并不承受管道的重力。

③阻尼装置应能够承受管道动力分析所要求的瞬态最大动力荷载。

④阻尼装置的有效行程应大于因管道位移引起的阻尼装置的轴向位移值。

12.3 管道跨距的确定

管道跨距是指管道相邻两承重支架之间的距离。如果该距离过大，会导致管道失稳，甚至发生强度破坏。因此，在管道布置设计时，承重支架的位置和数量应满足管道最大允许跨距（基本跨距）的要求。

水平管道支吊架的最大间距应满足强度和刚度条件。强度条件是控制管道自重弯曲应力不应大于设计温度下材料许用应力的一半；刚度条件是限制管道自重产生的弯曲挠度。对于水平连续敷设的管道，其允许跨距应按三跨连续梁承受均布荷载的刚度条件和强度条件计算，并取两者中的较小值；对于大直径薄壁管道，还应进行局部应力校核。

12.3.1 按刚度条件确定管道跨距

（1）管道固有频率计算

按刚度条件计算管道跨距时，假定管道为一单自由度振动系统，即对水平管道仅考虑上下振动。按三跨连续梁模型，其固有频率可按公式（12-3）计算：

$$f=\frac{1}{2\pi}\sqrt{\frac{g}{\delta}} \tag{12-3}$$

式中 f——管道固有频率，Hz；

δ——两支架间管道挠度，mm；

g——重力加速度，取 $9.8\mathrm{m/s^2}$。

根据管道在轻微外界激振力的作用下不应发生明显振动的要求，我国化工行业标准 HG/T 20645.5—1998《化工装置管道机械设计技术规定》中规定：装置内管道的固有频率不宜小于 4Hz；装置外管道的固有频率不宜小于 2.55Hz。将固有频率赫兹数代入式（12-3）可得允许挠度值为：

①装置内两相邻承重支架间的管道挠度计算值为 15.53mm，取允许挠度为：

$$[\delta]\leqslant 15\mathrm{mm}$$

②装置外两相邻承重支架间的管道挠度计算值为 38.2mm，取允许挠度为：

$$[\delta]\leqslant 38\mathrm{mm}$$

③敷设无坡度的蒸汽管道的挠度不宜大于 10mm。

（2）管道挠度计算

在均布荷载作用下，等跨连续梁的挠度按公式（12-4）计算：

$$\delta=K\frac{qL^4}{100EI}\times 10^9 \tag{12-4}$$

式中 δ——等跨连续梁的挠度，mm；

K——挠度系数，取 0.667；

q——每米管道上的均布载荷，N/m；

L——等跨管道的跨距，m；

E——管道材料的弹性模量，MPa；

I——管道截面的惯性矩，mm^4。

(3) 管道允许跨距计算

令 $\delta=[\delta]$，由式（12-4）解出 L，即为管道允许跨距。即：

$$L_1=0.039\sqrt[4]{\frac{EI}{q}} \tag{12-5}$$

$$L_2=0.048\sqrt[4]{\frac{EI}{q}} \tag{12-6}$$

式中 L_1——装置内管道允许跨距，m；

L_2——装置外管道允许跨距，m；

其他符号意义同前。

对于不允许积液并带有坡度的管道，管道的相对挠度应小于管道疏放水时实际坡度的1/4。对于可能产生振动或有抗震要求的管道，还应严格控制管道的挠度，使管道的固有频率被限制在适当的范围内；一般管道的挠度不宜大于2.5mm。

12.3.2 按强度条件确定管道跨距

按强度条件计算管道的跨距时，可把管道视作承受均布荷载的连续梁。三跨连续梁如图12.3所示。

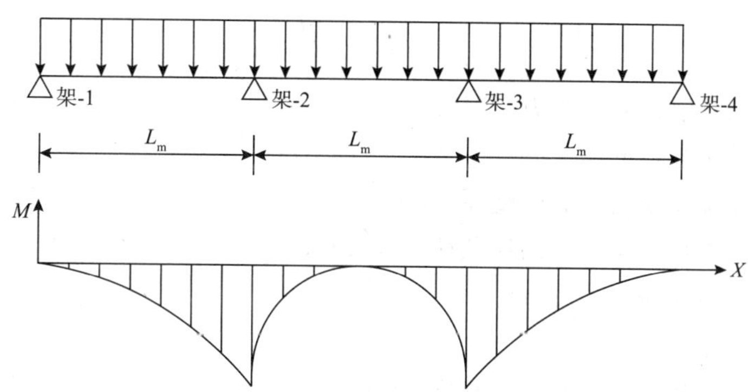

图 12.3 三跨连续梁受力与弯矩图

根据三弯矩方程，等跨距得到梁中最大弯矩为：

$$M=\frac{qL_m^2}{10} \tag{12-7}$$

弯曲应力强度条件为：

$$\sigma_w=\frac{M}{W}\leqslant[\sigma]^t \tag{12-8}$$

将式（12-7）代入式（12-8），可得不考虑内压按强度条件的最大跨距为：

$$L_3\leqslant\sqrt{\frac{10W[\sigma]^t}{q}}=0.1\sqrt{\frac{W[\sigma]^t}{q}} \tag{12-9}$$

式中 L_3——按强度计算不考虑管道承受内压时的管道允许跨距，m；

W——管道截面抗弯模量，$W=\pi(D_o^3-D_i^3)/32$，mm^3；

$[\sigma]^t$——管道材料在设计温度下的许用应力，MPa；

q——每米管道上的均布载荷，N/m。

根据不降低管道承受压力能力的原则，规定装置内外的管道一律取由管道质量荷载（包括其他垂直持续荷载）在管壁中引起的一次轴向应力不超过额定许用应力的二分之一。将公式（12－9）中许用应力乘以0.5可得：

$$L_4=0.071\sqrt{\frac{[\sigma]^t W}{q}} \tag{12-10}$$

式中 L_4——按强度计算考虑管道承受内压时的管道允许跨距，m；

其他符号同前。

12.3.3 考虑管道局部应力管道跨距确定

对直接支承于管架构件的大直径薄壁管道（一般指大于 $DN400$ 的管道），应考虑支承点局部应力的影响。局部应力应按式（12－11）进行核算，如不能满足要求，可设置加强板或采取其他加强措施，否则应减小管道的跨距。

$$\sigma=1.17\frac{q}{t}\sqrt{\frac{R}{t}}\leqslant 0.5[\sigma]^t \tag{12-11}$$

$$q=9.81q_0\frac{L}{B} \tag{12-12}$$

将式（12－12）代入式（12－11）可得管道跨距为：

$$L_5\leqslant 0.0435\frac{[\sigma]^t Bt}{q_0}\sqrt{\frac{t}{R}} \tag{12-13}$$

式中 σ——支承点管壁的局部应力，MPa；

R——管子外半径，mm；

t——管子扣除腐蚀裕量后的壁厚，mm；

q——支承反力作用于管壁的线载荷，N/mm；

q_0——每米管道的质量，kg/m；

L——管道跨距，m；

B——管壁与管架构件的支承线长度，mm；

$[\sigma]^t$——管材在设计温度下的额定许用应力，MPa；

L_5——考虑局部应力影响的允许管道跨距。

12.3.4 末端管道及水平拐弯管道的允许跨距确定

对于末端管道，一般一端为自由端，不存在约束，其刚度将降低，一般取水平管道基本跨距的（0.7～0.8）倍；对于水平拐弯的管道，两承重支架间的管道展开长度，取水平直管基本跨距的（0.6～0.7）倍。

12.4 管道支吊架承受载荷计算

支吊架应能承受管道和相关设备在可能出现的各种工况下所施加的静荷载和规定的动荷载。支吊架零部件应按对其结构最不利的组合荷载进行选择和设计。

12.4.1 支吊架载荷组合原则

12.4.1.1 支吊架设计应考虑的载荷

①管道组成件及绝热层的重力。

②支吊架零部件的重力。

③管道输送介质的重力。

④水压试验或管路清洗时的介质重力。

⑤管道中无约束型波纹管膨胀节、套筒式补偿器等柔性元件内部压力产生的作用力（通常称为“盲板力”）。

⑥支吊架约束管道位移所承受的约束反力和力矩。

⑦管道或管道绝热层外表面温度小于20℃的室外管道受到的雪荷载。

⑧露天布置管道受到的风荷载。

⑨正常运行时，由于各种原因引起的管道振动力。

⑩管内流体动量瞬时突变引起的瞬态作用力。

⑪流体排放产生的反力。

⑫地震引起的荷载。

⑬特殊情况需考虑下列载荷。

a）蠕变温度下操作的管道，可根据与管道相连接设备或设施的特点适当考虑应变自均衡后的位移约束反力；

b）带有可变弹簧支吊架的管系，应考虑在冷态和热态下可变弹簧支吊架载荷变化引起邻近管道支吊架的载荷转移；

c）水平方向限位的管道支吊架，在其约束方向的载荷还应计及管系中滑动支吊架因摩擦力约束管道位移引起的载荷传递；

d）对于设置无约束波纹管型膨胀节或伸缩节的管道，固定架或限位架应能承受内压推力、滑动摩擦力、阻碍膨胀节或伸缩节位移的载荷等。

12.4.1.2 支吊架载荷分类

支吊架结构上的荷载可分为以下三种类型：

①永久荷载。永久载荷是指在结构使用期间，其值不随时间变化，或其变化与平均值相比可以忽略不计，或其变化是单调的并能趋于限值的荷载。包括12.4.1.1节中①和②条。

②可变荷载。是指在结构使用期间，其值随时间变化，且其变化与平均值相比不可以忽略不计的荷载。包括12.4.1.1节中③至⑦条和第⑬条，其中第④条仅在水压试验或管路清洗时可能出现。

③偶然荷载。是指在结构使用年限内不一定出现，而一旦出现其量值很大，且持续时间很短的荷载。包括12.4.1.1节中⑧至⑫条。

12.4.1.3 支吊架载荷组合要求

①支吊架结构设计应根据本节②条的工况组合及结构上可能同时出现的荷载，分别进行荷载组合，并取各自最不利的组合进行设计。

②支吊架结构荷载组合的工况宜满足表12.1的要求。

③对于装有可变弹簧支吊架的管系，各个支吊架所承受的管系重力荷载应计及可变弹簧支吊架在冷态工况和热态工况下承载力的变化，并由此引起荷载向邻近刚性支吊架的转移。

④水平方向限位的支架，在其约束方向的荷载，还应计及管系中各活动支架因摩擦力约束管道位移所引起的荷载传递。

⑤在荷载组合时，当永久荷载对结构有利时，永久荷载取其计算值；当永久荷载对结构不利时，取计算值的 1.2 倍。

表 12.1 支吊架结构载荷组合的工况①

序号	支吊架承受的载荷	载荷类型	运行初期冷态工况	运行初期热态工况	管道应变自均衡后冷态工况	管道应变自均衡后热态工况	异常（事故）工况			水压试验或管路清洗时
							管道系统阀门瞬间启闭时	安全阀或释放阀启动时	地震时	
1	管道组成件及绝热层的重力	永久	V	V	V	V	V	V	V	V
2	支吊架零部件的重力	永久	V	V	V	V	V	V	V	V
3	管道输送介质的重力	可变	—	V	—	V	V	V	V	—
4	水压试验或管路清洗时介质的重力	临时	—	—	—	—	—	—	—	V
5	盲板力	可变	—	V	—	V	V	V	V	V②
6	支吊架约束管道位移所承受的约束反力和力矩	可变	V③	V④	V⑤	V⑤	V④	V④	V④	V
7	管道或管道绝热层外表面温度小于 20℃ 的室外管道受到的雪荷载	可变	V	V	V	V	V	V	V	V
8	露天布置管道受到的风荷载	可变	V	V	V	V	—	—	—	V
9	正常运行时，由于各种原因引起的管道振动力	可变	—	V	—	V	—	—	—	—
10	管内流体动量瞬时突变引起的瞬态作用力	偶然	—	—	—	—	V	—	—	—
11	流体排放产生的反力	偶然	—	—	—	—	—	V	—	—
12	地震引起的荷载	偶然	—	—	—	—	—	—	V	—

①确定载荷组合时，表中打“V”表示对应工况应考虑的载荷，打“—”表示对应工况下不必考虑的载荷。

②此工况下，第 5 项应取水压试验或管路清洗时的介质内压产生的作用力。

③此工况下，第 6 项仅考虑管道冷紧位移的约束力。

④此工况下，第 6 项的冷紧位移应乘以冷紧有效系数。

⑤此工况下，第 6 项按管道应变自平衡后的位移约束反力组合。

⑥当考虑荷载长期效应组合时，基本雪压的取值应符合 GB 50009《建筑结构载荷规范》的相关规定。作用于水平管道上的雪荷载标准值，可按公式（12-14）计算。

$$S_k = \mu_r S_0 d \tag{12-14}$$

式中 S_k——作用于水平管道上的雪载荷标准值，kN/m^2；

S_0——基本雪压，按照 GB 50009 中第 7.1 节规定确定，kN/m^2；

d——管道外径（包括绝热层），m；

μ_r——管道积雪分布指数，取 0.7。

⑦动荷载可按等效静荷载的 2 倍计算。

12.4.2 垂直载荷计算

①管道支吊架承受的垂直荷载，除按本章 12.4.1 节规定进行荷载组合外，计算时尚应满足下列②～④条款要求。

②管内输送可凝气体时，其介质重量应按管内冷凝液的实际重量计算。水平管道的冷凝液重量的可按下列规定估算：

a）管道公称直径小于 100mm 时，冷凝液可取满管液重的 50%；

b）管道公称直径为 100～500mm 时，冷凝液可取满管液重的 15%；

c）管道公称直径大于 500mm 时，冷凝液可取满管液重的 10%。

③对于等截面连续直管道支吊架承受的荷载，等跨管道应按公式（12－15a）计算，不等跨管道应按公式（12－15b）计算。

$$Q=\eta q L_m \tag{12-15a}$$

$$Q_a=\eta_1 q L_1 \tag{12-15b}$$

式中 Q、Q_a——等跨管道与不等跨管道支吊架承受的载荷，N；

η、η_1——等跨与不等跨载荷计算系数，按 SH/T 3073 附录 B 选用；

q——每米管道的基本载荷，N/m；

L_m——等跨管道的跨距，m；

L_1——不等跨管道的第 1 跨跨距，m。

④管道各点支架承受荷载的计算，可参照 SH/T 3073 附录 C 给出的近似计算方法进行计算。

12.4.3 水平荷载计算

①滑动支架承受的水平荷载应为管道位移时的摩擦力，水平荷载的计算应符合下列规定：

a）支架上平行敷设直管道时，滑动支架所承受的水平力应按公式（12－16）计算：

$$P_s=K\mu\sum Q_i \tag{12-16}$$

式中 P_s——滑动支架承受的水平力，N；

K——牵制系数，当平行敷设 1 根～2 根管道时，牵制系数 K 应取 1；当平行敷设 3 根管道时，牵制系数应按表 12.2 的规定选用；平行敷设 4 根或 4 根以上管道时，牵制系数应按图 12.4 选用；

μ——摩擦系数，应按表 12.3 选用；

Q_i——第 i 根管道对该滑动支架的垂直载荷，N。

表 12.2 牵制系数

质量比 γ	$\gamma<0.5$	$0.5\leq\gamma\leq0.7$	$\gamma>0.7$
牵制系数 K	0.5	0.67	1.0

①γ 为热管道质量与全部管道质量的比值，热管道一般是指管道内介质温度等于或高于 100℃，且管道公称直径等于或大于 200mm 的管道，严格意义上的热管道应按现行国家标准 GB/T 17116.1《管道支吊架 第 1 部分：技术规范》中表 1 的定义。

②当采用计算机程序计算时，如果程序中未计及牵制系数，则计算中应予以考虑。

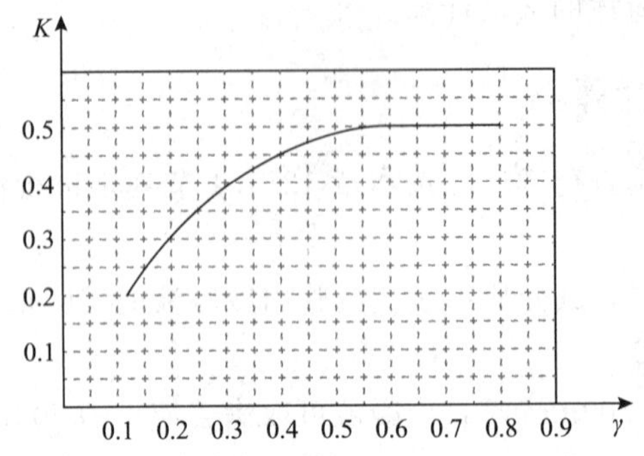

图 12.4　4 根或 4 根以上管道的牵制系数

表 12.3　摩擦系数

类型	接触情况	摩擦系数 μ
滑动摩擦	钢-钢	0.3
	钢-混凝土	0.6
	聚四氟乙烯-不锈钢	0.1
滚动摩擦	钢-钢	0.1

b）支架上水平敷设弯管时如图 12.5 所示，其滑动支架承受的水平力应按公式（12－17）计算。

$$P_x = K\mu Q_j \cos\beta \qquad (12-17a)$$

$$P_y = K\mu Q_j \sin\beta \qquad (12-17b)$$

式中　P_x、P_y——滑动支架（架 i）处沿 x、y 轴的水平力，N；

β——两固定点连线与 X 轴的夹角；

Q_j——第 j 个滑动支架处承受的垂直荷载，N；

其他符号同上。

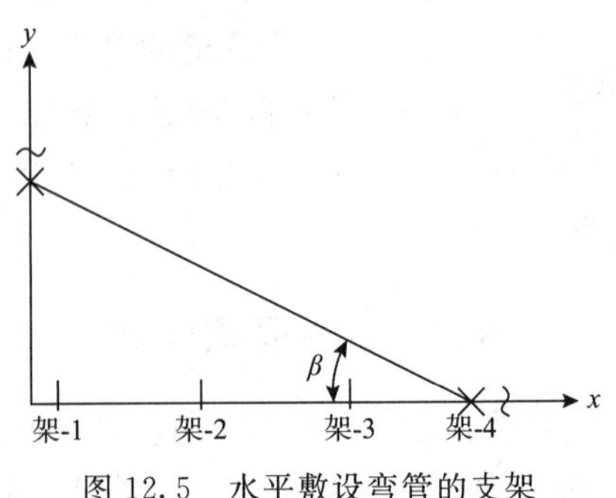

图 12.5　水平敷设弯管的支架

②固定支架水平荷载应包括补偿器的弹性力、管道自补偿的弹性力、滑动支架的摩擦力以及由内压产生的管道补偿器不平衡力等。

③管道所承受的风荷载的计算应符合 GB 50009 的规定。

④管道所承受的地震荷载计算应符合 SH/T 3039 的规定。

12.4.4　安全阀出口管的动荷载计算

①安全阀出口放空管支架的动荷载，可取安全阀出口放空管道反作用力的 2 倍。

②安全阀出口放空管道的反作用力可按本书第 11 章公式（11－73）计算。

12.5 管道支吊架结构与强度设计

12.5.1 支吊架材料要求

①管道支吊架材料应根据支吊架零部件的使用条件、材料的工艺性能以及其经济合理性选用。采用金属制作的管道支吊架，其材料应符合 GB/T 17116 和 GB/T 20801.2 的规定。当采用木材或其他非金属材料制作支吊架时，支吊架结构应设计合理，并应考虑温度、强度和寿命的影响。

②铸铁、球墨铸铁和可锻铸铁可用作滚柱、滚柱底板、固定架底板及其他承受压缩荷载的支吊架元件，但其使用温度不得高于 230℃。对于存在因振动或脉动而引起冲击荷载的场合，不得使用铸铁等脆性材料。球墨铸铁和可锻铸铁可用于制作管卡、吊挂法兰、托架和吊环等。注意：铸铁材料不应承受拉伸荷载；可锻铸铁不应承受冲击荷载。用于承受动荷载的支吊架零部件不得采用沸腾钢，也不得采用冲击功值小于 GB 150.2 表 1 规定的钢材。

③技术要求明确且与承压管道组成件有相容性的管道支吊架材料可直接与压力管道焊接。技术要求不确定的钢材，可用作不直接与承压管道焊接的管道支吊架元件，该钢材的容许拉伸或压缩应力不得超过材料最低拉伸强度的 25%或 82MPa 的较小值，使用温度应在-29℃至 343℃范围内。

④与管道直接焊接的支吊架零部件的材料应与管道材料相同或相匹配；与管道直接接触的支吊架零部件的材料应按管道设计温度选用。

⑤金属管道支吊架元件的许用应力（弹簧除外）可按 GB/T 17116.1《管道支吊架 第 1 部分：技术规范》中第 6.3 节或 GB/T 20801.2 表 A-1 选取。管道支吊架元件采用焊接管道组成件制作时，其许用应力可不计纵向焊接接头系数。

⑥螺纹连接件、支吊架组成件的焊缝以及与管道的连接件，其许用应力应降低 25%。管道组成件和管部材料的许用应力值不同时，相连焊缝的许用应力应取两者的较小值。

⑦支吊架零部件非金属的材料选用宜计及下列因素：

a）发生火灾时的破坏情况；

b）温度升高对材料强度的减弱情况；

c）长时间使用时性能变化情况；

d）毒害性作用。

⑧支吊架用钢材冷成形后的弯曲半径小于其壁厚的 2 倍时，应进行成形后的退火或正火处理。

12.5.2 支吊架结构设计

支吊架结构是指管道支吊架组件总体结构。管道支吊架组件可由一个或几个零部件构成，典型的管道支吊架标准零部件型式可参见 GB/T 17116.1《管道支吊架 第 1 部分：技术规范》中表 2 的规定。

①支吊架部件型式可分为下列四类：

a）管道连接部件（简称“管部”）。管部是与管道或其绝热层直接相连的部件，如管夹、管箍、开口管环、管座、管托、吊板等。其典型结构的型式尺寸和荷载系列宜符合 GB/T 17116.2《管道支吊架 第 2 部分：管道连接部件》的规定；

b）功能件。功能件是实现各种类型支吊架功能的部（组）件，如变力弹簧组件、恒力弹簧组件、弹簧减振器、拉撑杆和阻尼装置等；

c）中间连接部件（简称“连接件”）。连接件是用以连接管部与功能件、管部与根部、功能件与根部以及自身相互连接的部件，如螺纹吊杆、螺旋扣、螺母、连接板等。其典型结构的型式尺寸宜符合 GB/T 17116.3《管道支吊架 第 3 部分：中间连接件和建筑结构连接件》的规定；

d）承载结构生根部件（简称“根部”）。根部是与承载结构直接相连的部件，如钢梁夹、单眼吊板、U 型吊板、销座以及各种型式的辅助钢结构等。其典型结构的型式尺寸宜符合 GB/T 17116.3《管道支吊架 第 3 部分：中间连接件和建筑结构连接件》的规定。

②对于无绝热层管道，公称直径等于或大于 $DN500$ 的液体管道和公称直径等于或大于 $DN600$ 的气体管道的支架处应设置管托或托板。

③碳钢的支吊架零部件与有色金属或不锈钢管道组成件不应直接接触，在接触面之间可增加非金属材料的隔离垫层或其他措施。

④支吊架的设计温度选取宜符合下列规定：

a）直接与管道、设备焊接连接或焊接于垫板上的构件，设计温度选取宜满足下列要求：

与无内衬里的保温管道或设备相连的构件应取介质温度；

与无内衬里的不保温管道或设备相连的构件宜取介质温度的 95%；

与有内衬里的管道或设备相连的构件应取实际壁温。

b）绝热层外的管卡应取绝热层表面温度。对于保温管道可按 60℃计算，对于保冷管道宜取环境的露点温度加 2℃。

c）在建筑物或构筑物上生根的构件宜取环境温度。

d）用管卡连接或与设备预焊件螺栓连接的支吊架构件，设计温度选取宜满足下列要求：

与无内衬里的保温管道或设备相连的构件应取介质温度；

与无内衬里的不保油管道或设备相连的构件宜取介质温度的 80%；

与有内衬里的管道或设备相连的构件宜取壁温的 80%。

⑤支吊架梁在垂直方向的最大挠度应符合公式（12－18）的要求。

$$f_{\max} \leqslant 0.004L_n \tag{12-18}$$

⑥与钢结构连接的支吊架构件的允许承载力计算应符合 GB 50017—2017《钢结构设计标准》的相关规定。

⑦与管道组成件接触的支吊架零部件应控制支吊架零部件与管道组成件连接处的局部应力，管道不得有塑性变形。

⑧支吊架连接件的设计宜符合下列规定：

a）螺纹拉杆的最大承载力可根据其许用应力和螺纹根部截面计算；吊杆直径不宜小于 10mm；

b）当吊架有水平位移时，拉杆两端应为铰接，两铰接点间应有足够长度。对刚性拉杆吊架，可活动的拉杆长度不应小于吊点处水平位移的 20 倍，吊杆与垂直线夹角不应大于 3°，对弹性吊架，可活动的拉杆长度不应小于吊点处水平位移的15倍，吊杆与垂直线夹角不应大于4°；

c）吊架的吊杆应有足够的螺纹长度，并可根据结构需要设置松紧螺母（花篮螺栓），螺纹连接处应设置锁紧螺母。

⑨有绝热层的管道，在管墩或管架处应设管托。无绝热层的管道，如无要求，可不设管托。当绝热层厚度小于或等于80mm时，宜选用高度为100mm的管托；绝热层厚度大于80mm时，宜选用高度为150mm的管托；绝热层厚度大于130mm时，宜选用高度为200mm的管托。保冷管道应选用保冷管托。

⑩设计滑动管托时，管托长度应计及该点管道热位移的影响。当管道的轴向位移量等于或大于100mm时，滑动管托应选用加长管托或偏置安装。

⑪支吊架边缘与管道焊缝的间距不应小于50mm，需要热处理的管道焊缝与支吊架的距离不应小于焊缝宽度的5倍，且不应小于100mm。

⑫低温介质管道的支架设置，应有防止产生"冷桥"的措施，并应符合下列规定：

a）若管道水平敷设时，管道的底部或支架的底部应设置硬质保冷材料块或木块；

b）若管道垂直敷设，且支架生根在低温设备上时，在设备和管道上应设置硬质保冷材料块或木块。

12.5.3 支吊架强度设计计算

支架结构的强度设计应符合下列规定：

①在设计温度下，受拉、受压、受弯和受剪构件的最大组合应力不应大于材料在设计温度下的许用应力。

②受压构件的长细比不应大于120。

12.5.3.1 悬臂支架的强度计算

①当悬臂长度与型钢高度之比大于5时，横梁截面的最大组合应力应按公式（12-19）计算和判断。

$$\sigma=\frac{M_H}{W_H}+\frac{M_V}{W_V}\leqslant[\sigma]^t \qquad (12-19)$$

$$M_H=P_V L_b \qquad (12-20a)$$

$$M_V=P_V L_b \qquad (12-20b)$$

式中 σ——组合应力，MPa；

M_H、M_V——水平载荷产生的弯矩、垂直载荷产生的弯矩，N·mm；

W_H、W_V——型钢截面在水平方向、垂直方向的抗弯断面系数，mm³；

P_H、P_V——水平侧向载荷与垂直载荷，N；

L_b——支架横梁长度，mm；

$[\sigma]^t$——支架梁（型钢）材料在设计温度下的许用应力，MPa。

②悬臂支架的挠度如图12.6所示，由垂直荷载产生的挠度应按公式（12-21）计算和判断。

$$f=\frac{P_V L_b^3}{3E_t I}\leqslant 0.004L_b \qquad (12-21)$$

式中 f——由垂直荷载产生的挠度，mm；

E_t——支吊架材料在设计温度下的弹性模量，MPa；

I——型钢截面惯性矩，mm^4；

其他符号同前。

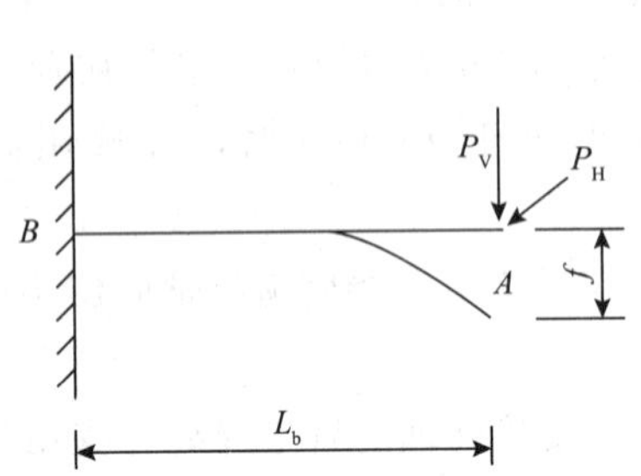

图 12.6 悬臂支架的挠度示意图

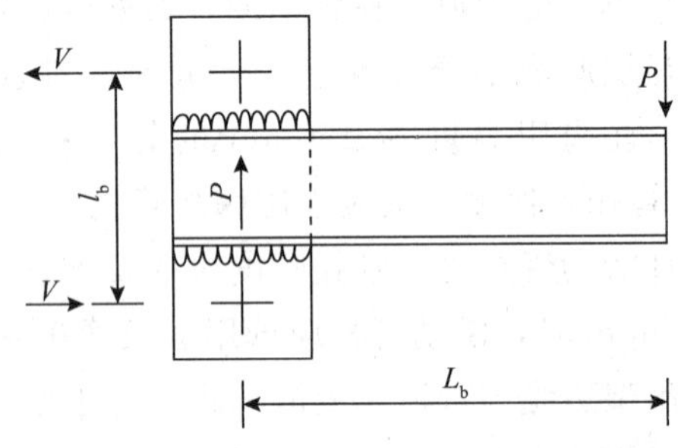

图 12.7 悬臂支架示意图

③若悬臂支架与梁柱采用螺栓连接时，悬臂支架如图 12.7 所示，螺栓的承剪力应按公式（12－22）计算，根部截面积应按公式（12－24）计算。

$$F_b = \sqrt{V^2 + P^2/4} \tag{12-22}$$

$$V \geqslant \frac{PL_b}{l_b} \tag{12-23}$$

$$A_s = \frac{F_b}{[\tau]_b} \tag{12-24}$$

式中 F_b——螺栓承受的剪力，N；

V——由弯矩产生的剪力，N；

P——支吊架承受的外部荷载，N；

l_b——两螺栓间距，mm；

A_s——螺栓根部截面积，mm^2；

$[\tau]_b$——螺栓材料许用剪切应力，MPa；

其他符号同前。

④若悬臂支架与梁柱采用焊接时，悬臂支架如图 12.8 所示，单面焊缝的承剪力应按公式（12－25）计算，焊缝高度按公式（12－26）计算。

$$V' = \frac{PL_b}{h} \tag{12-25}$$

$$h_f \geqslant \frac{V'}{0.7(C-10)[\tau]_W} \tag{12-26}$$

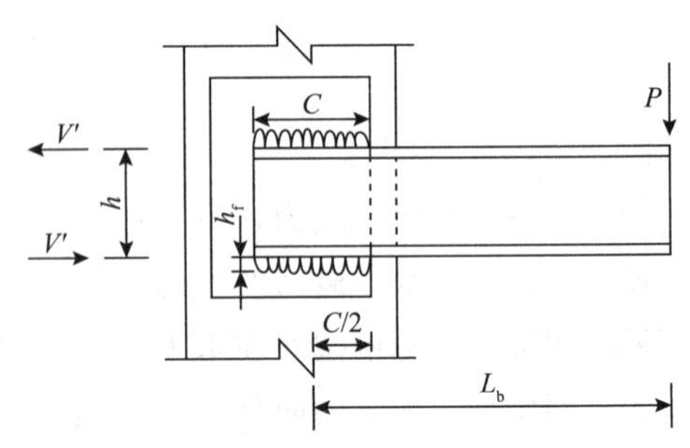

图 12.8 悬臂支架示意图

式中 V'——单面焊缝的承剪力，N；

C——焊缝长度，mm；

h——型钢梁高度，mm；

h_f——焊缝高度，一般取较薄的连接件厚度，mm；

$[\tau]_W$——焊缝许用剪切应力，MPa；

其他符号同前。

12.5.3.2 端部受力三角支架的强度计算

端部受力的三角支架如图 12.9 所示，其横梁和斜撑的应力计算应符合下列规定：

①横梁截面的最大组合应力按公式（12－27）进行计算和判断。

$$\sigma_1 = \frac{N_1}{A_b} + \frac{M_H}{W_H} \leqslant [\sigma]^t \quad (12-27)$$

$$N_1 = \frac{P_V}{\tan\alpha} \quad (12-28)$$

②斜撑截面的应力应按公式（12－29）进行计算和判断。

$$\sigma_2 = \frac{N_2}{\phi A_L} \leqslant [\sigma]^t \quad (12-29)$$

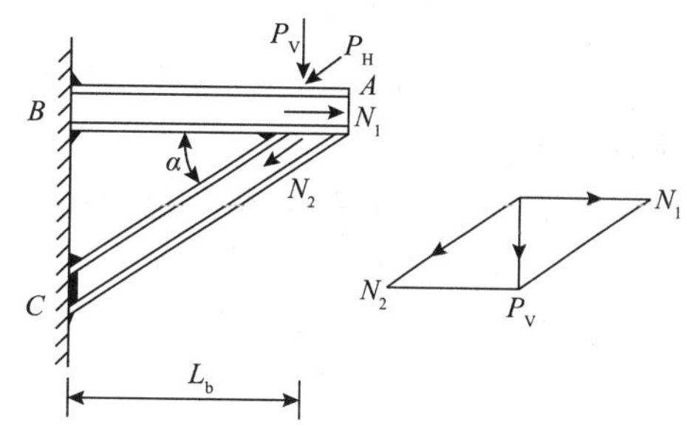

图 12.9 端部受力的三角支架示意图

$$N_2 = \frac{P_V}{\sin\alpha} \quad (12-30)$$

式中 σ_1——横梁截面的最大组合应力，MPa；

A_b——横梁截面积，mm^2；

N_1——垂直荷载的水平分力（轴向拉力），N；

N_2——斜撑承受的轴向压力，N；

σ_2——斜撑截面的应力，MPa；

A_L——斜撑梁截面积，mm^2；

ϕ——压杆稳定系数，按照 SH/T 3073 附录 D 选取；

α——夹角，(°)；

其他符号同前。

12.5.3.3 中间受力三角支架的强度计算

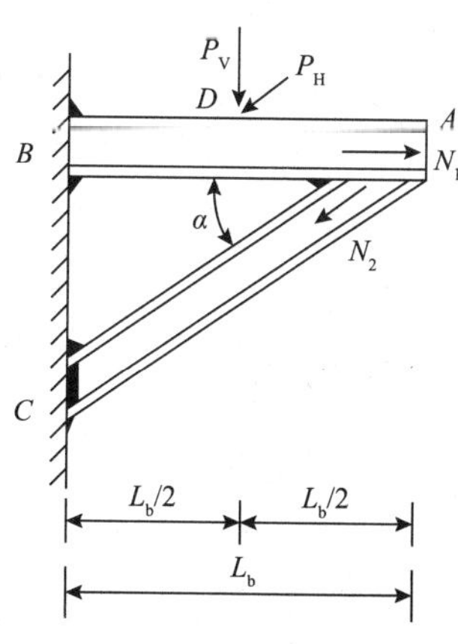

图 12.10 中间受力的三角支架示意图

中间受力的三角支架如图 12.10 所示，其横梁和斜撑的截面应力及横梁的挠度计算应符合下列规定：

①横梁截面的最大组合应力应按公式（12－31）进行计算和判断。

$$\sigma_1 = \frac{N_1}{A_b} + \frac{M_V}{W_V} + \frac{M_H}{W_H} \leqslant [\sigma]^t \quad (12-31)$$

$$M_V = \frac{3P_V L_b}{16} \quad (12-32)$$

$$M_H = \frac{P_H L_b}{2} \quad (12-33)$$

②横梁挠度应按公式（12－34）计算和判断。

$$f_D = \frac{7P_V L_b^3}{768EI} \leqslant 0.004L_b \quad (12-34)$$

③斜撑截面的应力应按公式（12－35）计算和判断。

$$\sigma_2 = \frac{N_2}{\phi A_L} \leqslant [\sigma]^t \quad (12-35)$$

$$N_2 = \frac{5P_V}{16\sin\alpha} \tag{12-36}$$

式中符号意义同前。

12.5.3.4　端部受力三角悬臂支架的强度计算

端部受力的三角悬臂支架如图 12.11 所示，其横梁和斜撑的截面应力及横梁的挠度计算应符合下列规定：

①横梁 A 点处的截面最大组合应力应按公式（12－37）计算和判断。

$$\sigma_1 = \frac{N_1}{A_b} + \frac{M_V}{W_V} + \frac{M_H}{W_H} \leqslant [\sigma]^t \tag{12-37}$$

$$N_1 = \frac{P_A}{\tan\alpha} \tag{12-38}$$

$$P_A = P_V\left(1+\frac{3L_c}{2L_b}\right) \tag{12-39}$$

$$M_V = L_c P_V \tag{12-40}$$

$$M_H = L_c P_V \tag{12-41}$$

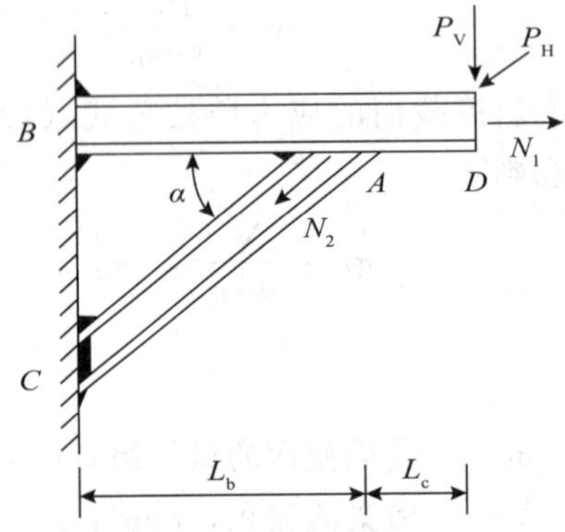

图 12.11　端面受力的三角悬臂支架示意图

②横梁 B 点处的截面最大组合应力应按公式（12－37）计算和判断，但其中弯矩按下面计算：

$$M_V = \frac{L_c P_V}{2} \tag{12-42}$$

$$M_H = P_H\ (L_b + L_c) \tag{12-43}$$

③横梁的端部挠度应按公式（12－44）计算和判断：

$$f_D = \frac{P_V L_c^2}{12EI}\ (3L_b + 4L_c) \leqslant 0.004\ (L_b + L_c) \tag{12-44}$$

④斜撑截面的应力应按公式（12－45）和公式 10.2.5－10 计算和判断。

$$\sigma_2 = \frac{N_2}{\phi A_L} \leqslant [\sigma]^t \tag{12-45}$$

$$N_2 = \frac{P_A}{\sin\alpha} \tag{12-46}$$

式中符号含义同前。

12.5.3.5　挡块的强度计算

挡块结构如图 12.12 所示，其最大承剪力应满足公式（12－47）的要求。

$$V'_{max} = A_h\ [\tau]_w \tag{12-47}$$

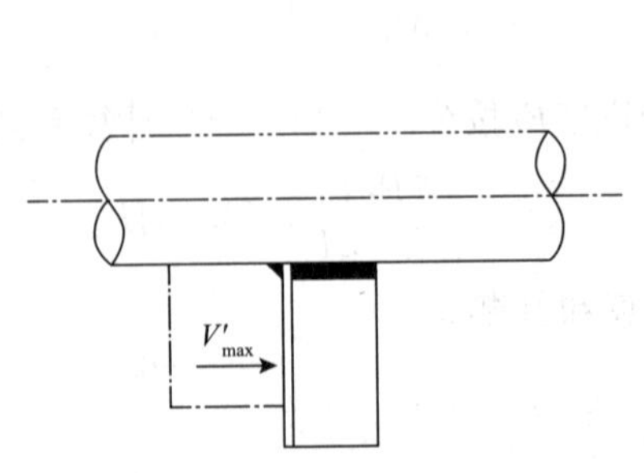

图 12.12　挡块示意图

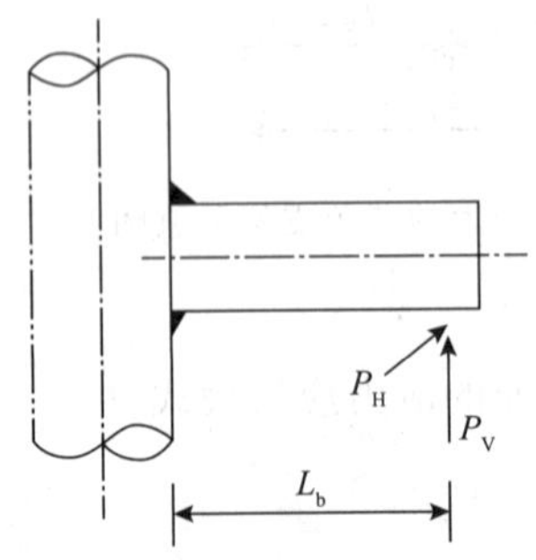

图 12.13　垂直管道管式托架示意图

12.5.3.6 垂直管道管式托架的强度计算

垂直管道的管式托架如图 12.13 所示，其弯矩产生的正应力应按公式（12－48）计算和判断。

$$\sigma_{bm}=\frac{L_b\sqrt{P_V{}^2+P_H{}^2}}{W}\leqslant[\sigma]^t \tag{12-48}$$

12.5.3.7 水平管道和弯管管式托架的强度计算

管式托架如图 12.14 所示，由弯矩产生的正应力应按公式（12－49）计算和判断。

$$\sigma_{bm}+\frac{P_V}{\phi A_t}\leqslant[\sigma]^t \tag{12-49}$$

$$\sigma_{bm}=\frac{L_V\sqrt{P_H{}^2+P_L{}^2}}{W} \tag{12-50}$$

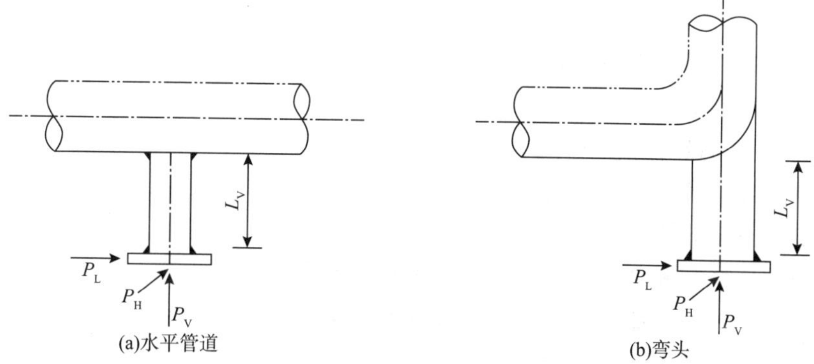

图 12.14 管式托架示意图

12.5.3.8 L 型管式托架的强度计算

L 型管式托架如图 12.15 所示，其组合应力应按公式（12－51）计算和判断。

$$\sigma_c=\frac{\sqrt{(P_LL_V+P_VL_H)^2+(P_HL_V)^2+(P_HL_H)^2}}{W}\leqslant[\sigma]^t \tag{12-51}$$

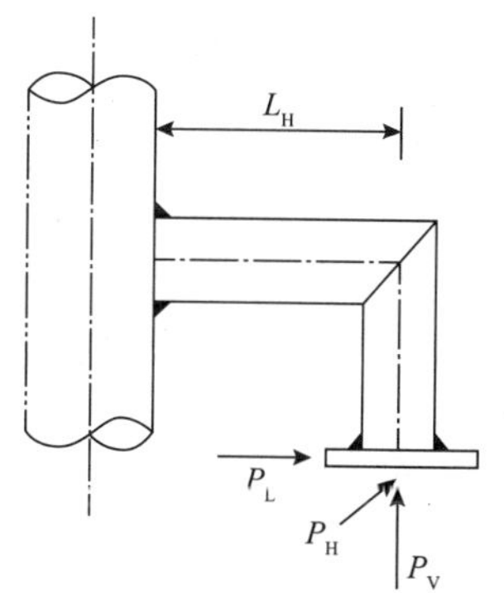

图 12.15 L 型管式托架示意图

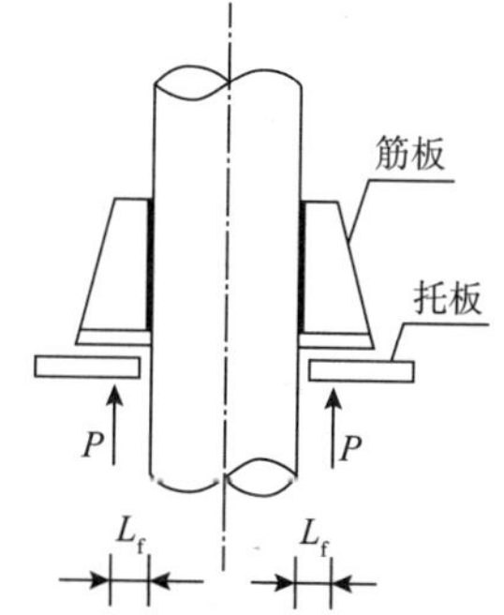

图 12.16 焊接板式托架示意

12.5.3.9 焊接板式托架的强度计算

焊接板式托架如图12.16所示，当筋板的高度与厚度之比小于或等于40，且筋板厚度等于或大于10mm时，其组合应力应按公式（12-52）计算和判断。

$$\sigma_c = \sqrt{\sigma_f^2 + 3\tau_f^2} \leqslant [\sigma]^t \tag{12-52}$$

$$\sigma_f = \frac{M}{W} \tag{12-53}$$

$$M = PL_f \tag{12-54}$$

$$\tau_f = \frac{P}{A_g} \tag{12-55}$$

式中符号意义同前，图示尺寸符号单位均为mm。

思考题

1. 管道支吊架设计的主要内容是什么？
2. 支吊架分为哪些类别？
3. 确定支吊架间距有哪些要求？
4. 哪些位置应设置承重支吊架？
5. 哪些位置应设置导向支吊架？
6. 何谓管道跨距？确定管道跨距应满足什么要求？
7. 水平管道支吊架的最大间距根据什么条件确定？
8. 支吊架设计应考虑哪些载荷？
9. 支吊架载荷分为哪几类？
10. 支吊架部件结构形式分为哪几类？
11. 支吊架连接件设计宜符合哪些规定？
12. 支吊架结构的强度设计应符合哪些规定？

第 13 章　压力管道检验与试验

从质量控制的角度，压力管道检验和试验的项目及内容非常多。从原材料、元件、器件、设备采购开始，到管道所有组成件的制造、安装过程，再到试车及运行，整个过程的每个环节都有相应的检验与试验的项目和要求。对于压力管道质量控制体系的相关人员，应该了解和掌握全过程的压力管道检验与试验的项目和内容，并能依据国家现行法规、标准及相应的质量体系控制文件，控制压力管道质量、保证压力管道的安全运行。

从压力管道设计的角度，应该特别关注的压力管道检验与试验内容主要是焊接接头的无损检测和管道的耐压试验与泄漏试验。在本书第 1 章已经指出，在压力管道设计说明中应提出对焊接接头的检验和耐压试验等要求。因此，本章重点介绍各种类别管道的无损检验和耐压试验等相关内容。

13.1　工艺管道检验与试验

工艺管道的检验与试验应该符合现行国家标准 GB/T 20801.5《压力管道规范工业管道第 5 部分：检验与试验》、GB 50517《石油化工金属管道工程施工质量验收规范》和 GB 50316《工业金属管道设计规范》等的相关规定。

13.1.1　工艺管道无损检验

焊接接头的无损检测分为磁粉检测、渗透检测、射线检测、超声检测、涡流检测等，具体检测方法应按 NB/T 47013《承压设备无损检测》的规定进行。

13.1.1.1　管道焊接接头检查等级、检查方法和检查比例

(1) 管道焊接接头的检查等级划分

管道焊接接头的检查等级划分为Ⅰ、Ⅱ、Ⅲ、Ⅳ、Ⅴ五个等级，各检查等级的条件应符合表 13.1 的规定。管道焊接接头的外观质量不应低于现行国家标准的有关规定。

表 13.1　管道焊接接头的检查等级划分

检查等级	输送介质与设计条件
Ⅰ	(1) 毒性程度为极度危害的流体管道； (2) 设计压力大于或等于 10MPa 的可燃流体、有毒流体的管道； (3) 设计压力大于或等于 4MPa、小于 10MPa，且设计温度大于等于 400℃的可燃流体、有毒流体的管道； (4) 设计压力大于或等于 10MPa，且设计温度大于或等于 400℃的非可燃流体、无毒流体的管道； (5) 设计文件注明为剧烈循环工况的管道； (6) 设计温度低于-20℃的所有流体管道； (7) 夹套管的内管； (8) 按 GB 50184 第 8.5.6 条规定做替代性试验的管道； (9) 设计文件要求进行焊缝 100%无损检测的其他管道。
Ⅱ	(1) 设计压力大于或等于 4MPa、小于 10MPa，设计温度低于 400℃，毒性程度为高度危害的流体管道； (2) 设计压力小于 4MPa，毒性程度为高度危害的流体管道； (3) 设计压力大于或等于 4MPa、小于 10MPa，设计温度低于 400℃的甲、乙类可燃气体和甲类可燃液体的管道； (4) 设计压力大于或等于 10MPa，且设计温度小于 400℃的非可燃流体、无毒流体的管道； (5) 设计压力大于或等于 4MPa、小于 10MPa，且设计温度大于等于 400℃的非可燃流体、无毒流体的管道； (6) 设计文件要求进行焊缝 20%无损检测的其他管道。
Ⅲ	(1) 设计压力大于或等于 4MPa、小于 10MPa，设计温度低于 400℃，毒性程度为中毒和轻度危害的流体管道； (2) 设计压力小于 4MPa 的甲、乙类可燃气体和甲类可燃液体管道； (3) 设计压力大于或等于 4MPa、小于 10MPa，设计温度低于 400℃的乙、丙类可燃液体管道； (4) 设计压力大于或等于 4MPa、小于 10MPa，设计温度低于 400℃的非可燃流体、无毒流体的管道； (5) 设计压力大于 1MPa 小于 4MPa，设计温度高于或等于 400℃的非可燃流体、无毒流体的管道； (6) 设计文件要求进行焊缝 10%无损检测的其他管道。
Ⅳ	(1) 设计压力小于 4MPa，毒性程度为中毒和轻度危害的流体管道； (2) 设计压力小于 4MPa 的乙、丙类可燃液体管道； (3) 设计压力大于 1MPa 小于 4MPa，设计温度低于 400℃的非可燃流体、无毒流体的管道； (4) 设计压力小于或等于 1MPa，且设计温度大于 185℃的非可燃流体、无毒流体的管道； (5) 设计文件要求进行焊缝 5%无损检测的其他管道。
Ⅴ	设计压力小于或等于 1.0MPa，且设计温度高于-20℃但不高于 185℃的非可燃流体、无毒流体的管道。

(2) 管道检查方法和检查比例

管道焊接接头的检查方法和检查比例应符合表 13.2 和表 13.3 的规定。

其中目视检查是指对易于观察或能做外观检查的组成件、连接接头及其他管道元件的部分，在其制造、制作、装配、安装、检查或试验之前、进行中或之后进行的观察。目视检查应包括核实材料、组件、尺寸、接头的制备、组对、焊接、粘接、钎焊、法兰连接、螺纹或其他连接方法、支承件、装配以及安装等的质量是否达到相关标准和工程设计的要求。

表 13.2 焊接接头检查方法和比例①

检查等级	检查方法	焊接接头类型及检查比例/%		
		对接环缝	角焊缝②	支管连接③
Ⅰ	目视检查	100	100	100
	磁粉/渗透	100	100④	100
	射线照相/超声波	100	—	100⑤
Ⅱ	目视检查	100	100	100
	磁粉/渗透	20④	20	20
	射线照相/超声波	20	—	20⑤
Ⅲ	目视检查	100	100	100
	磁粉/渗透	10④	—	10
	射线照相/超声波	10	—	—
Ⅳ	目视检查	100	100	100
	射线照相/超声波	5	—	—
Ⅴ	目视检查	10	100	100

①根据业主或工程设计要求，可采用较表 13.1 更严格检查等级代替较低检查等级。
②角焊缝包括承插焊和密封焊以及平焊法兰、支管补强和支架的连接焊缝。
③支管连接焊缝包括支管和翻边接头的受压焊缝。
④对碳钢、不锈钢及铝合金无此要求。
⑤适用于公称直径大于或等于 100mm 的管道。

表 13.3 制作过程中纵焊缝检查方法和检查比例

纵向焊接接头系数 ϕ	目视检查比例/%	射线或超声检查比例/%
≤0.85	100	—
0.9	100	10
1.0	100	100

13.1.1.2 焊接接头的射线检测和超声检测

①除设计文件另有规定外，现场焊接的管道及管道组成件的对接焊缝、对接式支管连接焊缝应进行射线检测或超声检测。检查数量应符合以下规定：

a）管道的公称直径小于 500mm 时，可根据环缝接头数，按表 13.2 的检查比例进行抽样检测，且不得少于 1 个环缝。凡进行检测的环缝，应包括其整个圆周长度。固定焊的环缝抽样检测比例应不少于检测数量的 40%。

b）管道的公称直径大于或等于 500mm 时，对每条环缝应按表 13.2 的检查比例进行局部检测，检查长度不得小于 150mm。

c）纵缝应按表 13.3 的检查比例进行检测，局部检测检查长度不得小于 150mm。

d）对高温工况使用的铬钼合金钢管子和管件的焊缝应进行 100%射线检测或超声检测。

e）选择被检焊缝时应包括每个参加产品焊接的焊工或焊接操作工所焊的焊缝，同时也应在最大范围内包括与纵缝的交叉点。当环缝与纵缝相交时，应包括检查长度不小于 38mm 的相邻纵缝。

②焊接接头的射线检测和超声检测验收标准应符合以下规定：

a）环焊缝的检测应符合 NB/T 47013 对压力管道环焊缝的检测要求，纵焊缝的检测应符合 NB/T 47013 对锅炉和压力容器对接焊缝的检测要求，角焊缝及 T 型接头的超声波检测也应符合 NB/T 47013 对锅炉压力容器角焊缝及 T 型接头的检测要求。

b）100%射线检测的焊接接头质量合格标准不应低于 NB/T 47013.2 规定的Ⅱ级要求，抽样或局部进行射线检测的焊接接头质量合格标准不应低于 NB/T 47013.2 规定的Ⅲ级要求。

c）100%脉冲反射法超声检测的焊接接头质量合格标准不应低于 NB/T 47013.3 规定的Ⅰ级要求，抽样或局部进行脉冲反射法超声检测的焊接接头质量合格标准不应低于 NB/T 47013.3 规定的Ⅱ级要求。

d）采用衍射时差法超声检测的焊接接头质量合格标准不应低于 NB/T 47013.10 规定的Ⅱ级要求。

③管道的名义厚度小于或等于 30mm 的对接环缝，应优先采用射线检测；名义厚度大于 30mm 的对接环缝可采用超声检测代替射线检测；当采用不可记录的脉冲反射法超声检测时，应当采用射线检测或者衍射时差法超声检测作为附加局部或抽样检测；有色金属制压力管道对接接头应当优先采用 X 射线检测。

④当焊接接头抽样检测或局部检测发现有不合格时，应按相关标准要求进行累进检查，不合格的焊缝经返修后，应采用原规定的检测方法重新检查。

13.1.1.3　焊接接头的表面无损检测

①除设计文件另有规定外，现场焊接的管道及管道组成件的对接焊缝、支管连接焊缝和角焊缝应进行磁粉检测或渗透检测，检测比例应不低于表 13.2 的规定。

②表面无损检测的焊接接头质量合格标准不应低于 NB/T 47013.4（MT）和 NB/T 47013.5（PT）规定的Ⅰ级要求。

③具有再热裂纹倾向的材料焊接接头应在焊接及热处理后各进行一次表面无损检测。

④铁磁性材料制压力管道焊接接头的表面检测应当优先采用磁粉检测。

13.1.2　工艺管道的试验

压力管道试验包括耐压试验、泄漏试验和真空度试验。根据试验介质的不同，管道的耐压试验分为液压试验、气压试验和液压-气压试验三种方法。

13.1.2.1　液压试验

①试验流体应使用洁净水，当对奥氏体不锈钢管道或对连有奥氏体不锈钢组成件或容器的管道进行试验时，水中氯离子含量不得超过 0.005%。如果水对管道或工艺有不良影响并有可能损坏管道时，可使用其他合适的无毒液体。当采用可燃液体进行试验时，其闪点不得低于 49℃，且应考虑到试验周围的环境。

②试验前，注入液体时应排尽空气。试验时，环境温度不宜低于 5℃。当环境温度低于 5℃时，应采取防冻措施。

③内压管道系统中任何一点的液压试验压力均应按下述规定：

a）不得低于 1.5 倍管道设计压力；

b）设计温度高于试验温度时，试验压力应不小于式（13－1）的计算值：

$$p_T = 1.5p\frac{S_1}{S_2} \tag{13-1}$$

式中 p_T——试验压力，MPa；

p——设计压力，MPa；

S_1——试验温度下，管子许用应力，MPa；

S_2——设计温度下，管子许用应力，MPa。

④如果管道系统中未包含管子，则可根据其他管道组成件（不包括管道支承件和连接螺栓）的许用应力来确定 S_1/S_2 的比值。如果管道系统由多种材料组成，则可根据多种材料的 S_1/S_2 最小比值来确定。

⑤如果上述规定试验压力，在试验温度下的周向应力或纵向应力（基于最小管壁厚度）会超过材料屈服强度，或在试验温度下的试验压力大于 1.5 倍组成件的额定值，则可将试验压力降低到试验温度下不致超过材料屈服强度或 1.5 倍组成件额定值的最大压力。

⑥管道与容器作为一个系统时，液压试验应符合以下规定：

a）当管道试验压力不大于容器的试验压力时，应按管道的试验压力进行试验；

b）当管道试验压力大于容器的试验压力，且无法将管道与容器隔开时，且容器的试验压力不小于 77% 按式（13-1）计算所得的管道试验压力时，经业主或设计同意，则可按容器的试验压力进行试验。

13.1.2.2 气压试验

①如果采用气压试验，必须对管道系统的完整性进行风险评估和危害辨识，气压试验的安全操作程序应经过审核。气压试验时，应将脆性破坏的可能性减小至最少程度，应考虑试验温度的影响。气压试验温度至少要比管道系统材料的最低允许金属温度 MDMT 高 17℃。如 MDMT 不明时，试验温度不得低于 17℃。试验系统中不得包括铸铁等脆性材料。

②试验时应装有压力泄放装置，其设定压力不得高于 1.1 倍的试验压力。

③用作试验的介质应是干燥洁净的空气、氮气或其他不易燃和无毒的气体。

④承受内压的金属管道，气压试验压力应不低于 1.1 倍设计压力，同时不超过下列压力的较小者：

a）1.33 倍设计压力；

b）试验温度下产生超过 90% 屈服强度周向应力或纵向应力（基于最小管壁厚度）时的试验压力。

⑤应按以下步骤进行气压试验：

a）试验前应进行预试验，预试验的压力宜为 0.2MPa；

b）试验时，应逐级缓慢增加压力，当压力升至试验压力的 50% 时，应进行初始检查，如未发现异常或泄漏，继续按试验压力的 10% 逐级升压（每级应有足够的保压时间以平衡管道的应变），每级稳压 3min 直至达到规定的试验压力。再将压力降至设计压力，应用发泡剂检验有无泄漏，停压时间应根据查漏工作需要确定。

13.1.2.3 液压-气压试验

如果使用液压-气压结合试验，则应满足 13.1.2.2 条的要求，且被液体充填部分管道的压力应不大于 13.1.2.1 条的规定。

13.1.2.4　泄漏性试验

对于输送剧毒流体以及易燃易爆气体的管道，应进行泄漏试验。泄漏试验应在耐压试验合格后进行。泄漏试验时，应重点检查阀门填料函、法兰或螺纹连接处、放空阀、排气阀和排水阀等部位，以不泄漏为合格。

经13.1.2.2气压试验合格，且在试验后未经拆卸过的管道系统可不进行泄漏试验。泄漏试验分常规泄漏试验和敏感性泄漏试验。

(1) 常规泄漏试验

常规泄漏试验压力应为设计压力，真空管道试验压力应为内压0.1MPa，试验介质可采用空气。除试验压力外，常规泄漏试验按13.1.2.2气压试验的相关要求进行。经业主或设计同意，泄漏试验可结合试车一并进行。

(2) 敏感性泄漏试验

①除业主或设计另有规定，本规定的敏感性泄漏试验为符合NB/T 47013.8附录A规定的气泡泄漏检测——直接加压技术。试验灵敏度相当于10^{-4} (Pa·m^3) /s。泄漏试验应能满足以下要求：

a) 根据业主或设计的要求，试验压力应不小于105kPa或25%设计压力；

b) 应将试验压力逐渐增加至0.5倍规定的试验压力或170kPa (取较小值)，然后进行初检，再分级逐渐增加至试验压力，每级应有足够的保压时间以平衡管道的应变；

c) 无重复或连续的气泡出现。

②根据业主或设计的要求，可采用下列检测灵敏度更高的检漏方法：

a) 按NB/T 47013.8附录C的要求，采用漏率型检漏仪进行的卤素泄漏试验，试验灵敏度不应低于10^{-5} (Pa·m^3) /s。

b) 按NB/T 47013.8附录D的要求，采用氦质谱仪泄漏检测——吸枪技术进行的氦检漏，试验压力应不小于105kPa或25%设计压力，试验气体为氦气或含1%或10%氦的混合气体，试验灵敏度不应低于10^{-5} (Pa·m^3) /s (如采用混合气体，应按氦的比例相应提高灵敏度)。

c) 按NB/T 47013.8附录E的要求，采用氦质谱仪泄漏检测——示踪探头技术进行的氦检漏，待检管道或元件内抽真空，在待检部位外用氦气或含1%或10%氦的混合气体吹扫，试验灵敏度不应低于10^{-6} (Pa·m^3) /s (如采用混合气体，应按氦的比例相应提高灵敏度)。

d) 按NB/T 47013.8附录G的要求，充入10%～30%或1%氨气进行氨泄漏检测，试验压力及试验方法按NB/T 47013.8附录G的要求。

13.1.2.5　真空度试验

真空管道系统在压力试验合格后，还应按设计文件的规定进行24h的真空度试验，增压率应不大于5%，增压率按式(13-2)计算：

$$\Delta p=\frac{p_2-p_1}{p_1}\times 100\% \tag{13-2}$$

式中　Δp——24h的增压率，以(%)表示；

p_1——试验初始压力，MPa；

p_2——试验最终压力，MPa。

13.2 动力管道检验与试验

动力管道的检验与试验应该符合 GB/T 32270《压力管道规范 动力管道》、DL/T 869《火力发电厂焊接技术规程》等标准的相关规定。

13.2.1 动力管道无损检验

①碳钢和低合金钢以及高铬马氏体耐热钢汽水管道对接焊接接头及管道上的角焊缝、支管连接根据管径和工作条件分为Ⅰ、Ⅱ、Ⅲ三种焊接接头类别，详见表 13.4 和表 13.5。

表 13.4 汽水管道对接焊接接头检查等级、方法及比例

焊接接头类别	范围	检查方法及比例/%				
		目视检查		无损检测	光谱	硬度
		自检	检查	射线或超声		
Ⅰ	$D>159$mm，且 $T>450$℃的蒸汽管道	100	100	100	100	100
	$p>8$MPa 的汽、水管道	100	100	50	100	100
	300℃$<T\leqslant$450℃的汽水管道及管件	100	50	50	100	100
Ⅱ	150℃$<T\leqslant$300℃的蒸汽管道及管件	100	25	5	—	100
	4MPa$<p\leqslant$8MPa 的汽、水管道	100	25	5	—	100
	1.6MPa$<p\leqslant$4MPa 的汽、水管道	100	25	5	—	—
Ⅲ	0.1MPa$<p\leqslant$1.6MPa 的汽、水管道	100	25	1	—	—
	$D<76$mm 的疏水、放水、排污、取样管道	100	100	—	—	—
	烟、风、煤、粉、灰等管道及附件	100	25	100 的渗透检查	—	—

注：表中 D 为管道外直径；T 为管道工作温度；p 为管道工作压力。

表 13.5 汽水管道角焊缝及支管连接分类检查的范围、方法及比例

焊接接头类别	检查方法	检查比例/%	
		角焊缝	支管连接
Ⅰ	目视检查	100	100
	磁粉或渗透	100	100
	射线或超声	—	100
Ⅱ	目视检查	100	100
	磁粉或渗透	20	20
	射线或超声	—	20
Ⅲ	目视检查	100	100
	磁粉或渗透	—	10
	射线或超声	—	—

②碳钢和低合金钢以及高铬马氏体耐热钢汽水管道焊接接头及其角焊缝和支管连接的无损检测范围、比例应分别符合表13.4和表13.5中射线照相、超声波检测、磁粉和渗透检测的规定。厚度不大于20mm的汽、水管道采用超声波检测时，还应进行射线检测，其检测数量为超声波检测数量的20%。厚度大于20mm的管道和焊件，射线检测或超声波检测可任选其中一种。焊接接头质量应满足表13.6中规定的级别。

表13.6　各类焊接接头的质量级别规定

检测方法	焊接接头类别		
	Ⅰ	Ⅱ	Ⅲ
射线检测	Ⅱ	Ⅱ	Ⅲ
超声波检测	Ⅰ	Ⅰ	Ⅱ
磁粉检测	Ⅰ	Ⅰ	Ⅱ
渗透检测	Ⅰ	Ⅰ	Ⅱ

③碳钢和低合金钢以及高铬马氏体耐热钢汽水管道弯管的无损检测范围、比例及验收应符合表13.7的规定。

表13.7　弯管检查方法及比例

序号	检查与试验项目	检查比例/%	检查部位	检查方法
1	外观	100		目测
2	壁厚	100	弯管受拉侧中心线上至少均匀取5点	测厚仪
3	圆度	100	弯管弯曲部分至少均匀取5个截面	外卡尺
4	尺寸	100		放样和测量工具
5	磁粉或渗透	100①	弯管弯曲部分的受拉侧中心线上下各45°区域	③
6	硬度	合金钢管：100	受拉侧和中性侧各检测3～5点	硬度计
7	金相分析	②	弯管受拉侧	

①设计温度大于450℃的主蒸汽管道和高温再热蒸汽管道，以及300MW及以上机组的低温再热蒸汽管道和主给水管道；
②主汽及高温再热蒸汽管道：100%；其他管道：20%，且不少于1根；
③Ⅰ级为合格。

13.2.2　动力管道试验

管道安装完毕后应按设计规定进行耐压试验，检查管道系统的严密性。耐压试验包括水压试验和气压试验。

(1) 水压试验

①水压试验应使用洁净水。对于奥氏体不锈钢管道水中氯离子含量不超过50×10^{-6}。

②水压试验时环境温度不应低于5℃；水温不宜高于70℃。水压试验的压力不应小于设计压力的1.5倍，且不小于0.2MPa。

③管道系统进行水压试验时，管道周向应力及由试验压力与动载荷和静载荷产生的轴向应力均不应大于该管道材料试验温度下屈服强度的90%。

④水压试验前应确保试验设备连接可靠。

⑤管道与设备作为一个系统进行水压试验时，应符合下列规定：

a）管道的试验压力不大于设备的试验压力时，应按照管道的试验压力进行试验；

b）管道的试验压力大于设备的试验压力，且管道与设备无法隔断时，在设备的试验压力不小于管道设计压力的1.25倍条件下，应经建设单位和设计单位同意，按设备的试验压力进行试验；

c）对位差较大的管道系统，应计及水的静压影响，并以试验管道系统最低位置点的压力为准；

d）衬里管道严密性水压试验的压力为额定工作压力，不同额定压力的设备、管道安装在同一系统中，宜按系统中最低额定压力的设备或管道系统水压试验。

（2）气压试验

①气压试验时，应将脆性破坏的可能性减小至最少程度，设计者在选材时还应考虑试验温度的影响。

②试验时应装有压力泄放装置，设定压力不应高于1.1倍的试验压力。

③试验介质应是空气或其他不易燃、无毒、无腐蚀的气体。

④承受内压的金属管道，试验压力应为设计压力的1.15倍，真空管道的试验压力应为0.2MPa。

⑤试验前应进行预试验，预试验压力宜为0.2MPa。

⑥试验时应逐级缓慢增加压力，当压力升至试验压力的50%时，应进行初始检查，如未发现异常或泄漏，继续按试验压力的10%逐级升压并保持足够的时间，直至达到规定的试验压力。然后再降至设计压力，检查有无泄漏。

⑦采用气体进行严密性试验的管道设计压力不宜大于0.6MPa。

13.3 制冷管道检验与试验

制冷管道属于工艺管道范畴，检验与试验应按照工艺管道检验与试验的规定。但也有些特殊规定。

13.3.1 制冷管道检验

当设计文件对管道焊缝的内部质量检验未作明确规定时，可执行下列规定：

①对于工作温度在-30℃以下（含-30℃）的管道，对每一名焊工施焊的焊缝抽取10%进行射线检验，其质量不得低于Ⅲ级；如发现有一处焊缝射线检验不合格，则应对其剩余施焊的焊缝再抽取20%进行射线检验；如再发现有一处焊缝射线检验不合格，则应对其所施焊的全部焊缝进行射线检验。

②其他管道焊缝应进行抽样射线检验，其抽查比例不低于5%，且不少于1个焊接接头，其质量不得低于Ⅲ级。

③抽检管道焊缝的部位，应由工程投资方的代表、设计单位代表和工程监理方代表三方人员经协商后确定，并以书面形式予以明确备案。

13.3.2 制冷管道试验

制冷管道的试验包括耐压试验、泄漏试验和真空试验。

（1）耐压试验

制冷管道系统耐压试验一般采用气压试验。进行气压试验时应符合下列规定：

①制冷系统管道进行气压试验时的环境温度应在5℃以上，且管道系统内的焊接接头的射线照相检验已按规定检验合格。

②管道系统气压试验的试验介质采用清洁、干燥的空气或氮气。试验时应将制冷系统管道高、低压侧分开进行耐压试验，并应先试验低压侧、后试验高压侧。

③氨制冷管道系统其气压试验的试验压力应符合设计文件的规定，当设计文件无规定时，气压试验的试验压力对氨制冷系统的低压侧，其试验压力应为1.7MPa，高压侧试验压力应为2.3MPa。

④对于氨制冷压缩机、氨泵、浮球液位控制器、安全阀等设备、制冷控制元件，在制冷管道系统试压时，可暂时予以隔离。制冷系统开始试压时必须将玻璃板液位计两端的阀门关闭，待系统压力稳定后再缓慢将其两端的阀门开启。

（2）抽真空试验

①氨制冷系统应进行抽真空试验。抽真空试验应在系统气压力试验合格后进行。

②制冷系统抽真空时，除关闭与外界有关的阀门外，还应将制冷系统中的其他阀门全部开启。系统抽真空操作应分数次进行。

③当制冷系统内剩余压力小于5.333kPa时，停止抽气，保持24h；当系统内压力无变化则为抽真空试验合格。如系统内压力有所回升，应查找系统中的泄漏点，消除泄漏点后，应重新按上述要求进行系统管道的气压试验和抽真空试验，直至完全合格。

（3）泄漏试验

制冷系统应进行泄漏试验，一般采用氨检漏法进行泄漏试验。

①制冷系统氨检漏试验应在系统抽真空试验合格后进行。在做好操作人员人身防护的前提下，利用制冷系统的真空度逐步向制冷系统中缓慢充入氨液。当氨制冷系统压力升高到0.2MPa（表压）时，应停止向系统充氨。

②可用酚酞试纸对系统中各法兰连接处和焊缝处进行检测，如发现有氨泄漏，应将泄漏部位的氨气排净，并与大气相通后方可进行补焊修复。

③严禁在管路内含氨或带压的情况下，对管路进行补焊修复作业。

13.4 长输管道检验与试验

长输管道的检验与试验应该符合现行国家标准GB/T 34275《压力管道规范　长输管道》、SY/T 4109—2013《石油天然气钢质管道无损检测》、GB/T 50818—2013《石油天然气管道工程全自动超声波检测技术规范》等标准的相关规定。

13.4.1 长输管道无损检验

13.4.1.1 无损检测方法与比例

(1) 输油管道检测

①除设计文件另有规定外，现场焊接的管道及管道组成件的对接环焊缝、对接式支管连接焊缝应进行射线检测或超声检测。

②采用射线检测时，检测比例应不小于焊工当天所焊焊缝的15%。

③采用超声检测时，检测比例为焊工当天所焊焊缝的100%，并对其中5%的焊缝进行射线检测复查。

④射线检测复验、抽查时，若发现不合格焊缝，应对该焊工或流水作业焊工组在该日或该检查段中焊接的焊缝加倍检查；如再有不合格的焊缝，则对其余的焊缝进行100%的射线检测。

⑤管道采用全自动超声波检测时，可不进行射线检测复查。

⑥抽查的无损检测焊接接头位置及检查点应由监理选择或批准。

(2) 输气管道检测

①采用射线检测时，检测比例为100%。

②采用超声检测时，检测比例为100%，且应采用射线检测进行复验；复验比例为每个焊工或流水作业焊工组当天完成的全部焊缝中任意选取不小于下列数目的焊缝进行复验：

a) 地区等级为一级地区的复验检查比例不小于5%；

b) 二级地区的复验检查比例不小于10%；

c) 三级地区的复验检查比例不小于15%；

d) 四级地区的复验检查比例不小于20%。

(3) 特殊焊缝检测

穿越、跨越水域、公路、铁路的管道焊缝，弯头与直管段焊缝以及未经试压的管道金属口焊缝，均应进行100%超声检测和射线检测。

(4) 场站管道检测

站内工艺管道的焊缝应进行100%的无损检测，检测方法应首选用射线检测或超声检测。如上述方法无法检测时，可选用磁粉或渗透方法检测。

13.4.1.2 无损检测合格级别

①输油管道焊缝采用射线和超声检测，设计压力小于或等于6.4MPa时，合格级别为Ⅲ级；设计压力大于6.4MPa时，合格级别为Ⅱ级。

②输气管道焊缝进行射线和超声检测，设计压力小于或等于4.0MPa时，一级、二级地区管道合格级别为Ⅲ级，三级、四级地区管道合格级别为Ⅱ级；设计压力大于4.0MPa时，合格级别为Ⅱ级。

③站内工艺管道焊缝设计压力大于4.0MPa时，射线检测和超声检测均Ⅱ级为合格；设计压力小于或等于4.0MPa时，射线检测和超声检测均Ⅲ级为合格。

④磁粉检测或渗透检测应按SY/T 4109—2013《石油天然气钢质管道无损检测》的规定进行验收。

⑤全自动超声波检测应按 GB/T 50818—2013《石油天然气管道工程全自动超声波检测技术规范》的规定进行验收。

13.4.2 长输管道试验

13.4.2.1 输油管道试验规定

①输油管道必须进行强度试压和严密性试压。

②线路段管道在试压前应设临时清管设施进行清管，不得使用站内清管设施。

③穿跨越管段试压应符合现行国家标准 GB 50423《油气输送管道穿越工程设计规范》和 GB 50459《油气输送管道跨越工程设计规范》的有关规定，应合格后再同相邻管段连接。

④壁厚不同的管段宜分别试压，在不同壁厚相连的管段中，当薄管壁管段上的任意点在试压中的环向应力均不超过 0.9 倍最小屈服强度时，可与厚壁段管道一同试压。

⑤用于更换现有管道或改线的管段，在同原有管道连接前应单独试压，试验压力不应小于原管道的试验压力。同原管道连接的焊缝，应按规定进行 100%射线探伤检验和 100%超声波探伤检验。

⑥输油站内的工艺设备和管线应单独进行试压，不同压力等级的管道系统应分别试压。

⑦耐压试验介质应采用无腐蚀性的清洁水。

⑧原油、成品油管道和输油站强度试压和严密性试压应符合下列规定：

a）输油管道一般地段的强度试验压力不应小于管道设计内压力 1.25 倍；通过人口稠密区的管道强度试验压力不应小于管道设计内压力的 1.5 倍；管道压密性试验压力不应小于管道设计内压力。强度试验持续稳压时间不应小 4h；当无泄漏时，可降低压力进行严密性试验，持续稳压时间不应小于 24h；

b）输油站内管道及设备的强度试验压力不应小于管道设计内压力的 1.5 倍，严密性试验压力不应小于管道设计内压力。强度试验持续稳压时间不应小于 4h；当无泄漏时，可降低压力进行严密性试验，持续稳压时间不应小于 24h；

c）强度试压时，管道任一点的试验压力与静水压力之和所产生的环向应力不应大于钢管的最低屈服强度的 90%。

⑨分段试压合格的管段相互连接的碰死口焊缝，应按规定进行 100%射线探伤检验和 100%超声波探伤检验。全线接通后可不再进行试压。

⑩液化石油气管道的试压应符合现行国家标准 GB 50251《输气管道工程设计规范》的相关规定。

13.4.2.2 输气管道试验规定

①输气管道应进行强度试验和严密性试验。试压管段应按规定的地区等级并结合地形分段。一级一类地区采用 0.8 强度设计系数的管道，强度试验应采用压力-体积图法进行监测；埋地管道水压强度试验可按 GB 50251—2015《输气管道工程设计规范》附录 K 的推荐方法进行。

②经试压合格的管段间相互连接的焊缝经超声波和射线照相检验合格，可不再进行试压。

③输气站和阀室应单独进行强度试验，穿（跨）越管段的试压应符合现行国家标准 GB

50423《油气输送管道穿越工程设计规范》和 GB 50459《油气输送管道跨越工程设计规范》的有关规定。

④参与管道试压的试压头、连接管道、阀门及其组合件等的耐压能力，应能承受管道的最大试验压力。试压头与管道连接的环焊缝应进行 100%射线检测，检测应符合本章第 13.4.1 的规定。

⑤试压过程中，应采取安全措施，试压介质应安全排放并应符合环境保护要求。

⑥输气管道强度试验应符合下列规定：

a）输气管线强度试验应在回填后进行，试验介质应符合下列规定：

(a) 位于一级一类地区采用 0.8 强度设计系数的管段应采用水作试验介质；

(b) 位于一级二类、二级地区的管段可采用气体或水作试验介质；

(c) 位于三、四级地区的管段应采用水作试验介质。

b）输气站及阀室内的工艺管道强度试验应采用水作试验介质。

c）当具备表 13.8 全部条件时，三、四级地区的线路管段以及输气站和阀室内的工艺管道可采用空气作为强度试验介质。

表 13.8　三、四级地区的管段及输气站和阀室内的工艺管道空气试压条件

现场最大试验压力产生的环向应力		最大操作压力不超过现场最大试验压力的 80%	所试验的是新管子，并且焊接接头系数为 1.0
三级地区	四级地区		
$<50\%\sigma_s$	$<40\%\sigma_s$		

注：表中 σ_s 为钢管标准规定的最小屈服强度（MPa）。

d）输气管线强度试验压力应符合下列规定：

(a) 一、二级地区内的线路管段水压试验压力不应小于设计压力的 1.25 倍；

(b) 一级二类地区和二级地区内的线路管段采用空气进行强度试验时，试验压力应为设计压力的 1.25 倍；

(c) 三级和四级地区内的管段试验压力不应小于设计压力的 1.5 倍。

e）输气站和阀室内的工艺管道强度试验压力不应小于设计压力的 1.5 倍。

f）输气管道用水作为试压介质时，试验段高点的试验压力应符合本条第④款的规定。一级一类地区采用 0.8 强度设计系数管道的每个试验段，试验压力在低点处产生的环向应力不应大于管材标准规定的最小屈服强度的 1.05 倍；其他地区等级管道的每个试压段，试验压力在低点处产生的环向应力不应大于管材标准规定的最小屈服强度的 95%。水质应为无腐蚀性洁净水。试压宜在环境温度 5℃以上进行，低于 5℃时应采取防冻措施。注水宜连续，并应采取措施排除管道内的气体。水试压合格后，应将管段内积水清扫干净。

g）一级一类地区采用 0.8 强度设计系数的管道，强度试验结束后宜进行管道膨胀变形检测。对膨胀变形量超过 1%管道外径的应进行开挖检查；对超过 1.5%管道外径的应进行换管，换管长度不应小于 1.5 倍管道外径。

h）强度试验的稳压时间不应少于 4h。

⑦输气管道严密性试验要求。输气管道严密性试验应符合下列规定：

a）严密性试验应在强度试验合格后进行；

b）线路管道和阀室严密性试验可用水或气体作试验介质，宜与强度试验介质相同；

c）输气站的严密性试验应采用空气或其他不易燃和无毒的气体作试验介质；

d）严密性试验压力应为设计压力，并应以稳压24h不泄漏为合格。

13.5 公用管道检验与试验

13.5.1 城镇燃气管道检验与试验

13.5.1.1 城镇燃气管道无损检验

①管道焊接完成后，强度试验及严密性试验之前，必须对所有焊缝进行外观检查和对焊缝内部质量进行检验，外观检查应在内部质量检验前进行。

②设计文件规定焊接接头系数为1的焊缝或设计要求进行100％内部质量检验的焊缝，其外观质量不得低于现行国家标准GB 50236《现场设备、工业管道焊接工程施工及验收规范》要求的Ⅱ级质量要求；对内部质量进行抽检的焊缝，其外观质量不得低于现行国家标准GB 50236要求的Ⅲ级质量要求。

③焊缝内部质量检验应符合下列要求：

a）设计文件规定焊接接头系数为1的焊缝或设计要求进行100％内部质量检验的焊缝，焊缝内部质量射线照相检验不得低于现行国家标准GB/T 12605《无损检测 金属管道熔化焊环向对接接头射线照相检测方法》中的Ⅱ级质量要求；超声波检验不得低于现行国家标准GB 11345《焊缝无损检测 超声检测技术、检测等级和评定》中的Ⅰ级质量要求。当采用100％射线照相或超声波检测方法时，还应按设计的要求进行超声波或射线照相复查。

b）对内部质量进行抽检的焊缝，焊缝内部质量射线照相检验不得低于现行国家标准GB/T 12605中的Ⅲ级质量要求；超声波检验不得低于现行国家标准GB 11345中的Ⅱ级质量要求。

④焊缝内部质量的抽样检验应符合下列要求：

a）管道内部质量的无损探伤数量，应按设计规定执行。当设计无规定时，抽查教量不应少于焊缝总数的15％，且每个焊工不应少于一个焊缝。抽查时，应侧重抽查固定焊口。

b）对穿越或跨越铁路、公路、河流、桥梁、有轨电车及敷设在套管内的管道环向焊缝，必须进行100％的射线照相检验。

c）当抽样检验的焊缝全部合格时，则此次抽样所代表的该批焊缝应为全部合格；当抽样检验出现不合格焊缝时，对不合格焊缝返修后，应按下列规定扩大检验：

（a）每出现一道不合格焊缝，应再抽检两道该焊工所焊的同一批焊缝，按原探伤方法进行检验；

（b）如第二次抽检仍出现不合格焊缝，则应对该焊工所焊全部同批的焊缝按原探伤方法进行检验。对出现的不合格焊缝必须进行返修，并应对返修的焊缝按原探伤方法进行检验；

（c）同一焊缝的返修次数不应超过2次。

13.5.1.2 城镇燃气管道强度试验

①强度试验前应具备的条件。

a）试验用的压力计及温度记录仪应在校验有效期内；

b）试验方案已经批准，有可靠的通信系统和安全保障措施，已进行了技术交底；

c）管道焊接检验、清扫合格；

d）埋地管道回填土宜回填至管上方 0.5m 以上，并留出焊接口。

②管道应分段进行压力试验，试验管道分段最大长度宜按表 13.9 执行。

表 13.9 管道试压分段最大长度

设计压力 PN/MPa	试验管段最大长度/m
PN≤0.4	1000
0.4<PN≤1.6	5000
1.6<PN≤4.0	10000

③管道试验用压力计及温度记录仪表均不应少于两块，并应分别安装在试验管道的两端。

④试验用压力计的量程应为试验压力的 1.5～2 倍，其精度不得低于 1.5 级。

⑤强度试验压力和介质应符合表 13.10 的规定。

表 13.10 强度试验压力和介质

管道类型	设计压力 PN/MPa	试验介质	试验压力/MPa
钢管	PN>0.8	清洁水	1.5PN 且≮0.4
	PN≤0.8	压缩空气	1.5PN 且≮0.4
球墨铸铁管	PN		1.5PN 且≮0.4
钢骨架聚乙烯复合管	PN		1.5PN 且≮0.4
聚乙烯管	PN（SDR11）		1.5PN 且≮0.4
	PN（SDR17.6）		1.5PN 且≮0.2

⑥水压试验时，试验管段任何位置的管道环向应力不得大于管材标准屈服强度的 90%。架空管道采用水压试验前，应核算管道及其支承结构的强度，必要时应临时加固。试压宜在环境温度 5℃以上进行，否则应采取防冻措施。

⑦水压试验应符合 GB/T 16805—2017《输送石油天然气及高挥发性液体钢质管道压力试验》的有关规定。

⑧进行强度试验时，压力应逐步缓升，首先升至试验压力的 50%，应进行初检，如无泄漏、异常，继续升压至试验压力，然后宜稳压 1h 后，观察压力计不应少于 30min，无压力降为合格。

⑨水压试验合格后，应及时将管道中的水放（抽）净，并按要求进行吹扫。

⑩经分段试压合格的管段相互连接的焊缝，经射线照相检验合格后，可不再进行强度试验。

13.5.1.3 城镇燃气管道严密性试验

①严密性试验应在强度试验合格、管线全线回填后进行。

②严密性试验介质宜采用空气，试验压力应满足下列要求：

a）设计压力小于5kPa时，试验压力应为20kPa；

b）设计压力大于或等于5kPa时，试验压力应为设计压力的1.15倍，且不得小于0.1MPa。

③试压时的升压速度不宜过快。对设计压力大于0.8MPa的管道试压，压力缓慢上升至：30%和60%试验压力时，应分别停止升压，稳压30min，并检查系统有无异常情况，如无异常情况继续升压。管内压力升至严密性试验压力后，待温度、压力稳定后开始记录。

④严密性试验稳压的持续时间应为24h，每小时记录不应少于1次，当修正压力降小于133Pa为合格。修正压力降应按式（13-3）确定：

$$\Delta p=(H_1+B_1)-(H_2+B_2)\frac{273+t_1}{273+t_2} \tag{13-3}$$

式中 Δp——修正压力降，Pa；

H_1、H_2——试验开始和结束时的压力计读数，Pa；

B_1、B_2——试验开始和结束时的气压计读数，Pa；

t_1、t_2——试验开始和结束时的管内介质温度,℃。

⑤所有未参加严密性试验的设备、仪表、管件，应在严密性试验合格后进行复位，然后按设计压力对系统升压，应采用发泡剂检查设备、仪表、管件及其与管道的连接处，不漏为合格。

13.5.2 城镇热力管道检验与试验

13.5.2.1 城镇热力管道无损检验

管道焊缝应进行无损检测，并应符合下列规定：

①应由有资质的单位进行检测。

②宜采用射线探伤。当采用超声波探伤时，应采用射线探伤复检，复检数量应为超声波探伤数量的20%。角焊缝处的无损检测可采用磁粉或渗透探伤。

③无损检测数量应符合设计的要求，当设计未规定时应符合下列规定：

a）干线管道与设备、管件连接处和折点处的焊缝应进行100%无损探伤检测；

b）穿越铁路、高速公路的管道在铁路路基两侧各10m范围内，穿越城市主要道路的不通行管沟在道路两侧各5m范围内，穿越江、河或湖等的管道在岸边各10m范围内的焊缝应进行100%无损探伤；

c）不具备强度试验条件的管道焊缝，应进行100%无损探伤检测；

d）现场制作的各种承压设备和管件，应进行100%无损探伤检测；

e）其他无损探伤检测数量应按国家现行标准CJJ 28—2014《城镇供热管网工程施工及验收规范》中表5.7.27的规定执行，且每个焊工不应少于一个焊缝。

④无损检测合格标准应符合设计的要求。当设计未规定时，应符合下列规定：

a）要求进行100%无损探伤的焊缝，射线探伤不得小于现行国家标准GB/T 12605的Ⅱ级质量要求，超声波探伤不得小于现行国家标准GB/T 11345的Ⅰ级质量要求。

b）要求进行无损检测抽检的焊缝，射线探伤不得小于现行国家标准GB/T 12605的Ⅲ级质量要求，超声波探伤不得小于现行国家标准GB/T 11345的Ⅱ级质量要求。

13.5.2.2 城镇热力管道压力试验要求

供热管网工程施工完成后，应按设计要求进行强度试验和严密性试验。当设计无要求时应符合下列规定：

①强度试验压力应为1.5倍设计压力，且不得小于0.6MPa；严密性试验压力应为1.25倍设计压力，且不得小于0.6MPa。当设备有特殊要求时，试验压力应按产品说明书或根据设备性质确定。开式设备应进行满水试验，以无渗漏为合格。

②压力试验应按强度试验、严密性试验的顺序进行，试验介质宜采用清洁水。

③压力试验前，焊接质量外观和无损检验应合格。

④安全阀、爆破片与仪表组件等应拆除或用加盲板隔离。加盲板处应有明显的标记，并应做记录。安全阀应处于全开、填料应密实。

⑤压力试验应编制试验方案，并应报有关单位审批。试验前应进行技术、安全交底。

⑥压力试验前应划定试验区、设置安全标志。在整个试验过程应有专人值守，无关人员不得进入试验区。

⑦站内、检查室和沟槽中应有可靠的排水系统。试验现场应进行清理，具备检查的条件。

⑧强度试验前应完成下列工作：

a）强度试验应在试验段内的管道接口防腐、保温及设备安装前进行；

b）管道安装使用的材料、设备资料应齐全；

c）管道自由端的临时加固装置应安装完成，并应经设计核算与检查确认安全可靠。试验管道与其他管线应用盲板或采取其他措施隔开，不得影响其他系统的安全；

d）试验用的压力表应经校验，其精度不得小于1.0级，量程应为试验压力的1.5倍～2倍，数量不得少于2块，并应分别安装在试验泵出口和试验系统末端。

⑨严密性试验前应完成下列工作：

a）严密性试验应在试验范围内的管道工程全部安装完成后进行。压力试验长度宜为一个完整的设计施工段；

b）试验用的压力表应经校验，其精度不得小于1.5级，量程应为试验压力的1.5倍～2倍，数量不得少于2块，并应分别安装在试验泵出口和试验系统末端；

c）横向型、铰接型补偿器在严密性试验前不宜进行预变位；

d）管道各种支架已安装调整完毕，固定支架的混凝土已达到设计强度，回填土及填充物已满足设计要求；

e）管道自由端的临时加固装置已安装完成，并经设计核算与检查确认安全可靠。试验管道与无关系统应采用盲板或采取其他措施隔开，不得影响其他系统的安全。

⑩压力试验应符合下列规定：

a）当管道充水时应将管道及设备中的空气排尽；

b）试验时环境温度不宜低于5℃。当环境温度低于5℃时，应有防冻措施；

c）当运行管道与压力试验管道之间的温度差大于100℃时，应根据传热量对压力试验的影响采取运行管道和试验管道安全的措施；

d）地面高差较大的管道，试验介质的静压应计入试验压力中。热水管道的试验压力应以最高点的压力为准，最低点的压力不得大于管道及设备能承受的额定压力；

e）压力试验方法和合格判定应符合表 13.11 的规定。

⑪试验过程中发现渗漏时，不得带压处理。消除缺陷后，应重新进行试验。

⑫试验结束后应及时排尽管内积水、拆除试验用临时加固装置。排水时不得形成负压，试验用水应排到指定地点，不得随意排放，不得污染环境。

⑬压力试验合格后应填写供热管道水压试验记录、设备强度和严密性试验记录。

表 13.11　压力试验方法和合格判定

<table>
<tr><th>项目</th><th colspan="2">试验方法和合格判定</th><th>检验范围</th></tr>
<tr><td>强度试验△</td><td colspan="2">升压到试验压力，稳压 10min 无渗漏、无压降后降至设计压力，稳压 30min 无渗漏、无压降为合格</td><td>每个试验段</td></tr>
<tr><td rowspan="3">严密性试验△</td><td colspan="2">升压至试验压力，当压力趋于稳定后，检查管道、焊缝、管路附件及设备等无渗漏，固定支架无明显的变形等</td><td rowspan="3">全段</td></tr>
<tr><td>一级管网及站内</td><td>稳压在 1h，前后压降不大于 0.05MPa，为合格</td></tr>
<tr><td>二级管网</td><td>稳压在 30min，前后压降不大于 0.05MPa，为合格</td></tr>
</table>

注：表中“△”为主控项目，其余为一般项目。

思考题

1. 压力管道无损检验包括哪几种方法？
2. 管道焊接接头分为几个检查等级？
3. 工艺管道焊接接头的射线检测和超声检测验收标准应符合哪些规定？
4. 工艺管道试验包括哪几项试验？
5. 动力管道焊接接头分为哪几个类别？
6. 动力管道气压试验压力如何确定？
7. 制冷管道耐压试验压力如何确定？
8. 长输管道的输气管道无损检验方法和比例是如何确定的？
9. 长输管道的原油、成品油管道和输油站管道强度试压和严密性试压应符合哪些规定？
10. 输气管线强度试验压力如何确定？
11. 城镇燃气管道无损检验应在什么时候进行？
12. 城镇燃气管道强度试验压力的确定与哪些因素有关？
13. 城镇燃气管道严密性试验的介质和试验压力如何确定？
14. 城镇热力管道的强度试验和严密性试验介质是什么？
15. 城镇热力管道强度试验和严密性试验的试验压力如何确定？

第14章 压力管道防腐与绝热设计

压力管道防腐与绝热是管道安装施工最后完成的一个环节。管道防腐处理是为了延长其使用寿命；管道绝热处理是避免或减少管道内介质的热量或冷量的损失。显然，正确的管道防腐与绝热的设计，具有节能和提高经济效益的重要意义。

管道防腐与绝热设计的相关标准有：

GB/T 50538—2010《埋地钢质管道防腐保温层技术标准》；

GB/T 21447—2018《钢质管道外腐蚀控制规范》；

HG/T 20679—2014《化工设备、管道外防腐蚀设计规范》；

SH/T 3022—2011《石油化工设备和管道涂料防腐蚀设计规范》；

GB/T 4272—2008《设备及管道绝热技术通则》；

GB/T 8175—2008《设备及管道绝热设计导则》；

GB/T 17393—2008《覆盖奥氏体不锈钢用绝热材料规范》；

GB 50264—2013《工业设备及管道绝热工程设计规范》；

SH/T 3010—2013《石油化工设备和管道绝热工程设计规范》；

SH 3043—2014《石油化工设备管道钢结构表面色和标志规定》；

GB 7231—2003《工业管道的基本识别色、识别符号和安全标识》等。

14.1 管道防腐设计

为了防止工业大气、水及土壤对金属的腐蚀，压力管道应做防腐处理。外部涂漆是压力管道防腐蚀的常用措施。

一般情况下，需要防腐的管道包括：不需要保温的管道；介质温度低于120℃的保温管道；埋地管道等。管道防腐设计主要是指防腐材料的选择和防腐（层）结构设计。

14.1.1 管道防腐设计的一般规定

①一般以碳钢、低合金钢、铸铁为材料的压力管道、支吊架、管道元件等均应涂漆防腐。有色金属铝、铜、铅等、奥氏体不锈钢、镀锌表面、阴极保护表面、涂防火水泥的金属表面以及塑料和涂塑料的表面均不涂漆。

②在制造厂制造的非定型压力管道及附属钢结构应在出厂前先涂两道防腐底漆（按制造

商规定)，在施工现场涂面漆。在施工现场组装的压力管道及附属钢结构应在现场涂漆。对制造厂已涂面漆的管道，如因运输中涂漆被损坏，对损坏的部位应在现场进行补涂。对铭牌及其他标志板或标签，其表面不应涂漆。

③防腐施工必须按国家、行业现行的有关规定及防腐材料生产厂的施工说明执行。压力管道必须在完成全部热处理、水压试验合格后才能涂漆。只有在压力管道焊缝质量检查合格时，才能在焊处涂漆。涂底漆前应对组装接合处、焊接坡口、螺纹等特殊部位加以保护，以免涂上油漆。

④防腐涂料的性能应与腐蚀环境相适应。

⑤防腐涂料的选择应符合下列规定：

a）不保温的室内管道可选择醇酸涂料、环氧涂料等；室外管道可选择高氯化聚乙烯涂料、聚氨酯涂料等；

b）工艺不要求保温的管道可选择环氧树脂耐热涂料、有机硅耐热涂料等；

c）介质温度低于120℃的保温管道宜选择富锌涂料等；

d）埋地管道可选择环氧煤沥青涂料、硬质聚氨酯泡沫塑料等。

⑥防腐涂层的设计应符合下列规定：

a）应具有良好的附着力、耐蚀性、抗冲击和抗温度变化的能力；

b）埋地钢管道的外表面的防腐层数应按所设计的管道及土壤情况决定。必要时，对长距离及不便检查维修的区域内的管道，可增加阴极保护措施。

c）地上管道的外表面防锈，一般采用涂漆，涂层类别应能耐环境大气的腐蚀。

d）涂层的底漆与面漆应配套使用。外有隔热层的管道一般只涂底漆。

e）涂漆前管道外表面的清理，应符合涂料产品的相应要求。当有特殊的要求时，应在设计文件中规定。

f）涂漆颜色及标志可按 GB 7231《工业管道的基本识别色、识别符号和安全标识》和有关标准执行，补充要求应在工程设计文件中规定。

14.1.2 钢质管道表面处理

压力管道在防腐之前应进行表面处理。

14.1.2.1 表面处理方法

钢材表面处理的方法主要有喷射或抛射除锈、手工和动力工具除锈、化学除锈、火焰除锈、高压水喷射除锈等。各种表面处理方法的优缺点和适用范围可按表 14.1 的规定确定。

表 14.1 各种表面处理方法的优缺点和适用范围

除锈方法	优点	缺点	适用范围
喷射或抛射除锈	能够到达较好的除锈质量；施工效率高；具有消除表面应力的作用；可以达到一定的表面粗糙度，增加涂层的结合力	存在一定的环境污染	适用于各种设备、管道和大型钢结构的表面除锈
手工和动力工具除锈	施工简单、方便；造价低	工效低；对人体有害	适用于要求不高的钢材表面

续表

除锈方法	优点	缺点	适用范围
化学除锈	除锈较彻底；造价低	通常用浸泡法或高压泵冲洗施工，工件尺寸受限	适用于结构复杂的小型构件
火焰除锈	施工简单、快捷；成本低	有环境污染	适用于有油污、大量锈层和旧漆膜的表面和小型构件
高压水喷射除锈	施工效率高；成本低；无污染	除锈后需要及时保护或防腐。受施工条件限制	适用于各种工件的表面除锈

14.1.2.2 表面处理质量分级

①喷射或抛射除锈分为 Sa1、Sa2、Sa2.5、Sa3 四个质量等级。

②手工和动力工具除锈分为 St2、St3 两个质量等级。

③化学除锈质量等级为 Be。

④火焰除锈质量等级为 F1。

⑤高压水喷射除锈分为 W1、W2、W3、W4 四个质量等级。

钢材表面处理各种质量等级及其质量要求应符合 HG/T 20679《化工设备、管道外防腐蚀设计规范》中表 3.2.6 的规定。

14.1.3 地上管道防腐（防大气腐蚀）设计

大气中含有许多腐蚀性物质，如腐蚀性气体、酸雾、颗粒物（包括盐、气溶胶、粉尘等）、滴溅液体等。这些腐蚀性物质都会对地上敷设的钢质管道造成腐蚀。

①大气腐蚀条件下防腐材料应根据大气中腐蚀物质的类别、腐蚀程度、管道及钢结构的重要程度以及经济性等因素进行选择，常用的是防腐涂料，防腐结构通常为涂层。

②常温防腐涂料的选用可按表 14.2 的规定确定；耐高温防腐涂料的选用可按表 14.3 的规定确定。

表 14.2 常温防腐涂料的选用

腐蚀程度	涂料种类
弱腐蚀	酚醛树脂、醇酸树脂、油基涂料、沥青漆、丙烯酸涂料
中等腐蚀	高氧化聚乙烯漆、聚氨酯漆、脂肪族聚氨酯漆、环氧树脂防腐涂料、环氧煤沥青漆、环氧酚醛漆、富锌涂料、氟碳涂料
强腐蚀	环氧树脂防腐涂料、含玻璃鳞片涂料、脂肪族聚氨酯漆、高氧化聚乙烯漆、环氧煤沥青漆、氯硅氧烷漆、富锌涂料、氟碳涂料

表 14.3 耐高温防腐涂料的选用

腐蚀程度	使用温度/℃	涂料种类
弱腐蚀	80～400	有机硅耐热漆
中等腐蚀	80～260	丙烯酸改性有机硅耐热漆、硅酮丙烯酸耐高温漆、环氧酚醛高温漆（230℃）
	80～400	无机富锌底漆、无机硅酸盐高温漆、高温冷喷铝涂料
	80～500	硅酮耐高温漆、无机硅酸盐富锌（铝）高温漆
	80～600	有机硅铝粉耐热漆、无机硅酸盐富铝高温漆、硅酮铝粉耐高温漆

③在碱性环境中，不宜采用酚醛漆和醇酸漆。

④富锌涂料只事宜做底漆。

⑤有绝热要求的碳钢、低合金钢设备和管道表面应涂刷防腐底漆，可不涂刷面漆。奥氏体不锈钢设备和管道在采用含有硫或氯离子的绝热材料绝热时，宜涂刷防腐底漆。在碱性绝热材料下应采用合成树脂底漆，不宜采用油性底漆。

⑥室外不宜采用酚醛漆、沥青漆和环氧类涂料作为面漆。

⑦防腐涂层应有完整的涂层结构，包括底漆、中间漆、面漆的种类、涂刷道数和涂膜厚度等。底漆、中间漆、面漆应有良好的配套性。常用防腐涂料配套方案见 HG/T 20679 附录 B 的规定。

⑧防腐涂层的厚度应根据腐蚀环境条件和设计使用年限等因素确定。防腐漆层的总干膜厚度应符合表 14.4 的规定。

⑨设计选用的防腐涂料应具有稳定的、可测试的技术指标。常用防腐涂料的技术要求应符合国家现行标准 HG/T 20679 附录 C 的规定。

表 14.4 防腐涂层的总干膜厚度 μm

腐蚀程度		室内			室外			有绝热层
		$N<5$	$5\leqslant N<10$	$N\geqslant 10$	$N<5$	$5\leqslant N<10$	$N\geqslant 10$	
弱腐蚀		≥80	≥100	≥160	≥120	≥150	≥200	≥60
中等腐蚀	非富锌配套	≥160	≥200	≥240	≥200	≥240	≥280	≥80
	富锌配套	≥120	≥150	≥200	≥160	≥200	≥240	60～80
强腐蚀	非富锌配套	≥200	≥240	≥280	≥260	≥300	≥340	≥100
	富锌配套	≥160	≥200	≥240	≥200	≥250	≥300	80～100

注：表中“N”代表设计使用年限。

14.1.4 管沟敷设管道防腐（防液体介质腐蚀）设计

①液体介质腐蚀可采用防腐涂层和涂敷层结构，在有冲刷、磨损或干/湿交替条件下宜采用涂敷层结构。

②液体介质腐蚀常用的防腐涂料可按表 14.5 的规定确定。

③液体介质腐蚀常用的防腐涂层可按表 14.6 的规定确定。

④液体介质腐蚀常用的防腐涂敷层可按表 14.7 的规定确定。

表 14.5 液体介质腐蚀常用的防腐涂料

液体腐蚀介质	防腐涂料种类
有机液体	环氧树脂类、环氧酚醛类、不饱和聚酯树脂
工业水（pH>3）	环氧树脂类、聚氨酯类、环氧煤沥青、不饱和聚酯树脂
工业水（pH≤3）	环氧树脂类、环氧酚醛类、酚醛类防腐涂料、聚氨酯类
海水	聚氨酯类、环氧树脂类、玻璃鳞片涂料、环氧煤沥青
盐溶液	聚氨酯类、环氧树脂类、玻璃鳞片涂料、环氧煤沥青
碱溶液	聚氨酯类、环氧树脂类、玻璃鳞片涂料、环氧煤沥青、乙烯基树脂
有机酸	环氧树脂类、环氧酚醛类、玻璃鳞片涂料、聚脲涂料、乙烯基树脂
无机酸（稀酸）	环氧树脂类、环氧酚醛类、酚醛类、玻璃鳞片涂料、聚脲涂料、乙烯基树脂

注：玻璃鳞片类涂料指耐腐蚀树脂为黏结剂的防腐产品，设计时应根据不同的使用条件选择树脂的种类。

表 14.6 液体介质腐蚀常用的防腐涂层结构

液体腐蚀介质	$N<5a$		$N\geqslant 5a$	
	涂层结构	总干膜厚度	涂层结构	总干膜厚度
有机液体、工业水（pH＞3）	底漆 1～2 道 面漆 1～3 道	≥160μm	底漆 1～2 道 面漆 2～6 道	≥280μm
工业水（pH≤3）、海水、盐溶液、碱溶液、有机酸、无机酸（稀酸）	底漆 1～2 道 面漆 2～6 道	≥200μm	底漆 1～2 道 面漆 2～6 道	≥320μm

注：当采用普通涂料时，涂层结构中的底漆和面漆选择较多的道数；当采用厚浆型或无溶剂涂料时，涂层结构中的底漆和面漆可选择较少的道数。

表 14.7 液体介质腐蚀常用的防腐涂敷层结构

液体腐蚀介质	$N<5a$		$N\geqslant 5a$	
	涂敷层结构	总干膜厚度	涂敷层结构	总干膜厚度
有机液体、工业水（pH＞3）	底漆 1～2 道 玻璃布 1～3 层 面漆 2～5 道	≥0.4mm	底漆 1～2 道 玻璃布 2～5 层 面漆 3～7 道	≥0.5mm
工业水（pH≤3）、海水、盐溶液、碱溶液、有机酸、无机酸（稀酸）	底漆 1～2 道 玻璃布 2～5 层 面漆 3～7 道	≥0.5mm	底漆 1～2 道 玻璃布 3～6 层 面漆 4～8 道	≥0.6mm

注：当采用普通涂料时，涂敷层结构中的底漆、玻璃布和面漆选择较多的道数/层数；当采用厚浆型涂料时，涂敷层结构中的底漆、玻璃布和面漆可选择较少的道数/层数。

14.1.5 埋地管道防腐（防土壤腐蚀）设计

14.1.5.1 防腐设计一般规定

①土壤腐蚀是指管道及钢结构直接埋于地下且与土壤直接接触造成的腐蚀。土壤腐蚀条件下常用的防腐层为涂敷层或包覆层防腐结构。

②土壤腐蚀条件下防腐层应具有下列性能：

a）应具有良好的电绝缘性能。防腐层的绝缘电阻率不应小于 $10000\Omega\cdot m^2$，耐击穿电压强度不得低于电火花检测仪检测的电压标准。

b）防腐层应具有一定的耐剥离能力；与金属表面有良好的粘结性。

c）应具有足够的机械强度、韧性及塑性。应有一定抗冲击强度和硬度、良好的弯曲性、耐磨性，以保证在搬运、安装过程中及土壤压力作用下不会造成损伤。

d）应具有良好的防水性和防潮性。

e）具有热稳定性和耐低温性能，在使用的环境温度下不得软化变形、不脆化、不龟裂、不脱落。其耐温度不低于介质的设计温度。

f）具有较好的耐化学性和抗老化性。

g）防腐层损坏后具有可修复性。

③在芦苇地带、沼泽地带等细菌腐蚀较强的区域，不宜使用石油沥青等易被植物根穿透、不耐细菌腐蚀的材料做防腐层。

④防腐层施工完成后应进行质量检验，基本的检验包括外观检验、厚度检验和电火花检

漏等。此外，不同的防腐层还应按相应材料的检验项目和指标检验。

⑤直埋的管道应在防腐层完全干燥、固化并检验合格后埋地敷设，在敷设以前应采用草绳或织物包裹，安装就位后去除包裹物。

14.1.5.2　土壤腐蚀性与防腐蚀等级

（1）土壤腐蚀性等级

结合我国土壤实际情况，根据土壤的pH值、电阻率、含盐量、含水量、电流密度等参数，一般地区土壤腐蚀性可分为高、中、低三个等级。具体分级如表14.8所示。

表14.8　土壤腐蚀性等级与防腐蚀等级

防腐蚀等级	土壤腐蚀性等级	pH值	电阻率/(Ω·m)	含盐量（质量分数）/%	含水量（质量分数）/%	电流密度/(mA/cm²)
特加强级	高	<3.5	<20	>0.75	>12	>0.3
加强级	中	3.5～4.5	20～50	0.75～0.05	5～12	0.3～0.025
普通级	低	4.5～5.5	>50	<0.05	<5	<0.025

（2）防腐蚀等级及其选择

地下管道防腐蚀分为普通、加强和特加强三个等级。防腐蚀等级应根据土壤的腐蚀性等级决定。对应腐蚀性等级高、中、低，防腐蚀等级应选择特加强级、加强级、普通级，如表14.8所示。当其中任何一项超过表中的指标时，防腐蚀等级应提高一级。

14.5.1.3　埋地管道防腐层结构设计

①目前国内外埋地钢管所采用的防腐层种类很多，常用的有石油沥青涂敷层、环氧煤沥青涂敷层、厚浆型环氧涂层、环氧玻璃鳞片涂层、无溶剂液体环氧涂层、无溶剂环氧玻璃鳞片涂层、熔结环氧涂层、聚乙烯胶带包覆层、环氧煤沥青冷缠带包覆层、挤压聚乙烯防腐层等。

②常用的防腐层及其等级选择可按表14.9的规定确定。

表14.9　常用的防腐层及其等级选择

防腐层名称	土壤腐蚀程度等级		
	强腐蚀	中等腐蚀	弱腐蚀
石油沥青涂敷层	特加强级	特加强级、加强级	加强级、普通级
环氧煤沥青涂敷层	特加强级	加强级	普通级
厚浆型环氧涂层	特加强级	加强级	普通级
环氧玻璃鳞片涂层	特加强级	加强级	普通级
无溶剂液体环氧涂层	特加强级	加强级	普通级
无溶剂环氧玻璃鳞片涂层	特加强级	加强级	普通级
熔结环氧涂层	特加强级	加强级	普通级
聚乙烯胶带包覆层	特加强级	加强级	普通级
环氧煤沥青冷缠带包覆层	特加强级	特加强级、加强级	加强级、普通级
挤压聚乙烯防腐层	加强级	普通级	普通级

③选择防腐层和防腐等级除根据土壤的腐蚀程度外，还应根据材料的性能、管道的重要程度、施工可行性等因素确定。

④埋地管道穿越河流、铁路、公路、山洞、盐碱沼泽地或靠近电气铁路以及改变埋设深度的弯管处等地段，管道的防腐蚀等级均应选用特加强级。

⑤各种防腐层的具体结构设计应按国家现行标准 HG/T 20679 中第 7.3 节和其他相关标准的规定确定。

14.2 管道绝热设计

绝热是保温和保冷的总称。管道隔热设计包括保温设计和保冷设计。“保温”是为减少设备、管道及其附件向周围环境散热，在其外表面采取的包覆措施；“保冷”是为减少周围环境中的热量传入低温设备和管道内部，防止低温设备和管道外壁表面凝露，在其外表面采取的包覆措施。绝热施工是在防腐完成后进行。

14.2.1 管道绝热设计的一般规定

14.2.1.1 需要进行绝热的管道

①下列管道及其附件应进行保温：

a）外表面温度高于 50℃。

b）外表温度低于或等于 50℃且工艺需要减少介质的温度降低或延迟介质凝结的管道。

②下列管道及其附件应进行保冷：

a）外表面温度低于环境温度且需减少冷介质在生产和输送过程中的冷损失者。

b）为防止冷介质在生产和输送过程中温度升高或气化者。

c）为防止在常温以下、0℃以上管道外壁表面凝露者。

d）与保冷设备或管道相连接的仪表及其附件。

14.2.1.2 无需进行绝热的管道

①除人身防护要求绝热的部位外，下列情况之一的管道及其附件不应绝热：

a）工艺上无特殊要求的放空和排气管道。

b）工艺过程要求散热的管道。

c）要求及时发现泄漏的阀门、法兰等处。

d）工艺过程要求裸露的管道。

e）要求经常监测，防止发生损坏的部位。

②需要经常维护而又无法采取其他防止人身烫伤措施的不保温的管道，当表面温度超过 60℃时，应在下列范围内设置防烫伤保温设施：

距离地面或操作平台面的高度 2.1m 以下；

靠近操作平台距离 750mm 以下。

14.2.1.3　绝热结构组成

①保温结构一般由保温层（绝热层）和保护层组成。对于埋地管道的保温结构应增设防潮层。对于管沟内管道的保温结构宜增设防潮层。

②保冷结构一般由保冷层（绝热层）、防潮层和保护层组成。本身具有良好防潮功能的保冷材料可不再设防潮层。

14.2.2　绝热材料的选择

14.2.2.1　绝热层材料选择

①绝热材料及其制品的导热系数应符合下列要求：

a）保温材料在平均温度为70℃时，其导热系数不得大于0.08W/（m·K）。

b）用于保冷的泡沫塑料在平均温度为25℃时的导热系数不应大于0.044W/（m·K）。

c）泡沫橡塑制品在平均温度为0℃时的导热系数不应大于0.036W/（m·K）。

d）Ⅰ类泡沫玻璃制品在平均温度为25℃时的导热系数不应大于0.045W/（m·K）；Ⅱ类泡沫玻璃制品在平均温度为25℃时的导热系数不应大于0.064W/（m·K）。

②硬质保温材料密度不应大于220kg/m^3，半硬质保温材料密度不应大于200kg/m^3，软质保温材料密度不应大于150kg/m^3。用于保冷的泡沫塑料的密度不应大于60kg/m^3；泡沫橡塑材料的密度不应大于95kg/m^3；泡沫玻璃制品的密度不应大于180kg/m^3。

③硬质保温制品的抗压强度不应小于0.4MPa；硬质保冷制品的抗压强度不应小于0.15MPa。

④绝热层材料及其制品的pH值不应小于8。

⑤常用绝热材料及其制品的主要性能应符合现行GB 50264《工业设备及管道绝热工程设计规范》中4.1.4节和SH/T 3010《石油化工设备和管道绝热工程设计规范》中6.1.4与6.1.5节的要求。

⑥绝热层材料及其制品的选用应符合下列规定：

a）管道的保温应采用非燃烧材料；保冷可采用阻燃材料。管道的绝热层除应采用填充式结构外，宜选用绝热材料制品。

b）保温材料制品的允许使用温度应高于管道的设计温度。

c）保冷材料制品的允许使用温度应低于管道的设计温度。

d）有多种可供选择的绝热材料时，应优先选用导热系数小、密度小、强度相对高、无腐蚀性、损耗少、价格低、运输距离短、施工条件好的材料或制品。

e）管道表面温度等于或高于450℃时，宜选用耐高温的绝热材料或采用复合绝热材料。

f）保冷应选用闭孔型材料及其制品。

g）选择纤维材料制成毡席类制品时，可用玻璃布缝制。

h）不应选用含有石棉的材料及其制品。

14.2.2.2　防潮层材料选择

①防潮层材料应选择具有良好的抗蒸汽渗透性、防水性和防潮性。且吸水率不应大

于1.0%。

②防潮层材料应具有良好的阻燃性能，火焰离开后能在1～2s内自熄，其氧指数不小于30%；

③防潮层应选用化学性能稳定、无毒且耐腐蚀的材料，并不得对绝热层材料和保护层材料产生腐蚀或溶解作用。

④防潮层应选择安全使用温度范围大、夏季不软化、不起泡和不流淌的材料，且在冬季使用不脆化、不开裂、不脱落的材料。

⑤涂抹型防潮层材料，软化温度不应低于65℃，在20℃时粘结强度不应低于0.15MPa。

⑥包捆型防潮层材料的拉伸强度不应低于5.0MPa，断裂伸长率不应低于10%。

14.2.2.3 保护层材料选择

①保护层材料应择强度高、在使用条件下不软化、不脆化且抗老化的材料。其使用寿命不得小于绝热层设计使用年限。

②保护层材料应具有防水、防湿、不燃、抗大气腐蚀的性能；且化学性能稳定，不腐蚀绝热层或防潮层。

14.2.3 绝热计算

在管道绝热设计中，要进行绝热层厚度（保温层厚度或保冷层厚度）设计计算，称为绝热计算。详细设计计算按照GB 50264《工业设备及管道绝热工程设计规范》中第5章和SH/T 3010《石油化工设备和管道绝热工程设计规范》中第7章规定的方法进行。

14.2.4 绝热结构设计

绝热结构设计是指对绝热层、防潮层、保护层结构的设计。

14.2.4.1 绝热层结构设计

①绝热层结构应有一定的机械强度，不应因自重或偶然外力作用而破坏。对有振动的管道的绝热层结构，应采取加固措施。

②绝热层结构可不考虑可拆卸性，但需要经常维修的部位宜采用可拆卸式绝热结构。

③绝热层厚度应以10mm为单位进行分档。硬质泡沫塑料最小厚度可为20mm，其他硬质绝热材料制品最小厚度可为30mm。

④除浇注型和填充型绝热结构外，在无其他说明的情况下，绝热层应按下列规定进行分层：

a）绝热层厚度大于80mm时，应分两层或多层。

b）当内外层采用一种绝热制品时，内外层的厚度宜近似相等。

c）内外层为不同材料时，每种材料层的厚度应根据计算确定。

14.2.4.2 防潮层结构设计

①管道的保冷层外表面应设置防潮层；埋地或地沟敷设管道的保温层外表面，宜设置防

潮层。

②在环境变化与振动情况下，防潮层应能保持其结构的完整性和密封性。

③防潮层外表面如需使用捆扎时，不得损坏防潮层。

④防潮层几种典型结构类型：

a）内层为石油沥青玛蹄脂，中层为碱粗格平纹玻璃布，外层为石油沥青玛蹄脂。

b）橡胶沥青防水冷胶玻璃布防潮层等。

c）新型冷胶料卷材防潮层、冷涂料防潮层等。

14.2.4.3　保护层结构设计

①绝热层外层应设置保护层。保护层应严密、防水；应抗大气腐蚀和光照老化；安装应方便，外表应整齐美观；应有足够的机械强度，使用寿命长。在环境变化与振动情况下，应不渗水、不开裂、不散缝、不脱落。

②保护层宜选用金属材料。腐蚀性环境下宜采用耐腐蚀材料做保护层；有防火要求的管道宜选用不锈钢薄板做保护层。

③当选用镀锌板或铝合金板作为保护层时，不需涂防腐涂料。

④当采用非金属材料作为保护层时，应用不燃烧材料抹平或用防腐涂料进行涂装。

⑤常用金属保护层宜按 GB 50264《工业设备及管道绝热工程设计规范》中表 6.4.3 和 SH/T 3010《石油化工设备和管道绝热工程设计规范》中表 8.4.2 的规定确定。

14.3　管道表面涂漆颜色一般规定

①为了加强生产管理、方便操作及检修、促进安全生产，管道的外表面都应涂刷表面色和标志（不包括埋地管）；并应在设计文件中说明。

②管道的表面色应根据其重要程度和不同介质涂刷不同的表面色和标志。表面系指不绝热的管道外表面及绝热管道的外保护层外表面。

表面色是整个外表面涂刷的颜色；标志是指在外表局部范围涂刷明显的标识符，包括字样、代号、位号、色环、箭头等。标志可在表面色的基础上再刷色，也可直接在本色或出厂色上刷色。

③有绝热层的管道均应刷表面色。凡表面层采用搪瓷、陶瓷、塑料、橡胶、有色金属、不锈钢、镀锌薄钢板（管）、合金铝板、石棉水泥等材料的管道可保持制造厂出厂色或材料表色，不再涂色，只刷标志。对涂刷变色的管道的表面严禁再涂色、仅刷标志。

④应根据介质的不同种类、状态和安全要求规定基本识别和安全色。

⑤管道的涂色与标识应按 SH 3043—2014《石油化工设备管道钢结构表面色和标志规定》中第 6 章和 HG/T 20679—2014《化工设备、管道外防腐设计规定》中第 8.3 节的规定确定。

思考题

1. 什么管道需要防腐设计？
2. 大气腐蚀条件下，防腐材料选择应考虑哪些因素？
3. 防止液体介质腐蚀可采用什么防腐结构？
4. 土壤腐蚀条件下防腐层应具有哪些性能？
5. 土壤腐蚀性等级与防腐蚀等级如何划分的？
6. 常用的埋地管道防腐层结构有哪些？
7. 什么是管道绝热设计？
8. 哪些管道无需进行绝热设计？
9. 绝热结构组成是什么？
10. 对保护层的基本要求是什么？

参考文献

[1] 中华人民共和国特种设备安全法，2014 年.

[2] 中华人民共和国国务院令，特种设备安全监察条例，2009 年.

[3] TSG D0001—2009 压力管道安全技术监察规程 工业管道 [S].

[4] GBZ 230—2010 职业性接触毒物危害程度分级 [S].

[5] GB 50016—2014（2018）建筑设计防火规范[S].

[6] 美国机械工程师学会压力管道委员会编著；中石协 ASME 规范产品专业委员会（CACI）翻译 ASME B31.3—2016《ASME 压力管道规范 工艺管道》. 北京：中国石化出版社，2018.

[7] 王志文主编. 化工容器设计. 北京：化学工业出版社，1993.

[8] 帅健编著. 管道及储罐强度设计（第二版）. 北京：石油工业出版社，2016.

[9] 刘国荣等编著. 化工管道安装设计. 北京：中国石化出版社，2011.

[10] 郑津洋，董其伍，桑芝富主编. 过程设备设计（第三版）. 北京：化学工业出版社，2010.

[11] 岳进才编. 压力管道技术. 北京：中国石化出版社，2000.

[12] 唐永进著. 压力管道应力分析（第二版）. 北京：中国石化出版社，2009.

[13] [美] 查尔斯·贝赫特Ⅳ（Charles Becht Ⅳ）著；陈登丰，秦叔经等译，工艺管道 ASME B31.3 实用指南（原著第二版）. 北京：化学工业出版社，2006.

[14] 国家质量监督检验检疫总局特种设备安全检查局. 全国压力管道设计审批人员培训教材（第三版）. 北京：中国石化出版社，2017.

[15] 沈松泉，黄振仁，顾竟成主编. 压力管道安全技术. 南京：东南大学出版社，2000.

[16] 蔡暖姝，黄正林，秦叔经，应道宴. 欧盟压力管道标准 EN13480 与我国对应规范的比较 [J]. 化工设备与管道，2007，44（2）：5－11.

[17] ASME B31.1—2016 ASME Code for Pressure Piping，B31.1 Power Piping [S].

[18] ASME B31.5—2016 ASME Code for Pressure Piping，B31.5 Refrigeration Piping and Heat Transfer Components [S].

[19] GB/T 34275—2017 压力管道规范 长输管道 [S].

[20] GB/T 20801.1～6—2006 压力管道规范 工业管道 [S].

[21] GB/T 32270—2015 压力管道规范 动力管道 [S].

[22] GB 50160—2008（2018 版）石油化工企业设计防火标准 [S].

[23] GB 50028—2006 城镇燃气设计规范 [S].

[24] HG/T 20549.5—2009 化工装置管道布置设计技术规定 [S].

[25] HG/T 20646.5—2009 化工装置管道材料设计技术规定 [S].

[26] HG/T 20645.5—2009 化工装置管道机械设计规定 [S].

[27] SH 3011—2011 石油化工工艺装置布置设计规范 [S].

[28] SH/T 3059—2012 石油化工管道设计器材选用规范 [S].

[29] SH/T 3041—2016 石油化工管道柔性设计规范 [S].

[30] SH/T 3073—2016 石油化工管道支吊架设计规范 [S].

[31] CJJ 34—2010 城镇供热管网设计规范 [S].

[32] HG 20582—2011 钢制化工容器强度计算规定 [S].